Geschichte und Geschehen

Bayern 11

Autoren:
Daniela Bender (Hanau)
Ludwig Bernlochner (München)
Willi Eisele (Wolfratshausen)
Theo Emmer (Laaber-Anger)
Claus Gigl (Moosburg)
Dr. Hans Steidle (Würzburg)
Martin Wicke (Köln)

Ernst Klett Verlag
Stuttgart · Leipzig

1. Auflage 1 5 4 3 2 1 | 13 12 11 10 09

Alle Drucke dieser Auflage sind unverändert und können im Unterricht nebeneinander verwendet werden.
Die letzte Zahl bezeichnet das Jahr des Druckes.

Autoren:
Daniela Bender, Hanau; Ludwig Bernlochner, München; Willi Eisele, Wolfratshausen; Theo Emmer, Laaber-Anger; Claus Gigl, Moosburg; Dr. Hans Steidle, Würzburg; Martin Wicke, Köln

Redaktion: Dr. Björn Opfer-Klinger
Herstellung: Jeanette Frieberg

Satz: Verlagsbüro Bauer & Lutz, Regensburg
Reproduktion: Meyle + Müller, Medien Management, Pforzheim
Kartenbearbeitung: Ingenieurbüro für Kartografie Joachim Zwick, Gießen
Piktogramme: Erhard Müller, Leipzig
Druck: Offizin Andersen Nexö, Leipzig

Printed in Germany
ISBN 978-3-12-430017-1

Inhalt

1

2

3

Geschichte Oberstufe und das Wissenschaftspropädeutische Seminar

In Begleitung zum Leitfach Geschichte ist es jeder Schule möglich, ein Wissenschaftspropädeutisches Seminar (W-Seminar, Propädeutikum) einzurichten.

Im Mittelpunkt eines solchen Wissenschaftspropädeutischen Seminars stehen fachwissenschaftliche Inhalte und Arbeitsmethoden, die anhand eines Rahmenthemas vermittelt werden.

Die zweibändige Geschichte und Geschehen Ausgabe schult u. a. wissenschaftspropädeutisch relevante Arbeitsmethoden. Diese sind im Inhaltsverzeichnis gesondert mit (W) gekennzeichnet.

Zusätzlich zu diesen Methodengrundlagen bietet Geschichte und Geschehen eigene Projektideen für ein W-Seminar an, die auch fächerübergreifende Fragestellungen anregen. Diese sind im, dem Buch zugeordneten, Onlinebereich abrufbar.

Online Link zum Buch

Geschichte und Geschehen beinhaltet auch einen eigenen, abgeschlossenen Onlinebereich, der die einzelnen Kapitel mit zusätzlichen Materialien, Linksammlungen, vertiefenden Literaturtipps, etc. ergänzt und erweitert.

Um zum Onlinebereich des Buches zu gelangen, geben Sie einfach auf www.klett.de oder auf www.klett.de/online in das Link-Feld am oberen linken Bildfeldrand die Nummer 430017-0000 an. Diese führt Sie zum Überblick der Zusatzmaterialien.

Durch Eingabe der auf den Auftaktdoppelseiten der Kapitel angegebenen Nummer gelangen Sie direkt zu den spezifisch diesem Kapitel zugeordneten Online-Materialien.

Das neue Buch auf einen Blick

Zielsetzung und zentrale Inhalte des Buches

Die neue Oberstufenausgabe „Geschichte und Geschehen" ist ein facettenreiches und multiperspektivisches Lern- und Arbeitsbuch. Seine auf den neuen G8-Oberstufenlehrplan des Freistaates Bayern basierende Themenvielfalt vermittelt zentrale Grundlagen und Anregungen, sich mit Längsschnitten der bayerischen, deutschen, europäischen und außereuropäischen Geschichte, ihren Entwicklungslinien und Gegenwartsbezügen sowie dem oft immer noch kontroversen Diskussionsstand der Geschichtswissenschaft auseinanderzusetzen.

Aufbau des Buches: Kapitel, Themen, Register, Glossar

Das Buch gliedert in sechs Kapitel, die wiederum in mehrere Themen unterteilt sind. Ein Sach- und Namensregister sowie die Verknüpfung mit unterschiedlichen, ergänzenden Onlinematerialien erleichtern das effiziente und zielorientierte Arbeiten.

... Verfassertext und Materialteil

Jedes Thema bzw. Unterthema wird durch einen Verfassertext (VT) und einen sich anschließenden Materialteil (M) inhaltlich aufbereitet. Letzterer berücksichtigt neben Karten und Statistiken alle Gattungen von Text- und Bildquellen.

Reichsritter

Innerhalb der Verfassertexte wird mitunter auf wichtige Fachbegriffe Bezug genommen, die nicht immer als bekannt vorausgesetzt werden können. Solche Begriffe sind mit einer Kurzerklärung im Glossar aufgenommen, darauf verweist das links stehende Signet.

Online Link
430017-0000

Jedes der sechs Kapitel ist mit einem eigenen Online Link versehen, welcher mit einer Pin-Codenummer auf den jeweiligen Auftaktdoppelseiten vermerkt ist. Hinter diesen Online Links sind zusätzliche Materialien zu dem spezifischen Kapitel hinterlegt (z. B. zusätzliche Quellen, Schaubilder, Probeklausuren oder Bildquellen des Kapitels in größerer Darstellung). Teilweise wird im VT oder an bestimmten Bildquellen noch einmal auf den Online Link Bezug genommen.

Der Längsschnittcharakter des bayerischen Lehrplans und somit auch der Aufbau des Buches bringt es mit sich, dass die Autoren große zeitliche Sprünge vollziehen mussten, beispielsweise von Kapitel 2 zu 3. Im Buch oder im zum Kapitel gehörigen Online Link wurden daher noch einmal kurze Basisinformationen zusammengestellt, die beim besseren Verständnis helfen können, aber nicht integraler Bestandteil des Lehrplans darstellen. Solche Basiswissensteile sind mit dem links stehenden Signet gekennzeichnet.

Arbeitsvorschläge

Die Themen oder Unterthemen enden in der Regel mit Arbeitsvorschlägen, wobei Wert darauf gelegt wurde, diese unterschiedlich zu gewichten. Neben Arbeitsaufträgen, die dem Verarbeiten der Darstellungstexte und des Materials dienen, gibt es solche, die darüber hinausgehen:

Nebenstehendes Signet kennzeichnet Arbeitsvorschläge, die dazu anregen, übergreifende Zusammenhänge herzustellen, Vergleiche vorzunehmen, Urteile abzugeben. Um diese Arbeitsvorschläge realisieren zu können, werden Sie häufig auf andere Themen in diesem Band oder auf Wissen zurückgreifen müssen, das Sie sich im bisherigen Geschichtsunterricht erarbeitet haben.

Ein weiteres Signet (links) verweist darauf, dass die Aufgabenlösung eine eigenständige Recherche erfordert und selbstständiges forschendes Lernen ermöglicht. Dabei kann es sich sowohl um Literaturrecherche aus Fachbüchern bzw. dem Internet handeln (entsprechende Tipps finden sich im Online-Begleitmaterial) als auch um die Arbeit an außerschulischen Lernorten wie Archiven, Museen oder Gedenkstätten. Auch die Expertenbefragung und die Oral history können hierbei Berücksichtigung finden.

Mit Fokus auf spezielle regionale Bedingungen bieten einzelne Fragestellungen die Möglichkeit, zentrale Aspekte des jeweiligen Kapitels in die Geschichte der eigenen Heimatregion bzw. Heimatgemeinde einzubetten.

Das vorliegende Buch ermöglicht es auch, sozialwissenschaftliche Fragestellungen aufzuwerfen. Die dafür geeigneten Querverweise zum bayerischen Oberstufenlehrplan Sozialkunde sind daher mit dem nebenstehenden Signet gekennzeichnet.

Alle Arbeitsaufträge sind generell als Vorschläge zu betrachten, sie zu modifizieren ist Sache aller am Lernprozess Beteiligten. Ihre interessengeleitete Abwandlung und Ergänzung ist ausdrücklich erwünscht.

... Standpunkte

Eingebettet in die Kapitel wurden Seiten, auf denen Wissenschaftler oder Publizisten zu einer spezifischen Thematik Position beziehen, Die von ihnen vertretenen unterschiedlichen Standpunkte sind entweder kontrovers zueinander oder ergänzen sich. Davon ausgehend ergeben sich Möglichkeiten zur eigenen Urteilsfindung und Standortbestimmung. Hinweise zu den jeweiligen Autoren und Arbeitsvorschlägen helfen Ihnen dabei.

... Geschichte erinnern

An ausgewählten Beispielen wird sichtbar gemacht, wie Vergangenes in gegenwärtige Verhältnisse und Entwicklungen hineinragt, wie historische Kräfte weiterwirken, wie Traditionen entstanden und weitergegeben werden. Die Auseinandersetzung damit soll den Blick schärfen für die in der Gesellschaft herrschende Erinnerungskultur und gleichzeitig zu deren Kritik auffordern.

... Methodentraining

Methodentraining

Besonderes Augenmerk haben die Autoren darauf gelegt, Hinweise zu erarbeiten, wie historisches Material erschlossen, kritisch ausgewertet und so für den Lernprozess nutzbar gemacht werden kann. Sie haben sich dabei an den wissenschaftlichen Arbeitsmethoden von Historikern orientiert. Diese dienen auch als Unterstützung zur Erstellung einer Seminararbeit bzw. der Vorbereitung zum schriftlichen Zentralabitur.

1 Leben in der Ständegesellschaft des 15. bis 18. Jahrhunderts

Die „Entdeckung" Amerikas (1492) und der Beginn der Französischen Revolution (1789) umrahmen drei Jahrhunderte gesellschaftlicher Veränderung und Kontinuität, die im ersten Großkapitel untersucht werden. Die beiden bildhaften Darstellungen von der Ständegesellschaft vermitteln einen ersten Eindruck von dieser Gesellschaftsform und den unterschiedlichen Einstellungen zu ihr. Vergleichen Sie das jeweilige Bild von der Gesellschaft und ihrer Gliederung und erklären Sie die Unterschiede. Analysieren Sie den jeweiligen zeitgeschichtlichen Hintergrund und diskutieren Sie, inwieweit die historische Entwicklung zur veränderten politischen Einstellung beigetragen hat.

Die Stände im Mittelalter. Die Inschriften lauten: Tu supplex ora (Du bete demütig), Tu protege (Du schütze), Tuque labora (und du arbeite). Holzschnitt, 1492

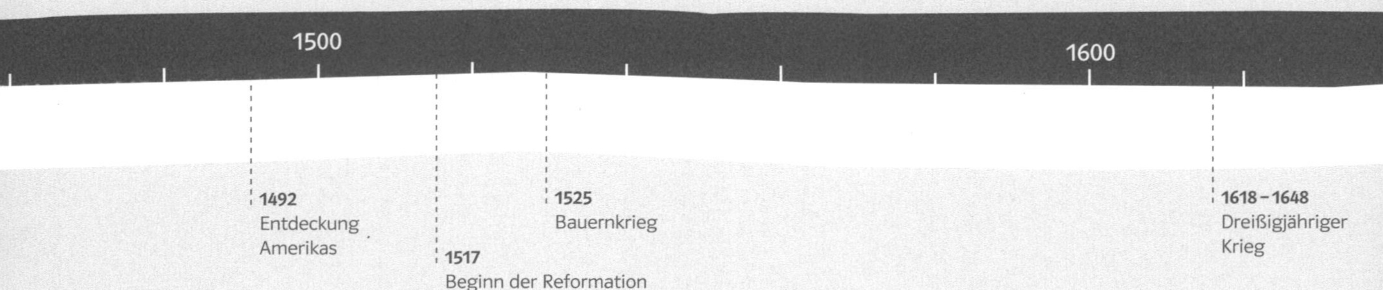

„Man muss hoffen, dass dies Spiel bald endet." Anonyme kolorierte Radierung, Paris 1789

1

Online Link
430017-0101

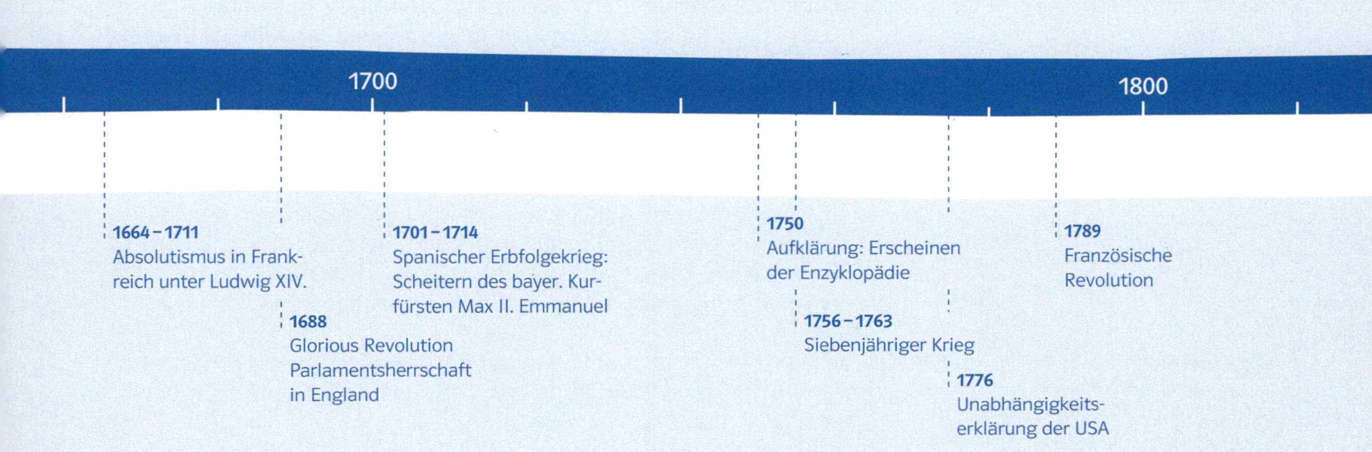

1.1 Leibeigenschaft und Grundherrschaft

Kontinuität und Wandel der Ständegesellschaft

In dem Zeitraum von 1500 bis 1800 herrschten in Süddeutschland als gesellschaftliches System die Ständegesellschaft und als politisches System der frühmoderne Staat, der sich zum absolutistischen Staat entwickelte.
Drei große und umwälzende Konflikte kennzeichneten diese erste Hälfte der Neuzeit:
- die Reformation und der Bauernkrieg 1517 und 1525,
- der Dreißigjährige Krieg (1618 – 1648), der das konfessionelle Zeitalter beendete und Deutschland verwüstete
- und die Kriege in der Folge der Französischen Revolution (1791 – 1803), die den Absolutismus und die Kleinstaaterei beendete.

König und Adel

Das Leben im Mittelalter beruhte auf der Naturalwirtschaft, die bedingte, dass wirtschaftliche und politische Macht sich in Grundbesitz und Herrschaftsrechten über Menschen ausdrückte. Die Herrscher stützten ihre Macht auf ihren Grundbesitz, das Königsgut, und auf den Dienstadel, die Ministerialen, und Gefolgsleute. Hochadelige Grafen erhoben die Abgaben für den fränkischen König, sprachen Recht und führten regionale, militärische Aufgebote. Auch Bischöfe und Äbte übernahmen königliche Aufträge und erhielten dafür Schenkungen von Ländereien und Hoheitsrechte. Deswegen beanspruchten die Könige die entscheidende Mitsprache bei der Einsetzung der Bischöfe. Diese entstammten den großen Adelsfamilien, die über Großgrundbesitz und die hohen politischen Stellungen verfügten und Unabhängigkeit vom König anstrebten.

Scheitern der königlichen Zentralgewalt

Um die Adeligen und ihr bewaffnetes Gefolge an sich zu binden, liehen die Herrscher hohen Adeligen Land und Hoheitsrechte für geleistete Dienste. Auch Ämter und Einnahmequellen wie Zölle, die Prägung von Münzen und Bergbau vergab der König auf diese Weise. Adelige, Grafen und Bischöfe waren durch das Lehen dem König persönlich zur Treue verpflichtet und sollten ihm als Kronvasallen mit ihren Vasallen, ihrem Gefolge, dienen. Allerdings konnten die weltlichen Fürsten die Erblichkeit der Lehen durchsetzen. Die Königsmacht wurde zusätzlich geschwächt, weil die Untervasallen nur ihren Lehnsherrn und nicht dem König verpflichtet waren. Seit dem 15. Jahrhundert wählte ein kleiner Kreis von sieben Fürsten, drei geistliche und vier weltliche Kurfürsten, fast ausschließlich Bewerber aus der Familie Habsburger zum deutschen König. Diese stützten ihre Macht jedoch wie die alle fürstlichen Landesherren auf die eigenen Territorien in Österreich, Böhmen und Ungarn. Das Lehenrecht verlieh dem deutschen König und Kaiser bis 1806 nur eine formale Oberhoheit.

Die Differenzierung des Adels

Reichsritter

König, Hochadel und Kirchenfürsten setzten ihre Herrschaft mit Hilfe unfreier Dienstleute durch, die Land mit Bauern als Lehen erhielten. Aus dieser Dienstmannschaft entstand der mittelalterliche Niederadel des Rittertums. Als 1250 das deutsche Königtum nach dem Ende der Staufer an Einfluss verlor, konzentrierten die fürstlichen Adelsfamilien ihre Ländereien und Rechte und versuchten Land und Leute als Landesherren ihrer Herrschaft zu unterstellen – ohne Einmischung des deutschen Kaisers oder anderer adeliger Herren. Die „Reichsritter", die nur dem deutschen König zu Gehorsam verpflichtet waren, wehrten sich gegen die fürstlichen Landesherren, die sich den Niederadel unterwerfen wollten. Dessen Mitglieder sollten in ihrem Dienst hohe Ämter versehen, damit ihre Staaten mittels geordneter Verwaltung gleichmäßig und wirksam regiert wurden.

Die Bauernschaft

Im Mittelalter lebten neun von zehn Menschen von der Landwirtschaft, auf Bauernhöfen und in Dörfern. Häufige Kriegszüge ruinierten schon vom 8. bis

10. Jahrhundert die freien, zum Kriegsdienst verpflichteten Bauern. Freiwillig oder gezwungen begaben sie sich in die Abhängigkeit eines Klosters oder eines mächtigen Adeligen. Sie waren nun geschützt, behielten ihr Ackerland als Lehen und mussten nicht mehr in den Krieg ziehen. Allerdings waren die Bauern im Rahmen der Grundherrschaft abhängig und leisteten den Grundherren Abgaben und Arbeitsdienste, die Frondienste. Mancher unfreier Knecht erhielt eine kleine Hofstelle, besaß als Leibeigener jedoch weniger Rechte als ehemals freie Bauern, denn er unterstand persönlich der Verfügungsgewalt seines Herren und durfte keine eigene Entscheidung treffen. Zunächst unterschieden sich grundherrliche und leibherrliche Bauern nach Rechtsstand und Prestige, wuchsen jedoch im Laufe der Jahrhunderte zu einem vielfach gegliederten Bauernstand zusammen. Die Lage vieler Bauern verbesserte sich im hohen und späten Mittelalter, weil die adeligen und geistlichen Herren deren Abwanderung in die neuen Städte verhindern wollten. Wegen der städtischen Geldwirtschaft verlangten die Herren statt Naturalabgaben und persönlichen Diensten Geldzahlungen. Die Bauern konnten ihre Überschüsse in den Städten verkaufen und spezialisierten deswegen womöglich ihre Produktion. Da die bäuerlichen Zahlungen über die Generationen gleich blieben, der Geldwert jedoch sank, stieg im Spätmittelalter der Wohlstand der Bauern. Deswegen versuchten die adeligen und geistlichen Herren, mit der Einführung des römischen Rechts die Abgaben und Verpflichtungen der Bauern zu erhöhen und bäuerliches Gemeindeland für sich zu nutzen.

Die Stadtbürger

Wie bereits gezeigt veränderte die Städtelandschaft, die sich in Süddeutschland um 1250 gebildet hatte, das Leben der Menschen. Ehemalige Römerstädte wie Regensburg und Augsburg und neue Bischofssitze wie Würzburg und Bamberg wuchsen zu bedeutenden Zentren. Die Fürsten gründeten Städte, die wirtschaftliche und herrschaftliche Mittelpunkte in ihren Territorien bilden sollten.

Ein Beispiel dafür bietet München, das erstmals 1158 in einer Urkunde des bayerischen Herzogs Heinrich des Löwen erwähnt wurde. Auch die deutschen Könige unterstellten Städte ihrer Herrschaft und förderten auf dem Königsland die Ent-

1 Rathaus in Rothenburg o. T.
In dem Gebäudekomplex aus älterem und neuerem Rathaus mit dem Turm drückt sich das Selbstbewusstsein der Bürgerschaft einer unabhängigen Reichsstadt aus.
Foto, 2008

2 Stadtwappen der Reichsstadt Weißenburg

stehung von Städten. Seit dem 13. Jahrhundert strebten die Bürger in den ummauerten und bewehrten Städten, die die Städte verteidigten, nach Unabhängigkeit. Ihr Rat und mit gewählten Bürgermeistern sollten den Markt, den wirtschaftlichen Mittelpunkt der Stadt, schützen und ordnen und das Stadtrecht aufstellen. In den Reichsstädten Nürnberg und Augsburg, die dem König direkt unterstanden, konnte die Handel treibende Oberschicht, das Patriziat, das Stadtregiment erringen. Allerdings verteidigten auch kleinere Reichsstädte wie Windsheim oder Rothenburg ihre Selbstständigkeit. Eine unterschiedliche Entwicklung nahmen die Residenz- und Hauptstädte der Landesherren, die trotz Bürgeraufständen der Kontrolle des Fürsten unterworfen blieben, jedoch von dessen Hofhaltung und der Stellung als Hauptstadt wirtschaftlich profitierten. In den kleinen Landstädtchen machten Bauern neben den Handwerkern und Händlern oft mehr als die Hälfte der Einwohnerschaft aus (Ackerbürger).

Ländliche Unterschichten

„Ehrbar" zu sein, bedeutete einem rechtlich gesicherten Stand mit entsprechenden Rechten und Pflichten anzugehören. Ein großer Teil der Menschen besaß jedoch nicht die Chance, in solchen gefestigten Lebensumständen zu existieren. Viele zweit- oder drittgeborene Söhne konnten keine selbständige Existenz mit Besitz und Heirat aufbauen, sondern mussten „einen Dienst nehmen". Gesinde wie Knechte und Mägde zählten im frühen Mittelalter zu den Leibeigenen. Allerdings verbesserte sich der Rechtsstand von Knechten und Mägden bis zur frühen Neuzeit, da sie nun leichter den Arbeitgeber wechseln konnten. In der Regel gehörten sie im Bauernhof zur Hof- und Familiengemeinschaft, denn sie arbeiteten und lebten häufig gemeinsam mit der Familie des Bauern.

3 **Der Marktplatz von Augsburg um 1500**
Gemälde von Jörg Breu, 1530. Der Markt als Ort des Güteraustauschs stellte den Ausgangspunkt der mittelalterlichen Stadtentwicklung dar. Der Marktplatz bildete den sozialen, wirtschaftlichen und politischen Mittelpunkt der mittelalterlichen Städte.

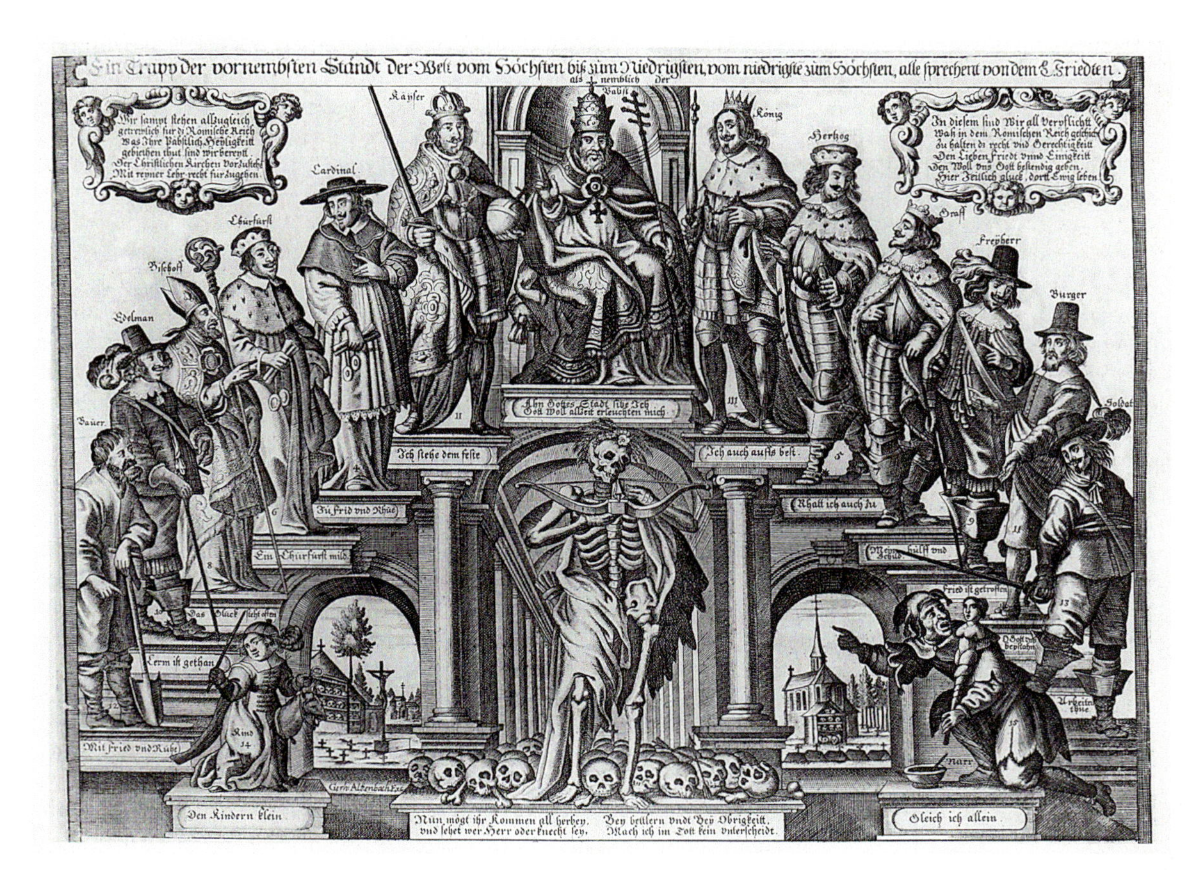

4 Ständetreppe

Kupferstich von Gerhart Altenbach, 17. Jahrhundert. Die Darstellung der gesellschaftlichen und politischen Hierarchie fällt differenzierter aus als die beiden Darstellungen der Auftaktdoppelseite des Kapitels (S. 6 f.). Arbeiten Sie die Unterschiede heraus und analysieren Sie, welche religiöse Aussage der Künstler integriert haben könnte.

Städtische Unterschichten

Auch in den mittelalterlichen Städten entwickelte sich eine differenzierte und zahlreiche Unterschicht unterhalb der Handwerker und Händler, die das Bürgerrecht erwarben. Das Zunftwesen bedingte, dass die meisten Gesellen keinen eigenen Betrieb aufbauten und deswegen als angestellte Mitarbeiter in einem handwerklichen Kleinbetrieb arbeiteten. Wie in den bäuerlichen Haushalten konnten Gesellen und Gesinde auch in der bürgerlichen Hausgemeinschaft zur Familie gehören. Freie Arbeiter hingegen versuchten, als Tagelöhner sich temporäre Erwerbstätigkeiten zu verschaffen, zum Beispiel im Transportgewerbe oder auf dem Bau. Die Grenze zu erwerbslosen, völlig verarmten Randgruppen war fließend. Solche Männer und Frauen besaßen kein Obdach und lebten von der Bettelei. Den Armen zu geben, galt im Mittelalter als eine christliche Tat der Nächstenliebe. Hungersnöte, Seuchen, Krieg oder extreme wirtschaftliche Schwankungen vermehrten rasch diese benachteiligten Gruppen. Mit der Wende zur Neuzeit verbreitete sich die Ablehnung und Ausgrenzung der Bettelei, so dass Bettler häufig mit dem fahrenden Volk aus Dörfern und Städten ausgewiesen wurden. Die unterständischen Gruppierungen konnten mit Knechten und Mägden, Tagelöhnern, Kriegsknechten und Prostituierten eine große Anzahl von Menschen umfassen, denen die Ehe, damit auch die Familiengründung versagt war.

Keine „ehrbaren Leut"

Das „fahrende Volk" widersprach in seiner Lebensform der bäuerlichen und bürgerlichen Sesshaftigkeit. Als Gaukler, Spielleute und Musikanten trugen sie zur Unterhaltung bei und erregten Erstaunen. Auf der anderen Seite schienen sie sich nicht in die Normen und Regeln der Ständegesellschaft einzuordnen, weswegen sie Vorurteilen und Verachtung begegneten. Sie zählten wie Bettler, Prostituierte und Henker zu den unehrlichen Leuten. Totengräber und die Henker, deren Arbeit mit dem Tode zu tun hatte und den meisten Menschen unheimlich war, wurden sozial gemieden, obwohl die Gesellschaft auf ihre Tätigkeit nicht verzichten konnte.

Eine gottgewollte Ordnung

Die ehrbaren Stände Adel, Geistlichkeit, Bürger und Bauern bildeten die vier Pfeiler der Ständegesellschaft. Jeder Stand besaß sein eigenes Recht, Freiheiten bestanden immer besonders für einen Stand und die Ungleichheit der Stände galt als natürlich und von Gott gewollt. Jedem Menschen war gemäß seinem Stand eine bestimmte Aufgabe vorgegeben, die zu erfüllen seine Pflicht war. Die Fürsten und Monarchen leiteten ihre Herrschaft von Gott und dessen Willen ab, weswegen die Untertanen in der Regel zu unbedingtem Gehorsam verpflichtet waren. Die alte, überlieferte Ordnung wurde als Norm und Vorbild angesehen, weswegen in sozialen und rechtlichen Konflikten die streitenden Parteien sich auf das alte Recht beriefen. Die ständische Eigenständigkeit bedingte jedoch auch Ansätze einer demokratischen Selbstbestimmung, zum Beispiel innerhalb der selbständigen Städte, und der ständischen Mitbestimmung in den Landtagen, auf denen gewählte Vertreter des Adels, der Geistlichkeit und der Städte über die Steuererhebung der Landesfürsten abstimmten. Die Orientierung der kleinen Leute reichte in der Regel nicht über den lokalen Bezug hinaus. Die Kirche festigte diese soziale und politische Hierarchie, die sie auch auf die Vorstellungen eines hierarchischen Jenseits bezog.

Die parlamentarische Geschichte Bayerns setzte 1311 ein, als Otto III., Herzog von Niederbayern, Geld benötigte, um sich im Streit um die ungarische Königskrone durchsetzen zu können. Der niederbayerische Adel bewilligte dem Landesherrn einmalig die Steuern, ließ sich aber auch seine Vorrechte bestätigen. Knapp 200 Jahre später schrieb Herzog Albrecht IV. in der „Erklärten Landfeste" vom 11. September 1508 die bislang in den Teilherzogtümern Ober- und Niederbayern geltenden Rechte der Landstände, das Steuerbewilligungs- und das Steuererhebungsrecht, für das vereinigte Herzogtum fest. Die Urkunde führte als die vertretenen Stände „Prelaten Graven – Freyen – Herrn Ritter und Knecht des Adels – auch Stett und Märckt" auf.

5 Bauern beim Frondienst
Monatsbild „August" von Hans Wertinger, 16. Jahrhundert. Die Darstellung in Haltung und Tätigkeiten lassen die Rangunterschiede der Personen deutlich erkennen. Im 16. Jahrhundert wurden Frondienste, die ursprünglich von leibeigenen Bauern zu leisten waren, zunehmend durch Geldzahlungen abgelöst.

6 Die unveränderliche Ständeordnung (1698)

Hoch- und Vielgeneigtester Geehrter Werther Lieber Leser
Wann der weise Plato geschrieben / daß der Schöpfer aller Dinge die Menschen nicht auf einerley Art geschaffen / sondern denen / so die Fürnehmsten seyn und regiren sollten / etwas Gold / denen / so andern mit klugen Rath und Beystand an die Hand zu gehen vermöchten / Silber / und denen / so zu den Feld-Bau und anderen schweren Arbeit gewidmet / Erz und Eisen beygemischt habe / hat er uns damit lehren und sehr sinnreich vorstellen wollen / daß der Allweise Gott die Menschen in dreyerley Haupt-Stände unterschieden habe / nemlich / wie wir insgemein zusagen pflegen / in den Regier- Lehr- und Nehr-Stand. Er deutete durch die Beymischung des Goldes den Vorzug und die Würde deß hohen Regenten-Standes an / durch das Silber aber den sorgsamen / jedoch mit Ehren bekleideten Mittel-Stand / und durch die Zumischung des Erzes und Eisens / den mühsamen Handwerck- und mit sehr harter Arbeit belegten Bauern-Stand; nicht / daß jener sich über diesen erhebe noch dieser jenen ihren Vorzug missgönne / sondern vielmehr ein jeder sich mit seinem Stande vergnüge / der Göttlichen unveränderlichen Ordnung gehorsam unterwerfe / und stets dahin bearbeite / wie er denen in den anderen Ständen / so viel an ihm ist / und seines Standes Beschäftigung mit sich bringe / an die Hand gehe / dann die Menschen / wie der römische Redner sehr wohl gesagt / sind um der Menschen willen geschaffen / daß einer dem andern dienen solle.

Abbild und Beschreibung der Gemein-Nützlichen Haupt-Stände, Regensburg 1698, reprint 1977, S. 1 f.

7 Das Predigtmärlein des Franziskanermönchs Leo Wolff (1659–1708)

Es hat sich begeben, dass eine junge Tochter aus einem gewissen Dorf täglich in die Stadt Augsburg einen großen Kessel mit Milch, solche zu verkaufen, getragen hat. Diese Tochter hatte ein großes Verlangen nach einer schönen schwäbischen Hauben. Eine solche zu bekommen pflegte sie jedes Mal, wann sie zu der Brucken des Wassers, worüber sie gehen musste, kommen ist, mit dem Geschirrle, welches sie brauchte, die Milch auszunehmen, so viel Wasser aus dem Fluss zu schöpfen und unter die Milch zu schütten, dass also der Milchkessel um dieses eingegossene Geschirrle Wasser ist gemehrt und um einen Kreuzer reicher worden, welchen Kreuzer sie allzeit hat zurückbehalten und dieses so lang getrieben, bis sie so ersparet und gewonnen hat, dass sie ihr ein schöne schwäbische Hauben hat kaufen können. Diese ist ja reich worden? Aber wie? Als sie an einem hohen Festtag mit ihrer Hauben auf dem Kopf in die Stadt prangen wollte, ist es geschehen, dass auf dieser Brucken, bei der sie das Wasser aus dem Fluss geschöpft und unter die Milch gegossen hat, durch den starken Wind ihr die Hauben von dem Kopf gerissen und in den reißenden Fluss also ist geworfen worden, dass solche gar bald mit Wasser gefüllt zugrund gegangen ist. Sehet da, sie gewonnen, also zerronnen.

Elfriede Moser-Rath (Hg.): Predigtmärlein der Barockzeit. Berlin 1964, S. 160. (Rechtschreibung angepasst)

8 Aus einer Münchner Kleiderordnung von 1624

[Wir] ordnen an, dass bei den Bauern, den Arbeitern, Tagelöhnern und deren Frauen [...] das karmesingefärbte Tuch [...] verboten werde, [ebenso] [...] die teuren Filz- und Schabhüte, die [...] zu Hemden verwendete feine Leinwand, die mit unnötigen Nähten und Verziehrungen versehenen [...] Schuhe, die gestrickten Strümpfe, Spitzen, Silber und Gold [...] Der Ehering [darf] nur aus Silber sein.

In München [ist] besonders bei Weibspersonen das rechte Maß überschritten worden, so dass [...] zwischen diesen und höheren, auch Herren und Standespersonen, wenig und gar kein Unterschied [...] zu sehen gewesen [...][ist]. Wir wollen hoermit solchen Missbrauch abgeschafft haben [...]

Unsere Räte wie auch die Professoren der Universität Ingolstadt, zusammen mit ihren Frauen und Kindern, mögen sich ihren Privilegien gemäß mit Ketten und Ringen [...] denen vom Adel gleich halten [...]

Die Grafen und Freiherren, ihre Frauen und Kinder, [mögen] in ihrer Kleidung, ihrem Schmuck [...] ihren Stand und Vorrang vor dem [übrigen] Adel und anderen [...] Standespersonen [...] zur Darstellung bringen.

M. v. Freyberg: Pragmatische Geschichte der bayerischen Gesetzgebung und Staatsverwaltung seit den Zeiten Maximilians I. München 1836/39 II, S. 154 ff.

9 Eine Bettlerfamilie auf der Landstraße

Holzschnitt, um 1500. Die wechselhaften natürlichen und wirtschaftlichen Bedingungen konnten rasch die Verarmung von Bauern und Handwerkern hervorrufen. Wie Henker und Spielleute galten die Bettler als „unehrlich", besaßen kein Ansehen und keine Rechte.

Arbeitsvorschläge

a) Erarbeiten Sie die politischen und gesellschaftlichen Entwicklungen, die die mittelalterliche Ständegesellschaft im Deutschen Reiche kennzeichneten. (VT, M 4)

b) Analysieren Sie die Konflikte zwischen den deutschen Königen als Vertretern der zentralen Monarchie und dem Hochadel als Vertretern der partikularistischen Kräfte. Verdeutlichen Sie die entsprechenden Folgen für die staatliche und gesellschaftliche Gestalt des Heiligen Römischen Reiches deutscher Nation.

c) Untersuchen Sie an Hand des Vorworts zu dem Büchlein über die Berufsstände, welches Bild von der Gesellschaft entworfen und wie die Gesellschaftsordnung gerechtfertigt wird. Vergleichen Sie dieses mit aktuellen Vorstellungen unserer Gesellschaft. (M 6)

d) Erschließen Sie, welche Wirkung die Barockpredigt im Rahmen der ständischen Gesellschaft ausübte. (M 7)

e) Stellen Sie die Funktionen der Kleiderordnungen zusammen und diskutieren Sie die oft beklagte Tendenz der Unter- und Mittelschichten, teure und kostbare Kleidung zu tragen. (M 8)

1.2 Politische Veränderungen der ständischen Gesellschaft von 1500 bis 1800

Beschränkte Selbstverwaltung und ständische Ungleichheit

Soziale Unzufriedenheit staute sich im 15. Jahrhundert in Stadt und Land auf. In vielen Städten war der lange währende Kampf um die kommunale Unabhängigkeit gescheitert. Innerhalb der Städte versuchten die Patrizier wiederum die Handwerker, die sich in Genossenschaften, den Zünften, organisierten, von der Mitregierung im Rat und den städtischen Ämtern auszugrenzen. Gesellen und Tagelöhner besaßen zumeist kein Bürgerrecht und keinen Einfluss. Auch in manchen Dörfern konnten die Hofbesitzer einen Rat und einen Dorfbürgermeister wählen, jedoch musste die Dorfherrschaft ihre Einwilligung geben. Die Bauern wehrten sich gegen die zunehmenden Abgaben- und Dienstforderungen, die die Grundherren mit Hilfe des römischen Rechts auf Bereiche wie die Allmende ausdehnten, die bisher der herrschaftlichen Kontrolle entzogen waren.

Allmende

Reformation als Krise der geistigen und kirchlichen Ordnung

Die Reformation beschleunigte die Zuspitzung der gesellschaftlichen Konflikte. Martin Luthers ursprüngliche Absicht, den Missbrauch des Ablasswesens zu kritisieren, fand breiten Zuspruch und wuchs zur grundsätzlichen Kritik der Papstkirche an. Luther bestritt den geistlichen Vorrang von Päpsten und Bischöfen, reduzierte die Zahl der Sakramente und erkannte nur die Heilige Schrift als Quelle von Wahrheit und Glauben an. Damit alle Gläubigen die christliche Botschaft selbst lesen konnten, übersetzte er die Bibel in die deutsche Sprache. Weil Luther auf dem Wormser Reichstag vor dem Kaiser und den Fürsten auf seinem Glauben beharrte, wurde er zum Vorbild im Kampf gegen die kirchlichen und staatlichen Autoritäten. (**Online Link** 430017-0101: Schaubild Reformation)

Die rasche Verbreitung von Luthers Lehre bedingte nicht nur die Auflösung der kirchlichen Strukturen und Institutionen, sondern auch soziale und ökonomische Veränderungen. In Städten und Regionen, die zum reformierten Glauben übertraten, wurden die Klöster und geistlichen Stifte aufgelöst, Äbte und Bischöfe verloren ihre weltliche Herrschaft. In den reformierten Städten übernahm das besitzende Bürgertum das geistliche Grundeigentum, Sozial- und Bildungseinrichtungen wie Schulen und Hospitäler organisierten die Kommunen. Die Ländereien und Hoheitsrechte der Klöster auf dem Land zogen die evangelischen Landesfürsten oder benachbarte Adelsfamilien ein.
Die Geistlichen verloren in den evangelischen Territorien und Gemeinden ihre bevorrechtete Stellung: Die Landesherren, in unabhängigen Städten der Rat der Stadt, ernannten, besoldeten und überwachten die Geistlichen, die nicht zum Zölibat verpflichtet waren, und lenkten als oberste Kirchenherren anstelle von Bischöfen und Papst die Kirchenorganisation.

1 Der Ständebaum von 1530
Der Holzschnitt von Hans Weidlitz verdeutlicht eine „verkehrte Welt" und kritisiert die Ungleichheit der Ständegesellschaft ironisch. Formulieren Sie diese Kritik im Kontext der politischen Ereignisse der Zeit.

2 Zweierlei Sicht auf Martin Luther
In beiden Holzschnitten (links: Hans Baldung Grien; 1521, rechts: Erhard Schoen, um 1535) wird der tief greifende Konflikt um den Reformator und die Reformation erkennbar. Holzschnitte dienten im Konfessionsstreit einer „modernen Massenpropaganda".

In den mittleren Ständen des „gemeinen Mannes", der Bauern, Handwerker und Händler, verbanden sich die religiösen mit politischen und sozialen Veränderungszielen. In Berufung auf den Wortlaut der Bibel und das überlieferte „alte Recht" zweifelten die Bauern an einer Reihe von Abgaben, Steuern und Dienstverpflichtungen, ohne die Ständegesellschaft grundlegend in Frage zu stellen. In den „Memminger Forderungen" fanden die Forderungen der schwäbischen Bauern einen allgemein akzeptierten Ausdruck. Der Widerstand geistlicher und adeliger Herren war vorprogrammiert, denn der Verzicht auf Herrschaftsrechte hätte zum Ende ihrer ständischen Vorherrschaft geführt. Die Gewalteskalation bedingte im Frühjahr 1525 die Bildung mehrerer bewaffneter Bauernheere, die Klöster und Burgen zerstörten und den Verzicht adeliger und geistlicher Herren auf Feudalrechte erzwangen.

Schwäbischer Bund

Gegen diese rüsteten die Fürsten des „Schwäbischen Bundes" ein Söldnerheer aus. Nach dem völligen Sieg des Fürstenheers wurden die Führer und Anhänger des Aufstandes verfolgt und die kommunale Selbstverwaltung eingeschränkt. Die Niederlage des „gemeinen Mannes" festigte die Ständeherrschaft und Ständegesellschaft bis zur Zeit der Französischen Revolution.

Stabilisierung der Ständegesellschaft im frühmodernen Staat

Dennoch blieb die stabile soziale Gliederung in den folgenden 300 Jahren nicht unverändert. Das 16. Jahrhundert brachte zunächst eine wirtschaftliche und soziale Festigung in Süddeutschland, besonders als 1555 der Grundsatz, dass der Landesherr die Konfessionszugehörigkeit seiner Untertanen bestimmt, die Konfessionskriege beendete. Die großen Handelsstädte Augsburg und Nürnberg verloren wegen der Westverlagerung der großen Fernhandelswege an Bedeutung, behielten jedoch regional ihre wirtschaftliche Stärke. Ende des 16. Jahrhunderts zeigten sich die Folgen der schwindenden Bedeutung des süddeutschen Raums im Ruin der großen Augsburger Familienunternehmen Fugger und Welser und in der Stagnation des Nürnberger Gewerbes und Handels. Die Rekatholisierung in der zweiten Hälfte des 16. Jahrhunderts stärkte in Altbayern und den fränkischen Bistümern Würzburg und Bamberg das katholische Bekenntnis und seine Verankerung in der Gesellschaft. Das Recht der Landesherren, die Konfession der Untertanen zu bestimmen, bedingte die Vertreibung von Untertanen, die sich nicht der herrscherlichen Konfession anschlossen. Dies schwächte das Gewerbe treibende Bürgertum in den katholischen Städten, wohingegen benachbarte Reichsstädte davon profitierten. Die Rekatholisierung festigte in Altbayern, Franken und Schwaben die geistliche Grundherrschaft von Klöstern, Stiften und Bischöfen und die privilegierte Sonderrolle der Geistlichkeit in der Ständegesellschaft. Deswegen bestanden eigenständige kleinere und mittlere geistliche Herrschaften wie die Hochstifte Würzburg und Bamberg bis 1803. Sie stabilisierten die lokale und regionale Ausprägung der Ständegesellschaft zugunsten des geistlichen Vorrangs.

Gesellschaftliche Veränderungen im Barock

Aus der Konfessionsspaltung resultierte der Dreißigjährige Krieg, dessen religiöse Anfänge bald vom machtpolitischen Konflikt zwischen Kaiser und deutschen Fürsten und dem der europäischen Mächte um die europäische Vorherrschaft überlagert wurden. Der Krieg wurde fast ausschließlich auf dem Boden des Heiligen Römischen Reiches Deutscher Nation, seit den dreißiger Jahren des 17. Jahrhunderts besonders in Süddeutschland ausgetragen. (**Online Link** 430017-0101: Karten Dreißigjähriger Krieg) Im Ergebnis bewirkte dieser Krieg nicht nur einen starken Bevölkerungsrückgang, sondern auch den Niedergang der Wirtschaft, der Bauernschaft und des städtischen Gewerbes. Die zweite Hälfte des 17. Jahrhunderts war – trotz ständiger Kriege – eine Zeit, in der sich die gesellschaftlichen Verhältnisse langsam besserten. Um 1700 machte sich ein gewisser Wohlstand in einer neuen Bautätigkeit bemerkbar, zunächst barocker Kirchen und Schlösser, bald aber auch von bürgerlichen und bäuerlichen Häusern. Die Wirtschaft in dem staatlich und politisch zersplitterten Süddeutschland konzentrierte sich meist auf die höfischen Zentren. Soweit ihr Luxusbedarf es nötig machte, umgingen die Landesherren durch besondere Manufakturgründungen die engen Zunftregeln und schufen damit erste Ansätze für ein modernes Unternehmertum und Lohnarbeit. Die soziale Schichtung in den Landgemeinden war einem stärkeren Wandel unterworfen als in den Städten, in denen die Zünfte den Markt regulierten. Die landlose dörfliche Unterschicht der „Selden" oder „Sölden" wuchs deutlich und machte in manchen Gemeinden die Hälfte der Bewohner aus. Viele von ihnen verdingten sich als Knechte oder Landarbeiter gegen Lohn, andere gingen auf Wanderschaft oder übten handwerkliche Berufe aus. Gerade die Tätigkeiten des Schmieds, des Schreiners, des Büttners benötigten die Landwirte, die nicht mehr alle handwerklichen Arbeiten auf dem Hof selbst ausführen konnten. Oft versuchten bäuerliche Familien im Nebenerwerb durch Arbeit für einen Textilunternehmer ihr kärgliches Einkommen aufzubessern. In der Folge lebten die unterständischen Selden wirtschaftlich nicht schlechter als die sozial respektierten Bauern.

3 Die Bedeutung des Bauernkrieges

Der Bauer war gewohnt, sein Leben selbst zu regeln. Seine politische Welt war das Dorf, wie es als quasi autonome Gemeinschaft im Spätmittelalter entstanden war und vom jeweiligen Grundherren akzeptiert wurde. Dies änderte sich, als einmal im Maße der Ausbildung einer privilegierten Ständegesellschaft im sich konsolidierenden Territorialstaat der Bauer erstmals als Untertan definiert wurde, dessen ausschließliche Aufgabe es war, zu arbeiten und zu gehorchen und die materielle Reproduktion der Gesellschaft zu gewährleisten, zum anderen, als zwischen Bauern und Grundherren der Staat mit seinen neuen Steuerforderungen und Polizeivorschriften trat, und schließlich als der entstehende kapitalistische Markt, wenn auch in den verschiedenen Regionen Europas unterschiedlich intensiv, die bäuerliche Subsistenzwirtschaft aufzulösen begann und der Bauer in die Abhängigkeit vom Markt geriet. […] Den staatlichen „Integrationsprozess“ erlebte der Bauer weitgehend als Verschlechterung seiner sozialen Situation, als vermehrte Belastung durch Steuern und Fron […]. Da dem Bauern rechtliche Protestmöglichkeiten de jure zwar offenstanden, im Alltag aber wirkungslos waren, blieb ihm zur Abwehr neuer Belastung und weiterer Zerstörung seiner Subsistenzwirtschaft nur der Widerstand […] Dem Formierungsprozess der frühmodernen europäischen Gesellschaft korrespondiert eine Protestbewegung der Bauern, deren Reichweite und Bedeutung erst in jüngerer Zeit richtig erkannt wurde.

Richard van Dülmen: Entstehung des frühneuzeitlichen Europa, 1550–1648. Frankfurt/Main 1982, Fischer Weltgeschichte Bd. 24, S. 116 f.

5 Die Freiheitsforderungen der Bauern aus den 12 Artikeln von 1525

1) Ist unsere demütige Bitte und Begehr […], dass wir nun fürderhin Gewalt und Macht haben wollen, dass eine ganze Gemeinde einen Pfarrer selbst erwählen und kiesen soll, auch Gewalt haben, denselben wieder zu entsetzen, wenn er sich ungebührlich hielte. Derselbe erwählte Pfarrer soll uns das heilige Evangelium laut und klar predigen ohne einen menschlichen Zusatz […]
2) Nachdem der Zehnt eingesetzt ist im Altern Testament […], sind wir des Willens hinfort, diesen Zehnten […] sollen unsere Kirchenpröpste, so eine ganze Gemeinde

4 Holzschnitt von Hans Holbein d.J. zum Titelblatt von Martin Luthers Schrift von 1524 „An die Ratsherrn aller deutschen Städte, dass sie christliche Schulen aufrichten und halten sollten“
In den Städten tendierte die Mehrheit der Bürger zu Luthers Lehre, die bisher von der Kirche betriebenen Schulen wurden nun von den Städten oder den Landesherren unterhalten.

6 Kritischer Holzschnitt über den Streit der Konfessionen von 1619

Der konfessionelle Gegensatz führte nach einem Jahrhundert in Deutschland zum Dreißigjährigen Krieg.

setzt, einsammeln, davon einem Pfarrer seinen geziemenden, genugsamen Unterhalt geben […] nach Erkenntnis der ganzen Gemeinde, und was übrig bleibt, soll man armen Bedürftigen, so im Dorf vorhanden sind, mitteilen […] Den kleinen Zehnt wollen wir gar nicht mehr geben, denn Gott, der Herr, hat das Vieh frei für den Menschen geschaffen.

3) Ist bisher Brauch gewesen, dass man uns für Eigenleute gehalten hat, welches zu erbarmen ist, angesichts dass uns Christus alle mit seinem kostbaren Blutvergießen erlöst und erkauft hat […] Nicht etwas, dass wir ganz frei sein und keine Obrigkeit haben wollen, das lehrt Gott nicht […] vielmehr, dass wir gegen unsere erwählte und gesetzte Obrigkeit, so Gott uns gesetzt, in allen geziemenden und christlichen Sachen gehorsam sind. […]

6) Ist uns eine harte Beschwerung der Dienst halber, welche von Tag zu Tag gemehrt werden, und wir begehren […], dass man uns hierin gnädig ansehen möge, wie unsere Eltern gedient haben. […]

8) Sind wir beschwert und viele derer, so viele Güter inne haben, dass dieselben Güter die „Gült“ (Pachtzins) nicht ertragen können […] es möge die Herrschaft dieselben Güter durch ehrbare Leute besichtigen lassen und nach Billigkeit einen Zins setze. […]

11) Zum elften wollen wir den Brauch, genannt den Todfall (eine Erbschaftsabgabe), ganz und gar abgetan haben, nimmer gestatten, dass man Witwen und Waisen das Ihre wider Gott und Ehren also schändlich nehmen und rauben soll. 40

Heinrich Böhmer: Urkunden zur Geschichte des Bauernkrieges. Berlin 1927, S. 2 ff.

7 Forderungen der Rotenburger Handwerker 1525 an den Rat der Reichsstadt

1. Zwar wird der Stadtrat vom größten Teil der Gemeinde gewählt, in Wirklichkeit aber gaben dabei Reichtum, Freundschaft, Schwägerschaft, nicht aber Sachkenntnis den Ausschlag. 5
2. Wir Handwerker fordern, dass künftig am 1. Mai die Gemeinde den „äußeren Rat“ wählt, anschließend soll der äußere Rat den „inneren Rat“, die eigentliche Stadtregierung, wählen. 10
3. Beide Räte sollen jährlich zum 1. Mai Rechenschaft über alle Einnahmen und Ausgaben ablegen.
4. Die bisherige Steuer von einem Gulden auf 100 Gulden Vermögen soll auf einen halben Gulden herabgesetzt werden. 15
5. Wir wollen die Schlüssel zu allen Waffen haben.
6. Jeder Bürger soll sein Holz im Wald schlagen dürfen.

7. Wir begehren, dass man einen „gemeinen“ Bürger nicht so leicht ins Gefängnis bringen soll, wohin die
20 Übeltäter gehören.

Thomas Zweifel: Rothenburg im Bauernkrieg. Stuttgart 1878, S. 119–139. (gekürzt)

8 Die Bestellung des Pflegers von Dachau (1502)

Vermehrt wurden bislang selbständige Adelige als hohe „Beamte“ des Landesherrn zur Verwaltung herangezogen.

Wir Albrecht von Gottes Gnaden bekannen, dass Wir
5 dem ehrenfesten Ritter, unserem lieben getreuen Wolfgang Weichser zu Griesbach, unser Schloss und Pflegamt Dachau nachfolgendermaßen [...] anbefohlen haben: Dass er in unserem genannten Schloss häuslich wohnen [...] und Uns davon [...] mit vier reisigen Pferden und
10 Knechten, wenn es notwendig ist, wohlgerüstet gegen jedermann zu Diensten [...] stehen soll und als getreuer Diener Unseren Nutzen fördern [...] soll. Und die Unseren [...] vor Gewalt und Unrecht schützen und schirmen und nicht unbillig belasten und beim alten Herkommen
15 bleiben zu lassen. Auch von unserem Pflegamt nichts zu entziehen lassen, sondern Uns dieses mit allem, was dazugehört, getreulich handzuhaben [...]

Dess er die Harnischbeschau in Unserem Gericht Dachau jedes Jahr [...] halten soll, und was dabei [...] zu strafen
20 ist, soll er nach Lage der Dinge strafen und die Strafe einbringen. [Er] soll auch jedes Jahr zur gewöhnlichen Zeit in den Dörfern und Sprengeln seines Pflegamts Hauptleute einsetzen [...] Wo jemand [...] den Landfrieden anruft, soll Unser Pfleger den Schaden zu strafen haben, und die
25 Amtsleute oder Hauptleute, in deren Sprengel oder Dorf das vorfällt, sollen dies Unserem Pfleger anzeigen, damit er die Strafe zu verhängen wisse.

Was zur Nordurft der Wege und Stege der Dörfer in seinem Pflegamt zu tun ist, darüber soll unser Pfleger samt einem Richter und den Räten in Dachau beraten, und 30 was dabei an Verbrechen und Vergehen vorgefallen ist, soll Unser Pfleger allein bestrafen.

Churpfalzbaierisches Regierungs- und Intelligenzblatt 1801, S. 185. Zit. nach: Heinz Dieter Schmid: Fragen an die Geschichte 2. Frankfurt/M. 1978, S. 159.

9 Aus der „Landesfreiheit“ von 1516

Bei der Besetzung von Führungspositionen in den jungen Territorialstaaten wurde auf die ständische Herkunft Rücksicht genommen.

Wir sollen unsere Ämter, nämlich die Ämter des Vize- 5 doms, Hofmeisters, Marschalls, Kammermeisters, Küchenmeisters [und] Jägermeisters, auch die Pflegen Unserer Orte, und namhaften Städte und Schlösser, mit tapferen Edlen und geeigneten Landsleuten [= im Landtag Vertretenen], die Bayern sind oder Schlösser 10 oder Adelssitze zu Bayern zu Erbe besitzen, und nicht mit Auswärtigen versehen und besetzen. Und zuvor [vor allem] in Unseren Rat mehr taugliche Landleute von Adel, die Laien sind, einsetzen. Dazu sollen für Unsere Rentmeisterämter Adelige oder andere ehrbare, redliche 15 Personen, die Landleute und dafür tauglich sind, herangezogen und verwendet werden, nicht aber Fremde oder Ausländer.

Wir sollen auch [...] Unsere Gerichte, Kasten-, Zoll- und Mautämter überall in unseren Landen mit Leuten beset- 20 zen, die edel oder ehrbar, redlich, von ehelicher Geburt und verständig sind [...] Wir wollen auch bei den Landgerichten geschickte und verständige Gerichtsschreiber, und für andere [...] Ämter Diener und Knechte, die von ehrbarem Herkommen und Wesen sind. 25

M. v. Freyberg: Pragmatische Geschichte der bayerischen Gesetzgebung und Staatsverwaltung seit den Zeiten Maximilians I. München 1836/39 IV., S. 124.

Arbeitsvorschläge

a) Fassen Sie in Form einer Mind-Map die Veränderungen in der ständischen Gesellschaft zusammen, die zur Erschütterung der deutschen Ständegesellschaft im späten Mittelalter führten.
b) Stellen Sie die Forderungen der Vertreter des „gemeinen Mannes“ 1525 zusammen und diskutieren Sie, inwiefern die feudale Ständegesellschaft gefährdet war (M 5, M 7).
c) Untersuchen Sie die politischen und sozialen Veränderungen, die die Herausbildung des frühmodernen Fürstenstandes mit sich brachte. Berücksichtigen Sie die Bedeutung der Reformation für die Stärkung des Staates.
d) Entwerfen Sie in einer Synopse die direkten und indirekten Folgen von Bauernkrieg und Reformation für die ständische Gesellschaft und den fürstlichen Territorialstaat.
e) Welche allgemeinen Pflichten und besonderen Aufgaben hatte ein Pfleger? Wer unterstützte ihn bei seinen Amtspflichten (M 8)?

1.3 Die frühneuzeitliche Staatenwelt in Süddeutschland

1 **„Das hailig Römisch reich mit seinen gelidern“**
Holzschnitt von Hans Burgkmair d. Ä., 1510. Die Darstellung zeigt eine genau festgelegte Rangordnung der hohen und niederen Reichsfürsten: in der oberen Reihe die Wappen der Kurfürsten; darunter eine Auswahl der Herzöge, Markgrafen, Landgrafen, Burggrafen, Grafen, Bannerherren, Freiherren, Ritter, Städte und Dörfer. Dieses Sinnbild verdeutlicht die christliche Legitimation des Reiches und legt eine Geschlossenheit und Ordnung nahe, die in der Realität nicht bestand.

Das französische Vorbild

Eine Folge des Dreißigjährigen Krieges zeigte sich in dem Ausbau der fürstlichen Territorialstaaten zu absolutistischen Monarchien nach französischem Vorbild. Dem „Sonnenkönig“ Ludwig XIV. gelang es, den Adel von der Mitregierung auszuschalten und auf die zeremoniellen Hofämter am Königshof zu beschränken. Die wichtigsten staatlichen Ämter wie die der Minister und der Intendanten besetzte der Monarch, der sich selbst die alleinige Entscheidungsgewalt vorbehielt, mit Fachkräften, die auch aus dem Bürgertum stammen konnten. Auf diese Weise baute Ludwig XIV. in Frankreich die staatliche Zentralverwaltung aus. Dabei dehnte der Staat seine Zuständigkeit auf weite Bereiche des Lebens der Untertanen aus, die sich in einer Unzahl von umfassenden Vorschriften niederschlug. Besonders kam dies in der merkantilistischen Wirtschaftspolitik des Ministers Colbert zum Tragen, der das Königreich durch Einführzölle für ausländische Güter, nicht jedoch für benötigte Rohstoffe verschloss. Andererseits förderte er die verarbeitenden Betriebe und handwerkliche, arbeitsteilige Großbetriebe, die Manufakturen, durch Privilegien und Monopole. Diese so geförderten Güter sollten durch Export ausländische Märkte

Merkantilismus

erobern und der französischen Wirtschaft und dem Staatshaushalt einen Geldüberschuss bescheren. Die zahllosen Kriege, die Ludwig XIV. mit dem Ziel der Hegemonie in Europa führte, und die immensen Kosten für Schlossbau und Hofhaltung in Versailles machten allerdings die anfänglichen Erfolge des Merkantilismus zunichte.

Die staatliche Zersplitterung im deutschen Reich

Osmanen

Der Ausgang des Dreißigjährigen Krieges 1648 zementierte die staatliche Zersplitterung im Heiligen Römischen Reich Deutscher Nation. Ende des 17. Jahrhunderts stärkten die österreichischen Habsburger ihre kaiserliche Stellung, als sie die osmanischen Angriffe vom Balkan her abwehrten. Das nordostdeutsche Königreich Preußen wuchs im 18. Jahrhundert zur zweiten Großmacht im Gefüge des Reiches. Die Vielzahl der mittleren, kleinen und kleinsten staatlichen Gebilde blieb jedoch für eineinhalb Jahrhunderte erhalten und bedingte eine Vielzahl von sozialen, wirtschaftlichen und kulturellen Besonderheiten, festigte jedoch auch die alte Ständegesellschaft und die mit ihr verbundenen Sozial- und Wirtschaftsformen.

Bayerische Machtpolitik in Europa

Einen Machtzuwachs wie Österreich und Preußen erhoffte sich auch der bayerische Kurfürst Max II. Emanuel (1662 – 1726). Seine Mutter, eine Tante Ludwigs XIV., ließ ihren Sohn zusammen mit französischen Kindern in München erziehen, richtete nach dem Vorbild des französischen Königshofs Feste aus und beschäftigte berühmte Künstler. Mit 18 Jahren konnte der junge Kurfürst 1680 selbständig

2 Kurfürst Max II. Emanuel (1662–1726)
Die geplante Reiterstatue vor der Münchner Residenz sollte den bayerischen Kurfürsten als erfolgreichen Feldherrn und absolutistischen Herrscher präsentieren. Zeitgenössischer Kupferstich.

regieren. Seine Aktivitäten dienten allein der Erringung einer Königskrone für die bayerischen Wittelsbacher.
Ansehen errang er als kaiserlicher General in dem Krieg gegen das Osmanenreich, als er 1688 das türkische Belgrad eroberte. Der Lohn, die Heirat mit der Kaisertochter, eröffnete für den Sohn die Hoffnung auf den spanischen Thron, aber sein früher Tod machte die Pläne zunichte. Während des Spanischen Erbfolgekrieges (1701–1714) kämpfte Max Emanuel im Dienste des französischen Königs, der ihm die spanischen Niederlande, das heutige Belgien, als Königreich versprach. Als jedoch das bayerisch-französische Heer eine schwere Niederlage erlitt, marschierten österreichische Truppen in Bayern ein. Die Kosten für die österreichische Kriegsführung wurden durch hohe Steuern und Stellung von Soldaten den Bayern auferlegt. Die Bauern in Nieder- und Oberbayern vereinten sich dagegen in einem Aufstand, der 1705 bei Sendling vor München scheiterte. Bis 1715 blieb Bayern österreichisch besetzt und sein Kurfürst im französischen Exil. Nach Bayern zurückgekehrt, setzte er trotz des riesigen Schuldenbergs, der auf dem Lande lastete, den Bau der Schlösser Schleißheim und Nymphenburg fort. Auch die Gründung von staatlichen Manufakturen brachte keine Besserung.
Einen außenpolitischen Erfolg errang Max Emanuel, als er seinen Sohn Karl Albrecht mit einer Prinzessin des Kaiserhauses vermählte. Karl Albrecht wurde

3 Würzburg im 18. Jahrhundert
Der Stadtplan und das Bild der Stadt Würzburg werden wie auf einem Bühnenbild inszeniert, über dem das Bild und Wappen des Fürstbischofs wie die Sonne schwebt. Kupferstich, 1725 (**Online Link** 430017-0101)

deswegen tatsächlich 1742 zum deutschen Kaiser gewählt. Dies führte zu einer erneuten Besetzung des Landes durch Österreich, da sich Maria Theresia als Tochter des verstorbenen Kaisers um ihren Herrschaftsanspruch betrogen sah. Karl Albrechts Sohn, Kurfürst Max III. Joseph, verzichtete auf Großmachtpolitik und versuchte als aufgeklärter Herrscher sein Land zu reformieren, indem er Wirtschaft und Kultur förderte. Auf ihn gingen die Gründungen der Akademie der Bildenden Künste München und der Nymphenburger Porzellanmanufaktur sowie die Einführung der allgemeinen Schulpflicht zurück.

Rückständige Reichsstädte

Das Kurfürstentum Bayern stellte ein weitgehend geschlossenes Territorium dar. In Schwaben und Franken, die im 17. und 18. Jahrhundert nicht zu Bayern gehörten, bestanden jedoch sehr viele kleinere und mittlere Herrschaften und Gebiete, die für sich Eigenständigkeit beanspruchten. Unter ihnen befanden sich die Reichsstädte Nürnberg und Augsburg, alte Handwerks- und Gewerbestädte. Die Blütezeit der meisten Reichsstädte war vergangen, sie erlahmten in ihrer wirtschaftlichen Kraft, denn die Zünfte und die führenden Bürgerfamilien wehrten sich gegen neue Entwicklungen und konnten wegen Geldmangels nicht investieren.

Reiche geistliche Herrschaften

Als wohlhabend galten im 18. Jahrhundert die großen Abteien und geistlichen Staaten in Franken und Schwaben. Einige von ihnen wie Kempten besaßen größere Gebiete. Auch die Abteien Ottobeuren und Ebrach verfügten über genügend Untertanen und Einnahmen, um im 18. Jahrhundert große Abteigebäude und Kirchen im barocken Baustil zu errichten, nicht nur zum höheren Lob Gottes, sondern auch zum Ruhm der Abtei und des Abtes. Die fränkische Abtei Ebrach kämpfte lange vergebens um die Anerkennung als selbständige Reichsabtei. Ende des 18. Jahrhunderts musste sich Ebrach nach Prozessen vor dem Reichskammergericht dem Hochstift Würzburg, also dem Würzburger Fürstbischof, unterordnen. Die ehrgeizigen Pläne und Bauten der Äbte und Fürstbischöfe führten oft zu großen Belastungen. Besonders die fränkische Grafenfamilie der Schönborns konnte in der ersten Hälfte des 18. Jahrhunderts viele Familienmitglieder in hohen geistlichen Positionen unterbringen und zeichnete sich durch große Schlossbauprojekte wie die Würzburger Residenz und das Schloss Pommersfelden bei Bamberg aus. Allerdings blieben die Hochstifte Würzburg unter den Schönbornbischöfen von Kriegen verschont und erlangten einen gewissen Wohlstand, weswegen sich der Spruch „Unterm Krummstab ist gut leben" einbürgerte.

Reichskammergericht

Regulierungssucht

Nach dem französischen Vorbild erweiterten die deutschen Fürsten die Zuständigkeit des Staates über das private Leben der Menschen. Dabei knüpften sie an frühere Verordnungen an, setzten sich aber auch mit neuen Sachbereichen auseinander. Sie erließen wiederholt Kleiderordnungen, die den teuren Luxus steuern sollten und die standesgemäße Abstufung der Kleidung vorschrieb, so dass die teuren und vornehmen Stoffe und Edelmetalle dem Adel vorbehalten blieben. Für die Städte gaben sie Bauordnungen heraus, die bestimmte Häusertypen vorschrieben und eine repräsentative Ausgestaltung mit Promenade, Plätzen, Kirchen und Schlössern ermöglichen sollten. Es gab ausgefeilte Satzungen für öffentliche und soziale Einrichtungen, aber auch genaue Festlegungen, wie sich die Menschen in der Öffentlichkeit verhalten sollten. Diese Tendenz nahm mit der Orientierung an aufklärerischen Ideen zu, weil der Fürst und seine Beamten jetzt die „unvernünftigen" Untertanen erziehen wollten. Gerade die Beschränkungen der Volksfrömmigkeit und des alltäglichen Lebens stießen bei der Bevölkerung auf Ablehnung.

Volksfrömmigkeit

4 Der Streit beim Kartenspiel
Ölgemälde von Jan van Stehen, nach 1650. Solche alltäglichen Konflikte, die aus Spielen mit Geldeinsatz und starkem Alkoholkonsum entstehen konnten, wollte die staatliche Obrigkeit durch die umfassenden Regelungen der Polizeiordnungen entgegenwirken. Zunehmend wollte der Staat allgemein Ruhe und Ordnung durchsetzen und die Untertanen erziehen.

5 Ersuchen der Bauern an Fürstabt Roman Giel von Gieberg des Fürststifts Kempten (1666)

Neuntens werden wir an vielen unterschiedlichen Orten mit des Sommerfrohnen, wenn wir keine Frohngeld geben, dergestalt überlastet und über Herkommen beschwert, so dass wir mit Frau und Kindern die größte Armut erleiden und unser Hauswesen vernachlässigen müssen.

Zehntens mussten wir uns bisher über unsere Möglichkeiten hinaus mit allerhand Beschwerungen überladen lassen und hofften vergeblich auf Besserung. Dies zu tun ist uns ferner nicht mehr möglich, weil wie sehen, dass immer mehr vergebliche Gebäude angefangen und abgebrochen werden, und zur Ausstattung und Einrichtung dieser Gebäude, so sie unter Dach stehen, Kontributionen und Steuern leisten müssen, dieses jedoch niemals erschwingen könnten, sondern in das größte Verderben geraten. Wir sehen uns auch als zu schwach an, die Aufwendungen großer und vergeblicher Reisen, die sich in nicht enden wollenden großen und nutzlosen Kosten niederschlagen, zu leisten, zudem wir für weitere Unterstützungen sowieso zu schwach sind.

Elftens ist unser fürstliches Stift Kempten durch das vielfältige Aufbauen und Abbrechen in dem Reich in einen solchen Ruf gekommen, dass es wohl ein viel größeres Vermögen bedürfte, als ihm zueigen ist, weswegen wir die ganze Zeit im Vergleich zu den anderen Ständen gegen die Vorschriften und unser Vermögen um viele 1000 Gulden beschwert und mit Einquartierungen überzogen wurden und dadurch in das äußerste Verderben gebracht wurden.

Hartmut Zückert: Die sozialen Grundlagen der Barockkultur in Süddeutschland. Stuttgart 1988, S. 340f.

6 Das Bild des bayerischen Herrschers in einer Lobschrift von 1711

Die Tugenden neben der hochadeligen Geburt ist das erste wesentliche Stück, wodurch sich viele vornehme Fürsten in der jederzeit glücklichsten Regierung gehandhabt haben; solches kann für ein Exemplar oder Prototypon dienen, sich danach auch allerdings anweisen zu lassen: aber die angemerkten zwei Stücke, nämlich das vornehme Geschlecht und die Tugend, scheinen alleine zur Hoheit nicht genug beizutragen, und werden die Fürsten nicht für groß gehalten, außer sie mögen auch größere Dinge wirken als andere: daher die Magnifizenz und der Pracht die mehrste Zierde der Herrlichkeit einem fürstlichen Hof erteilt, und ist solches als einziges Mittel, so die Fürsten berühmt macht bei den Ausländern und auch einen mehrern Gehorsam und Respekt bei den Untertanen verursacht [...]

Ist meines Erachtens nicht anzustehen: Bayern hat nach Frankreich billig vor sich aufzuführen Ursache. Denn Pracht zeigen das wundervolle Gebäude, des Kurfürsten Palast oder Residenz, die goldreiche Tapezerei, künstliche Malereien, ganz goldene Servis, [...] die köstlichsten Kleinodien des Hauses und andere hochschätzbare Mobilien, samt einer großen Menge an Silber und anderen Raritäten, die herrlichen Land- und Lusthäuser, neben den dazugehörigen, mehr als fürstlichen Lustgärten, den prächtigen Hofstab an Kavalieren, Damen, fürstlichen Räten und anderen Hofbedienten samt einer dreifachen Garde von Hatschieren, Karabiniers und Trabanten, welche alle mit schönster Livree angetan mehr einen königlichen als einen fürstlichen Hof vorstellen.

Ein Land, ob es zwar in etwas eingeschränkt und klein, ist es doch herrlich an Getreide, stattlichem Obst, Fisch, Metallen, Marmelstein, Mineralen, Salz, gesunden Bädern, auch von einem großen Adel bewohnt, daher es fast mächtig, also zwar, dass man sich nicht verwundern darf, nachdem es viele Millionen Geldes in dem ungarischen Krieg wider den Erbfeind (Osmanisches Reich) beigetragen hat.

Jürgen von Kruedener: Die Rolle des Hofes im Absolutismus. Stuttgart 1973, S. 81 f.

7 Der Bauernaufstand gegen die österreichische Besatzungspolitik (1705)

Die Kämpfe des Kurfürsten Max Emanuel (1662–1726), seinen Nachkommen die spanische Königskrone zu sichern, führte zu seiner Vertreibung und die Besetzung Bayern durch österreichische Truppen. Gegen sie erhoben sich die oberbayerischen Bauern.

Spät in der Christnacht war man vor München angelangt. Die Besetzung des Roten Turmes gelang ohne Gegenwehr. In der Frühe rückte von Anzing General Kriechbaum mit Kavallerie heran. De Wendt brach aus München aus. Bei Sendling wurde die Masse der Bauern von kaiserlicher Infanterie umstellt. Bis auf drei ehemalige Offiziere ergriffen die Anführer und Urheber des Oberländer Aufstandes alle die Flucht. Auch die Bauern zeigten sich unfähig zu einem Kampf [...] die waffenlosen Burschen wurden in einem schauerlichen Gemetzel niedermacht. Eine Schlacht fand nicht statt. Von den Oberländer Bauern sind 1031 aktenkundig. Man hat aber auch bis zu 3000 Toten geschätzt [...]
Schon am 8. Januar endete der niederbayerische Aufstand in einer Niederlage, die in ihren Ausmaßen Sendling weit in den Schatten stellte [...] Kriechenbaum verlor acht Tote und Verwundete. Die Toten der Bauern schätzte man auf 4000 bis 5000. Adel und Bürgertum hatten sich beim Bauernaufstand nicht beteiligt. Der Spott über die lächerliche

8 Das große Treppenhaus von Pommersfelden

Stich von Salomon Kleiner, 1728. Lothar Franz von Schönborn, Bischof von Bamberg und Kurfürst von Mainz, errichtete nach Erhalt einer großen Geldsumme durch den Kaiser in Pommersfelden nahe Bamberg ein Privatschloss von 1711 bis 1717. Das Treppenhaus, das Schönborn als seine Erfindung bezeichnete, reicht vom Erdgeschoss bis zum Dach und bildet einen grandiosen Zeremonialraum.

9 Das Hochaltarbild der Gaibacher Kirche zeigt die wichtigsten Vertreter der Grafenfamilie Schönborn. Nur in den Ämtern der Kirche konnten Familien aus dem Niederadel führende Stellungen erwerben und somit in einen höheren Reichsadelsstand aufsteigen. Lothar Franz (Erzbischof von Mainz, Fürstbischof von Bamberg) wird in der Mitte seiner sieben Neffen vorgestellt, die alle Äbte, Bischöfe und sogar Kardinale wurden.

Anmaßung der Untertanen, Politik machen zu wollen, war das durchgreifende Motiv in der Berichterstattung über die Geschehnisse. „Ihr groben Reckel ihr/, Nur weg mit euern Thaten!/Ich seid ja nicht Soldaten./ Geht spinnet Flachs dafür!/Lernt andre Kriegsmanier!/Legt scharff Gewehre nieder/und mästet eure Brüder,/Die Schweine nur dafür!“

Christoph Stölzl: Der Aufstand von 1705. In: Max Emanuel-Katalog Bd. 1. München 1985, S. 344, 348.

10 Der Teufelsbauwurm – eine Familienkrankheit

Lothar Franz von Schönborn, Erzbischof und Kurfürst von Mainz und Bischof von Bamberg, arbeitete als wichtigster Kurfürst eng mit seinem Lieblingsneffen Friedrich Karl zusammen, der in Wien als Reichsvizekanzler (R. V. K.) die Reichspolitik des Kaisers leitete. Beide wetteiferten im Schlossbau und der Sammlung von Bildern:

Bitte E.chfl. Gn. Umb Gottes willen sich nicht zu übereilen mit dem bau. Es wäre einmal schad, in so sumptuosen [kostspieligem] und schönem werk der nachwelt nicht vollkommen Dero ruhmb zu überlassen, dass die vortrefflichen gedanken nicht per omnes regulas [nach allen Regeln] wäre ausgeführt und zur perfection gesetzt worden. – Ich habe unter der hand das famose Wallensteische Albanischegemähl E.chfl.Gn. gratis zu verschaffen [vermocht], weilen die andere leider entgangen, endlich aber so gar hoch der mühe nicht sein wer gewesen. Wir studieren dahier E. chfl. Gn. Galeria por Pommersfelden heraus, die sich solle gewaschen und pro uxore et marito [für Frau und Mann] eine ohnvergleichliche communication haben. Villeicht kann ich seiner zeit pro illa [für jene] E. chfl. Gn. Italienischer weissmarmelsteinerne figuren spendieren, die der mühe wert sein. [...] Allhier in meinem bauwesen gehet es, gottlob von statten und ist nuhn der mahler in den zimmeren, allwo ahnjetzo die stuccadur ihnvergleichlich herauskommet undt ich fast zweiffelen will, ob was schöneres und beeseres dergleichen in Wien sein wirdt [...]

R. V. K. Friedrich Karl an Lothar Franz 1715 über seinen Schlossbau in Österreich:

Der teufelsbauwurmb [hat] mich weith tiefer hineingeführt, als ich miemahlen geglaubt gehabt, gestalten das vorige jahr anstatt 12 micht über 27000 gulden hineingeführet. Es ist zwar ahndurch das merhriste hoffentlich behoben, in sich aber eine große summe, ma ci siamo ed bisogna uscire o per porto o finestra [Aber da sind wir nun und müssen entweder durch die Tür (= normale Weise) oder das Fenster herauskommen]. Ahnsonsten wird dieses jahr hoffentlich das mehriste fertig. Nachdeme auch die alten vorgebäu hinweck sein, so zeichnet sich effective die idea des neuen vor das, was es ist und sein solle, ziemblich grandios, gemachlich und schöhn, id est für ein Landhaus.

R. V. K. Fiedrich Karl an Lothar Franz 1716 über sein österreichisches Landschloss:

Der Bau zu Schönborn kostete mich im vorigen Jahre 30000 fl. Es ist nötig, einmal damit fertig zu werden. Die Nachwelt wird an dem Bestehenden „obligationem et memoire“ [Verpflichtung und Erinnerung] noch genug haben.

Quellen zur Geschichte des Barocks in Franken unter dem Einfluss des Hauses Schönborn. Teil I, Halbbd. 1: Bearb. v. P. Hugo Hantsch und Andreas Scherf. Augsburg 1931, Halbbd. 2: Bearb. v. Max H. von Freeden. Würzburg 1955, S. 253, 330, 356, 397.

11 Die Innenpolitik eines „Landesvaters“ Christoph Franz von Hutten (1725–1729), der den ehrgeizigen Residenzbau in Würzburg wegen der hohen Kosten nicht fortsetzte

Gleich nach dem Antritte seiner Regierung erließ er sämmtlichen Unterthanen einen nicht unbedeutenden Theil der Abgaben. Bei einer eben zu dieser Zeit, 1725, drohenden Theuerung und Hungersnoth sperrte er sogleich die Getreideausfuhr und öffnete die herrschaftlichen Kornböden. Er

12 Die Gartenseite von Schloss Nymphenburg
Stich von Matthias Diesel, 1722. Dieses Schloss entstand als eine Sommervilla, der heutige Zentralbau, der in mehreren Jahrzehnten zu einer repräsentativen Residenz der bayerischen Kurfürsten erweitert wurde. Allerdings strebten die bayerischen Bauherren nicht die geschlossene Wirkung von Versailles an.

10 bewog durch dieses Beispiel auch andere Grundbesitzer zur Nachahmung und erzielte dadurch, während in allen Nachbarländern Mangel war, für das Hochstift noch ziemlich erträgliche Getreidepreise. In Handhabung der Gerechtigkeit war er, trotz seiner natürlichen Güte, doch sehr 15 strenge, da er dem Grundsatze huldigte: qui parcit malis, nocet bonis. Doch befahl er auch den Gerichten die schleunigste Erledigung der Streitsachen und unterdrückte möglichst etwaige Unterschleife und Umschweife. Um der Verarmung seiner Unterthanen durch allzu große Un-20 tertheilung und Zerstückelung des Grundeigenthumes zu begegnen, erließ Chistoph Franz für die Fälle, wo eine Theilung nicht zu umgehen, eine besondere Verordnung, im Allgemeinen aber wurde die Zerstückelung gänzlich verboten. Ebenso wurden die Gebühren der Unterthanen bei Kapitalienaufnahmen und anderen Verträgen festge- 25 stellt und um dieselben vor wucherischen Zinsenforderungen zu schützen, jeder Vertrag für null und nichtig erklärt, in dem mehr als fünf von Hundert als Zins bedungen war. Seine Sorgfalt erstreckte sich auch auf das leibliche Wohl der Unterthanen, was er durch eine Verordnung über das 30 Verhalten der Aerzte gegen ihre Kranken und über die Zubereitung der Arzneien in Apotheken zu bewirken versuchte. Zugleich aber wurde allen fremden herumziehenden Aerzten und Marktschreiern der heimliche und öffentliche Verkauf von Arzneien, ohne besondere fürstliche 35 Erlaubniß, strengstens untersagt.

Lorenz Fries; bearb. nach Gropp, Würzburger Chronik. Geschichte, Namen, Geschlecht, Leben, Thaten u. Absterben der Bischöfe zu Würzburg und Herzöge zu Franken. Bd. 2, Würzburg 1924, S. 342f.

Arbeitsvorschläge

a) Untersuchen Sie kritisch das Bild des absolutistischen Herrschers nach Funktion und geforderter Persönlichkeit. Untersuchen Sie dessen Tauglichkeit für einen Politiker in einer demokratischen Gesellschaft.
b) Erläutern und vergleichen Sie die verschiedenen Ziele und Vorgehensweisen, mittels derer die Wittelsbacher und die Schönborns diesem Bild des absolutistischen Herrschers zu entsprechen versuchten (M 8 – M 10, M 12).
c) Fassen Sie die Aussagen der Schrift zusammen, die die Bauern über die Herrschaft Ihres Abtes von Kempten vorbringen, und zeigen Sie auf, inwiefern diese mit dem zeitgenössischen Bild des Herrschers zusammenhängen (M 5, M 6).
d) Untersuchen Sie die Folgen der bayerischen Prestigepolitik für die Bevölkerung und das Verhältnis, das zwischen Fürst und Untertanen bestand.

e) Erklären Sie die wirtschaftliche und politische Notwendigkeit der staatlichen Maßnahmen des Bischofs von Hutten und diskutieren Sie, ob das darin enthaltene Staatsverständnis auch gegenwärtig Relevanz besitzt (M 11).

1.4 Das Leben – ein Jammertal: allgegenwärtige Bedrohungen der Menschen

Seuchen und Epidemien machen Geschichte

Ungleich den Verhältnissen in der industriellen und postindustriellen Gesellschaft machten sich die natürlichen Lebensbedingungen vor 1800 unmittelbar und auch sehr nachteilig für die Menschen bemerkbar. Seit den Kreuzzügen waren mit wachsendem Verkehr und Handel verschiedene Seuchen nach Zentraleuropa gekommen. Am schlimmsten wütete die Pest seit der Mitte des 14. Jahrhunderts und kostete auch in vielen süddeutschen Städten und Regionen ungefähr einem Drittel der Menschen das Leben. Bis weit in die Neuzeit forderten Seuchen und Epidemien, meist als Pest eingestuft, sehr hohe Opferzahlen. In zahlreichen bayerischen Städten erinnern Denkmäler wie die Mariensäule in München an das Ende der Pest, das auf die erhörten Gebete zu Maria zurückgeführt wurde. In Würzburg glaubten die Ärzte, dass der Konsum von Frankenwein vorbeugend helfe, so dass der Spruch „Frankenwein ist Krankenwein" im ausgehenden 17. Jahrhundert für den fränkischen Wein warb. Die Ursachen von epidemischen Massenerkrankungen und Seuchen waren vielfältig. Die Ärzte standen mit dem geringen gesicherten Wissen solchen Katastrophen hilflos gegenüber. Die Quarantäne der betroffenen Bevölkerungsgruppen stellte die effektivste Maßnahme dar.

Die Pocken verschonten niemanden

Im 18. Jahrhundert hatten die Pocken die Pest als die bedrohlichste Seuche der Zeit abgelöst und kosteten im Jahr ungefähr 40 000 Menschen das Leben. Sie verschonten auch die Herrscherfamilien nicht: 1774 fiel ihnen der französische König Ludwig XV. zum Opfer, drei Jahre danach der bayerische Kurfürst Max III. Joseph, der seinen Untertanen eine Impfung empfohlen hatte, sich selbst jedoch nicht hatte impfen lassen wollen. Zwei Töchter der deutschen Kaiserin Maria Theresia starben an der Seuche, einer dritten verblieben die verunstaltenden Pockennarben, so dass die Mutter sie nicht verheiraten konnte. Die Engländerin Lady Mary Wortley Montague (1689–1762) begleitete gegen alle Gewohnheiten ihren Mann, den britischen Gesandten im Osmanischen Reich, nach Konstantinopel, lernte dort die relativ erfolgreiche Pockenimpfung kennen und ließ ihre Kinder impfen. Obwohl die europäischen Ärzte zunächst ihren Berichten misstrauten, überzeugte sie den

1 Kampf der Landsknechte in der Schlacht bei Pavia
Holzschnitt von Hans Schäuffelin, 16. Jahrhundert. Die Schlacht bei Pavia war eine Schlacht im Rahmen der Italienkriege um die Hegemonie in Europa zwischen den Habsburgern (Spanien-Burgund-Erblande) unter Karl V. und König Franz I. von Frankreich am 24. Februar 1525, der in Gefangenschaft geriet.

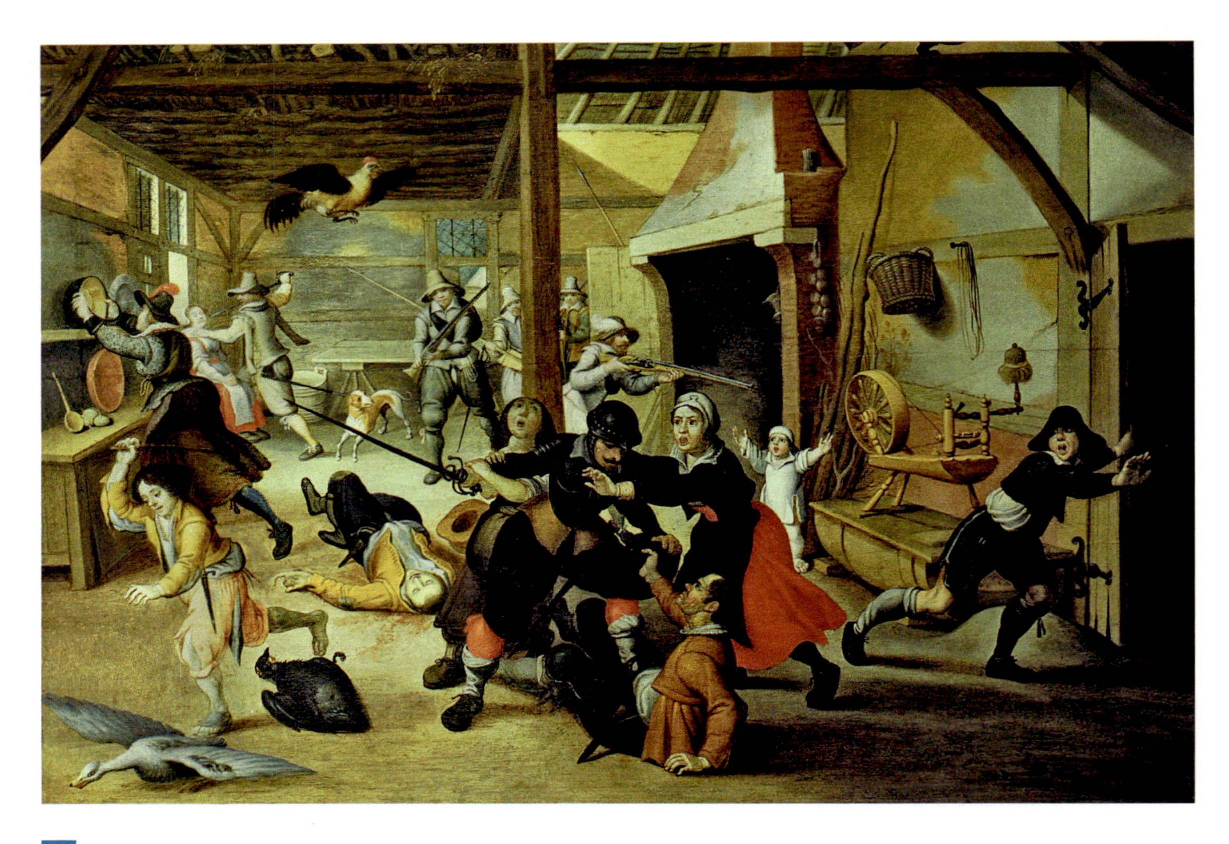

2 Marodierende Soldaten plündern einen Bauernhof. Ölgemälde von S. Vrancx, 1620

britischen König Georg I. davon, seine Enkel impfen zu lassen. Die Pockenimpfung setzte sich durch und wurde vom britischen Arzt Edward Jenner verbessert. Er verarbeitete die Beobachtung der Bauern, dass Menschen, die mit den harmloseren Kuhpocken infiziert worden waren, gegen die echten Pocken immun waren.

Hungersnöte und schlechtes Wetter

Ein Grund für periodisch wiederkehrendes Massensterben bestand in der Ernährungslage und der von der Witterung abhängigen Landwirtschaft. Ein Hagelschlag, ein verregneter Sommer oder lange Hitze und Trockenheit schädigten die Ernte in einer Region schwer und verringerten sie um die Hälfte. Trotz der Versuche der Städte, in Speichern das Korn auf Vorrat zu lagern und in knappen Zeiten an die Bevölkerung auszugeben, brachen Hungersnöte aus und stiegen die Lebensmittelpreise, besonders die Brotpreise, enorm an. Staatliches Einschreiten konnte den wucherischen Zwischenhandel nicht immer unterbinden, so dass die Unterschichten unter den teuren Preisen litten. Zwischen 1500 und 1800 fehlten die verkehrsmäßigen Voraussetzungen, die Getreideüberschüsse aus entfernten Regionen in die Krisengebiete zu transportieren. Deswegen beschränkten Hungersnöte sich oft auf einzelne Regionen. Angesichts der niedrigen agrarischen Produktivität waren die Gefahr und Häufigkeit von Hungersnöten sehr groß.

Söldnerarmeen im Religionskrieg

Konfessionskriege 

Die Kriege des 16., 17. und 18. Jahrhunderts führten oft zu Massenerkrankungen und Hungersnöten. Die frühmoderne Kriegsmaschinerie verschlechterte die Lebensbedingungen der Menschen besonders. Die Söldnerheere des 16. und 17. Jahrhunderts sammelten sich um den Fürsten, der ihnen Sold und Unterhalt versprach. Die Kriegsführung wurde gerade in der Zeit der Konfessionskriege zu einer Frage der

Finanzierung. Trotz konfessioneller Ziele banden sich die Soldaten nicht aus religiösen Motiven, sondern wegen des versprochenen Solds an ihren Kriegsherren. In Friedenszeiten war es für die mitteleuropäischen Landesherrn nicht nötig, ein stehendes Heer zu unterhalten. Allerdings änderte sich die Kriegspraxis vor allem während des Dreißigjährigen Krieges zu Ungunsten der Zivilbevölkerung.

Das Land ernährt die Armee

Kriegsunternehmer wie Wallenstein stellten auf eigene Kosten eine Armee auf, die sie gegen Bezahlung einer Kriegspartei zuführten. Da die Monarchen und Fürsten die Kosten für die Armeen nicht aufbringen, aber auch die große Menschenzahl kaum versorgen konnten, gingen die Armeen dazu über, sich von dem Land, das sie durchzogen oder besetzten, zu ernähren. Offiziere und Mannschaften wurden in Städten und Dörfern einquartiert, von Bauern und Bürgern verpflegt, die über ihre Steuern und hohe Sonderabgaben an diese Armeen deren Ausrüstung zahlen mussten. Einquartierung oder Durchzug von Armee bewirkten den wirtschaftlichen Ruin der betroffenen Region. Die Soldaten schleppten ansteckende Krankheiten ein und betrachteten Plünderung und Brandschatzung als ihr gutes Recht, besonders wenn die Kriegsherren den Sold nicht zahlten. Städter und Dorfbewohner wehrten sich gegen die Plünderungen und Beschlagnahmungen, um nicht ihrer Lebensgrundlagen beraubt zu werden. Diese Gewaltspirale stieg besonders während des Dreißigjährigen Krieges an, als die militärischen Befehlshaber die Kontrolle über verschiedene Truppenteile verloren, die als plündernde und mordende Verbrecherbanden durch die Lande zogen.

Erschütterungen der Sozialordnung

Die lange Dauer des Krieges und die große Zahl der Krieg führenden Parteien führten zur wirtschaftlichen und sozialen Katastrophe. Die Bevölkerung im Deutschen Reich reduzierte sich von rund 18 Millionen auf 12 Millionen Menschen. In Süddeutschland waren ganze Landstriche entvölkert. Wo die staatliche Ordnung erloschen war, war auch die Ständegesellschaft für ein bis zwei Generationen auseinandergebrochen. Junge Männer wollten nicht mehr in bäuerlicher und handwerklicher Arbeit mühsam ihr Leben fristen, stets bedroht von den Kriegswirren, sondern hofften im Kriegsdienst auf raschen Gewinn. Tatsächlich entstand eine größere Mobilität im Dreißigjährigen Krieg. Adelige und geistliche Landes- und Grundherren boten Höfe und Ackerland zu günstigen Bedingungen für Neusiedler an. Menschen, die der Krieg aus anderen Regionen nach Süddeutschland verschlagen hatte, fanden so eine neue Heimat. Dennoch brauchte es zwei Generationen, bis die wirtschaftlichen und sozialen Einbrüche ausgeglichen waren.

Kriege bedrohten auch im 18. Jahrhundert das Alltagsleben der Menschen. Allerdings hatte sich das Militärwesen im Zeichen absolutistischer Monarchien nach französischem Vorbild grundlegend geändert. Berufsoffiziere, fast ausschließlich adeliger Herkunft, befehligten ein dauerhaftes „stehendes" Heer, das in Kasernen untergebracht war. Die uniformierten Soldaten, oft von Werbern zum Militärdienst gepresst, sollten durch Exerzieren und Disziplin lernen, als einheitlicher militärischer Körper auf dem Schlachtfeld zu operieren. Die Armee musste durch das Steueraufkommen der Untertanen finanziert werden. Für die Menschen, die unter den Kriegen Ludwigs XIV. und den europäischen Erbfolgekriegen des 18. Jahrhunderts litten, unterschied sich die Not nicht vom Dreißigjährigen Krieg. In der Ständegesellschaft jedoch fand das Militär, besonders der Offiziersstand, Eingang in die soziale Rangordnung. Die Tatsache des stehenden Heers ermöglichte es Fürsten kleinerer Staaten, ihre Regimenter den Großmächten für ihre Kriege zu vermieten und somit zusätzliche Einnahmen zu erzielen. Besonders der Verkauf deutscher Soldaten an die britische Kolonialmacht in Nordamerika gegen die revolutionäre amerikanische Miliz stieß auf breite Ablehnung in der Bevölkerung.

Die Religion – eine Hilfe für die Menschen?

Trost suchten die Menschen in der christlichen Religion. Nach damaligem Glauben trugen die Stammeltern der Menschen Adam und Eva durch die Übertretung von Gottes Gebot an der Sterblichkeit und dem Leiden der Menschen Schuld. Oft predigten Priester und Mönche, dass die Menschen Seuchen, Hungersnöte, Kriege, also das Leiden schlechthin als Strafe für ihre Sündhaftigkeit erdulden müssten. Als Schuldbeladene suchten die ratlosen Menschen Unterstützung, katholische Gläubige unternahmen Wallfahrten zu den Kirchen wundertätiger Heiliger, baten die Gottesmutter Maria um Fürbitte bei ihrem Sohn Jesus und hofften durch fromme Taten und Werke, nicht nur ihr Seelenheil nach dem Tode zu retten, sondern auch die göttliche Gnade zu erlangen. In solchem Glauben gefestigt konnten Menschen Trost und einen Lebenssinn erfahren. Andererseits suchten die Menschen wiederholt Schuldige, die nach ihrer Vorstellung durch ihr Tun und Dasein den Zorn Gottes erregten. Gegen diese vorzugehen, konnte für sie nur recht und billig sein. So trafen Verfolgungen in Notzeiten immer wieder tatsächlich oder scheinbar unangepasste Menschengruppen, die sich wie die Juden durch Glauben, Beruf und Kleidung unterschieden, oder wie die vermeintlichen Hexen insgeheim durch den Verkehr mit dem Teufel verhängnisvolle Zaubermacht erwarben.

Während des Dreißigjährigen Krieges (1618–1648) fanden die Hexenverfolgungen besonders in den fränkischen Bistümern Würzburg und Bamberg einen traurigen Höhepunkt, aber auch in protestantischen Territorien ließen die Landesherrn solche Exzesse an unschuldigen Menschen zu, mitunter auch auf Druck der öffentlichen Meinung hin. 1486 bereits fasste das Buch „Der Hexenhammer" („Malleus maleficarum") die verbreiteten Vorstellungen über das Hexenunwesen zusammen und legte systematisch die Stufen der peinlichen Befragung, das heißt der Folter, fest, verwarf allerdings das sogenannte Gottesurteil. Dadurch sollte das Geständnis von den Hexen und Zauberern, denen Kontakt mit dem Teufel unterstellt wurde, als Beweis ihrer Schuld erzwungen werden, das sie ohne Folter wiederholen mussten, damit sie rechtskräftig verurteilt werden konnten. Zurecht betonte der Jesuitenpater Friedrich von Spee in seiner Kritik der „Hexenseuchen", dass die Folter die Hexen machte. Oft wurden auf der Folter auch die Nennung weiterer Hexen und Zauber erpresst, so dass die Verfolgungswellen immer weitere Kreise zogen. Gerüchte und Denunziationen führten zur Aufnahme der Prozesse, alte Frauen und sozial Schwache wurden schnell verdächtigt, aber in den Verfolgungswellen blieb keine soziale Gruppe verschont. Tatsache bleibt jedoch, dass zwei Drittel oder drei Viertel der Opfer weiblich waren. Die systematischen Hexenverfolgungen führten zu einer tiefgehenden Krise der betroffenen Gemeinwesen, endeten jedoch in Süddeutschland mit dem Dreißigjährigen Krieg. Dass der Aberglaube damit nicht ausgerottet war, beweisen einige Aufsehen erregende Hexenprozesse des 18. Jahrhunderts.

3 Hexen beim Wetterzauber
„Sie treiben mit den Teufeln, die sich als Männer oder Weiber mit ihnen vermischen, Unzucht und töten mit ihren Bezauberungen, Liedern und Beschwörungen und anderen abscheulichen Zauber- und Hexenkünsten, mit Freveln und Verbrechen die Geburten der Weiber und die Jungen der Tiere, sie verderben die Früchte der Erde …" (Hexenbulle Papst Innozenz VIII., 1484). Holzschnitt, 1508

4 Seuchen

Um Ostern dieses Jahres (1541) brach in Würzburg eine bösartige, ansteckende Krankheit aus, welche im Sommer derart zunahm, daß wer nur immer konnte aus der Stadt flüchtete. Am 28. August verließ auch Bischof Conrad die Stadt und begab sich nach Aschach, vierzehn Tage darnach wurde die Kanzlei nach Neustadt a. d. S. verlegt. Sämmtliche Domherren bis auf drei [...] waren gleichfalls geflohen oder blieben abwesend von Barholomäi (24. August) bis Katharina (25. November). Wegen der großen Sterblichkeit durfte keine Leiche mehr auf dem Leichenhofe neben dem Dome begraben werden, sondern sie mußten in die Kirchhöfe bei den Predigern (Dominikanern) und Augustinern gebracht werden. Als diese beiden ganz voll waren, wurde ein neuer Kirchhof bei den Reuerern und später noch einer vor dem Pleichacher Thore angelegt. Das Läuten für jede einzelne Leiche wurde verboten, und dafür für alle zusammen nur Einmal in der Woche, am Mittwoch Mittags um 1 Uhr geläutet. Diese Krankheit herrschte aber nicht allein in Würzburg, sondern auch an vielen Orten im Lande [...].

Lorenz Fries; bearb. nach Gropp, Würzburger Chronik. Geschichte, Namen, Geschlecht, Leben, Thaten u. Absterben der Bischöfe zu Würzburg und Herzöge zu Franken. Bd. 2, Würzburg 1924, S. 105

5 Unwetter

Am 16. Juli 1739 tobte in der Nacht in Würzburg ein heftiger Orkan, dem in der Frühe um 8 Uhr des folgenden Tages ein heftiges Gewitter, mit Kieseln begleitet, folgte. Ein furchtbareres Gewitter kam noch in derselben Nacht am 4. Juli. Unter großem Getöse mit Sausen und Brausen fiel der Hagel in der Größe von Kastanien und welschen Nüssen. Alle Fenster der Stadt gegen Abend und Mitternacht waren sogar sammt dem Blei zerschlagen. Die Bäume waren durch das Herabschlagen der Äste und Blätter so zugerichtet, als ob es im Winter wäre. Sogar die Rinde an ihnen war gespalten, das Obst natürlich gänzlich zerstört. Die gerade in der schönsten Blüte stehenden Weinberge, die einen reichen Ertrag versprochen, wurden dermaßen verwüstet, daß sogar die Rebstöcke gespalten, Pfähle in drei oder mehreren Stücke zerbrochen waren. Alles Getreide war ohnedem in den Boden geschlagen [...]. Ein gleiches Schicksal erfuhren Früchte und Weinberge im Jahre 1740 durch ein Kieselwetter. [...] Im Jahre 1741 mußte man sogar bei anhaltender Theuerung zu zwei Dritttheilen Kartoffelmehl und Einem Drittel Kornmehl seine Zuflucht nehmen. Großen Schaden brachten die wiederholt in den Jahren 1732, 35, 42, 43, 44 und 45 ausgebrochenen Seuchen unter dem Hornvieh. Ganze Ortschaften wurden dadurch ihres Viehes beraubt.

Lorenz Fries; bearb. nach Gropp, Würzburger Chronik. Geschichte, Namen, Geschlecht, Leben, Thaten u. Absterben der Bischöfe zu Würzburg und Herzöge zu Franken. Bd. 2, Würzburg 1924, S. 282f.

6 Kriegsnot auf dem Lande während des Dreißigjährigen Krieges

Der Abt Maurus Friesenegger des Kloster Andechs in seinem Tagebuch:

Das Dorf (Erling bei Andechs) stand ganz in Unflat und Wüste, alles zum Grausen und für Menschen unbegreiflich. In den Häusern wie in den Gassen lagen nichts als abscheuliche Lumpen, zerschlagener Hausrat, Köpfe, Füße und Gedärme von verzehrten Pferden, Menschen-Unrat und mehrere Toten-Körper. In den Häusern waren nur Stuben, Kammer und Kuchl bewahret, das übrige hatte kein Dach, keinen Mantel, keine Mittelwand, keinen Balken und meistens standen dieselben nur auf vier Säulen. Die Zäune, Planken und die schönsten Obstbäume in den Gärten waren alle verbrennet. Aus aller Hausrat von Bänken, Kästen, Bettstätten, Geschirren und die Befahrnisse von Wögen, Pflügen und was immer von Holz war, ging in Flammen auf. Seither die Kaiserlichen in Baiern eingerücket, und hauptsächlich den Distrikt zwischen der Isar und Lech besetzt haben, so wünschte jedermann die noch besseren Schweden. Sie raubten, plünderten und marterten ohne zu denken, daß sie Menschen sind und mit Menschen umgehen. Solche Bestien machet der anhaltende Krieg aus den Menschen.
Dieses Jahr sind allein in Erling über die 200 Menschen elendiglich gestorben. Vorhin, in besseren Zeiten, zählte das Dorf immer über die 500 Seelen, zu Ende dieses Jahres waren noch 190 übrig, und aus 87 Ehepaaren lebten noch 20. Den 23. Oktober kam unser Herr Prälat von München in das Kloster zurück und verzählte, daß alle Nacht mehrere Wagen voll Tote aus der Stadt geführet werden, und daß in einer Woche 500 und vielleicht darüber an der Pest gestorben seien.

M. Friesenegger: Tagebuch aus dem Dreißigjährigen Krieg. München 1974, S. 70, 71, 87, 89, 145. Bearb. Willibald Mathäser.

7 Die Leiden der Bevölkerung unter den Kriegswirren nach der österreichischen Besatzung (1705)

Man fand z. B. die Quartiermacher oder die Truppen selbst mit Geld ab und diese zogen weiter und legten sich in die umliegenden Dörfer [...] Auch mache man den Offizieren, wie schon früher, Geschenke, damit sie unter den Soldaten Ordnung hielten [...]
Die Landwehrmänner lagen damals teils in Friedberg in Garnison, teils mußten sie zur Musterung auf das Lechfeld. Der Gemeinde erwuchsen aus der fortwährenden Pflicht zur Ausrüstung und Verpflegung nicht unbedeutende Kosten [...] [sie musste] eine Contributionsanlage von 545 fl von den [Bürgern einbringen].
Bald kam auch ein österreichischer Offizier mit solchen Truppen nach Bruck und forderte 300 Gulden [damit der Ort vor Plünderung verschont bliebe]. Als er das Geld [...] empfangen hatte, ließ er den Markt trotzdem in Brand stecken und sich zudem mit 6 Gulden eine Verehrung

damit machen, daß er eine Bescheinigung über den Empfang der Brandschatzung ausstellte. Am anderen Tag marschierte der feindliche Offizier wieder in das Lager bei Üeracker ab. [Wenige Tage danach war man gezwungen,] wegen der durch die feindlichen Einfälle erwachsenen Unkosten eine Gemeindeumlage von 585 fl 57 kr zu erheben. [Später erhielt jedes Haus] 2 Soldaten und jedem derselben mußte täglich 1 Pfund Fleisch, 2 Pfund Brot, 1 Maß Wein und für das Pferd 6 Pfund Hafer und 8 Pfund Heu oder statt dessen wöchentlich 3 Gulden verabreicht werden.

Jakob Groß: Chronik von Fürstenfeldbruck bis 1878. Neu ediert von Otto Bauer. 1984, S. 136ff.

8 Soldatenhandel

Vertrag zwischen Georg III. von England und Markgraf Alexander von Ansbach-Bayreuth vom 1. Februar 1777:

Artikel I: Der Durchlauchtigste Markgraf von Brandenburg(-Ansbach) stellt seiner Britannischen Majestät einen Corps von 12000 Mann Infanterie in zwei Regimentern und einer Kompanie Jäger, alles erfahrene Leute, gemäß den diesem Vertrag beigefügten Listen [...]

Artikel II: Der Durchlauchtigste Markgraf verpflichtet sich, dieses Corps vollständig auszurüsten, damit es spätestens am 28. des laufenden Monats marschbereit ist, wenn möglich früher. [...]

9 „Der Moloch Krieg"
Anonymes Flugblatt aus dem Dreißigjährigen Krieg

Artikel VIII: Der König gewährt diesem Corps den ordentlichen und außerordentlichen Sold sowie alle Zuwendungen an Futter, Lebensmittel etc., deren sich auch die königlichen Truppen erfreuen […] Die Kranken und Verwundeten des besagten Corps werden in den Hospitälern des Königs gepflegt […] die Verwundeten, die nicht mehr in der Lage sind, Dienst zu tun, werden auf Kosten des Königs in ihr eigenes Land zurückgebracht.

Artikel IX: Für jeden Mann sind 30 Taler Aushebungsgebühr zu bezahlen […]

Artikel XIII: Seine Britische Majestät gewährt Seiner Durchlauchtigsten Hoheit, dem Markgrafen, solange das Soldatencorps im Sold seiner Majestät steht, eine jährliche Subsidienzahlung von 45 000 Talern, gerechnet vom Tag der Vertragsunterzeichnung. Die Zahlungen werden geleistet bis drei Monate nach der Rückkehr des besagten Corps in die Staaten Seiner Durchlauchtigsten Hoheit und die Truppen erhalten ihren Sold bis zum Ende des Monats, in dem sie in die Länder des Markgrafen zurückkehren.

Zeitschrift für bayerische Landesgeschichte. München 1935, S. 418 ff.

10 Die Hexenverfolgung im Widerstreit der Meinungen

Jacob Sprenger und Heinrich Institoris, Der Hexenhammer (1487):

Alles geschieht aus fleischlicher Begierde, die bei ihnen unersättlich ist. Darum haben sie auch mit den Dämonen zu schaffen, um ihre Begierden zu stillen […] Es [ist] kein Wunder, wenn von der Ketzerei der Hexer mehr Weiber als Männer besudelt werden. Daher ist auch folgerichtig die Ketzerei nicht zu nennen die der Hexer, sondern der Hexen.

Kaspar Huberinus, Im „Spiegel der Haußzucht" (Nürnberg 1565):

Es ist gütlich zu glauben, daß solche böse Weiber zuletzt, wenn sie alt werden, eitel Unholde werden. Denn da sie in der Bosheit geübt und getrieben sind, kann sie Gott nicht höher strafen, denn daß er sie zuletzt, dieweil sie sich je nicht bekehren wollen, dem Satan übergibt, daß er volle Gewalt über sie hat. Der macht sie vollends zur höllischen teuflischen Braut […]

Friedrich Spee, Cautio Criminalis (1631):

Danach scheint es jedenfalls so und wird es angenommen, daß sich in Deutschland mehr Hexen finden als woanders. Man weiß ja, daß es besonders Deutschland allerorts von Scheiterhaufen raucht, die diese Pest vertilgen sollen, und das ist doch gewiss ein überzeugender Beweis dafür, wie sehr man alles für verseucht hält. Das geht soweit, daß der Ruf Deutschlands nicht wenig an Glanz bei unsern Feinden eingebüßt hat, und, wie die Heilige Schrift 2. Mos. 5. v. 21) sagt, wir unsern Geruch haben stinkend gemacht vor Pharao und seinen Knechten. […] Häufig sind die Richter, denen die Hexenprozesse anvertraut werden, schamlose, niederträchtige Menschen; die Folter wird oft übermäßig und grausam angewandt; viele Indizien sind unzuverlässig und gefährlich und das Verfahren nicht selten gegen Gesetz und Vernunft.

Zit. nach: Sönke Lorenz / H. C. Erik Midelfort: Hexen und Hexenprozesse. Ein historischer Überblick. In: historicum.net (http://www.historicum.net/no_cache/persistent/artikel/3353/). Erstveröffentlichung in: Praxis Geschichte 4 (1991), Themenheft „Hexen(verfolgung)", S. 4–12, Westermann Verlag 1991. (10.05.2009)

Arbeitsvorschläge

a) Belegen Sie die Aussage, dass die Menschen im Mittelalter und in der frühen Neuzeit stark von den natürlichen Umständen abhängig waren. Erläutern Sie die Folgen für die Menschen und ihre Einstellungen zum Leben. (M 4, M 5)

b) Diskutieren Sie die Vor- und Nachteile, die die Einführung eines stehenden Heeres im absolutistischen Staate mit sich brachten. (VT, M 6–M 8)

c) Erschließen Sie die besondere Rolle der Religion für die Menschen und ihr Leben im 17. und 18. Jahrhundert.

d) Untersuchen Sie, warum es zu den Hexenverfolgungen kam, und nennen Sie die Gründe, warum sie ihren Höhepunkt in den Jahrzehnten um 1600 fanden. (M 3, M 10)

e) Informieren Sie sich über die Hexenverfolgungen oder einen Hexenprozess in Ihrer Heimat und referieren Sie darüber. (**Online Link** 430017-0101)

1.5 Die Landwirtschaft und das Leben im Dorf

1 Feld- und Gartenarbeiten
Holzschnitt aus einer Ausgabe von Vergils „Georgica", 1502. Es werden verschiedene wichtige Arbeiten und Probleme aus dem Leben der Bauern gezeigt. Der Straßburger Künstler versuchte die südliche Vegetation, über die Vergil geschrieben hatte, wirklichkeitsgetreu darzustellen, woran die Kunstauffassung der Renaissance erkennbar wird.

Die Dreifelderwirtschaft

Die landwirtschaftliche Bodennutzung war im späten Mittelalter und der frühen Neuzeit durch die Dreifelderwirtschaft und deren Weiterentwicklungen bestimmt. Dabei wurde das Ackerland in drei Felder eingeteilt, die abwechselnd als Brache, zum Anbau von Winterfrucht und Sommerfrucht genutzt wurden. Dadurch konnten die Ernteerträge wesentlich gesteigert werden. Nach einer einjährigen Brache, während sich der Boden regenerieren konnte, wurde im Herbst Wintergetreide gesät. Nach der Ernte im Spätsommer blieb das Feld während des Winters als Stoppelfeld liegen. Im kommenden Frühjahr wurde das Feld gepflügt und mit Sommergetreide eingesät. Nach der Ernte im Herbst begrünte sich die Fläche als Brache von alleine. Als Wintergetreide dienten Gerste, Dinkel, Weizen oder Roggen, als Sommerfrucht wurden Gemüsesorten wie Bohnen, Linsen oder Erbsen, aber auch Hafer und Gerste angepflanzt. Der Anbau unterschiedlicher Pflanzen führte zu einem differenzierten Auf- und Abbau der im Boden enthaltenen Nähr- und Mineralstoffe. Die Einführung der Dreifelderwirtschaft bedingte, dass der Ertrag auf der gleichen Fläche um ein Fünftel stieg.

Flurzwang

Nicht nur auf die Waldweide, sondern auch auf die Brachflächen, auf denen Klee angebaut wurde, trieb man das Vieh, das durch den Mist den Boden düngte. Entlang der Wege wuchsen Hecken von Weißdorn, Wildrose oder Hainbuche zum Schutz der Getreidefelder. Die Weidetiere, vor allem die Ziegen, hielten die Hecken durch Verbiss unter Manneshöhe. Zunehmend mussten sich die Bauern eines Dorfes gemeinschaftlich wegen der Dreizelgenwirtschaft absprechen. Sie unterteilten die gesamte Dorfflur in drei große Ackerflächen, die Zelgen, in der jeder Hofeigentümer seinen Anteil hatte. Gemeinsam bearbeiteten sie die Zelgen in der Fruchtfolge der Dreifelderwirtschaft. Man konnte die Wege zu den einzelnen Feldern einsparen, allerdings mussten die Bauern zur gleichen Zeit pflügen, säen und ernten. Dieser Ordnung, die als „Flurzwang" bezeichnet wird, konnte sich niemand entziehen. Jeder Bauer war verpflichtet, sich an die vereinbarte Fruchtfolge und die zeitlich abgesprochene Arbeit zu halten. Ansonsten hätten sie bei der Ernte die Nachbarfelder mit den Wagen überfahren, um auf das eigene Feld zu gelangen. Kein Bauer oder Grundeigner sollte sich einen Vorteil verschaffen, indem er früher erntete oder andere Produkte als vereinbart anbaute. Nur eingezäunte Felder, auf denen Sonderkulturen wie Weinanbau angelegt wurden, unterlagen nicht dem Flurzwang. Deren Eigentümer mussten allerdings einen Ausgleich an die übrigen Bauern zahlen.

Die Dorfbildung

Seit dem 16. Jahrhundert erließen die Ortsherren, bzw. die Vögte, die den Frieden nach innen und außen zu wahren hatten, Dorfordnungen. Allerdings richteten sie sich nicht mehr nach dem mündlich überlieferten Recht, dem „Weistum". Sie regelten nach eigener Vorstellung und dem Vorbild des römischen Rechts die Gemeindeverfassung: die Einstellung der Gemeindebediensteten, die Aufnahme von Neubürgern, den Unterhalt von Wegen und Stegen, den Weinausschank, den Feuerschutz, sogar den sonn- und feiertäglichen Kirchgang. Die Bauern erfuhren die feudale Herrschaft durch die Frondienste, die allgemeinen Steuern (Bede) und immer wieder erhobenen Anerkennungsgaben. Der Schultheiß, der zur dörflichen Oberschicht zählte, vertrat den Dorfherrn im Dorfgericht und in der Gemeinde, ordnete den abhängigen Bauern ihre Arbeiten und Abgaben zu und überwachte die Einhaltung der Dorfordnung. Allerdings vertrat er nicht wie ein Bürgermeister die Interessen der Gemeinschaft gegenüber der Ortsherrschaft und anderen Gemeinden.

Langsame Veränderungen der agrarischen Produktion

Das Erbrecht begünstigte die Zelgenwirtschaft, denn durch die Erbteilungen waren die Ackerflächen kleiner und schwerer erreichbar geworden. Die Zerstreuung der einzelnen Äcker eines Besitzes (Gemengelage) über die gesamte Feldmark in Zelgen, wo sie leichter erreichbar waren, wurde zur Regel. Die Zelgenwirtschaft begünstigte im hohen Mittelalter ein Bevölkerungswachstum, das die Pestwellen im 14. Jahrhundert beendeten. Erst im 18. Jahrhundert traten grundlegende Veränderungen in der süddeutschen Landwirtschaft ein: Die Brache wurde mit Kartoffeln, Rüben oder Rotklee bebaut („Verbesserte Dreifelderwirtschaft"), aber viele Bauern lehnten die Einführung der Kartoffel ab. Mitunter führte man ein weiteres Anbaujahr mit Futterpflanzen für die Nutztiere ein. In dieser Vierfelderwirtschaft wurden auf einem Feld im ersten Jahr Wurzelfrüchte (Kartoffeln) angebaut, die dem Boden die meisten Nährstoffe entnehmen, im zweiten Jahr Getreide, im dritten Jahr Hülsenfrüchte, die Stickstoff in den Boden einbringen. Im vierten Jahr blieb der Acker brach oder diente als Weide, um die nötigen Nährstoffe zu bilden. Der Anbau von Klee, Rüben und Kartoffeln erübrigte den Flurzwang. Die Gemengelage hinderte wegen des Flurzwanges und der Nutzungsberechtigungen einen freieren Aufschwung der Wirtschaft und wurde in der Bauernbefreiung, die in Süddeutschland zwischen 1803 und 1850 durchgeführt wurde, abgeschafft. Mit der allmählichen Einführung der Stallfütterung in der Mitte des 18. Jahrhunderts und durch die Abschaffung der Dreifelderwirtschaft wurde der alten Dorfmarkgenossenschaft die Grundlage entzogen.

2 Bauern zu Beginn des 16. Jahrhunderts
Holzschnitt von Albrecht Dürer

3 Leben auf der Dorfstraße
Holzschnitt aus P. Vergilius' „Von den Erfindern der Dynge", 1537. Der Künstler versuchte, die Vielfalt und Fülle ländlichen Lebens und entsprechender Tätigkeiten in einem Bild zusammenzufassen. So wird auch der Fischfang berücksichtigt. (**Online Link** 430017-0101)

4 Die Bittschrift der Untertanen an den Kemptener Fürstabt Roman Giel von Gielsberg (1666)

Die Bauern des Stifts Kempten beschwerten sich 1666 in einer Bittschrift an den Fürstabt Roman Giel von Gielsberg (1639–1673) über die drückenden Belastungen (Vgl. M 5 S. 27), als dieser nach dem Dreißigjährigen Krieg die zerstörten Stiftsgebäude und die Abteikirche von St. Lorenz wieder errichten ließ.

Zum anderen werden uns unsere verträg und kaufbrief, mit deren wir dem fürstlichen stift unterworfen sind, nicht gehalten, sondern entgegen mit allerhand unerträglichen auflagen beschwerdt, dann die verträg klärlich an sich halten, daß wir jährlich dem fürstlichen stüft von jeden 100 fl vermögen, so viel einer vermag, einen halben fl steur geben solle. Wir aber nit allein zu dreyfacher stuer von vielen jahren bishero bezwungen, sondern auch dahin gehalten worden, daß ein mancher etlich 100 fl mehr steuern müssen, als einer in vermögen gehabt. [...]
Viertens haben wir bishero nit allein unterträgliche frohnen verrichten, sondern noch darüber ein schweres frohnfuhrgelt wider das alter herkommen jährlich erstatten müssen, daß wir durch gebung des gelts erarmet und beynebens mit erpressung der fronen also verderbt worden, daß wir keiner etwas an roßen erziehen könden, sondern mit dem stäten fronen den hals abgefahren und sein hausweeßen in verderben liegen lassen müssen.
Fünftens ist uns allen bewust, daß wir, über die bishero jährlich von uns wider die verträg genommene 3fache steuern, noch viele unterschiedliche anlagen von vielen 1000 fl geben müssten, welche wir zu bezahlen nit schuldig gewesen waren, uns auch darumben, wie und wohin solches verwendet worden seyen, niemahlen einige rechnung beschehen [...]
Neuntens werden wir an vielen unterschiedlichen orthen mit den sommerfrohnen, wo wir kein frohngeld geben, dergestalten überladen und über das alte herkommen beschwerdt, daß wir mit weib und kindern die gröste armuth erleiden und unser hauswesen versaumen müssen.

Hartmut Zückert: Die sozialen Grundlagen der Barockkultur in Süddeutschland. Stuttgart 1988, S. 340f.

5 Die Eibelstädter Herbstordnung

In dieser genossenschaftlichen Ordnung wurde die Traubenernte im dem fränkischen Weinort geregelt. Die folgenden Passagen beschäftigen sich mit den Zufahrtwegen und deren Passierbarkeit für den „Zehntwagen", in dem die Ernte für den herrschaftlichen Zehntwein transportiert wurde.

Zum Ersten sollen die verordnete Siebner allhier zu Eivelstatt, vor jedem Herbst zu reichter Zeith, alle Fahr Weg und Weichstätt besehen, wo sie dann von Nöthen seyn bedünk die Weg zu bessern, vor welchen Weingarthen das seyn wird, einem bey der Buß gebieten, den Weg zu bessern und machen, damit niemand daselbst Schaden geschehe, thäte aber dem solches gebothen wäre, nicht, und die Herrschaft des Zehenden oder ander Leuth in der Statt Schaden nehmen vor demselbigen Weingarten und mann erkennen möchte, daß es deßselben Wegs Schuld wäre, so ist derselbig den Schaden, dem, so hine empffangen, schuldig auszurichten.
Zum Anderen, waß des Weeg Besehen gestehet, soll 2 fl vom Zehent Herren und 2 fl. Vom Bürger Meister ausgericht werden.
Zum Dritten, ein jeder Fuhr Mann soll dem Zehent Wagen weich, der so geladen fährt, so fern er weichen kann und soll, dach daß der Fuhrmann mit dem Zehent Waagen sich nicht muthwilliger Weiß verfahre, sondern an billigen Weichstätten still halte, so er jemand gegen ihn fahren sehe.
Zum Vierten, soll mann alle Stätt, wo der Zehent Wagen stehen soll, räumen und öffnen, und auch hinweg thun, was dahin gelegt oder geschütt worden, es sey Mist, Stein, Erden oder was das seyn mag.
Zum Fünfften, so jemand stelt hätte an die Statt, da der Zehent Waagen stehen solle, der soll von solcher Statt ziehen und weichen, ob aber einer solches nicht thun

wolt, so mögen und sollen die bürgermeister und Bergkmeister solches besehen, und demjenigen, so dahin gestelt, gebieten, hinweg von derselben Stell oder Statt zu ziehen und zu weichen.
Zum Sechsten, da einer von dem Bergkmeister oder Zehentknechten, betreten würde, daß er außerhalb der Laub und ohne Verwilligung der verordeten gn. Herbst Herrn lesen thät, denselben soll ernannter gn. Herbst Herr, der Gebühr nach darumb zu straffen Macht haben.
Zum Siebenden, es soll auch bey des gn. Herbstherren Willen und Wohlgefallen allein gestelt zu seyn, einem Inwendigen und Auswendigen außerhalb der Laub zu lesen vergönnen, da auch einer von jemands andern dann dem gn. Herbstherrn zulesen, umb Erlaubnuß anlangen würde, derselb soll darumb auch gestraffet werden.
Zum Achten, da eine Laub aufgethan wird, so soll ein jeder innerhalb 3 Tagen in derselbigen Laub das Seinige abzulesen schuldig seyn, da aber etwann einer in einer Laub viel zulesen hätte, und daßelbig in solcher Zeith, der dreyen Tagen abzulesen nicht vermöchte, derselb soll bey dem gn. Herbstherrn ums Erlaubnuß anzusehen und deßwegen auch ein Zeichen zunehmen schuldig, oder in Verbleibung dessen der Straff gewärtig seyn.
Zum Neundten, da sich dann zutrüge, daß etwann Ungewitters oder Frost halben das Lesen nöthig wäre, so soll es bey des gn. Herbstherrn Willen und Gutachten stehen, ob zwo oder mehr Lauben zugleich aufgethan werden sollen, und der Bürgermeister oder jemands anders, ihme zu diesen und anderen Articulu vorzugreiffen nicht Macht haben.

Herbstordnung zur Weinlese. In: Franz Schicklberger: 1200 Jahre Weinkultur in Eibelstadt. Eibelstadt 2005, S. 29 f.

6 Der schleichende Betrug am Zehntherrn (Domkapitel) von 1625

In dem Erlass geht es unter anderem um eine Praxis, den Traubenertrag des Domkapitels unauffällig zu mindern.

Es wird verfügt, „daß bey ernslicher Straff seine Putten unden vor den Weinberg oder zum wenigsten in der ersten Zeyl setze, dan sie sonsten nur ihres Gefallens, bißweil mitten im Weinberg, icht was fürn Zehent stehen lassen, welches hernacher von den Buttenträgern nicht gesehen werden khönnen. So sollen die Eivelstätter Bürger so Bergknecht seyen, offtermals allererst umb 2 Uhr hinaus ins Veldt khommen und sich den Tag über daheimben in andern Häusern uffhalten, sich auch also beweinenn, das sie abents nit zu Tisch kommen können, deswegen ein Notturfft, solche Gesellen abzuschaffen und wo möglich, lauter frembte, DomCapitulsche Underthane dahin zu verordnen".

Zit. nach: F. Schicklberger, a.a.O., S. 38.

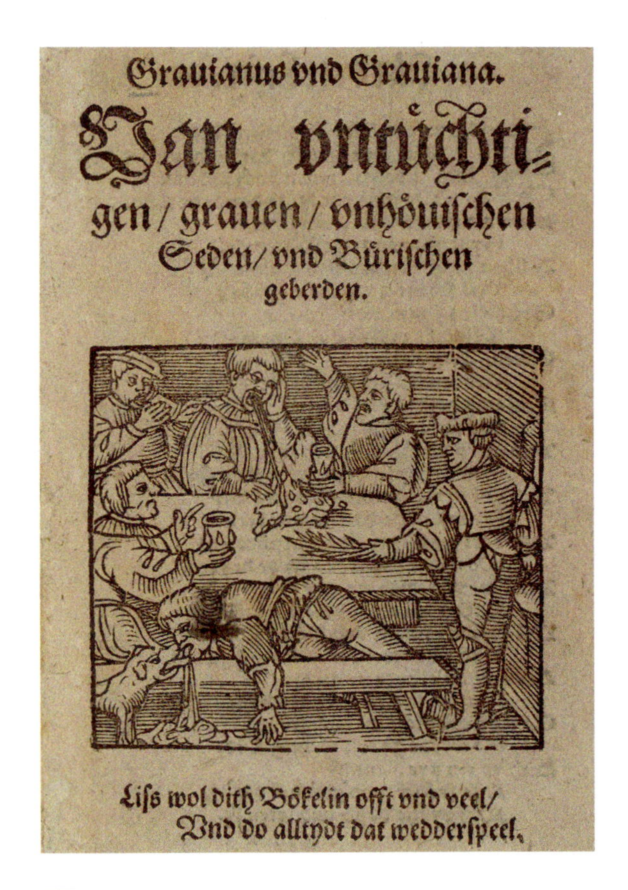

7 „Grobianus Tischzucht"

Titelblatt des 1538 veröffentlichen Benimmbuches, auf dem zu lesen steht: „Grobianus und Grobiana. Von untüchtigen, groben, unhöfischen Sitten und bäuerischen Gebärden. Lies wohl dies Büchlein oft und viel und tue allzeit das Gegenteil". Gerade die Bauern galten den adeligen Oberschichten als abschreckendes Beispiel schlechten Benehmens.

8 Kinder als wandernde Händler

Peter Prosch, ein neunjähriges Waisenkind im Zillertal, wird kein Hüterbub, sondern ein Hausierer, ein „herumlaufender Ölträger":

Auf seine Worte hin ging ich zurück, und zum Barthelme Hauser, als einen Theriak- und Ölfabrikanten hin; dieser borgte mir selbst um 3 fl. 9 kr. solche Waren. Ich ging also außer Landes mit noch einem Kameraden ins Bayern, als ein herumlaufender Ölträger, im zehnten Jahr meines Alters, und weil ich die Meizin nicht verstunde, auch der Hunger mich niemals ungeschoren ließ, so hausierte ich die meiste Zeit bei den Bäuerinnen in den Kucheln um Nudeln herum, anstatt mit meiner Handelschaft etwas zu erobern; denn, wenn ich meine Kraxen voller Nudeln hatte, war ich reich und vergnügt, und niemand hatte weniger Sorgen und Bekümmernis, als ich; ich durfte mir auch nicht fürchten, daß ich bestohlen würde. Mein Nachtlager war ein Bund Stroh oder eine Bank in der Stube. Nun fing ich an, meine Eltern zu verschmerzen, weil es mir so gut ging und mein Magen doch alle Tage mit Dampfnudeln gestopfet wurde. Ich dachte oft meinem ehrlichen Görgen, der mir solch einen guten Rat an die Hand gab. Ich wanderte mit einer gedachten Handelschaft noch eine Zeit lang in Bayern herum, und kam sodann in Schwaben nach Augsburg, Dillingen und Dischingen, wo ich im Markte beim oberen Bauern über Nacht blieb [...]

Peter Lahnstein: Report einer „guten alten Zeit". Zeugnisse und Berichte zwischen 1750 und 1805. Stuttgart 1971, S. 247 f.

9 Missbräuche bei Leichen auf dem Lande

In vielen Gegenden Bayerns herrscht noch auf dem Lande die Gewohnheit, daß sich die Verwandten, Nachbarn und Bekannten oft bis 20 Personen in dem Hause eines Verstorbenen einfinden und da bis zur Begräbniß bey der Leiche in dem meistens sehr engen und niedrigen Wohn- und Speisezimmer einen Rosenkranz nach dem andern abwechslungsweise bethen, wie nicht minder, daß man an einigen Orten den Körper des Verstorbenen mit einem weißen Tuche bedeckt, auf selbes bis zur geeigneten Gährung die geknetete Mehlmasse lege, selbe sonach aus der Pfanne zu so genannten Kücheln backe, und diese an die Gäste vertheile. Wie eckelhaft und selbst der Gesundheit nachtheilig solche Missbräuche sind, besonders wenn die Verstorbenen mit ansteckenden Krankheiten behaftet waren, bedarf keiner Erinnerung. Es ergeht demnach an alle landgerichtische ständische und andere Obrigkeiten der enrnstgemessenste Befehl, diese Gewohnheiten allenthalben, wo sie sich vorfinden, auf der Stelle abzuschaffen [...].

Verordnung der Churfürstlichen General-Landesdirektion, 7. Juli 1793.

10 Hochzeit auf dem Lande

Es ist bei unterzeichneter königlicher Stelle angezeigt worden, daß an vielen Orten auf dem Lande bei den Hochzeiten die priesterliche Einsegnung mit dem dabei gewöhnlichen Gottesdienste oft erst nach 11 Uhr, und so gar um 12 Uhr vor sich gehe, und dies nicht aus Verschulden der Seelsorger, sondern der Hochzeitsgäste, die den Vormittag meistens mit unmäßigem Essen und Trinken so lange hinbringen, bis es ihnen endlich gefällig ist, den Zug zur Einsegnung und zum Gottesdienste in die Kirche zu eröffnen, bei welcher Gelegenheit die, vom Trunke erhitzt, nicht selten auf dem Wege sowohl, als selbst im Tempel Gottes Aergerniß grober Art den Zusehern darbieten; statt, daß sie sich alles Ernstes befleißen sollten, so einer religiösen feierlichen Handlung, als die Kopulation ist, mit allem Anstande, und mit möglichster Auferbauung beizuwohnen.
Um diesem Umfuge zu steuern, wird daher verordnet, daß künftig auf dem Landes überall ohne Ausnahme, die Kopulation vor 10 Uhr, oder längsten um 10 Uhr, bei 12 Reichsthaler Strafe, geschehen müssen; wie nicht minder, daß sich die Hochzeitsgäste beim Zuge sowohl in die Kirche, als in der Kirche selbst aller Ungebührlichkeiten um so mehr zu enthalten haben, als man sie außerdem nach Strenge bestrafen würde.

Verordnung der Königlichen Landesdirektion in Bayern, 10. November 1807.

Arbeitsvorschläge

a) Stellen Sie in einer Synopse die Veränderungen und Verbesserungen in der landwirtschaftlichen Produktion bis ins ausgehende 18. Jahrhundert zusammen.
b) Erläutern Sie die Konsequenzen, die die herrschaftlichen Verpflichtungen für die Bauern mit sich führten, und die Haltung der Bauern zu diesen herrschaftlichen Forderungen.
c) Begründen Sie die Funktion der Regelungen der Weinbergsordnung von Eibelstadt und vergleichen Sie diese mit dem Flurzwang. Diskutieren Sie die Vor- und Nachteile dieser genossenschaftlichen Wirtschaftsweisen für die einzelnen Bauern (M 5).
d) Verdeutlichen Sie das Schicksal des jungen Peter Prosch im Rahmen der bäuerlichen Ständeordnung und vergleichen Sie es mit modernen Formen von Kinderarbeit in wenig entwickelten Ländern (M 8).
e) Die Obrigkeit versuchte immer wider regulierend ins bäuerliche Leben einzugreifen. Diskutieren Sie ausgehend von M 10 die möglichen Ursachen für das entsprechende bäuerliche Verhalten und die Ziele der staatlichen Handlungsweise.

1.6 Handel und Handwerk zwischen Zunftwirtschaft und Frühkapitalismus

Markt- und Produktionskontrolle der Zünfte

Die Bildung des mittelalterlichen Handwerks verlief parallel zur Entwicklung der Städte. Die günstigen Absatz- und Gewinnchancen förderten die Spezialisierung der Handwerker, die Konkurrenz unter den Handwerken und die gemeinsame Interessendurchsetzung bedingten die Bildung von Zünften. Eine Zunft (von althochdeutsch zumft „zu ziemen") bezeichnet eine ständische Körperschaft von Handwerkern. Alle Handwerker einer Stadt mussten je nach ihrem Beruf Mitglied einer Zunft werden, die die Regeln für Rohstoffbeschaffung, Arbeitszeiten, Ausbildung, Produkte und Preise aufstellte. Um das Niveau der Produktion zu erhalten und die Zahl der Meisterbetriebe in den Städten zu beschränken, erschwerten die Zünfte die Aufnahmebedingungen bei der Meisterprüfung. So mussten die Gesellen ehrbarer Herkunft sein, das Meisterstück auf eigene Kosten anfertigen, verschiedene Abgaben für die Aufnahme in die Bürgerschaft und die Zunft bezahlen, und Hausbesitz oder ein entsprechendes Vermögen nachweisen. Vielen Gesellen fehlte das nötige Kapital, um sich selbständig zu machen. Unabhängige, unzünftige Handwerker konnten in den Städten nicht arbeiten. Die Regelung der Produktionsweise und -menge verhinderte zwar Überproduktion, aber auch die Einführung neuer und produktiverer Produktionstechniken. So sicherten die Zünfte den Meistern ein standesgemäßes, „gerechtes" Einkommen, den Verbrauchern ein stabiles Preis-Leistungs-Verhältnis, allerdings zu hohen Preisen, weil Konkurrenz unterbunden wurde.

Das „zünftige Leben"

In manchen bayerischen Städten gelang es den in Zünften organisierten Handwerkern, die politische Macht zu erobern. In Freien Reichsstädten bestanden mitunter Zunftverfassungen, die mit Großem und Kleinem Rat sowie dem Bürgermeister demokratische Strukturen aufwiesen. Bis 1547 konnten die Zünfte in Augsburg sich ihren Einfluss auf das Stadtregiment sichern. Im Spätmittelalter und der frühen Neuzeit verschwanden diese „Zunftrepubliken" unter dem Druck der Landesfürsten und der Einfluss der Zünfte wurde auf die Regulierung ihrer

1 Laden und Werkstatt eines Schusters
Holzschnitt, Ende des 16. Jahrhunderts. Lange blieben in den meisten Branchen die Herstellung und der Verkauf der Güter in einem Raum oder zumindest in einem Haus vereint. Eine gewisse Arbeitsteilung gab es auch in einem von einer Zunft geregelten Meisterbetrieb.

sozialen und wirtschaftlichen Angelegenheiten beschränkt. Die Zünfte verfügten über ein Zunfthaus oder eine Zunftstube, wo einmal im Jahr das gemeinsame Zunftmahl und die Zunftversammlungen stattfanden. Der Obermeister begann die Versammlungen mit dem Öffnen der Zunftlade, worin die Zunftstatuten aufbewahrt wurden. Das enge Zusammenleben führte zu einer Handwerkerkultur mit festen Ritualen. Als Familienangehörige waren Frauen an einigen Leistungen der Zünfte beteiligt, wurden aber nicht gleichberechtigte Mitglieder. Nach dem Tod eines Meisters musste die Witwe innerhalb von ein oder zwei Jahren heiraten, um die Werkstatt nicht zu verlieren. Mitunter führte die Witwe für den Sohn das Geschäft bis zu dessen Mündigkeit. Gewöhnlich unterhielten Zünfte Kassen zur Unterstützung der Witwen und Waisen. Die Zunftmitglieder mussten sich an festgelegte und verbindliche Normen halten. Verstießen sie dagegen, konnten sie ihre Mitgliedschaft verlieren. Oft wurde den Betroffenen der zur Zunfttracht gehörende Ohrring vom Ohrläppchen gerissen. Das so entstehende Schlitzohr bezeichnete den listigen Menschen.

Jakob Fugger – der kapitalistische Unternehmer

Die höchste wirtschaftliche Blüte erreichte die Stadt Augsburg im 15. und 16. Jahrhundert durch die Bank- und Metallgeschäfte ihrer Kaufmannsfamilien. Die Finanzkraft der Fugger und Welser förderte Augsburgs Stellung als Weltstadt, als Stadt der Kaiser und Reichstage (**Online Link** 430017-0101). Jakob Fugger entstammte der gleichnamigen Handelsfamilie und stieg zum reichsten und bedeutendsten Kaufmann und Bankier in Europa auf. Mittels einer geschickten Nutzung des Bergbaurechts erlangte er für das Familienunternehmen die Monopolstellung auf dem europäischen Kupfermarkt und legte so die Basis für dessen Weltgeltung. Weil er Kriege und Königswahlen gegen wirtschaftliche Privilegien finanzierte, ermöglichte er seiner Firma ein ungeahntes Wachstum und erlangte großen politischen Einfluss. 1511 wurde er in den Adelsstand erhoben. Als Bankier bediente Jakob Fugger Mitglieder des Hochadels, der europäischen Königshäuser und der katholischen Kirche und fand politischen Schutz und Förderung. Sein immenses Vermögen verhalf ihm zu dem Beinamen „der Reiche". Jakob Fugger baute den ersten multinationalen Konzern in der Welt auf, dessen wirtschaftliche Verbindungen von Osteuropa bis nach Südamerika reichten. Rund 20 Faktoreien – von Lissabon und Madrid bis nach Krakau und Danzig – bildeten ein effektives System von Filialen. Zum Konzern gehörten weiterhin 30 kleinere Niederlassungen, Bergwerke und Verarbeitungsbetriebe, die für dauernden Ertrag und steigenden Gewinn sorgten. Jakob Fugger übernahm den Faktoreibetrieb von der Hanse, setzte ihn jedoch straff gelenkt erstmals in einem großen Privatunternehmen ein.

Ein Bündnis von Kapital und Politik

Seit 1521 erschwerten Aufstände in den ungarischen Bergwerken, Unruhen in Augsburg und Klagen gegen Fuggers Monopole die Geschäftsführung. Jakob Fugger behauptete sich gegen seine Gegner, schlug die Aufstände nieder und fand bei Kaiser Karl V. Hilfe gegen die Klagen. Nach seinem Tod 1525 führte sein Neffe Anton mit ähnlicher Tatkraft und gleichem Erfolg die Firma. Er lieh Karl V. und dessen Bruder Ferdinand, dem deutschen König, riesige Summen für die Kriege gegen die Türken und Franzosen und erhielt vom Kaiser im Gegenzug die Rechte an spanischen Quecksilber- und Zinnober-Bergwerken, Ländereien und neue Privilegien. Nach dem Erstarken der Gegenreformation bemühte sich der Katholik Anton Fugger um Ausgleich zwischen den Konfessionen. Als Philipp II. in Spanien auf Karl V. folgte, beschloss Anton Fugger den schrittweisen Abbau des Familienunternehmens, um das Vermögen in Ländereien umzusetzen. Bis zu seinem Tode 1560 gelang ihm dieses Vorhaben nicht vollständig, er hinterließ jedoch seinen Erben neben zahlreiche Ländereien ein Vermögen von 5 Millionen Gulden.

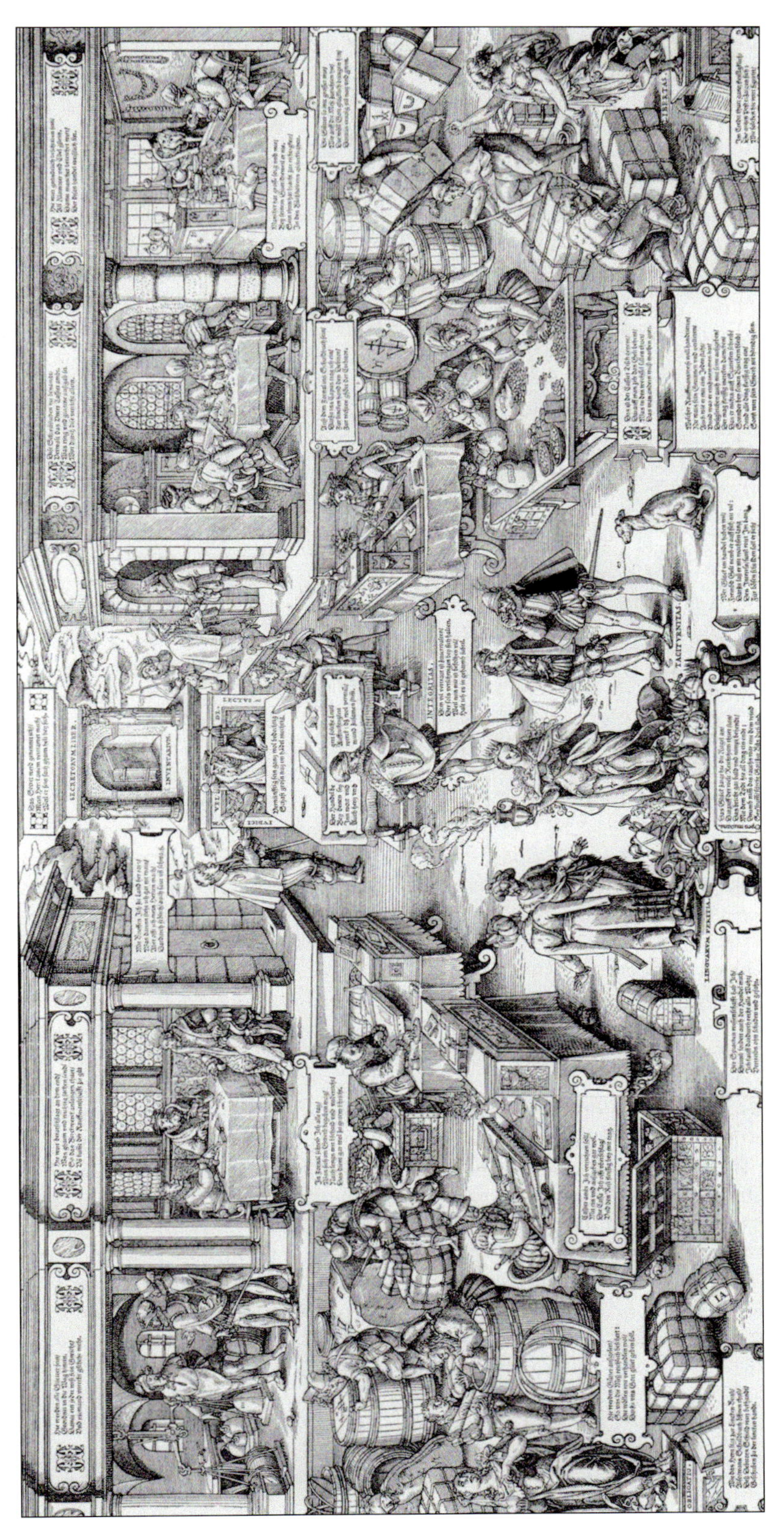

2 Allegorie auf den Handel
Holzschnitt von Jost Amman, 16. Jahrhundert. Die Darstellung vermittelt die verschiedenen Tätigkeiten in einem großen kaufmännischen Unternehmen: Buchführung, Einnahme und Wechsel von Geld, Verpackung von Waren in Ballen und Fässern. (**Online Link** 430017-0101)

3 „Kampf der Geldsäcke und der Geldschränke"
Holzschnitt von Pieter van der Heyden, um 1570. In dem grotesken Kampfgetümmel will der Künstler ein Sinnbild auf den Wucher darstellen. Der Zinsfuß lag im 16. Jahrhundert angesichts der Unsicherheit der Geldmärkte sehr hoch.

Staatliche Förderung von Manufakturen

Nach dem Dreißigjährigen Krieg erstarrten die sozialen Verhältnisse in den Städten zunehmend. Gesellen schlossen sich zu Bünden zusammen und forderten in manchen Städten höhere Löhne und Gewerbefreiheit mit dem Recht auf freie Berufsausübung. Zunehmend erwies sich die Zunftorganisation als überholt und als ein Hemmnis für die soziale und wirtschaftliche Entwicklung. Im 17. und 18. Jahrhundert entstanden auch in Süddeutschland Manufakturen. Es handelte sich um Frühformen des kapitalistischen industriellen Betriebs besonders im Textilgewerbe. In Heimarbeit wurden Teile der Produktion, das Spinnen und Weben, ausgelagert, so dass sich das Verlagssystem entwickelte. Der Verleger lieferte die Rohstoffe und nahm die hergestellten Produkte zu Festpreisen ab. In der Fabrik mussten die Arbeiter das Garn arbeitsteilig zwirnen, spulen, färben und in die fertige Form bringen.

Der bayerische Kurfürst Maximilian III. Joseph (1745 – 1777) bemühte sich um den wirtschaftlichen Aufschwung seines Landes und förderte die Manufakturen, um die staatliche Schuldenlast zu beheben. 1747 bis 1754 scheiterte die Gründung einer ersten Porzellanmanufaktur und brachte nur Verluste. 1755 erhielt die Neugründung ihren ersten Hofauftrag und erlangte durch Franz Anton Bustelli bald

4 Spielkartenmanufaktur im 18. Jahrhundert. Zeitgenössische Darstellung

Weltruhm. Der Jurist und Unternehmer Sigmund Graf von Haimhausen organisierte seit 1758 die Porzellanmanufaktur betriebwirtschaftlich, die 1761 in das Schloss Nymphenburg verlegt wurde. (**Online Link** 430017-0101)
Der Markgraf von Ansbach veranlasste 1686, dass die Stadt Schwabach, in der seit zwei Jahrzehnten Nadeln hergestellt wurden, französische Hugenotten als Glaubensflüchtlinge aufnahm. Die Hugenotten gründeten eine Gobelinmanufaktur und führten neue Gewerbe wie die Strumpfwirkerei ein. Mit der Kattunmanufaktur entstand 1716 in Schwabach die erste moderne Fabrikanlage Frankens. Auch die erste Fabrik für Gold- und Silberdrahtzug siedelte sich in der fränkischen Marktstadt an, so dass Schwabach im 18. Jahrhundert eine aufstrebende Gewerbestadt wurde. Als weniger erfolgreich und dauerhaft erwiesen sich die Gründungen von Glashütten im Spessart und im Steigerwald, die wegen des großen Holzverbrauchs gegen Ende des 18. Jahrhunderts den Betrieb einstellen mussten.

Modernisierung des Textilgewerbes

Im Laufe des 18. Jahrhunderts mehrten sich die Anzeichen, dass die Zunftorganisation den sozialen und wirtschaftlichen Bedingungen der Industrialisierung weichen musste. Die Lage der Augsburger Weberhandwerker, die ein florierendes Gewerbe ausgeübt hatten, verschlechterte sich, denn Augsburger Kaufleute und Kattunfabrikanten führten billige ostindische Textilien ein, mit denen die einheimischen Stoffe nicht konkurrieren konnten. Im Winter 1784/85 verweigerten die Gesellen die Beitragszahlungen in die Gesellenkasse. Der Gesellenstreik wurde zunächst friedlich beigelegt, entbrannte aber durch zwei Todesfälle neu. Den Demonstrationszug von 300 Gesellen schlug die Polizei nieder, viele Gesellen verließen die Stadt. Die Meister, die sich zunächst zurückgehalten hatten, beschlagnahmten Textilimporte für die Kaufleute, als ihre Lage sich rapide verschlechterte. Die Fabrikanten hielten sich allerdings nicht an den 1785 gefundenen Kompromiss, so dass am 29. Januar 1794 300 Webermeister das Rathaus besetzten und ein Einfuhrverbot für ausländische Stoffe durchsetzten. Den andauernden Konflikt beendete der Rat, indem er am 18. November 1794 württembergische Soldaten anforderte und die Kosten für deren eineinhalbjährige Einquartierung den Webern auflud.

5 Friedrich Nicolai über eine bayerische Porzellanmanufaktur (1781)

Wir gingen darauf in die Porzellanfabrik. Sie ward 1761 auf kurfürstliche Rechnung vom Grafen von Hainhausen, jetzigen Ehrenpräsidenten der Akademie der Wissenschaften angelegt. Der Inspektor und Modellmeister der Fabrik ist Herr Dominik Auliczek, ein Bildhauer aus Böhmen, der sich lange in Rom aufgehalten hat, von welchem wir auch einige gute marmorne Statuen im Garten gesehen hatten. Er zeigt uns mit vieler Gefälligkeit alle Arbeiten, die Öfen nicht ausgenommen. Anfänglich sollen an 200 Arbeiter hier gewesen sein, aber da sich der Debit nicht finden wollte, so ist jetzt die Fabrik sehr ins Kleine gebracht und es sind vor allem nur 30 Arbeiter. Vier Brennöfen sind vorhanden, nebst fünft Glühöfen und drei Öfen, die gemalten Sachen zu brennen. Die Niederlage von feineren Geschirren konnten wir nicht sehen, weil der Buchhalter nicht zugegen war. Man schätzt den Wert derselben auf 120 000 Gulden; vermutlich nach Verkaufspreisen. Dass die Fabrik nicht großen Absatz haben könne, erhellt sich schon aus der geringen Zahl der Arbeiter. Das Meiste geht nach der Türkei durch die Türken in Wien, welche zu den Tassen und anderen Sachen, die sie bestellen, jederzeit besondere Muster einschicken. Etwas weniges geht zuweilen nach Turin und sonst nach Italien. Im Land selbst wird fast nichts abgesetzt. Ich selbst bemerkte, dass in Wirtshäusern allenthalben Tassen von Fayence waren. Gleichwohl ist das Nymphenburger Porzellan sehr wohlfeil, zum Beispiel von der geringsten Art weißer Tassen kostet das Paar nur 12 Kreuzer.

Zit. nach: Hans Graßl: Repräsentationen des barocken Bayern. München 1976.

6 Würzburgische Verordnung

für die Handwerker, das Wandern derselben und ihres Meisterrechts betreffend, vom 14ten Febr. 1787:

Von Gottes Gnaden, Wir Franz Ludwig, Bischof zu Bamberg und Würzburg etc. Die gute Policey in dem Handwerkswesen und öffentlichen Gewerbschaften macht einen wesentlichen Theil des Wohlstandes eines Landes aus. Zu jener gehöret vorzüglich, daß nur Leute von bewährter Geschicklichkeit und Rechtschaffenheit aufgenommen werden, damit das Publikum mit guten Waaren und Arbeiten versehen werde. Es gewinnen aber sowohl die Sitten als die Besichtigung frd Professionisten durch die bey den Zünften und Innungen aufgeführte Wanderschaft. Die Meisterzahl eines Handwerks muß nach Verschiedenheit der Handwerker, ob solche entweder arbeitende und zugleich handelnde, oder allein arbeitende sind, in einem genauen Verhältnisse mit der Stadt, dem Orte und der Gegend, wo sie aufgenommen sind, und gewissermaßen mit dem ganzen Lande stehen. In beyden Puncten, sowohl was das Wandern der Handwerksgesellen, als auch die Annahme der Meister betrifft, haben wir in Unsern Landen Mängel bemerkt; finden daher nötig, nachfolgendes zu verordnen.

Die Wanderschaft belangend:

1) Alle, die zum Meisterrecht gelangen wollen, müssen unumgänglich ihre Wanderjahre ordentlich erstanden haben.
2) Unser Fürstliches Policeygericht dahier und die Beamten auf dem Lande sollen Niemand zum Meister einschreiben lassen, auch keinen Professionisten, der die Absicht hat, mit der Zeit Meister zu werden, sich zu verehelichen, ertheilen, der seine Wanderzeit nicht nach handwerksgebrauch gänzlich vollbracht hat.
3) wenn jemand nach verkündeter dieser Verordnung die Heyrath oder das Meisterrecht eschleichen wird, ohne daß er sich über die erstandene Wanderzeit vollkommen gerechtfertigt hat; so hat er im ersten Falle nie eine Hoffnung zum Meisterrecht zu gelangen; im andern wird ihm dasselbe immer niedergelegt. [...]

Die Annahme der Meister und anderer, die ein öffentliches Gewerb treiben, betreffend:

6) Unsern Fürstlichen Policeygerichten bleibt zwar noch fernerhin die Annahme der Meister und andere, die sich mit Treibung eines öffentlichen Gewerbes abzugeben gedenken, überlassen: dasselbe hat jedoch allezeit, wenn es dafür hält, daß der Ansuchende aufzunehmen sey, vorher an Unsere Fürstliche Regierung in der Art, wie es im nachstehenden § 11. vorgeschrieben ist, zu berichten, und die Verfügung darüber zu gewärtigen. Findet aber unser Fürstliches Policeygericht erhebliche Anstände, weswegen ein Gesuch nicht bewilliget werden kann; so ist solche Berichterstattung nicht erforerlich, und es kann mit Abweisung des Supplikanten sogleich fürgefahren werden, dem es jedoch, wenn er genugsamen Grund zu haben vermeynet, an die höhere Stelle sich zu wenden nicht verboten ist
7) Sollte ein oder der andere Theil durch die Entschließung des gedachten Polizeygerichts sich beschweret glauben, so hat in derley Fällen keine förmliche Berufung an die höhere Stelle und weitschichtiges Proceßgeschehen künftig mehr statt: sondern dem sich beschwert glaubenden Theile wird lediglich eine Vorstellung bey Unserer Fürstlichen Kandesregierung einzureichen verstattet. [...]
10) Andere Zunftvorsteher oder die Beamten und Zünfte auf dem Lande dürfen künftig keinen Meister oder sonst jemand, der ein öffentliches Gewerbe treibet, für sich mehr annehmen. [...]

Johann. A. Ortloff: Corpus iuris opificiarii, oder Sammlung von allgemeinen Innungsgesetzen und Verordnungen für die Handwerker. Erlangen 1804, S. 393–395.

7 Rasiermessermanufaktur in Paris

Der Stich des 18. Jahrhunderts verdeutlicht, wie auch in einer überschaubaren Produktion die Arbeitsteilung zur Mechanisierung führt. Interessant ist hier die große Wanduhr, die vom gesamten Arbeitssaal her zu sehen ist.

8 Die Unterbindung der Konkurrenz

Auszüge aus der Satzung der Schneiderzunft zu Bayreuth, vom 31. März 1746:

10) Ein Meister, welcher selbst, oder durch die Seinen um Arbeit wirbet, oder werben läßet, auch sonsten listiger Weise, als zum Exempel es machte einer Schulden, und zahlte solche vorsetzlicher Weise nicht, sondern verlangte daß man sie abarbeiten lassen sollte, wodurch also demjenigen Meister, welcher vorhero gergl. Kunden zu bedienen gehabt, Nahrungs Abbruch zu wüchse, zahlt, da er deßen überwiesen werden kann 2 fl. Fr. Straffe, wovon die Helffte dem Handwerks Richter und dem Handwerck in die Lade gehörig.

11) Es soll kein Meister dieses Handwercks seinem Sohn, Gesellen oder Jungen in der Leute Häußer schicken Waaren schneiden zu lasse, es sey denn, daß der Meister Unpässlichkeit, Alters oder Unvermögens halber, nicht selbst zu gehen vermöchte, bey Straffe 1 fl. Fr. nach vorstehender Articul zu vertheilen. [...]

12) Jeder Meister soll die Kunden mit der Arbeit best möglich fördern und nicht aufziehen, sondern so ihme die Arbeit zu viel wird, seinem Mitmeister dasjenige, was er nicht selbst bestreiten kann, zuwenden und übergeben, der es mit allem Fleiß und Treue zu verfertigen hat; Welcher aber obiges überschreiten, und um überhäufter Arbeit willen, untüchtiges Gesind, Gesellen, Jungen oder Weibs Personen halten, oder die Arbeit durch auswärtige und mit dieser Innung nicht Zünfftende verfertigen lassen würde, der soll, so oft es zu Schulden kommt, 1 fl. 12 Kr. Straffe, [...]

13) Kein Meister soll dem andern aus Haß oder Neid seine Arbeit tadeln und verachten, vielweniger einander die Kunden abspannen, bey 2 fl. Fr. Straff, nach 10. Artic. Zu vertheilen. [...]

31) Kauffleuten, Crämern und Juden soll nicht erlaubt seyn, mit neuer Schneider Arbeit, so außerhalb dieser Stadt verfertiget werden, ausgenommen der Fremden und ausländischen Waaren, woran zwar einige Schneider Arbeit befindlich, die aber in solchen Maas und Qualitat aller Orten vor Kauff- und Handelseuten geführet, und verkaufft zu werden pfleget [...] so aber solche von hiesigen Meistern verfertiget, und tüchtig gemacht wäre, soll es erlaubt seyn. [...]

34) Fremden Meistern, Herren-Bedienten, Stümplern, Störern, WeibsPersonen, und übrigen Pfuschern, welche nicht zünfftig gelernet, noch in diese Zunfft sich begeben, soll durchaus nicht erlaubet seyn, einige Schneider Arbeit in der Stadt zu verfertigen, sondern wo ein solcher Unzünfftiger und Pfuscher betretten würde, derselbe soll sogleich, mit Assistenz des Handwercks Richters, der hierunter gleich durchgehen, und so wohl in seiner eigenen Veranttwortung als die steuerbaren Handwercks Beschwerung und Verkürzung, nichts verabsäumen und unterlassen soll, von dem Handwerck aufgehoben, und in 5 Fl. Straff verfallen seyn [...]

Johann. A. Ortloff: Corpus iuris opificiarii, oder Sammlung von allgemeinen Innungsgesetzen und Verordnungen für die Handwerker. Erlangen 1804, S. 509 ff.

9 Manufaktur für Messerschmiede (1783)
Der Stich verdeutlicht bereits die Ansätze der Mechanisierung und den koordinierten Arbeitseinsatz, der die Arbeitsteilung in den Fabriken kurz vor der Industrialisierung bestimmte. Zeitgenössischer Kupferstich
(**Online Link** 430017-0101)

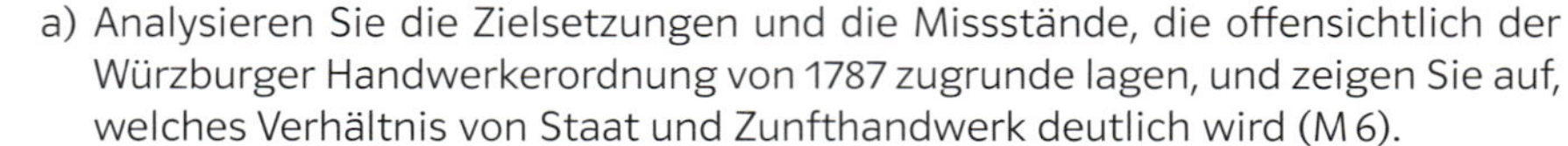

Arbeitsvorschläge

a) Analysieren Sie die Zielsetzungen und die Missstände, die offensichtlich der Würzburger Handwerkerordnung von 1787 zugrunde lagen, und zeigen Sie auf, welches Verhältnis von Staat und Zunfthandwerk deutlich wird (M 6).

b) Zeigen Sie auf, dass die Regelungen der Schneiderzunft von Bayreuth den traditionellen Zielen der Zünfte entsprechen. Stellen Sie die Standpunkte für und gegen eine solche Gesetzgebung vor und diskutieren Sie, ob die moderne Sozial- und Wirtschaftspolitik vergleichbare Phänomene aufweist (M 8).

c) Analysieren Sie die Grenzen, die die traditionellen Organisationen der Zünfte der Entwicklung des Handwerks setzten, und die Veränderungen durch das Verlagswesen und die Manufakturen.

d) Diskutieren Sie die Grenzen, die die Ständegesellschaft und der absolutistische Ständestaat der wirtschaftlichen Modernisierung setzten.

1.7 Netzwerke gegen die Not

Solidargemeinschaft gegen Risiken und Not

Bedrohungen für das alltägliche Leben in der frühen Neuzeit, oft hervorgerufen durch Kriege, Hungersnöte und Seuchen, veranlassten die Menschen zu verschiedensten Initiativen. Eine Organisationsform der ständischen Gesellschaft bildete das genossenschaftliche Prinzip. Es besagte, dass Menschen sich gleichberechtigt zusammenschlossen, um gemeinsam zu arbeiten, sich gegenseitig zu unterstützen und dafür Sorge zu tragen, dass alle mit dem Lebensnotwendigen versorgt waren. Zu Genossenschaften vereinten sich Kaufleute, die eine längere Reise unternahmen, um sich gegen wirtschaftliche Risiken oder Raub und Plünderung unterwegs abzusichern. Aus solchen Genossenschaften bildete sich die große norddeutsche Städtevereinigung der Hanse. In den Städten organisierten sich die Handwerker einer Berufsgruppe genossenschaftlich in einer Zunft, um ihre gemeinsamen wirtschaftlichen und sozialen Interessen zu sichern und durchzusetzen. Die ökonomische Aufgabe der Zünfte bestand darin, die „bürgerlichen Nahrung" zu sichern, d. h. den Markt für die Zunftmitglieder zu reservieren. Im späten Mittelalter erfolgte deswegen eine zahlenmäßige Begrenzung der Handwerksbetriebe, denen die Rohstoffe und Arbeitskräfte gleichmäßig zugeteilt wurden. Die sozialen Aufgaben der Zünfte umfassten Darlehen und finanzielle Hilfe für die Zunftmitglieder. Durch ein genau festgelegtes Zunftbrauchtum sollte auch ein gemeinsames Bewusstsein begründet und aufrechterhalten werden. In der Barockzeit wurde der religiöse Charakter wieder stärker betont.

Krankenpflege als christliche Tugend

Die Pflege und Versorgung von Kranken und Schwachen in Hospitälern beruhte auf dem Gedanken der karitativen Handlung, dass man in den leidenden Menschen Christus selbst begegne und Krankendienst Gottesdienst bedeutete. In Predigten, Totenmessen und in der Beichte wurde das Bild des leidenden Christus für Kranke, Schwache, Pilger und Waisenkinder beschworen. Vor allem Klöster gründeten Hospitäler zur Krankenpflege, aber auch zur Aufnahme von Pilgern. Mit den Pilgerströmen nach Santiago de Compostella und den Kreuzzügen wuchs die Anzahl der Spitäler – wegen der Pilger und der aus dem Orient eingeschleppten Seuchenkrankheiten. Papst Clemens V. gestattete 1312 die Gründung von Spitälern, die nicht mit Kirchengut ausgestattet wurden. Seit dieser Zeit gründeten reiche Bürger Spitäler für ihr eigenes Seelenheil.

Die Nürnberger Kaufmannsfamilie Mendel, die mit dem deutschen König Geldgeschäfte machte, stiftete von 1386 bis 1402 mehr als 8 000 Goldgulden in ihre Spitalgründung. Damit gaben sie von ihrem Gewinn, der auf Gottes Gnade zurückging, für die Armen und taten etwas für ihr Gewissen und ihr ewiges Heil. Aufgenommen wurden Männer über 50 Jahren, „die suln seyn arm, alt und krank", die in einer Kammer von rund acht Quadratmeter wohnten. Auf Grund einer ausreichenden Ernährung konnten sie im Spital ein recht sorgenfreies Leben führen. Meist kam nur ein kleiner Teil der Bedürftigen in den Genuss solcher Hilfe. Mit solchen Stiften

1 **Elend.** Die mittelalterliche Buchillustration verdeutlicht, dass Krüppel und Bettler zu den Ausgestoßenen in der Gesellschaft zählten. Gesunde mussten vor Seuchenkranken gewarnt werden. Die beiden Kranken hoffen auf eine Hilfe aus christlicher Nächstenliebe – ein Almosen oder die Aufnahme in ein Hospital.

2 Das Heilig-Geist-Spital in Nürnberg wurde 1339 von dem Nürnberger Bürger Konrad Groß auf eigenem Grundstück gegründet. Es wies rund 200 Betten auf und war die größte städtische Einrichtung zur Versorgung von Kranken und Alten in der Reichsstadt. Es ist insbesondere bekannt als Aufbewahrungsstätte der Reichskleinodien, die von 1424 bis 1796 in Nürnberg verwahrt wurden.

Mangelhafte medizinische Grundversorgung

verband sich die bislang nicht bekannte Vorstellung von einem „ehrbaren Armen", der diese karitative Aktion der städtischen Oberschicht verdiente.
In Bitt- und Gedenkgottesdiensten gedachten die Spitalinsassen der Stifterfamilie, die durch gute Taten und Stiftungen für ihr ewiges Seelenheil sorgte. Die Insassen der Spitäler waren gemäß Stiftungs- oder Spitalordnung zu einem gemeinschaftlichen Leben angehalten, wozu der Gottesdienst und die Mitarbeit im Spital gehörten.

Spitäler übernahmen bis ins 18. Jahrhundert eine große Anzahl sozialer Aufgaben als Werke christlicher Barmherzigkeit: die Speisung, die Bekleidung und die Aufnahme von armen und bedürftigen Menschen, die Herberge für Fremde vor allem jedoch die Pflege von Kranken und Alten, mitunter auch die Bestattung der Bürger. Seit dem 15. Jahrhundert unterschieden sich die Spitäler nach verschiedenen Funktionen, auch in der Pflege unterschiedlichen Krankheiten, wofür sie eigene Hygiene- und Diätvorschriften entwickelten. Die meisten Spitäler beschränkten sich auf Bekleidung, Unterkunft, Speisung und einfache Pflege. Eine wundärztliche Versorgung war im späten Mittelalter nicht die Regel. 1486 bedurfte es in Nürnberg einer eigenen Stiftung, um am angesehenen Heiliggeistspital einen Spitalarzt anzustellen. Im 16. Jahrhundert setzte die ärztliche Pflege an den Spitälern ein, je nachdem wie es die Zusammensetzung eines Spitals aus Kranken, Alten, Waisenkindern und Armen erforderte. Nicht immer wurden die ursprünglichen Stiftungszwecke eingehalten, denn reiche Bürger erwarben in den Spitälern Pfründe und sicherten sich damit eine besondere Unterkunft und Pflege im Alter. Zunehmend übernahmen Hospitäler so die Aufgabe von Alters- und Armenheimen. Typisch war die Gründung von 12-Brüder-Spitälern, die Zeichen der Frömmigkeit, aber auch der Altersversorgung waren.

Armen- und Findelhäuser als öffentliche Aufgabe

Aus den Spitälern und Hospizen entwickelten sich seit dem 16. Jahrhundert die Armenhäuser, die oft mit einem Altenhaus, Waisenhaus oder Arbeitshaus verbunden waren. Sie sollten vor allem der Bettelei der verarmten und unversorgten alten Menschen entgegenwirken. Sie wurden als kommunale oder kirchliche Einrichtungen betrieben und nahmen bevorzugt ältere Menschen aus der eigenen Gemeinde auf, die nicht mehr arbeitsfähig waren. In den Dörfern wurde ein Teil der Allmende, des Gemeindegutes, für die Armenversorgung verwendet. In größeren Einrichtungen wurden auch 50 oder mehr Personen untergebracht, aber auch kleine Dörfer unterhielten Armenhäuser, da sie als Heimatgemeinden die hier geborenen Bedürftigen aufnehmen mussten. Alte Dienstboten erwarben kein Bürgerrecht an ihrem Arbeitsort und wurden oft in die Heimatgemeinde abgeschoben. Zunehmend wurden auch Findelhäuser eingerichtet. Papst Innozenz III. gestattete bereits vor 1200, dass an Findelhäusern Drehläden, Babyklappen, angebracht wurden. Durch die anonyme Aussetzung eines unehelichen oder ungewollten Säuglings sollte die Tötung des Kindes verhindert werden. Die Findelkinder sollten laut Satzungen in den Heimen Lesen und Schreiben, aber auch einfache körperliche Arbeiten lernen, damit sie als Knechte, Mägde und Dienstboten ihren Lebensunterhalt verdienen konnten.

Zuchthaus: Besserung und Strafe

Zu den sozialen Einrichtungen zählten letztlich auch die Zuchthäuser, die im 17. Jahrhundert in vielen deutschen Städten errichtet wurden. Vorher überwogen Leib- und Lebensstrafen (Prügel- und Todesstrafe), Kerker dienten vorwiegend dazu, Gefangene bis zur Verhandlung oder Vollstreckung der Todesstrafe einzusperren. In Zuchthäusern sollten Bettler, Prostituierte, Kleinkriminelle oder Arbeitsunwillige zur Arbeit erzogen und nach der Strafe wieder in die Gesellschaft eingegliedert werden. Erstmals in der europäischen Justiz wurde die Besserung an die Stelle der Vergeltung gesetzt. Harte Arbeits- und Haftbedingungen, oft verbunden mit Körperstrafen galten allerdings als geeignete Behandlung. Die Gefangenen wurden oft nicht von einem Gericht verurteilt, sollten jedoch so lange im Zuchthaus bleiben, bis sie sich gebessert hatten. Letztlich konnte das Personal willkürlich entscheiden, wann eine Besserung eingetreten war. Oft wurden in den Zuchthäusern Manufakturen eingerichtet, weswegen diese voll belegt sein sollten, weil die Insassen billige Arbeitskräfte darstellten. Entlassungen erfolgten erst, wenn neue Häftlinge eingeliefert wurden. Letztendlich empfand die Gesellschaft seit dem 18. Jahrhundert die Armen und Kranken als störend und steckte sie in Einrichtungen wie das Zuchthaus, das Tollhaus und das Waisenhaus, in denen sie aus der Gesellschaft verbannt wurden. Erst im 19. Jahrhundert wurde das Zuchthaus zu einer staatlich geregelten Strafvollzugsanstalt.

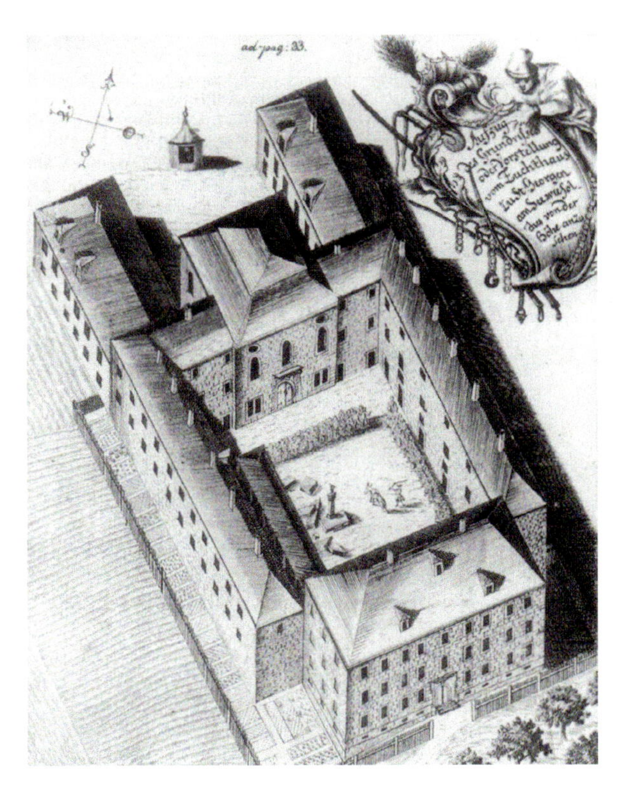

3 Das Zuchthaus in Bayreuth, St. Georgen
Der heutige Stadtteil von Bayreuth wurde im 18. Jahrhundert als ideale Planstadt in der Nähe der Residenzstadt mit allen notwendigen öffentlichen Einrichtungen geplant. Dazu gehörte auch ein Zuchthaus, das heute noch als Justizvollzugsanstalt existiert.

4 „Tod auf der Straße“
Holzschnitt aus Paracelsus' „Große Wundartzney“, 1536. Paracelsus (1493–1541) zog sich wegen seiner Heilerfolge die Kritik der zeitgenössischen Ärzte zu, die der vielseitig interessierte Humanist mit einer neuen Lehre von den Ursachen der Krankheiten beantwortete. Er baute seine Lehre auch auf empirischen Beobachtungen auf.

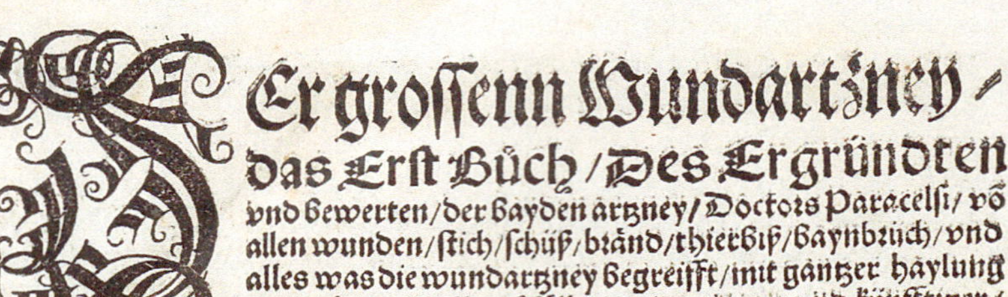

DEr grossenn Wundartzney / das Erst Büch / Des Ergründten vnd bewerten / der bayden artzney / Doctors Paracelsi / võ allen wunden / stich / schüß / bränd / thierbiß / baynbrüch / vnd alles was die wundartzney begreifft / mit gantzer haylung vnd erkantniß aller züfäll / gegenwertiger vnd künfftiger / ohn allen gebresten angezeygt / Von der alten vnnd newen künsten erfyndung / nichts vnderlassen.

Getruckt nach dem ersten Exemplar / so D. Paracelsi handgeschrifft gewesen.

Geschriben zů dem Großmechtigsten / Durchleüchtigsten Fürsten vnd Herrn / Herrn Ferdinanden ꝛc. Römischen Künig / Ertzhertzog zů Osterreich ꝛc.

Außgetaylt inn drey Tractaten:

Der Erst / inn die erkandtnus der wunden / was wesens sy gegenwertig seyend / was zůkünfftigs zůerwarten / mit sampt allen zůfällen.

Der Ander / von aller haylung / so ye vnd ye bey den gerechten Artzeten gepraucht / vom anfang der artzney / biß auff die yetzig gegenwertig zeyt.

Der Dritt / von dem biß vnnd hecken der vergyfften thier / baynbrüch / alle art des brands / vnnd was dergleychen der wundartzney züstehet / innhalt.

Das alles mit Keys. vnd Kün. Maiestat Freyheyten begnadet / nit nachzůtrucken / on erlauptniß zů keyner zeit / bey peen / xx. marck lötigs golds.

5 Die Gründung des Juliusspitals zu Würzburg
Sein (Bischof Julius Echters) Hauptgedanke in dieser Beziehung blieb jedoch die Errichtung eines allgemeinen Krankenhauses in Würzburg, zur Aufnahme sowohl kranker, als alter und hilfloser Leute. Er beabsichtigte damit die einzelnen schon bestehenden, aber im schlechten Zustand befindlichen Stiftungen mit Ausnahme des Spitals zu den 14 Heiligen zu vereinigen und ersah sich als Bauplatz dazu den Judenkirchhof, da die Juden such seinen Vorfahrer (= Vorgänger) aus Würzburg vertreiben waren. Da aber die vorhandenen Stiftungen für den großen Zweck, den Julius im Auge hatte, nicht ausreichten, so wieß er seinem Spitale als Hauptgründungsbeitrag die Einkünfte und Güter des von den Nonnen verlassenen Frauenklosters Heiligenthal zu, wohl erkennend, daß er diese Güter zu keinem besseren Zwecke verwenden könne. Am 12. März 1576 legte Julius in eigener Person den Grundstein zu den Gebäuden dieses Spitals.
Noch während des Baus erhob das Domkapitel allerlei Schwierigkeiten, indem es vorzüglich den Platz als einen unpassenden darzustellen suchte. Aber Julius ließ sich nicht irre machen, der Bau ging so rasch vorwärts, daß

6 Armenspeisung vor dem Kapuzinerkloster in München im 18. Jahrhundert
Kupferstich, 1805. Armenpflege wurde oft als Handlung christlicher Nächstenliebe, nicht als öffentliche Aufgabe verstanden.

schon nach wenigen Jahren das Spital und am 10. Juli die Spitalkirche eingeweiht werden konnte. Die Worte des im März 1579 gegebenen Stiftungsbriefes lauten: „Und darum haben Wir sc. fürgenommen einen Spital für allerhand Sorten Armen, Kranken, unvermöglichen und schadhaften Leute, die guter Wart-, Wund- und anderer Artznei nothdürftig sind; Dergleiche verlassene Waysen und dann da forüberziehende Pilgrims und dürftige Personen aufzurichten und bauen; und in solchem denselben Armen, nach ihres jedgeziemender gebühr unterhaltung und Handreichung wiederfahren zu lassen".

Lorenz Fries; bearb. nach Gropp, Würzburger Chronik. Geschichte, Namen, Geschlecht, Leben, Thaten u. Absterben der Bischöfe zu Würzburg und Herzöge zu Franken. Bd. 2, Würzburg 1924, S. 156f.

7 Dekret des Ulmer Rats zur Unterbindung der Bettelei vom 22. September 1786

Demnach ein Hochedler und Hochweiser Rath dieser des H. Reichs-Stadt Ulm / dem einige Zeit her aufs neue wiederum stark eingerissenen, den Einheimischen sowohl als Fremden, höchstbewchwerlichen Gassenbettel, mit Ernst abgestellt wissen will, und daher zu dessen Abtreibung bereits zerschieden nöthige Anstalten getroffen; Als wird hiemit öffentlich bekannt gemacht, daß alle auswärtige Bettler und Landläuffer ohne Ausnahme, wes Standes oder Alters sie sind, und wo immer sie sich befinden, aus disseitiger Stadt und Heerschafft bis den ersten November dieses Jahrs sich hinweg begeben sollen, widrigenfalls diejenige, welche sich nach Verfluß dieser Zeit ob dem Zettel betretten liessen, zu gewarten haben sollen, daß sie zur wohlverdienten Straf in das hiesige Zucht-Haus eingeliefert, und darinn zur fleißigen Arbeit mit allem Ernst werden angehalten werden. Wornach sich also zu achten.

Zit. nach: Elmar Schmitt: Leben im 18. Jahrhundert. Konstanz 1987, S. 103.

8 Sozialstaat im späten 18. Jahrhundert

Der Bamberger und Würzburger Fürstbischof Franz Ludwig von Erthal (1730–1795) gilt aus aufgeklärter Herrscher, der sich um die sozialen Belange seiner Untertanen bekümmerte. Er selbst verzichtete auf allen Prunk, den die absolutistischen Herrscher gewöhnlich zeigten.

Den Mangel der gesammelten Armenbeiträge zu ergänzen, Verunglückten Vorschüsse zu machen, Apothekerkosten für kranke Arme zu bezahlen, Industrieanstalten zu begründen, und die Betriebsamkeit zu ermuntern, waren Geldsummen nötig. Diese gab Franz Ludwig aus seinen sogenannten Schatullgeldern [sein Einkommen

Römischer Keyserlicher Maiestat Ordnung vnd Reformacion güter Pollicei im Heyligen Römischen Reich Anno M.D.xxx. zů Augspurgk auffgericht.

Cum gratia et Privilegio Imperiali.

9 Titelblatt der Reichspolizeiordnung, Augsburg 1530
Nicht nur auf der Ebene der einzelnen Territorien, sondern für das gesamte Reich wurden Polizeiordnungen vorgegeben, in denen auch das Verbot und die Bekämpfung der Bettelei geregelt werden sollte. Diese galt nicht als ein Produkt der wirtschaftlichen Misere, sondern als Ergebnis der persönlichen Faulheit und Charakterschwäche.

Ankündigung und Einladung zu dem Beytritt des zu errichtenden Kranken-dienstbotheninstituts an die Dienstherrschaften und Dienstleute der hiesigen Stadt.

Gedruckt bey Johann Michael Kasimir Gertner, hochfürstl. Hof- und Domkapitulischen Buchdrucker, 1790.

10 Krankenversicherung für Dienstboten, Bamberg 1790
Gerade alte Dienstboten waren von der Mildtätigkeit ihrer ehemaligen Arbeitgeber abhängig. Oft konnten diese sie jedoch nicht mehr als arbeitsunfähige Alte in ihrem Haushalt versorgen.

als Fürst] her und zeigte sich als ein wahrer Vater der Armen. Gleich im Anfange gab er in einem Jahre 20000 fl. Und in der Folge 4–6000 fl. in jedem Jahre an das Armeninstitut […] Mit Recht konnte er daher in seinem Testament sagen: „Wir haben keine Schätze gesammelt. Was während unserer Regierung wir von den Hochstiftern unter dem Namen Schatullgelder bezogen haben, haben wir größtentheils zu unseren Lebenszeiten den Armen und zur Beförderung anderer Anstalten dahin gegeben." Zu diesen eben erwähnten Anstalten, die er zur Unterstützung der leidenden Menschheit traf, gehört das am 30. Januar 1786 errichtete Institut für kranke Handwerksgesellen und Lehrjungen. Bei der feierlichen Eröffnung sandte er in einem Beutel einen ansehnliche Beitrag dazu. Vermöge dieses Instituts, dessen Kasse teils aus dazu geschehenen Vermächtnissen, theils aus einem wöchentlichen geringen Beitrage der Gesellen besteht und von Bürgern unentgeltlich verwaltet wurde, wird jeder kranke Handwerksgeselle oder Lehrjunge in dem Juliushospitale zu seiner Genesung gegen eine bestimmte, aus der Kasse des Instituts dem Hospitale zu leistende Vergütung verpflegt und zwar ohne Unterschied der Religion.

Lorenz Fries; bearb. nach Gropp, Würzburger Chronik. Geschichte, Namen, Geschlecht, Leben, Thaten u. Absterben der Bischöfe zu Würzburg und Herzöge zu Franken. Bd. 2, Würzburg 1924, S. 438.

11 Sozialversicherungen im 18. Jahrhundert
Franz Ludwig von Erthal (1730–1795) war Fürstbischof von Würzburg und Bamberg und zeigte sich gleich für zwei Krankenhausprojekte der 1780er-Jahre verantwortlich: für die Erweiterung des Juliusspitals (1787–1791) und für den Neubau des Allgemeinen Krankenhauses in Bamberg (1787–1789). […] 1785 wurde in Würzburg und ein Jahr später in Bamberg eine Oberarmenkommission geschaffen, der wiederum die etablierten städtischen Ar-

meninstitute, später auch die Landarmeninstitute unterstellt wurden. [...]
In Würzburg wurde 1786 das Kranke-Gesellen-Institut und 1801 das Kranke-Dienstboten-Institut etabliert. Diese Einrichtungen waren nicht durch die Fürsorgepflicht der Obrigkeit motiviert, sondern bildeten im Kontext aufgeklärter Sozialpolitik ein institutionalisiertes System der sozialen Absicherung und der Prävention für den Fall der Erkrankung. Vom Zeitpunkt der Etablierung an und in der Art ihrer Einbindung in das frühmoderne Krankenhaus tragen die Würzburger Versicherungsinstitute im Juliusspital noch einen Modellcharakter. Nach anfänglicher Bewährungsprobe wurde dieses Modell aber zu einer der tragenden Säulen des modernen Krankenhauses. Erste Anregungen zur Unterbringungen des Kranke-Gesellen-Instituts im Juliusspital kamen von einem Hofkammerrat, der maßgeblich mit den Ausführungen der Umbauarbeiten (des Juliusspitals) betraut war. Er setzte sich dafür ein, dass ein großes Zimmer mit zehn bis zwölf Betten zur Unterbringung der kranken Hanswerksgesellen eingerichtet wurde. Binnen kürzester Zeit wurden die notwendigen Voraussetzungen, der Zusammenschluss der Handwerksmeister vollzogen und die Statuten des Versicherungsinstituts fixiert. Die Verwaltung und Organisation des Instituts für kranke Gesellen lag in den Händen der Meisterschaft. Jedes beigetretene Gewerbe wählte einen Deputierten, der für die „Zusammenbringung“ der wöchentlichen Beiträge verantwortlich war. Darüber hinaus führte er ein Verzeichnis über die ab- bzw. neuzugegangenen Gesellen und Lehrjungen. Sämtliche Handwerksdeputierten wählten aus ihrem Kreis einen Vorstand, der die Kasse verwaltete und die „Aufsicht im Spital“ und andere für das Institut anfallende Aufgaben zu besorgen hatte. Der Beitritt der einzelnen Gewerbe was anfangs zwar freiwillig, jedoch wurde bestimmt, dass „wer einmal beigetreten war nicht mehr austreten durfte“. Der „Bleibezwang“ führte dazu, dass bereits kurz nach der Jahrhundertwende alle in Würzburg ausgeübten Gewerbe dem Krankenversicherungsinstitut angehörten, allerdings waren bis 1845 nur ehemals zünftige Gewerbe vertreten. Tagelöhner, Fabrikarbeit und Dienstleistungsberufe wie Lohnkutscher waren von der Mitgliedschaft ausgeschlossen. Regelmäßige Beitragszahlungen garantierten den in Würzburg tätigen Handwerksgesellen und Lehrjungen – Meister waren ausgeschlossen – im Falle der Erkrankung eine unentgeltliche ärztliche Behandlung und kostenlose Verpflegung im Juliusspital.

Eva Brinkschulte: Die Institutionalisierung des modernen Krankenhauses im Rahmen aufgeklärter Sozialpolitik – Die Beispiele Würzburg und Bamberg. In: Alfons Labisch / Reinhard Spree (Hg.): „Einem jeden Kranken in einem Hospitale sein eigenes Bett“. Zur Sozialgeschichte des Allgemeinen Krankenhauses im 19. Jahrhundert. Campus-Verlag Frankfurt / M. 1996, S. 189 f., 194.

Arbeitsvorschläge

a) Stellen Sie die verschiedenen Einrichtungen der sozialen und gesundheitlichen Fürsorge zusammen und unterscheiden Sie diese nach Träger, Zielgruppe und Maßnahme.
b) Untersuchen Sie die Mängel des Sozialwesens in der frühen Neuzeit und die Abhilfen des Würzburger Bischofs Julius Echter, der die Mängel des Sozialwesens beheben wollte. Zeigen Sie die unterschiedlichen Hindernisse für sein Projekt auf (M 5).
c) Diskutieren Sie das Selbstverständnis des aufgeklärt regierenden Fürstbischofs Erthal und seine sozialpolitischen Maßnahmen. Stellen Sie deren Ziele zusammen und vergleichen Sie diese mit Beispielen der modernen Sozialpolitik (M 11).
d) Erläutern Sie die Maßnahmen der absolutistischen Obrigkeit gegen Bettelei, Kriminalität und Arbeitslosigkeit. Überlegen Sie, ob sich in diesen Vorgehensweisen Ansätze für Lösungen der sozialen Probleme andeuteten.

1.8 Die Juden in Bayern – eine nicht immer geduldete Minderheit

Die mittelalterliche Judenfeindschaft

Bis zum 11. Jahrhundert lebten Christen und Juden in den Städten des Rheinlands gewöhnlich friedlich zusammen. Im Kontext der Kirchenreform und der Kreuzzüge entwickelte sich eine wachsende Judenfeindschaft, die in der jüdischen Minderheit Nachkommen der Juden sahen, denen man die moralische Schuld an der Kreuzigung Jesu gab. Sie führten zu ersten Judenverfolgungen und -vertreibungen besonders im Rheinland. Die Pogrome fanden einen Höhepunkt, als die Juden während der Pestepidemien um 1350 in den Verdacht gerieten, durch Brunnenvergiftung die entsetzliche Seuche hervorzurufen. Des Weiteren erfolterte man von Juden wiederholt das Geständnis der Hostienschändung, die die Christen als eine Fortsetzung der Ermordung Jesu verstanden, weil in den Hostien der Leib Christi enthalten sei. Das starke ökonomische Motiv der Judendiskriminierung schlug sich in dem wachsenden Berufsverbot für Juden nieder. Nur noch im tertiären Sektor, im Geld- und Bankgeschäft, im Viehhandel, im Kleinhandel und in der Pfandleihe konnten Juden mit Christen in geschäftlichen Kontakt treten und erwerbstätig sein, Fernhandel, Handwerk und Landwirtschaft blieben ihnen im Heiligen Römischen Reich verwehrt. Viele deutsche Juden wanderten in das polnische Königreich aus, wo sie religiöse Toleranz und freie Berufsausübung genossen und wegen ihres fachlichen und kulturellen Wissens geschätzt waren. Blühende jüdische Stadtgemeinden erloschen, die Juden siedelten sich in Dörfern an, doch die Herausbildung der jüdischen Landgemeinden dauert bis ins 17. Jahrhundert, denn die Vertreibungen aus den Städten waren oft temporär.

ספר
מגלה עמוקות
פה ק"ק פיררא

1 Megale Amukot. Der Krakauer Rabbi Natan Neta Shapira (1585–1633) schrieb einen berühmten Kommentar zur Tora, der 1691 in der jüdischen Druckerei Josef ben Salomo Schneior in Fürth erschien.

Landjuden in Franken

Auch Humanismus und Reformation verbesserten die Lage der deutschen Juden nicht. Allerdings bewirkte der Grundsatz des Augsburger Religionsfriedens von 1555, dass der Landesherr die Konfession seiner Untertanen bestimmte, die Möglichkeit, Juden unter dem religiösen Vorwand aus ihrer Heimat zu vertreiben, was allerdings wirtschaftliche Nachteile für die Territorien nach sich zog. Ganz verzichten wollten die Landesherrn und ihre christlichen Untertanen nicht auf den jüdischen Handel. So durften fränkische Juden nicht in der Landeshauptstadt Würzburg wohnen, lebten aber in den umliegenden Dörfern und Städtchen, so dass sie in Würzburg oder mit Würzburgern Handel trieben.

In Franken entstanden nach den Judenvertreibungen aus Altbayern und den Reichsstädten im 15. und 16. Jahrhundert wachsende jüdische Gemeinden. Fränkische Landadelige und Reichsritter, die aus ihren kleinen Herrschaften bessere Einkünfte erzielen wollten, gewährten den Juden Schutz, versahen sie mit Schutzbriefen und siedelten sie in ihren Dörfern an, wo kleine Synagogen gebaut wurden. Allerdings bestanden die vielfältigen Benachteiligungen weiterhin: Juden zahlten den doppelten Straßen- oder Brückenzoll, durften nur weit vor den Dörfern ihre Friedhöfe anlegen, die Synagogen sollten sich äußerlich nicht von den umliegenden Wohnhäusern unterscheiden.

2 Ansicht der Alten und Neuen Gemeindesynagoge in Fürth
Kupferstich, Nürnberg 1705. In den deutschsprachigen Gemeinden wurden die Synagogen meist als „Schul“ bezeichnet, weil sich in den Gebäuden neben dem Gebetsraum, dem rituellen Tauchbad (Mikwe) auch eine Talmud- und Toraschule befand.

Fürth – das fränkische Jerusalem

Dennoch blühte eine jüdische Kultur in diesen Gemeinden. Ihren Mittelpunkt fand sie in der fränkischen Stadt Fürth nahe der Reichsstadt Nürnberg. Um 1314 begann die Dreierherrschaft in Fürth, denn der Bischof von Bamberg, die Reichsstadt Nürnberg und der Markgraf von Ansbach rivalisierten um die Macht, weswegen die Fürther Bürgern wirtschaftliche und religiöse Freiräume errangen. 1499 vertrieb die Reichsstadt Nürnberg die Juden aus ihren Mauern. Als Markgraf Georg der Fromme von Ansbach 1528 die Juden Perman und Uriel in Fürth aufnahm, sorgte das für heftige Aufregung in Nürnberg. Für den Markgrafen bot dies eine willkommene Gelegenheit, die Nürnberger Nachbarn, mit denen er damals in Gegnerschaft lebte, zu provozieren. Die Stadt Nürnberg verbot ihren Bürgern bei einer Strafe von 10 Gulden den Handel mit den Fürther Juden, musste jedoch das Gesetz mehrfach erneuern, da die Nürnberger es offensichtlich nicht einhielten. Vorrangig ging es dem Markgrafen um sein Steuereinkommen, denn Juden mussten hohe Abgaben leisten, um sich in der Stadt anzusiedeln. Auch der Fürstbischof von Bamberg und die Reichsstadt Nürnberg versuchten, den Judenschutz als Einnahmequelle zu nutzen, doch nur in Fürth kam die Judenfeindlichkeit nicht zum Zuge. Schließlich bestätigte 1573 ein kaiserliches Privileg das Recht der Fürther Judenaufnahme. Die Toleranz der Schutzherren, bestärkt durch das Privileg, und ein Aufschwung der jüdischen Gelehrsamkeit bedingten, dass in Fürth immer mehr Juden leben wollten. Um das Prestige ihrer Gemeinschaft zu garantieren, verlangten die jüdischen Vorsteher von den Bewerbern ein großes Vermögen und einwandfreie Leumundszeugnisse.

3 Jüdische Trachten in Fürth
Kupferstich, 1706. Im 18. Jahrhundert mussten sich Juden nicht durch den gelben Fleck an der Kleidung kennzeichnen, sie besaßen eine eigene Kleidertradition, die auch von Osteuropa beeinflusst wurde.

Eine freie jüdische Gemeinde

Als Kaiser Leopold I. 1670 die Juden aus Österreich vertrieb, zogen reiche und angesehene jüdische Familien nach Fürth, so dass 1716 400 jüdische Familien in Fürth lebten. Ende des 18. Jahrhunderts bekannte sich ein Viertel der Bevölkerung zum jüdischen Glauben. Obwohl auch die Juden unter den Machtrivalitäten in Fürth zu leiden hatten, gewann die jüdische Gemeinde eine weitgehende Gleichstellung neben der christlichen Gemeinde. 1719 erlaubte das „Reglement für die gemeine Judenschaft in Fürth" den Juden in Fürth, nach ihren religiösen und weltlichen Gebräuchen zu leben und ein Rabbinatsgericht einzurichten, das über die Einhaltung dieser Gebräuche entschied. Weiterhin konnte die Gemeinde Synagogen und Schulen gründen und eigenständig über die Aufnahme neuer Juden verfügen. Im Laufe der Zeit bauten sich Fürther Juden sieben Synagogen. Die sozialen Einrichtungen, wie 1653 das erste jüdische Krankenhaus in Deutschland oder das erste Waisenhaus in Bayern, wirkten nicht nur für jüdische Gemeinden als Vorbild. In Fürth bestand kein geschlossenes Judenviertel (Ghetto) wie in anderen Städten, denn die Juden wohnten in allen Stadtteilen.

Zentrum jüdischer Gelehrsamkeit

Voller Bewunderung schrieb schon 1653 ein Wiener Rabbiner: „Fürth ist zwar eine kleine Stadt, in meinen Augen aber groß wie Antiochia, da sich dort hervorragende, scharfsinnige und wissenskundige Gelehrte befinden." Ende des 17. Jahrhunderts gründeten die Fürther Juden eine Talmudhochschule, an der bis zu 400 Studenten von Rabbinern nach osteuropäischem Vorbild ausgebildet wurden. Hebräische Druckereien und die Talmudhochschule machten den Namen der Stadt im 17. und 18. Jahrhundert in ganz Mitteleuropa bekannt. Fortschritt und Aufklärung, die zum Beispiel Moses Mendelsohn, ein Freund des Dichters Lessing, in Berlin zur Modernisierung des deutschen Judentums propagierte, lehnten die Fürther Oberrabbiner allerdings grundlegend ab. 1806 kam Fürth zum Königreich Bayern, was den Fürther Juden bislang ungewohnte Beschränkungen bescherte.

4 Gartenskulptur des Hofjuden Lämmle Seligmann im Schlossgarten zu Weikersheim (1710)
Lämmle Seligmann war um 1730 Vorsteher der 19 Familien zählenden jüdischen Gemeinde in dem hohenlohischen Landstädtchen Weikersheim. Er betrieb einen Warenhandel und tätigte Pferdekäufe in Mainz, kaufte Kaffee, Tee und Gewürze auf der Frankfurter Messe, wo er fränkischen Wein verkaufte. Er wird in höfischer Kleidung beim Geldzählen gezeigt, was auf seine Funktion als Hofbankier verweist.

5 Denkschrift der jüdischen Gemeinde in Fürth von 1792

Wir wollen zwar nicht leugnen, daß manchem unter uns die Vorwürfe von Betrug beim Handeln und Faulheit beim Arbeiten recht vorzüglich treffen! Wir glauben aber, daß die Menschen im ganzen betrachtet mit gleichen Neigungen, Anlagen und Fähigkeiten geboren werden [...] Aber solange wir von Ackerbau und Handwerk und von allen andern rechtmäßigen Erwerbsarten ausgeschlossen und auf den Handel eingeschränkt sind, müssen unsere Neigungen und Fähigkeiten auch eine einseitige Richtung nehmen und können nie so veredelt und ausgebildet werden wie bei den Christen, denen jeder Weg zum Erwerb offen steht. Und auch der für uns noch allein übrige Erwerbszweig des Handels, wie sehr ist dieser nicht für uns beschränkt und beschwert? So dürfen wir viele Städte und Gebiete teils gar nicht betreten, teils müssen wir mit einem schweren Zoll erst den Zugang erkaufen und doch vor Einbruch der Nacht wieder verlassen. An manchen anderen Orten sind uns selbst die besten Handelssparten untersagt und allenthalben müßten wir den drückenden Leibzoll entrichten, der uns politisch betrachtet unter das Vieh herabwürdigt, uns mit Schmach und Verachtung deckt und oft den kleinen Verdienst doppelt und dreifach verschlingt, den wir uns mit Mühe und Gefahr an fremden Orten zu verschaffen suchen [...]
Sollte nun auch bei manchen unter uns der Ruf des Gewissens von der Stimme der Not erstickt werden, so glauben wir doch, daß wenn uns der volle Schwung der Industrie, die das Erbgut aller Menschen ist, erlaubt würde, auch alle unrechtmäßigen Mittel zum Lebensunterhalt aufgegeben und nur diejenigen genützt werden würden, welche der Ehrlichkeit genüge tun [...]
Wir sind aber überzeugt, daß politischer, nun schon so viele Jahrhunderte andauernder, Druck Geist und Herz verderben, und daß nur durch Aufhebung oder Milderung desselben, der sittliche und bürgerliche Zustand eines Volks nach und nach verbessert werden kann [...].
Unterschrieben in Fürth am 14. Februar 1792 von Wolf Neuburger, Jacob Henle und Isaac Marx.

Alexander Mayer: Die Juden in Fürth – Schlaglichter 1792–1914. In: Altstadtbläddla, Altstadtverein St. Michael Fürth, Ausgabe 34, 2000 – im Netz [Darin eine Eingabe der jüdischen Gemeinde in Fürth und der ganzen jüdischen Nation in Franken an die Kreisversammlung vom 14. Februar 1792, unterschrieben von Wolf Neuburger, Jacob Henle und Isaac Marx]. http://www.altstadtverein-fuerth.de/blaeddla/34/judfue.htm

6 Antrag der Würzburger Viertelmeister und Händler auf Ausweisung der Juden aus der Stadt Würzburg an den Rat der Stadt zur Weiterleitung an den zu wählenden Fürstbischof vom 20. April 1558

Gunstige liebe herren, E. E. W. (Eure Ehrsame Weisheit) ist sunder Zweifel Unverborgen, Wie ein Zeitlang here gemainer Christenhait Verfolgere Und widersachere, die Juden sich in treffenlicher antzal alhie zu Wirtzburg eingetrungen, villeicht nit ohne sunderlichen furschub und furderung, deren sie mit schenk und gab vereeret, auch ie lenger Und mer in allen Virthailn der Stat Wirtzburg dermassen einwurtzeln, das uf die Letze der Juden wol sovil, als der Burger und Christen alhie werden mögen. Über das sie nit alain dem algemainen gebrauch Und altem Herkomen zu wider Vil heuslicher wonungen Erblichen an sich bracht Und erkauft, Und ferners in Handlung steen, etzliche Hoffe auch an sich zubringen, so unterfahen sie doch zu und neben sampt irem teglichen Pflegendem Verdambtem gesuch und Wucher, damit sie vil armer Christlicher Leute in Verderben bringen mit Kauffen und Verkauffen, sich in allerley gewerb und hendel zu schlagen, dermassen, das sie dieselben nit alleinin iren Heusern stettiglichen treiben, Sunder auch hin und wider uf dem Lande, in Stetten, Flecken und dorffern, uf allen Jarmerckten und Messen sich also eintringen, das sie unter und neben den Christen ohne scheuhe und Unterschied Failhaben, dartzue neben demselben von Flecken zu Flecken und Dorffern zu Dorffern hausiren, Und dardurch gemainer Burgerschaft Und Hendler der Stat Wirtzburg und des Lands, die zu Tag und nacht mit allen Burgerlichen beschwerden von Fron, Wach und andern beladen, Auch Volg, Rais Und uberlegung Kriegs Volcks gewertig sein mussen, Aber hergegen Widerumb sie die Juden dessen gefreihet narung derselben zu mercklichen beschwerden Und nachthail Verhintern Und an sich ziehen, weliche Juden auch, wie meniglich wol wais, vil geraubter und gestolenner gutere, so inen zubracht werden, Umb liderlich gelt bekomen Und hernachmals soliche Whar etwas Wolfailer, denn andere gemaine Burgershendlere, die ir Whar Ufrecht erkauft, hingeben. Und alß soli(ches) Rauberey, Dieberey Und Unraths nit die wenigsten Ursacher sind, dieweil dann gunstige liebe herren die mergemelten Juden Vor den Christen ainen Mercklichen hohen Vortail haben Aus Ursachen, Wie oben ertzelt. Und doch mainiglich wol wais, spurt Und sieht, das sie nit Arbeiten, weder Hacken, Treschen noch Reuten, Und doch mit irem Judischen gesuch und Wucher auch allerlay handtirungen und gewerben, der Armen Christlichen Leute Blut und Schwais mit irer schinderey an sich saugen, und sich von inen Erneeren, weliches doch den Armen Christen, so unter dem Turcken sind, nit gestattet, noch zugelassen wirt, sunder zu solichen Viehischen dinstbarkeiten Und Arbeiten, die sie die Turcken nit thun wollen, gebraucht werden, weliches Vil billiger Und von Rechts wegen bei uns Christen gegen inen den Juden, die des Namens Christi Lesterer Und Verfolger sind, solicher Massen gehalten werden sollte.

Hans-Peter Baum: Zeugnisse jüdischer Geschichte in Unterfranken. Hrsg. von Ulrich Wagner, Schöningh. Würzburg 1987, S. 45 ff.

7 Klageschrift der fränkischen Ritterschaft

an den Kaiser vom 27. März 1575 gegen Julius Echter wegen dessen Mandaten gegen die Juden (in Auszügen):

Einleitend erinnern die fränkischen Reichsritter daran, wie vor Jahren der Würzburger Bischof „Ernstliche Mandate wider die arme Judenschaft, und so nicht allein wider Ihren F(ürstlichen) G(naden), sondern auch wider uns von Adel im Stift Würzburg gesessen und wider unserer lieben Eltern und Voreltern lang und wohl hervorgebrachte ersessene Recht und Gerechtigkeit [...] des heiligen Römischen Reichs Ordnung, Constitution und Kayserlich beschriebenen Rechts entgegen und zuwider, ausgegeben und publizieren lassen“. Auf die Beschwerden des Adels entschied der Kaiser, dass „ihre Fürstliche Gnaden gar nicht über die Juden anderer, gefreiten Adels, sondern über die Ihrigen, so immediat hinter und unter ihrer F.G. sitzen, zu gebieten gebühre.“ Daran hielt sich der Würzburger Fürstbischof nicht: „So befinden wir aber solches alles nicht nur ganz und gar vergessen, sondern vielmehr, was uns billig zu Herzen geht, der hochwürdige Fürst und Herr, Herr Julius Bischof zu Würzburg und Herzog zu Franken, unser jetzt regierender gnädiger Fürst und Herr dazu geneigt ist, dass Ihre F. G. uns der Ritterschaft allerlei Schaden, und vorrangig wieder wegen der armen Juden, die auf unseren freien, eigenen adeligen Rittergütern wohnen und sitzen, zufügen wollen“. Seine Maßnahmen bewirkten, dass „auch alle unsere befreiten Güter und Wohnung zu Kerkern und Gefängnis“ würden. „Daraus die Juden nicht stehen noch gehen noch handeln noch wandeln sollen, es auch nicht mit einem Pass, außer großer Gefahr mit dem Tragen eines gelben Rings, gestatten. Fürs dritte auch alle ihre Hauptschulden indifferenter (Kapitalforderungen ohne Unterschied), obwohl die mit gutem Schein ohne Wucher und mit Wissen der vorgesetzten Obrigkeit zur Erhaltung der armen Leute Leib und Leben geliehen haben, nicht verfolgen können, sondern (vom Fürstbischof) vorbehalten und eingezogen werden sollen.“

(Sprachliche Überarbeitung)

Hans-Peter Baum: Zeugnisse jüdischer Geschichte in Unterfranken. Hrsg. von Ulrich Wagner, Schöningh. Würzburg 1987, S. 48 ff.

Arbeitsvorschläge

a) Informieren Sie sich über die Entwicklung der mittelalterlichen Judenfeindschaft in Europa und wägen Sie die Gründe für diese Grundkonstante der europäischen Geschichte ab.

b) Erschließen Sie ausgehend von der judenfeindlichen Stellungnahme der Würzburger Bürger 1558 deren Interessen und Einstellungen. Wie sind vor diesem Hintergrund die Vorwürfe gegenüber der jüdischen Minderheit einzuschätzen?

c) Analysieren Sie die Vorwürfe der Würzburger Bürgerschaft gegenüber den 1558 bereits verarmten Juden nach gängigen Vorurteilen und diskutieren Sie die Glaubwürdigkeit der Aussagen über die Juden (M 7).

d) Stellen Sie die Gründe für die außergewöhnliche Entwicklung der jüdischen Gemeinde in Fürth zusammen und zeigen Sie Besonderheiten dieses jüdischen Lebens auf (**Online Link** 430017-0101).

e) Erschließen Sie die judenfeindliche Stereotype zum Ausgang des 18. Jahrhunderts und untersuchen Sie die vorliegende Stellungnahme der jüdischen Autoren. Überlegen Sie, inwiefern modernes politisches Gedankengut ihre Argumentation beeinflusste, und leiten Sie daraus entsprechende soziale und politische Folgerungen im Sinne der Autoren ab.

1.9 Die Bevölkerungsentwicklung 1500–1800

Bevölkerungsstagnation

Die Bevölkerungsentwicklung zwischen 1500 und 1800 unterscheidet sich grundlegend von der Bevölkerungsexplosion im industriellen Zeitalter und war insgesamt eher stagnierend, vergleichbar der gegenwärtigen Entwicklung zu Beginn des 21. Jahrhunderts. Allerdings waren die gesellschaftlichen Voraussetzungen konträr. Die Geburtenrate an sich war sehr hoch, weil es keine Verhütungsmittel gab. Eine größere Kinderzahl sollte sicherstellen, dass einige von ihnen die Eltern im Alter versorgten. Die hohe Kindersterblichkeit und die geringe durchschnittliche Lebenserwartung trugen zu dem relativen Stillstand in der Bevölkerungsentwicklung bei. Epidemien und Hungernöte führten wie Kriege zu temporärem, lokalem oder regionalem Bevölkerungsrückgang. Die Ehegesetze schränkten zusätzlich die Zahl der Nachkommen ein, weil in vielen Städten und Gemeinde für arme und abhängige Menschen, ja für ganze Berufsgruppen der unterständischen Bevölkerung ein Eheverbot bestand. Auf diese Weise sollte verhindert werden, dass die mittellosen Familien der kirchlichen oder politischen Gemeinde zur Last fielen und versorgt werden mussten.
Andererseits jedoch kamen gerade wegen dieses Verbots und trotz einer sehr restriktiven religiösen Sexualmoral im 18. Jahrhundert in den Unterschichten zunehmend uneheliche Kinder zur Welt. Um der Schande zu entgehen, versuchten manche der werdenden Mütter das Kind abzutreiben, gaben es ins Findelhaus oder töteten es. Die jungen Schriftsteller des späten 18. Jahrhunderts nahmen das Motiv der Kindsmörderin auf, um die Ungerechtigkeit und soziale Härte der Gesellschaft aufzuzeigen. So integrierte Goethe mit der Figur des Gretchen den Komplex des Kindsmordes in sein Drama „Faust I", um die Enge der bürgerlichen Gesellschaft und männliche Rücksichtslosigkeit anzuklagen.

Land- und Stadtleben

Zwischen der Bevölkerungsentwicklung in den Städten und in den Dörfern bestanden vom 15. bis zum 18. Jahrhundert deutliche Unterschiede. In den Städten verringerte sich die durchschnittliche Kinderzahl pro Familie deutlich. Die unhygienischen Lebensbedingungen und gefährlichen Seuchenkrankheiten verminderten die Einwohnerzahlen in den Städten an sich. Allerdings ist für die drei Jahrhunderte ein stetiger Zustrom vom Lande in die Städte zu beobachten, so dass in den meisten Städten die Bevölkerung zunahm. Gleichzeitig vermehrte sich auch der Anteil der Stadtbevölkerung an der Gesamtbevölkerung. Somit ergab sich eine langsame Verstädterung, die jedoch die Bevölkerungsstruktur nur geringfügig veränderte. Im Süddeutschland des 18. Jahrhunderts lebten mehr als 80 Prozent der Menschen im Dorf und arbeiteten in der Landwirtschaft. Offensichtlich waren die Lebensverhältnisse auf dem Land für das Überleben der Kinder besser als in den engen unhygienischen Städten.

Der familiäre Lebenszyklus

Allgemein ist bekannt, dass die durchschnittliche Lebenserwartung vor mehreren hundert Jahren nur die Hälfte der heutigen ausmachte, was an der Hilflosigkeit der Ärzte gegenüber vielen Krankheiten und der mangelhaften Ernährung vieler Menschen lag. Die Hälfte der Säuglinge erreichte das erste Lebensjahr nicht. Zusätzlich zur hohen Kindersterblichkeit kamen die Strapazen und Risiken, die die häufigen Schwangerschaften für die Frauen mit sich brachten. Abgesehen von der Gefahr, dass die Mütter nach der Geburt wegen mangelnder Hygiene am Kindbettfieber starben, alterten sie wegen der Schwangerschaften und der harten Arbeit im Haushalt wesentlich früher als heute. Allerdings ließ auch die schwere körperliche Arbeit in bäuerlichen und handwerklichen Betrieben viele Männer früh sterben. Das Sterben fand mitten in dem alltäglichen Zusammenleben der Menschen statt und wurde nicht ausgegrenzt.

Erbrecht

Allerdings konnten nicht alle Söhne den elterlichen Beruf ergreifen. In Regionen, in denen alle Söhne erbberechtigt waren wie in Franken, sorgte die Realteilung für kleine, zersplitterte Bauernhöfe, die ihre Besitzer nicht ernähren konnten. Galt nur das Erbrecht des ersten Sohnes, mussten die jüngeren Brüder als Knechte einen Dienst suchen oder auf dem Familienhof mithelfen. Die bäuerlichen Eltern konnten nur selten mehreren Töchtern eine ansehnliche Aussteuer bieten, um deren Chancen auf dem Heiratsmarkt zu erhöhen. Freie Partnerwahl bestand nicht, denn die Eltern verabredeten die Ehen ihrer Kinder. Unverheiratete Mädchen versorgten die gebrechlichen und kranken Eltern, mussten als Mägde eine Anstellung finden oder gingen in katholischen Regionen ins Kloster.

Hungersnöte und Epidemien

Besonderen Einfluss auf die Bevölkerungsentwicklung besaßen Kriegszeiten, Hungersnöte und epidemische Krankheiten. In manchen Regionen Deutschlands und Bayerns führten die langen Kriegszüge, Plünderungen und Mordorgien des Dreißigjährigen Krieges zu einer weitgehenden Entvölkerung. Wie zur Zeit der Pestepidemien dürfte die Bevölkerung während der Dreißigjährigen Krieges um ein Drittel zurückgegangen sein. Die häufigen Epidemien und Hungernöte, die meist lokal oder regional begrenzt blieben, forderten viele Menschenleben, doch die hohen überlieferten Opferzahlen sind übertrieben. Selbst eine sorgfältig geplante, öffentliche Vorratshaltung von Korn konnte den Hungersnöten nicht abhelfen. Eine Missernte führte zu einer Teuerung von Getreide und Brot, was bedenkenlose Zwischenhändler ausnutzten, indem sie vorhandene Vorräte aufkauften, ein lokales oder regionales Monopol errichteten, um zusätzliche Gewinne zu erzielen. Dieser „Vorkauf" wurde zwar verboten und streng bestraft, aber Hungersnöte wurden erst im 19. Jahrhundert wirksam bekämpft, als mittels des Eisenbahnnetzes rasch genügende Mengen an Getreide von Regionen, die einen Überschuss geerntet hatten, in die notleidenden Gebiete transportiert wurden.

Immigration der Hugenotten

Die stagnierende Bevölkerungsentwicklung, die langsamen sozialen und wirtschaftlichen Veränderungen veranlassten die Landesherren, durch Zuwanderung die Strukturen in ihren Territorien zu modernisieren. Als der französische König Ludwig XIV. die reformierten Hugenotten gewaltsam verfolgte, luden verschiedene protestantische deutsche Fürsten diese ein, sich in ihren Ländern anzusiedeln.

1 Die Hugenottenkirche in Erlangen zeigt einen nüchternen Baustil, der als typisch für die Predigtkirchen und den Wortgottesdienst der französischen Flüchtlinge gilt. Postkarte, um 1900

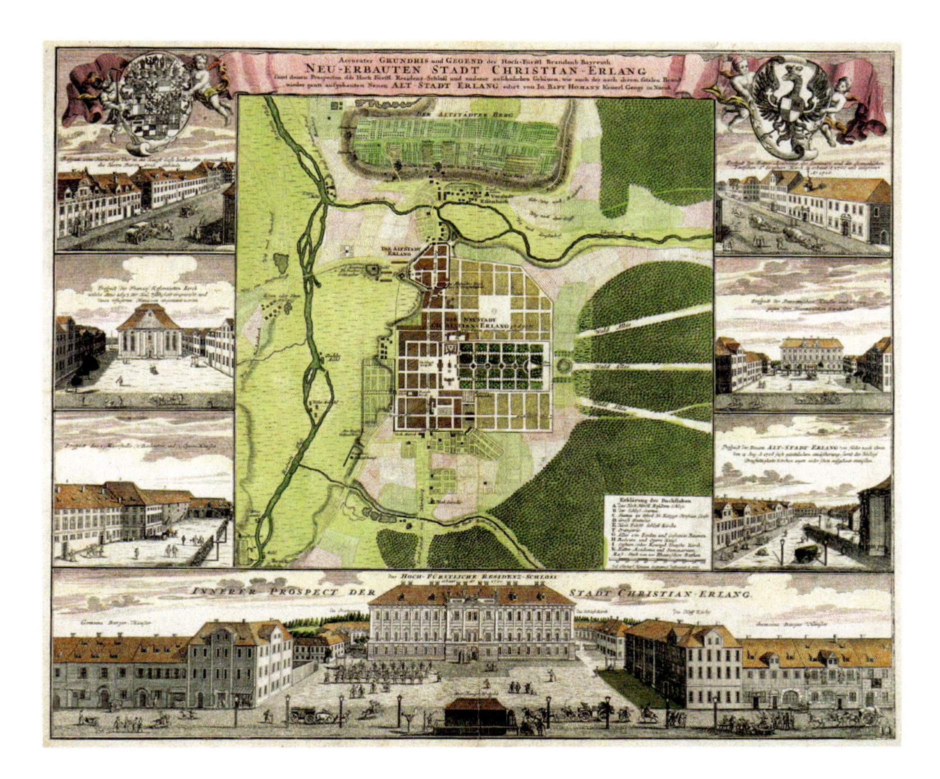

2 Historischer Stadtplan von Erlangen
Neben Alt-Erlang ließ der Markgraf von Bayreuth eine neue Planstadt für die französischen Hugenotten errichten. Diese wurden durch die Aufhebung des Edikts von Nantes 1685 aus Frankreich vertrieben und durch Kredite und Steuernachlässe in das fränkische Fürstentum gelockt. (**Online Link** 430017-0101)

Während sich in dem Kurfürstentum Brandenburg Friedrich Wilhelms rund 20 000 französische Einwanderer ansiedelten, konnten dessen fränkische Verwandte, die Markgrafen von Ansbach und Bayreuth, nur ungefähr 4 000 Menschen für ihr Territorium gewinnen.

Musterstadt Erlangen

Nach dem Dreißigjährigen Krieg war Erlangen fast 20 Jahre unbewohnt. Markgraf Christian Ernst bot den Flüchtlingen die Ansiedlung in Erlangen an, um die Wirtschaft seines Herrschaftsgebiets zu fördern. Die ersten sechs Hugenotten kamen am 17. Mai 1686 in Erlangen an, etwa 1 500 folgten. Deren Neustadt genannte Siedlung wurde südlich des bisherigen Ortes Erlangen errichtet und im Sinne einer idealen barocken Planstadt für etwa 7 500 Familien mit Manufakturen und einer eigenen Kirche angelegt. Der Plan zeigte einen rechteckigen Grundriss symmetrisch zur Hauptstraße und zwei große Plätze. Da der Zuzug der Hugenotten ausblieb, stockte der Ausbau. Der Beschluss, ein markgräfliches Schloss mit Park und Nebengebäuden anzulegen, leitete einen neuen Anstieg ein. 1698 lebten rund 1 000 Hugenotten sowie 317 Deutsche in Erlangen.

Aufgrund der Zuwanderung deutscher Protestanten wurden die Hugenotten im 18. Jahrhundert zu einer französischen Minderheit in einer deutschen Stadt. Völlig integrierten sie sich allerdings erst 1715, als auch nach dem Tod Ludwigs XIV. ihnen eine Rückkehr nach Frankreich nicht gestattet wurde. Zunächst bauten sie das Gewerbe der Strumpfwirker, einen hoch entwickelten, in Deutschland unbekannten Wirtschaftszweig, auf. Sie entwickelten auch die Hut- und Handschuhfertigung sowie die Weißgerberei. 1775 fanden sich unter den 277 Strumpfwirkermeistern noch 19 französischer Herkunft, nur die Handschuhmacherei und die Weißgerberei blieben bis 1811 mehrheitlich französisch. Letztlich wurden die französischen Immigranten problemlos integriert, aber ihre Einwanderung blieb auch lokal beschränkt.

3 Statistik für die Bevölkerungsentwicklung der Landstadt Arnstein bei Würzburg während des Dreißigjährigen Krieges

Jahr	Geburten	Sterbefälle
1631	49	39
1632	38	120 (Pest)
1633	38	48
1634	45	32
1635	28	62
1636	21	68
1637	42	21
1638	27	11
1639	31	unvollständige Angaben
1640	unvollständige Angaben	unvollständige Angaben
1641	desgleichen	11
1642	32	5
1643	22	11
1644	40	5
1645	33	9
1646	46	3
1647	32	9
1648	26	10

Die langfristige Bevölkerungsentwicklung von Stadt und Amt Arnstein, zusammengestellt aus den Erbhuldigungsbüchern der Fürstbischöfe von Würzburg:

Jahr	Anzahl der Einwohner von Stadt Arnstein	Anzahl der Einwohner von Amt Arnstein
1574	rd. 857	rd. 4675
1617	rd. 698	rd. 5656
1623	rd. 565	rd. 5321
1631	–	rd. 5400
Nov. 1634	–	rd. 2250
1699	–	rd. 4612
1720	rd. 984	rd. 5548
1725	rd. 1283	rd. 6570

Nach: Ottmar Seuffert: Arnstein und der Werngrund. Würzburg 1990, S. 454f.

4 Opposition gegen Peuplierungspolitik

[...] die Peuplierungspolitik beschränkte sich nicht auf Juden. Man nahm auch Menschen und Familien auf, die Unterschichten, vielleicht fahrendem Volk entstammten. 5 1777 beklagten sich die evangelischen Redwitzer, ihr Gutsherr nehme nahrungslose Leuthe, welche anderer Orten nicht mehr geduldet worden sind, zum Nachtheil aller Innwohner in das Dorf und Schutz. Und erläuternd setzten sie hinzu: Es ist eine ausgemachte Sache, dass viele nah- 10 rungslose Leute in einer Gemeinde nicht anders als schädlich sind und den Untergang derselben ohnfelbar nach sich ziehen, wir haben hiervon in unserer nächsten Nachbarschaft ein leidiges Beyspiel; dahero auch eine jede das Heil seiner Unterthanen suchende Orts-Obrigkeit immer darauf 15 bedacht ist, solcher Leute sich zu entledigen, nicht aber unnützes Volk anderen zum Last in Schutz zu nehmen, und wir erfahren leider hier das gerade Wiederspiel und haben nichts anders zu hoffen, als von solchen neu einkommenden nahrungslosen Schutzleuthen so gedränget zu werden, 20 dass wir nicht sagen können, dieses oder jenes zu Dorf und Feld ist unser, sondern es wird erst darauf ankommen, was ihre griffische Hände uns übriglassen werden.

Zit. nach: Günter Dippold, Adel und Dorf. Zum adeligen Leben und zur adeligen Herrschaft in Redwitz, in: Jochen Neumann (Hrsg.), 750 Jahre Redwitz und Unterlangenstadt. Geschichte und Geschichten. Trainau 2000, S. 43–77, hier S. 56.

5 Die Salzburger Exulanten

a) Behinderung der Ausreise

Im Jahre 1685 ließ das Erzstift Salzburg an die Berchtesgadener Regierung die Mitteilung ergehen, dass mehrere Berchtesgadener, die beim Dürrnberger Salzwesen bedienstet 5 waren, glaubensverdächtig seien. Und da gegen diese „und ihre Religionskonsorten" unverzüglich schwere Inquisitionen angestellt wurden, – ein Hans Eggaert und Christoph Fent wurden an den Pranger, Wolf Hildpille und Balthasar Moser auf den Kirchplatz gestellt, – sind viele dieser Glau- 10 bensverdächtigen damals teils gezwungen, teils freiwillig zusammen mit Schaitberger nach Nürnberg (auch Seimbler und Kain aus Au) ausgewandert als „an einen Ort", wie ein Schreiben vom 27.12.1686 besagt, „da nicht päpstliche Obrigkeit herrschte, [...] wo sie sich ernährten mit Strumpf- 15 stricken, Holzhauen, Waschen und Zuspringen".
Einer weiteren heimlichen Auswanderung vorzubeugen, wurde nach einem Befehl vom 29.05.1687 im Einverständnis mit Salzburg und Bayern beschlossen, „die Durchpassierenden zu verhaften und ihr Vermögen auf 20 keine Weise durchzulassen", wie auch die Güter der bisher ohne Erlaubnis Ausgewanderten in Beschlag genommen und verkauft worden waren. Darum hatten schon am 24.10.1686 Berchtesgadener Emigranten sich mit der Bitte an den Rat der Stadt Nürnberg gewand, ihnen „zur 25 Erlangung ihrer konfiszierten Güter und zur Herausgabe ihrer Kinder behilflich sein zu wollen". Es war kein schlechtes Geschäft: hatten doch bis zum Jahre 1699 die lutherischen Emigranten dem Fiskus an 6000 Gulden zurückgelassen, welche für die Zwecke des Franziskaner- 30 klosters in Berchtesgaden bestimmt wurden.

Zit. nach: http://www.historisches-franken.de/auswanderer/duerrnberger.htm (10.5.2009)

b) Die Durchreise von Salzburger Exulanten 1732

Schon hatten sich am 12. Februar einige Consulenten mit diesem Thema befaßt. In der Konferenz der Siechköbel-35 Pfleger am 23. 2. sagte der Kirchenpfleger-Amtsverweser Jacob Sigmund Pfinzing: „Es seye Oberherrl. befohlen worden, wegen der Salzburger Emigranten zu deliberieren. Wie solche, wann deren allen falls eine gute Anzahl auch anhero kommen sollte, zu vertheilen, bis zu ihrer 40 weiteren Unterbringung, zu versorgen seyn mögten, damit, wenn einige wirklich angelanget, man nicht erst dieserhalben anfangen dürfte, sondern schon parat wäre; [...]" Noch ahnte also niemand, daß ca. 16000 Menschen durch Nürnberg und sein Gebiet ziehen würden. Doch 45 hatte die Verwaltungsbehörde für das Landgebiet, das Landpflegamt, bereits am 20. Februar 1732 reagiert. Es richtete an sämtliche Pfleger in den Ämtern folgendes Schreiben:

„Liebe Pfleger – Nachdem allhier die Nachricht einge-50 kommen, daß von denen Salzburger Emigranten eine große Anzahl nächstens hierher kommen wird, vor deren Unterbringung man einstweilen besorgt seyn muß, so tragen wir Euch hiermit auf, Euch angelegen seyn zu lassen, daß in dem Euch anvertrauten Amt auch etwel-55 che sowohl als Taglöhner, als Ehehalten (= Dienstboten) untergebracht werden mögen, wie Ihr dann durch die Geistlichen denen resp. Bürger und Unterthanen deshalben Bewegliche Vorstellungen machen lassen und Sie zu einem christlichen Mitleiden und Mildtätigkeit zu bewe-60 gen trachten wollet."

Zit. nach: http://www.historisches-franken.de/auswanderer/franken/nuernberg.htm (Stand 7.4.2009)

6 Österreicher in Franken

(Website der Gesellschaft für fränkische Familienforschung):

Nach dem Dreißigjährigen Krieg sind viele Bewohner Frankens aus Ober- und Niederösterreich zugewandert. 5 Für sie hat sich, wie oben beschrieben, der Begriff „Exulanten" eingebürgert. In den alten Kirchenbüchern werden sie auch „Ländler", als Leute aus dem Land „ob der Enns" bezeichnet. Die Exulanten machten nach dem Dreißigjährigen Krieg in vielen Orten Ober- und Mittelfrankens zwischen 25% und 50% der Bevölkerung aus. 10 Die Gesamtzahl der Exulanten kann mit Sicherheit auf mehr als 100000 geschätzt werden. Für die damalige Zeit eine ungeheuer große Zahl. Wie konnten so viele Menschen eine neue Heimat, wie konnten sie Haus und Hof, Arbeit und Brot finden? Die Antwort liegt in den Gräueln 15 und Verwüstungen des Dreißigjährigen Krieges, liegt in dem großen Menschenverlust, der gerade Franken getroffen hat. Durch Krieg, Flucht, Plünderung, Hungersnöte und Seuchen wurde die Bevölkerung stark dezimiert. Einige kleine Dörfer waren völlig menschenleer. Dazu zwei 20 Zahlen: Um 1634 wurden von den 421 zum Ansbacher Gumbertusstift gehörenden Gütern nur noch 123 bewirtschaftet. Um Weißenburg konnten 78% der bäuerlichen Betriebsflächen nicht mehr bewirtschaftet werden. Es war also genügend Land für Neusiedler vorhanden, und 25 diese Neusiedler waren den Grundherrschaften sehr willkommen, waren es doch die zukünftigen Steuerzahler. Österreicher in Franken – in wenigen Jahren sind sie echte Franken geworden. Schon in der zweiten, spätestens in der dritten Generation verbanden sich Franken 30 und Österreicher. Die Integration war so vollständig, dass die eigene Herkunft völlig vergessen werden konnte, obwohl bis heute in Franken die typischen Exulantennamen wie Wagenhöfer, Weberndörfer, Zellfelder, Stürzenhofecker und viele andere vorkommen. Die Integration 35 vollzog sich ohne größere Probleme. Man sprach ja die gleiche Sprache, hatte den gleichen lutherischen Glauben, übte in den meisten Fällen den gleichen Beruf aus, den eines Bauern, für den genügend Land zur Verfügung stand. 40

Zit. nach: http://www.gf-franken.de/exulanten_frm.html (Stand 7.4.2009)

Arbeitsvorschläge

a) Entwerfen Sie ein Schaubild, in dem Sie die vielfältigen Zusammenhänge der Bevölkerungsentwicklung zwischen 1500 und 1800 verdeutlichen.

b) Stellen Sie in einer Tabelle den Faktoren des Lebenszyklus in der Ständegesellschaft (VT) die in der modernen Gesellschaft gegenüber (Familienleben, persönliche Mobilität, Krankheiten, Lebensphasen, ...).

c) Untersuchen Sie kritisch die Aussagekraft der Statistiken über die Bevölkerungsentwicklung der Stadt und des Amtsbezirks Arnstein (M 3).

d) Vergleichen Sie die Immigration der Hugenotten und der österreichischen Exilanten in Franken während des 17. und 18. Jahrhunderts. Diskutieren Sie, warum die Integration der Einwanderer letztlich erfolgreich verlief, und die Frage, ob die Immigration dieser Zeit Modelle für die Gegenwart liefern kann (M 5, M 6).

Methode: Wissenschaftliches Arbeiten in der Geschichte

Die neue Oberstufe des bayerischen Gymnasiums ermöglicht die Anfertigung einer wissenschaftlichen Arbeit, deren Thema aus einem wissenschaftlichen Seminar entsteht. Da diese Seminare auch themengebunden und fächerübergreifend abgehalten werden können, muss zunächst geklärt werden, was wissenschaftliches Arbeiten bedeutet. Die wissenschaftliche Arbeit ist ein systematisch gegliederter Text, in dem das Ergebnis eigenständiger methodischer Forschung dargestellt wird. **Wissenschaftliches Arbeiten beinhaltet ein transparentes Vorgehen, das die Ergebnisse der Arbeit den Lesern objektiv nachvollziehbar oder wiederholbar macht.** Deswegen muss der Autor seine Informationsquellen nachweisen und veröffentlichen sowie Experimente so vermitteln, dass sie reproduzierbar werden. So kann man erkennen, welche Fakten und Beweise ihn zu seinen Schlussfolgerungen veranlassten und auf welche anderen Wissenschaftler er sich bezog.

Wissenschaftliches Arbeiten baut auf der Tatsache auf, dass zu einem Thema mehrere Informationsquellen bestehen. Im **ersten Arbeitsschritt** verschafft der Autor sich einen **Überblick über die Quellen und die Sekundärliteratur** in Archiven und Bibliotheken und stellt in einer **Bibliographie** die für das Thema wichtige Literatur zusammen. Im Literaturverzeichnis der Arbeit sollten nur die verwerteten Werke aufgeführt werden. Im **zweiten Schritt sichtet der Autor das Material, vergleicht Quellen und Literatur,** um Unstimmigkeiten zu erkennen und sich eine eigene Meinung zu bilden. Beim **Schreiben** der wissenschaftlichen Arbeit, dem **dritten Schritt**, verdeutlicht der Autor zunächst, was die **gefundenen Veröffentlichungen zum eigenen Projekt beitragen**. Dafür fasst er die verschiedenen Publikationen oder einzelne Kapitel und Abschnitte zusammen, vergleicht sie mit Auszügen anderer Werke. Das wörtliche Zitat fremder Autoren dient als direkter Beleg, sollte jedoch nur begrenzt und gezielt eingesetzt werden. Erschwert wird die Verwendung aller Informationsquellen dadurch, dass die Autoren von anderen abschreiben und Fehler machen, die nur durch den Vergleich mit einer weiteren Publikation aufgedeckt werden.

Die **Herkunft des Gedankens, Begriffs oder einer Idee müssen Sie auf jeden Fall** zumeist in wissenschaftlichen Anmerkungen zum Beispiel als Fußnote **nachweisen**: Sie führen den Autor, den Titel, den Erscheinungsort, das Erscheinungsjahr und die verwendeten Seiten an. Die genaue Herkunftsangabe ermöglicht die Belegbarkeit einer Behauptung. Eine Aussage ist überprüfbar, wenn sie bis hin zur Quelle zurückverfolgt werden kann. Dadurch schützt sich der Autor, denn übernimmt er eine Fehlinformation ohne Angabe der Herkunft, rechnet man ihm den Fehler zu. **Auch das Internet stellt eine nachweisbare Informationsquelle dar.** Die Internetseite muss als eine Quelle oder Literatur angegeben werden (URL und Datum). Zitierbar sind in der Regel wissenschaftliche Veröffentlichungen wie Monografien und Zeitschriftenaufsätze; nicht-wissenschaftliche Informationsquellen wie Boulevardzeitschriften, private Web-Sites und Populärliteratur sowie Nachschlagewerke (Wikipedia, Brockhaus) jedoch gewöhnlich nicht.

Nach der Auswertung und Integration der Recherche formuliert der Autor die **eigene Idee** und Fragestellung. Darin verdeutlicht er sein **Erkenntnisinteresse**, das den **Aufbau seiner Argumentation** bedingt. Entsprechend stellt er Fakten oder Beispiele zusammen und legt dar, welche Schlussfolgerungen er aus ihnen zieht. Für jede Behauptung sollte der Autor einen Beweis oder Beleg anführen und die Argumente begründen, wobei die logischen Regeln als Maßstab gelten. Abschließend müssen die **Ergebnisse** in Form eines **Fazits**, oft „Schluss“, „Zusammenfassung“ oder „Schlussfolgerungen“ betitelt, zusammengefasst werden.

Manche wissenschaftliche Arbeit wirkt durch den starken Fremdwörtergebrauch und komplizierten Satzbau, die ein differenziertes Denken verdeutlichen sollen, eher unverständlich. **Fachsprache und Fachbegriffe** sollten zielgerichtet und verständlich verwendet werden, wesentliche Begriffe der Beweisführung klar definiert sein.

Die **Geschichtswissenschaft** ist die wissenschaftliche Beschäftigung mit Personen, Objekten, Ereignissen und Entwicklungen der Vergangenheit. Die Beschäftigung mit menschlicher Geschichte ist nur dann wissenschaftlich, wenn ihre Gedankengänge und Ergebnisse nachprüfbar sind, wenn man kritisch und mit dem Streben nach Objektivität vorgeht. **Historisch-kritische Methode** ist die Bezeichnung für eine in der Neuzeit entwickelte Methode zur Untersuchung von historischen Texten. Grundlage des historischen Arbeitens sind historische Quellen. Als **Quelle** definierte Paul Kim „alle Texte, Gegenstände oder Tatsachen, aus denen Kenntnis der Vergangenheit gewonnen werden kann". Quellen kann man über das jeweilige Forschungsinteresse unterscheiden. Grundsätzlich unterscheidet man Sachquellen, Bildquellen, abstrakten Quellen und Textquellen: **Sachquellen** sind zum Beispiel Bau- und Kunstwerke, Münzen und Gegenstände aus dem Alltag. Diese Quellen behandeln oft Nachbar- und Unterdisziplinen der Geschichtswissenschaft. **Bildquellen** sind alltägliche oder künstlerische Darstellungen; ein Gemälde oder eine Fotografie sind konkrete Gegenstände, die Abbildung besitzt jedoch einen eigenen Wert. Soziale Tatsachen wie zum Beispiel ein lange bestehendes Volksfest können als **abstrakte Überreste** verstanden werden, die erlebbar, jedoch nicht unbedingt in ihrer Entstehung schriftlich nachweisbar sind.

In der **Traditionsquelle** berichtet jemand über etwas, während die **Überrestquelle** von einer vergangenen Handlung bleibt. Eine Rede, ein Brief, ein altes Geschichtswerk, die über Vergangenes handeln, zählen zur Traditionsquelle, weil der Verfasser andere Menschen über etwas informieren wollte. Ein Überrest hingegen kann eine Rechnung sein, die im Geschäftsverkehr zweier Menschen entstand und den Geschäftsvorgang belegt. Die Überrestquelle gilt als zuverlässiger als die Traditionsquelle, da Redner, Briefschreiber oder Geschichtsschreiber sich irren können oder täuschen wollen und der Überrest direkt mit dem Ereignis zusammenhängt.

Die **Quellenlage** stellt die Gesamtheit der vorhandenen Quellen zu einem Forschungsthema. Historiker müssen die Quellenlage genau aufzeigen, um den untersuchten Sachverhalt angemessen zu beurteilen. In der **Erschließung von Quellenmaterial** stellt man das Material fest, erzielt einen Überblick und eine Herangehensweise ans Material. Archivierung und Registrierung erleichtern die zielgerichtete Suche nach Material und das richtige Zitieren.

Eine Quelle ist unbedingt im Zusammenhang mit anderen Quellen zu verwenden und einzuordnen. Ein **Quellenzitat** in einer Darstellung benötigt einen Sachkommentar und eine Interpretation. Quellenzitate, Aussagen, die auf einer Quelle beruhen, müssen belegt werden, und zwar mit genauer Angabe darüber, wo die Quelle zu finden ist, also in welcher Quellenedition oder welchem Archiv. In der Regel verwendet man dazu den Anmerkungsapparat. Von den Quellen grenzt man die Sekundärliteratur ab, die als wissenschaftliche Fachliteratur ausgewertet wird. Die Grenzen zwischen Quellen und Sekundärliteratur sind allerdings auch nicht immer eindeutig.

2 Leben in der entstehenden Industriegesellschaft des 19. Jahrhunderts

Die Industriegesellschaft brachte eine Vielzahl an Merkmalen hervor, die sie von den Lebensformen vorhergehender Jahrhunderte unterschied. Die Beseitigung ständischer und feudaler Schranken führte zu einer Dynamisierung der wirtschaftlichen und gesellschaftlichen Entwicklung, die neue Chancen, aber auch bislang unbekannte Risiken für den Einzelnen mit sich brachte. Die Industrialisierung muss als Prozess verstanden werden, der bestehende räumliche Gegensätze verstärkt, überregionale Wanderungsbewegungen in Gang gesetzt und gleichzeitig die Lebens- und Arbeitsbedingungen der Menschen grundlegend verändert hat. In den verschiedenen deutschen Territorien verlief dieser Prozess mit ganz eigenen Akzentuierungen; Gemeinsamkeiten und Unterschiede der Entwicklung in den verschiedenen Regionen sind feststellbar.

- Wie veränderten sich durch die staatlichen Reformen die gesellschaftlichen Rahmenbedingungen und die Lebens- und Arbeitsverhältnisse der Menschen?
- Wodurch sind die Lebensbedingungen der Männer, Frauen und Kinder in den entstehenden Großstädten und Industrierevieren gekennzeichnet und wie veränderten sich die familiären Lebenswelten im 19. Jahrhundert?
- Welche Versuche wurden unternommen, die soziale Frage zu lösen, und wie erfolgreich waren diese?

Heinrich Oberländer: „Am Ufer eines oberbayerischen Sees" – „vor 30 Jahren und heute". Fliegende Blätter, 1888

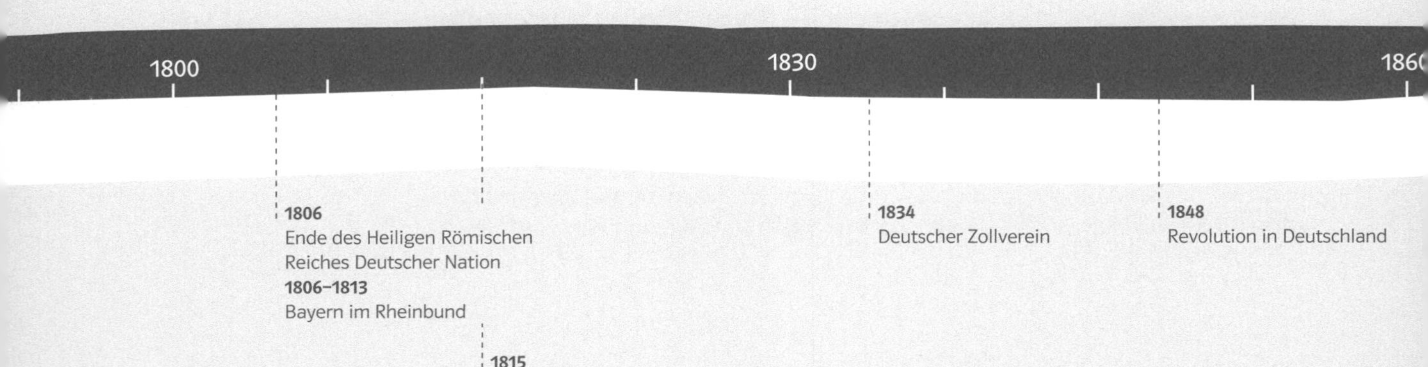

„Aber ich bitt Sie, mit so einem lieben G'sichterl studiert man doch nicht!" Karikatur auf die Frauenbildung aus den „Fliegenden Blättern", 1908/09

Proletarische Großfamilie 1907. Eine 13-köpfige Arbeiterfamilie mit Großmutter und Mutter im Hintergrund. Vater und eine Tochter fehlen.

Online Link
430017-0201

1890

1920

1868
Gewerbefreiheit in Bayern

1870/71
Deutsch-Französischer Krieg
Gründung des Deutschen Reiches

1883–1889
Bismarck`sche Sozialgesetzgebung

1914
Beginn des Ersten Weltkrieges

2.1 Liberalisierung durch staatliche Reformen

1 Deutschland vor dem Reichsdeputationshauptschluss (1790)

2 Deutschland nach dem Reichsdeputationshauptschluss (1812)

Liberalisierung von Gesellschaft und Wirtschaft

Im 19. Jahrhundert veränderten sich in Bayern und den anderen deutschen Territorien die wirtschaftlichen und gesellschaftlichen Verhältnisse grundlegend: Existierte um 1800 noch die aus dem Mittelalter stammende agrarische Grundstruktur und die Ständegesellschaft, war um 1900 die Errichtung des Industriestaates vollzogen, in dem die Menschen als freie Bürger ohne ständische Beschränkungen, aber in verschiedenen gesellschaftlichen Klassen lebten.

Politische Voraussetzungen

Ausgangspunkt dieser Entwicklung war die Französische Revolution und die napoleonische Herrschaft über Europa, die die politische Situation in den deutschen Ländern veränderte.
Frankreich erhielt 1801 vom deutschen Kaiser alle Gebiete links des Rheins als Kriegsbeute. Die enteigneten deutschen Fürsten wurden rechts des Rheins entschädigt. Ein Ausschuss kümmerte sich um den Ausgleich, der im sogenannten Reichsdeputationshauptschluss 1803 festgelegt wurde: Fast der gesamte Kirchenbesitz (z. B. Freising, Passau, Würzburg und Bamberg) ging in den Besitz der Landesherren über (Säkularisation), die bisher dem Kaiser direkt unterstehenden Städte und Gebiete wie Rothenburg, Weißenburg, Dinkelsbühl und Schweinfurt fielen ebenfalls den Landesherren zu (Mediatisierung). Für Bayern glichen die Gebietserweiterungen vor allem in Franken und Schwaben mit über 800 000 Einwohnern die linksrheinischen Verluste (Jülich, Kur-Pfalz) mehr als aus.

3 Napoleon versammelt Truppen in Süddeutschland (1805)
Lithografie von Ch. Motte nach Cl. Gautherot, um 1808

Sechzehn deutsche Fürsten (darunter auch der bayerische Kurfürst) erklärten ihren Austritt aus dem Reich und schlossen sich zum Rheinbund zusammen, der eng an Frankreich angebunden war. Der Kaiser aber verlor seine wichtigste Stütze, die bislang in den vom kaiserlichen Schutz abhängigen Kleinstaaten und der Reichskirche bestanden hatte. Stattdessen entstand eine Reihe von Mittelstaaten, die ihre Interessen tatkräftig vertreten konnten. Unter diesen Voraussetzungen legte Kaiser Franz II. 1806 die deutsche Kaiserkrone nieder – das Heilige Römische Reich existierte nicht mehr.

Bayern wurde 1806 durch Napoleon vom Kurfürstentum zum Königreich erhoben, Preußen unterlag dem französischen Heer im Oktober 1806 in den Schlachten von Jena und Auerstedt und sank damit auf den Status einer zweitrangigen Macht in Europa herab. Führende Politiker beider Staaten erkannten, dass nur grundlegende Reformen deren Bestand sichern und festigen konnten.
Die Reformen in Bayern wurden unter Kurfürst Max IV. Josef (ab 1806 König Max I. Josef) und seinem Minister Maximilian von Montgelas, in Preußen unter König Friedrich Wilhelm III. und den Ministern Freiherr Karl vom Stein und seinem Nachfolger Karl August Friedrich von Hardenberg durchgeführt.
In beiden Staaten ging es darum, die Verwaltung effektiver zu strukturieren. Fachministerien wurden eingeführt (für Inneres, Äußeres, Justiz, Finanzen und Krieg). Auch die Ausbildung der Landeskinder erhielt wachsende Aufmerksamkeit; deshalb wurde das Bildungssystem umfassend reformiert, die Schulpflicht strenger gefasst und auf die Ausbildung der Lehrer besonders geachtet. Die allgemeine Wehrpflicht sollte in beiden Ländern die Verteidigungsbereitschaft garantieren.

Maximilian Joseph Graf von Montgelas (1759–1838)

In Bayern ging es außerdem darum, die neu gewonnenen Landesteile Franken und Schwaben, zeitweise auch Tirol, stärker an Altbayern anzubinden und einen einheitlichen Wirtschaftsraum zu schaffen.

Liberale Wirtschaftsreformen

In allen deutschen Ländern wurden zu Beginn des 19. Jahrhunderts Wirtschaftsreformen durchgeführt. Diese sollten die überkommenen Entwicklungshemmnisse abbauen, wie es die liberale Wirtschaftstheorie forderte. Ziel war die freie, vom Staat nicht reglementierte Erwerbsmöglichkeit mit Freiheit des Handels und des Wettbewerbs, der gewerblichen Produktion und des unternehmerischen Zusammenschlusses.
Ein wichtiger Theoretiker des Wirtschaftsliberalismus war der britische Volkswirtschaftler Adam Smith. Er vertrat im Gegensatz zu den merkantilistischen Wirtschaftstheoretikern die Ansicht, dass die Arbeit jedes einzelnen Menschen die Quelle des Volkswohlstandes sei, nicht der Geldvorrat, der durch den Außenhandel erwirtschaftet werde. Smith setzte auf das Gewinnstreben des Einzelnen – dieses fördere das Gemeinwohl, weil jeder Unternehmer oder Produzent ein Interesse daran habe, gemäß dem Gesetz von Angebot und Nachfrage nur solche Güter zu produzieren, für die es aufgrund der Nachfrage gute Absatzchancen gebe. Der Staat solle – so Smith – nicht in die wirtschaftlichen Belange eingreifen, sondern lediglich die öffentliche Ordnung wahren und die innere Sicherheit gewährleisten.

Agrarreformen: Aufhebung der Gutsherrschaft in Preußen und …

Oktoberedikt

Auch in Preußen waren die tradierten gesellschaftlichen und politischen Zustände bis zum Beginn des 19. Jahrhunderts weitgehend unverändert erhalten geblieben. Die Bauern lebten unter der Gutsherrschaft des Adels; sie waren schollegebunden, abgaben- und arbeitspflichtig. Ihre Kinder mussten auf dem Herrenhof arbeiten (Gesindezwang), was eine freie Berufswahl verhinderte. Mit dem Oktoberedikt von 1807 wurde die Mehrzahl der Bauern zum Martinstag (11. November) 1810 aus der Erbuntertänigkeit entlassen; sie hatten nun volle persönliche Freiheit und genossen Freizügigkeit, bei der Berufswahl und Heirat waren sie nicht mehr an die Zustimmung eines Gutsherren gebunden. Durch das Regulierungsedikt von 1811 wurde geregelt, dass die Bauern die Gutsherren für die künftig entfallenden Abgaben und Frondienste entschädigen sollten. Da für die Berechnung der Ablösezahlungen die extrem hohen Getreidepreise der Jahre 1806/07 zu Grunde gelegt wurden, endeten manche Verpflichtungen erst nach 25 bis 50 Jahren. Dadurch verloren viele Eigentümer von überschuldeten Höfen ihre Existenzgrundlage und wurden zu besitzlosen Landarbeitern. Gleichzeitig wurden alle Schranken zwischen Adel, Bürgern und Bauern bei Grunderwerb und -nutzung aufgehoben.

… Aufhebung der Grundherrschaft in Bayern

In Bayern waren um 1800 nur 4 % der Bauern freie Eigentümer. Alle anderen unterstanden einem Grundherrn, dem laufende Abgaben zu entrichten waren. Kenner der Verhältnisse auf dem Land waren sich aber einig, dass die Bauern nur langfristig in ihren Grund und Boden investieren würden, wenn sie Alleineigentümer waren oder zumindest die Nutzung ihrer Höfe über ihren Tod hinaus gesichert wäre. 1808 wurde festgesetzt, dass alle grundherrlichen Rechte ablösbar sein sollten, wozu aber das Einverständnis des Grundherrn nötig war; dieses wurde oft gegeben, so dass viele Bauern von der Möglichkeit, ihre Höfe als abgabenfreies Eigentum zu erwerben, Gebrauch machten. Die endgültige Aufhebung der Grundherrschaft brachte das Revolutionsjahr 1848. Im „Gesetz über die Aufhebung der Grundherrschaft“ (1848) erhielten die bislang grundherrschaftlich gebundenen Bauern das volle Eigentum ihrer Höfe, Felder und die Freiheit von Abgaben. Die Ablösezahlungen wurden über die dafür eingerichtete Grundablösungskasse an die ehemaligen Grundherren weitergeleitet. Im Rah-

men der Agrarreformen wurde auch das Gemeindeeigentum (Allmende) auf die Besitzenden verteilt, wovon man sich eine Steigerung der Produktivität erhoffte. Das führte jedoch bald an vielen Orten zu innerdörflichen Konflikten zwischen den Grundherren, den größeren und kleineren Bauern sowie dem Teil der Dorfbewohner, die bisher gar keine Nutzungsrechte besessen hatten und sich nun in ihrer Existenz bedroht fühlten.
Ziel der Reformen war es, dass ein leistungsbereiter Bauernstand entstehen sollte, von dem man sich langfristig höhere Steuereinnahmen versprach.

Aufhebung der Leibeigenschaft

Mit den Agrarreformen ging die Aufhebung der Leibeigenschaft einher. Diese hatte schon in den letzten Jahrzehnten des 18. Jahrhunderts begonnen und wurde nun zum Abschluss gebracht. In den preußischen Gebieten wurde die Leibeigenschaft mit dem Oktoberedikt 1807 aufgehoben. In Altbayern, Schwaben und Franken war diese ohnehin selten gewesen; sie zeigte sich nur in einer Abgabe, die zusätzlich zu den grundherrlichen Abgaben geleistet werden musste. 1808 wurden auch die letzten Reste der Leibeigenschaft entschädigungslos abgeschafft.

Abschaffung der Zünfte

Um die Wirtschaft anzukurbeln, hob die bayerische Regierung 1804 den Zunftzwang auf. Wer einen Handwerksbetrieb eröffnen wollte, brauchte aber eine staatliche Konzession. Damit war in Bayern die volle Gewerbefreiheit, die zentrale Forderung des Liberalismus, die bereits während der Französischen Revolution proklamiert wurde, aber noch nicht hergestellt. Erst ab 1868, als auf das Konzessionssystem verzichtet wurde, herrschte volle Gewerbefreiheit. Das war in Preußen anders: Dort wurden die Zunftordnungen schon durch das Oktoberedikt von 1807 vollständig abgeschafft, wodurch das Land im Hinblick auf die spätere Industrialisierung einen entscheidenden Vorteil hatte. Für die Staaten des Norddeutschen Bundes besiegelte aber erst die amtliche Gewerbeordnung von 1869 die Abschaffung der Zünfte, wodurch mit der Einführung der Gewerbefreiheit das Konkurrenzprinzip verbunden war. Eine einheitliche Regelung brachte schließlich die Verfassung des Deutschen Kaiserreiches (1871), die die norddeutsche Gewerbeordnung auf alle Staaten des Deutschen Reiches übertrug.

Möglichkeiten individueller Lebensgestaltung: Gewerbefreiheit ...

Die staatlichen Reformen des 19. Jahrhunderts eröffneten den Menschen neue Möglichkeiten der Lebensgestaltung; sie schufen individuelle Freiheiten, brachten aber auch neue Probleme mit sich.
Durch die Gewerbefreiheit wurde es jedermann möglich gemacht, zu jeder Zeit und an jedem Ort einen Gewerbebetrieb in jedem Umfang und mit jeder Produktionstechnik zu eröffnen und zu betreiben. Einschränkungen unterlagen nur noch wenige Berufe und Berufsgruppen, von denen man besondere Zuverlässigkeit erwartete: Ärzte und Apotheker, Bauunternehmer und Schlosser, Schank- und Gastwirte mussten entweder eine polizeiliche Zuverlässigkeitsbescheinigung oder eine entsprechende Ausbildung vorweisen.
Die Gewerbefreiheit war deshalb wichtig, weil sie dem Handwerk die Möglichkeit zur Umstrukturierung der Arbeitsbereiche gab; die Arbeitsteilung zwischen Industrie und Handwerk setzte nun ein. Anders als von vielen Kritikern der Reform aus den Reihen des Handwerks befürchtet, die das Ende des Handwerks herannahen sahen und einen Verfall der Preise vorhersagten, stieg die Zahl der Handwerksbetriebe an und führte zu einer Erweiterung der Produktionspalette; zeitweise stiegen sogar die Meisterzahlen an. Besonders im Baugewerbe und bei der Reparatur von Industriegütern sowie bei der Herstellung frischer Nahrungsmittel waren nun die Handwerker (Bäcker, Metzger) gefragt.

2

… Aufhebung der Heiratsbeschränkungen

Im vorindustriellen Deutschland war die Möglichkeit der Familiengründung an eine Erwerbsstelle gebunden, die ihrem Inhaber und seiner Familie ein gesichertes Auskommen bieten sollte; die Zunftverfassungen hatten noch bis zum Ende des 18. Jahrhunderts diese Regelung bewahrt. Durch die Aufhebung des Zunftzwangs konnte nun auch schon ein Geselle, nicht erst der Meister, heiraten, wodurch das Bevölkerungswachstum verstärkt wurde.

4 Über Schicksal und Zukunftsaussichten der ausgewanderten Landsleute
Erinnerungsbild auf nach Amerika ausgewanderte Krumbacher Bürger von Eduard Fröschle, 1846

... Freizügigkeit

Die Aufhebung grundherrlicher Bindungen brachten die Freizügigkeit mit sich; d.h. jeder konnte sich nun an jedem Ort seiner Wahl niederlassen. Viele Bauern und Landarbeiter, die im Zuge der Agrarreformen verarmten, nutzten verstärkt die Möglichkeit, an anderen Orten oder im Ausland ihr Auskommen zu finden. Viele zogen in wirtschaftliche und städtische Ballungszentren wie München und Nürnberg, wo sie den neu entstehenden Fabriken als Arbeitskräfte zur Verfügung standen, andere wanderten nach Russland aus, wo sie entweder in neuen Gewerbezentren, z.B. im Textilbereich (Lodz), Arbeit fanden oder eine Bauernstelle übernahmen (z.B. in Transkaukasien oder Südrussland). In den Jahren zwischen 1815 und 1855 wanderten zudem über 200 000 Personen in die USA und andere überseeische Gebiete aus.

Die Reformen in Landwirtschaft und Gewerbe waren eine wichtige Voraussetzung für das Entstehen der Industriegesellschaft, da die in der Agrar- und Gewerbewirtschaft nicht mehr benötigten Arbeitskräfte nun zur Lohnarbeit gezwungen waren und damit dem industriellen Sektor zur Verfügung standen. Auch der Dienstleistungsbereich musste sich verändern, um einen verbesserten Güteraustausch zu gewährleisten. Dazu war es notwendig, die Zersplitterung Deutschlands wenigstens wirtschaftlich zu überwinden und die Zollschranken und Zölle zwischen den deutschen Ländern zu beseitigen (Gründung des Deutschen Zollvereins 1834).

5 Aus der Denkschrift von Hardenbergs „Über die Reorganisation des Preußischen Staates" (1807)

Die Französische Revolution, wovon die gegenwärtigen Kriege die Fortsetzung sind, gab den Franzosen unter Blutvergießen und Stürmen einen ganz neuen Schwung. Alle schlafenden Kräfte wurden geweckt, das Elende und Schwache, veraltete Vorurteile und Gebrechen wurden – freilich zugleich mit manchem Guten – zerstört.

Der Wahn, dass man der Revolution am sichersten durch Festhalten am Alten und durch strenge Verfolgung der durch solche geltend gemachten Grundsätze entgegenstreben könne, hat besonders dazu beigetragen, die Revolution zu befördern und derselben eine stets wachsende Ausdehnung zu geben. Die Gewalt dieser Grundsätze ist so groß, dass der Staat, der sie nicht annimmt, entweder seinem Untergange oder der erzwungenen Annahme derselben entgegensehen muss. Ja selbst die Raub- und Ehr- und Herrschsucht Napoleons und seiner begünstigten Gehilfen ist dieser Gewalt untergeordnet und wird es gegen ihren Willen bleiben.

Also eine Revolution im guten Sinn, gerade hinführend zu dem großen Zweck der Veredelung der Menschheit, durch Weisheit der Regierung und nicht durch gewaltsame Impulsion von innen oder außen, – das ist unser Ziel, unser leitendes Prinzip. Demokratische Grundsätze in einer monarchischen Regierung: Dies scheint mir die angemessene Form für den gegenwärtigen Zeitgeist. Die reine Demokratie müssen wir noch dem Jahre 2440 überlassen, wenn sie anders je für den Menschen gemacht ist.

Aus: Geschichte in Quellen, Bd. 4. München 1981, S. 625 f.

6 Edikt, den erleichterten Besitz und den freien Gebrauch des Grundeigentums sowie die persönlichen Verhältnisse der Landbewohner betreffend (sog. Oktoberedikt vom 9. Oktober 1807)

Wir Friedrich Wilhelm, von Gottes Gnaden König von Preußen etc., etc., tun kund und fügen hiermit zu wissen: Nach eingetretenem Frieden hat uns die Vorsorge für den gesunkenen Wohlstand unsrer getreuen Untertanen, dessen baldigste Wiederherstellung und möglichste Erhöhung vor allem beschäftigt. [...]

Wir haben ferner erwogen, dass die vorhandenen Beschränkungen teils in Besitz und Genuss des Grundeigentums, teils in den persönlichen Verhältnissen des Landarbeiters unsrer wohlwollenden Absicht vorzüglich entgegenwirken und der Wiederherstellung der Kultur eine große Kraft seiner Tätigkeit entziehen, jene, indem sie auf den Wert des Grundeigentums und den Kredit des Grundbesitzers einen höchst schädlichen Einfluss haben; diese, indem sie den Wert der Arbeit verringern. Wir wollen daher beides auf die Schranken zurückführen, die das gemeinsame Wohl nötig macht, und verordnen daher Folgendes:

§ 1. Freiheit des Güterverkehrs. Jeder Einwohner unsrer Staaten ist ohne alle Einschränkungen in Beziehung auf den Staat zum eigentümlichen und Pfandbesitz unbeweglicher Grundstücke aller Art berechtigt; der Edelmann also zum Besitz nicht bloß adliger, sondern auch unadliger, bürgerlicher und bäuerlicher Güter aller Art, und der Bürger und Bauer zum Besitz nicht bloß bürgerlicher, bäuerlicher und andrer unadliger, sondern auch adliger Grundstücke, ohne dass der eine oder der andere zu irgendeinem Gütererwerb einer besonderen Erlaubnis bedarf, wenngleich nach wie vor jede Besitzveränderung den Behörden angezeigt werden muss. [...]

§ 2. Freie Wahl des Gewerbes. Jeder Edelmann ist ohne jeden Nachteil seines Standes befugt, bürgerliche Gewerbe zu treiben; und jeder Bürger oder Bauer ist berechtigt, aus dem Bauern- in den Bürger- und aus dem Bürger- in den Bauernstand zu treten. [...]

§ 10. Auflösung der Gutsuntertänigkeit. Nach dem Datum dieser Verordnung entsteht fernerhin kein Untertänigkeitsverhältnis, weder durch Geburt noch durch Heirat noch durch Übernehmung einer untertänigen Stelle noch durch Vertrag.

§ 11. Mit der Publikation der gegenwärtigen Verordnung hört das bisherige Untertänigkeitsverhältnis der Untertanen und ihrer Weiber und Kinder, die ihre Bauerngüter erblich oder eigentümlich oder erbzinsweise oder erbpächtlich besitzen, wechselseitig gänzlich auf.

§ 12. Mit dem Martinitage eintausendachthundertundzehn hört alle Gutsuntertänigkeit in unsern sämtlichen Staaten auf. Nach dem Martinitage 1810 gibt es nur freie Leute, sowie solches auf den Domänen in allen unsern Provinzen schon der Fall ist, bei denen aber, wie sich von selbst versteht, alle Verbindlichkeiten, die ihnen als freien Leuten vermöge des Besitzes eines Grundstücks oder vermöge eines besonderen Vertrages obliegen, in Kraft bleiben [...]

Friedrich Wilhelm: Sammlung der für die Königlichen Preußischen Staaten erschienenen Gesetze und Verordnungen von 1806 bis zum 27sten Oktober 1810. Berlin 1822, S. 170 ff. (in der Schreibweise modernisiert)

7 Edikt über die Einführung einer allgemeinen Gewerbe-Steuer in Preußen, 28. Oktober 1810

§ 1. Ein jeder, welcher in unsern Staaten, es sei in den Städten, oder auf dem platten Lande, sein bisheriges Gewerbe, es bestehe in Handel, Fabriken, Handwerken, es gründe sich auf eine Wissenschaft oder Kunst, fortsetzen oder ein neues unternehmen will, ist verpflichtet, einen Gewerbeschein darüber zu lösen und die angesetzte Steuer zu zahlen. Das schon erlangte Meister-Recht, der Besitz einer Konzession befreien nicht von dieser Verbindlichkeit.

§ 19. Im Allgemeinen darf niemandem der Gewerbeschein versagt werden, welcher ein Attest der Polizei-

Behörde seines Orts über seinen rechtlichen Lebenswandel beibringt.
§21. Zu Gewerben, bei deren ungeschicktem Betriebe gemeine Gefahr obwaltet, oder welche eine öffentliche Beglaubigung oder Unbescholtenheit erfordern, können nur dann Gewerbescheine erteilt werden, wenn die Nachsuchenden zuvor den Besitz der erforderlichen Eigenschaften auf die vorgeschriebene Weise nachweisen.

Gesetz-Sammlung für die Königlichen Preußischen Staaten. 1810–1813. Berlin o.J., S. 79–83. (in der Schreibweise modernisiert)

8 Der preußische Generalfeldmarschall General Yorck, der 1806 gegen Napoleon in die Schlacht gezogen war, über Steins Reform (1808)

[Das ist keine] landesväterliche Idee nach dem Sinn des Königs. So etwas kann nur in der Kanzlei eines Bankiers oder von einem Professor, der einen schlecht verdauten Adam Smith vom Katheder doziert, ausgeheckt werden. [...] Wie aber wird das schöne Land bei diesem Plusmachersystem verwüstet werden! Auch die Königlichen Domänen, die sie veräußern und den König auf lauter Geldeinnahmen setzen möchten, werden nicht ausgenommen sein. Der Spekulant, der ein Gut erwirbt, denkt nur auf die Gegenwart; er wird eilen, die schönen Eichen- und Buchenwälder niederzuhauen, weil sie nicht so viel einbringen wie ein Weizenfeld. Nach Jahren aber wird der Wind die entfernten Sandhügel über die Weizenfelder wehen, und statt des schönen grünen Waldes, der Auge und Herz erfreut, werden wir dürren Buchweizen, die magerste aller Ackerfrüchte, erblicken. Jene vaterländischen Bäume werden Fremdlinge werden und den Birken und amerikanischen Pappeln Platz machen, die schneller wachsen; die Kieferwälder werden sie noch Gnade finden lassen, da Bau- und Brennholz unentbehrlich ist und die Holzdiebe doch auch bestehen müssen.
Ein anderes Steckenpferd, das der Minister reitet, ist die Population. Aus der Familie jedes ehrsamen Bürgers und Handwerkermeisters, der eine Anzahl von Gesellen beschäftigt, ernährt und zur sittlichen Ordnung anhält, soll eine Anzahl kleiner Familien hervorgehen, indem jeder Geselle seine Dirne heiratet und der Stifter eines neuen Geschlechts von Hungerleidern wird. Ebenso auf dem Lande, wo man gar gern alle großen Güter in kleine auflöste, und jede Erbschaft teilend, statt eines wohlhabenden adeligen Besitzers oder Großbauern eine Anzahl kleiner Gärtner- oder höchstens Kossätenhöfe[1] stiftete. Könnten nur die großen schönen Dörfer sich in solche kleine Besitztümer abbauen lassen und der freie Landmann seine paar Morgen mit einer Hecke umgeben und in dem Bereich sein Wild schießen, dann wäre das Ideal erreicht, nach dem sie streben. Der Kalkül der in Progression steigenden Bevölkerung ist ganz richtig; gleicht aber solche Pöbelerzeugung – wir sollten Gott danken, dass wir dergleichen nicht haben wie Frankreich und England – nicht dem Ungeziefer, das man aus Hobelspänen erzeugt?
Und nun diese gewaltsame Abschaffung aller Hofdienste der Bauern ohne irgendeine Entschädigung des Gutsherrn? Wie wird das die Stände untereinander entzweien und wie der Feind davon Nutzen ziehen! Buchstäblich, wie es genommen, kommt es aber nicht zur Ausführung. Ohne Modifikation wäre es ein wahrer Eingriff in das Eigentum. Friedrich Wilhelm III. ist keineswegs Willens, das suum cuique[2], das Grundprinzip aller Könige von Preußen, aus seinem Ordensstern herauszunehmen und den heiligen Crispin[3] an die Stelle zu setzen.

1 kleine Bauernhöfe, Katen, deren Ertrag den Lebensunterhalt nicht sicherte
2 jedem das Seine
3 Der heilige Crispin galt als Wohltäter auf Kosten anderer.

Johann Gustav Droysen: Das Leben des Feldmarschalls Grafen Yorck von Wartenburg. Bd. 1. Berlin 1851, S. 211–213.

9 Der Landgeistliche Carl Büchsel über die Entwicklung des Bauernstandes in Preußen (1897)

Die Separation oder die Regulierung der herrschaftlichen und bäuerlichen Verhältnisse hat auf den sittlichen Zustand der Landgemeinden an vielen Orten den größten Einfluss ausgeübt. Die Bauernfamilien, die sonst den soliden und festen Kern der Gemeinden bildeten, sind entweder der Zahl nach sehr zusammengeschmolzen oder auch wohl ganz verschwunden. In dem einen Dorfe war gar kein Bauer mehr, in dem andern, in dem sonst acht Bauern lebten, ist noch einer vorhanden, und in dem dritten, in dem früher sechs waren, befindet sich auch nur noch einer. Vor der Separation waren die Bauern verpflichtet, der Herrschaft zu dienen, sie mussten mit ihren Gespannen den Dung abfahren, den Acker bestellen und besonders in der Ernte helfen, auch alle Handdienste leisten. Durch die Ablösung dieser Dienste und durch das Einziehen der Bauernhöfe ist es nötig geworden, die Zahl der Tagelöhnerfamilien sehr zu vermehren, und es gibt große Güter, auf denen nur noch allein die Herrschaft und die Tagelöhner leben. An andern Orten haben die Bauern sich ausgebaut und wohnen entfernt vom Dorfe, von der Kirche und Schule, isoliert auf ihrem Ackerplane. Oft hat diese Isolierung den Gemeindesinn geschwächt, die Nachbarschaft in gegenseitiger Aushilfe und Liebe gelockert und auch innerlich von der Kirche entfremdet. Es ist gar nicht zu leugnen, dass in ökonomisch-politischer Hinsicht durch die Separation wirklich viel gewonnen ist. Die Bauern gewinnen auf der Hälfte ihrer Ackerfläche jetzt mehr als früher auf der ganzen, und die Herrschaften, die die Bauernhöfe ausgekauft und ihren Gütern annektiert haben, benutzen das Land durch intelligente Bewirtschaftung viel höher als der Bauer und können daher auch einen verhältnismäßig höheren Preis für den Acker bezahlen. Aber die sittlichen Zustände haben nicht gewonnen. Dadurch dass der Bauer seinen Hof mit Schulden belasten oder parzellieren oder gar verkaufen kann, sind viele alte Familien ganz verarmt und zu Tagelöhnern herabgesunken. Bei Erbregulierungen ist es, 40 wenn mehrere Kinder vorhanden sind, oft nicht möglich, dass der Sohn den Hof annehmen kann, weil er zu sehr verschuldet wird, und die ganze Familie verliert den Mittelpunkt und die alte Zufluchtstätte. Auf den königlichen Domänen hat sich die Sache anders gestaltet, die 45 Bauern sind dort oft zu großen Reichtümern gekommen und sind Herren geworden, die sich gerne Gutsbesitzer nennen und nicht mehr Bauern heißen wollen, auch arbeiten sie nicht mehr wie ihre Väter, sondern halten sich Tagelöhner. Auch durch Ausdehnung der Kartoffel- und Rübenkultur und anderer Hackfrüchte ist das Bedürf- 50 nis nach Handarbeitern, besonders auf großen Gütern, immer mehr gewachsen.

Carl Büchsel: Erinnerungen aus dem Leben eines Landgeistlichen. 4 Bde. Berlin 1897. Bd. I, S. 130ff.

10 Verein der unterschiedlichen Handwerker
Tafelbild eines schwäbischen Gewerbevereins, Steinle 1844

11 Bayerisches Gesetz über die Aufhebung der standes- und gutsherrlichen Gerichtsbarkeit, dann die Aufhebung, Fixierung und Ablösung von Grundlasten (1848)

Artikel 1.
Die standes- und gutsherrliche Gerichtsbarkeit und Polizeigewalt geht mit dem 1. Oktober 1848 an den Staat über. Diejenigen Gutsbesitzer, welche deren Abtretung an den Staat bis zum 18. April laufenden Jahres inklusive erklärt haben, werden nach dem Gesetze vom 28. Dezember 1831 entschädigt; diejenigen Besitzer, welche diesen Verzicht bis dahin nicht geleistet haben, erhalten ihre Entschädigung dadurch, dass die standes- und gutsherrlichen Gerichts- und Polizeibeamten und Diener unter den Anstellungs-Bedingungen und Pensionsnormen, die am 12. April 1848 bestanden [...] vom Staate übernommen werden.
Artikel 2.
Alle Natural-Frondienste, gemessene, wie ungemessene werden vom 1. Jänner 1849 an ohne Entschädigung der Berechtigten aufgehoben.
Artikel 6.
Alle rein persönlichen, nicht auf Grund und Boden haftenden Abgaben hören ohne Entschädigung auf.
Artikel 21.
Alle fixen Grundsteuern des Staates, der Privaten, der Stiftungen und Kommunen sind unter den nachstehenden Bestimmungen ablösbar.
Artikel 22.
Alle Bodenzinse, für welche ein bestimmtes Kapital rechtsgültig festgesetzt ist, sind durch Barerlag des Kapitals ablösbar.
Artikel 23.
Alle übrigen, bereits ihrer Natur nach ständigen, oder nach den Bestimmungen des gegenwärtigen Gesetzes fixierten jährlichen Grundabgaben kann der Pflichtige ganz oder teilweise durch bare Erlegung des Achtzehnfachen ihres jährliche Betrags jederzeit ablösen.
Artikel 24.
Natural-Abgaben werden behufs dieser Ablösung nach den Sätzen zu Geld angeschlagen.

Gesetz-Blatt für das Königreich Bayern. Nr. 13 vom 13. Juni 1848, Sp. 97–109. (gekürzt und in der Schreibweise modernisiert)

12 Die Gewerbefreiheit in Bayern (1868)

I. Allgemeine Bestimmungen.
Art. 1. Alle Staatsangehörigen ohne Unterschied des Geschlechtes und des Glaubensbekenntnisses sind zum Betriebe von Gewerben im ganzen Umfange des Königreichs berechtigt.
In dieser Berechtigung liegt insbesondere die Befugnis, verschiedenartige Geschäfte gleichzeitig an mehreren Orten und in mehreren Lokalitäten desselben Ortes zu betreiben, von einem Gewerbe zum anderen überzugehen, ein Geschäft auf den Bereich anderer Gewerbe auszudehnen und Hilfspersonen aus verschiedenartigen Gewerbszweigen in beliebiger Anzahl in und außer dem Hause zu beschäftigen.
Art. 2. Die Gewerbsbefugnisse eines Inländers kommen auch den Angehörigen anderer Staaten zu. Die Regierung ist befugt, von dieser Bestimmung eine Ausnahme in Bezug auf die Angehörigen jener Staaten eintreten zu lassen, deren Gewerbegesetzgebungen in wesentlichen Punkten von den Grundsätzen dieses Gesetzes in beschränkender Weise abweichen.
Aktiengesellschaften, Kommanditgesellschaften auf Aktien und andere Erwerbsgesellschaften des Auslandes dürfen, sofern nicht durch Staatsverträge ein Anderes festgesetzt ist, nur mit staatlicher Genehmigung in Bayern Gewerbe treiben.
Art. 3. Die gesetzlichen Vorschriften über den Aufenthalt außerhalb der Heimatgemeinde kommen neben diesem Gesetze zur Anwendung.
Art. 4. Die aus Standes- und Dienstesvorschriften und aus dem bürgerlichen Rechte fließenden Beschränkungen des freien Gewerbsbetriebes erleiden durch das gegenwärtige Gesetz keine Abänderung.
Art. 5. Jeder Gewerbetreibende ist in der Anlage, den Einrichtungen und dem Betriebe seines Geschäftes, dann rücksichtlich der Steuern und Abgaben allen in der Landesgesetzgebung begründeten Beschränkungen und Vorschriften unterworfen.
Art. 6. Wer in einer Gemeinde ein neues Gewerbe anfängt oder seinen Geschäftsbetrieb in einer Weise ändert, welche gesetzlich eine Steuererhöhung zur Folge hat, ist auch ohne vorausgegangene Aufforderung gehalten, hievon vor Beginn der Geschäfts-Ausübung bei der einschlägigen Gemeindebehörde Anzeige zu machen und zugleich die für die Anlage der Gewerbsteuer gesetzlich vorgeschriebene Erklärung abzugeben. Ist das Gewerbe nach den folgenden Artikeln von einer Konzession, amtlichen Bestellung oder polizeilichen Bewilligung abhängig, so hat der Gewerbetreibende bei jener Anmeldung die bezügliche Urkunde vorzuzeigen. Über die Anmeldung wird eine Bescheinigung erteilt.
Die Bestimmungen über die Führung der gemeindlichen Anmelderegister sowie über die Mitteilung der Gewerbszu- und Abgänge an die Gewerbspolizei- und die Finanzbehörde bleiben der Vollzugsvorschrift überlassen.

Gesetz vom 30. Januar 1868, das Gewerbswesen betreffend. Veröffentlicht in: Bayerns Gesetze und Gesetzbücher privatrechtlichen und strafrechtlichen Inhalts. Erg.-Bd. 3. Bamberg 1869, S. 212–221. (Schreibweise modernisiert)

13 Warnung vor Frauenhandel

Eine „Nichtregierungsorganisation" warnt zur Auswanderung entschlossene Frauen und Mädchen vor der Gefahr, bei der Suche nach Arbeit Opfer von Menschenhandel zu werden. (**Online Link** 430017-0201)

14 Förderung der Auswanderung (1854)

Als ein recht erfreuliches Zeichen von Nächstenliebe und Gemeindesinn darf gewiss ein Beschluss der Gemeinde Wasserlos, k. Landgerichts Alzenau, betrachtet werden, der dieser Tage von den dortigen Ortsnachbarn einstimmig gefasst wurde.

Die Gemeinde, obwohl noch zu den vermögenderen des Landgerichtsbezirkes gehörend, zählt doch manche Gemeindeglieder, welche besonders in Folge der letzten Notstände so gelitten haben, dass es ihnen auch bei redlichem Willen schwer, ja fast unmöglich werden muss, sich ihren Unterhalt zu erwerben, und die also mehr oder minder der Gemeinde selber anheimfallen. Wir erkennen als einziges und bestes Mittel, jenen bedrängten Menschen einerseits und der Gemeinde anderseits nach den einmal bestehenden Verhältnissen die Aussicht auf eine bessere Zukunft zu erschließen, die Auswanderung, und zwar vorerst nach Amerika, wo bereits mehrere aus der Gemeinde ein lohnendes Unterkommen gefunden haben. Verdienst ist in der armen Gegend nur schwer zu erhalten, die Begründung und der Aufschwung einer nachhaltigen, viele, jetzt müßige Hände beschäftigenden Industrie geschieht naturgemäß nur vereinzelt und langsam, und die Gemeinden, denen die Last der Ernährung jener Glieder obliegt, sehen zuletzt auch diejenigen herabkommen, die jetzt noch vermögend und durch ihren Besitz an das angestammte Erbe gefesselt sind. Um nun jenen Gliedern die Auswanderung möglich zu machen, in so ferne sie aus eigenen Mitteln nicht einmal die Überfahrtskosten bestreiten können und die Armenkasse auch nicht ausreicht, so haben die Ortsnachbarn beschlossen, auf die Hälfte ihres jährlichen Holzbedarfes (einstweilen drei Jahre hindurch) zu verzichten und durch dessen Verwertung im Betrage von circa 500 fl. eine regelmäßige Auswanderung zu unterstützen, wozu das k. Landgericht seine Genehmigung erteilte.

Da die Vorteile dieses Schrittes für die Weggehenden gleichwie für die Zurückbleibenden aufs Klarste ersichtlich sind, so dürfte dieses (bekanntlich u. a. in der Pfalz, in Baden, Württemberg usw. ebenfalls schon erprobte) Beispiel vielleicht noch anderwärts Nachahmung finden, jedenfalls aber eine, solche Opferwilligkeit und Teilnahme ehrende, Anerkennung verdienen, weil dadurch manchen nicht nur Gelegenheit geboten wird, sich ein glücklicheres Los zu bereiten, sondern auch viele von schlimmeren Wegen abgehalten werden, die sie vielleicht in der Not betreten hätten.

M. Graf zu Bentheim: Zur Auswanderungsfrage. In: Gemeinnützige Wochenschrift Jg. 4, 1854, S. 317 f. (Schreibweise modernisiert)

15 Auswanderung aus Bayern nach Amerika

1844/45	1845/46	1846/47	1847/48	1848/49	1849/50
8418	11076	13768	8430	7319	7345
1850/51	**1851/52**	**1852/53**	**1853/54**	**1854/55**	**1855/56**
10581	19091	19014	23690	8479	5992

Aus: Bayerns Entwicklung nach den Ergebnissen der amtlichen Statistik seit 1840. München 1915, S. 17.

Arbeitsvorschläge

a) Überprüfen Sie anhand von M 5 die Vorstellung von einer „Revolution von oben". Was ist das Ziel Hardenbergs, was versucht er zu verhindern? In welchen Kontext stellt er selbst seine Überlegungen?

b) Arbeiten Sie die Grundidee, die sich aus dem preußischen Oktoberedikt (M 6) ergibt, heraus und vergleichen Sie diese mit dem Kerngedanken der Denkschrift Hardenbergs (M 5). Welche Folgen für den Einzelnen, die Gesellschaft und den Staat können Sie erkennen? Beziehen Sie in Ihre Überlegungen M 7 mit ein.

c) Welche negativen Auswirkungen der Reformen befürchtet General York (M 8) zu Beginn, welches Resümee zieht Carl Büchsel (M 9) am Ende des 19. Jahrhunderts? Beurteilen Sie die Aussagen der Verfasser und wägen Sie Vor- und Nachteile ab.

d) Vergleichen Sie die bayerische Bauernbefreiung (M 11) mit der preußischen. Überlegen Sie, wie sich der spätere Zeitpunkt im Unterschied zu Preußen auswirkte.

e) Wie unterscheidet sich die Gewerbefreiheit in Bayern von der in Preußen (M 7, M 12)? Welches Modell erscheint Ihnen sinnvoller? Begründen Sie Ihre Meinung.

f) Als in der zweiten Hälfte des 19. Jahrhunderts ein weltweiter Markt für Millionen von billigen Arbeitskräften entstand, nahm auch das organisierte Phänomen des Frauenhandels zu. Analysieren Sie die Aussage des Plakats M 13 und diskutieren Sie, inwieweit dieses Thema auch heute aktuell ist und inwieweit sich die deutsche Perspektive gewandelt haben könnte (**Online Link** 430017-0201).

g) Erarbeiten Sie aus M 14, warum die Einwohner der Gemeinde Wasserlos (Alzenau) die Auswanderung finanziell förderten. Diskutieren Sie die Beweggründe der Gemeindemitglieder.

h) Recherchieren Sie, wie sich die Auswanderungszahlen aus Bayern nach Amerika (M 15) erklären lassen.

i) Fassen Sie die Erkenntnisse, die Sie in diesem Kapitel bezüglich der „Revolution von oben" und der Auswirkungen auf das Leben der Bevölkerung gewonnen haben, in einem kurzen Essay zusammen. Beziehen Sie in Ihre Darstellung besonders die Aspekte „Freiheit", „Gleichheit" und „neue Chancen für das Individuum" ein.

2

2.2 Verringerung der äußeren Bedrohungen

Lebensbedingungen im 19. Jahrhundert

Das 19. Jahrhundert brachte für die Mehrheit der Menschen bessere Lebensbedingungen, als man sie aus dem Mittelalter und noch aus dem 18. Jahrhundert kannte. Die Gründe waren vielfältig: Kriege wurden seltener und waren lokal begrenzt. Seuchen wie die Pest und die Pocken gingen zurück, lediglich die Cholera stellte in den neu entstehenden Industrierevieren ein Problem dar. Hinzu kommt, dass aufgrund wissenschaftlicher Erkenntnisse und staatlicher Schutzmaßnahmen die medizinische Versorgung ebenso wie die Lebensmittelversorgung der Bevölkerung, nicht zuletzt infolge verbesserter Transportmöglichkeiten, besser wurde.

Längere Friedensphasen

Hambacher Fest

Das 19. Jahrhundert ist von längeren Friedensphasen gekennzeichnet, was der Bevölkerung, aber auch dem Ausbau Bayerns und den anderen deutschen Staaten zu Industriestaaten nützte. So war Bayern in der Zeit seiner Zugehörigkeit zum Rheinbund (1806–1813) zwar in viele Kriege verwickelt (napoleonische Kriege 1806–1812; allein für den Russlandfeldzug 1812 mussten 30 000 Soldaten gestellt werden, wovon nur schätzungsweise 1 000 heimkehrten), die Kriegsschauplätze lagen aber außerhalb Bayerns. Die Restaurationspolitik Metternichs stieß zwar bei den liberal und national eingestellten Bevölkerungskreisen auf Enttäuschung, die sich 1832 im Hambacher Fest entlud – schließlich hatte man sich einen deutschen Nationalstaat erhofft. Die Restaurationspolitik führte aber dazu, dass sich viele Menschen ganz aus dem politischen Leben zurückzogen und stattdessen wirtschaftlich aktiv wurden (Gründung der Mechanischen Baumwollspinnerei und Weberei, Augsburg 1837, Aktien-Porzellanfabrik, Tirschenreuth 1838).
Die Revolution von 1848 führte zwar zu erheblichen Unruhen in den Hauptstädten Wien, Berlin und München, veränderte aber die gesamtgesellschaftliche Lage nur insofern, als dass sich das Bürgertum ein zweites Mal aus der Politik zurückzog und seine Interessen auf das Feld der Wirtschaft verlagerte. So waren auch die Jahre im Deutschen Bund (1815–1866) weitgehend friedliche Jahre – mit Ausnahme des sogenannten Einigungskrieges von 1866 (preußisch-österreichischer Krieg).
Einen Einschnitt bedeutet das Jahr 1870: Am Krieg gegen Frankreich beteiligten sich auch bayerische Truppen, die Kampfhandlungen wurden jedoch nicht in Bayern geführt, so dass die Bevölkerung in ihren Lebensgewohnheiten kaum getroffen wurde. Nach dem Sieg über Frankreich ging das geeinte Deutschland jedoch gestärkt aus der Auseinandersetzung hervor. Frankreich musste eine Kriegsentschädigung von 5 Millionen Goldfranc zahlen, was die Wirtschaft im Deutschen Kaiserreich ankurbelte und zur sogenannten Gründerzeit führte.

Rückgang von Seuchen

Im 18. Jahrhundert war die Pest auf dem Rückzug. Nach einer letzten großen Pestwelle in Moskau 1771 galten die Pocken als die gefährlichste Seuche. Bei der Bekämpfung von Seuchen war zu Beginn des 19. Jahrhunderts Bayern führend: Auf Anregung von Franz Xaver Häberl, einem bedeutenden Mediziner seiner Zeit, wurde in Bayern 1807 die Schutzimpfung für Pocken verpflichtend eingeführt. Doch ab der Mitte des 19. Jahrhunderts, als Hunger, unzureichende Nahrung und schlechte hygienische Bedingungen (z. B. verunreinigte Trinkwasserleitungen in städtischen Ballungsgebieten sowie Ableitung der Abwässer in Bäche und Flüsse) ungezählte Menschen schwächten, kam es in ganz Europa erneut zu einer Ausbreitung von Seuchen. In Oberschlesien grassierte im Winter 1847/48 und Frühjahr 1848 der Flecktyphus und kostete mehr als 30 000 Menschenleben. Mitte des 19. Jahrhunderts gab es große Cholera-Epidemien in London, 1851 suchte eine Cholera-Epidemie München heim und forderte ca. 3 000 Tote. Die letzte große Cholera-Epidemie raffte 1892 in Hamburg ca. 8 600 Menschen dahin.

Entwicklung moderner Forschung

Nach der Reichsgründung 1871 nahm das wirtschaftliche und wissenschaftliche Leben in Deutschland einen Aufschwung. Schon um 1900 war Deutschland die führende Wissenschaftsnation in Europa. Entscheidend dafür war, dass sich die Forschung veränderte: Hatten bisher einzelne Persönlichkeiten in ihren Labors medizinischen Phänomenen nachgespürt und Arzneien entwickelt, geschah das nun in Verbindung qualifizierter Wissenschaftler, der Großindustrie und staatlichen Forschungseinrichtungen. Hinzu kommt, dass solche Einrichtungen alle naturwissenschaftlichen Disziplinen, neben der Medizin auch die Chemie, Physik und die Biologie, förderten und ihr Zusammenwirken verbesserten („Kaiser-Wilhelm-Gesellschaft zur Förderung von Wissenschaft und Forschung", 1911).
Große Erfolge im Bereich der Medizin gingen aber nach wie vor auf Leistungen einzelner Forscher zurück. Der Franzose Louis Pasteur war Chemiker und Mikrobiologe. Er bewies die Existenz von Keimen und zeigte, dass Bakterien in die Existenz von Organismen eingreifen. Unabhängig von Pasteur fand der ostdeutsche Landarzt Robert Koch den Erreger des Milzbrandes. Mit Hilfe von leistungsstarken Mikroskopen entdeckte er den Erreger der Tuberkulose (1882) und der Cholera (1883). Damit war der Weg frei für die gezielte Suche nach Vorbeuge- und Behandlungsmaßnahmen von Infektionskrankheiten.

Neue medizinische Erkenntnisse

Im 19. Jahrhundert wurde die Medizin zur Wissenschaft, die an Universitäten gezielt erforscht wurde. An den Universitäten entstanden Lehrstühle, die sich mit Teilbereichen der Medizin befassten, und es wurden Universitätskliniken eingerichtet, an denen geforscht und die Ergebnisse der Forschung nachgeprüft werden konnten. Das bedeutete vielerorts das Ende der Spitäler, die es seit dem Mittelalter gab. Sie hatten vorwiegend die Aufgabe, Alte zu pflegen, Witwen, Waisen und Pilger zu versorgen, nur nebenbei dienten sie der Aufnahme und Pflege von Kranken. Das Personal, das oft einem geistlichen Orden angehörte, war dafür meist nicht ausreichend geschult. Die Aufwertung der Medizin zu einer Wissenschaft veränderte auch die Bedeutung der Krankenhäuser. Krankenhäuser mit geschultem Personal gibt es seit der Mitte des 19. Jahrhunderts, ihre Inanspruchnahme nahm beständig zu. In den Krankenhäusern führten die bakteriologischen Erkenntnisse zu strengeren Hygienemaßnahmen und wurden auch in der Chirurgie konsequent angewandt, so dass die Sterblichkeit aufgrund von Wundinfektionen verringert werden konnte. Auch die Einführung der Narkose bei Operationen bedeutete einen enormen Fortschritt.
Wichtig für die medizinische Diagnose wurde die Entdeckung der kurzwelligen X-Strahlen durch Wilhelm Conrad Röntgen (1845–1923). Die Röntgenmethode, für die ihr Entdecker 1901 den erstmals vergebenen Nobelpreis für Physik erhielt, führte dazu, dass Dinge, die dem Auge bislang verborgen waren, nun sichtbar gemacht werden konnten. Dies verbesserte die Diagnosemethoden und bedeu-

1 Wichtige medizinische Entdeckungen und Entwicklungen im 18., 19. und 20. Jahrhundert

1796	erste Impfung gegen das Pockenvirus	E. Jenner (GB)
1819	Erfindung des Stethoskops	H. Laennes (F)
1846	erste öffentliche Narkose (mit Lachgas) beim Ziehen eines Zahns	W. Morton (USA)
1847	Blutvergiftung wird als Erreger des Kindbettfiebers erkannt	I. Semmelweis (A)
1882	Entdeckung des Tuberkuloserregers	R. Koch (D)
1883	Immunisierung gegen Tollwut	L. Pasteur (F)
1897	erste Impfung gegen Typhus	A. Wright (GB)
1912	Vitamine werden entdeckt und benannt Entdeckung des ersten Antibiotikums (Penicillin)	C. Funk (Polen) A. Fleming (GB)

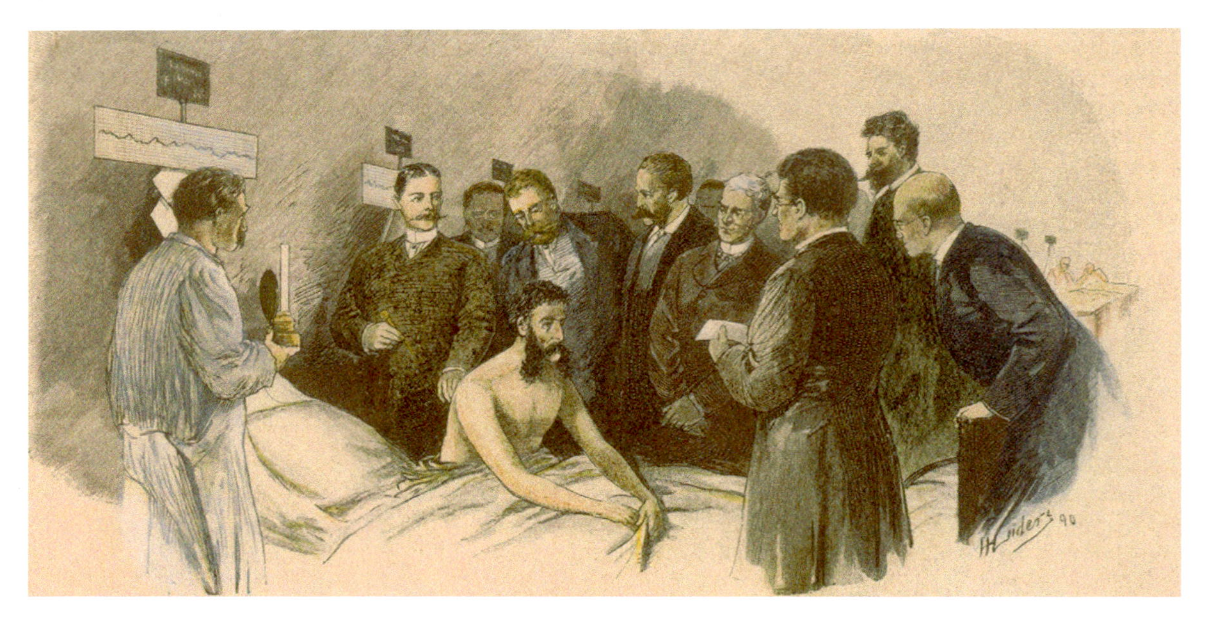

2 Demonstration einer Koch'schen Impfung vor ausländischen Ärzten in der Berliner Charité
Zeitgenössische Zeichnung

tete einen enormen Fortschritt für die Medizin, z. B. bei Herzschäden, Krebs- und Tuberkuloseerkrankungen.
Die schwere Cholera-Epidemie der Jahre 1854/55 führte den selbst an dieser Seuche erkrankten Arzt Max Pettenkofer (1818–1901) zur Erforschung der Stadthygiene und zur Begründung eines hygienischen Instituts an der Universität München.

Verbesserte staatliche Vorsorgemaßnahmen

Die Anzahl der universitär ausgebildeten niedergelassenen Ärzte stieg kontinuierlich, die medizinische Versorgung wurde dadurch stetig verbessert. Dies galt jedoch nicht für alle Regionen gleichermaßen: Um die Mitte des 19. Jahrhunderts kam in den Großstädten (Köln hatte vor Berlin die Spitzenposition) ein Arzt auf knapp 1 000 Einwohner, in Niederbayern auf 5 000 Einwohner. In den Ostprovinzen mussten sich zwischen 7 000 und 18 000 Patienten einen Arzt teilen (Königsberg: 7 805, Posen: 8 249, Gumbinnen: 18 680).

Die Forschungsergebnisse von Pasteur und Koch zeigten die Notwendigkeit hygienischer Maßnahmen. Seuchen wie Pest, Cholera und Typhus konnten eingedämmt werden, indem man die hygienischen Verhältnisse verbesserte. Dies war eine Aufgabe für die Städte und Kommunen, wo Abfälle, Fäkalien und Schmutzwasser in großen Mengen anfielen. Ziel musste es sein, die Vermischung von Trink- und Abwasser zu unterbinden, für eine Trinkwasseraufbereitung zu sorgen und ein Abwasserkanalsystem anzulegen bzw. auszubauen. Wurden diese Maßnahmen nicht ergriffen, konnte es überall wieder zu Katastrophen kommen.

Kanalisationssysteme

Deshalb wurde seit den 1850er-Jahren das Trinkwasser durch neuangelegte Leitungssysteme über größere Entfernungen aus Flüssen, Seen oder Stauseen in viele Städte gebracht, da die alten Brunnen den Bedarf nicht mehr decken konnten. Private und städtische Wasserwerke entstanden, die sich um die Wasserversorgung kümmerten und durch die Anlage von geschlossenen Trinkwasserleitungssystemen und Filteranlagen die Hygiene deutlich verbesserten. Auch die Abwasserentsorgung wurde in den aufgrund der Industrialisierung stark gewachsenen Städten immer wichtiger. Ab 1842 begann man in London mit dem Bau eines Kanalisationssystems, das erste moderne Kanalisationssystem auf dem europäischen Festland entstand in Hamburg ab 1856. Die Kanalisationen verlagerten jedoch die Probleme nur auf die Anwohner der Flüsse, in die die Abwässser aus privaten Haushalten und Industriebetrieben eingeleitet wurden. Dennoch gingen Ansteckungskrankheiten wie Thypus und Cholera stark zurück. Den entscheidenen Fortschritt brachte der Bau von Kläranlagen.

Schlachthäuser

Da man erkannt hatte, dass die privaten Schlachtungen, die oft in Hinterhöfen stattfanden, eine Ursache für die Verschmutzung der Umwelt und damit einen Auslöser für Seuchenerkrankungen darstellten, wurden in größeren Städten kommunale Schlachthöfe eingerichtet. In München wurde in den Jahren 1876–1878 unter Stadtbaurat Arnold Zenetti der noch heute existierende Schlacht- und Viehhof errichtet, der über einen Bahnanschluss und Möglichkeiten seiner Erweiterung verfügte; neueste Erkenntnisse der Hygiene und der Abwasserentsorgung wurden bei seiner Anlage berücksichtigt.

Bessere Lebensmittelverteilung durch Schifffahrt und Bahn

In den 1840er-Jahren kam es – auch in Folge von Missernten – zur letzten Hungerkatastrophe in Deutschland. Die beginnende Industrialisierung sorgte für eine bessere Verteilung der Lebensmittel in ganz Deutschland, wovon auch die wichtigsten bayerischen Handelsstädte, Nürnberg und München, profitierten. Durch

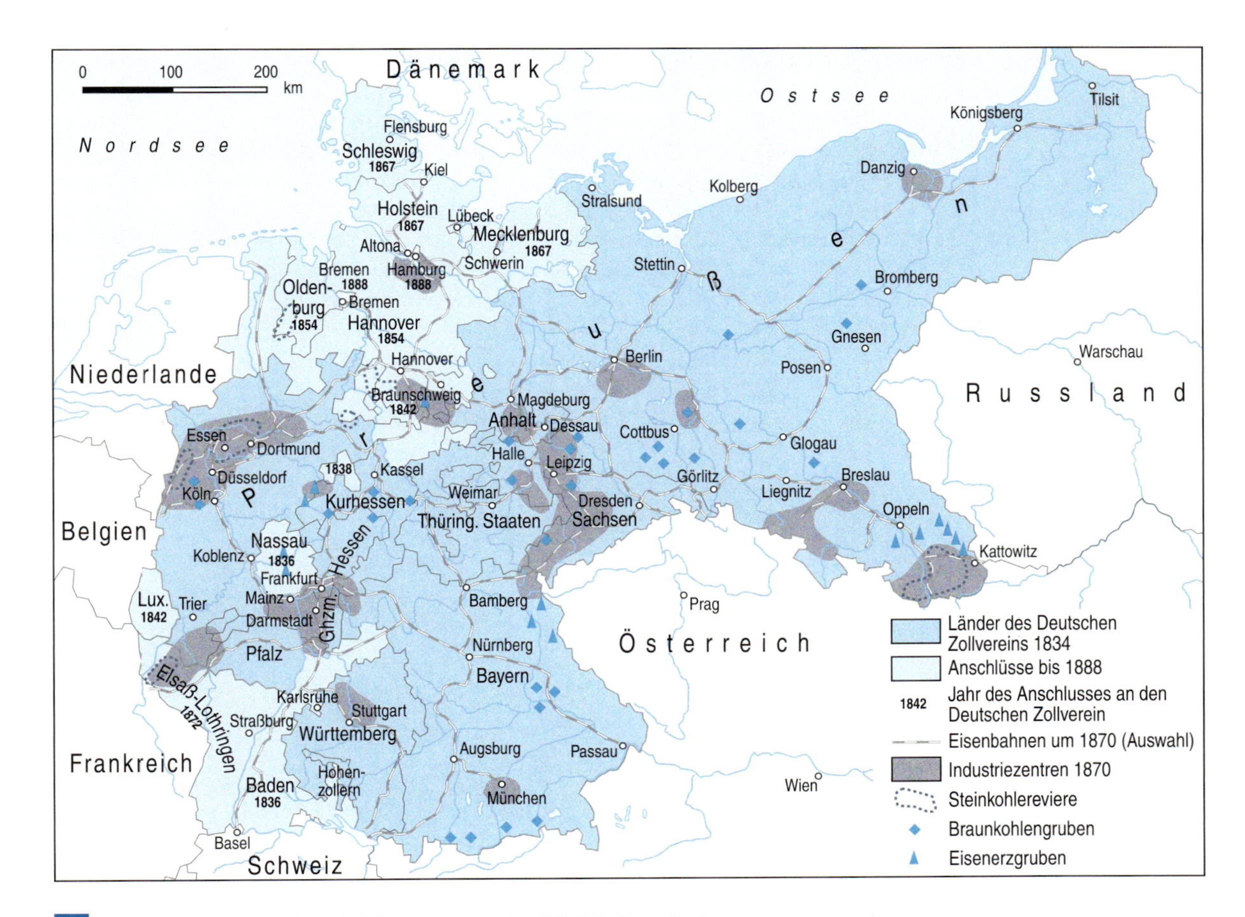

3 Ausbau des deutschen Schienennetzes im 19. Jahrhundert

den Bau von Kanälen und Bahnlinien wurden die Erzeuger von Getreide und Fleisch in ländlichen Regionen mit den Verbrauchern in den Städten verbunden, so dass mehr Menschen billiger und zuverlässiger eine reichhaltigere und gesündere Nahrung erhielten. So kamen nach der Eröffnung der Bahnlinie über den Brenner 1869 Obst- und Südfrüchte aus Italien in München an und wurden auf dem Viktualienmarkt verkauft. Bald war die Kapazitätsgrenze erreicht, so dass man den Bau einer Großmarkthalle plante, die zur deutschlandweiten Drehscheibe für Obst und Gemüse wurde.

König Ludwig I. favorisierte den Ausbau des Kanalsystems. Der Main-Donau-Kanal, der die Flüsse Regnitz und Altmühl verbinden sollte, wurde 1834 genehmigt und in Angriff genommen. Durch den Einsatz von Dampfschiffen bekam auch die Flussschifffahrt auf dem Rhein, dem Main und der Donau Auftrieb; schon 1841 erreichte das erste Dampfschiff auf dem Main Bamberg.
Nach der Eröffnung der ersten deutschen Eisenbahnstrecke zwischen Nürnberg und Fürth 1835 machte die Bahn der Schifffahrt schon bald Konkurrenz, da der Transport von Gütern nun billiger und schneller wurde. Der Ausbau des Streckennetzes (München – Augsburg 1840, München – Hof – Berlin 1851, Nürnberg – Würzburg – Frankfurt 1851, München – Salzburg 1860) verstärkte die Bedeutung der Bahn für den Transport von Industriegütern, Rohstoffen und Lebensmitteln.

Dem Handel kam auch die Schaffung des modernen bayerischen Staates mit einheitlichem Zollgebiet (ab 1807) zugute, wobei Nürnberg als Handelsstadt eine besonders wichtige Rolle spielte; der Zusammenschluss verschiedener Länder in Zollvereinen verstärkte diese Entwicklung zusätzlich. Preußen hob 1818 die Zollgrenzen auf, musste aber eine Spaltung seines Wirtschaftsraumes hinnehmen, weil die östlichen von den westlichen Provinzen (durch Kurhessen und Hannover) getrennt waren. Um sich Preußens Einfluss zu entziehen, hatten sich Bayern und Württemberg (Süddeutscher Zollverein, 1828) sowie Hessen, Thüringen und das Königreich Sachsen (Mitteldeutscher Handelsverein, 1828) zu Zollvereinigungen zusammengeschlossen. Im selben Jahr schloss Preußen einen Zollverein mit Hessen-Darmstadt ab. Zum 1. Januar 1834 trat schließlich der Allgemeine Deutsche Zollverein in Kraft, dem bis zur Reichsgründung 1871 die meisten deutschen Staaten beitraten.

4 Medizinische Versorgung auf dem Land (1801)

In einem Umkreise von 10 Stunden haben wir nur einen einzigen Arzt; andere Ärzte liegen 15 bis 20 Stunden von uns entfernet. Uns bleibt also, wenn wir eines Arztes bedürfen, keine Wahl übrig, sondern wir müssen zu dem uns zunächst gelegenen eilen. Dieser ist aber selten zu Hause zu treffen, und wenn er es ist, so ist er betrunken. Überdies haßt er die Medizin von ganzer Seele, und gibt sich lieber mit Pferden und Hunden als mit Pazienten ab. Auch hat er seit 20 Jahren kein neues Buch mehr gelesen. Wie unglücklich sind wir also nicht in dieser Hinsicht? Besucht er auch Kranke in unsrer Gegend, so geschieht dieses höchstens nur Ein Mahl, und schon für einen einzigen Besuch fordert er so viele Thaler, daß selbst der reichste Mann lieber ohne ärztliche Hülfe dahinstirbt, als daß er dem Arzte für einen einzigen Besuch so viele Thaler bezahlte. Daher ist jeder Kranke, der gefährlich darniederliegt, eine Beute des Todes.

Den Landleuten in unsrer Gegend bleibt demnach in Krankheiten kein anderes Mittel übrig, als ihre Zuflucht zu Abdeckern, Einsiedlern, Hirten, Bauern, Badern, alten Weibern zu nehmen und von diesen sich morden zu lassen, oder zu einem mirakulosen Marien- oder Heiligenbilde sich zu verloben, und, in der trostvollen Hoffnung, bey einem solchen Bilde von Stein oder Holz Hülfe zu finden, auf ewig zu entschlummern. Welchem Freunde der Menschheit sollte eine solche Szene von Menschenelend das Herz nicht zerreißen?

Aus: Bitte eines baierischen Landmannes an Max Joseph III. bei dessen Wiederkehr um Ärzte, Wundärzte und Geburtshelfer auf das Land. 1801, S. 9ff.

5 Ursachen von Krankheit und Tod (1810)

Der oftmahlige und schnelle Wechsel der Witterung und der Winde, die jugendliche Anlage in der Stadt, das viele und zu schnelle Teutschtanzen, das starke Erhitzen bey der Arbeit, und die Gewohnheit, in die Hitze zu trinken, das kalte, fast nackte Dahergehen der Frauenzimmer der leidigen Mode wegen, und [...] der Dunst des Urins beym Waschen, der statt der Lauge und Seife gebraucht wird, erzeugen Husten und Katharrfieber, die meistens vernachläßiget werden, oder öfters wieder kommen, oder es entstehen Lungenentzündungen, die öfters in Erhärtung oder Eiterung derselben übergehen. [...]

Die Schutzpocken-Impfung findet in den dummen Vorurtheilen, dem Aberglauben und der Unwissenheit der Älteren vorzüglich auf dem Lande immer sehr großen Widerstand; daher die Verheerungen, welche die Blattern noch immer unter der Jugend machen, und welche die Ältern noch überdieß selbst durch die verkehrte Behandlung ihrer blatternkranken Kindern befordern; denn in den Blattern wird beynahe nie der Arzt oder Wundarzt zu Rathe gezogen; man legt auf dem Lande die Kinder gewöhnlich hinter dem glühenden Ofen, es wird die Myrrhe und schwarze Pulver eingegeben, und zum Trinken bekommen sie Nagerlmeth. Bey den Masern werden sie zwar auch eben so warm gehalten, man macht sich jedoch nichts daraus, wenn die Kinder bey anwandelnder Lust auf der Gasse im Schnee herum laufen. Gleiche Nachläßigkeit zeigen die Ältern gegen ihre Kinder im Scharlach-Ausschlag.

Hilft nicht sogleich der alte Weiberrath, so giebt es noch Fälle, daß man das Kind für behert hält, es benedicirt, mit Amuletten, Skapuliren und Bildern behängt, und dabey geweihte Kerzen brennt. [...]

Aus: Joseph von Koch-Sternfeld: Salzburg und Berchtesgaden in historisch-statistisch-geographisch- und staatsökonomischen Beyträgen, Bd. 2. Salzburg 1810, S. 224ff.

Vorbeuge gegen Cholera!!!

Zucker bietet bekanntlich einen besonders geeigneten Nährboden für pflanzliche Krankheitserreger im menschlichen Körper, zu denen auch die Kommabacillen, die Erzeuger der Cholera, gehören. Zuckergenuss befördert Diarrhoe, Magen- und Darmkatarrhe. Zucker ist daher bei herrschenden Epidemien streng zu vermeiden. Der einzige, beste und ganz besonders bei Magen- und Darmerkrankungen geeignete Zuckerersatz ist

Saccharin,

das die Gefahr des Zuckers für die Gesundheit nicht nur völlig ausschliesst, sondern als vollkommen unschädliches Konservirungsmittel

antifermentativ auf Spaltpilz-Entwicklung

und hemmend auf die durch diese verursachten abnormen Gährungen in Magen und Darm wirkt. Man sollte sich daher bei der gegenwärtigen Choleragefahr nur des Saccharin als Versüssungsmittel bedienen, das durch die Verkaufsstellen der Fabrik, sowie Apotheken und Drogerien zu beziehen ist.

6 Werbeanzeige für Saccharin als prophylaktisches Mittel gegen Cholera, Hamburg 1892

7 Cholera und Hygiene in Augsburg (1854)

Am 19. Sept. begab ich mich nach Augsburg. Dort begann ich sogleich mit der Aufsuchung jener Häuser, in welchen die Cholera auffallend viele Opfer gefordert hatte und noch forderte. In [Haus] 132 sollen in einer Nacht 6 Personen gestorben seyn, im Ganzen beträgt der Verlust an Todten in diesem Hause 10. Es ist zweistöckig, von allen Seiten freistehend, von Außen gut aussehend. Der Hof desselben liegt höher als die Hausflur. In den Wohnungen sind keine Abtritte – sondern Nachtkübel, welche in die im Hofe befindliche, gemeinschaftliche Düngergrube entleert werden. Diese hat ihr Gefäll gegen das Haus. – Die Grube war bis vor wenigen Tagen unbedeckt. Ganz ähnlich sind die Verhältnisse der Häuser 142 und 211.

In Nr. 241 starben von 9 Personen 5 – die Übrigen erkrankten. – Weder Hof noch Abritt; zu ebener Erde in einem Winkel stand ein unsauberer Nachtkübel. Alle 9 Bewohner gehörten zu einer Familie. Der 16jährige Sohn war Schlosser-Arbeiter in der Fabrik des Ingenieur Haag am vordern Lech und erkrankte dort nebst vielen andern dieser Fabrik. Er wurde von seiner Mutter gepflegt, welche zunächst an heftiger Cholera erkrankte. – Es starben dieser Sohn, dann der Vater und noch drei Kinder, – die Mutter genas wieder, ebenso die übrigen 3 Kinder, welche nur Diarrhoe hatten. – Aus dem mit der Frau gepflogenen Examen geht unzweifelhaft hervor, daß bei den zahlreichen Erkrankungen die Reinlichkeit in der Pflege von vornherein eine sehr mangelhafte war. Als die Frau genas, fand sie in der Wohnung noch sämtliche verunreinigte Wäsche, welche von den Cholerakranken herrührte, in feuchtem Zustande in ein Schäffel gehäuft vor, worein sie selbst noch vor ihrer Erkrankung die unreine Wäsche des zuerst erkrankten Sohnes gelegt hatte.

Aus: Max Pettenkofer: Untersuchungen und Beobachtungen über die Verbreitungsart der Cholera nebst Betrachtungen über Maßregeln, derselben Einhalt zu gebieten. München 1855, S. 97 ff.

8 Fischsterben in der Pegnitz (1883)

Betreffs des massenhaften Absterbens der Fische im Pegnitzflusse werden von Herrn Rechtsrath Ulsamer als Referenten Mittheilungen über das bisherige Resultat der Untersuchung gemacht. Es ist hieraus zu entnehmen, daß bis zur Stunde die Ursache noch nicht festgestellt werden konnte, da, wie wir bereits im „Fr. Kur." mittheilten, das städtische Gaswerk erklärt, daß das Auspumpen des Gaswassers (5000 Kubikmeter) in der Zeit vom 21.–25. April stattgefunden hat, während bekanntlich das Absterben der Fische am 8. Mai erfolgte. Andererseits ist zu erwähnen, daß die Kanalzuleitung aus dem Gaswerk zum Hauptkanal bei der Oeffnung einen intensiven Gasgeruch verbreitete: ein Gasansatz hat sich in den Kanälen nicht gefunden. Ein von Herrn Bezirksthierarzt Rogner sezirter abgestorbener Fisch zeigte bei Oeffnung einen starken Gasgeruch. Herr Magistratsrath Hopf erwähnt, daß in den Jahren 1868 und 1872 bei den Teleskopirungen der Gasometer ein Auspumpen des Gaswassers nach einem Zeitraum von weit längerer Dauer (in einem Falle sogar von 23 Jahren) stattgefunden habe, ohne daß damals eine Verunreinigung des Flusses wahrgenommen worden sei; bei dem diesmaligen Auspumpen handle es sich nur um einen 7 1/2 Jahre bestehenden Gasometer. Redner erwähnt noch, daß Herr Direktor Haymann erklärt habe, die Sinkstoffe seien mit Sägspänen aufgefangen und die letzteren dann getrocknet und verbrannt worden. Herr Magistratsrath Bollrath gibt bekannt, daß ihm in der Nähe der Fleischbrücke Wohnende mitgetheilt, daß sie vor 14 Tagen bereits einen abscheulichen Gasgeruch wahrgenommen hätten und auch der Fluß damals unrein gewesen sei. Da nun die Fleischbrücke oberhalb des Kanalausflusses des Gaswerks liegt, wäre die Möglichkeit nicht ausgeschlossen, daß von derselben Seite, welche vor 14 Tagen irgend eine Flüssigkeit in den Fluß einlaufen ließ, auch jetzt an einer anderen Stelle dieses Manöver versucht wurde. [...]

Fränkischer Kurier vom 11. Mai 1883

9 Städtisches Entsorgungswesen in Nürnberg (1877)

Bis zum Jahre 1869 war das Grubensystem hier das allein übliche, wenn man von den an der Pegnitz gelegenen Häusern abstrahirt, deren Aborte vielfach durch gemauerte Canäle oder direkt mit dem Flusse in Verbindung standen. Waterclosets waren nur sehr vereinzelt in Anwendung gebracht, da für Ablauf des Closetwassers keine Gelegenheit gegeben ist, dasselbe deshalb in Gruben angesammelt und von Zeit zu Zeit abgefahren werden muss.
Die älteren Abtrittgruben sind meistens gemauert, dabei vielfach von so colossalem Umfange, dass die Räumung derselben oft in einem Turnus von 20–25, ja selbst 40 Jahren vorgenommen wurde. Unsere Grossväter betrachteten eine so grosse Grube als eine besonders werthvolle Zugabe eines Hauses, da das unangenehme Geschäft des Räumens nur in so grossen Zwischenräumen vorgenommen zu werden brauchte. Seit einer längeren Reihe von Jahren wird nun durch ortspolizeiliche Vorschriften wenigstens so viel verbessert, dass neue Gruben so riesigen Umfanges nicht mehr gebaut werden, indem der gesetzliche Reinigungsturnus auf 2 Jahre festgestellt ist. Die neueren Gruben halten meist 5–6 Kbm. und werden jährlich einmal geräumt. [...]
Die Entleerung unserer Abtrittgruben geschieht in althergebrachter Weise durch die Bauern der Umgegend mittelst sogenannter Odelfässer und Schöpfkübel. Die Zeit der Räumung ist polizeilich auf die Nachtstunden von 9 1/2–6 Uhr im Winter und von 10–4 Uhr Morgens im Sommer festgesetzt. Die zur Abfuhr bestimmten Wagen dürfen den Stadtbezirk vor 9 Uhr Abends nicht betreten und müssen ihn im Winter um 6 1/2, im Sommer um 4 1/2 Uhr verlassen haben. Die sogenannten geruchlosen Reinigungsmaschinen (welche aber nicht immer geruchlos sind) können von der Einhaltung dieser Räumungszeit dispensirt werden.

Emil Hecht: Aborteinrichtungen und Abfuhr. In: Die sanitären Verhältnisse und Anstalten der Stadt Nürnberg, Festschrift der V. Versammlung des Deutschen Vereins für öffentliche Gesundheitspflege gewidmet. Hg. v. Verein für öffentliche Gesundheitspflege in Nürnberg. Redigiert von Emil Hecht. Nürnberg 1877, S. 65–73.

10 Müllabfuhr und Müllverbrennung in Fürth (1911)

Bis zu Anfang dieses Jahres erfolgte auch in der Stadt Fürth, wie anderorts, die Beseitigung des Mülls, d. i. aller Küchenabfälle, Lumpen, Geschirrbruch, Asche und Unrat aller Art, in der primitivsten Weise. Die Sammlung in den Häusern geschah in beliebigen Gefäßen, zumeist ohne Verschluß; diese wurden zur Zeit der Müllabfuhr vor die Häuser auf die Straße gestellt. Die Müllsammelwagen waren gleichfalls einfache Kästen mit Klappdeckel, welche keinen Schutz gegen Verstäubung des Mülls sowohl beim Einladen, als auch beim Fahren desselben nach den Abladeplätzen gewährten. Unter diesen Belästigungen litt nicht nur die Bedienungs-

mannschaft, sondern jedermann, den gerade sein Weg
15 an diesem unhygienischen Geschäft vorbeiführte. [...]
Nun hat die Stadtgemeinde Fürth ihren Bewohnern ein Geschenk beschert, das jeder Hygieniker hochschätzen muß: Eine allen Anforderungen der Neuzeit entsprechende Müllbeseitigung. Sie hat durch Errichtung ihrer Müll-
20 verbrennungsanstalt, als erste Stadt in den süddeutschen Staaten, vor den Hemmnissen, die sich bekanntlich vor allen Neuerungen auftürmen, nicht Halt gemacht [...].
Die Stadtgemeinde hat gleichzeitig die Müllabfuhr selbst übernommen, um durch eine geregelte Anfuhr des Mülls
25 in trockenem Zustande die Rentabilität dieser Anstalt sicher zu stellen. Man ist dann auch beim Auftreten einer Epidemie nicht von der Willkür eines Privatunternehmers abhängig. Durch ortspolizeiliche Vorschriften und durch ein Ortsstatut ist die Errichtung und der Betrieb
30 geregelt. [...]
Um das neue System mit einem Schlage lückenlos einzuführen wurden die vielen Tausende Müllkübel an jede Haushaltung in der jeweils erforderlichen Stückzahl verteilt. Die Bezahlung erfolgte bei ca. 70% der Haushal-
35 tungen sofort, zum Preise von 3M 75Pf. der Rest zahlt in 24 Monatsraten à 20Pf. Die vorgeschriebenen Müllkübel, welche nur in einer Größe verwendet werden, sind aus verzinktem Eisenblech gefertigt und fassen ca. 33l. Die Kübel sind sehr stabil, besitzen Schiebedeckel mit
40 Riegelverschluß, lassen sich auf einander stellen, leicht sauber halten, und gewährleisten durch ihre konische Form eine vollständige und leichte Entleerung in die Sammelwagen.
Bei dem gewählten Müllabfuhrsystem ist das Müll stets sowohl auf der Straße, wenn die Gefäße zur Abfuhr 45 bereitgestellt sind, als auch bei der Entleerung in den Sammelwagen, sowie bei der Abfuhr aus den Straßen der Stadt zur Verbrennungsanstalt, und beim Entleeren der Sammelwagen in den Müllverbrennungsofen so eingeschlossen, daß es für keines Menschen Auge sichtbar 50 wird, und daß außer in den Haushaltungen niemand mit dem Müll in direkte Berührung kommt. [...]
Die Müllschlacke wird nach der Entfernung aus dem Müllofen in dem Löschturm mit Wasser sofort abgelöscht und ins Freie gefahren. Die Schlacke ist nach einer Reihe 55 von Gutachten ein sehr wertvolles Material für Betonzwecke als Ersatz für Betonkies. Sie eignet sich vollkommen außer für Betonbauten auch zur Anfertigung von Steinen, Fußsteigplatten u. dergl. Augenblicklich wird die Schlacke zum Anfüllen der an der Richard Wagnerstraße 60 liegenden früheren Sandgruben des Gaswerkes mittels Rollwagen abgefahren. Es ist aber beabsichtigt, dieses wertvolle Material später zu brechen und zu sortieren. Bei dem großen Interesse, welches zur Zeit für dieses Material besteht, darf gehofft werden, dass, wie in anderen Städ- 65 ten, so auch in Fürth bald ein guter gewinnbringender Absatz für diese Schlacke erzielt wird.

Müll-Abfuhr und Müllverbrennung in der Stadt Fürth in Bayern. Hg. v. Technischen Betriebsamt der Stadt Fürth i.B. Dipl.-Ing. Tillmetz, Technischer Magistratsrat. Fürth 1911, S. 3, 4, 9, 23.

11 Zur Erinnerung an die Eröffnungsfeier des neuen Schlachthauses in München am 31. August 1878

12 Die Einführung des städtischen Schlachthofs in München (1877/78)

In der durch die Größe ihres Fleischkonsums hervorragenden Stadt hatte sich der Mangel größerer öffentlicher Schlachtanstalten schon längst fühlbar gemacht, indem nicht nur bei der großen Anzahl der einzelnen Privatschlächtereien die Gefahr einer Infizirung des Bodens mit Verwesungsstoffen bestand, sondern auch eine vollständige Verhinderung der Schlachtung ungesunder Thiere unmöglich war. Die erste Anregung zur Errichtung neuer Schlachthäuser war bereits im Jahre 1827 von Seite der k. [öniglichen] Kreisregierung erfolgt; dieselbe war aber wegen der in den zahlreichen Schlachtberechtigungen wurzelnden Zersplitterung im Betriebe des Schlächtergewerbes erfolglos geblieben. Dasselbe war auch gegenüber dem am 10. März 1840 von der k. Regierung dem Magistrate direkt ertheilten diesbezüglichen Auftrage der Fall. Gelegentlich der im Jahre 1849 beabsichtigten Reorganisation der Fleischbeschau erklärten sich zwar beide Gemeindekollegien unter Zustimmung der k. Regierung für Errichtung allgemeiner öffentlicher Schlachthäuser, in denen ausschließend geschlachtet werden dürfe; die weitere Behandlung der Sache stockte jedoch wegen der damals obschwebenden Vereinigung der drei Vorstädte rechts der Isar mit München, sowie aus finanziellen Gründen. Am 20. Juli 1859 forderte deshalb die k. Regierung die Stadtgemeinde neuerdings auf, entweder ein neues Schlachthaus zu bauen oder 12 Fleischbeschauer aufzustellen, und nach dem Erscheinen des Polizeistrafgesetzbuches von 1861 erließ die k. Regierung unterm 2. Juni 1862 ihrerseits eine oberpolizeiliche Vorschrift, welche die unbedingte Durchführung der Vieh- und Fleischbeschau vor und nach der Schlachtung der Thiere forderte. Aber auch diese oberpolizeiliche Vorschrift konnte für München nicht zur Durchführung gelangen, da bei den eigenthümlichen gewerblichen Verhältnissen der Stadt, vermöge deren, außer den Metzgern auch die Garköche und Wirthe schlachtberechtigt waren, die Handhabung einer dermaßen verschärften Beschau eine unerträgliche Belastung der Kommune wie der Schlachtberechtigten herbeigeführt haben würde. Auf Vorstellung des Magistrats wurde denn auch durch Ministerialentschließung vom 15. August 1862 der Vollzug dieser oberpolizeilichen Vorschrift für München bis auf weiteres eingestellt; zugleich erhielt jedoch die k. Kreisregierung den Auftrag, der Stadtgemeinde München gegenüber auf eine möglichst baldige Herstellung entsprechender Schlachthäuser hinzuwirken. Im Vollzuge der diesbezüglichen hohen Weisungen traten die Gemeindekollegien alsbald in Verhandlungen und einigten sich unterm 23. Februar bezw. 6. März 1866 dahin, daß anstatt mehrerer Schlachthäuser ein einziges Zentralschlachthaus in Verbindung mit dem Schlachtviehmarkte eingerichtet und für diese Anstalt ein allgemeiner Schlachtzwang eingeführt werden solle. In letzterer Hinsicht erwirkte die Gemeindebehörde unterm 14. Januar 1871 eine Erweiterung des Art. 200 Ziff. 2 des Polizeistrafgesetzbuches von 1861 (Art. 145 Ziff. 2 des revidirten Polizeistrafgesetzbuches von 1871), wodurch die Ortspolizeibehörden in die Lage gesetzt wurden, die Verpflichtung zur Schlachtung in öffentlichen Schlachthäusern auf alle gewerbsmäßig Schlachtenden, also auch auf Garköche und Wirthe auszudehnen.

Verwaltungsbericht der Stadt München für die Jahre 1877/78. München, S. 192–193.

13 Professor Max Pettenkofer (1818–1901)

14 Max Pettenkofer, Neue Wege der Hygiene (1876)

Um in Hygiene und durch diese in Medicinalpolizei und öffentlicher Gesundheitspflege vorwärts zu kommen, sind zahlreiche physikalische, chemische, medicinische und andere naturwissenschaftliche Thatsachen weiter zu verfolgen, um sie bezüglich ihres Werths für Vermehrung der Gesundheit und zur Verhütung von Krankheit immer genauer kennen zu lernen, und dafür braucht man Werkstätten oder Laboratorien, oder wie man sie sonst nennen will. Und so hat in gerechter Würdigung der Bedürfnissfrage auch der Finanzausschuss der baierischen Kammer der Abgeordneten im Juli 1874 die Errichtung eines hygienischen Instituts bei der Universität München fast einstimmig genehmigt und die Kammer der Abgeordneten und der Reichsräthe sind diesem Ausschuss-Antrage ohne Discussion beigetreten.

Ich hoffe, daß das Institut binnen 2 Jahren vollendet sein wird. Dasselbe ist für die Vorlesungen, für Uebungen der Studirenden und für Forschungen im Gebiete der Hygiene berechnet. Für die beiden letzteren Zwecke sind 30 Arbeitsplätze in Aussicht genommen, 24 für praktische Curse und etwa 6 für selbständige Arbeiten Vorgerückterer. Die Curse sollen vorzugsweise für jüngere Aerzte eingerichtet werden, welche sich dem Staatsdienste für Zwecke der öffentlichen Gesundheitspflege widmen wollen. In diesen Cursen sollen die Methoden zu Untersuchungen über Luft, Wasser, Nahrungsmittel, Wohnungen, Boden u. s. w. eingeübt, concrete Fälle in Fragen des Bauwesens, der Einrichtung von Häusern und Anstalten, Canalisation, Wasserversorgung, Kostregulative, Ventilation u. s. w. erläutert und beurtheilt werden. Untersuchungen in dieser Richtung selber vorzunehmen, werden die Medicinalbeamten, welche vorwaltend hygienischen Zwecken zu dienen haben, wohl nicht mehr lange ausweichen können.

Max Pettenkofer: Über Hygiene und ihre Stellung an den Hochschulen. In: Ders.: Populäre Vorträge. H. 3. Braunschweig 1876, S. 41–77.

15 Der Nutzen der Eisenbahn (1857)

Die Eisenbahnen wirken hauptsächlich deßhalb als Förderungsmittel der menschlichen intellectuellen Bildung, weil sie eine unendlich leichtere, raschere und vervielfältigte Benützung oder Anwendung der beiden Hauptinstrumente zur Erlangung und beziehungsweise Mittheilung derselben, nämlich der Schrift und der Rede, einer unberechenbar großen Zahl von Menschen und im Interesse derselben ermöglichen. Zum näheren Nachweise mögen folgende Bemerkungen dienen:
Es wird wohl gegenwärtig von Niemand mehr in Zweifel gezogen werden, daß eines der wirksamsten Mittel zur Verbreitung menschlicher Kenntnisse in der Presse liegt, und kann unmöglich ein Gebildeter sich der Wahrnehmung verschließen, daß erst seit Erfindung der Buchdruckerkunst die Möglichkeit gegeben wurde, die verschiedenen Zweige des menschlichen Wissens einer größeren Zahl von Menschen zugänglich zu machen und einzelne derselben gewissermaßen zu generalisiren. Gegenwärtig sind es insbesondere die Erzeugnisse der periodischen Presse – die Zeitungen und Zeitschriften, welche einen ununterbrochenen und ausnehmend großen Einfluß auf die menschliche Bildung ausüben. Sie sind gleichsam die Schwungfedern der menschlichen Intelligenz; mittelst ihrer ertheilen nicht blos die geistig hervorragenden Männer eines Volkes ihren Mitbürgern einen permanenten Lehrcursus, sondern sie bilden auch das Mittel, wodurch die einzelnen Culturvölker einander ununterbrochenen wechselseitigen Unterricht ertheilen.
Jede neue Entdeckung, jeder Fortschritt in irgend einem Zweige des menschlichen Wissens, jede Bereicherung eines wissenschaftlichen Gebietes, welche in einem vielverbreiteten periodischen Blatte niedergelegt wird, gelangt auf diesem Wege zur Kenntniß der Fachmänner aller Culturvölker und wird so zum Gemeingute derselben. [...]
Mittelst der Eisenbahnen wird nun eine Beschleunigung der Verbreitung der Zeitungen und Zeitschriften ermöglicht, von welcher die Vorzeit keine Ahnung hatte. Jetzt ist z.B. jede Lesegesellschaft in irgend einer deutschen Stadt, die einen größeren Kreis gebildeter Männer umfaßt (als Beispiel erwähnen wir nur die Harmonie in Würzburg) in den Stand gesetzt, ihren Mitgliedern in wenigen Tagen die Erzeugnisse der periodischen Presse nicht allein von ganz Deutschland, sondern von allen europäischen Culturvölkern in den Lesezimmern aufzulegen.[...]
Endlich verdient noch hervorgehoben zu werden, welch großen Einfluß die Eisenbahnen auf die Sprachkenntnisse insoferne ausüben, als sie durch die Vervielfältigung des mündlichen und schriftlichen Verkehrs zwischen den Völkern das Bedürfniß der Kenntniß mehrerer lebenden Sprachen, welche bisher nur als Erforderniß der feineren Bildung galt, mehr und mehr verallgemeinern. Das bildet einen bedeutsamen Schritt zur Verwirklichung von Göthe's Ideen einer Weltliteratur. [...]

M. Graf zu Bentheim: Über den Einfluß der Eisenbahnen auf die menschliche Cultur, dann das Familien- und gesellschaftliche Leben. In: Gemeinnützige Wochenschrift Jg. 7. 1857, S. 369–373. 381–388, 397–402.

16 Kritische Überlegungen zum Nutzen der Eisenbahn

Aus dem Gutachten des Bayerischen Obermedizinalkollegiums von 1838:
Die schnelle Bewegung muss bei den Reisenden unfehlbar eine Gehirnkrankheit, eine besondere Art des delirium furiosum erzeugen. Wollen aber dennoch Reisende dieser grässlichen Gefahr trotzen, so muss der Staat wenigstens die Zuschauer schützen, denn sonst verfallen diese beim Anblick des schnell dahinfahrenden Dampfwagens genau derselben Gehirnkrankheit.
Es ist daher notwendig, die Bahnstelle auf beiden Seiten mit einem hohen Bretterzaun einzufassen.

Aus: Walter Strauß: Einst und Jetzt auf Stephenson's Spur. Hannover 1925, S. 59f.

17 Friedrich Lists Bittschrift an die Abgeordneten des Deutschen Bundes (1819)

In einem Lande, wo notorisch die Mehrzahl der Fabriken entweder eingegangen ist oder ein sieches Leben kümmerlich dahinschleppt, wo die Messen und Märkte mit Waren fremder Nationen überschwemmt sind, wo die Mehrzahl der Kaufleute fast untätig geworden ist, bedarf es da noch näheren Beweises, dass das Übel den höchsten Grad erreicht habe? [...] Einzig in den Mängeln der gesellschaftlichen Ordnung in Deutschland suchen und finden wir die Ursache des Übels [...] Achtunddreißig Zoll- und Mautlinien in Deutschland lahmen den Verkehr im Innern und bringen ungefähr dieselbe Wirkung

18 Nachbau der „Adler", die die erste Eisenbahnfahrt in Deutschland 1835 zwischen Nürnberg und Fürth unternahm. Foto zum Jubiläumsfest 1935

hervor, wie wenn jedes Glied des menschlichen Körpers unterbunden wird, damit das Blut ja nicht in ein anderes überfließe. Um von Hamburg nach Österreich, von Berlin in die Schweiz zu handeln, hat man zehn Staaten zu durchschneiden, zehn Zoll- und Mautordnungen zu studieren, zehnmal Durchgangszoll zu bezahlen. Wer aber das Unglück hat, auf einer Grenze zu wohnen, wo drei oder vier Staaten zusammenstoßen, der verlebt sein ganzes Leben mitten unter feindlich gesinnten Zöllnern und Mautnern, der hat kein Vaterland. Trostlos ist dieser Zustand für Männer, welche wirken und handeln möchten; mit neidischen Blicken sehen sie hinüber über den Rhein, wo ein großes Volk vom Kanal bis an das Mittelländische Meer, vom Rhein bis an die Pyrenäen, von der Grenze Hollands bis Italien auf freien Flüssen und offenen Landstraßen Handel treibt, ohne einem Mautner zu begegnen. Zoll und Maut können, wie der Krieg, nur als Verteidigung gerechtfertigt werden. Je kleiner aber der Staat ist, welcher eine Maut errichtet, desto größer das Übel, desto mehr würgt sie die Regsamkeit des Volkes, desto größer die Erhebungskosten; denn kleine Staaten liegen überall an der Grenze [...] Die alleruntertänigst 35 Unterzeichneten [...] wagen es demnach, einer hohen Bundesversammlung die alleruntertänigste Bitte vorzutragen:

1. Dass die Zölle und Mauten im Innern Deutschlands aufgehoben, dagegen aber
2. ein auf dem Grundsatz der Retorsion (Vergeltung mit rechtlich erlaubten Mitteln) beruhendes Zollsystem gegen fremde Nationen aufgestellt werden möchte, bis auch sie den Grundsatz der europäischen Handelsfreiheit anerkennen [...]

Aus: Manfred Görtemaker: Deutschland im 19. Jahrhundert. Leverkusen 1989, S. 166.

19 Aus dem Gründungsvertrag des Deutschen Zollvereins vom 22. März 1833

Seine Majestät der König von Bayern und Seine Majestät der König von Württemberg einerseits, und Seine Majestät der König von Preußen, Seine Hoheit der Kurprinz und Mitregent von Hessen und Seine Königliche Hoheit der Großherzog von Hessen andererseits haben in fortgesetzter Fürsorge für die Beförderung der Freiheit des Handels und gewerblichen Verkehrs zwischen Ihren Staaten und hierdurch zugleich in Deutschland überhaupt über die weitere Entwicklung der zwischen Ihnen bestehenden dießfälligen Verträge Unterhandlungen eröffnen lassen [...] nachstehender anderweiter Vertrag unter Vorbehalt der Ratifikation abgeschlossen worden ist.

15 Artikel 1. Die dermalen zwischen den genannten Staaten bestehenden Zollvereine werden für die Zukunft einen durch ein gemeinsames Zoll- und Handels-System verbundenen und alle darin begriffene Länder umfassenden Gesammtverein bilden.
20 Artikel 2. In diesen Gesammtverein werden insbesondere auch diejenigen Staaten einbegriffen, welche früher entweder mit ihrem ganzen Gebiete, oder mit einem Theile desselben dem Zoll- und Handels-System eines oder des anderen der contrahirenden Staaten beigetragen sind,
25 unter Berücksichtigung ihrer auf den Beitritts-Verträgen beruhenden besondern Verhältnisse zu den Staaten, mit welchen sie jene Verträge abgeschlossen haben. [...]
Artikel 4. In den Gebieten der kontrahirenden Staaten sollen übereinstimmende Gesetze über Eingangs-, Aus-
30 gangs- und Durchgangs-Abgaben bestehen, jedoch mit Modifikationen, welche, ohne dem gemeinsamen Zwecke Abbruch zu thun, aus der Eigenthümlichkeit der allgemeinen Gesetzgebung eines jeden theilnehmenden Staates oder aus lokalen Interessen sich als nothwenig
35 ergeben.
Artikel 5. Veränderungen in der Zollgesetzgebung mit Einschluß des Zolltarifs und der Zoll-Ordnung (Artikel 4) so wie Zusätze und Ausnahmen können nur auf demselben Wege und mit gleicher Übereinstimmung aller
40 Kontrahenten bewirkt werden, wie die Einführung der Gesetze erfolgt. [...]
Artikel 6. Mit der Ausführung des gegenwärtigen Vertrags tritt zwischen den kontrahierenden Staaten Freiheit des Handels und Verkehrs und zugleich Gemeinschaft der
45 Einnahme an Zöllen ein, wie beide in den folgenden Artikeln bestimmt werden.

Aus: Regierungsblatt für das Königreich Bayern. Nr. 42 vom 9. Dezember 1833, S. 1025–1032.

Arbeitsvorschläge

a) Beschreiben Sie anhand von M 4 und M 5, wie es um die Gesundheitsfürsorge bestellt war. Was konnte der Einzelne, was der Staat unternehmen, um die Situation zu verbessern?
b) Welchen Stellenwert messen Sie den Beobachtungen Max Pettenkofers (M 14) zu? Begründen Sie Ihre Einschätzung mit Hilfe des Verfassertextes.
c) Erörtern Sie am Beispiel von M 7 den Umgang mit der Umwelt im 19. Jahrhundert. Welche positiven Ansätze und welche Defizite können Sie feststellen?
d) Legen Sie dar, welche zukunftsorientierten Ansätze im Entsorgungssystem der Stadt Nürnberg Sie in M 9 erkennen. Worauf reagieren diese Ansätze, welche Aspekte bleiben weiterhin unberücksichtigt?

e) Diskutieren Sie, worin der in M 10 dokumentierte Fortschritt im Umgang mit dem Müll besteht und überlegen Sie, welche Auswirkungen dieser Umgang mit sich bringt.
f) Zeigen Sie anhand von M 12 auf, welche Vorteile die Errichtung eines kommunalen Schlachthofs mit sich brachte. Mit welchen Widerständen gegen dieses Projekt war zu rechnen?
g) Legen Sie begründet dar, was Max Pettenkofer (M 14) zu seiner Abhandlung antrieb. Zeigen Sie dabei auf, wie er mit dem Problem der Hygiene umzugehen gedachte.

h) Listen Sie Schaden und Nutzen der Eisenbahn (M 15 – M 18, VT) getrennt voneinander auf und gewichten Sie die einzelnen Aspekte nach ihrer Stichhaltigkeit. Suchen Sie weitere Aspekte; beziehen Sie M 13 in Ihre Überlegungen mit ein. Bedenken Sie dabei auch die Situation in den verschiedenen bayerischen Regionen und in den deutschen Ländern.
i) Untersuchen Sie, welche positiven Auswirkungen der Süddeutsche Zollverein (M 3) für die verschiedenen bayerischen Regionen nach sich zog.
j) Der Deutsche Zollverein gilt als Wegbereiter der deutschen Einigung. Überprüfen Sie diese Einschätzung vor dem Hintergrund von M 17, M 19 und M 3. Betrachten Sie dabei die politischen, aber auch die sozialen Verhältnisse.
k) Halten Sie abschließend in Form einer Mind-Map fest, wodurch sich die Lebensbedingungen der Menschen im 19. Jahrhundert verbessert haben.

2.3 Veränderte Arbeitsbedingungen in den wachsenden Industriegebieten und Entstehung der sozialen Frage

Pauperismus

Durch die Agrarreformen und die Einführung der Gewerbefreiheit in Bayern und Preußen waren viele ehemalige Bauern verarmt, besitzlose Landarbeiter und Handwerker in ihrer Existenz ruiniert. Auch in Gebieten der Realteilung (Pfalz, Baden, Württemberg, Franken) führte die Ablösung von den grundherrschaftlichen Bindungen zu hoher Verschuldung der Kleinbauern (siehe S. 74 f.). Oft fanden sie zwar Arbeit, aber sie wurde aufgrund des Überangebots so schlecht bezahlt, dass der Lohn zum Leben kaum reichte. Der Wert der einzelnen Stelle sank so weit ab, dass vielerorts bis zu 60 Prozent der Bevölkerung an den Rand des Existenzminimums gerieten. In den 20er- und 30er-Jahren des 19. Jahrhunderts kam es deshalb zur Massenarmut, dem sogenannten Pauperismus. Das massenhafte Elend überforderte die Institutionen, die für alle, die sich aus eigener Kraft nicht mehr am Leben zu erhalten wussten, gesorgt hatten, nämlich die Städte und die Gemeinden sowie die Kirchen, denen infolge der Säkularisierung ihrer Güter vielerorts auch die Möglichkeit genommen war, derartige Aufgaben in großem Umfang weiterhin wahrzunehmen.
Die Industrieregionen konnten erst ab der Jahrhundertmitte die wachsende Zahl an Arbeitskräften in den Produktionsprozess integrieren. Die bis dahin auf Zuerwerb angewiesenen Arbeitskräfte suchten oft in Heimarbeit im Verlagssystem der Textilproduktion ihr Einkommen zu sichern. Gegen die meist englische Konkurrenz an billigen, maschinell erzeugten Textilprodukten waren diese Weber ohne Chance; der Aufstand der schlesischen Weber wurde 1844 durch Militäreinsatz unterdrückt. In den 1840er-Jahren kam es auch in Folge von Missernten zur letzten Hungerkatastrophe in Deutschland.
In Altbayern blieb das Pauperismusproblem eine Randerscheinung, da die sogenannte Bauernbefreiung langsamer voranging und die Gewerbefreiheit erst zu einem Zeitpunkt einsetzte, wo die Handwerker schon in der Industrie ihr Auskommen finden konnten.

Die verarmten Massen drängten seit der vermehrten Bereitstellung von industriellen Arbeitsplätzen in die Ballungsräume – oder sie wanderten ins Ausland aus. So suchten seit Beginn der dreißiger Jahre des 19. Jahrhunderts immer mehr Menschen einen Ausweg aus ihrer misslichen Lage, indem sie die Heimat verließen und in den Vereinigten Staaten, aber auch in Brasilien, Kanada, Argentinien und Australien eine neue Existenz suchten. Die Auswanderungswelle erreichte 1847 einen ersten Höhepunkt. Die meisten Emigranten kamen aus den Realteilungsgebieten, wo die nachgeborenen Söhne keine Chance mehr sahen, sich und ihre Familie zu ernähren. Um 1815 begann eine weit in die 2. Hälfte des 19. Jahrhunderts hinein andauernde Landflucht, bei der sich viele Menschen aus den preußischen Ostgebieten wie Schlesien und Polen nach Berlin und ins Ruhrgebiet aufmachten, um Arbeit zu finden. Viele von ihnen waren arbeitslose Handwerksgesellen, die unter dem stürmischen Wachstum der Industrie-

1 Handwerker im zweischäftigen Bockwebstuhl bei der Arbeit im Weberhäuschen von Neudorf
Rekonstruktion im Neudorfer Heimatmuseum

städte litten und doch dort eine neue Existenz suchten, besitzlose Arbeiter oder verarmte Kleinbauern, die nun als Lohnarbeiter in die Städte kamen.

Industriezweige siedelten sich oft dort an, wo es dafür schon traditionelle Grundlagen oder Rohstoffvorkommen gab. So entwickelte sich Augsburg zu einem Zentrum der Textilindustrie. Andere Zentren waren Pirmasens (Schuhindustrie), München (Nahrungs- und Genussmittel, feinmechanisch-optische Industrie), Schweinfurt (Kugellagerfabrikation) und Ludwigshafen (chemische Industrie); die Glasindustrie war traditionell im Bayerischen Wald beheimatet. Insgesamt blieb Bayern aber bis ins 20. Jahrhundert hinein agrarisch geprägt.
Im Ruhrgebiet und in Oberschlesien, wo es große Steinkohlevorkommen gab, entstanden weitläufige Industriereviere: Bergbau und Schwerindustrie arbeiteten Hand in Hand. Viele Arbeiter aus dem Osten, besonders aus Polen, kamen ins Ruhrgebiet, wo sie Arbeit fanden. Sie wurden sesshaft und gründeten neue Ansiedlungen, die allmählich zusammenwuchsen; neue Städte entstanden. Zudem kam es zu einem ungeheuren Zustrom an Kapital, zur Gründung immer neuer Fabriken und zu sprunghaftem Wachstum der Produktion. Die Zahl der Arbeiter in Bergbau und Industrie stieg zwischen 1845 und 1875 von 200 000 auf 500 000. Hütten- und Walzwerke entstanden; Firmen wie Thyssen, Krupp, Mannesmann und Haniel begründeten ihren Ruf.
Beim Maschinenbau dominierten die Lokomotivfabriken. So entwickelten sich Berlin mit der größten deutschen Maschinenfabrik (August Borsig), Sachsen (Sächsische Maschinenfabrik in Chemnitz) und Nürnberg – die Stadt der ersten deutschen Eisenbahn – zu einem Zentrum für Maschinenbau. Aber auch in

2 **Brückenaufgang mit oberem Rheinufer, Ludwigshafen 1878**

3 **Brückenaufgang mit oberem Rheinufer, Ludwigshafen 1902**

4 **Luftbild des Gärtnerplatzes in der Münchener Isarvorstadt.** Foto, 2003

anderen Regionen entstanden große Maschinenbaufirmen, so zum Beispiel die Lokomotivfabrik J. A. Maffei in München.

Arbeit in der Fabrik

Mit der Errichtung von Fabriken setzte sich eine neue Arbeitsweise durch: Die Menschen hielten sich nicht mehr in den eigenen Räumlichkeiten auf, wo sie allein oder in einer kleinen Gruppe und nur dem eigenen Arbeitstempo angepasst gearbeitet hatten. In der Fabrik waren viele Menschen, den Arbeitsrhythmus gaben die Maschinen vor: Diese sollten, um rentabel zu sein, Tag und Nacht in Betrieb sein. Oft kannten die Menschen das Endprodukt ihrer Arbeit nicht – sie hatten nur einzelne, immer wiederkehrende Handgriffe zu tun. Das machte es den Unternehmern möglich, angelernte, billige Arbeitskräfte zu beschäftigen und diese im Akkord arbeiten zu lassen. Nur so konnten sie ihre Produkte schnell und billig herstellen. Von den Arbeitern wurde absolute Disziplin gefordert: pünktlicher Beginn, Einhaltung der allgemeinen Pausen, sorgsamer Umgang mit den Geräten und Werkzeugen. Fabrikordnungen, die dies regelten, wurden erlassen, und ihre Einhaltung war ein absolutes Muss. Verfehlungen wurden drastisch bestraft, Lohnabzug und sofortige Entlassung waren keine Seltenheit.

5 **„Maxhütte" in Sulzbach-Rosenberg, 1896**
(**Online Link** 430017-0201)

Arbeitslosigkeit

Arbeitslosigkeit war ein beständiges Problem des 19. Jahrhunderts. In der ersten Jahrhunderthälfte waren viele Handwerker, Bauern, Knechte und Tagelöhner im Zuge der Agrarreformen ohne Arbeit oder unterbeschäftigt, weshalb sich mehr Menschen vom Arbeitseinkommen einer Person ernähren mussten. Auch die Abwanderung in die Städte veränderte die Situation nicht wesentlich: Es fehlte noch einige Jahrzehnte an Fabriken, so dass viele Männer arbeitslos blieben oder für sehr niedrige Löhne arbeiten mussten, von dem sie ihre Familien nicht ernähren konnten. In dieser Situation wurden auch Frauen und Kinder zur Arbeit in die bestehenden Fabriken geschickt, wo sie von den Unternehmern bevorzugt eingestellt wurden, weil sie über keine Berufsausbildung verfügten; sie wurden jedoch noch schlechter bezahlt als männliche Arbeiter, deren Arbeitslosigkeit sich dadurch weiter erhöhte. Den Betroffenen blieb als einzige Chance oft nur die Auswanderung nach Übersee oder in die entstehenden Industriereviere.

6 **Büste Joseph Anton von Maffei,** Gründer der Maffei'schen Lokomotivenfabrik 1837 in München (vor 1900).Die Büste stand als Denkmal am Eingang zur Maffei'schen Fabrik in der Hirschau im Nordosten Münchens.

In einer Zeit der fehlenden sozialen Sicherung entspannte sich die Lage erst in der zweiten Hälfte des 19. Jahrhunderts, als die Zahl der Fabriken zunahm und die Männer eine Chance auf einen Arbeitsplatz hatten, der sie und ihre Familien ernähren konnte. Eine wirkliche Besserung brachten die Jahre nach der Reichsgründung 1871, die sogenannte Gründerzeit. Die fortschreitende Urbanisierung sowie der Ausbau der Infrastruktur mit Hilfe der französischen Kriegsentschädigungen schuf vor allem im Baugewerbe neue Arbeitsplätze.

Proletarisierung

Durch die Industrialisierung veränderte sich in Deutschland der Aufbau der Gesellschaft ebenso wie die Arbeits- und Lebensverhältnisse. Viele ehemalige Handwerker und Bauern wurden zu abhängigen Lohnarbeitern in den Fabriken. Sie gehörten damit der Arbeiterschaft, auch Proletariat genannt, an und bildeten die stetig wachsende neue Unterschicht. Das Proletariat war dadurch gekennzeichnet, dass alle Familienmitglieder zum Familieneinkommen beitragen mussten: Männer, Frauen und auch die Kinder. Diesen blieb damit die Möglichkeit verwehrt, eine qualifizierte Ausbildung zu erwerben, die sie gesellschaftlich hätte aufsteigen lassen; sie litten auch häufiger an Krankheiten, die auf Mangelerscheinungen zurückzuführen waren, als die Kinder aus den bürgerlichen Schichten. Da auch

7 **Kinderarbeit in der Buntpapierfabrik in Aschaffenburg (1842)**

2

8 Arbeiter an der Hobelmaschine im Bahnhof Karlsruhe (1895)

die Frauen erwerbstätig sein mussten, konnten sie sich kaum noch um die Kinder kümmern. Es entstand ein Kreislauf von Bildungsferne, Armut und schlechten Arbeitsbedingungen und Wohnverhältnissen, der sich über Generationen hinweg fortsetzte und kaum zu durchbrechen war.

Urbanisierung

Die Bevölkerungszunahme und Wanderungsbewegungen mündeten in die beginnende Verstädterung (Urbanisierung), die ein Kennzeichen der fortschreitenden Industrialisierung ist und eine Entvölkerung von strukturschwachen Regionen mit sich bringt. Zwei Arten der Verstädterung kann man unterscheiden:

- bereits existierende Ansiedlungen, Ortschaften oder Städte dehnen sich durch Zugzug aus (z. B. Nürnberg, Würzburg, Hamburg),
- benachbarte Städte wachsen zu Großstädten oder Ballungszentren zusammen (z. B die Einzugsgebiete um München, Augsburg, Nürnberg-Fürth, das Ruhrgebiet).

Das Anwachsen und die Neugründung von Städten führte dazu, dass im 19. Jahrhundert mehr Menschen in Städten lebten als je zuvor. In den großen Metropolen London, Paris, Wien und Berlin hatte das kontinuierliche Wachstum bereits im 18. Jahrhundert begonnen. In Deutschland setzte das allgemeine Städtewachstum dagegen erst um 1825 ein; der Anteil der Städter an der Gesamtbevölkerung vergrößerte sich jetzt laufend. Zählte Berlin im Jahr 1801 173 000 Einwohner, waren es 1849 schon 454 000. Eine Handels- und Gewerbestadt wie Leipzig verdoppelte fast ihre Bevölkerung; auch kleinere Residenzstädte wie München legten erheblich zu. Gab es um 1800 in ganz Europa nur 12 Großstädte, waren es in Deutschland nur zwei – Berlin und Hamburg. Diese Zahl stieg bis 1850 auf vier (hinzu kamen Breslau und München) bis 1900 auf 33.

Einen gewaltigen Wachstumschub vollzogen viele Klein- und Mittelstädte: Das zur Industrieregion Nürnberg gehörige Fürth verfünffachte seine Einwohnerzahl (1819: 12 942, 1914: 67 980), die Stadt Hof, die 1848 bei Eröffnung des Bahnhofs 6 780 Einwohner hatte, steigerte die Zahl durch die einsetzende Industrialisierung auf knapp 40 000 (1914).

Durch die zunehmende Urbanisierung veränderte sich auch das Erscheinungsbild der Städte. Die alten Stadtmauern wurden niedergerissen, an ihrer Stelle entstanden oft Ringstraßen, an denen sich neu errichtete Prachtbauten reihten. Die Straßen der Stadt wurden verbreitert, um den Verkehr aufzunehmen und Platz zu schaffen für die Pferde-, später die Straßenbahnen. An den Einfallstraßen wurden mehrgeschossige Wohnblocks errichtet, denn der Wohnraum war knapp und teuer, Bodenspekulation und wachsende Grundstückspreise heizten diese Entwicklung an. Die fortschreitende Urbanisierung bedeutete eine enorme Herausforderung für die Stadtplanung: Bebauungspläne mussten erstellt, Verkehrsanschlüsse hergestellt, Beleuchtung und Wasserversorgung sowie Entwässerung gewährleistet werden. Die Städte öffneten sich ins Umland; die alten Dörfer wurden zu Vorstädten, in denen die Arbeiterfamilien vergleichsweise günstigen Wohnraum fanden.

Viele der neu zugezogenen Bewohner wurden in der Stadt nicht wirklich heimisch; am herrschenden Fortschrittsoptimismus, der Verstärkung des Bildungsangebots und an der Vermehrung der kulturellen Entfaltungsmöglichkeiten hatten sie keinen Anteil. Die Großstadt war für sie eine fremde Welt, geprägt von unüberschaubarer Größe, Lärm und Enge, von Trunksucht, Prostitution und Verbrechen. Bis zum Ende des 19. Jahrhunderts wurde die Stadt durch die Bevölkerungskonzentration, den Wohnungsmangel und die Slumbildung zum Sinnbild für die Auflösung gewachsener regionaler, familiärer und konfessioneller Bindungen sowie für den Zerfall lebensbestimmender Gewohnheiten und Sitten.

Die Entstehung der sozialen Frage

In den großen Städten und Industrierevieren standen sich bald zwei neue Bevölkerungsschichten gegenüber: das wohlhabende Besitzbürgertum und die Fabrikarbeiter. Bestimmten in der Ständegesellschaft noch Geburt und Herkommen den sozialen Rang eines Menschen, so kam es jetzt auf die persönliche Leistung und die wirtschaftliche Situation an. Die meisten Menschen hatten jedoch keine Chance, in der Gesellschaft aufzusteigen, denn sie lebten in Elendsquartieren, besaßen keine soziale Absicherung gegen Krankheit, Arbeitslosigkeit und für das Alter und mussten sehr lange Zeit gegen niedrigen Lohn arbeiten. Außerdem fehlten ihnen politische Rechte, so dass sie in Staat und Gesellschaft keinen Einfluss geltend machen oder sich gegen ihre aussichtslose Lage zur Wehr setzen konnten.
Mit dem Begriff „soziale Frage“ bezeichnet man diese Missstände: die wirtschaftliche Unsicherheit der Bevölkerungsmehrheit, die Ohnmacht der Massen, die Härte und Unmenschlichkeit der Fabrikarbeit und die Ungleichheit des Besitzes. Die soziale Frage lautete: Wie kann allen Menschen ein menschenwürdiges Dasein in Freiheit und materieller Sicherheit geboten werden? Eine gerechte Lösung dieser Probleme wurde zur zentralen Aufgabe des Staates.

9 Eine unverschämte Person
„Bitt schön – wenn der Hund vielleicht nicht alles aufessen kann …“
Karikatur von Thomas Theodor Heine, 1896

2

10 Rudolf Virchow, Die Not im Spessart (1852)

Der Arzt Rudolf Virchow (1821–1902) arbeitete an der Berliner Charité. Während seiner Lehrtätigkeit an der Universität Würzburg (1849–1856) untersuchte er die sozialen Verhältnisse in der Umgebung.

Die Noth hatte die an sich dürftige und einseitige Nahrung allmälig zu den einfachsten Formen heruntergebracht. Fleisch, an sich kein gewöhnliches Nahrungsmittel, hatte bei den Meisten aufgehört; Butter gab es fast gar nicht, Milch sehr selten. Brod konnten nur Wenige aus eigenen Vorräthen noch backen, da selbst das Haidekorn erschöpft war, und fast überall, wo wir Brod sahen, war es von den Bäckern gekauft oder geborgt, dann aber von bester Qualität. Einzelne hatten nur Mehl, aus dem sie unschmackhafte und kraftlose Suppen bereiteten. Einzelne besassen noch Erbsen, Linsen oder Bohnen, gewiss die beste Kost unter solchen Verhältnissen, allein diese waren so wenig angebaut, dass es mehr Ausnahmen zu sein schienen. Manche gebrauchten getrocknete und geröstete Gerste oder zerschnittene und gedörrte Rüben, und bereiteten daraus einen Aufguss, der als Kaffee getrunken und dessen Satz später als Mahlzeit verspeist wurde. Die, welche noch mehr Mittel besassen, vermischten dies Fabricat wohl mit wirklichen Kaffeebohnen. Die Kartoffeln, welche krank aus der Erde genommen waren, hatten glücklicherweise im Keller keine weitere Zerstörung erfahren; es war mehr ein trockener und daher begrenzter Brand. Allein an manchen Orten waren sie unvollkommen ausgebildet, äusserst klein und wenig mehlhaltig, und Manche suchten jetzt mühsam die Knollen von den Aeckern, die im Herbst vergessen oder absichtlich zurückgelassen worden waren. Relativ reichlich und daher viel gebraucht war das Kraut (Sauerkohl) und nächst ihm die Rüben.

Mochten nun auch Viele fast aller dieser kümmerlichen Genüsse beraubt sein, so sahen wir doch keine eigentlichen Surrogate. Alle die aufgezählten Sachen, so seltsam manche von ihnen erscheinen mögen und so fremdartig sie einer sonst wohlhäbigen Bevölkerung anstehen würden, liegen doch in dem gewohnten Kreis der Spessart-Nahrung. […] Das Volk hungerte lieber, als dass es die Ersatzmittel aufsuchte, welche bei Menschen, die plötzlich

11 Deutschland zwischen 1850 und 1910

a) Die industrielle Entwicklung 1850–1910

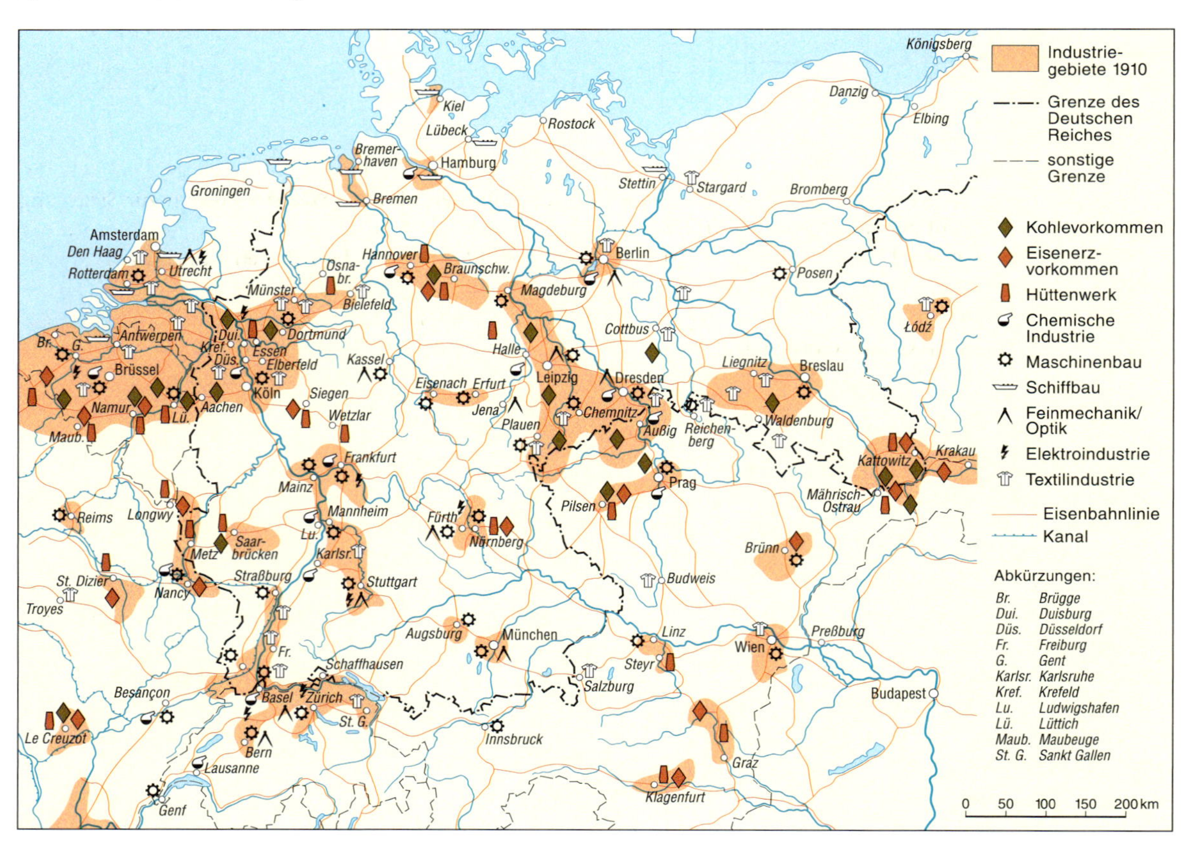

b) Die Bevölkerungsentwicklung 1850–1910

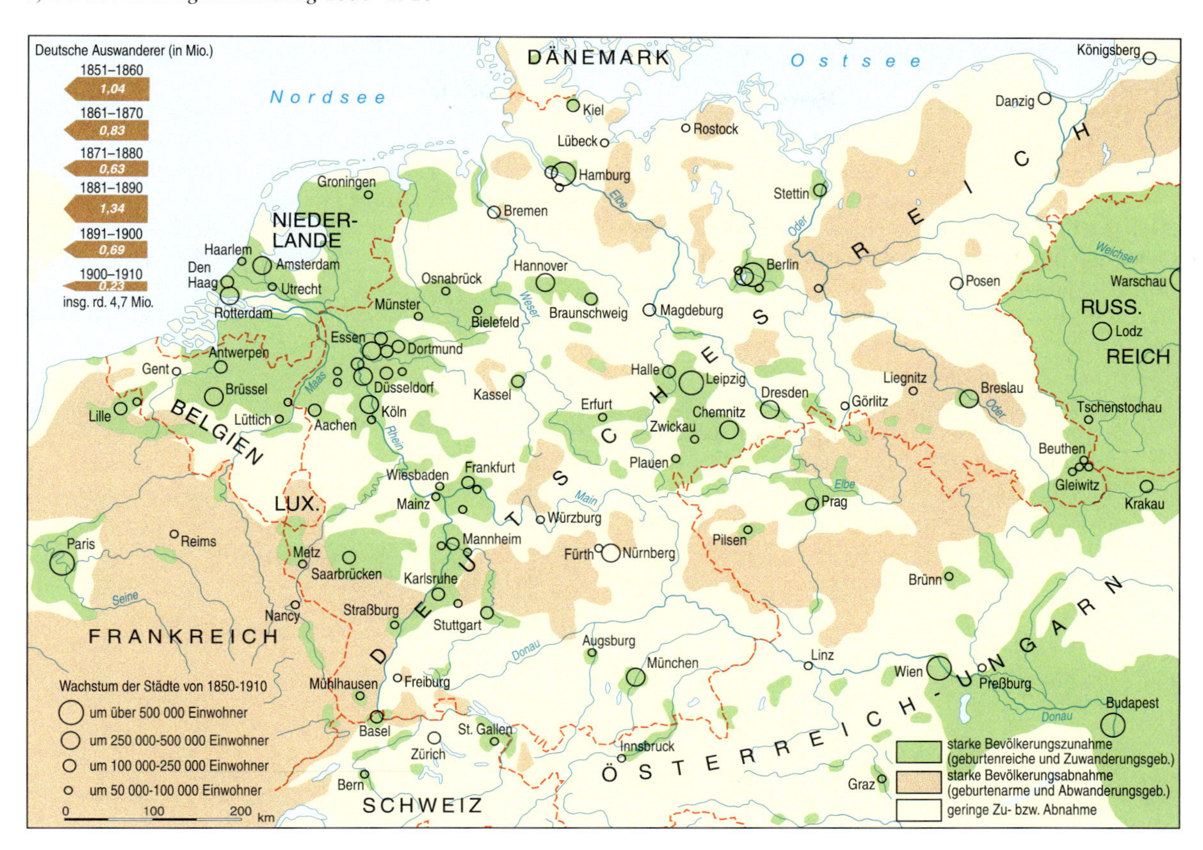

und schnell in solche Noth gerathen, so gewöhnlich sind. Allein es muss auch gesagt werden, dass nirgends die Noth eine solche Höhe erreicht hatte, dass, wie es seiner Zeit in Oberschlesien war, wirklich Todesfälle durch Verhungern eingetreten wären, und die Hülfe kam noch zeitig genug, um auch die am meisten Leidenden wieder zu stärken.

Aus: Rudolf Virchow: Die Noth im Spessart. Würzburg 1852, S. 12 ff.

12 Pauperismus: Die Notjahre 1846/47

Durch eine Zeit schwerer Noth und Bedrängniß ist Deutschland, ist Europa eben hindurchgegangen.

Vieles ist zur Linderung der Noth geschehen, was den wärmsten Dank des Volkes verdient, Vieles muß noch geschehen, soll der Wiederkehr ähnlicher Uebel nach Möglichkeit vorgebeugt werden.

Die Erfahrung, daß einige mittelmäßige Erndten und eine halbe Mißerndte hinreichend waren, in einem getreidereichen Lande, wie Bayern, solchen Mangel und eine solche Preiserhöhung der nothwendigsten Lebensmittel hervorzurufen, wie wir vor Kurzem erlebt haben, und die auffallende Erscheinung, daß eine der reichsten Erndten bis jetzt nicht im Stande war, die Opfer des brodbedürftigen Volkes auf ein billiges Maß zurückzuführen, läßt darauf schliessen, daß die Staatsmaßregeln zur Sicherung der Volksernährung jenen Grad von Vollkommenheit noch nicht erreicht haben, dessen sie bedürfen. Es handelt sich um eine Lebensfrage für Staat und Volk. Die Nahrung von Millionen Menschen, die Zufriedenheit der Hauptmasse der Bevölkerung, die Erhaltung eines grossen und hochwichtigen Bestandtheiles des National-Vermögens, die öffentliche Sicherheit und Ordnung ist durch die glückliche Lösung dieser Frage bedingt.

Bei einer Fortdauer der bisherigen Preise würden die zur Gewinnung des täglichen Brodes nöthigen Opfer für die grössere Masse der Bevölkerung unerschwinglich werden. Die Classe der Lohnarbeiter würde sich in ein unzufriedenes unruhesüchtiges Proletariat auflösen, der Mittelstand würde in den Stand der Armuth herabsinken. Die Mittelclasse der Gewerbetreibenden, der kleinbegüterte Landmann, die gering besoldeten Beamten und öffentlichen Diener, diejenigen, welche von mässigen Kapitalrenten und knapp zugeschnittenen Ruhegehalten, Witwen- und Waisenpensionen leben müssen, könnten bei solchen Preisen nicht mehr auf die Dauer ihr genügendes Auskommen finden, in Zufriedenheit und häuslichen Ehren

bestehen. Noch bluten viele Wunden, welche die traurige Vergangenheit geschlagen hat.
40 Schon ist der mühsam aufgesparte Nothpfennig zahlreicher Familien aufgezehrt, viele Betriebs-Kapitalien sind angegriffen oder für Lebensmittel verbraucht, der Nahrungsstand vieler Familien ist mit Schulden beschwert, die zur Fristung des Lebens aufgenommen werden muß-
45 ten. [...]
Zu den ständigen Staats-Maßregeln, deren Begründung Gegenstand eines Bedürfnisses und eines vielfach getheilten Volkswunsches bilden dürfte, zählen wir folgende: Die Annahme eines nationalen, wenigstens alle Zollvereinsstaaten umfassenden, Schutzsystems zur 50 Sicherung der für die inländische Bevölkerung erforderlichen Nahrung [...], die Revision und zeitgemäße Verbesserung der Verwaltungs-Normen über den Getreidehandel im Inlande [...], Sicherung angemessener Vorräthe für künftige Nothfälle [...], Schutz gegen wucherliche 55 Umtriebe durch Rechtsgesetzgebung.

Aus: Verhandlungen der Kammer der Abgeordneten 1847, Antrag der Abgeordneten Dr. Edel und Lechner, Beilagenband 1. München 1847, S. 206ff. (Beil. VIII)

13 Urbanisierung in Bayern 1840–1910

	1840	1855	1871	1880	1890	1910
München	96000	132000	170000	230000	351000	596000
Nürnberg	47000	56000	83000	100000	143000	333000
Augsburg	37000	41000	51000	61000	76000	123000
Würzburg	27000	33000	40000	51000	61000	94000
Fürth	15000	17000	25000	31000	43000	67000
Regensburg	22000	26000	29000	35000	38000	53000

Nach: Gerhard Bott (Hg.): Leben und Arbeiten im Industriezeitalter. Stuttgart 1985, S. 106.

14 Fabrik-Ordnung der Mechanischen Baumwoll-Spinnerei und Weberei Augsburg (1840)

§1. Jeder Arbeiter, welcher in der Fabrik aufgenommen wird, ist nach einer Probezeit von 14 Tagen, binnen wel-
5 cher ihm der Austritt freisteht, verpflichtet, sechs Monate, vom Tage seiner Ankunft an gerechnet, in der Fabrik zu arbeiten. Diese Verpflichtung erneuert sich von selbst auf weitere sechs Monate, wenn der Arbeiter nicht einen Monat vorher auf der Schreibstube bei dem Geranten
10 [Geschäftsführer] aufgekündet hat.
Dagegen bleibt es dem Fabrikherrn unbenommen, den Arbeiter wegen schlechter Aufführung oder wegen jeder sonstigen Ursache jederzeit zu verabschieden.
Beim Austritt ohne vorhergegangener vorschriftsmäßiger
15 Aufkündigung verliert der Arbeiter den Lohn, welchen er ebenfalls gut hat.
§2. Außer an den Sonntagen und hohen Festtagen wird alle Tage gearbeitet. Jede Abwesenheit an einem anderen Tage, sogar unter dem Vorwande der Unpäßlichkeit, wenn
20 solche nicht erwiesen werden kann, wird mit einer Geldbuße bestraft, welche das Doppelte des Lohnes beträgt, der während der Zeit der Abwesenheit verdient worden wäre.
§3. Die Arbeitsstunden werden durch einen Anschlagzettel bestimmt. Sollte aber Störung am Getrieb [Antrieb]
25 oder jede andere Ursache es nöthig machen, die Nacht durch zu arbeiten, so unterwirft sich diesem jeder Arbeiter mit der Bedingung, daß er ohne seine Einwilligung nicht mehr als eine Nacht in der Woche zur Arbeit genöthiget werden kann.
§4. Eine Glocke wird des Morgens eine halbe Stunde vor 30 dem Anfange der Arbeit die Öffnung der Fabrik ankündigen; das zweite eine halbe Stunde später erfolgende Läuten der Glocke verkündet das Beginnen der Geschäfte. Eine Viertelstunde später wird der Pförtner das Thor verschließen. Von diesem Augenblicke an sollen alle Ar- 35 beiter sich an ihrer Arbeit befinden.
Diejenigen, welche später kommen, werden nicht mehr eingelassen, und die Geldstrafe der Abwesenheit, welche in §2 festgesetzt ist, wird ihnen auferlegt.
[...] 40
§11. Wenn in einem Arbeitssaale ein Gegenstand beschädigt wird und der Thäter nicht auszumitteln ist, so sind die Arbeiter des ganzen Saales bis zur Nachweisung des Thäters haftend.
§12. Der Arbeiter, welcher schlechte Arbeit liefert, verfällt 45 in eine dem Fehler angemessene Strafe.
§13. Jede Woche wird eine allgemeine Reinigung vorgenommen, nach welcher eine Untersuchung gemacht und denjenigen, deren Maschinen nicht rein befunden worden, ein oder mehrere Taglöhne Strafe auferlegt werden wird. 50
[...]
§22. Derjenige Arbeiter, welcher ertappt wird, Baumwolle oder Abgang in den Abtritt oder sonst irgendwohin geworfen zu haben, verfällt in eine Strafe von zwei Tag-

55 löhnen zu Gunsten dessen, der ihn auf der Schreibstube angiebt. Überhaupt erhält derjenige, welcher eine durch einen Anderen begangene Untreue entdeckt und auf der Schreibstube angiebt, wenn der Thäter überführt wird, eine der Wichtigkeit des Falls angemessene Belohnung, 60 und sein Name solle verschwiegen bleiben.
Jeder Arbeiter, welcher des Diebstahls überführt wird, sey es von Garn, Tüchern oder irgendeinem anderen dem Etablissement gehörigen Gegenstande, wenn auch von geringem Werthe, wird augenblicklich entlassen, ohne 65 daß er auf den allenfalls guthabenden Lohn irgendeinen Anspruch machen kann. Sein Name sowie die Thatsache werden in einem Anschlagzettel, welcher während vierzehn Tagen in allen Werkstätten angeheftet wird, bekannt gemacht. Bei Diebstählen von größerem Werthe wird 70 überdies der Thäter sogleich den Gerichten übergeben.
§23. Es ist bei drei Gulden Strafe verboten, im Umfange der Fabrik durch einen anderen Weg als die Thüre aus- und einzugehen.
[...]
§25. Jeder Ungehorsam von seiten der Arbeiter gegen ihre Vorgesetzte oder gegen die von Letzteren dazu verordnete Personen soll nach Verhältniß des Fehlers mit einer Strafe von einem bis fünf Taglöhnen belegt werden. 75
§26. Für den Schutz und die väterliche Sorgfalt, welche alle Arbeiter von ihren Vorgesetzten zu erwarten haben, 80 versprechen sie ihnen Anhänglichkeit und Treue, so wie auch Anzeige dessen, was sie dem Nutzen ihrer Herren Schädliches entdecken können.
§27. Gegenwärtige Verordnung soll in allen Werkstätten angeschlagen werden, damit sich keiner mit dessen Un- 85 wissenheit entschuldigen kann. Wer diese Verordnung beschmutzt oder zerreißt, wird sogleich entlassen und der ihm schuldige Lohn ihm zurückgehalten.
Genehmigt den 10. Juli 1840. Magistrat der Stadt Augsburg als Polizeibehörde. 90

Aus: 100 Jahre Mech. Baumwoll-Spinnerei und Weberei Augsburg, S. 65.

15 Veränderung der Fabrik – Veränderung der Arbeit: Die Maschinenfabrik Augsburg (M.A.N.)

a) 1845

b) 1859

c) 1900

16 Die rote Gefahr (1847)

Rede des Abgeordneten Riede im bayerischen Landtag:

Es ist unverkennbar: viele und tiefe Wunden sind geschlagen worden, und sie bluten noch bis auf diese Stunde trotz des so reichlichen Erntesegens in diesem Jahre. Noch ein ähnliches Calamitäts-Jahr, und das Schlimmste stünde wohl dann zu befürchten, zumal in Anbetracht des üppig wuchernden Gift-Saamens überall verbreiteter communistischer Ideen und Doctrinen mit ihren destructiven, allen Rechtsboden unterminirenden, der arbeitsscheuen, besitzlosen, aber dennoch genußsüchtigen Menschen-Klasse plausibeln Tendenzen, wie solche leider schon an vielen Orten sichtbar hervorgetreten sind; in Anbetracht des immer mehr sinkenden sittlich-religiösen Elementes, – jenes Gottvertrauens, das da allein wahrhaft stark macht für Stunden der Noth; in weiterem Anbetracht der stets progressiven Population, der Vermögenszerstücklung und der durch eine bekannte, nordamerikanische Verfügung sehr erschwerten Möglichkeit, ja fast Unmöglichkeit für die schwachbemittelte Klasse, dort jenseits des Ocean's sich ein anderes Vaterland, eine bessere Heimath zu suchen und eine sicherere Lebens-Existenz sich zu begründen. Der Mittelstand, namentlich unter dem Landvolke, noch an alten Wunden blutend, und obschon mit Fleiß und Schweiß und in christlicher Resignation Pflug und Hacke führend und die harte Erdscholle bebauend, droht immer mehr zu schwinden, und eben dadurch die bereits schon zahlreich vorhandene, desperate Genossen-Schaar des Pauperismus und Proletariats als neue Mitgenossen in bedenklichem Maaße zu vermehren.

Aus: Verhandlungen der Kammer der Abgeordneten 1847, Abg. Riede, Protokollband 2. München 1847, S. 271 f.

17 Der Proletarier (1849)

In der 4-seitigen Abendzeitung „Der Proletarier", die täglich außer Sonntag, seit 1848 in München erschien, äußerten sich oppositionelle, demokratische Kräfte.

Wenn wir von dem Proletarier sprechen, so muß, als hier von einem Stück Leben die Rede ist, unsre Schilderung ganz aus dem Leben gegriffen seyn. – Wie ist nun, möchte vor Allem die Frage gehen, das Proletariat entstanden? Um ganz allgemein die Antwort zugeben: der Fabriken wurden immer mehr, aber auch das Elend der arbeitenden Klasse wuchs zu einer riesigen Höhe an. Jedes größere Unternehmen erheischt ein Kapital, der Arbeiter hat keines, also ist er zur Besitzlosigkeit verdammt. Man weist vielleicht den Arbeiter auf seinen Lohn an, um sich ein Kapital nach und nach zu gründen. Zugegeben: wenn nicht die Maschinen den größten Theil der mechanischen Arbeit verrichteten, bei der größer werdenden Vervollkommnung der Maschinen sind natürlich immer weniger Arbeiter nöthig, und statt daß die Arbeit dadurch geringer, der Lohn größer würde, wird die Arbeit immer größer, der Lohn stets geringer. Dem besitzlosen Arbeiter ist also auch die letzte Möglichkeit geraubt, sich ein Kapital zu erwerben, ja noch mehr, er lebt in der tiefsten Abhängigkeit des Unternehmers. Von entscheidendem Einflusse ist auch die Theilung der Arbeit, wodurch der Fabrikherr bereichert wird, während des armen Arbeiters Geist und Körper unter dieser furchtbaren Eintönigkeit gänzlich erschlafft.

Der Proletarier ist also ein Mensch ohne Besitz, dem jedes Mittel, je zum Besitz zu gelangen, genommen ist, der Willkür des Arbeitgebers preisgegeben, durch kärglichen Lohn auf kümmerliche Befriedigung der nothwendigsten Bedürfnisse angewiesen, und wenn ein Zufall, oder die Laune seines Herrn ihn aus dem Dienste stößt, der Verzweiflung und dem Hungertode unterliegend.

Aus: Gradaus mein deutsches Volk! Nr. 64, 3. März 1849, S. 221.

Arbeitsvorschläge

a) Beschreiben Sie die Abbildungen M 2 und M 3 und zeigen Sie dabei den Einfluss der Industrialisierung auf.

b) Zeigen Sie anhand von M 10 die wirtschaftlichen Verhältnisse der Menschen im Spessart auf.

c) Arbeiten Sie aus M 12 heraus, wodurch sich das Problem des Pauperismus um die Mitte des 19. Jahrhunderts noch einmal verschärfte, und legen Sie dar, welche gesellschaftspolitische Entwicklung die Abgeordneten befürchten und welche Möglichkeiten zur Lösung dieses Problems sie anregen.
Diskutieren Sie die Praktikabilität der Vorschläge.

d) Arbeiten Sie aus der Karte M 11a heraus, welche Industriegebiete in Deutschland entstanden, wo diese zu finden sind und was sie kennzeichnet. Vergleichen Sie dabei die Situation in Deutschland mit der in Bayern.

e) Erläutern Sie an Hand der Karte M 11b, welche Bevölkerungsbewegung Sie innerhalb Deutschlands und innerhalb Bayerns feststellen können. Begründen Sie Ihre Erkenntnisse mit Hilfe von M 11a. Beachten Sie dabei vor allem die Ballungszentren Nürnberg, Hamburg und das Rhein-Main-Gebiet.

f) Betrachten Sie die Statistiken M 13 und erklären Sie die Auffälligkeiten mit Hilfe der Karte M 11a.

g) Recherchieren Sie, wie sich die Bevölkerungszahlen an Ihrem Wohnort im 19. Jahrhundert verändert haben, und geben Sie mögliche Gründe dafür an.

h) Beschreiben Sie die Entwicklung der Maschinenfabrik Augsburg (M 15). Welche Einflüsse der fortschreitenden Industrialisierung sind sichtbar, welche Veränderung in den Tätigkeiten und den Arbeitsabläufen kann man daraus erschließen?

i) Untersuchen Sie die Fabrikordnung (M 14) im Hinblick auf Vorgaben, die Ihnen notwendig, sinnvoll oder überflüssig erscheinen.

j) Nehmen Sie zu dieser Fabrikordnung anhand ausgewählter Artikel Stellung:
- aus der Sicht der Fabrikleitung,
- aus der Sicht der Arbeiter.

k) Erläutern Sie, welche Gefahr der Abgeordnete in M 16 zu erkennen glaubt. Verorten Sie diesen Text historisch – in welcher Situation ist er entstanden, worauf bezieht er sich?

l) Zeigen Sie anhand von M 17 auf, wodurch ein Proletarier charakterisiert ist. Erläutern Sie, inwiefern er für die „rote Gefahr" (M 16) anfällig sein könnte.

m) Erörtern Sie vergleichend die Situation der Menschen im 19. Jahrhundert und heute. Beziehen Sie folgende Begriffe in Ihre Erörterung ein: Armut – Reichtum, Erwerbstätige – Arbeitslose, Randgruppen – Kerngesellschaft.

2.4 Praktische Ansätze zur Lösung der sozialen Frage

1 **„Huldigung der Freiheit“**, Schmuckblatt aus „Der wahre Jakob“, Nr. 183, 1893. Dass die sozialdemokratische Partei durch die Reichstagswahl 1893 ihre Mandate von 35 auf 44 erhöhen konnte, war Anlass zum Erscheinen dieser Illustration. (Online Link 430017-0201)

Allgemeine Not

Die Industrialisierung hatte vielen durch die Reformen des beginnenden 19. Jahrhunderts freigesetzten Bauern und Landarbeitern, den Handwerkern und ihren Familien Arbeit gegeben; ihre materielle Not war trotzdem groß. Da sich der Staat in der ersten Hälfte des Jahrhunderts weitgehend gleichgültig gegenüber der Lebenswirklichkeit der unteren Bevölkerungsschichten verhielt, ergriffen einzelne Bürger und einige Vertreter der Kirchen Initiativen zur Beseitigung der Not. Auch die Arbeiter selbst wurden aktiv und versuchten durch Vereins- und Parteigründungen ihre Lebensverhältnisse zu verbessern. Allmählich wurde auch manchen Politikern bewusst, dass die berechtigten Wünsche der Arbeiterschaft nicht unterdrückt werden konnten, dass vielmehr staatliche Vorsorgemaßnahmen ihre wirtschaftliche Situation verbessern mussten.

Raiffeisenbewegung

Mitte des 19. Jahrhunderts entstanden in Deutschland die ersten Genossenschaften, die die wirtschaftliche Lage der einfachen Leute verbessern sollten. Als Pionier auf diesem Gebiet rief Friedrich Wilhelm Raiffeisen (1818–1888) 1847 den ersten Hilfsverein zur Unterstützung der Not leidenden ländlichen Bevölkerung ins Leben. Nach den Grundsätzen der Selbsthilfe, Selbstverwaltung und Selbstverantwortung wurden Einkaufs- und Verkaufsgenossenschaften gebildet, die den Zwischenhandel ausschalten und so die Preise niedrig halten konnten. Gewinne wurden als Rabatte oder Dividenden an die Verbraucher weiterge-

2 **„Konsumanstalt" im Nürnberger Werk der Firma Siemens.** Foto, 1908. In Konsumläden konnten Arbeitnehmer eines Betriebes Lebensmittel und Waren des täglichen Bedarfs billiger als im Handel kaufen. Auch die Gewerkschaften ermöglichten ihren Mitgliedern einen preisgünstigen Einkauf. „Konsumgenossenschaften" boten Waren des täglichen Bedarfs und senkten die Lebenshaltungskosten.

geben. Raiffeisens Ziel war es, durch genossenschaftlichen Bezug landwirtschaftlicher Bedarfsartikel und durch den gemeinsamen genossenschaftlichen Absatz landwirtschaftlicher Produkte die materiellen Verhältnisse der Genossenschaftsmitglieder zu verbessern. Außerdem wurden Spar- und Darlehenskassen eingerichtet, die günstige Kredite vergaben und damit den Warenbedarf ihrer mehrheitlich bäuerlichen Mitglieder finanzierten; sie bezogen für alle Mitglieder in großen Mengen Saatgut, Dünge- und Futtermittel sowie Maschinen, wodurch die Einkaufspreise und damit die Produktionskosten in der Landwirtschaft gesenkt werden konnten. Ebenso lief die Vermarktung der Ernte über die Darlehenskassenvereine, wodurch es gelang, die eigenen Produkte günstig abzusetzen und den Zwischenhandel weitestgehend auszuschalten; dies steigerte den Gewinn der Produzenten und war für die Entwicklung der Landwirtschaft von großer Bedeutung.

Christliche Sozialarbeit

Auch Angehörige der christlichen Kirchen versuchten, das Elend der Arbeiter zu lindern und zugleich die Gesellschaftsordnung zu stabilisieren. Johann Hinrich Wichern (1808–1881) gründete 1833 in Hamburg das „Raue Haus", eine Einrichtung, in der evangelische Waisenkinder und verwahrloste Jugendliche wohnen und eine Ausbildung absolvieren konnten. 1846 wurde in Elberfeld von Adolf Kolping

(1813–1865) der erste katholische Gesellenverein ins Leben gerufen. Unverheiratete Handwerksgesellen sollten in den Häusern des „Kolpingwerks" ein christliches Zuhause finden. Der Mainzer Bischof Wilhelm Emanuel von Ketteler (1811–1877) ließ Waisenhäuser bauen und forderte vom Staat Schutzgesetze für die Arbeiter sowie von den Unternehmern Gewinnbeteiligung, den Bau von Arbeitersiedlungen und gerechte Löhne.
Die kirchlichen Bemühungen, die Lebensbedingungen der Arbeiter zu verbessern, blieben aber auf einzelne Projekte beschränkt.

Arbeiterbildungsvereine

Schon in den 1830er-Jahren entstanden auf Initiative von Bürgerlichen oder durch Handwerker und Arbeiter selbst in vielen deutschen Städten wie Hamburg, Berlin, Mannheim, Erlangen und München Vereine, die Unterstützungskassen unterhielten, aber auch der Vermittlung von Wissen und Bildung allgemeiner und fachlicher Art dienen und damit auch die einfachen Leute am gesellschaftlichen Leben teilnehmen lassen sollten. Auch das gesellige Zusammensein zwischen Arbeitern sollte gefördert und diese damit vom traditionellen Besuch des Wirtshauses abgehalten werden. Bald wurden in den Vereinen auch tagespolitische Ereignisse diskutiert, ein proletarisches Klassenbewusstsein entstand und wurde in Diskussionen gepflegt. Politische Aktivitäten entfalteten die Bildungsvereine der im Ausland wandernden deutschen Gesellen. Politisch wichtig wurde der Pariser „Bund der Geächteten", der unter dem Einfluss des Schneidergesellen Wilhelm Weitling 1836 in „Bund der Gerechten" umbenannt wurde. Weitlings Ziel war nicht nur eine politische, sondern auch eine soziale Revolution, die die herrschenden Eigentumsverhältnisse umstürzen sollte. Weitling vertrat die These, dass eine politische Revolution lediglich die staatlichen Verhältnisse verändern, eine soziale Umwälzung aber das Proletariat aus seiner materiellen Abhängigkeit befreien könne. Unter dem Einfluss von Karl Marx und Friedrich Engels wurde der Bund der Gerechten 1847 in „Bund der Kommunisten" umbenannt. Im „Kommunistischen Manifest" (1848) legten Marx und Engels ihre Vorstellungen von einem gerechten Gemeinwesen dar, das ihrer Meinung nur durch eine Revolution möglich ist, die das bürgerliche in ein sozialistisches Sytem überführt.

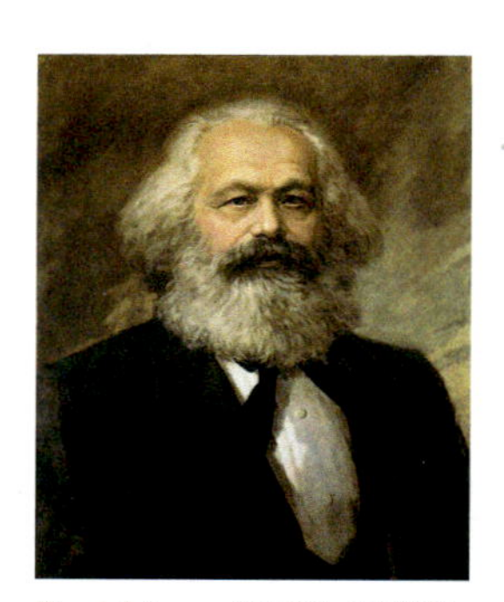

Karl Marx (1818–1883)

Als es nach der Niederschlagung der bürgerlichen Revolution von 1848 zu einer neuen Repressionssphase kam, mussten viele Vereine aufgelöst werden. Auf Beschluss des Frankfurter Bundestages vom 13. Juli 1854 verpflichteten sich alle Länder des Deutschen Bundes zu einer verschärften Verfolgung aller Arbeiterbildungsvereine. Doch schon in den 1860er-Jahren kam es zur Neugründung von Arbeiterbildungsvereinen, die mehr als vorher politische Ziele verfolgten und zu Vorläufern politischer Parteien wurden. So entstand aus dem Arbeiterbildungsverein Leipzig 1863 der „Allgemeine Deutsche Arbeiterverein" (ADAV) unter Ferdinand Lassalle (1825–1864), der später mit der „Sozialdemokratischen Deutschen Arbeiterpartei" (SDAP) fusionierte.

Ferdinand Lassalle (1825–1864)

Neben den sozialistischen gab es auch liberale Arbeiterbildungsvereine. Max Hirsch gründete 1868 zusammen mit Franz Duncker und Hermann Schulze-Delitzsch Arbeitervereine (Hirsch-Duncker'sche Gewerkvereine), die in Berlin und Magdeburg großen Einfluss hatten. Die Grundidee war dem liberalen Sozialkonzept zufolge die Hilfe zur Selbsthilfe und stand im Gegensatz zu den sozialistischen Arbeiterbildungsvereinen wie auch zur staatlichen Sozialpolitik.

Organisierte Arbeiterbewegung: Arbeiterpartei ...

1869 gründeten Wilhelm Liebknecht (1826–1900) und August Bebel (1840–1913) die „Sozialdemokratische Deutsche Arbeiterpartei" (SDAP). Obwohl es sich um eine Konkurrenzorganisation zum ADAV handelte, vereinigten sich die beiden Parteien zur Erhöhung ihrer Durchschlagskraft 1875 in Gotha zur „Sozialistischen Arbeiterpartei" (SAP). Das Programm der SAP war reformorientiert, eine Revolution zur

Veränderung der Verhältnisse war nicht geplant. Erst durch die Verfolgung unter Bismarcks Sozialistengesetzen (1878–1890) radikalisierte sich die sozialistische Arbeiterbewegung und schloss auch eine Revolution zur Veränderung der Verhältnisse nicht mehr aus. Die Sozialistengesetze verboten die Parteiorganisationen, die sozialistischen Gewerkschaften sowie die gesamte Parteipresse – nicht aber die Partei selber, da man den Druck der Massen fürchtete. Die SAP konnte deshalb zu den Reichstagswahlen antreten. Parteimitglieder und -anhänger wurden jedoch schikaniert, polizeilich verfolgt, manche sogar ausgebürgert. Trotzdem strömten die Arbeiter der SAP (oder SPD, wie sich die Partei nach Aufhebung der Sozialistengesetze 1890 nannte) zu, weil diese ihre Interessen vertrat: Während den Jahren der Unterdrückung hatte sich die Mitgliederzahl verdreifacht, um die Jahrhundertwende lag sie bei knapp einer Million.

. . . und Gewerkschaften

Viele Arbeiter erkannten, dass sie einzeln machtlos, gemeinsam aber stark genug waren, um ihre Arbeits- und Lebensbedingungen zu verbessern. Sie konnten z. B. die Arbeit niederlegen und für längere Pausen, kürzere Arbeitszeiten oder höhere Löhne streiken. Viele Arbeiter schlossen sich deshalb nach englischem Vorbild zu Gewerkschaften zusammen. SPD-Anhänger traten meist in die sozialistischen Gewerkschaften (Freie Gewerkschaften) ein, die die Verbesserung der Arbeitsbedingungen, kürzere Arbeitszeiten, höhere Löhne und bessere Arbeitsschutzbestimmungen gegen den Widerstand der Unternehmer und des Staates durchsetzten. Daneben gab es noch die liberalen und christlichen Gewerkschaften, die aber von untergeordneter Bedeutung waren: Den liberalen Gewerkschaften war an einem harmonischen Ausgleich von Arbeitnehmer- und Arbeitgeberinteressen gelegen, wozu die Arbeitnehmer von den Arbeitgebern zuerst als gleichwertige Verhandlungspartner anerkannt werden mussten. Die christlichen Gewerkschaften versuchten, die konfessionell gebundenen Arbeiterschichten an sich zu binden, vertraten in der Lohn- und Arbeitspolitik ähnliche Standpunkte wie die sozialistischen Gewerkschaften, allerdings war die Streikbereitschaft geringer.
Innerhalb dieser Massenorganisationen entstanden Einzelgewerkschaften, die nach Berufsgruppen organisiert waren und ihre Mitglieder durch Selbsthilfeeinrichtungen wie Krankenkassen, Lebensmittelläden und Banken unterstützten.

3 Aufruf zum Kampftag der Arbeiter (1. Mai 1890)

2

4 Unfall in einer Maschinenfabrik
Gemälde von Johann Bahr, um 1890.

Sozialgesetzgebung

Unternehmer und Arbeitgeber sahen sich durch die organisierten Arbeiter in ihrer Entscheidungsfreiheit und in ihren Gestaltungsmöglichkeiten eingeschränkt. Auch viele konservative Politiker fürchteten, Aufstände und Streiks könnten die bestehende staatliche Ordnung gefährden – bis hin zur kommunistischen Revolution. Reichskanzler Bismarck wählte deshalb im Umgang mit den Arbeitern, ihren Parteien und Organisationen eine Doppelstrategie. Um die Arbeiter an den neuen Staat zu binden, versuchte er, ihre Lebensbedingungen zu verbessern. Aus den Einnahmen der Schutzzölle, die zur Sicherung der deutschen Wirtschaft seit 1879 erhoben wurden, finanzierte das Deutsche Reich ab 1883 Versicherungen, die den Arbeitern bei Krankheit, bei Berufsunfällen, im Alter und bei Invalidität eine gewisse Sicherheit bieten sollten. Damit wollte er die Bindung der Arbeiter an die Sozialdemokratische Partei lockern, ihre Staatstreue fördern und weitergehende Reformen verhindern.

Die Ziele, die Bismarck mit dem Sozialversicherungswerk verfolgte, erreichte er aber nur zum Teil. Die Bismarck'sche Sozialversicherung war für die damalige Zeit vorbildlich und linderte die größte Not in der Arbeiterschaft; sie wurde später in ähnlicher Form in vielen europäischen Ländern ebenfalls eingeführt. Es gelang aber nicht, die Arbeiter der SPD und den sozialistischen Gewerkschaften zu entfremden. Ganz im Gegenteil: Da die SPD zwischen 1878 und 1890 staatlichen Verfolgungen und Repressionen ausgesetzt war („Sozialistengesetze"), fand die Partei immer mehr Zulauf, so dass sie bei den Reichstagswahlen 1890 schon knapp 20 % der abgegebenen Stimmen erhielt, ein Trend, der sich bis nach der Jahrhundertwende steigend fortsetzte.

Sozialistengesetze

5 Franz von Baaders Überlegungen zur sozialen Frage (1835)

Der Münchner Franz von Baader (1765–1841) studierte Medizin, Naturwissenschaften und Bergbauwissenschaften. Als Leiter eines Eisenwerks in England hatte er die Fabrikverhältnisse und die Lage der Arbeiterschaft kennen gelernt. In seiner Schrift „Über das dermalige Mißverhältnis der Vermögenslosen oder Proletairs zu den Vermögen besitzenden Klassen der Sozietät in Betreff ihres Auskommens sowohl in materieller als intellektueller Hinsicht aus dem Standpunkte des Rechts betrachtet" analysiert er die soziale Frage.

Wie nun aber die Proletairs durch Auflösung ihres Hörigkeitsverbandes in den reichsten und industriösesten Staaten wirklich nur relativ ärmer und hilfswie schutzbedürftiger geworden sind, so sind sie eben in den konstitutionellen Staaten (durch Einführung des bloß auf Gut und Geldbesitz begründeten Repräsentativsystems) auch noch zum nicht mehr gehört werdenden Teile des Volkes herunter gekommen.

Wie oft habe ich z. B. den meetings und associations der Fabrikherrn in England beigewohnt, welche alle mit Festsetzung eines Maximums für die Arbeitslöhne und eines Minimums für die Verkaufspreise endeten, somit um nichts besser als Konspirationen in bezug auf die Proletairs waren, deren Lohn sie nämlich beständig tief unter dem natürlichen Wert und Preis ihrer Waren (nämlich ihrer Arbeit) hielten. Welchem offenbaren Unrecht am allerwenigsten in den Kammern und Parlamenten Abhilfe geschehen kann, da gerade hier die Fabrikherren Partei und Richter in einer Person sind, und die Repräsentation des Interesses des armen Arbeitervolkes in diesen Kammern verpönt ist. Da nun die Freiheit der Konkurrenz (hier zwischen Arbeitern und ihren Lohnherren), wie man sagt, kein Monopol verträgt, effektiv aber von letzteren gegen erstere das drückendste Monopol ausgeübt wird, so frage ich, ob ein solches Mißverhältnis und ein solcher Druck den Namen einer frei sich bewegenden Industrie verdient? Ich frage, ob man es diesen Proletairs verargen kann, wenn auch sie einerseits sich gegen ihre Lohnherren zu gleichem Zweck zu assoziieren bestrebt sind?

[...]

Wenn nun schon die Proletairs als vermögenslos nicht gleiche Rechte der Repräsentation mit den vermögenden Klassen haben, so haben sie doch das Recht, in den Ständeversammlungen ihre Bitten und Beschwerden in öffentlicher Rede vorzutragen, d. h. sie haben das Recht der Repräsentation als Advokatie, und zwar muß ihnen dieses Recht in konstitutionellen Staaten dermalen unmittelbar zugestanden werden, weil sie dasselbe bereits früher, wenn schon nur mittelbar, nämlich beim Bestande ihrer Hörigkeit effektiv genossen haben. Diese Vertretung muß ihnen nun außer den Ständeversammlungen, z. B. bei den Landräten, distriktsweise oder provinzweise, so auch vor und in jenen Versammlungen selber, durch selbstgewählte Spruchmänner eingeräumt werden, denen man aber als Anwälte weder Polizeibedienstete, noch überhaupt Bedienstete, noch Advokaten im engeren Sinne; beigeben kann oder soll, sondern Priester, zu welchen sie auch allein ein Herz fassen können; und wodurch ein doppelter großer Vorteil für die Sozietät erzielt werden würde. Einmal nämlich jener der Entziehung der Proletairs dem verderblichen Einflusse der Demagogen, oder auch streitsüchtiger Rechtsanwälte – und dann jener zweite Vorteil, welcher darin bestände, daß der bis schier zur sozialen Nullität herabgekommene Klerus dem primitiven Amte des Diakonats wiedergegeben, welches bekanntlich mit der materiellen Pflege und Hilfeleistung für die Vermögenslosen sich beschäftigte, [...].

Johannes Sauter (Hg.): Franz von Baaders Schriften zur Gesellschaftsphilosophie. Jena 1925, S. 325–338.

6 Aus dem Kommunistischen Manifest

Die Kommunisten unterstützen überall jede revolutionäre Bewegung gegen die bestehenden gesellschaftlichen und politischen Zustände. In allen diesen Bewegungen heben sie die Eigentumsfrage [...] als die Grundfrage der Bewegung hervor [...]. Die Kommunisten arbeiten endlich überall an der Verbindung und Verständigung der demokratischen Parteien aller Länder. Die Kommunisten verschmähen es, ihre Ansichten und Absichten zu verheimlichen. Sie erklären es offen, dass ihre Zwecke nur erreicht werden können durch den gewaltsamen Umsturz aller bisherigen Gesellschaftsordnung.

K. Marx / F. Engels: Manifest der Kommunistischen Partei. 1848. MEW Bd. 4, S. 462 f.

7 Bierkrug mit Porträts von Ferdinand Lassalle, Karl Marx, Walter Hasenclever, Wilhelm Liebknecht und August Bebel, um 1905

8 Die Bedeutung des Genossenschaftswesens (1887)

Auszug aus einer Rede des Präsidenten des Konsumvereins Immenstadt-Blaichach, Kreis Oberallgäu:

[...] In jener Versammlung wurde bewiesen, daß der Consumverein einen noch viel höheren Werth als den materiellen habe: er sei eigentlich dazu berufen, den Arbeiterstand loszumachen von dem finanziell und geistig zu Grunde richtenden Schulden machen.

Viele Arbeiter haben die Gewohnheit, von ihrem zukünftigen Lohne zu leben und ihre Bedürfnisse nicht sofort, sondern erst am Zahltage zu bezahlen.

Sobald dieses geschehen, bleibe fast nichts mehr übrig zum Leben und man sei auf's Neue genöthigt, Schulden zu machen.

Man vergesse dabei ganz auf Arbeitslosigkeit und Krankheit. Für solche Nothfälle sei kein Sparpfennig da und man sei sofort auf das Almosen der Mitmenschen angewiesen.

Man müsse Schulden auf Schulden häufen und endlich den Wohnort verlassen, ohne sie bezahlen zu können.

Die Armuth sei drückend, noch viel schlimmer aber sei die Schuld, denn diese versetze uns entweder in körperliche und geistige Knechtschaft dem Gläubiger gegenüber oder verleite uns zur Unehre.

Ich spreche zugleich die Behauptung aus, daß es keinen größeren Feind des ehelichen Glückes und häuslichen Friedens gibt als das Borgwesen.

Die kleinen unbezahlten Tagesrechnungen wachsen zu größeren Wochenrechnungen heran und das Geld reicht nicht mehr aus.

Die Frau fordert es von dem Manne und dieser muß hergeben, was er vielleicht schon für andere Bedürfnisse bestimmt hat.

Der Unmuth beginnt, die Vorwürfe kommen und der Mangel an Geld legt sich mit eisiger Kälte auf die Liebe der Herzen.

Der erste Unwille des Mannes und die ersten Thränen der Frau entspringen in den meisten Fällen der ersten unbezahlten Rechnung.

Wer kann hier helfen? Niemand als wir selbst.

Die Frau setze sich zur rechten Zeit mit ihrem Manne zusammen und berechne mit ihm, wie viel von einem bis zum andern Zahltage bei einer Einnahme von etwa 25 Mk. per Woche aufgehen dürfe für Kost, Wohnung, Holz, Licht, Wäsche u. s. w. – Sie erbitte sich diese Summe vornherein und muß eine Ehre dareinsetzen, damit ohne Schulden auszukommen.

Dann muß eine sorgsame Musterung der Kleidung und Wäsche erfolgen und Nadel und Faden werden gewiß so große Dienste leisten, daß ein Haushaltungsgegenstand, der vielleicht nur noch ein Jahr aushalten würde, auf 5–6 Wochen länger haltbar gemacht wird. – Das macht auf 10 Jahre genau die Ersparniß eines Jahresbedarfs.

Dieses vermag die Frau in ihrem Wirkungskreise. Es ist bekannt, daß das Geld zehnmalleichter verdient, als richtig angewendet und zusammengehalten wird. [...]

Joseph Stahel: Wirtschaftliche Ratschläge niedergelegt in 17 Vorträgen bei den jährlichen Generalversammlungen des Consumvereines Immenstadt-Blaichach E. G. Würzburg 1887, S. 20f.

9 Statuten des Arbeiter-Bildungs-Vereins in Regensburg und Stadtamhof-Regensburg (1. Juni 1849)

Einleitung

Der Ruf nach Vorwärts, der im Frühjahr 1848 so mächtig alle Welt durchdrang, konnte auch nicht spurlos vorübergehen an einem Stande, der bis dahin ohne sein Verschulden so weit zurück geblieben war, an dem Arbeiterstande. Mächtig ergriffen von den Forderungen der Zeit haben die Arbeiter aber bald die Mittel erkannt, die ihnen die Früchte einer grossen Zeit auch für die Zukunft erhalten und deren Segenswirkungen ausdehnen sollten.

10 Die Arbeitersportverbände waren der mitgliederstärkste Zweig der Arbeiterkulturbewegung. Postkarte des Arbeiter-Turnerbundes, um 1905

Allüberall haben sich Vereine gebildet, deren Aufgabe die Realisirung der gerechten und billigen Forderungen des Arbeiters auf jedem Felde des Lebens ist. Auch hier besteht ein solcher Verein unter dem Namen „Arbeiter-Bildungs-Verein in Regensburg und Stadtamhof".

Zweck des Vereins.

§ 1.

Derselbe wird erreicht:

a) durch wöchentliche Versammlungen und Besprechungen, schriftliche und mündliche Vorträge zur Belehrung und Unterhaltung;

b) durch außerordentliche und allgemeine Versammlungen;

c) durch Halten geeigneter Zeitungen und Schriften;

d) durch allmälige Begründung einer Vereinsbibliothek;

e) durch Anschluß an alle Vereine von gleichem Zwecke, und resp. durch Unterordnung gegen die vom deutschen Arbeiterkongreß aufgestellten Vororte, so weit selbe unsern Verhältnissen angemessen erscheint;
f) durch Errichtung von Unterstützungskassen.
Eintheilung.
§ 2.
Der Verein besteht aus ordentlichen Mitgliedern und aus Ehrenmitgliedern.
Ordentliche Mitglieder sind alle, welche sowohl die monatlichen Beiträge, als in besondern Fällen, wo das Vereinsvermögen nicht hinreicht, außerordentliche Beiträge leisten, dadurch auch im Vollgenuße der Rechte des Vereins stehen und Antheil haben an dem Vereinsvermögen.
Zu Ehrenmitgliedern ernennt der Verein solche Männer, welchen er, wegen Ihrer besondem Leistungen und Verdienste um den Verein, seine Anerkennung zu beweisen wünscht. Sie zahlen keine Beiträge, haben eine berathende aber keine entscheidende Stimme und keinen Antheil am Vereinsvermögen, genießen aber sonst alle Rechte der Mitglieder.
Aufnahmebedingungen.
§ 3.
Jeder unbescholtene Arbeiter ohne Unterschied der Beschäftigung eignet sich zur Aufnahme.
Der Beitritt zum Verein ist dem Ausschuß schriftlich oder mündlich anzuzeigen.
Jedes aufzunehmende Mitglied zahlt als Einschreibgebühr, resp. gegen Abgabe der Karte und Statuten 3 kr. und als monatlichen Beitrag 6 kr.
Kranke sind während der Dauer ihrer Krankheit von dem zu leistenden Beitrag entbunden.
Die monatlichen Beiträge müssen voraus bezahlt werden. [...]
Verwaltung des Vereins.
§ 6.
Die Leitung der Geschäfte und der Vereinsangelegenheiten wird einem Ausschuß übergeben. Dieser geht aus dem Vertrauen der Mitglieder durch freie Wahl hervor und besteht aus einem 1. und 2. Vorsitzenden, 1 Schriftführer, 1 Kassier, und soviel Ausschußmitgliedern, als den Geschäften nach erforderlich sind. [...]

Statuten des Arbeiter-Bildungs-Vereins in Regensburg und Stadtamhof. Regensburg [1. Juni] 1849. Bayerisches Hauptstaatsarchiv München MInn 45619.

11 Der Nürnberger Arbeitervereinstag 1868

Mit der Resolution bekannten sich 61 der 93 in Nürnberg vertretenen Arbeitervereine – die bayerischen allerdings nur in der Minderzahl – zum Programm der Internationalen Arbeiter-Association. Sie vollzogen damit die Trennung vom bürgerlichen Liberalismus und konstituierten die Arbeiterbewegung als eine von bürgerlichen Reformbestrebungen unabhängige Kraft.

Der zu Nürnberg versammelte fünfte deutsche Arbeitervereinstag erklärt in nachstehenden Punkten seine Uebereinstimmung mit dem Programm der Internationalen Arbeiterassoziation.
1) Die Emanzipation (Befreiung) der arbeitenden Klassen muß durch die arbeitenden Klassen selbst erkämpft werden. Der Kampf für die Emanzipation der arbeitenden Klassen ist nicht ein Kampf für Klassenprivilegien und Monopole, sondern für gleiche Rechte und gleiche Pflichten und für die Abschaffung aller Klassenherrschaft.
2) Die ökonomische Abhängigkeit des Mannes der Arbeit von dem Monopolisten (dem ausschließlichen Besitzer) der Arbeitswerkzeuge bildet die Grundlage der Knechtschaft in jeder Form, des sozialen Elends, der geistigen Herabwürdigung und der politischen Abhängigkeit.
3) Die politische Freiheit ist die unentbehrliche Vorbedingung zur ökonomischen Befreiung der arbeitenden Klassen. Die soziale Frage ist mithin untrennbar von der politischen, ihre Lösung durch diese bedingt und nur möglich im demokratischen Staat.
Ferner in Erwägung:
daß alle auf die ökonomische Emanzipation gerichteten Anstrengungen bisher an dem Mangel der Solidarität (Vereinigung) zwischen den vielfachen Zweigen der Arbeit jeden Landes und dem Nichtvorhandensein eines brüderlichen Bandes der Einheit zwischen den arbeitenden Klassen der verschiedenen Länder gescheitert sind; daß die Emanzipation der Arbeit weder ein lokales, noch ein nationales, sondern ein soziales Problem (Aufgabe) ist, welches alle Länder umfaßt, in denen es moderne Gesellschaft giebt, und dessen Lösung von der praktischen und theoretischen Mitwirkung der vorgeschrittensten Länder abhängt; beschließt der fünfte deutsche Arbeitervereinstag seinen Anschluß an die Bestrebungen der Internationalen Arbeiter-Assoziation.

Bericht über den Fünften Vereinstag der Deutschen Arbeitervereine am 5., 6. und 7. September 1868 zu Nürnberg. Hg. v. Vorort Leipzig. Leipzig o.J., S. 18f.

12 Der Verein „Arbeiterschutz“

Der Verein „Arbeiterschutz“, gegründet 1895 in München, war gewerkschaftsähnlich organisiert und stand der christlichen Arbeiterbewegung nahe. Zweck des Vereins war, „die materiellen Interessen seiner Mitglieder zu fördern und zu schützen“. Zu diesem Zweck waren Streiks akzeptiert, auch Streiks der sozialistischen Gewerkschaften wurden unterstützt.

a) Das Streik-Reglement für den Verein „Arbeiterschutz“
1. Jede gewerkschaftliche Korporation, die auf Unterstützung von seiten des Vereins „Arbeiterschutz“ rechnen will, hat bei Angriffstreiks so schnell wie möglich die Vorstandschaft des Vereins „Arbeiterschutz“ in Kenntnis zu setzen und dabei folgende Fragen zu beantworten:

1. Wieviel Kollegen sind am Orte? (Womöglich auch die Zahl der Verheirateten).
2. Wieviel Kollegen werden ungefähr am Streik teilnehmen?
3. Wieviel Arbeitgeber kommen in Frage?
4. Welches ist die Ursache des Streikes?
5. Wie lange war die bisherige Arbeitszeit? (Ueberzeit-, Sonn- und Feiertagsarbeit.)
6. Wie hoch sind die Löhne?
7. Wie groß ist die Zahl der Arbeitslosen?
8. Besteht ein Streikfonds in der Sektion und wie hoch ist derselbe?
9. Wieviel Mitglieder kommen in der Sektion in Frage?
10. Welches sind die Forderungen, die an die Arbeitgeber gestellt werden?
11. Inwieweit sind die Verhandlungen mit den Arbeitgebern gepflegt worden?
12. Die Vorstandschaft des Vereins „Arbeiterschutz" hat die Aufgabe, die gegebenen Antworten zu prüfen und noch weitere Erkundigungen über den Streik einzuziehen.
13. Streiks, welche ohne Genehmigung des Vereins „Arbeiterschutz" inszeniert werden, haben keinen Anspruch auf Unterstützung.
14. Gesuche und Genehmigung von Abwehrstreiks, d. h. Streiks, bei denen es sich um die Verteidigung der bestehenden Verhältnisse handelt, sind sogleich, nachdem die Absicht der Arbeitgeber, die Lage der Kollegen zu verschlechtern, sei es durch Arbeitszeitverlängerung oder Lohnkürzung, bekannt wurde, der Vorstandschaft mitzuteilen.

Die Genehmigung von Abwehrstreiks steht dem großen Ausschuß zu.

Bei Ausbruch von Abwehrstreiks ist die Vorstandschaft sofort in Kenntnis zu setzen, welche schleunigst darüber Beschluß zu fassen hat.

Streikunterstützung erhalten in der Regel nur Mitglieder des Vereins „Arbeiterschutz".

Ausnahmen hierüber sind dem großen Ausschuß überlassen.

Ueber die Höhe der Streikunterstützung entscheiden die jeweiligen Kassenverhältnisse.

Berufskollegen, welche in Arbeit stehen, haben wöchentlich mindestens eine Mark an die Streikkasse abzuliefern.

Für ein eventuelles Defizit nach Beendigung des Streiks haften sämtliche Sektionen des Vereins; eventueller Ueberschuß fließt in die Vereinskasse und ist als Streikfonds zu verwalten.

b) Eingreifen des Vereins „Arbeiterschutz"

Aus eigener Kraft Streiks zu führen, konnte für den Verein „Arbeiterschutz" im Hinblick auf seine numerische Ausdehnung und die geringen Mitgliederbeiträge praktisch zunächst kaum in Betracht kommen. Man war deshalb in der Hauptsache auf friedliche schriftliche Unterhandlungen von Unternehmer zu Unternehmer angewiesen.

Als nun der Vorsitzende des „Arbeiterschutz" 1897 an eine Münchener Holzgroßhandlung ein Gesuch betreffs Lohnaufbesserung ihrer Arbeiter richtete, wurde er in der Antwort „wegen Nötigung und Bedrohung" mit Klage bedroht. Daß solches „Entgegenkommen" der Unternehmer die Begeisterung für die „Interessenharmonie" auf ein Minimum herabdrückte, ist begreiflich.

Michael Gasteiger: Die christliche Arbeiterbewegung in Süddeutschland. Eine geschichtliche Darstellung. München 1908, S. 229–231.

13 Sozialversicherungen im Kaiserreich

	Krankenversicherung (1883)	Unfallversicherung (1884)	Invaliden- und Altersversicherung (1889)
Betroffene	Arbeiter und (ab 1912) ihre Angehörigen	Arbeiter	Arbeiter und Angestellte und (ab 1911) ihre Angehörigen
Beiträge	$^{2}/_{3}$ vom Versicherten, $^{1}/_{3}$ vom Arbeitgeber	Arbeitgeber	$^{1}/_{2}$ Arbeitnehmer, $^{1}/_{2}$ Arbeitgeber
Leistungen	Arztliche Behandlungen und Medikamente, Krankenhauskosten, Krankengeld	Heilungskosten, Rente in Höhe von $^{2}/_{3}$ des Verdienstes bei völliger Erwerbsunfähigkeit	Invalidenrente bei Erwerbsunfähigkeit, Altersrente ab dem 70. Lebensjahr

14 Polizeiaufgebot anlässlich des vierteljährigen Streiks in der Maxhütte Sulzbach-Rosenberg.
Fotografie von 1908, Maxhütte Sulzbach-Rosenberg

Arbeitsvorschläge

a) Stellen Sie fest, welche historischen Personen und welche Gesellschaftsgruppen Anteil haben an der Niederringung des „Drachens der Reaktion" (M1).

b) Erläutern Sie, was man unter der sozialen Frage versteht. Gehen Sie dabei auf die ökonomischen Bedingungen und die Aspekte des täglichen Lebens ein (VT, M5 – M7).

c) Zeigen Sie auf, wie Friedrich Wilhelm Raiffeisen, Johann Heinrich Wichern, Adolf Kolping, Bischof Ketteler und Pastor Bodelschwingh den Menschen helfen wollten (VT, M2, M8). Diskutieren Sie ihre Ansätze hinsichtlich ihrer Praktikabilität und Nachhaltigkeit.

d) Beurteilen Sie die Initiative, die von den Arbeiterbildungsvereinen ausging (VT, M9, M10). Welche Schwerpunkte setzten sie, wie wollten sie den Menschen helfen?

e) Legen Sie dar, was die Arbeiterpartei und die Gewerkschaften leisteten, um den Menschen ein menschenwürdiges Dasein zu ermöglichen (VT, M3, M11, M12). Diskutieren Sie die Reaktionen der Obrigkeit (M14).

f) Beurteilen Sie die staatlichen Versuche, die soziale Frage zu lösen (VT, M13). Erklären Sie dabei die Beitragszahlungen zu den einzelnen Versicherungen.

g) Vergleichen Sie die Versuche zur Lösung der sozialen Frage im 19. Jahrhundert mit den Prinzipien der sozialen Sicherung in der Bundesrepublik Deutschland.

h) Methode: Führen Sie eine Podiumsdiskussion zum Thema „Wie kann die soziale Frage gelöst werden" durch, bei der Vertreter aller Gruppierungen zu Wort kommen.

2.5 Familiäre Lebenswelten

1 Urlaubsvergnügen am Ostseestrand (um 1900)

2 Kinderarbeit in der Kohlengrube (um 1908)

Die Entstehung der Industriegesellschaft

Durch die Industrialisierung begann sich die Gesellschaft zu wandeln. Die alten ständischen Gruppen – Adelige, Bürger, Bauern – blieben zwar im Kern erhalten, sie veränderten sich aber unter den ökonomischen Einflüssen und es bildeten sich verschiedene soziale Schichten heraus. Insgesamt umfasste das Bürgertum nur etwa 15 % der Bevölkerung. Trotzdem spricht man, wenn vom 19. Jahrhundert die Rede ist, vom „bürgerlichen Zeitalter", denn das Bürgertum war die dynamischste, die gesellschaftsprägende Schicht: Die Gesellschaft des Industriezeitalters orientierte sich zunehmend an den bürgerlichen Sekundärtugenden wie Fleiß, Arbeitsamkeit, Familie und Ehe. Bürgerliche Lebensformen, Denkweisen und Verhaltensnormen begannen sich durchzusetzen (Disziplin, Sparsamkeit, aber auch die bürgerliche Kultur). So entstand eine bürgerliche Gesellschaft, in der die Menschen gleiche staatsbürgerliche Rechte erhielten und in der der soziale Status nicht länger durch Geburt, sondern durch Leistung bestimmt sein sollte.
Das Bürgertum differenzierte sich aus: Das Großbürgertum bestand aus Besitzbürgern, zu denen die Fabrikbesitzer zählten, sowie aus den Bildungsbürgern, den Professoren, Anwälten, Ärzten usw. Daneben gab es die Kleinbürger (z. B. niedere Beamte, Volksschullehrer, Handwerker und Krämer), die sich in ihrer Lebensführung am Großbürgertum orientierten und dieses nachahmten.
Im 19. Jahrhundert hatte das Großbürgertum die wirtschaftliche und kulturelle Führungsrolle übernommen; die politische Macht verblieb im Wesentlichen beim Adel. Die Großbürger, besonders die Besitzbürger, orientierten sich in ihrer Lebensführung an adeligen Vorbildern: Sie erwarben Rittergüter als Familiensitze und zugleich als Statussymbole, wollten Reserveoffiziere werden und pflegten das Duell bei Auseinandersetzungen untereinander; sie suchten die gesellschaftliche Anerkennung, die in der Verleihung von Titeln und Orden und im besten Fall durch die Erhebung in den Adelsstand ihren Ausdruck fand.
Als neue Schicht entstand die Arbeiterschaft. Innerhalb der bürgerlichen Gesellschaft wuchs die soziale Mobilität. Für viele Menschen bedeutete dies Verunsicherung oder gar sozialen Abstieg; es boten sich aber auch neue Chancen für das Individuum, in der sozialen Hierarchie aufzusteigen.

Veränderung der familiären Lebenswelten

Auch die Verhältnisse in den Familien haben sich verändert. Bisher lebten die Familien meist dort, wo sie arbeiteten. Nun trennten sich die Lebens- und Arbeitsstätten: Die Arbeit fand in Büros und Fabriken statt, die Wohnorte waren oft weit davon entfernt. Andererseits konnten die Menschen ihr Leben ohne sozialen Druck so gestalten, wie sie wollten, sie waren an keine Zwänge mehr gebunden was Wohnung, Berufswahl, Zahl der Kinder usw. anbelangt. Auch die Heirat war nicht länger eine Angelegenheit des Standes, Liebesheiraten wurden zumindest in den unteren Bevölkerungsschichten üblich. Doch in den Familien der verschiedenen sozialen Schichten herrschten unterschiedliche Lebens- und Arbeitsbedingungen.

Die bürgerliche Familie: das Großbürgertum

Das Großbürgertum, also Unternehmer- und Professorenfamilien, orientierte sich in seiner Lebensführung am Adel; das Haus sollte repräsentativ sein, da man oft wichtige Gäste empfangen musste. Die Häuser und Wohnungen waren entsprechend aufwändig eingerichtet. Das Großbürgertum umfasste nur einen sehr kleinen Teil der Bevölkerung, der um 1900 bei unter 6 % der Gesamtbevölkerung lag. Die Vertreter dieses Standes grenzten sich von den anderen dadurch ab, dass sie ihr Einkommen aus nicht-körperlicher Arbeit bezogen. Das Statussymbol waren Dienstmädchen bzw. Dienstboten, die die täglichen Geschäfte erledigten. Es war undenkbar, dass die Frauen einer beruflichen Tätigkeit nachgingen. In der großbürgerlichen Familie kümmerte sich die Frau um die Haushaltsführung, auf die Schulbildung der Söhne wurde großer Wert gelegt, wollte man ihnen doch den gesellschaftlichen Aufstieg ermöglichen.

Die Unternehmer

Am Beginn der Industrialisierungsphase kam dem Privatunternehmer eine besonders große Bedeutung zu. Er musste über das nötige Kapital und eine solide kaufmännische Erfahrung verfügen, technische Kenntnisse und organisatorische Fähigkeiten besitzen und Mut und Risikobereitschaft zu Innovationen mitbringen. Je nach Branche stammte er aus dem Bereich des Handels oder des Handwerks. Mit zunehmender Betriebsgröße entstanden ausdifferenzierte Unternehmensleitungen mit verschiedenen Direktoraten, Vorstandsbereichen und Aufsichtsräten; der Typus des privaten, allein verantwortlichen Firmengründers wurde immer seltener.
Mehr und mehr gaben die Inhaber von Industriebetrieben, Handelsunternehmen oder Banken die operativen Geschäfte an sogenannte „leitende Angestellte“ (siehe S. 120), die heutigen Manager ab; diese konnten sich für ihre Tätigkeit durch eine akademische Ausbildung, meist als Techniker oder Naturwissenschaftler, qualifizieren. Durch ihre berufliche Tätigkeit stiegen sie gesellschaftlich auf und ahmten – im Rahmen ihrer Möglichkeiten – den Lebenstil der Unternehmer nach.

Das Bildungsbürgertum

Zum Bildungsbürgertum zählt man die zweite große Gruppe des neuen Bürgertums, die Angehörigen der freien Berufe, „Selbstständige“, wie Ärzte, Apotheker, Rechtsanwälte und Architekten. Sie bedurften einer fundierten akademischen Ausbildung.
Auch die höheren Beamten gehörten zum Bildungsbürgertum; ihre Tätigkeit setzte ebenfalls eine akademische Ausbildung voraus. Die Beamten spielten im Rahmen der staatlichen Bürokratie in Deutschland eine wichtige Rolle und verfügten über ein ausgeprägtes Elitebewusstsein, das durch ihre historische Bedeutung (sie hatte den politischen Modernisierungsprozess zu Beginn des Jahrhunderts eingeleitet und die Industrialisierung von Beginn an gefördert) und ihren besonderen Status (Loyalität zum Dienstherrn, materielle Sicherheit) geprägt war:
Es war nicht leicht, ins Bildungsbürgertum aufzusteigen, da bestimmte Bildungsabschlüsse vorausgesetzt wurden, die nur derjenige erreichen konnte, dessen Elternhaus über einen höheren sozialen Status und über ausreichende finanzielle

3 Großbürgerlicher Salon in der Villa Sophia in Berlin um 1880

4 Kleinbürgerliche Familie um 1919

Möglichkeiten verfügte. Diese Gesellschaftsschicht rekrutierte sich deshalb weitgehend aus sich selbst; Kindern aus der Arbeiterschaft war es zumeist unmöglich, in das Bildungsbürgertum aufzusteigen.

Das Kleinbürgertum

Das Kleinbürgertum war im 19. Jahrhundert sehr heterogen ausgeprägt. Dazu rechnet man alle Beamten unterhalb des akademischen Bereichs. Zum Kleinbürgertum, das am unteren Rand des Bürgertums angesiedelt war, gehörten auch das Eisenbahnpersonal, die Volksschullehrer oder mittlere Ränge aus den Betrieben. Aber auch die kleinen Selbstständigen, Krämer und Handwerker sowie die Gastwirte, die früher noch zum Stadtbürgertum zählten, waren nun sozial abgestiegen.

Der neue Mittelstand: die Angestellten

Durch die fortschreitende Industrialisierung entstand im 19. Jahrhundert ein neuer Mittelstand: die Angestellten. Sie waren meist in der Verwaltung (z. B. bei Banken und Versicherungen, in der Industrie sowie bei Städten und Gemeinden) oder im Verkauf tätig. Die Angestellten leisteten keine körperliche Arbeit, wodurch sie sich von den Arbeitern abgrenzten, und anders als diese erhielten sie keinen Tages- oder Stundenlohn, sondern ein monatliches Gehalt, das zudem höher und sicherer war. Außerdem hatten sie Anspruch auf Urlaub und konnten nicht fristlos entlassen werden. Durch die stabile Versorgungssituation der sogenannten „Beamten" oder „Privatbeamten", wie man die Angestellten lange nannte, und ihre „saubere" Tätigkeit entwickelten sie ein besonderes Statusbewusstsein, mit Hilfe dessen sie sich von den Arbeitern und Kleinbürgern distanzierten.
Gegen Ende des 19. Jahrhunderts sank das Ansehen der Angestellten, die man nun oft als „Stehkragenproletarier" verspottete. Der Grund für die Statusverschlechterung war die zunehmende Konkurrenz, insbesondere durch Frauen, die

5 Wohnverhältnisse einer Arbeiterfamilie. Inneres einer sogenannten Laube, die von fünf Personen bewohnt wird. Barfußstraße (Berlin), ca. 1910

man für Routinearbeiten im Büro (Bedienung von Schreibmaschinen, Buchungsmaschinen, Registrierkassen) den Männern vorzog und wesentlich schlechter bezahlte. In den Jahren vor dem Ersten Weltkrieg stellten die Frauen mehr als 1/4 der Angestellten, ein Trend, der sich weiter fortsetzte.

Die Arbeiterfamilie

Im letzten Drittel des 19. Jahrhunderts wuchs die Industriearbeiterschaft in Deutschland allmählich zu einer weitgehend einheitlichen Klasse zusammen, die geprägt war durch gleiche Arbeits- und Lebensbedingungen sowie durch ein einheitliches soziales und politisches Bewusstsein. Arbeiterfamilien lebten in einem eigenen sozialen Milieu, das von der Sozialdemokratie geprägt war. In sozialdemokratischen Jugend- und Frauenvereinen, in Sport- und Gesangsvereinen, in Lesezirkeln und Leihbibliotheken fanden die Arbeiter ihre geistige Heimat. Die Arbeiterschaft feierte auch ihre eigenen Feste: den 1. Mai, den 18. März als Gedenktag für die gefallenen Berliner in der Revolution von 1848, den 31. August als Todestag des Arbeiterführers Ferdinand Lassalle. Dies alles förderte die Integration nach innen und sorgte für eine Abgrenzung zu anderen Gesellschaftsschichten, vor allem zum Bürgertum, und ist auch als Folge der fehlenden sozialen Anerkennung und politischen Gleichberechtigung durch die höheren Gesellschaftsklassen zu verstehen.
Das Leben der Arbeiterschaft spielte sich in den Städten ab. Man wohnte äußerst beengt, in Mietskasernen ohne fließendes Wasser, oft ohne Elektriziät, ohne eigene sanitäre Anlagen. In den Arbeiterfamilien ging es vorrangig um die nackte Existenz: Frauen und Kinder mussten arbeiten, um das Familieneinkommen zu sichern. Die Kinder konnten deshalb oft nur die Pflichtschulzeit erfüllen, wodurch ihnen ein gesellschaftlicher Aufstieg weitgehend verwehrt blieb und sich die Existenzform in der Familie weitervererbte.

6 **Wäscherinnen.** Gemälde von Wilhelm Gause, um 1890

Die Frauenbewegung

Das Leben vieler Frauen hatte sich bis zum Ende des 19. Jahrhunderts grundlegend verändert. Zwar wurden die Mädchen der mittleren und oberen Schichten ganz nach dem traditionellen Frauenbild erzogen, wonach die Frau für die drei „K“ zuständig war: Kinder, Küche, Kirche. Doch die Mädchen aus den unteren Gesellschaftsschichten mussten wegen der meist geringen Einkünfte zum Familienunterhalt beitragen. Bäuerinnen arbeiteten auf dem Feld, Arbeiterfrauen in der Fabrik. Ihr Arbeitstag war genauso lang wie der der Männer. Für geringeren Lohn als die Männer arbeiteten sie meist 12, 14 oder auch 16 Stunden. Trotzdem waren die Frauen damals nicht gleichberechtigt.

In den letzten Jahrzehnten des 19. Jahrhunderts waren immer mehr Frauen als Angestellte tätig. Sekretärin, Telefonistin, Stenotypistin und Verkäuferin wurden zu neuen typischen Frauenberufen. Stellen im Büro wurden auch aus finanziellen Gründen immer mehr mit Frauen besetzt, denen sich damit ein neues Berufsfeld eröffnete, in dem auch Frauen aus dem Bürgertum tätig werden konnten, für die körperliche Arbeit verpönt war.

Als im Jahr 1900 das Bürgerliche Gesetzbuch neu gefasst wurde, wurde jedoch immer noch die Vormundschaft des Vaters bzw. Ehemanns über die Frau festgeschrieben: Wo die Familie wohnte, wie sie lebte, wie das Geld verwendet wurde, ob die Frau berufstätig sein durfte – das alles entschied der Mann, der als „Familienoberhaupt“ allgemein akzeptiert war. Doch immer mehr Frauen und fortschrittlich denkende Männer stellten am Ende des 19. Jahrhunderts die tradierten Geschlechterrollen in Frage und hatten dabei auch einige Erfolge.

So durften ab 1900 Mädchen Gymnasien besuchen und wurden schließlich auch zum Hochschulstudium zugelassen, wodurch das Selbstbewusstsein der Frauen stieg. In ganz Deutschland entstanden Frauenvereine, die sich 1894 im „Bund Deutscher Frauenvereine“ zusammenschlossen und eine bessere Ausbildung für junge Frauen, volle politische und bürgerliche Rechte (Wahlrecht) sowie Zugang zu allen Berufen forderten.

7 Pfaff-Nähmaschine. Werbeplakat, um 1885, das die Hausfrau als Näherin und als Herstellerin neuer Kleidungsstücke umwirbt.

8 Der „Salon"

Wenn ein junges Brautpaar seine Angelegenheiten ordnet, um sich ein behagliches Heim zu gründen, bildet die Frage, wie dieses Heim beschaffen sein soll, den Gegenstand ernster Erwägungen. Natürlich, es gibt ja so viele Dinge, die absolut zu beschaffen sind, daß man ordentlich Mühe hat, nichts zu vergessen und wenn man glücklich alle Kleinigkeiten bewältigt hat, dann beginnt die Generaldiskussion über einen Hauptpunkt, über den Salon. Salon heißt zwar im Allgemeinen der luxuriös ausgestattete Raum, in welchem die Aristokratie, die Finanzgrößen, die zur Repräsentation verpflichteten Würdenträger die Gesellschaft empfangen, allein die kleine Welt will auch ihr Recht haben und nennt die „gute Stube", in der die kostbarsten Habseligkeiten aufbewahrt sind, ihren Salon. In diesem Salon, der eigentlich nicht den guten Leuten selbst, sondern den Vettern, Basen und der Gevatterschaft gehört, der im Winter selten geheizt, im Sommer selten gelüftet wird, paradiren die besten Inventarstücke. Da steht ein mit Sammt, Rips oder Wolldamast überzogenes Kanapee, auf das sich der Hausherr gar nie, die Hausfrau nur selten setzen darf, entsprechende sechs Stühle, die wesentlich mithelfen müssen, durch gleichheitliche Vertheilung Dekorationsdienste zu leisten, ein polirter Tisch mit gehäkelter Decke, der nur das Körbchen oder die Schale mit Visitenkarten zu tragen hat, ein Glasschrank, welcher die schönen Tassen, die silbernen Kaffeelöffel, verschiedene Glückshafengewinnste, Wein- und Theeservice sehen läßt, hie und da auch ein Piano, welches in seiner Einsamkeit ein trauriges Dasein fristet und am Ende prangen dort noch ein paar Kommoden, welche verschiedene Habseligkeiten bergen, die vielleicht nicht salonfähig sind. Dann vergessen wir nicht den großen Spiegel in Goldrahme, der über dem Pfeilertischchen hängt und die reizenden Oelfarbdruckbilder, sowie die steifen weißgeblümten Vorhänge, und das Kleinod der Behausung ist geschildert. Es hat Mühe und auch Geld gekostet, das Alles so schön zusammenzubringen; daher wird jedes Stückchen geschont, möglicher Weise werden die Möbel sogar mit Linnenüberzügen versehen, denn das macht sich auch nicht übel, wie etwa in einem vergessenen Schlosse, das von den Besitzem nie mehr besucht wird. So sieht das Gemach aus, das der Deutsche – zum großen Theile trifft es zu – als seine schönste Stube bezeichnet, die noch dazu des Besitzers Wohlstand und seinen Geschmack repräsentiren soll. Leider auch seinen Geschmack. Damit ist das Urtheil gesprochen. Gibt es etwas geschmackloseres, als diese Art von Salons, die in ihrer simplen Nacktheit oder vielseitigen Ueberladung den Aufenthalt auf die Dauer verleiden. [...]

Anonym: Das deutsche Wohnzimmer. In: Der Sammler. Belletristische Beilage zur Augsburger Abendzeitung Jg. 50, 1881, Nr. 42, S. 7.

9 Die Entlohnung der Angestellten

Gehalts-Regulativ der Maschinenbau-Actien-Gesellschaft Nürnberg (1898)

Für die Bemessung der Bezüge der Beamten an Gehalt, Wohnungsentschädigung und Tantieme sollen, soweit nicht besondere Verträge bestehen, folgende Bestimmungen gelten:

1. Es werden 5 Gehaltsklassen gebildet, von denen umfasst:

a) Klasse I. Die Oberingenieure der grösseren Werkabteilungen mit einem durchschnittlichen Jahresgehalt von etwa M. 6000.

b) Klasse II. Die Oberingenieure der kleineren Werkabteilungen, die Stellvertreter der Oberingenieure der Klasse I, die Betriebsingenieure der grossen Werkabteilungen und die Vorstände der grossen Verwaltungsabteilungen mit einem durchschnittlichen Jahresgehalt von etwa M. 4200.

c) Klasse III. Die Betriebsingenieure der kleineren Werkabteilungen, die selbstständig arbeitenden Ingenieure und die Vorstände der kleineren Verwaltungsabteilungen mit einem durchschnittlichen Jahresgehalte von etwa M. 3000.

d) Klasse IV. Die Hilfsingenieure, Buchhalter, Magazinsvorstände und die Oberwerkmeister mit einem durchschnittlichen Jahresgehalte von etwa M. 2000.

e) Klasse V. Das weitere Hilfspersonal bestehend aus Technikern, Zeichnern, Commis. Werkmeistern mit einem durchschnittlichen Jahresgehalte von etwa M. 1500.

Die Einreihung der Beamten in die verschiedenen Klassen, die Festsetzung des Gehaltes innerhalb der Klassen und die Versetzung von einer niedrigeren in eine höhere Klasse, dann eventuell die Festsetzung der Wohnungsentschädigung und die Einweisung in die Tantieme geschieht durch die Direktion von Fall zu Fall im Benehmen mit den Beamten.

Bezüglich der Tantieme wird bemerkt, dass eine solche für das erste Jahr der Dienstleistung grundsätzlich nicht gewährt wird und der Beamte erst dann in den vollen Bezug der Tantieme treten kann, wenn er durch mehrjährige gute Dienste sich hervorgethan hat.

2. Für Bemessung der Tantiemen gelten folgende Einheiten:

a) Anzahl der Dienstjahre bis einschliesslich des 25ten (spätere Dienstjahre zählen nicht).

b) Anzahl der Teile, in welche sich das feste Jahresgehalt durch 150 teilen lässt. Diese Einheiten werden in der Regel für die Beamten der Klasse I doppelt, für die übrigen Klassen in den ersten Dienstjahren zur Hälfte und später einfach genommen. [...]

Zit. nach: Geschichte Bayerns im Industriezeitalter. Hg. von Bernward Dencke. Stuttgart 1987, S. 127f.

10 Die Situation der Arbeiterfrau

Was die Lebensweise und die Nahrung der Arbeiter überhaupt in ihrem eigenen Haushalte betrifft, so sind wohl nicht viele im Stande, für eine solch geringe Entschädigung wie die erwähnte, sich eine gleich gute Nahrung und in so vortrefflicher Zubereitung zu verschaffen. Die Frauen der Arbeiter stammen meistens ebenfalls aus dem Arbeiterstande und hatten zum Theil als Mädchen wenig oder gar keine Gelegenheit einen Begriff von einer geregelten und dabei sparsamen Führung des Haushaltes zu erhalten. Die Arbeiter, welche Gelegenheit hatten, ihre Frauen aus dem Stande der Dienstmädchen zu wählen und zwar solcher, welche in der Schule tüchtiger Hausfrauen waren, sind meistens ersichtlich besser daran, als die, deren Frauen eine solche Gelegenheit nicht hatten und als Töchter einer Arbeiterfamilie nur den Unterricht der vielleicht ebenfalls im Haushalte und im Kochen ungenügend vorgebildeten Mutter geniessen konnten.
Dieser Erkenntniss, dass die Frau die Seele jedes Haushaltes, aber ganz besonders in dem des Arbeiters sein soll, ist wohl auch das Erscheinen eines kleinen Buches zuzuschreiben, welches eine Kommission des Verbandes „Arbeiterwohl" zu München-Gladbach herausgegeben hat, und auf welches ich mir erlaube, die Aufmerksamkeit zu lenken. Es ist betitelt „Das häusliche Glück" vollständiger Haushaltungsunterricht nebst Anleitung zum Kochen für Arbeiterfrauen, erschienen im Verlage von A. Riffarth, München-Gladbach und Leipzig.
Die Gründung von passenden Haushaltungsschulen dürfte vielleicht ein Mittel werden, eine Hebung der Arbeiterfrau und dadurch indirekt des ganzen Arbeiterstandes zu bewerkstelligen.
[...] Die Ernährungsweise der Arbeiterbevölkerung hängt von mehreren Faktoren ab. Einmal von der hauswirthschaftlichen Erziehung der Arbeiterfrauen, zum andern von den Lebensmittelpreisen und endlich von der Lohnhöhe. Hinsichtlich der hauswirthschaftlichen Erziehung der Arbeiterinnen können Fortschritte nicht festgestellt werden. Weder die öffentliche noch die private Thätigkeit hat geeignete weitere Veranstaltungen wie etwa Unterrichtsertheilung in Haushaltungsarbeiten an die armen Klassen, auf welche es hier zunächst ankommt, getroffen. Die bestehenden Haushaltungsschulen dienen aber wegen des mit dem Besuche derselben verbundenen Aufwandes diesem Zwecke zu wenig. Ausserdem bedingt der immer noch anwachsende Zuzug von Arbeiterinnen zu den Fabriken, dass eine immer grössere Zahl von Mädchen der Gelegenheit, sich die Fähigkeiten zur Führung eines kleinen Haushaltes und vor allen Dingen zur Herstellung von billigen und schmackhaften, Speisen anzueignen, verlustig geht. Es braucht wohl nicht darauf hingewiesen zu werden, dass viele der Haushaltungen in welchen der Mann Fabrikarbeiter ist, die Frau lange Zeit Fabrikarbeiterin war oder vielleicht auch nach der Verheirathung noch ist, in dieser Hinsicht fast alles zu wünschen übrig lassen und dass auf solcher Grundlage der Nachwuchs nicht gebessert werden kann.

Die Jahresberichte der königlich bayerischen Fabriken- und Gewerbe-Inspektoren für das Jahr 1896. München 1897, S. 382f.

11 Nachtarbeit von Kindern (1851)

Ein Stadtpfarrer an den Augsburger Magistrat:

Dessen bemerkte ich an bei den Jungen (13 und 14 Jahre alt), wenn (sie) kamen, eine gewisse Abgespanntheit und Schläfrigkeit, (die) mir auffiel und zumal bei dem Älteren auffiel, und der begabtere ist. Ich besprach mich mit ihnen, fragte sie, woher das komme? warum sie so oft fehlten? Worauf mir der ältere unter Thränen erwiderte, daß sie hie und da den Unterricht verschlafen härten, weil sie in der Chur'schen Garnspinn-Fabrik abwechslungsweise auch die Nacht hindurch arbeiten mussten und deßwegen auch oft schläfriger und überhaupt weniger aufgelegt zum Lernen wären.

Aus: Stadtpfarrer Schaefer an den Magistrat, 8.7.1851, Stadt Augsburg, 10/1677. Zit. nach: K. v. Zwehl und S. Boenke (Hg.): Aufbruch ins Industriezeitalter. München 1985, Band 3, S. 206.

12 Jugendliche Fabrikarbeiter (1856)

Der Augsburger Magistrat über die Verwendung junger Leute zur Fabrikarbeit:

Zwei jüngst vorgekommene Fälle, indem ein Knabe 13 Jahre alt heimlich davon gieng, ein anderer Knabe, 14 Jahre alt, wegen zu geringer Nahrung und Ermüdung ins Krankenhaus kam, beide in hiesigen Fabriken verwendet, legen dem Stadt-Magistrat die Pflicht auf, die sämtlichen Fabrik-Etablißements auf Zufordern, wenn nur immer thunlich, im Interesse der Menschlichkeit die Aufnahme zu junger, noch nicht ausgebildeter Knaben und Mädchen als Fabrikarbeiter zu vermeiden, jeden Falls aber darauf zu sehen, daß die Aufzunehmenden auch körperlich kräftig sind. Müßten junge Leute aufgenommen werden, so gebietet es eben wieder die Menschlichkeit, dafür Sorge zu tragen, dass solche jungen Leute nicht, wie ausgewachsene, vollkommen kräftige Arbeiter von früh 5 Uhr bis Abends 7 Uhr ununterbrochen zur Arbeit verwendet werden, daß die Fabrikaufseher besonders darauf achten, daß diese jungen Leute auch die erforderliche Nahrung erhalten und zu sich nehmen. Es wird angemessen seyn, wenn die Fabrikärzte sich von Zeit zu Zeit um diese Kinder etwas umschauen und ihnen die der Jugend gebührende Aufmerksamkeit zuwenden.

Stadt Augsburg. Aktenbestand 5/674. Zit. nach: K. v. Zwehl und S. Boenke (Hg.): Aufbruch ins Industriezeitalter. München 1985, Band 3, S. 206.

13 Vom gesunden Wohnen

[...] Sonnenreiche Wohnungen haben vor allen anderen den Vorzug. Wo in Wohnungen das Sonnenlicht fehlt, da mangelt auch, wie vorbesagt, das dasselbe begleitende, so überaus luftreinigende Ozon und haben die giftigen Gase freien Spielraum.
Wohn- und Familienzimmer müssen gegen Süden oder Südosten liegen; Garderobe und sonstige untergeordnete Räume, also: Küche, Speisekammer, Treppenhaus, Abort sind gegen Norden und Osten zu legen.
Krankenzimmer und Schlafzimmer sind gegen Licht und Sonne (südlich) zu legen, um denselben die milderen Luftströmungen zuzuführen.
Die Größe des Schlafzimmers soll ja in richtigem Verhältnis zur Zahl der Personen stehen. Wer morgens vor dem Aufstehen in ein zu kleines mit zu vielen Menschen belegtes Schlafzimmer tritt, prallt förmlich zurück vor dieser verdorbenen Luft und die armen Menschen schlafen in einem solchen verpesteten Raume und leiden Schaden an ihrer Gesundheit. Das Schlafzimmer sei jedem Sonnenblicke und jedem frischen Lufthauche zugänglich; es muß während der Zeit des Schlafens eine allzu große Luftverschlechterung durch Kohlensäure vermieden werden. Viele Menschen sind in Folge ihres Amtes und Geschäftes gezwungen, den Tag über in schlechter Luft zu arbeiten und für sie ist die einzige Erholung ein gesundes geräumiges Schlafzimmer von möglichst reiner Atmosphäre.
Zimmer, in welchen sich viele Menschen aufhalten, sollen nur einfach getüncht werden, indem die Luft auch durch die Poren der Umfassungsmauern unvermerkt dringt und die Atmosphäre im Zimmer verbessert. – Da fast alle Menschen circa 4/5 ihres Lebens die Luft in Häusern athmen und nur etwa 1/5 im Freien, so ist Alles ferne zu halten, was die Hausluft verderben kann. In Küchen ist namentlich zu beachten, daß die Wassergußsteine gedeckelt und die Küchenwässer rasch abfließen, indem sonst die Küche zu einem eckelerregenden Aufenthaltsorte wird. [. . .]

Ferdinand Fleischmann: Wo und wie baue ich ein Wohnhaus? In: Gemeinnützige Wochenschrift Jg. 25, 1875, S. 328.

14 Das Wohnungselend in München (1904)

Dasselbe Verhältnis zwischen Mietpreis und Einkommen besteht bei den Lohnarbeitern. Nach der Wohnungszählung vom 1. Dez. 1900 gab es in München damals 10885 Wohnungen, bestehend nur aus einem einzigen Raum, und zwar, in 10492 Fällen nur aus einem Zimmer, in 166 nur aus einer Küche, in 177 nur aus einer Kammer, in 50 nur aus einem „sonstigen Raum“. Der Durchschnittspreis dieser einräumigen Wohnungen war 130 Mark im Jahr. Der Durchschnittspreis der 30275 zweiräumigen Wohnungen betrug 1900 207, nach der Probeerhebung im Frühjahr dieses Jahres 217 Mark; der Durchschnittspreis der 23333 dreiräumigen Wohnungen war 1900 311 Mark, nach der genannten Probeerhebung 325 Mark. Diesen Mietpreisen müssen wir die entsprechenden Einkommensverhältnisse gegenüberstellen. Leider lässt uns da die amtliche Statistik im Stich. Für Preussen wissen wir, dass 63 Procent der Bevölkerung ein Einkommen von 900 Mark jährlich nicht erreichen. Für Bayern können wir nicht einmal so viel angeben. Aber nach Erkundigungen, die ich beim hiesigen Arbeitersekretariate eingezogen habe, zahlt eine Familie, die gezwungen ist, sich mit einem Zimmer mit Kochofen zu begnügen, je nach dem Stadtteil, den sie bewohnt, 120–168 Mark bei einem Einkommen von 800 bis 900 Mark; für eine zweizimmerige Wohnung zahlt sie bei einem Einkommen von 900–1000 Mark 190–264 Mark; für eine dreizimmerige Wohnung bei einem Einkommen von 1200 Mark 300–396 Mark. Das würde im Durchschnitt einen Mietsaufwand im Betrag von 17, bezw. 24 und 29 Procent des Einkommens ergeben. In den Maximalbeträgen stiege der Mietsaufwand bis auf 21, bezw. 29,3 und 33 Procent. Indess stellen sich diese Procentsätze noch höher für die Tausende, deren Einkommen 800 Mark nicht erreicht. Gibt es doch in München sehr Viele, welche, weil sie nicht 500 Mark Einkommen haben und daher keine direkte Steuer zahlen, vom Wahlrecht ausgeschlossen sind, und Viele, die, obwohl sie nicht 500 Mark Einkommen haben, 50 Pfennig Steuer zahlen, nur um wählen zu können.
Betrachten wir nun die Rückwirkung dieser Mietpreise auf die übrigen Wohnungsverhältnisse. Ich will dabei ganz davon absehen, dass nach der Probeerhebung im Frühjahr dieses Jahres 26 Procent der untersuchten Wohnungen baulich vernachlässigt, in einer Anzahl Liegenschaften die Hofräume überhaupt nicht entwässert waren, dass Fälle festgestellt wurden, in denen die Inwohner von 5 und mehr Wohnungen, 20 bis 28 Personen, auf einen Abort angewiesen und dass 3,8 Procent der untersuchten Wohnungen feucht waren, dass in 23,1 Procent nur eine Höhe von 2 Meter, in weiteren 16,8 Procent nur eine solche von $2^1/_4$ Meter gemessen wurde, und dass sich darunter solche unter 6 Quadratmeter Fläche befanden. [...]
Bis sie kommen wird an andere Mieterklassen vermietet, gewissermassen als Trockenwohner. Damit diese einziehen können, vermietet ihnen entweder der Hausherr nur einen Teil der im übrigen unabgeteilten Wohnung, einem anderen Haushalt einen anderen Teil, oder er überlässt ihnen selbst, einen Teil der Wohnungen an einen anderen Haushalt weiter zu vermieten. [...]
Allein die blosse Teilung von Wohnungen, welche nur für eine Familie bestimmt sind, unter mehrere Haushalte ist noch nicht ausreichend, um die Miete für die Bewohner erschwinglich zu machen. Dazu müssen noch After-

mieter, Zimmermieter und Schlafgänger aufgenommen werden. Die Missstände, die sich daraus ergeben, lassen sich denken. Sie gehen bis zu gemeinsamer Benützung eines Schlafraums seitens unverheirateter Personen verschiedenen Geschlechts (nicht Geschwister oder sonst Angehörige der eigenen Familie). Der fünfte Teil der Zimmermieter und zwei Drittel der Schlafgänger in den untersuchten Wohnungen musste sich mit anderen Aftermietern oder mit Familienmitgliedern des Vermieters in die Benutzung eines Raumes teilen. In 148 Fällen von 4424 untersuchten war männlichen Personen der Zugang zum eigenen Schlafraum nur durch die Schlafräume weiblicher Personen und umgekehrt möglich, [...]. „Dabei", sagt der Bericht, „sind öfters Divan und ähnliche Lagerstätten als Betten gezählt, einmal auch ein Kinderwagen und einmal (für ein Kind) ein Holzkoffer."

Die Rückwirkung solcher Zustände auf den pro Kopf verfügbaren Luftraum ist begreiflich. Vergegenwärtigen wir uns zunächst, was für unsere Gefangenen an Luftraum gesetzlich verlangt wird! [...] In Bayern ist in den Einzelzellen mit Aufenthalt bei Tag und Nacht schon früher sogar 25 Kubikmeter Luftraum gefordert worden, und die Zellen in Straubing, die zum Aufenthalt nur bei Nacht und in der arbeitsfreien Zeit dienen, haben immer noch 21–22 Kubikmeter. In 4,2 Procent der in diesem Frühjahr untersuchten Wohnungen freier Münchener dagegen erreichte der Luftraum nicht 10 Kubikmeter pro Person, in 9,3 Procent nicht 15, in 24,3 Procent nicht 20 Kubikmeter.

Noch bedenklicher ist die Rückwirkung auf die Familien- und Sittlichkeitsverhältnisse. [...]

Lujo Brentano: Wohnungs-Zustände und Wohnungs-Reform in München. Ein Vortrag. München 1904, S. 8–11.

15 Schlafgänger in München

Die hier in Betracht kommenden Schlafstellen befinden sich in der Schulstrasse (Neuhausen, XXI. Stadtbezirk). Geht man dort in einem Haus von mässiger Grösse durch einen Durchgang zum Hinterhause, so findet man hier zunächst im Parterre eine Wohnung mit 2 Zimmern und Küche vor. Die Küche wird von der Mieterin, einer ca. 40–50 Jahre alten Witwe, bewohnt. Sie dient ihr gleichzeitig als Koch- und Schlafraum und als Wohnraum am Tage. Alles liegt hier wirr durcheinander. Der Bewurf der Wände ist abgefallen. Die Decke und das Bett starren vor Schmutz. In diesem Raume wird noch dazu für 4 Schlafgänger gekocht. Die 2 heizbaren Zimmer sind an 4 jugendliche Arbeiter, die in der Krausschen Lokomotivfabrik beschäftigt sind, abvermietet. Je 2 davon bewohnen ein Zimmer. Auch hier sind Betten und Wände schmutzig. Eine Reihe von Haushaltungsgegenständen, Kleidern etc. liegt wirr durcheinander. Der Schlafraum für die Schlafburschen schien mir genügend zu sein; es waren pro Person ca. 16–20 cbm Luftraum vorhanden.

Für diese Schlafstellen bezahlten die Schlafburschen je 10 Mark monatlich, inkl. Besorgung der Wäsche. Die Frau selbst zahlte 20 Mark monatlich für die ganze Wohnung. Für das Mittagessen wurden 50 Pfennig pro Mann entrichtet. Das Abendessen nahmen die Schlafburschen nicht in ihrer Wohnung ein. Die Wohnung hinterliess dem Beschauer einen keineswegs angenehmen Eindruck, denn Schmutz und Verwahrlosung herrschten hier in unglaublicher Weise.

Ernst Cahn: Das Schlafstellenwesen in den deutschen Großstädten und seine Reform mit besonderer Berücksichtigung der Stadt München. Stuttgart 1898 (Münchener Volkswirtschaftliche Studien, St. 28), S. 22–23.

16 Über die Hygiene

Wenn wir die Behauptung aufstellen, daß die Menschen im Allgemeinen zu wenig baden, so dürften wir damit wenig begründeten Widerspruch finden. Solange naheliegende Gründe in den ersten Lebensmonaten regelmäßige Bäder notwendig machen, wird in den besseren Familien nichts versäumt, sobald aber die Kinder angefangen haben, zu laufen, wird ihnen die Wohlthat eines Bades immer seltener zu Teil. Auch bei den Erwachsenen kann mit Recht über eine Wasserscheu geklagt werden, die sich zum Teil durch Indolenz erklärt, zum anderen Teile aber dadurch, daß die Badegelegenheit nicht im Hause ist. Seit einigen Jahren ist in dieser Beziehung vieles geschehen und namentlich in den Großstädten findet sich in jeder, halbwegs guten und modernen Wohnung auch ein Badezimmer. Auf dem Lande dagegen und in den kleineren Städten merkt man von diesem Fortschritt der Zeit noch nichts. Es ist noch gar nicht lange her, daß ein Ratsherr in Schwaben die Errichtung einer Winterbadeanstalt mit den Worten ablehnte: „Ich bin 60 Jahre alt geworden und habe mich nie gebadet." [...]

Geht es also nicht an, jeden Tag mit einem Morgenbad zu beginnen, so muß man wenigstens den Oberkörper bis zur Hüfte täglich mit kaltem oder wenigstens mit lauwarmem Wasser waschen und dann gehörig frottieren, dann aber doch alle 8 Tage – Winter wie Sommer – ein Wannenbad nehmen. [...]

Wem auch dies nicht möglich ist, allwöchentlich in einem Wannenbad seinen Körper einer gründlichen Reinigung zu unterziehen, dem bieten sich in den Städten die sogenannten Brausebäder, die als eine sehr segensreiche Einrichtung zu bezeichnen sind. Mit geringen Unkosten wird dem Einzelnen ein ziemlicher Ersatz des Vollbades gewährt und auch die kleineren Städte sollten sich bestreben, baldmöglichst solche Brausebäder einzurichten. Wenn dieselben auf Gemeindegrund und auf Gemeindekosten gebaut werden, so brauchen sie auch keine Ueberschüsse zu erzielen und das einzelne Bad

17 Speisenkarte des Berliner Königlichen Hofes (22. Juli 1889)

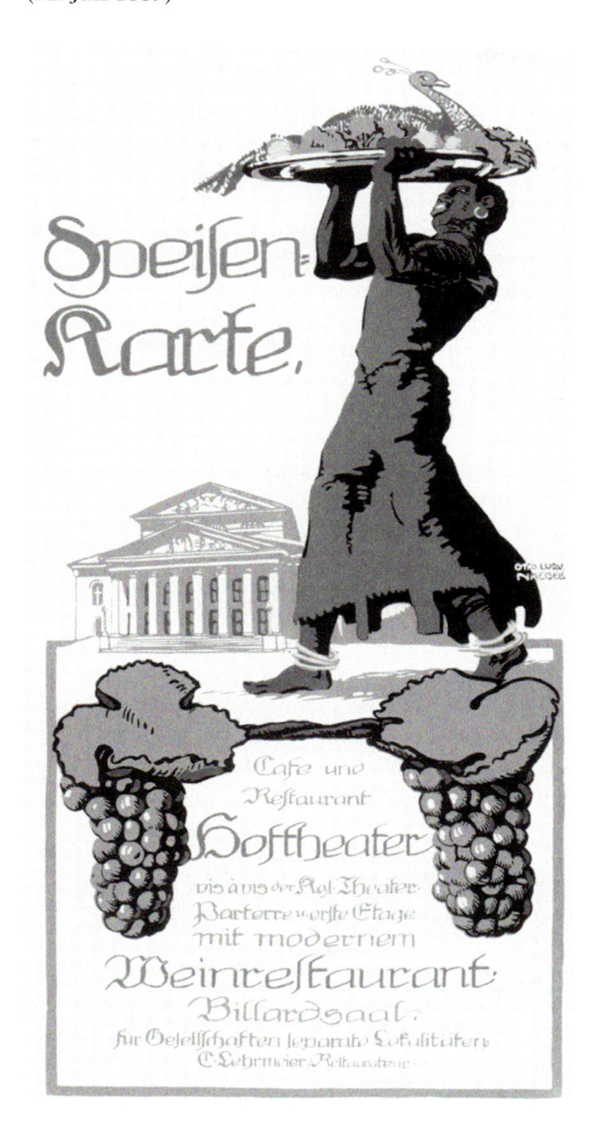

kann für 10 Pfg. abgegeben werden, eine Summe, die viele Menschen für ihre Gesundheit übrig haben werden, die jetzt die ungleich teureren Wannenbäder nicht oder nicht häufig genug besuchen können.

Franz C. Müller: Über das Baden. In: Bayerisches Jahrbuch. Kalender für Bureau, Comptoir und Haus, Jg. 11, 1898, S. 125 f.

18 Die Ernährung der ländlichen Bevölkerung in Oberbayern (1860)

Charakteristisch für die Nahrungsweise des Landvolks in ganz Oberbayern ist die fast ausschließende Herrschaft von Mehl-, Milch- und Schmalzspeisen mit einem Zusatz von Gemüsen und die Beschränkung des Genusses von Fleischspeisen auf die fünf höchsten Festzeiten des Jahres: Fastnacht, Ostern, Pfingsten, Kirchweih und Weihnachten, so daß Fleischspeise und Festgericht für den Bauern fast identisch wird; nur an den Festtagen im Leben des Einzelnen – bei einem Kindelmahl oder Hochzeitsschmaus – wird eine Ausnahme von jener Beschränkung, aber dann freilich auch in ergiebigem Maße, statuirt. […]

Das Frühstück besteht fast nirgends in Kafe, nur im Lechrain kömmt dieser Trank, welcher sonst nur als besondere Herzstärkung hie und da von der Bäuerin im Verborgenen geschleckt wird, in manchen Häusern aus Einfluß städtischer Sitte als regelmäßiges Morgengericht vor. Vielmehr ist das normale Frühstück der Bauern eine Suppe, Milch-, Brenn-, Wasser- oder Brod-Suppe, in reicheren Gegenden mit Teig gekocht oder aufgeschmalzt, warme Milch oder ein Mus. […] In ärmeren Gegenden, z. B. im untern Lechrain, gibt freilich der Bauer seinen Leuten Morgens nur ein Haber- oder Nachfesenmus und der arme Söldner gar nur eine Wassersuppe, in der statt des Brodes Kartoffeln schwimmen.

Darauf folgt um 9 Uhr Morgens ein zweiter Imbiß, in manchen Strichen nur zur Zeit schwerer Arbeit, namentlich zur Ernte und beim Dreschen, im Winter gewöhnlich aus Brod und Kartoffeln, im Sommer aus Brod und Milch bestehend, bei reicheren Bauern wird Halbbier (Schöps) dazu gegeben, Nachtrunk „Hainzel" genannt und häufig mit Schwarzbrod aus der Schüssel getunkt; in den obstreichen Gegenden des Chiemgaues werden statt dessen Aepfel und Birnen, im Winter als Dürrobst gekocht, gereicht. – Ganz dieselbe wird als Vesperbrod um 3 Uhr als „Unter" namentlich zur Erntezeit den Schnittern, in anderen Gegenden jedoch das ganze Jahr den Knechten und Dirnen gegeben.

Was nun den Mittagstisch betrifft, so lassen sich gewisse Hauptunterschiede der Kost nach den Landschaften allerdings aufstellen, wobei jedoch natürlich, je nach dem Reichthum der Gegend, sowohl qualitativ als quantitativ, innerhalb derselben Küchenart wieder vielfache Abstufungen vorkommen. Auch stellen sich häufig in Uebergangsgegenden Mischungen, wie der Sitte und Lebensweise überhaupt, so auch der Küchenarten dar. So herrscht im Lechrain eine mäßige Kost von Milch, Mehl und Gemüse, und zwar vor allem Kraut, das von Rüben, Gersten, Dotschen (von il torso = der Strunk, namentlich bei den Kolrabi) und Dürrobst abgelöst wird. Charakteristisch ist die schwäbische dicke Suppe, die bei den meisten Mahlzeiten erscheint; auch Erdäpfel und „Schlotter" – gestockte Milch – sind ein gewöhnlich Essen. Doch daneben fehlt auch nicht die reiche Auswahl von gebackenen und geschmorten Kücheln, Nudeln, Krapfen etc., welche meist im Winter aufgegangen, im Sommer gebacken den Stolz der bäuerischen Küche in ganz Altbayern ausmachen. Diese Kücheln, die übrigens in den Tagen des Heumachens und Kornschneidens in den meisten Gegenden allabendlich erscheinen müssen, zieren in ärmeren Landschaften nur den Sonntagstisch, während in mittel reichen die Sitte die Zahl der Wochentage bestimmt, an denen sie das Gesinde fordern darf.

Aus: Bavaria. Landes- und Volkskunde des Königreichs Bayern, Bd. 1, 1. Abt. München 1860, S. 439 ff.

19 Die Frauenbewegung

a) Bericht einer 18-jährigen Münchnerin

Ich gehe Tag für Tag an meine Arbeit, seitdem ich von der Schule entlassen bin. Ich musste auch schon vorher fest zu Hause mithelfen, weil wir viele Geschwister sind, und da kommt mir das Arbeiten nicht mehr hart an, weil ich es schon gewöhnt bin. Ich bin schon fast 3 Jahre in einer Waschfabrik beschäftige, habe zuerst als Maschinenmädchen gearbeitet und seit $^1/_2$ Jahr bin ich im Bügeln.

b) Umgang in der Fabrik

Die in den Fabriken arbeitenden Männer sprechen von den weiblichen Arbeitskräften stets als von „Weibern", während die Frauen und Männer von ihren Arbeitskollegen als von „Herren" sprechen.

M 20a und b aus: Rosa Kempf: Das Leben der jungen Fabrikmädchen in München. Diss. München, Leipzig 1911, S. 201. Zit. nach: Elisabeth Plößl: „Ich gehe Tag für Tag an meine Arbeit". S. 33, 36. In: Sybille Krafft (Hg.): Frauenleben in Bayern. Bayerische Landeszentrale für politische Bildungsarbeit. München 1993.

c) Behandlung der Arbeiterinnen in der Fabrik

Fast jeden Tag kann man Frauen und Mädchen an den Maschinen weinend arbeiten sehen. An den schlecht laufenden Maschinen kann dem Herrn Untermeister nicht schnell genug gearbeitet werden, bei den kleinsten Fehlern prasselt ein Hagel von Schimpfwörtern und Flüchen auf die Arbeiterinnen nieder.

d) „Unwillige Frauen"

Eine andere Zeugin bekundet, dass Arbeiterinnen schlechte Arbeit und infolgedessen geringen Lohn bekamen, wenn sie sich den Gelüsten des Meisters Hoffmann nicht willig gezeigt oder einen Antrag, „ein Geschäft zu machen", abgelehnt und davon erzählt hatten.

M 19c und d zit. nach: Elisabeth Plößl: Weibliche Arbeit in Familie und Betrieb. München 1983, S. 259, 263.

21 Ein möglicher Ausweg: das Frauenstudium

Den überwiegend ablehnenden Meinungen zum Frauenstudium erwidert 1874 die Schriftstellerin und Frauenrechtlerin Hedwig Dohm in ihrem heute noch modern anmutenden Essay „Die wissenschaftliche Emancipation der Frau" Folgendes:

Ich meine: Die Frau soll studieren.

1. Sie soll studieren, weil jeglicher Mensch Anspruch hat auf die individuelle Freiheit, ein seiner Neigung entsprechendes Geschäft zu treiben. [...] Freiheit in der Berufswahl ist die unerlässlichste Bedingung für individuelles Glück.

20 Frauenleben

„Das Fräulein vom Amt" wurde um 1900 eine sprichwörtliche Bezeichnung für einen neuen typischen Frauenberuf, den die technische Entwicklung mit sich brachte. Telefonistinnen um 1900 stellen die Verbindung her.

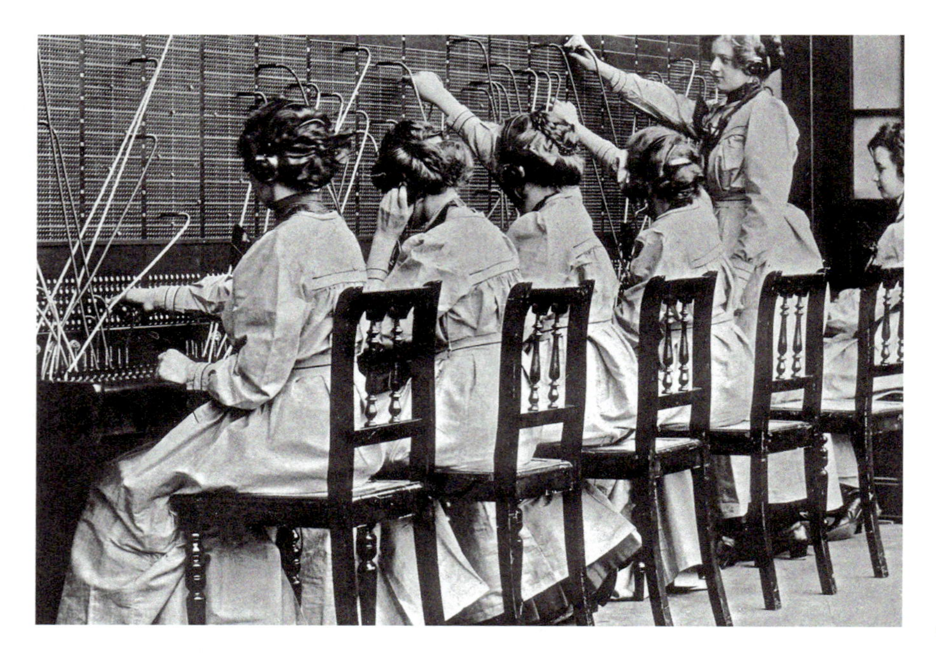

2. Sie soll studieren, weil sie aller Wahrscheinlichkeit nach eine vom Manne verschiedene geistige Organisation besitzt (verschieden, aber nicht von geringerer Qualität) und deshalb voraussichtlich neue Formen der Erkenntnis, neue Gedankenrichtungen der Wissenschaft zuzuführen imstande sein wird [...].

3. Medizin aber soll die Frau studieren, einmal im Interesse der Moral und zweitens, um dem weiblichen Geschlecht die verlorene Gesundheit wiederzugewinnen [...].

4. Die Frau soll studieren, um ihrer Subsistenz willen. Niemand hat das Recht, eine Menschenklasse in ihren Subsistenzmitteln zu beschränken, es sei denn, Staat und Gesellschaft übernähmen die Verantwortung für die angemessene Versorgung dieser Klasse.

5. Die Frau soll studieren, weil Wissen und Erkenntnis das höchste und begehrenswerteste Gut der Eide ist [...].

Zit. nach: Marita A. Panzer: „Zwischen Küche und Katheder“, S. 105. In: Sybille Krafft (Hg): a. a. O.

Arbeitsvorschläge

a) Vergleichen Sie die Lebensverhältnisse von Großbürgertum und Arbeiterschaft (VT, M 1, M 2).

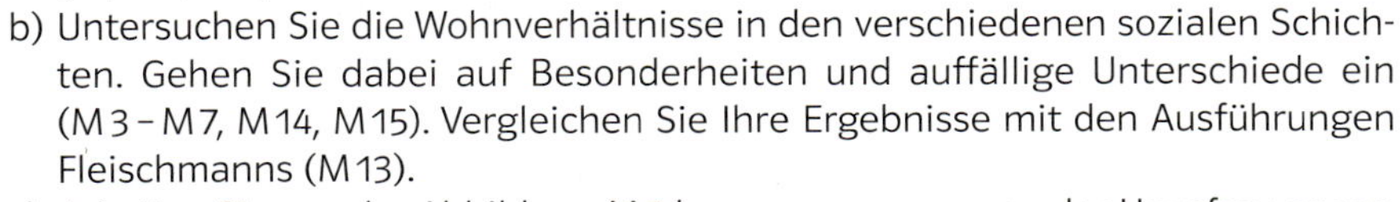

b) Untersuchen Sie die Wohnverhältnisse in den verschiedenen sozialen Schichten. Gehen Sie dabei auf Besonderheiten und auffällige Unterschiede ein (M 3 - M 7, M 14, M 15). Vergleichen Sie Ihre Ergebnisse mit den Ausführungen Fleischmanns (M 13).

c) Arbeiten Sie aus der Abbildung M 5 heraus, was man von der Hausfrau erwartete. Ordnen Sie den Inhalt dieser Abbildung einer Gesellschaftsschicht zu und vergleichen Sie ihn mit der Darstellung der Situation einer Arbeiterfrau (M 10). Überprüfen Sie die Anregungen auf ihre Praktikabilität.

d) Diskutieren Sie die Ernährungssituation in den verschiedenen gesellschaftlichen Schichten (VT, M 17, M 18).

e) Legen Sie dar, wie sich der neue Stand der Angestellten im Laufe des 19. Jahrhunderts entwickelte (VT, M 9, M 20).

f) Zeigen Sie auf, was man unter dem Schlagwort „Frauenbewegung“ versteht und warum die Frauenbewegung im 19. Jahrhundert zu einem Thema der Politik wurde (VT, M 10, M 19–M 21).

g) Methode: Schreiben Sie einen Essay zum Leben der Kinder im 19. Jahrhundert. Entnehmen Sie Ihre Informationen den Quellen dieses Kapitels, vor allem M 1, M 2, M 11 und M 12.

h) Gestalten Sie eine Mind-Map, in der Sie das Verhältnis der Geschlechter im Deutschen Reich und in der Bundesrepublik Deutschland anhand aussagekräftiger Beispiele gegenüberstellen.

2.6 Demografischer Übergang am Ende der Industrialisierung

Die Bevölkerung im Wandel

Durch den Wandel der Agrargesellschaft zur Industriellen Gesellschaft, der das gesamte 19. und das beginnende 20. Jahrhundert andauerte, veränderte sich auch die Bevölkerungsstruktur. Dies ist ein Prozess, der in allen europäischen Ländern stattgefunden hat, die an der Industrialisierung partizipierten, also auch in Deutschland und Bayern; man spricht in diesem Zusammenhang vom „demografischen Übergang".

Das Modell des demografischen Übergangs

Das Modell des demografischen Übergangs beschreibt die Entwicklung einer Gesellschaft, in der das Bevölkerungswachstum lange stagniert (agrarische Gesellschaft) und sich dann verändert: Durch sinkende Sterblichkeitsziffern bei gleichbleibend hohen Geburtenziffern öffnet sich die Schere des beschleunigten Bevölkerungswachstums. Die Schere schließt sich wieder, sobald bei den anhaltend sinkenden Sterberaten auch die Geburtenrate sinkt und damit der Bevölkerungszuwachs zurückgeht (entwickelte Industriegesellschaft). Diese Übergangsphase lässt sich in fünf Phasen gliedern:

1. Phase (Vortransformationsphase): hohe Geburten- und Sterberaten, die die Bevölkerungszahl weitgehend im Gleichgewicht halten

2. Phase (Frühtransformationsphase): unverändert hohe Geburtenraten, aber rasch sinkende Sterberaten, was zu einem Anstieg der Zuwachsrate führt. Die Bevölkerungsschere öffnet sich.

3. Phase (Transformationsphase): nahezu parallel abnehmende Geburten- und Sterberaten. Die Zuwachsrate hält sich auf hohem Niveau.

4. Phase (Posttransformationsphase): rasch abnehmende Geburtenraten bei gleichbleibend niedrigen Sterberaten, in der Folge abnehmende Zuwachsrate. Die Bevölkerungsschere schließt sich.

5. Phase (Phase schneller Alterung): abnehmende oder gleich bleibende Geburtenrate bei gleich bleibender oder leicht zunehmender Sterberate. Die Zuwachsrate bleibt in etwa gleich hoch oder wird geringfügig niedriger.

Die Vorstellung vom demografischen Übergang ist ein Modell, das sich auf alle europäischen Staaten und auf Nordamerika, aber auch auf die Entwicklung von Ländern in der Dritten Welt, die sich im Industrialisierungsprozess befinden, anlegen lässt.

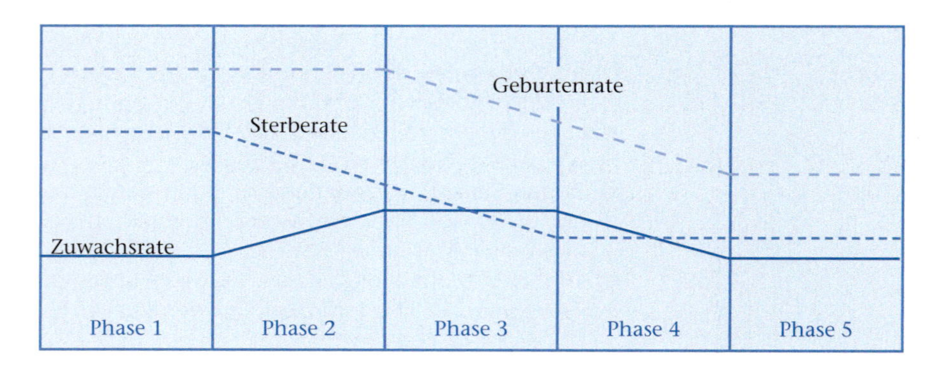

1 **Idealtypischer Verlauf des demografischen Übergangs** (nach J. Bähr, Bevölkerungsgeographie, Stuttgart 2004, S. 220)

Demografischer Übergang am Ende der Industrialisierung

Am Ende der Industrialisierungsphase, zwischen 1875 und 1910, hatte die Zunahme der Bevölkerung in Deutschland ihren Höchststand erreicht. In einem parallel verlaufenden Abschwung verringerten sich am Ende dieser Periode die Geburten- ebenso wie die Sterblichkeitsziffern; die Geschwindigkeit des Bevölkerungswachstums nahm dadurch ab.

Die Gründe für die verringerte Sterblichkeit waren:
- die bessere Ernährungsgrundlage und -verteilung (bei Missernten konnten Nahrungsmittel aus anderen Regionen herangeschafft werden),
- verbesserte hygienische Bedingungen (Trinkwasserversorgung und Brauchwasserentsorgung) sowie
- medizinische Fortschritte (u. a. Schutzimpfungen für Pocken).

Die Gründe für die reduzierten Geburten waren:
- Kinder dienen nicht mehr der eigenen Altersvorsorge,
- Kinder werden zunehmend zu einem Kostenfaktor: allgemeine Schulpflicht und Verbot der Kinderarbeit, wodurch Kinder als Arbeitskräfte mehr und mehr ausfallen; Aufstiegsorientierung der bürgerlichen Mittelschicht: Man will den Kindern eine gute Ausbildung zukommen lassen.

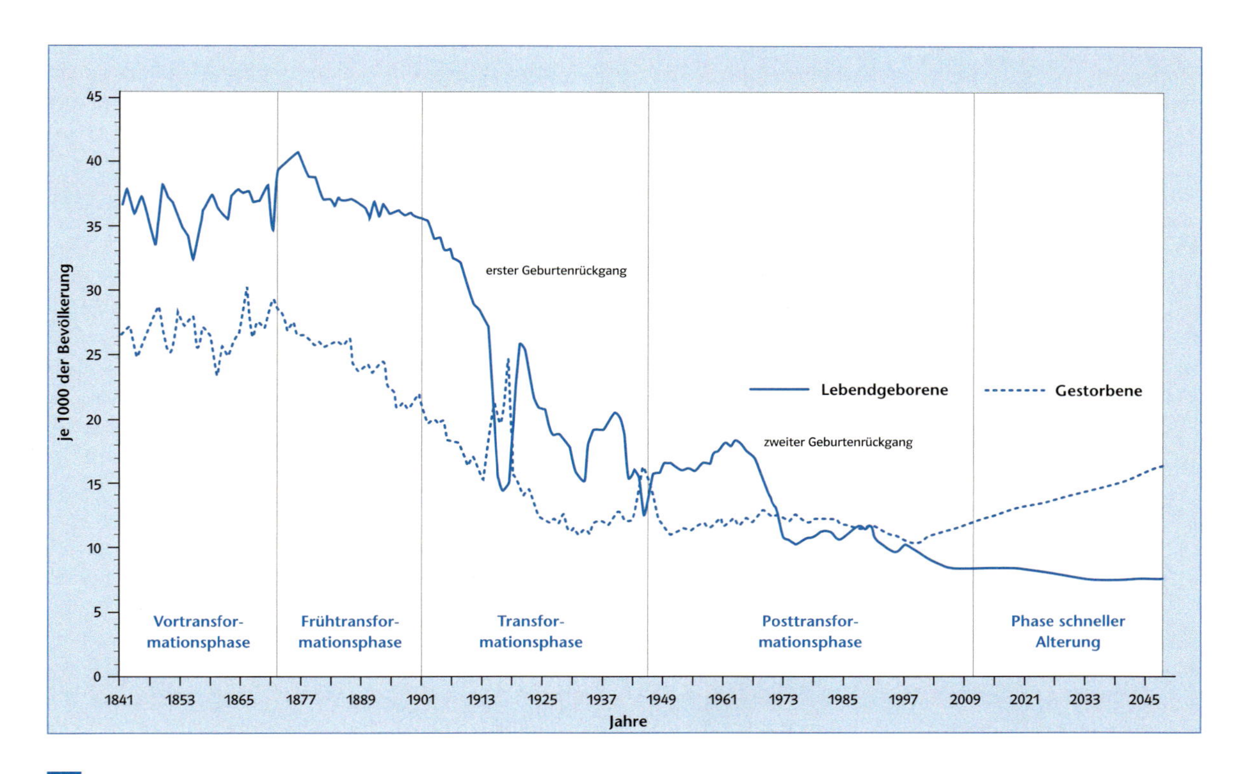

2 **Der demografische Übergang am Ende des 19. Jahrhunderts** (nach P. Marschalck, Bevölkerungsgeschichte Deutschlands im 19. und 20. Jahrhundert, Frankfurt am Main 1984, S. 183)

3 Michael Mitterauer über den „demografischen Übergang" seit 1800 (1993)

Dass der Anstieg der durchschnittlichen Lebenserwartung in den letzten zweihundert Jahren das Familienleben essentiell beeinflusst hat, ist offenkundig, Die Entwicklung „von der unsicheren zur sicheren Lebenszeit", wie man sie treffend charakterisiert hat, bestimmte das Zusammenleben in der Primärgruppe Familie in nachhaltiger Weise: Man konnte zunehmend damit rechnen, dass Kinder das Säuglingsalter überleben und in der Familie heranwachsen. Die Gefahr früher Verwitwung trat zurück. Die Aussicht auf einen langen Lebensabend wurde zunehmend realistisch. Mit dem Prozess der Industrialisierung hat dieser zeitlich in etwa parallel verlaufende Prozess des Mortalitätsrückgangs nahezu überhaupt nichts zu tun. Unter seinen vielfältigen Bedingungsfaktoren erscheinen vor allem drei von besonderer Bedeutung: Die der industriellen Revolution vorausgehende Agrarrevolution, die eine günstigere Ernährungsbasis schuf, die Verbesserung der hygienischen Situation, insbesondere durch reineres Trinkwasser in den Städten, und schließlich die Errungenschaften der Medizin, die zu Unrecht vielfach als die allein bewirkende Ursache angesehen werden. Sosehr Verlängerung von menschlichem Leben als Fortschritt gewertet werden muss – der Rückgang der Mortalität ließ auch neue Familienprobleme entstehen. Das Überleben von mehr Kindern stellte Eltern in städtischen und ländlichen Unterschichten vor elementare Probleme der Existenzsicherung. Nicht nur in diesen sozialen Schichten und nicht nur aus diesen Gründen gingen viele Ehepaare zu einer Einschränkung der Geburtenzahlen über. Es kam zum sogenannten „demografischen Übergang" – jenem Prozess, in dessen Verlauf es – zwar zeitlich phasenverschoben, aber doch alle europäischen Länder erfassend – im Anschluss an den Rückgang der Mortalität zu einem Rückgang der Natalität kam.

Michael Mitterauer: Familien im Spannungsfeld gesellschaftlicher Entwicklungstendenzen. In: Beiträge zur historischen Sozialkunde 4 (1993), S. 94.

4 Thomas Nipperdey über die „demografische Revolution" seit dem 18. Jahrhundert (1984)

Unser Zeitraum ist die Hoch-Zeit der demografischen Revolution, jenes staunenswerten Grundfaktums, das die europäische wie die deutsche Geschichte von der Mitte des 18. bis ins frühe 20. Jahrhundert hin bewegt. Diese Revolution vollzieht sich, indem sich die Art ändert, in der sich die Bevölkerung im Ganzen fortpflanzt, die „Bevölkerungsweise". In der alten Welt sind Ehen an Arbeit und Nahrung, an „Stellen" gebunden; nur ein Teil der Fortpflanzungsfähigen kommt zur Ehe, die anderen werden rechtlich und ökonomisch und durch die Militärverfassung in ein Zwangszölibat gedrängt; angesichts der Sanktionen gegen Unehelichkeit sind sie nur ganz vermindert zeugungsfähig. Dazu kommt – einer der erstaunlichsten universalgeschichtlichen Unterschiede des Westens zu allen anderen Kulturen – das relativ hohe Heiratsalter zwischen Mitte und Ende 20, das die Reproduktionsphase verkürzte. [...] Diese Situation verändert sich in West- und Mitteleuropa seit dem späteren 18. Jahrhundert und statistisch zeigt sich das in einem permanent hohen, zeitweise auch wachsenden Geburtenüberschuss. Das hat eine doppelte Ursache: Einmal gibt es, zumal im späten 18. Jahrhundert, leichte Veränderungen der Sterblichkeit, für die man Klima, Immunisierung, größere Widerstandsfähigkeit bei besserer Ernährung, Fortschritte der persönlichen Hygiene, die Pockenimpfung, das Ausbleiben der großen Seuchen – die letzte Pest tritt 1709/1711 auf, die Cholera des 19. Jahrhunderts ist in ihrer Wirkung begrenzter – und den Rückgang der Kriegsverheerungen verantwortlich macht. [...] Wenn der hohe Geburtenüberschuss kaum aus sinkenden Sterbeziffern zu erklären ist, dann umso mehr durch die Steigerung der Geburtenziffern. Hoher Geburtenüberschuss beruht auf Vermehrung der Eheschließungen oder geringerem Heiratsalter in den betreffenden Gebieten. Dafür ist zunächst wichtig die Freigabe der Ehe. Wo, wie in Preußen, keine behördliche, herrschaftliche, kommunale Genehmigung, kein Nahrungsnachweis erforderlich war – und zudem der 12-jährige Militärdienst weggefallen war –, wurde mehr geheiratet. [...] Das war nun der andere Grund für den Anstieg der Eheschließungen und damit die Geburtenüberschüsse: neue „Stellen", neue Arbeitsplätze. In Ostelbien hat der sogenannte Landesausbau eine riesige Stellenvermehrung gebracht und damit die ökonomische Möglichkeit zur Familiengründung. Es sind vor allem die verschiedenen Gruppen der Landarbeiter, die Unterschichten und die in sie aufgehenden jüngeren Bauernsöhne gewesen, die dieses Wachstum eigentlich trugen, die weit überproportional um das 2- bis 3 ½-fache gewachsen sind. Bis um 1840 fing das Land zunächst diesen Zuwachs noch auf. In den Gewerbegebieten – wie im späten 18. Jahrhundert schon in den Gebieten der Hausindustrie – entfällt die alte bäuerlich-zünftlerische Beschränkung des Heiratens auf die, die in eine „Stelle" einrücken, entfällt die soziale Kontrolle der „Ehrbarkeit" über die Unterschichten, und die der Eltern über die Kinder schwächt sich ab. Die faktische Möglichkeit zur bis dahin versagten Eheschließung nimmt stark zu. [...] Zur Bevölkerungsgeschichte des Jahrhunderts gehören schließlich die großen Wanderungsbewegungen, zuerst die Binnenwanderung, und das heißt in unserem Zeitraum vornehmlich die Verstädterung. [...] Im Vormärz geht die Verstädterung noch vergleichsweise langsam vor sich, der Bevölkerungsanstieg bleibt überwiegend auf dem Lande. Aber das Städtewachstum beruht, da sich wegen der hygienischen Verhältnisse die Bevölkerung der Städte kaum selbst reproduziert, hauptsächlich auf Zuwanderung, und zwar aus dem Umland. [...] Während das Bevölkerungswachstum nach der Jahrhundertmitte geringer wird, intensiviert sich der Prozess der Verstädterung. Die Industrialisierung, die Verkehrserschließung, die erreichte „Auffüllung" des Landes bis zur Grenze des Nahrungsspielraums schlagen sich darin nieder.

Aus: Thomas Nipperdey: Deutsche Geschichte 1800–1866. Bürgerwelt und starker Staat. München 1983, S. 102–112.

5 Hans-Ulrich Wehler über die demografische Entwicklung seit dem 19. Jahrhundert (1995)

Während der gemeineuropäischen „Vital Revolution" hat sich auch im Deutschen Bund und dann im Deutschen Kaiserreich der Wandel von der traditionalen Bevölkerungsweise mit hoher Fertilität und Mortalität zu der modernen Bevölkerungsweise mit niedriger Geburtlichkeit und Sterblichkeit vollzogen. Dieser fundamentale Transformationsprozess, der sowohl das gesellschaftliche als auch das private Leben von Abermillionen von Menschen in einen historisch beispiellos neuartigen Aggregatzustand überführt hat, setzte sich [...] während des „demografischen Übergangs" in vier klar unterscheidbaren Phasen durch.

1. Nachdem der Gleichstand von hoher Fertilität und Mortalität bis etwa 1830 vorgeherrscht hatte, begann seither die Mortalität in wichtigen jugendlichen Alterskohorten leicht abzusinken. Da allmählich mehr Menschen länger lebten und gleichzeitig die hohen Geburtenüberschüsse erhalten blieben, hielt das steile Bevölkerungswachstum weiter an.

2. Bis zum Beginn der 1870er-Jahre ist das Abfallen der altersgruppenspezifischen Mortalität noch deutlicher als langlebige Dauerbewegung zu erkennen, während die Fertilitätsziffern gleichbleibend hoch lagen. Von etwa 1872/73 datiert daher die zweite Phase des „demografischen Übergangs". Die Mortalität ging bis zur Jahrhundertwende weiterhin auffällig zurück und seit der Mitte der 1870er-Jahre ist auch die unwiderruflich sinkende Fertilität an eindeutigen Zahlenbefunden ablesbar.

3. Die drastische Verringerung von Fertilität und Mortalität in einem parallel verlaufenden Abschwung charakterisiert die dritte Phase zwischen ca.1900 und 1930.

4. Danach spielt sich auf niedrigem Niveau ein Gleichstand von vergleichsweise radikal reduzierter Geburtlichkeit und Sterblichkeit ein. Die moderne Bevölkerungsweise hatte sich endgültig durchgesetzt. An sie haben sich die Menschen in einem hoch industrialisierten und urbanisierten Land wie Deutschland als ein jedermann geläufiges generatives Strukturmuster längst gewöhnt. Im vergleichenden Rückblick auf die vergangenen Jahrhunderte behält sie aber noch immer den Charakter einer grundstürzenden Veränderung.

Aus: Hans-Ulrich Wehler: Deutsche Gesellschaftsgeschichte, Band 3: Von der „Deutschen Doppelrevolution" bis zum Beginn des Ersten Weltkrieges 1849–1914. München 1995, S. 493.

Arbeitsvorschläge

a) Was versteht man unter der „demografischen Revolution" bzw. unter dem „demografischen Übergang" (VT, M1, M2)? Schreiben Sie Ihre Definition in Form eines Lexikonartikels auf.

b) Vergleichen Sie M3 bis M5 und arbeiten Sie Gemeinsamkeiten und Unterschiede in der Einschätzung des demografischen Übergangs heraus. Gehen Sie dabei auf folgende Aspekte besonders ein: Gründe und auslösende Faktoren, Verlauf, Auswirkungen und Folgen. Stellen Sie die Ergebnisse Ihrer Untersuchung tabellarisch dar.

c) Zeigen Sie mit Hilfe von M2 die Auswirkungen des demografischen Übergangs für Deutschland und Bayern auf. Welche Gemeinsamkeiten erkennen Sie dabei, welche Unterschiede werden deutlich?

Methode: Der Umgang mit Statistiken – Bevölkerungsentwicklung im 19. Jahrhundert im Deutschen Reich und in Bayern

Statistiken helfen, bestimmte geschichtliche Zusammenhänge, Entwicklungen und Kräftevergleiche zu erkennen und darzustellen. Sie erleichtern die Arbeit mit historischen Materialien, bergen aber auch einige Fehlerquoten. So können Statistiken langfristig ablaufende Prozesse und Entwicklungen in einer übersichtlichen Darstellung zusammenfassen; dabei wird aber die Realität vereinfacht und oft grob verallgemeinert.

Der hohe Informationsgehalt von Statistiken basiert auf einer sorgfältigen Datenerhebung. Trotzdem muss der Leser genauso wie bei anderen Quellen kritisch prüfen, was ihm mit welcher Absicht vorgestellt wird. Er muss dabei klären: Woher stammt das statistische Material? Wer hat es aus welchen Gründen zusammengestellt? Wie zuverlässig sind die Daten? Was wird miteinander verglichen? Ändern sich die Bezugsgrößen im Verlauf der Zeit? Beruhen die Zahlen auf Schätzungen oder Zählungen (Erhebungen)?

Grundsätzlich muss man bei der Untersuchung von Statistiken zwischen absoluten und relativen Zahlen unterscheiden. Absolute Zahlen sind z. B. die Geburten- und Sterberaten in Bayern. Werden diese Zahlen mit den entsprechenden aus dem gesamten Deutschen Reich in Beziehung gesetzt, dann handelt es sich um relative Werte. Relative Zahlen haben durch ihren vergleichenden Charakter meist eine höhere Aussagekraft, da sie mit anderen in Verbindung gesetzt werden und so Entwicklungen bzw. zeitliche oder regionale Unterschiede veranschaulichen. Veränderungen in Form von Wachstums- und Schrumpfungswerten werden meist als Indexangaben anschaulich gemacht. Dabei setzt man in der Regel den absoluten Wert eines Basisjahres gleich 100 und rechnet die absoluten Zahlen der Vergleichsjahre mit Hilfe einer einfachen Dreisatzrechnung in relative Zahlen um.

Statistiken können in Form von Tabellen oder als Diagramme grafisch veranschaulicht werden. Bei den Diagrammen ist die Darstellung als Linien-, Kurven-, Balken-, Säulen-, Kreis- oder Flächendiagramm möglich. Mit Hilfe von Linien- und

1 Tortendiagramm zum Streckennetz von drei europäischen Staaten im Jahr 1913. Beim Vergleich der Eisenbahnstreckenkilometer verschiedener Länder (hier Russland, Deutschland und Großbritannien im Jahr 1913) empfiehlt sich ein Tortendiagramm. Dabei müssen die Streckenkilometer aller drei Staaten zusammen als 100 Prozent gesetzt werden.

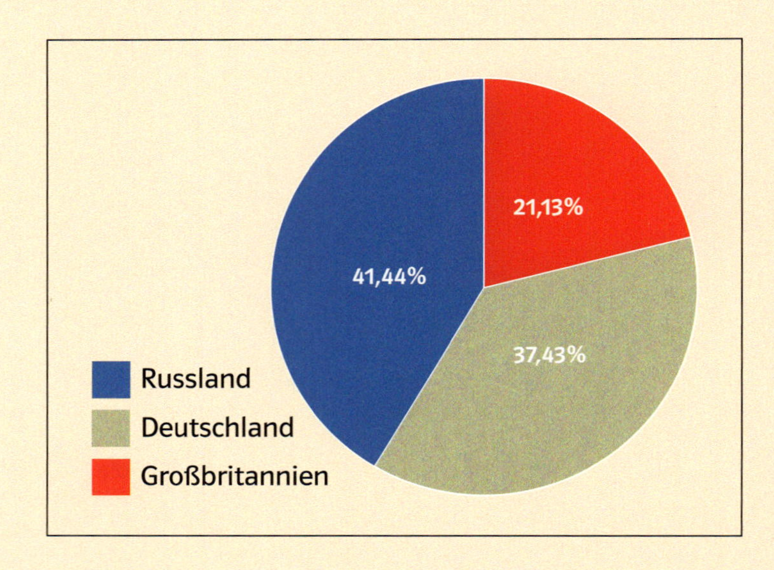

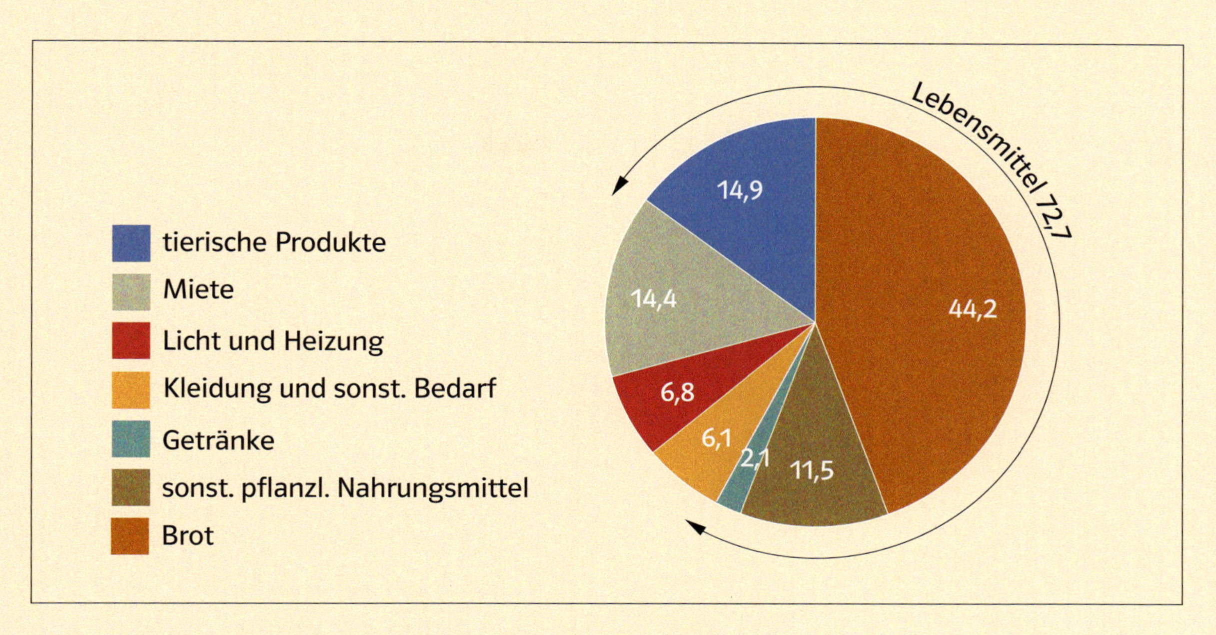

2 Beispiel Flächendiagramm: Lebenshaltungskosten einer fünfköpfigen Maurerfamilie in Berlin um 1800. Daten nach: W. Abel: Massenarmut und Hungerkrise im vorindustriellen Deutschland. Göttingen 1972, S. 198.

Kurvendiagrammen lassen sich besonders Entwicklungen oder Verläufe darstellen, Balken- und Säulendiagramme eignen sich für den punktuellen Vergleich von Häufigkeiten, Kreis- und Flächendiagramme bilden die Verteilung innerhalb einer Gesamtheit ab. Doch je nach Art der Darstellung können mit denselben Zahlenwerten unterschiedliche optische Eindrücke erzeugt werden; so ist es möglich, einzelne Sachverhalte besonders herauszustellen oder sie auch zu verschleiern.

Folgende methodische Arbeitsschritte müssen bei der Untersuchung von Statistiken eingehalten werden:

1. Beschreiben: Worum geht es in dieser Statistik? Welche Aussagen werden gemacht? Welche auffälligen Entwicklungen gibt es? Sind die Zeiträume der Erhebung stimmig oder gibt es große Lücken? Was könnten diese verbergen?

2. Untersuchen: Welche Zusammenhänge kann man durch die Darstellung in einem Kurvendiagramm erkennen? Wie aussagekräftig ist die Statistik? Was sagen die Zahlen aus? Worüber sagen sie nichts aus? Welche Faktoren, die man kennen muss, um die Zahlen zu beurteilen, fehlen?

3. Deuten: Welche Informationen hat man erhalten? Wie beleuchten sie den historischen Zusammenhang? Worüber hat die Statistik nichts oder nicht genug ausgesagt? Welche Gesamtaussage ergibt sich aus der Statistik?

3 Bevölkerungsentwicklung auf dem Gebiet des Deutschen Reiches[1] 1841–1870

	Mittlere Bevölkerung	Zuwachs	Geborenen-überschuss	Wanderungs-bilanz	Zuwachs	Geborenen-überschuss	Wanderungs-bilanz
	in Tausend				durchschnittlich jährlich in ‰		
1841	31 477						
1845	32 743	1 266	1 201	+ 65	9,9	9,4	+ 0,5
1850	33 746	1 003	1 130	– 127	6,1	6,8	– 0,8
1855	34 580	834	1 070	– 236	4,9	6,3	– 1,4
1860	36 049	1 469	1 588	– 119	8,4	9,0	– 0,7
1865	37 956	1 907	1 752	+ 155	10,4	9,5	+ 0,9
1870	39 231	1 275	1 629	– 354	6,6	8,4	– 1,9

[a] ohne Elsass-Lothringen

A. Kraus (Bearb.): Quellen zur Bevölkerungsstatistik Deutschlands 1815–1875. Boppard 1980. Aus: Peter Marschalck: Bevölkerungsgeschichte Deutschlands im 19. und 20. Jahrhundert. Frankfurt am Main 1984, S. 145.

4 Bevölkerungsentwicklung im Deutschen Reich[1] 1871–1943

	Mittlere Bevölkerung	Zuwachs	Geborenen-überschuss	Wanderungs-bilanz	Zuwachs	Geborenen-überschuss	Wanderungs-bilanz
	in Tausend				durchschnittlich jährlich in ‰		
1871	40 995						
1875	42 510	1 515	1 843	– 328	9,1	11,1	– 2,0
1880	45 093	2 583	2 905	– 322	11,9	13,3	– 1,5
1885	46 705	1 612	2 594	– 982	7,0	11,2	– 4,4
1890	49 239	2 534	2 901	– 367	10,6	12,1	– 1,6
1895	52 001	2 762	3 218	– 456	11,0	12,7	– 1,9
1900	56 046	4 045	3 985	+ 60	15,1	14,9	+ 0,2
1905	60 314	4 268	4 211	+ 57	14,8	14,6	+ 0,2
1910	64 568	4 254	4 393	– 139	13,7	14,2	– 0,5
1915	67 883	3 315	3 347	– 32	10,1	10,2	– 0,0
1920	61 749	– 6 089	– 800	– 5 289[2]	– 18,6	– 2,4	– 16,1
1925	62 411	617	2 794	– 2 177[2]	2,0	8,9	– 7,1
1930	64 294	1 883	2 165	– 282	6,0	6,8	– 0,9
1935	66 871	2 577	1 722	+ 855	7,9	5,3	+ 2,6
1940	69 838	2 967	2 568	+ 399	8,7	7,6	+ 1,2
1943	70 411	573	1 066	– 493	1,6	3,0	– 1,4

1 jeweiliger Gebietsstand; 1940 und 1943 Gebietsstand von 1937
2 einschließlich der Verluste durch Gebietsabtretungen

Bevölkerung u. Wirtschaft 1872–1972. Hg. v. Statist. Bundesamt. Stuttgart 1972. Aus: Peter Marschalck: Bevölkerungsgeschichte Deutschlands im 19. und 20. Jahrhundert. Frankfurt am Main 1984, S. 146.

5 Regionale Bevölkerungsverteilung im Deutschen Reich 1871–1910

	Bevölkerung in %					durchschnittlicher jährlicher Zuwachs in ‰			
	1871	1880	1890	1900	1910	1871/ 1880	1880/ 1890	1890/ 1900	1900/ 1910
Süddeutschland[a]	23,8	23,1	22,3	21,4	20,8	7,5	5,4	9,1	11,4
darin Südwestdeutschland[b]	13,4	12,9	12,3	11,8	11,5	6,6	4,1	9,0	11,6
Westdeutschland[c]	19,0	19,5	20,3	21,7	23,1	13,7	13,0	20,0	20,6
Mitteldeutschland[d]	14,5	14,8	15,3	15,4	15,0	13,1	12,3	13,9	11,6
Norddeutschland[e]	11,7	11,7	11,7	11,8	11,9	10,8	8,9	14,1	15,1
Ostdeutschland[f]	31,0	30,9	30,4	29,7	29,2	10,5	7,3	10,9	12,5
darin Brandenburg / Berlin	7,0	7,5	8,3	8,9	9,5	18,6	19,2	20,3	20,9
Deutsches Reich	41,06 Mio.	45,23 Mio.	49,43 Mio.	56,37 Mio.	64,93 Mio.	10,8	8,9	13,2	14,2

[a] Elsass-Lothringen, Bayern, Baden, Württemberg, Hohenzollern
[b] Elsass-Lothringen, Baden, Württemberg, Pfalz, Hohenzollern
[c] Rheinland, Westfalen, Hessen-Nassau, Hessen, Waldeck, Lippe, Schaumburg-Lippe
[d] Thüringen, Sachsen, Prov. Sachsen, Anhalt
[e] Hannover, Braunschweig, Oldenburg, Schleswig-Holstein, beide Mecklenburg, Hamburg, Bremen, Lübeck
[f] Ostpreußen, Westpreußen, Berlin, Brandenburg, Posen, Pommern, Schlesien

Statist. Jb. DR 1886; Statist. Jb. DR 1926. Aus: Peter Marschalck: Bevölkerungsgeschichte Deutschlands im 19. und 20. Jahrhundert. Frankfurt am Main 1984, S. 151.

6 Volkszählung und Bevölkerungsfortschreibung: Gemeinden, Bevölkerung (Volkszählungen und aktuell), Stichtag

Bevölkerung								
		Volkszählung						
Regierungsbezirke		Stichtag						
		01.12.1840	01.12.1871	01.12.1900	16.06.1925	17.05.1939	13.09.1950	06.06.1961
09	Bayern	3802515	4292484	5414831	6451380	7084086	9184466	9515479
091	Oberbayern	711861	865178	1351086	1727483	1999048	2541896	2831744
092	Niederbayern	502934	578829	652139	726707	755980	1041333	927724
093	Oberpfalz	459571	501950	558394	636845	694742	906822	898580
094	Oberfranken	514627	575722	657461	741515	790151	1088721	1056087
095	Mittelfranken	502577	573806	803741	984106	1065122	1273030	1371144
096	Unterfranken	555778	592594	657077	766246	844732	1038930	1089983
097	Schwaben	555167	604405	734933	868478	934311	1293734	1340217

https://www.statistikdaten.bayern.de/genesis/online/dWerteabruf_page (2. Dezember 2007)

7 Bevölkerungsentwicklung Bayerns 1840–1939

Gebiet	Wachstum	Anmerkung
Deutsches Reich	211 %	(nicht gebietsstandbereinigt: Weimarer Republik besitzt 13 % weniger Fläche und ca. 10 % weniger Einwohner als das Deutsche Reich in den Grenzen von 1914)
Bayern	186 %	(Wachstum von 0,88 % pro Jahr)
Oberbayern	281 %	
Mittelfranken	212 %	
Schwaben	168 %	
Oberfranken	154 %	
Unterfranken	152 %	
Oberpfalz	151 %	
Niederbayern	150 %	
Kreisfreie Städte	452 %	Schwellenwerte: 141: Durchschnitt Landkreise Bayern
Landkreise	141 %	186: Durchschnitt Bayern

1840–1939 1840 = 100 %	A < 121 %	B 121–140 %	C 141–186 %	D 187–399 %	E > 400 %
Kreisfreie Städte				PA: 199 AN: 205 SC: 207 MM: 216 BT: 243 ER: 253 SR: 286 CO: 288 BA: 289 AM: 296 KF: 298 LA: 304 R: 317 IN: 322 KE: 331 AB: 338 WÜ: 345	A: 429 FÜ: 441 HO: 482 RO: 552 SW: 635 M: 662 N: 699 WEN: 783
Landkreise	NEA: 96 BT: 101 AN: 105 DON: 107 KT: 109 BA: 110 HAS: 110 DLG: 110 NES: 111 GZ: 114 WUG: 116	ERH: 122 KG: 123 MIL: 124 SR: 124 FO: 125 KU: 127 EI: 128 PA: 128 HO: 132 TIR: 132 MN: 133	LIF: 141 FRG: 141 LA: 142 PAN: 142 OAL: 145 SW: 146 KEH: 150 MÜ: 152 KC: 155 OA: 158 DEG: 159	TÖL: 192 FÜ: 193 NU: 196 RO: 196 DAH: 199 BGL: 220 WM: 223 MB: 256 FFB: 273 STA: 330 GAP: 338	M: 479

http://www.historisches-lexikon-bayerns.de/document/artikel_44452_bilder_value_6_bevoelkerungsgeschichte4.jpg (10. Dezember 2007)

Arbeitsvorschläge

a) Stellen Sie die Bevölkerungsentwicklung im Deutschen Reich und in Bayern zwischen 1840 und 1900/1910 vergleichend in Form eines Kurvendiagramms dar und formulieren Sie Ihre Ergebnisse schriftlich (M 3, M 4, M 6).

b) Stellen Sie die Bevölkerungsverteilung im Deutschen Reich in den Jahren 1871 und 1910 (M 5) jeweils in einem Tortendiagramm dar.

c) Erklären Sie mit Hilfe Ihrer historischen Kenntnisse und der Karte (M 12, S. 101) die Bevölkerungsentwicklung in den kreisfreien Städten München und Landshut sowie in den Landkreisen Neustadt/Aisch (NEA) und Miltenberg (MIL) (M 7).

Geschichte erinnern: Spuren der Industrialisierung in Augsburg

Die Industrialisierung in Deutschland begann Mitte des 18. Jahrhunderts und dauerte bis zum Beginn des 20. Jahrhunderts.
In dieser Zeit entstanden in vielen deutschen Städten Industrieviertel, wie z. B. das Textilviertel in Augsburg, in denen die Produkte maschinell hergestellt wurden. Innerhalb oder am Rande solcher Industrieviertel lebten oft auch die Arbeiter mit ihren Familien in eigens abgegrenzten Bereichen. Dort gab es Einkaufsmärkte, Kinder- und Altenheime; Straßen und Eisenbahnlinien verbanden die einzelnen Abschnitte der Industriegebiete und sorgten für die Zufuhr von Rohstoffen und den schnellen Abtransport der Fertigprodukte.
Spuren der Industrialisierung sind heute oft noch als sogenannte „Industrie-Denkmäler" zu finden. Das können Bauwerke sein, also Industrieanlagen oder Wohnhäuser von Arbeitern, aber auch Namen von Plätzen und Straßen, die die Erinnerung an die vergangenen Zeiten wach halten.
Solche Denkmäler wollen von der Nachwelt untersucht und gedeutet werden; dies kann mit Hilfe von folgendem Raster geschehen:
Die Grundbedeutung – also die Frage, worum es sich offensichtlich bei diesem Objekt handelt, und die Beschreibung dessen, was zu sehen ist (Motive, Inschriften usw.).
Die übertragene Bedeutung – also der symbolische Sinn oder die Bedeutung eines symbolischen Gegenstandes, aber auch die Gefühle, die das Objekt beim Betrachter auslösen soll.
Die im und durch das Objekt artikulierte Geschichte – also die Frage nach dem, welche Geschichte das Objekt darstellt.
Der Umgang mit Geschichte und die allgemeinen Geschichtsvorstellungen, wie sie im Objekt zum Ausdruck kommen – also die Einstellung zu Geschichte, wie sie durch das Objekt vermittelt werden soll.

Nach Joachim Zeller: Kolonialdenkmäler und Geschichtsbewusstsein. Frankfurt 2000, S. 21–27.

Die Blütezeit und der Niedergang des Augsburger Textilviertels

Das Textilviertel in Augsburg entstand ab der Mitte des 19. Jahrhunderts auf einem Wiesengelände im Osten der Altstadt – zu einer Zeit als Augsburg, das alte Zentrum der bayerischen Textilindustrie, expandierte. In den folgenden Jahren entstanden für die 19 Spinnereien, Webereien, Bleichereien und wollverarbeitenden Industrien repräsentative Fabrikbauten (der „Glaspalast" und das „Fabrikschloss") und Arbeitersiedlungen („Proviantbachquartier", „Kammgarnquartier"), die schon 1910 21 Wohnhäuser mit 300 Wohnungen umfassten und zudem ein Lebensmittelgeschäft und eine Metzgerei beherbergten. Die Mechanische Baumwoll-Spinnerei und Weberei Augsburg AG (SWA) engagierte sich sozial und richtete für ihre Mitarbeiter ein Altersheim, ein Kinderheim sowie einen Turn- und Spielplatz ein. Nach dem Zweiten Weltkrieg begann der Niedergang der Augsburger Textilindustrie; unter dem Druck billiger Stoffimporte aus dem Ausland mussten viele der traditionsreichen Augsburger Textilunternehmen schließen. Viele wichtige Baudenkmäler der deutschen Industriegeschichte fielen in den folgenden Jahren Spekulanten in die Hände und waren damit für immer verloren.

Das Augsburger Textilviertel heute

In den letzten 20 Jahren war das Textilviertel einem tiefgreifenden Strukturwandel ausgesetzt: Nachdem die Textilbetriebe nach und nach die Produktion eingestellt haben, stellte sich immer mehr die Frage nach der Nutzung der Freiflächen bzw. der Fabrikareale. Nur wenige der verlassenen Industrieanlagen werden neu genutzt, etwa als Supermärkte, Baumärkte oder Einkaufszentren, andere dienen für kulturelle Zwecke (etwa als Ausstellungsflächen für öffentliche oder private Kunstsammlungen bzw. für das Bayerische Textil- und Industriemuseum), viele Gebäude stehen leer, sind baufällig oder wurden bereits abgerissen.
In den alten Arbeitersiedlungen wie dem Proviantbachquartier siedelten sich Gastarbeiterfamilien aus Italien oder der Türkei an und schufen sich dort eine eigene Infrastruktur mit eigenen Sportvereinen und Lebensmittelläden. Die Insellage dieser Wohnsiedlungen fördert jedoch die Gettoisierung der ausländischen Mitbürger.
Nur dem Engagement einer Bürgerinitiative ist es zu verdanken, dass schließlich die Stadt Augsburg versucht, ein Konzept für das Textilviertel zu entwickeln, bei dem die Erinnerung an die einstige Blütezeit mit neuen Nutzungsmöglichkeiten verbunden werden soll.

2

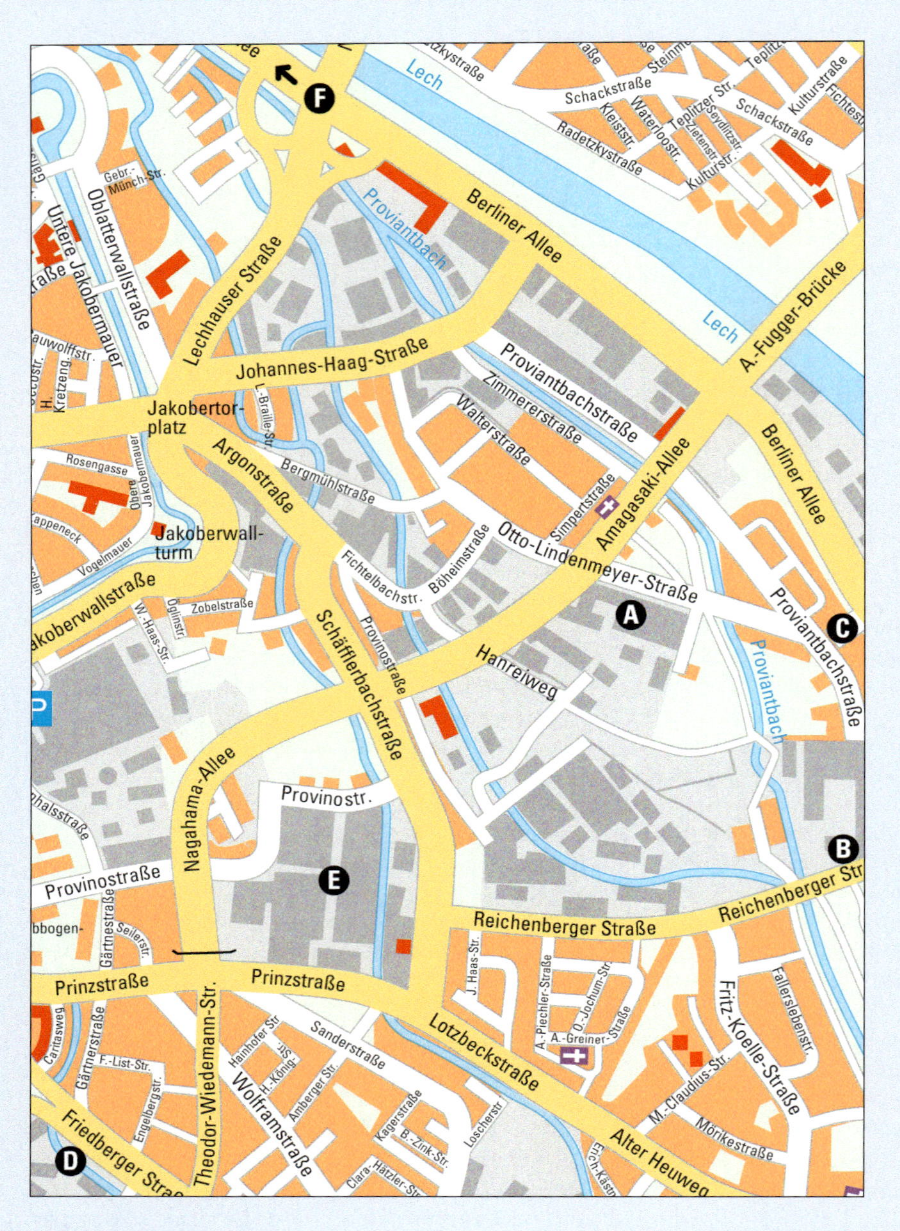

1 Das Augsburger Textilviertel heute

A Glaspalast
Mechanische Baumwollspinnerei und Weberei Werk IV (Aumühle). Erbaut 1909/10.

B Fabrikschloss
Werk III (Proviantbach) der Spinnerei und Weberei Augsburg. Erbaut 1895–98.

C Proviantbachquartier
Ehemalige Arbeiterwohnhäuser der Mechanischen Spinnerei und Weberei Augsburg (Werk III Proviantbach). Ab 1895 errichtet, in unmittelbarer Nähe zur Arbeitsstätte. Ein Arbeiterwohnquartier, charakteristisch für das späte 19. Jahrhundert.

D Ehemalige Schüle`sche Kattunfabrik
Später Textilwerke Nagler und Sohn.

E Augsburger Kammgarnspinnerei
Gegründet 1836, ab 1845 Bau neuer Fabrikanlagen am Schäfflerbach. Heute noch in Betrieb.

F Elektrizitätswerk der Baumwollspinnerei
1902 am Nordende der Wolfzahnau errichtet.

2 **Glaspalast in Augsburg.** 1910 nach Plänen des Industriearchitekten Philipp Jakob Manz errichtet.

Der Glaspalast

Der fünfgeschossige Spinnerei-Hochbau der ehemaligen Mechanischen Baumwoll-Spinnerei und Weberei stammt aus dem Jahr 1910. Nach der Stilllegung des Werks 1988 wurde der sogenannte Glaspalast als Industriedenkmal restauriert und beherbergt heute einen Teil der städtischen Kunstsammlungen (H2- Zentrum für Gegenwartskunst) sowie das private Museum des Augsburger Kunstsammlers und Bauunternehmers Ignaz Walter.

Das Bayerische Textil- und Industriemuseum (tim)

Als erstes Landesmuseum Bayerisch-Schwabens entstand in den Jahren 2007/2008 das *tim* in der ehemaligen Textilmetropole Augsburg. In einem Gebäude der ehemaligen Augsburger Kammgarnspinnerei, AKS, gegründet 1836, werden Aufstieg und Niedergang der Textilindustrie in Augsburg anschaulich gemacht. Das Museum befindet sich auf historischem Gelände, auf dem noch immer einzelne Bauten stehen, die an die große Zeit Augsburgs als Textilstadt erinnern. Das Bayerische Textil- und Industriemuseum ist auch unter der Adresse http://www.tim-bayern.de/ im Internet erreichbar.

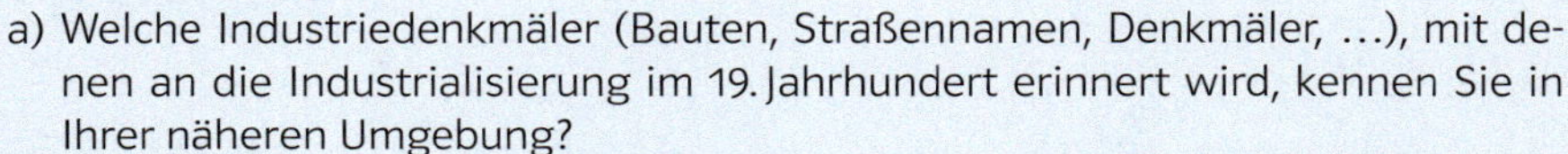

Arbeitsvorschläge

a) Welche Industriedenkmäler (Bauten, Straßennamen, Denkmäler, ...), mit denen an die Industrialisierung im 19. Jahrhundert erinnert wird, kennen Sie in Ihrer näheren Umgebung?

b) Suchen Sie im Internet nach Denkmälern der Industrialisierung in Bayern und tragen Sie Ihre Ergebnisse z. B. in Form einer bearbeiteten Karte Bayerns zusammen.

c) Informieren Sie sich über den aktuellen Stand der Planung für das Textilviertel in Augsburg (**Online Link** 430017-0201). Diskutieren Sie die Schwierigkeiten, aber auch die Möglichkeiten, die sich dabei zeigen.

3 Die Weimarer Republik – Demokratie ohne Demokraten?

- Die Weimarer Verfassung 1919 löste die konstitutionelle Monarchie des Deutschen Kaiserreiches ab. Worin bestanden die demokratischen Errungenschaften der Weimarer Republik?
- Trotz des Überwindens der schwierigen Anfangsjahre 1919 bis 1923 scheiterte die Weimarer Republik. Welche gesellschaftlichen Strukturen und Kräfte waren Geburtshelfer der Weimarer Republik bzw. welche Strukturen, Traditionen und Kräfte trugen zu ihrem Untergang bei?
- Hätte das Scheitern der Weimarer Republik vermieden werden können?

SPD-Plakat 1919 über die Errungenschaften der Weimarer Demokratie

1920 | 1925

1918
Revolution
Ausrufung der Republik

1919
Verfassunggebende National-versammlung
Versailler Vertrag

1923
Krisenjahr, anschließende Stabilisierung der Republik

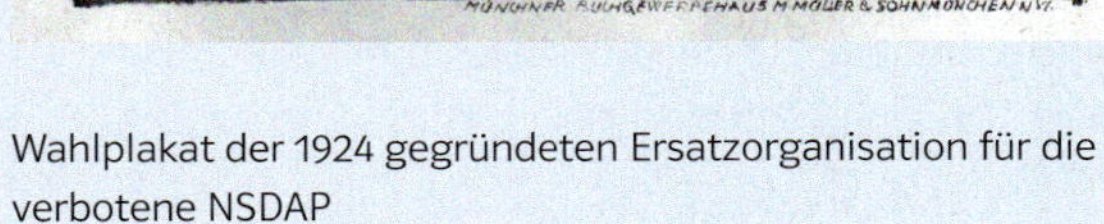

Wahlplakat der 1924 gegründeten Ersatzorganisation für die verbotene NSDAP

Fotomontage 1930 von John Heartfield zum Zustand der Weimarer Demokratie

Online Link
430017-0301

1930 — 1935

1929
Beginn der Weltwirtschaftskrise

1930
Beginn der Präsidialkabinette

1933
Ernennung Hitlers zum Reichskanzler

Grundwissen: Demokratische Errungenschaften

Die folgende Übersicht will anhand von auswählten Weichenstellungen zeigen, dass die Entwicklung der Weimarer Republik von unterschiedlichen Traditionen vorgeprägt war. Hintergründe und Entwicklungen würden den Rahmen sprengen (**Online Link** 430017-0301).

Zeit	liberale und demokratische Erfahrungen	konservative und obrigkeitsstaatliche Erfahrungen
Mittelalter	Partizipation von Bürgern auf lokaler Ebene (z. B. Stadtrat, Bürgermeister)	Ständestaat, Königs-/Adelsherrschaft
nach 1806	Verfassungen in einigen deutschen Staaten: Gleichheit vor dem Gesetz	meiste deutsche Fürsten herrschten obrigkeitsstaatlich
ab 1815	landständische Verfassungen in Mitgliedsstaaten des Deutschen Bundes: Grundrechte	Restauration nach dem Wiener Kongress monarchisches Prinzip Neoabsolutismus in Preußen und Österreich
nach 1830	liberalere Verfassungen in einigen deutschen Staaten	
1848/49	Revolution: Märzforderungen, Märzminister, Paulskirche → Grundrechte, Verfassung für „Kleindeutschland“	konstitutionelle Monarchie
ab 1849	wenige Errungenschaften unumkehrbar (z. B. Bauernbefreiung), einzelne liberale Reformen in Einzelstaaten (z. B. Bayern)	Scheitern der Paulskirchenverfassung Gegenrevolution Grundrechte aufgehoben Dreiklassenwahlrecht in Preußen Verfassungen in Einzelstaaten revidiert bzw. ganz aufgehoben
um 1860	Anfänge eines differenzierten Parteiensystems	
nach 1862		autoritärer Regierungsstil Bismarcks in Preußen gegen Verfassung und öffentliche Meinung, kleindeutsche Einigung von oben
nach 1871	Grundrechte (wenn auch nur einfaches Gesetz) demokratisches (Männer-)Wahlrecht Einfluss von öffentlicher Meinung und Reichstag auf Regierungspolitik wächst (Presse, Verbände!)	Reichsverfassung: konstitutionelle Monarchie Rolle von alten Eliten / Militär, Privilegien in Ländern z. T. undemokratisches Wahlrecht
1914–1918	Kriegserfahrung als Unrecht/Irrsinn (Leid!), Erkenntnis der Niederlage → (Mit-)Schuld des Obrigkeitsstaates? Etatrecht stärkt Parlament (Kriegskredite!) Ende des „Burgfriedens“ Ende 1918 Parlamentarisierung der Reichsverfassung	Vorstellung vom „gerechten“ Krieg: Nationalismus, „Notwehr“, „Ehre“, Niederlage „unverdient“, „Dolchstoß“ → „Revision von Versailles“ mit allen Mitteln Kriegsdiktatur

Grundwissen: Schwere Geburt der Demokratie 1918/1919

Oktoberreformen 1918

Der seit 1871 bestehende deutsch-preußische Obrigkeitsstaat hatte sich auch unter den zunehmend härteren Bedingungen des Ersten Weltkrieges als zunächst sehr stabil erwiesen. Erst die sich abzeichnende militärische Niederlage, die zunehmende sozioökonomische Krise im Sommer 1918 und die Forderungen des US-Präsidenten Wilson nach einer Verfassungsreform als Bedingung für einen Waffenstillstand führten zu einer Parlamentarisierung des Reiches. Am 3. Oktober 1918 wurde ein Kabinett aus Sozialdemokraten, Liberalen und Zentrumspolitikern gebildet. Dieses setzte am 28. Oktober 1918 eine Verfassungsänderung durch, die das Reich gegen den Widerstand der rechtskonservativen Parteien in eine parlamentarische Monarchie umwandelte.
Trotz dieser Demokratisierung lehnten die Alliierten und mit ihnen auch die US-Regierung das deutsche Waffenstillstandsgesuch und einen Verständigungsfrieden auf der Basis von Wilsons „14 Punkten" ab; sie forderten stattdessen eine totale Kapitulation sowie die Abdankung des Kaisers und der Landesfürsten. Dies führte in den Folgemonaten dazu, dass besonders von Kreisen der extremen Rechten der Vorwurf, die Weimarer Demokratie sei „aufgezwungen", „undeutsch" und ein „westlich-jüdischer Import", propagandistisch eingesetzt wurde.

Novemberrevolution 1918

Wenige Tage nach den Oktoberreformen drohte der neuen Regierung bereits die Situation zu entgleiten. Unter den Matrosen der Hochseeflotte in Wilhelmshaven kam es zu Meutereien, welche auf andere Häfen übergriffen. Innerhalb einer Woche breiteten sich die Unruhen ins Landesinnere aus. Es bildeten sich Matrosen- und Soldatenräte und es kam zu Streiks in den Industriezentren.
Am 8. November dankte König Ludwig III. von Bayern ab, die anderen Landesfürsten folgten. Die Unruhen erreichten am 9. November Berlin. Da sich Wilhelm II. einem Rücktritt verweigerte, verkündete die Regierung eigenmächtig die Abdankung des Kaisers, der sich ins Exil nach Holland begab. Reichskanzler Max von Baden trat zurück und übergab das Amt des Regierungschefs an Friedrich Ebert (SPD), den Chef der stärksten Partei im Reichstag. Dieser stellte sich an die Spitze der von ihm eigentlich abgelehnten Revolution, um eine Eskalation der Situation möglichst zu verhindern. In dieser unklaren Situation verkündete der Sozialdemokrat Philipp Scheidemann noch am gleichen Tag die Republik, eine parlamentarische Demokratie, während zwei Stunden später Karl Liebknecht vom Spartakusbund die „Freie sozialistische Republik" als linkes Gegenmodell (Räterepublik) ausrief.
Am folgenden Tag, dem 10. November, bildete Ebert mit dem „Rat der Volksbeauftragten" eine provisorische Regierung aus je drei Vertretern von SPD und USPD, die mit der Bestätigung durch die Berliner Arbeiter- und Soldatenräte nun auch eine Legitimation von unten erhielt. Somit wurde Deutschland auf nationaler Ebene vom „Rat der Volksbeauftragten", auf lokaler von den Arbeiter- und Soldatenräten regiert.

1 Philipp Scheidemann ruft vom Fenster des Reichstages vor einer Menschenmenge die deutsche Republik aus.

Von November bis Januar rangen die politischen Kräfte um die künftige Staatsform. Eine Monarchie kam nicht mehr ernsthaft in Frage. Die Parteien der Mitte wünschten eine parlamentarische Demokratie, waren aber nicht an der Regierung beteiligt und folglich ohne großen Einfluss auf die Tagespolitik. So spielte sich die Auseinandersetzung um die Staatsform hauptsächlich zwischen der SPD auf der einen und der äußeren Linken (USPD/Spartakusbund) auf der anderen Seite ab. Die SPD strebte baldige Wahlen zu einer verfassunggebenden Nationalversammlung an und hoffte dabei auf eine breite Mehrheit für die parlamentarische Demokratie. Die zum Rätesystem tendierende USPD wollte die Wahlen hinausschieben, um vorher die wichtigsten Wirtschaftszweige zu sozialisieren. Laut Spartakusbund sollte die Revolution fortgeführt werden, um den bestehenden Staatsapparat ganz durch Arbeiter- und Soldatenräte zu ersetzen („Diktatur des Proletariats“) und die Produktionsmittel zu vergesellschaften.

Umsturzversuch von links Anfang 1919

Vom 6. bis 15. Januar 1919 kam es in Berlin zum sogenannten „Spartakusaufstand“ mit Generalstreiks, Massendemonstrationen und Straßenkämpfen. Dabei gelang es zwar der Regierung schließlich, die Unruhen mit Hilfe der Armee und von Freikorps niederzuwerfen. Besonders das brutale Vorgehen der Freikorps verstärkte die politische Radikalisierung. Zwar konnten am 19. Januar 1919 die Wahlen zur verfassunggebenden Nationalversammlung durchgeführt werden, doch hielt die Gewalt an. Zu den Opfern zählte auch der gemäßigte USPD-Politiker Kurt Eisner, seit dem 7. November 1918 Ministerpräsident des Freistaates Bayerns, der von einem rechtsextremen Attentäter erschossen wurde.
Es kehrte zwar nach den Wahlen eine trügerische Ruhe ein, doch waren mit der Entwicklung weder die politische Rechte noch die politische Linke zufrieden. Monarchisten, Nationale und Rechtskonservative geißelten die Novemberrevolution als „Verrat“ und „Dolchstoß“, die äußere Linke kritisierte sie hingegen als „abgebrochen“ und „unvollendet“.

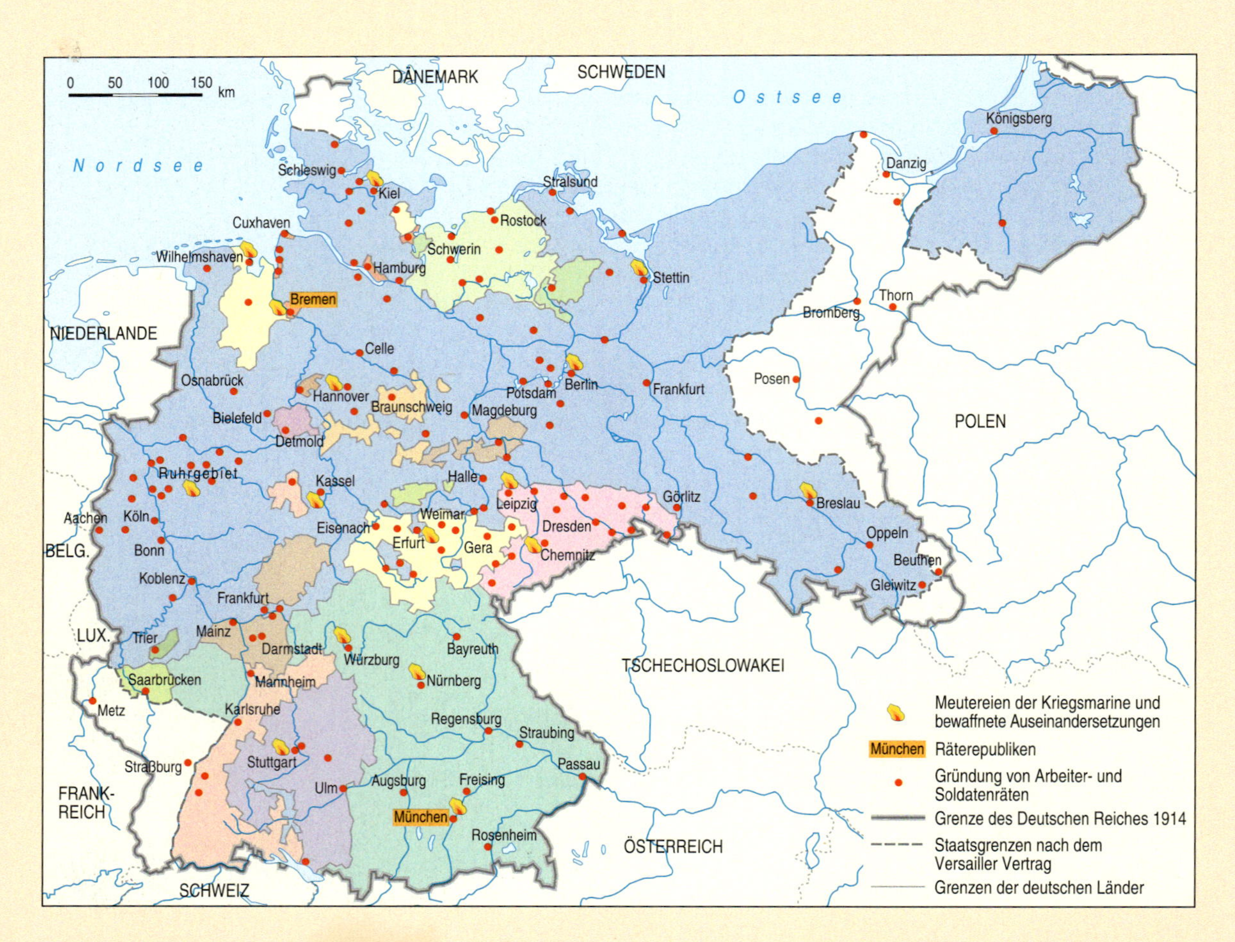

2 **Schwieriger Start der jungen Republik 1918/19**

3.1 Demokratisch legitimierte Weichenstellungen

Wahlsieg der demokratischen Kräfte Anfang 1919

Auf Basis eines vom Rat der Volksbeauftragten am 29. November 1918 verabschiedeten Wahlgesetzes erfolgten am 19. Januar 1919 die Wahlen zur verfassunggebenden Nationalversammlung. Hierbei gingen die Parteien der demokratischen Mitte als Sieger aus dem nach Verhältniswahlrecht durchgeführten Urnengang hervor. Die SPD wurde mit 38% stärkste Kraft, gefolgt von Zentrum / BVP mit 20% und DDP mit 18%. Verlierer waren die radikalen Kräfte rechts (DNVP 10, DVP 4%) und links (KPD: Wahlboykott, USPD 8%). Knapp 10 Prozent der Abgeordneten waren weiblich, davon rund die Hälfte bei der SPD. Die SPD als Vertreterin der gemäßigten Arbeiterschaft bildete daraufhin zusammen mit DDP (Liberale) und Zentrum / BVP (Katholiken) die sogenannte „Weimarer Koalition", welche mit 76% über eine breite Mehrheit in der neuen Nationalversammlung verfügte (siehe M 4, S. 151).

Angesichts der weiterhin unsicheren Lage in Berlin trat die Nationalversammlung am 6. Februar 1919 erstmals im Weimarer Nationaltheater zusammen, was zugleich eine symbolische Abkehr von der Hohenzollern-Tradition darstellte. Die Aufgabenliste der neuen Nationalversammlung war lang: Ein neues Staatsoberhaupt musste gewählt, eine Regierung gebildet und eine Verfassung ausgearbeitet werden. Ferner galt es, die Friedensverhandlungen mit den Siegermächten zu führen, nicht zuletzt um die Alliierten zur Aufhebung der drückenden Seeblockade zu bewegen.

Die „Weimarer Koalition" wählte am 11. Februar Friedrich Ebert (SPD) zum Reichspräsidenten, dieser ernannte zwei Tage später Philipp Scheidemann (SPD) zum Ministerpräsidenten (später Reichskanzler). Den Verfassungsberatungen im Plenum lag ein Entwurf des Staatsrechtlers Hugo Preuß (DDP), der vom Rat der Volksbeauftragten als Innenstaatssekretär (quasi Innenminister) mit dieser Aufgabe betraut worden war, zugrunde. Dieser Entwurf war mit den Referenten der verschiedenen Ministerien sowie einigen Wissenschaftlern beraten, vom Rat der Volksbeauftragten modifiziert, mit den Ländern abgestimmt, die Regierungsvorlage in Ausschüssen der Nationalversammlung überarbeitet worden. Dabei mussten viele Kompromisse eingegangen werden, die z.T. in sich widersprüchlich waren, wie die Flaggenfrage (siehe M 9). So entstanden zahlreiche „Kann- und Sollvorschriften". Bei der Schlussabstimmung am 31. Juli 1919 war die Zustimmung zur Weimarer Verfassung mit 262 Ja- gegen 75 Nein-Stimmen (aus den Reihen von USPD, DVP und DNVP) bei einer Enthaltung zwar eindrucksvoll, jedoch waren zahlreiche Abgeordnete aus Protest gegen den Kompromisscharakter der Sitzung ferngeblieben: Für die einen war die Verfassung nur das geringere Übel, für die anderen ein Etappenziel.

Als erste große Bewährungsprobe der neuen demokratischen Regierung erwiesen sich die Versailler Friedensverhandlungen, bei denen die Verliererstaaten keine Gelegenheit zur Stellungnahme erhielten. Das fertige Vertragswerk wurde der einbestellten deutschen Delegation am 7. Mai 1919 übergeben. Die

1 **SPD-Plakat zur Wahl der Nationalversammlung im Januar 1919**, gestaltet von César Klein im Auftrag des Werbedienstes der deutschen Republik

2 **Eröffnung der Nationalversammlung im Weimarer Nationaltheater am 6. Februar 1919**

3 Postkarte zur Nationalversammlung 1919, Entwurf Max Thalmann

Versailler Friedensverhandlungen 1919 – eine Bewährungsprobe

deutsche Öffentlichkeit, in der eine sachliche Diskussion über Kriegsursachen, Völkerrechtsverletzungen, gegnerische Kriegsopfer, Kriegsausgang und aktuelle Folgen (Hungerwinter 1918/19, bürgerkriegsähnliche Zustände) nicht erfolgt war, befand sich gewissermaßen in einem Schockzustand. Das Entsetzen über die als ungerecht empfundenen Friedensbedingungen führte zu einer emotionalen Ablehnung quer über alle gesellschaftlichen Gruppierungen hinweg. Auch der Rücktritt des SPD-geführten Kabinetts Scheidemann am 20. Juni entsprang eher dem Gefühl, so einen Vertrag nicht unterschreiben zu dürfen (siehe M 10).

Pro und Kontra der Vertragsunterzeichnung

Eine der wenigen nüchternen Bestandsaufnahmen stammt von dem Zentrumspolitiker Matthias Erzberger, der die deutsche Waffenstillstandskommission geleitet hatte. In seinen vertraulichen Aufzeichnungen vom 1. Juni benennt er u. a. folgende Vorteile einer Unterzeichnung des Versailler Vertrages:

- Sicherheit Deutschlands (Ende des Kriegszustands),
- Ende der Wirtschaftsblockade (Lebensmittel- und Rohstoffimporte sowie Exporte werden wieder möglich),
- Ausbreitung des Bolschewismus würde unwahrscheinlicher,
- Erhalt der Einheit des Reiches.

Würde das Reich eine Unterzeichnung verweigern, wären eine Wiederaufnahme der Kampfhandlungen, die Deutschland nicht bestehen könnte, und eine Besetzung des Landes zu befürchten. Die Blockade würde das Reich weiterhin von dringend benötigten Lebensmittel- und Rohstoffimporten abschneiden. Es wären Fluchtbewegungen aus den Grenzregionen zu befürchten. Die Folgen wären zwangsläufig ein Zusammenbruch von Wirtschaft und Verkehr, Hunger und eine gefährliche politische Radikalisierung, die ein Auseinanderfallen des Reiches und eine Stärkung des Bolschewismus forcieren würden (siehe M 12).

Der neuen SPD-geführten Regierung Bauer, der Erzberger als Vizekanzler und Finanzminister angehörte, war dann auch klar, dass es keine Alternative zur Vertragsunterzeichnung gab. Am 22. Juni votierte die Nationalversammlung mit 237 Stimmen gegen 138 (vorwiegend, aber nicht nur aus dem sehr rechten Lager) für die Annahme des Friedensvertrages. Am 28. Juni erfolgten in Versailles die Unterschriften, im Januar 1920 trat der Vertrag in Kraft.

4 **Programme wichtiger Weimarer Parteien**

	Verfassung und Verwaltung	Sozial- und Wirtschaftspolitik	Außenpolitik
KPD 1919/ 1932	Entmachtung der Kapitalisten und Großgrundbesitzer, proletarische Diktatur, Bündnis mit den Proletariern anderer Länder, zentralistische Rätedemokratie	entschädigungslose Enteignung von Industriebetrieben, Dienstleistungs-, Verkehrswesen und Großgrundbesitz	Selbstbestimmungsrecht, Bündnis mit der UdSSR, aktionsfähige proletarische Internationale, Annullierung aller Reparationen und internationalen Schulden
SPD 1925	Einheitsrepublik, dezentralisierte Selbstverwaltung, Abschaffung der Klassenherrschaft, Umgestaltung der Reichswehr zu republiktreuer Armee, Abwehr monarchistischer und militärischer Bestrebungen, Demokratisierung der Verwaltung, gegen Klassen- und Parteijustiz	Gleichberechtigung aller Arbeitnehmer in Wirtschaft, Staat und Gesellschaft, Unterstützung der Gewerkschaften, Koalitions- und Streikrecht, Ausgestaltung des wirtschaftlichen Rätesystems, Verstaatlichung von Grund und Boden, staatliche Kontrolle der Kartelle	friedliche Lösung internationaler Konflikte, Selbstbestimmungsrecht, internationale Abrüstung, Schaffung der europäischen Wirtschaftseinheit, gegen Imperialismus
Zentrum 1922/ 1927	starke Exekutive, Geltung der Gesetze, gegen gewaltsamen Umsturz der verfassungsmäßigen Zustände, Berufsbeamtentum, gegen Klassen- und Parteiherrschaft, Grundrechte, Reichswehr als Bestandteil der Republik	Schutz von Ehe und Familie, konfessionelle Schulen, soziale Gerechtigkeit, Schutz von Privatunternehmen und Mittelstand, Förderung der Landwirtschaft, Aufsicht über Kartelle, Verstaatlichung nur gegen Entschädigung	den christlichen Grundsätzen entsprechendes Völkerrecht, wirtschaftliche Entwicklungsfreiheit und Gleichberechtigung aller Völker, Befreiung der besetzten Gebiete mit rechtmäßigen Mitteln, internationale Prüfung der Kriegsschuldfrage
DDP 1919	Schutz der Verfassung, Erziehung des Volkes zur staatsbürgerlichen Gesinnung, Volks- und Rechtsstaat, gleiches Recht für alle in Gesetzgebung und Verwaltung, Berufsbeamtentum	Staat des sozialen Rechts, keine Vergesellschaftung der Produktionsmittel, Schutz der Privatwirtschaft und des Handels, gegen Monopolbildung, Gleichstellung von Arbeitgebern und -nehmern, demokratische Arbeitsverfassung	Revision der Versailler Verträge, Selbstbestimmungsrecht, Gleichberechtigung Deutschlands, gegen Absplitterung deutscher Volksteile
DVP 1919	starke Staatsgewalt durch aufzurichtendes Kaisertum nach Volksbeschluss, verantwortliche Mitarbeit der Volksvertretung an der Regierung, Gleichberechtigung der Staatsbürger, Selbstverwaltung, Berufsbeamtentum	Stärkung der Familie, Unterstützung der Frau als Mutter und Erzieherin, Recht auf Privateigentum, eingeschränkte Verstaatlichung gegen Entschädigung, Koalitionsfreiheit, Förderung von Landwirtschaft und Mittelstand	Freiheit der nationalen Entwicklung, Vereinigung aller Deutschen einschließlich Österreichs, gegen aufgezwungenen Gewaltfrieden
DNVP 1920	über den Parteien stehende Monarchie, starke Exekutive, planmäßiger Behördenaufbau, Berufsbeamtentum, Mitwirkung der Volksvertretung an den Gesetzen, Gleichberechtigung der Frau	Schutz des Privateigentums, Förderung der Landwirtschaft und des Mittelstands, gegen Kommunismus, wirtschaftliche Anerkennung der Arbeit als Hausfrau und Mutter	gegen fremde Zwangsherrschaft, Änderung des Versailler Vertrages, Selbstbestimmungsrecht, Volksgemeinschaft mit allen Deutschen im Ausland, starke Vertretung deutscher Interessen, allgemeine Wehrpflicht, Wiederherstellung der Flotte
NSDAP 1920	starke Zentralgewalt, unbedingte Autorität des politischen Zentralparlaments über das Reich und seine Organisationen, Staatsbürger können nur Volksgenossen deutschen Blutes sein	Verstaatlichung, Gewinnbeteiligung an Großbetrieben, Förderung des Mittelstands, Kommunalisierung der Großwarenhäuser, Bodenreform	Zusammenschluss aller Deutschen zu einem Groß-Deutschland, Gleichberechtigung des deutschen Volkes, Aufhebung der Friedensverträge, Kolonien

5 Aus der Eröffnungsrede Friedrich Eberts als Volksbeauftragter am 6. Februar 1919

Die provisorische Regierung verdankt ihr Mandat der Revolution, sie wird es in die Hände der Nationalversammlung zurücklegen.
In der Revolution erhob sich das deutsche Volk gegen eine alte, zusammenbrechende Gewaltherrschaft. Sobald das Selbstbestimmungsrecht des deutschen Volkes gesichert ist, kehrt es zurück auf den Weg der Gesetzmäßigkeit. Nur auf der breiten Heerstraße der parlamentarischen Beratung und Beschlussfassung lassen sich die unaufschiebbaren Veränderungen [...] vorwärtsbringen. Deshalb begrüßt die Reichsregierung in dieser Nationalversammlung den höchsten und einzigen Souverän in Deutschland. Mit den alten Königen und Fürsten von Gottes Gnaden ist es für immer vorbei. [...]
Sorgenvoll blickt uns die Zukunft an. Wir vertrauen aber trotz alledem auf die unverwüstliche Schaffenskraft der deutschen Nation. Die alten Grundlagen der deutschen Machtstellung sind für immer zerbrochen. [...] Wie der 9. November 1918 angeknüpft hat an den 18. März 1848, so müssen wir hier in Weimar die Wandlung vollziehen vom Imperialismus zum Idealismus, von der Weltmacht zur geistigen Größe. Es charakterisiert durchaus die nur auf den äußeren Glanz gestellte Zeit der wilhelminischen Ära das lassallesche Wort, dass die klassischen deutschen Dichter und Denker nur im Kranichzug über sie hinweggezogen seien. Jetzt muss der Geist von Weimar, der Geist der großen Philosophen und Dichter, wieder unser Leben erfüllen. [...]
So wollen wir an die Arbeit gehen, unser großes Ziel fest vor Augen, das Recht des deutschen Volkes zu wahren, in Deutschland eine starke Demokratie zu verankern und sie mit wahrem, sozialem Geist und sozialistischer Tat zu erfüllen. So wollen wir wahrmachen, was Fichte der deutschen Nation als ihre Bestimmung gegeben hat: „Wir wollen errichten ein Reich des Rechts und der Wahrhaftigkeit, gegründet auf Gleichheit alles dessen, was Menschenantlitz trägt."

Aus: Johannes Hohlfeld: Deutsche Reichsgeschichte in Dokumenten. Bd. III. S. 14 ff.

6 Flagge der Weimarer Republik

7 Handelsflagge der Weimarer Republik

8 Flagge der Reichswehr

9 Der Flaggenstreit seit 1919

Eine für die Zerklüftung der politischen Kultur der Weimarer Republik ebenso aufschlussreiche wie verhängnisvolle Kontroverse entzündete sich an der sog. Flaggenfrage. Hugo Preuß hatte als Farben der Republik Schwarzrotgold vorgesehen, die Farben der Freiheits- und Einheitskämpfe im frühen 19. Jahrhundert bis hin zur Revolution von 1848. Zu diesem Rückgriff auf die demokratische Tradition kam die aktuelle Hoffnung auf eine Einlösung der 1848 erfolglos angestrebten großdeutschen nationalen Einigung. Nach dem Zerfall des Habsburger Vielvölkerstaates schienen die Aussichten für eine Vereinigung mit Österreich Anfang Januar 1919 günstig zu stehen.
Die SPD begrüßte die neuen Reichsfarben, weil für ein neues politisches System in Deutschland auch ein neues politisches Symbol notwendig sei. Die USPD dagegen plädierte für das revolutionäre Rot. Die Rechtsparteien verlangten die Beibehaltung der schwarzweißroten Farben des Bismarck'schen Kaiserreiches: Wer an der alten Ordnung festhielt, sah keinen Anlass, die Fahne zu wechseln, auch und gerade nicht in der militärischen Niederlage, die man dem „Dolchstoß" in den Rücken des kämpfenden Heeres zuschrieb und nicht dem selbstverschuldeten

Scheitern des kaiserlichen Deutschland. Der Streit um die Reichsfarben wurde vielfach zum Streit um die Bewertung der Vergangenheit. Zentrum und insbesondere DDP waren in diesem Punkt in sich gespalten.

Von den Demokraten kam schließlich der Kompromissvorschlag, als Handelsflagge Schwarzweißrot vorzusehen. In modifizierter Form wurde diese Lösung im Plenum akzeptiert (Art. 3). Reichsinnenminister David (SPD) warb für die neuen Farben als einen Versuch, „ein Symbol zu haben, zu dem sich mit Freuden das ganze Volk bekennt". Rot sei ungeeignet, weil es eine Parteifarbe sei, und auch Schwarzweißrot sei vor 1914 „von einem großen Teil des Volkes als eine Parteifahne betrachtet worden"; auch jetzt wieder sei Schwarzweißrot „als ein Parteibanner entfaltet worden mit der Devise: Gegen Demokratie, gegen die Republik". Schwarzrotgold sei dagegen ein „Symbol der großdeutschen nationalen Zusammengehörigkeit". Davids Hoffnungen auf eine Einigung über dieses Symbol sollten sich nicht erfüllen. Der Streit um die Reichsfarben blieb bis 1933 eine ständige Belastung für die Republik, zumal die Kompromisslösung, beide Farben, wenn auch in einer bestimmten Hierarchie, gelten zu lassen, in sich widersprüchlich war. Mit dem Einspruch aus Frankreich gegen den österreichischen Anschluss wurden die großdeutschen Hoffnungen von Schwarzrotgold zudem enttäuscht. Eine wichtige Legitimation für den Flaggenwechsel war damit entfallen. Den Gegnern der Republik auf der Rechten überließ man andererseits ein zugkräftiges Symbol, mit dem sich die Erinnerung an die glorreiche Vergangenheit vor 1914 und das heroische Kriegserlebnis verbinden ließ. Zu blass blieben demgegenüber die historischen Bezüge auf das frühe 19. Jahrhundert, in denen Schwarzrotgold als demokratisches und nationales Symbol lebt. Die Republik des Kompromisses musste selbst eines einenden Symbols entbehren. Der Versuch, ein solches zu schaffen, ließ die Gegensätze eher bewusst und virulent werden, statt den politischen Zusammenhalt zu stärken.

Aus: Theo Stammen: Die Weimarer Republik. Band 1: Das schwere Erbe. 1918–1923. München 1987, S. 137 f.

10 Erklärung von Reichskanzler Gustav Bauer (SPD) in der Debatte der Nationalversammlung zum Versailler Vertrag am 22. Juni 1919:

Der Herr Reichspräsident hat mich mit der Bildung des neuen Kabinetts anstelle der zurückgetretenen Regierung Scheidemann beauftragt. […] Der Rücktritt des Kabinetts ist erfolgt, weil eine einheitliche Haltung gegenüber dem uns vorgeschlagenen Friedensvertrage nicht ermöglicht werden konnte. […] Mitten durch die regierungsbildenden Parteien, und zwar durch jede einzelne, ging dieser Zwiespalt […], was für das deutsche Volk unerträglicher und zerstörender wirken müsse: die Annahme oder die Ablehnung. Es war für jeden von uns, die wir der zurücktretenden Regierung angehört haben, ein bitterschwerer Kampf […] Und nicht minder schwer wurde uns allen der Entschluss, dieser neuen Regierung beizutreten, deren erste und schleunigste Aufgabe es ist, den Unrechtsfrieden zu schließen. Die Not von Land und Volk hat uns zusammengeführt, wir konnten uns nicht versagen, wenn wir nicht Gefahr laufen wollten, Deutschland in einen regierungslosen, chaotischen Zustand verfallen zu sehen, aus dem es keinerlei Rettung mehr gibt. […] Wir stehen hier aus Pflichtgefühl, in dem Bewusstsein, dass es unsere verdammte Schuldigkeit ist, zu retten zu suchen, was zu retten ist.

[…] In einem sind wir alle einig: in der schärfsten Verurteilung des uns vorgelegten Friedensvertrages, zu dem wir unter einem unerhörten Zwang unsere Unterschrift geben sollen. Als wir zum ersten Male diesen Entwurf lasen, brach aus dem ganzen Volk wie aus einem Munde der Protest der Empörung und Ablehnung. Wir hoffen, allen Enttäuschungen zum Trotz, auf die Empörung der ganzen Welt, soweit sie nicht in den Fesseln des Imperialismus liegt. […]

[…] die Ablehnung wäre keine Abwendung des Vertrages. […] Unsere Widerstandskraft ist gebrochen; ein Mittel der Abwendung gibt es nicht. Wohl aber bietet der Vertrag selbst eine Handhabe, die wir uns nicht entreißen lassen können. Ich denke hier an die feierliche Zusage der Entente in ihrem Memorandum vom 16. Juni 1919, wonach eine Revision des heute vorliegenden Vertrages von Zeit zu Zeit eintreten […] kann. Das ist eines der wenigen Worte in diesem Friedensvertrag, das wirklichen Friedensgeist atmet.

Im Namen der Reichsregierung […] habe ich daher zu erklären, dass sie […] sich entschlossen hat, den uns vorgelegten Friedensvertrag unterzeichnen zu lassen! Sie wird diese Vollmacht erteilen, indem sie den Gegnern unumwunden erklärt, kein Volk […] könne dem deutschen Volke zumuten, einem Friedensinstrument aus innerer Überzeugung beizustimmen, durch das lebendige Glieder vom Körper des Deutschen Reiches ohne Befragung der in Betracht kommenden Bevölkerung abgetrennt, die deutsche Staatshoheit dauernd verletzt und dem deutschen Volke unerträgliche wirtschaftliche und finanzielle Lasten auferlegt werden sollen. Wenn sie dennoch unter Vorbehalt unterzeichnet, so betont sie, dass sie der Gewalt weicht, in dem Entschluss, dem unsagbar leidenden deutschen Volk einen neuen Krieg, die Zerreißung seiner nationalen Einheit durch weitere Besetzung deutschen Gebietes, entsetzliche Hungersnot für Frauen und Kinder und unbarmherzige längere Zurückhaltung der Kriegsgefangenen zu ersparen. […]

Die Regierung der deutschen Republik verpflichtet sich, die Deutschland auferlegten Friedensbedingungen zu erfüllen. […] Wir fühlen uns […] zu der Erklärung verpflichtet, dass wir […] jede Verantwortung ablehnen

11 „Deutschlands Verstümmelung“
Die Karte stammt von Arnold Hillen Ziegfeld, Mitglied des Deutschen Schutzbundes für das Grenz- und Auslandsdeutschtum (gegründet 1919), seit 1921 auch der NSDAP. Sie erschien – zunächst schwarz-weiß – im zusammen mit Franz Braun herausgegebenen „Geopolitischen Atlas zur deutschen Geschichte“ und war in zahlreichen Lehrbüchern der Weimarer Republik abgedruckt; die Reichsregierung ließ sie ca. 1929 als Schulkarte herausgeben.

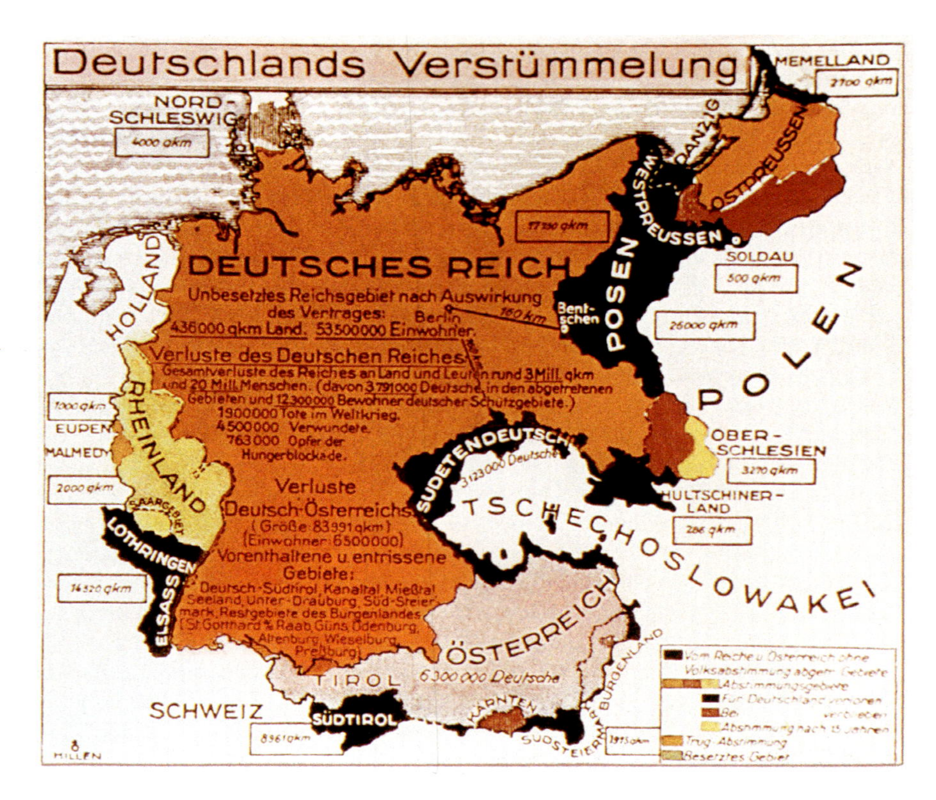

gegenüber den Folgen, die über Deutschland verhängt werden könnten, wenn die Undurchführbarkeit der Bedingungen auch bei schärfster Anspannung des deutschen Leistungsvermögens in Erscheinung treten muss. Wir legen weiterhin den größten Nachdruck auf die Erklärung, dass wir den Artikel 231 des Friedensvertrages, der von Deutschland fordert, sich als alleinigen Urheber des Krieges zu bekennen, nicht annehmen können und durch die Unterschrift nicht decken.

Gekürzt zit. nach: Theo Stammen: Die Weimarer Republik. Band 1: Das schwere Erbe. 1918–1923. München 1987, S. 308 f.

12 Beurteilung des Vertragswerks in der heutigen Geschichtsforschung

a) Andreas Hillgruber: Zunächst ein Stabilisierungsfaktor

Man muss davon ausgehen, dass trotz aller „Warnsignale“ [...] die Abgeordneten der Weimarer Nationalversammlung und die Reichsregierung Scheidemann ebenso wie die deutsche Nation als Ganzes sich in den Monaten Januar bis Mai 1919 in Illusion über einen gemäßigten Frieden („Wilson-Frieden“) wiegten. Der psychologische Schock, den das Bekanntwerden des Inhalts des Friedensvertrages [...] ausübte, kann daher in seiner unmittelbaren Auswirkung kaum hoch genug veranschlagt werden. Wenn es schließlich überhaupt zur Vertragsunterzeichnung kam, dann war neben der Unmöglichkeit, erfolgreich militärischen Widerstand zu leisten, [...] die Entschlossenheit maßgeblich, ausgehend von der Möglichkeit, die sich – trotz aller Gebietsverluste, ökonomischer Einbußen und militärischer „Fesseln“ – von der erhalten gebliebenen Einheit des Reiches [...] aus boten, die [...] Revision des Vertrages zur verbindlichen Richtschnur für die Außenpolitik der Republik zu machen. Damit ist zugleich die Problematik des Versailler Friedens umschrieben, der als „Versöhnungsfrieden“ zu hart, aber als „karthagischer“ Frieden zu weich war: Er beseitigte aktuell die Großmachtstellung des Deutschen Reiches, beließ sie ihm aber potentiell. Vom Versailler Frieden ging kein Zwang für die Deutschen und ihre sozialen und politischen Führungskräfte aus, sich mit der entstandenen Situation ein für alle Mal abzufinden und – sozusagen von der Annahme einer politischen Kapitulation her – einen politischen Neuanfang auf ganz anderer Basis als vor 1914 zu beginnen. Das „Diktat“ der westlichen Siegermächte wirkte in jedem Fall **zunächst**, indem es eine psychologische Abwehrhaltung aller politischen Kräfte in Deutschland [...] provozierte, integrierend auf die Nation und auch zugunsten der Republik [...] Die Agitation gegen „Versailles“ wendet sich jedoch [...] auch – in zunehmend stärkerem Maße – gegen die tragenden Kräfte der Republik (d. h. gegen die in der Weimarer Koalition zusammengeschlossenen Parteien der Mitte: SPD, Zentrum, Deutsch-Demokraten), indem sich die psychologisch

13 **Die Rolle des Vertrages in der politischen Propaganda**

a) DNVP-Plakat anlässlich der Reichstagswahl 1920

c) Karikatur „The source“ von Daniel Fitzpatrick, erschienen am 18. Oktober 1930 in der liberalen US-Zeitung „St. Louis Post-Dispatch“ anlässlich der Wahlerfolge der NSDAP

b) Zeichnung nach einer Postkarte von ca. 1923
Der Mann mit erhobenem Dolch über den Soldaten ist der SPD-Politiker Philipp Scheidemann, der für ein Ende des Ersten Weltkrieges durch einen Verständigungsfrieden eingetreten war und am 9. November 1918 die Republik ausgerufen hatte. Der Zentrumspolitiker Matthias Erzberger hinter ihm stimmt zu. Vermögende Juden dahinter werden als Anstifter dargestellt.

„einleuchtende", propagandistisch wirksame Verknüpfung von „November-Verrat", „Dolchstoß" und „Versailles" in Teilen der Nation als Interpretationsmuster für die Misere der Gegenwart durchsetzte. Die Entwicklung eines „demokratischen Nationalismus" [...] konnte die Spaltung der Nation [...] nicht verhindern, er erschwerte jedoch seinerseits eine realistische Einschätzung der außenpolitischen Möglichkeiten in dieser frühen Phase der Republik.

Andreas Hillgruber: Unter dem Schatten von Versailles. In: K.D. Erdmann/H. Schulze (Hg.): Weimar. Selbstpreisgabe einer Demokratie. Düsseldorf 1980, S. 57f.

b) Hans-Ulrich Wehler: Ein eher milder Vertrag

Als das Deutsche Reich erwartungsgemäß den Krieg gegen eine Welt von selbst geschaffenen Feinden verliert und die Siegermächte in Versailles über den knapp 50-jährigen Staat zu befinden haben, wird die neue Deutsche Frage von 1918/19 im Grund auf erstaunliche Weise gelöst: Trotz einiger Gebietsamputationen bleibt das Reich, ungeachtet aller Bitterkeit und allen Hasses auf der Friedenskonferenz, als Staat, damit auch als potenzielle Großmacht erhalten, ebenso gut hätte es wieder aufgeteilt werden können, keine deutsche Gegenmacht hätte diese hypothetische Alternative zu verhindern vermocht. Ein Hauptmotiv für das Gegenteil ist der Aufbau eines möglichst auch Deutschland umfassenden „cordon sanitaire" gegenüber der jungen Sowjetunion. [...] [Es] ist [...] alles andere als ein karthagischer Frieden. Im Gegenteil, er fällt mild aus, auch wenn die deutsche Öffentlichkeit von rechts bis links den Frieden, das „System von Versailles" beklagt und, jäh aus aller Kriegszieleuphorie gerissen, jede Erinnerung an das eigene Verhalten verbannt. Fraglos wird die Innenpolitik der neuen deutschen Republik durch den dramatisch hochstilisierten „Schandfrieden" vergiftet, ihre Außenpolitik unter den Primat der Revision der Kriegsergebnisse gestellt. Das ist die neue „Deutsche Frage" nach 1919.

Aus: Hans-Ulrich Wehler: Die Deutsche Frage in der europäischen Politik 1648–1986. In: Geschichtsdidaktik 12/1987, S. 114.

Arbeitsvorschläge

a) Recherchieren Sie: César Klein, Werbedienst der deutschen Republik. Analysieren Sie dann das Plakat M 1 hinsichtlich seiner intendierten Aussage zum Ende der Revolution.
b) Erarbeiten Sie anhand von M 5, welche Weichenstellungen die Nationalversammlung nach Eberts Vorstellungen vorbereiten muss. Welche Bedeutung misst er dabei dem Ort Weimar zu?
c) Der Flaggenstreit polarisierte die Parteien von Weimar. Analysieren Sie anhand von M 9, welchen Symbolwert die einzelnen Parteien den Flaggenvorschlägen beimaßen und warum Schwarzrotgold umstritten war.
d) Die Verfassung ging im Flaggenstreit einen Kompromiss ein: „Die Reichsfarben sind schwarz-rot-gold. Die Handelsflagge ist schwarz-weiß-rot mit den Reichsfarben in der oberen inneren Ecke" (Art. 3 WV). Bewerten Sie diesen Kompromiss (M 6 – M 8). (**Online Link** 430017-0301)

e) Recherchieren Sie: Hugo Preuß und Gustav Bauer. Stellen Sie deren Rolle 1919 in einem Kurzessay dar.
f) Erarbeiten Sie die politischen Ziele, die Reichskanzler Bauer in M 10 formuliert, und diskutieren Sie deren parteiübergreifende Konsensfähigkeit (M 10).
g) Überlegen Sie, welchen Zweck eine derartige Präsentation von historischen Fakten wie in M 11 verfolgte. Vergleichen Sie diese Karte mit einer entsprechenden Karte aus Ihrem Geschichtsatlas.
h) Vergleichen Sie die Ausführungen des Historikers Hillgruber mit der Rede von Bauer (M 12a, M 10).

i) Recherchieren Sie dazu auch „karthagischer Frieden" (M 12a). Sowohl Hillgruber als auch Wehler interpretieren den Versailler Vertrag nicht als solchen. Vergleichen und bewerten Sie deren Argumente (M 12).
j) Vergleichen Sie die drei bildlichen Darstellungen zum Versailler Frieden. Erarbeiten Sie die Intention der jeweiligen Zeichner (M 13a – c).

Methode: Politik und Plakate

Den ersten Eindruck festhalten

So kennen wir die Plakate, die vor allem in Wahlkampfzeiten das Straßenbild prägen: Ein sympathisch zurecht gemachtes Gesicht blickt uns freundlich entgegen, im Hintergrund ein strahlend blauer Himmel, einige wenige Worte, ein Name oder ein griffiges Schlagwort. Als Massenmedium werden Plakate dafür geschaffen, um Aufmerksamkeit zu erregen. Sie wollen auch den schnell vorbeigehenden Passanten erreichen. Welchen ersten Eindruck hinterlassen die Plakate aus der Weimarer Zeit?

Bildsprache und Text analysieren

Bei genauerer Betrachtung ist festzustellen, dass die damals entstandenen Plakate sich von den heutigen unterscheiden: Bilder und Texte sind formenreicher, als wir es von der heutigen politischen Plakatwerbung her kennen.
Max Pechsteins Aufruf zur Wahl der Nationalversammlung (M 1) verwendet das Bild der Grundsteinlegung in einem doppelten Sinn. Der Arbeiter, eine Kelle in der rechten Hand, errichtet ein neues Haus, für dessen Standfestigkeit der Grundstein entscheidend ist. Welche Wirkung geht von Gesichtsausdruck und Körperhaltung aus? Sie vermitteln eine Stimmung des Aufbruchs, der Bewegung. Vorherrschend ist die schiefe Stellung im Raum, horizontale oder vertikale Linien fehlen.
Aufschlussreich ist auch die Beziehung von Bild- zu Textanteilen: Die offene linke Hand verweist auf die Schrift am oberen Bildrand. Die gewählte Nationalversammlung wird gleichgesetzt mit dem Grundstein, Symbol für den Bestand des neuen Hauses „Republik“. Sie garantiert Stabilität und tritt für die Interessen der Menschen ein.

1 Plakat von Max Pechstein, 1918

2 Plakat von Max Pechstein, 1918

Weitere Punkte bei der Analyse von Bild und Text sind der Einsatz von Farben (Flächigkeit, Kontraste, Farbe in Einzelelementen) sowie Schriftart und -größe.

Allegorische Motive erklären

Bei der Wahl seiner Motive greift Pechstein auf bildsprachliche Traditionen zurück. So erinnert der Arbeiter an den auferstehenden Christus in der religiösen Kunst: Kniend und umgeben von wehenden Fahnen erhebt er in ausdrucksstarker Geste die Hand. Solche Allegorien, also bildhafte Elemente, die der Anschaulichkeit dienen, waren den Betrachtenden damals von anderen Darstellungen her vertraut. Welche Empfindungen und Eindrücke möchte der Künstler mit der Übertragung von Bildmotiven aus einem anderen Kontext auf sein Thema hervorrufen?

Suggestive Aussagen feststellen

Dieses Beispiel zeigt, dass Plakate neben dem eigentlichen Appell weitere, oftmals unbewusst wahrgenommene Bild- und Textsprache transportieren, die den Betrachtenden wesentlich beeinflussen, ja manipulieren sollen. Worin besteht der offensichtliche Appell des Plakates? Welche suggestiven Aussagen enthält es?

Vereinfachungen und Polemisierungen herausarbeiten

Natürlich vereinfachen Plakate die politischen Inhalte; sie bieten keinen Platz für eine ausführliche Argumentation – und die ist auch nicht beabsichtigt. Im Gegenteil: Plakate der Weimarer Zeit wollen häufig polarisieren und Gefühle wecken. Der politische Gegner soll verunglimpft werden. Dabei wirken aggressive Darstellungen wie drohende Fäuste (vgl. S. 147), gereckte Speere oder würgende Schlangen auf uns heute eher befremdlich.

Hintergründe der Entstehung des Plakats skizzieren

Nicht immer lassen sich über diejenigen, die das Plakat entworfen haben, genügend Informationen sammeln. Und nicht selten können nur die Hintergründe der Entstehung eines Plakates nachgezeichnet werden. Im vorliegenden Fall ist das anders: Schon während des Krieges wurden viele Grafiker in den Dienst der offiziellen Propaganda gestellt. Dies macht sich 1918 die neue Regierung unter Ebert zunutze: Es entsteht der Werbedienst der Deutschen Republik, dem Expressionisten wie César Klein (1876–1954) oder Max Pechstein (1881–1955) angehören (**Online Link** 430017-0301). Sie engagieren sich als „Novembergruppe" auch für die Sache der Revolution. Mit dem Ende des Ersten Weltkrieges fällt zudem die Zensur weg: Die Formen der öffentlichen Äußerungen erleben an Litfaßsäulen, Zäunen und „Sandwichmen" einen Aufschwung. Sie machen politische Werbung möglich, die weithin sichtbar viele Menschen erreicht.

Interessen der Auftraggeber und mögliche Zielgruppen rekonstruieren

Welche Ziele verfolgen die Auftraggeber mit den Plakaten? Ein Grundthema für die regierungsamtlichen Plakate ist die Wahl zur Nationalversammlung. Die von Ebert geführte Regierung strebte eine parlamentarische Demokratie an. Die weitere Radikalisierung der Revolution, der Versuch, die Räterepublik durchzusetzen, hätte in ihren Augen die tragfähige politische Grundlage für die gerade erst entstandene Republik zerstört. Die Interessen des Auftraggebers kommen bei dem Plakat offen zum Tragen: Es appelliert vor allem an die revolutionäre Arbeiterschaft, auf die parlamentarische Demokratie zu setzen. Ihre gesellschaftlichen Aufgaben rückt das Plakat in den Mittelpunkt.

Arbeitsvorschläge

a) Sammeln Sie zunächst Ihre Eindrücke beim Betrachten des Plakats (M 2).
b) Interpretieren Sie dann die beiden Plakate anhand der oben genannten Kriterien.

3.2 Die Weimarer Verfassung – Chance oder Risiko?

Verhältnis Reich – Länder

Als Kompromiss zwischen Zentralstaat und Bundesstaat mit weitgehenden Länderrechten entschied sich die verfassunggebende Nationalversammlung formal für eine föderalistische Ordnung, in der die Länder allerdings eine relativ schwache Stellung erhielten. So lag z. B. die Finanzhoheit beim Reich.
Das legislative Länderorgan, der Reichsrat, der sich aus weisungsgebundenen Vertretern der Landesregierungen zusammensetzte und in dem, anders als zur Zeit des Kaiserreiches, Preußen keine Stimmenmehrheit mehr zukam, hatte gewissermaßen nur beratende Funktion: Für das Zustandekommen eines Gesetzes war seine Zustimmung nicht erforderlich, konnte doch der Reichstag einen Einspruch des Reichsrates mit 2/3-Mehrheit zurückweisen. Den Vorsitz führte ein Mitglied der Reichsregierung.
Nach Art. 48 der Weimarer Verfassung konnte ein Land, das seine Pflichten aufgrund der Reichsverfassung oder von Reichsgesetzen nicht erfüllte, mit militärischen Mitteln dazu gezwungen werden („Reichsexekution").

Reichstag und Regierungsbildung

Die Weimarer Verfassung (**Online Link** 430017-0301) gab, nicht zuletzt aufgrund der revolutionären Vorgeschichte, den Wählern weitreichende Befugnisse: Über die in Artikel 1 festgeschriebene Volkssouveränität und die Repräsentation im aus allgemeinen Wahlen hervorgehenden Reichstag hinaus war das Volk via Volksbegehren/-entscheid an der Gesetzgebung beteiligt, wählte den Reichspräsidenten und hätte ihn auf Antrag des Reichstages sogar absetzen können.
Diese stark ausgeprägten plebiszitären Elemente schränkten die parlamentarischen Befugnisse ein und nahmen die Parteien in nur geringem Maße in die politische Verantwortung. Die legislativen Befugnisse des Reichstages bestanden in Gesetzesinitiative und -beschluss, Budgetrecht sowie Zustimmung zu Staatsverträgen. Dem Reichstag oblag die Kontrolle der Exekutive: Reichskanzler/-minister wurden zwar ohne seine Beteiligung vom Reichspräsidenten ernannt, zu ihrer Amtsführung bedurften sie aber des Vertrauens des Reichstages, der sie folglich auch stürzen konnte (Art. 53 – 54).
Die Reichstagsabgeordneten wurden nach den Grundsätzen der Verhältniswahl auf vier Jahre gewählt. Erstmals galt das Frauenwahlrecht. Das Reichswahlgesetz sah ausschließlich eine Listenwahl ohne Sperrklausel vor, was in besonderem Maße Klein- und Kleinstparteien zugute kam. Als nachteilig erwies sich, dass die Wähler lediglich Parteilisten wählen konnten: Somit entstand keine Wähler-Abgeordneten-Beziehung, wodurch es z. B. engagierten Bürgern nicht möglich war, Anliegen bei „ihrem" Wahlkreiskandidaten vorzubringen. Stattdessen waren „die da in Berlin" in der Wahrnehmung oft ganz weit weg. Da es keine Sperrklausel gab, kam es bald zu einer Aufsplitterung des im Parlament vertretenen Parteienspektrums (z. B. saßen 1924 zwölf Parteien im Reichstag, wovon die stärkste 24 % besaß). Diese erschwerte die Regierungsbildung erheblich. Nicht selten musste für eine Mehrheitsregierung ein Bündnis aus drei und mehr Parteien ausgehandelt werden. Viele solcher Koalitionen zerbrachen wegen mangelnder Kompromissbereitschaft der Parteien in unwesentlichen Sachfragen, statt diese einem gemeinsamen existenziellen Ziel der staatstragenden Parteien, die junge Republik zu stabilisieren und gegen ihre links- und rechtsextremen Feinde zu schützen, unterzuordnen.

Reichspräsident als „Ersatzkaiser"

Die Weimarer Verfassung stattete den Reichspräsidenten mit Befugnissen aus, die weit über die für ein demokratisches Staatsoberhaupt üblichen (völkerrechtliche Vertretung des Reiches, Ernennung/Entlassung der Reichsbeamten/Offiziere, Begnadigungsrecht) hinausreichten, gewissermaßen einen „Ersatzkaiser" schufen: Er ernannte bzw. entließ den Reichskanzler und auf dessen Vorschlag die

Reichsminister (Art. 53). Nach Art. 25 konnte der Reichspräsident den Reichstag auflösen und so Neuwahlen herbeiführen. Zum Vergleich: Der Kaiser hatte dazu noch den Bundesrat benötigt. Der Reichspräsident hatte den militärischen Oberbefehl inne und Art. 48 („Maßnahmen bei Störung von Sicherheit und Ordnung") gab ihm die Mittel für „Ausnahmediktaturgewalt" durch die „Reichsexekution" sowie die Möglichkeit, bei Gefährdung von Sicherheit und Ordnung die zu deren Wiederherstellung notwendigen Maßnahmen zu treffen, d.h. Notverordnungen zu erlassen, die Reichswehr einzusetzen und Grundrechte aufzuheben. Das Staatsoberhaupt hatte somit, anders als in anderen demokratischen Systemen, klare politische Funktionen. Dadurch, dass er direkt vom Volk auf sieben Jahre gewählt wurde, besaß er eine direkte demokratische Legitimation.
Die starke verfassungsrechtliche Stellung des Reichspräsidenten schwächte zugleich die Exekutive. Der Reichskanzler war sowohl abhängig vom Vertrauen des Reichspräsidenten als auch des Reichstages, da beide die Möglichkeiten besaßen, diesen zu stürzen.

Grundrechte und -pflichten

Anders als in der Reichsverfassung von 1871 waren die Grundrechte nun Bestandteil der Verfassung. Neben den liberalen Freiheits- und Gleichheitsrechten (erstmals: Gleichberechtigung der Geschlechter) und Grundrechten, die das Gemeinschafts- und religiöse Leben betrafen (etwa staatlicher Schutz von Ehe, Familie, Jugend und Religionsausübung, Bildung als Staatsaufgabe), nahmen die Bestimmungen zum Wirtschaftsleben in der neuen Verfassung einen breiten Raum ein: Diese stellten einen Kompromiss zwischen liberalen/demokratischen (z.B. Eigentumsgarantie, Vereinigungsfreiheit) und sozialen/sozialistischen (z.B. Schaffung von Sozialversicherungen, Bildung von Arbeiterräten auf Betriebs-/Bezirks-/Reichsebene, Möglichkeit der Verstaatlichung bestimmter Unternehmen) Forderungen dar.
Andererseits konnten sich Feinde der Demokratie wie die republikfeindlichen Parteien KPD, DNVP und NSDAP etwa auf die Meinungs- und Versammlungsfreiheit berufen. Das 1922 erlassene Republikschutzgesetz ermöglichte zwar u.a. ein Verbot von Parteien, Vereinigungen, Versammlungen und Meinungsäußerungen, wurde aber von den Ländern unterschiedlich angewandt und blieb angesichts

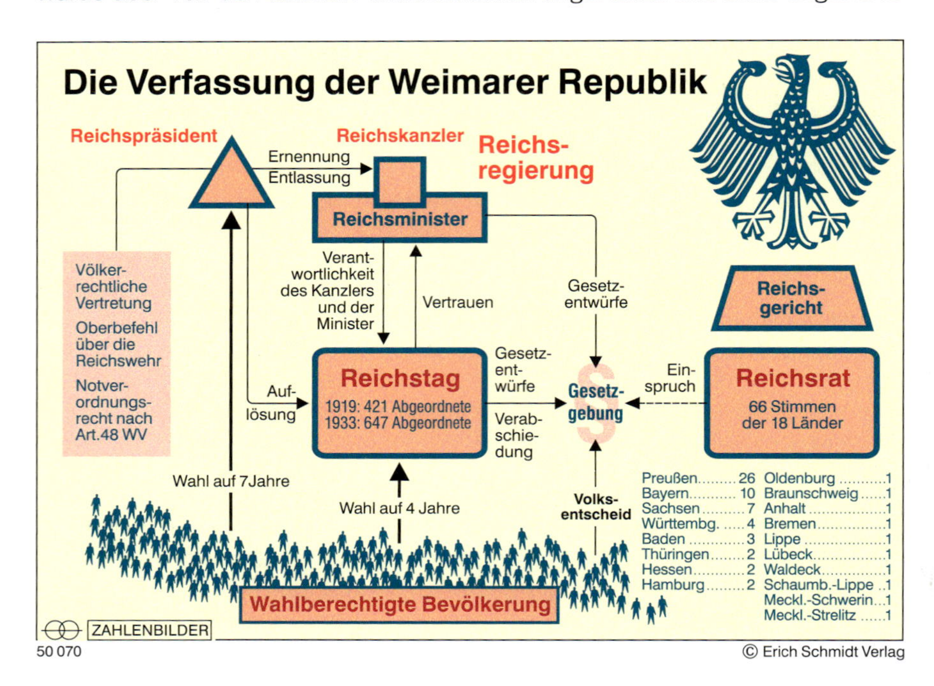

1 Schaubild zur Verfassung der Weimarer Republik (1919)

2 Reichsgericht, heutiges Bundesverwaltungsgericht, in Leipzig, um 1910
Hier wurden z. B. die Prozesse im Zusammenhang mit dem Kapp-Putsch und die Kriegsverbrecherprozesse geführt.

einer mitunter sehr parteilichen Justiz (die das Gesetz häufig gegen Linke, aber kaum gegen Rechte anwandte) ziemlich wirkungslos.

Verfassungsgericht

Erstmals in der deutschen Geschichte wurde mit dem Staatsgerichtshof (Art. 107) beim Reichsgericht in Leipzig 1922 per Republikschutzgesetz ein unabhängiges Reichsverfassungsgericht errichtet. Es war dafür vorgesehen, Verfahren gegen Feinde der republikanischen Staatsordnung zu führen. Allerdings bestand nicht die Möglichkeit eines Einzelnen, sich mit einer Verfassungsbeschwerde wegen Verletzung eines seiner in der Verfassung verankerten Grundrechte durch die öffentliche Gewalt an das Staatsgericht zu wenden.

Verfassungsänderung

Nach Art. 76 war eine Änderung der Verfassung durch $^{2}/_{3}$-Mehrheit in Reichstag oder Reichsrat oder per Volksentscheid möglich, in der Rechtspraxis schloss dies auch sogenannte „verfassungsdurchbrechende" Gesetze auf der Basis des Art. 48 ein, die z. B. die Regierung zu Maßnahmen ermächtigten, die der Verfassung widersprachen. Gedacht war dies für unvorhersehbare Notsituationen, also beschränkt und befristet. Die große Gefahr aber bestand darin, dass kein unantastbarer Verfassungskern festgeschrieben war (vgl. dagegen Art. 79 GG), was Hitler im März 1933 die Abschaffung der Demokratie per Gesetz zur „Behebung der Not von Volk und Staat" (Ermächtigungsgesetz) formal legal möglich machte (siehe M 4).

3 Art. 48 der Weimarer Verfassung: Maßnahmen bei Störung von Sicherheit und Ordnung

Wenn ein Land die ihm nach der Reichsverfassung oder den Reichsgesetzen obliegenden Pflichten nicht erfüllt, kann der Reichspräsident es dazu mit Hilfe der bewaffneten Macht anhalten.
Der Reichspräsident kann, wenn im Deutschen Reich die öffentliche Sicherheit und Ordnung erheblich gestört oder gefährdet wird, die zur Wiederherstellung der öffentlichen Sicherheit und Ordnung nötigen Maßnahmen treffen, erforderlichenfalls mit Hilfe der bewaffneten Macht einschreiten. Zu diesem Zwecke darf er vorübergehend die in den Artikeln 114, 115, 117, 118,123, 124 und 153 festgesetzten Grundrechte ganz oder zum Teil außer Kraft setzen.
Von allen gemäß Abs. 1 oder Abs. 2 dieses Artikels getroffenen Maßnahmen hat der Reichspräsident unverzüglich dem Reichstag Kenntnis zu geben. Die Maßnahmen sind auf Verlangen des Reichstags außer Kraft zu setzen.
Bei Gefahr im Verzuge kann die Landesregierung für ihr Gebiet einstweilige Maßnahmen der in Abs. 2 bezeichneten Art treffen. Die Maßnahmen sind auf Verlangen des Reichspräsidenten oder des Reichstags außer Kraft zu setzen. Das Nähere bestimmt ein Reichsgesetz.*

Aus der Weimarer Verfassung, www.documentarchiv.de/wr/wrv.html

* Ein solches kam nie zustande.

4 Ermächtigungsgesetze 1923–1933

a) Da die wirtschaftlichen Probleme im Krisenjahr 1923 den Staat zu durchgreifenden Sparmaßnahmen zwangen, ließ sich Reichskanzler Marx vom Reichstag am 10. Dezember 1923 per Ermächtigungsgesetz die Durchführung der erforderlichen Maßnahmen genehmigen. In den Anfangsjahren der Weimarer Republik gab es mehrere derartige Ermächtigungsgesetze.

§ 1 Die Reichsregierung wird ermächtigt, die Maßnahmen zu treffen, die sie im Hinblick auf die Not von Volk und Reich für erforderlich und dringend erachtet. Eine Abweichung von den Vorschriften der Reichsverfassung ist nicht zulässig. Vor Erlass der Verordnungen ist ein Ausschuss des Reichsrats und ein Ausschuss des Reichstags von 15 Mitgliedern in vertraulicher Beratung zu hören.
Die erlassenen Verordnungen sind dem Reichstag und dem Reichsrat unverzüglich zur Kenntnis zu bringen. Sie sind aufzuheben, wenn der Reichstag oder der Reichsrat dies verlangt. Im Reichstag sind für das Aufhebungsverlangen zwei Lesungen erforderlich, zwischen denen ein Zeitraum von mindestens drei Tagen liegen muss. Der im Abs. 1 genannte Ausschuss des Reichstags ist ebenso über Anträge zu Verordnungen auf Grund des Gesetzes vom 13. Oktober zu hören, soweit der Reichstag dies beschließt.
§ 2 Dieses Gesetz tritt mit dem Tage der Verkündung in Kraft. Es tritt am 15. Februar 1924 außer Kraft.

Reichsgesetzblatt 1923 I, S. 195.

b) Ermächtigungsgesetz vom 24. März 1933

Der Reichstag hat das folgende Gesetz beschlossen, das mit Zustimmung des Reichsrats hiermit verkündet wird, nachdem festgestellt ist, dass die Erfordernisse verfassungsändernder Gesetzgebung erfüllt sind:
Art. 1 [Gesetzgebungsrecht der Reichsregierung] Reichsgesetze können außer in dem in der Reichsverfassung vorgesehenen Verfahren auch durch die Reichsregierung beschlossen werden. Dies gilt auch für die in den Artikeln 85 Abs. 2 und 87 der Reichsverfassung bezeichneten Gesetze.
Art. 2 [Abweichung von der Verfassung] Die von der Reichsregierung beschlossenen Reichsgesetze können von der Reichsverfassung abweichen, soweit sie nicht die Einrichtung des Reichstages und des Reichsrats als solche zum Gegenstand haben. Die Rechte des Reichspräsidenten bleiben unberührt.
Art. 3 [Ausfertigung, Verkündung, Inkrafttreten] Die von der Reichsregierung beschlossenen Reichsgesetze werden vom Reichskanzler ausgefertigt und im Reichsgesetzblatt verkündet. Sie treten, soweit sie nichts anderes bestimmen, mit dem auf die Verkündung folgenden Tage in Kraft. Die Artikel 68 bis 77 der Reichsverfassung* finden auf die von der Reichsregierung beschlossenen Gesetze keine Anwendung.
Art. 4 [Staatsverträge] Verträge des Reichs mit fremden Staaten, die sich auf Gegenstände der Reichsgesetzgebung beziehen, bedürfen nicht der Zustimmung der an der Gesetzgebung beteiligten Körperschaften. Die Reichsregierung erlässt die zur Durchführung dieser Verträge erforderlichen Vorschriften.
Art. 5 [Inkrafttreten] Dieses Gesetz tritt mit dem Tage seiner Verkündung in Kraft. Es tritt mit dem 1. April 1937 außer Kraft, es tritt ferner außer Kraft, wenn die gegenwärtige Reichsregierung durch eine andere abgelöst wird.

Reichsgesetzblatt 1933, S. 141.

* Regelungen der Weimarer Verfassung zur normalen Gesetzgebung

Arbeitsvorschlag

Erarbeiten Sie aus M 4a formales Zustandekommen, Zweck und Sicherungen für diese Ermächtigung.
Vergleichen Sie dies mit dem Ermächtigungsgesetz von 1933 (M 4b).

Grundwissen:
Die Republik meistert ihre turbulenten Anfangsjahre

Mit der basisdemokratischen Entscheidung für eine Nationalversammlung und der repräsentativdemokratischen Verabschiedung der Weimarer Verfassung war es der jungen Republik gelungen, die unmittelbaren Umsturzversuche der radikalen Linken abzuwehren. Kaum war jedoch die anschließende, durch die Frage der Unterzeichnung des Versailler Vertrages hervorgerufene, innenpolitische Krise überstanden, drohte ein neuer Umsturzversuch, diesmal seitens der extremen Rechten.

General Hans v. Seeckt (1866–1936)

Am 13. März 1920 besetzten Freikorps, denen nach Inkrafttreten des Versailler Vertrages die Auflösung drohte, das Regierungsviertel in Berlin. Der rechtskonservative preußische Spitzenbeamte Wolfgang Kapp („Kapp-Putsch") wurde von ihnen zum Reichskanzler ausgerufen. Ziel war die Wiedereinführung der Monarchie. Nach nur vier Tagen mussten die Putschisten allerdings aufgeben, weil die SPD-Regierungsmitglieder und die Gewerkschaften einen Generalstreik ausgerufen, die Ministerialbürokratie eine Zusammenarbeit mit der unrechtmäßigen Regierung verweigert und sogar die Reichswehr und die Rechtsparteien sich von den Putschisten distanziert hatten. Erneut hatte sich die Republik behauptet, obwohl Reichswehrchef von Seeckt der rechtmäßigen Regierung keine Truppen zur Niederschlagung des Aufstandes zur Verfügung gestellt hatte („Reichswehr schießt nicht auf Reichswehr"). Mehr als eine Neutralität konnte die Regierung somit von der Reichswehr bei möglichen weiteren Putschversuchen von rechts nicht erwarten.

Matthias Erzberger (1875–1921)

Nach dem Kapp-Putsch blieben gewalttätige Übergriffe und Attentate an der Tagesordnung. Vor allem in Bayern sammelten sich völkische und radikal-nationale Organisationen. Dazu gehörten auch rechtskonservative Prominente wie General Ludendorff, kleine Parteien wie die noch junge NSDAP, sogenannte „Vaterländische Verbände" und aus den aufgelösten Freikorps hervorgegangene Geheimbünde wie die „Organisation Consul", aus deren Reihen zahlreiche Attentate auf demokratische Politiker verübt wurden. Zu ihren Opfern zählte am 26. August 1921 der Zentrumspolitiker und ehemalige Innenminister Matthias Erzberger, der – da sich die Heeresführung verweigert hatte – im November 1918 den Waffenstillstand von Compiègne unterzeichnet hatte. Die Mörder wurden zwar identifiziert, aber nicht gefasst, weil sie von Teilen der Bevölkerung, aber auch von bayrischen Behörden unterstützt wurden.
Einem anderen Attentat der „Organisation Consul" erlag am 24. November 1922 Reichsaußenminister Walther Rathenau (DDP), welcher für die Erfüllung der Forderungen des Versailler Vertrages eingetreten war. Wenig später billigte der Reichstag das Republikschutzgesetz.

Walther Rathenau (1867–1922)

Die Weigerung der bayrischen Regierung, dieses Gesetz umzusetzen, markierte den Anfang einer Dauerfehde mit dem Reich, die ihren vorläufigen Höhepunkt fand, als im September 1923 zunächst in Bayern, dann im Reich der Ausnahmezustand ausgerufen wurde. Am 8./9. November wagte die NSDAP zusammen mit Ludendorff, dem ehemaligen „starken Mann" der OHL, einen Putschversuch in München. Dieser scheiterte aber beim sogenannten „Marsch zur Feldherrnhalle", der von der bayerischen Polizei gewaltsam aufgelöst wurde.

Dass sich rechtskonservative und deutschnationale Kreise einschließlich der bayrischen Reichswehr- und Polizeiführung schließlich von Hitlers „revolutionären" Zielen abwandten, entlastete die Republik auf Jahre. Zwar scheiterte in Berlin die Große Koalition im Zuge parlamentarischer Nachwehen der Ereignisse, aber BVP und DNVP waren nun zeitweise bereit, Regierungsverantwortung mit zu übernehmen. Als Unsicherheitsfaktor erwies sich hingegen einmal mehr die Reichswehr. Bedenklich war auch die strafrechtliche Bewältigung des Putsches: Für Hochverrat war die bayrische Justiz eigentlich gar nicht zuständig, sondern das Reichsgericht in Leipzig. Während Ludendorff als „verdienter Kriegsheld" freigesprochen wurde, wurde Hitler zu fünf Jahren „ehrenvoller", lockerer Festungshaft verurteilt und schon nach 9 Monaten „auf Bewährung" entlassen – er versprach, keine illegalen Aktionen mehr gegen den Staat zu unternehmen.

Aufstände der extremen Linken

Zu den Krisenjahren 1920–1923 gehörten jedoch auch weitere Aufstände seitens der extremen Linken. 1920 war es Kommunisten in den Industrierevieren Sachsens und Thüringens sowie im Ruhrgebiet gelungen, den Generalstreik gegen die Kapp-Putschisten in einen schon länger geplanten bewaffneten Aufstand zu überführen, durch den ein kommunistisches Rätesystem errichtet werden sollte. Zwar gelang es der Reichsregierung, die „Roten Armeen" mittels Reichswehr und Freiwilligenverbänden in einer Art Bürgerkrieg niederzuwerfen, jedoch kam es immer wieder zu Demonstrationen und Straßenkämpfen der „Roten" mit den „Weißen". Im Oktober 1923 trafen in Sachsen und Thüringen von der KPdSU unterstützte deutsche Kommunisten erneut Vorbereitungen zur Errichtung einer reichsweiten Rätediktatur. Die Reichsregierung zerschlug durch Reichswehreinsatz die paramilitärischen Verbände und erzwang ein Ausscheiden der KPD aus den Landesregierungen, in denen sie mit der SPD Mehrheitskoalitionen gebildet hatte.

1 Aufstände gegen die Republik 1919–1923

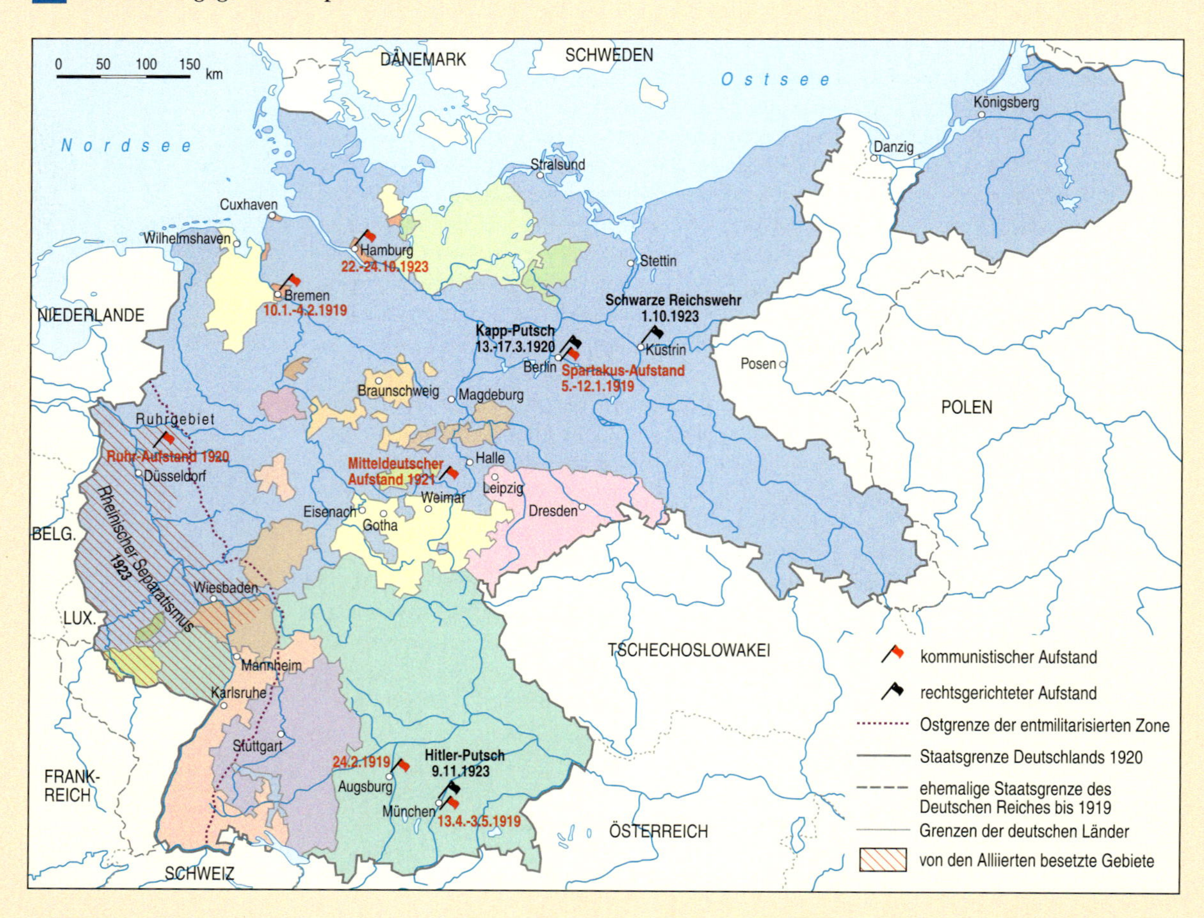

Methode: Wissenschaftliche Texte auswerten

Der Historiker rekonstruiert die Vergangenheit anhand von **Quellen**. Er zieht dazu verschiedene Arten von Quellen heran, z. B. Sachquellen (wie Bodenfunde, Bauwerke, Denkmäler), schriftliche, bildliche und mündliche Quellen. Bei den **schriftlichen Quellen (Textquellen)** kann man unterscheiden zwischen ***Überrestquellen*** (beiläufig angefallen, z. B. Urkunden als Ergebnis eines Rechtsgeschäfts) und ***Traditionsquellen*** (verfasst in der Absicht, einer späteren Zeit Kunde von einem Ereignis oder Zustand zu geben, z. B. antike Geschichtsschreibung, mittelalterliche Annalen oder neuzeitliche Chroniken).*

Die Ergebnisse seiner Quellenforschungen legt der Historiker in **wissenschaftlichen Darstellungen** (Sekundärliteratur) vor. ***Gesamtdarstellungen*** sollen einen zuverlässigen, übersichtlichen Überblick über eine bestimmte Epoche geben. ***Einzeluntersuchungen*** (Monografien) behandeln ein Spezialthema möglichst erschöpfend. Eine ***Biografie*** beschreibt das Leben einer bestimmten historischen Person und ihrer Bedeutung für die Geschichte. ***Aufsätze*** im Rahmen von Sammelwerken oder Zeitschriften können kleine Gesamtdarstellungen, Monografien oder Biografien sein, als ***Essay*** bezeichnet man einen (auch literarisch) anspruchsvollen Aufsatz, der eine wissenschaftliche Fragestellung in knapper, pointierter, wertender Form abhandelt.

All diese Darstellungen gibt es als **Fachliteratur (fachwissenschaftliche Darstellungen)**, die sich an in der Ausbildung befindliche oder gar ausgebildete Historiker wendet, denn Fachbegriffe, inhaltliche und methodische Grundkenntnisse werden vorausgesetzt; die Darstellung ist um ein Maximum an Sachlichkeit, Ausgewogenheit und Differenzierung (auch sprachlich) bemüht; Zitate und nicht allgemein bekannte Fakten werden per Fußnoten, benutzte Quellen und Sekundärliteratur (einschließlich Internet) per Literaturverzeichnis nachgewiesen. *Ihre Facharbeit sollte als wissenschaftspropädeutische (= -vorbereitende) Abhandlung diesen Ansprüchen gerecht werden.* Ziel von geschichtlicher Fachliteratur ist es, bestehende historische Erkenntnisse abzuwägen und einzuordnen sowie neue Forschungsergebnisse zu präsentieren, verschiedene Perspektiven darzustellen. Gesamtdarstellungen, Monografien oder Biografien sowie Aufsätze existieren in starkem Maße auch als **Sachbücher (populärwissenschaftliche Darstellungen)** für interessierte Laien ohne Vorkenntnisse; die Darstellung ist auf leichte Lesbarkeit ausgerichtet, oft im Erzählstil und nicht immer ausgewogen; auf Zitate und Nachweise per Fußnoten und Literaturverzeichnis wird ganz oder weitgehend verzichtet. Ziel von geschichtlichen Sachbüchern ist es, Interesse für historische Themen zu wecken sowie Situationen und Entscheidungen nachvollziehbar zu machen, teilweise kommt sogar ein gewisser Unterhaltungsaspekt hinzu.

Bei der Fülle an geschichtlichen Informationen im Internet ist es schwer, ihren Wert für die eigene Forschungsarbeit herauszufinden. Die angeführten Unterscheidungsmerkmale für fach- und populärwissenschaftliche Darstellungen können bei der Einordnung helfen. Quellen-/Faktennachweise und Literaturangaben ermöglichen eine Überprüfung im Hinblick auf Zuverlässigkeit, die man zumindest punktuell auch vornehmen sollte.

Erzählende Texte wie Sagen haben zwar einen „historischen Kern", sind aber fiktional.

* *Die frühere Unterscheidung zwischen Primär- (Originalzeugnisse wie Urkunden, Verträge, Augenzeugenberichte oder Untersuchungsprotokolle) und Sekundärquellen (in zeitlichem Abstand zu den Ereignissen verfasst, basieren auf Primärquellen) kommt in der aktuellen geschichtsdidaktischen Literatur nicht mehr vor.*

Mögliche Arbeitsschritte zur Untersuchung von wissenschaftlichen Texten

- Womit beschäftigt sich der Text? (Überschrift, aber auch Ermittlung der Leitfrage, der der Autor nachgeht)
  Welche zentrale These wird aufgestellt?
  Zu welchem Ergebnis gelangt der Autor?
- Wie ist die Darstellung gegliedert?
  Ist der Gedankengang schlüssig oder gibt es logische Brüche bzw. offene Fragen?
  Ist die Schlussfolgerung aus dem bearbeiteten Quellenmaterial nachvollziehbar?
- Aus welchem Blickwinkel geht der Autor an sein Thema heran?
  Bezieht er andere Perspektiven ein?
  Nennt der Autor keine, eine, mehrere Gründe für Ereignisse oder Entwicklungen?
- Enthält der Text nur Sachurteile oder nimmt der Autor persönliche Wertungen vor?
  Sind etwaige persönliche Wertungen (z. B. aus einem demokratischen Grundkonsens heraus) berechtigt?
  Lassen sich bestimmte Einstellungen oder gar eine bestimmte Ideologie herauslesen?

Arbeitsvorschläge

a) Ordnen Sie dieses Geschichtsbuch bei den aufgeführten wissenschaftlichen Darstellungen ein.

b) Rufen Sie den **Online Link** (430017-0301) des Kapitels auf.
Dort finden Sie den Text „Die Zerstörung der Weimarer Demokratie: Krisenverschärfung und Alternativenverschleiß“ von Siegfried Weichlein, abgedruckt in: Edgar Wolfram (Hg.): Die Deutschen im 20. Jahrhundert. Wissenschaftliche Buchgesellschaft Darmstadt 2004.
   - Lesen Sie den Text aufmerksam durch.
   - Unterstreichen Sie zentrale Textstellen.
   - Markieren und klären Sie unklare Begriffe.
   - Nehmen Sie eine Textauswertung nach den vorgeschlagenen Arbeitsschritten vor.
   - Was lässt sich aus dem Erscheinungsjahr des Textes schlussfolgern?

3.3 Träger und Gegner der demokratischen Ordnung

„Das Oben"

Der *Adel* machte je nach Region zwischen 0,3 und 1% der Bevölkerung aus. Wirtschaftlich konnte er sich während der Weimarer Republik aufgrund seines großen agrarischen Grundbesitzes und durch Inflationsgewinne behaupten, verlor aber infolge des Gleichheitsgrundsatzes der Verfassung sein Privileg bei staatlichen Spitzenämtern, auch wenn er in Verwaltung, Diplomatie, Offizierskorps und Führungsstellungen in paramilitärischen Organisationen weiterhin überproportional vertreten war. Mit seinem Bedeutungsverlust wollte sich der extrem konservative Adel nicht abfinden und lebte gewissermaßen weiter im untergegangenen Obrigkeitsstaat; die Republik lehnte er folglich größtenteils ab und wählte vor allem DNVP. Einflussreich blieb er auch nicht zuletzt durch mitunter enge Beziehungen zu zentralen Führungspersonen in Politik, Verwaltung und Militär, z. B. in Gestalt der Kamarilla um den späteren Reichspräsidenten Paul von Hindenburg.

1 „Deutschland, Deutschland über alles!"
Karikatur von Karl Arnold, 1920
1914: „Meine Herren, das ganze Volk steht hinter uns! Wir haben die Macht! Wir sind das Vaterland! Darum: Se. Majestät, hurra, hurra, hurra!"

1920: „Die anderen haben die Macht, was geht uns das Vaterland der anderen an? Sollen sie den Karren nur selber aus dem Dreck ziehen. Pröstchen!"

Als *oberes Wirtschaftsbürgertum* (Unternehmer, leitende Angestellte, Börsianer) kann man knapp 5 % der Bevölkerung bezeichnen. Es hatte z. T. große Kriegsgewinne erzielt, besaß umfangreiches, inflationssicheres Anlagenkapital (z. B. Immobilien) und zählte auch zu den Gewinnern der „Goldenen Zwanziger". Schwer-/Montanindustrielle bildeten den rechten Flügel des Unternehmerlagers. Als Nutznießer staatlicher Rüstungsaufträge befürworteten sie eine Wiederaufrüstung, erlebten aber zu Beginn der Weimarer Republik eine Stagnation. Unternehmer aus den exportorientierten „neuen" Wachstumsbranchen wie Maschinenbau, chemischer und Elektroindustrie waren hingegen liberaler. Erst die Weltwirtschaftskrise bedeutete auch für diese Schichten eine gefährliche Bedrohung. Sie orientierten sich zunehmend nach rechts-außen.
Zum *Bildungsbürgertum (Akademiker)* zählte knapp 1 % der Bevölkerung. Es erlebte im Zeitraum 1913 bis 1920 einen Kaufkraftverlust um ca. 80 %. Ersparnisse wurden durch die Inflation aufgezehrt. Die einstige elitäre Stellung als Vertreter humanistischer Bildungsideale ging darüber hinaus durch die zunehmende Technisierung in vielen Wirtschaftsbereichen mehr und mehr verloren. Der verlorene Krieg, der Untergang der Monarchie, die Revolution und die politische Führungsrolle der SPD stürzte die Bildungselite in eine tiefe Sinnkrise. Viele lehnten die Republik ab und gaben der politischen Linken die Schuld an der Misere. Vor allem Ärzte, Rechtsanwälte und Studenten sahen in jüdischen Kollegen und Kommilitonen unwillkommene Konkurrenten und zeigten einen zunehmend aggressiveren Nationalismus und Antisemitismus.

„Die Mitte"

Groß- und Mittelbauern machten zwar nur 2 % der Bevölkerung aus, besaßen aber fast ein Viertel aller landwirtschaftlichen Nutzfläche. Ihr Einfluss war groß (1925 Durchsetzung von Agrarzöllen). Zumeist lehnten sie die Republik als „Instrument des städtischen Industrieproletariats" ab. Sie waren überwiegend konservativ und antimodernistisch orientiert und standen meist der DNVP nahe. Während der Weltwirtschaftskrise gewann die NSDAP bei ihnen wachsenden Zuspruch.

Der zahlenmäßig wachsende *„neue" Mittelstand* wurde von kleinen und mittleren Unternehmern, Angestellten, Ingenieuren, Technikern, Werkmeistern, Betriebswirten und sonstigen spezialisierten Dienstleistungsberufen gebildet und machte 1925 17 % der Bevölkerung aus. Zum neuen Mittelstand gehörte in weiterem Sinne auch die Masse der Beamten, die jedoch in Zeiten staatlicher Sparpolitik Gehaltssenkungen, ja sogar Entlassungen hinnehmen mussten und sich sozial sehr unsicher fühlten. Wie die gesamte – sehr heterogene – Gruppe grenzten sie sich gegenüber dem körperlich arbeitenden Proletariat ab. Dennoch gab es unter den Angestellten zwischen Revolution und Inflation 1923 viele SPD- und sogar KPD-Wähler. Techniker, Werkmeister etc. waren bis zur Inflation linksliberal, wurden dann aber für nationalistisches und antisemitisches Gedankengut (jüdische Warenhäuser als „Quelle des Elends" angesehen) empfänglich.

Der *„alte" Mittelstand* umfasste Handwerker, Einzelhändler und kleine Kaufleute, somit im Unterschied zum *„neuen" Mittelstand* formal Selbstständige. Er machte etwa 15 % der Bevölkerung aus. Während das alte Handwerk und der Kleinhandel unter wirtschaftlichen Problemen litten und die soziale Distanz zum Arbeitermilieu schwand, überstanden Hausbesitzer und neue Handwerkszweige die Inflation gut. Der „alte" Mittelstand war eher konservativ ausgerichtet und tendierte zur DNVP oder zur Reichspartei des deutschen Mittelstandes (Wirtschaftspartei), die mit je 23 Sitzen bei den Reichstagswahlen 1928 und 1930 ihren Zenit erreichte.

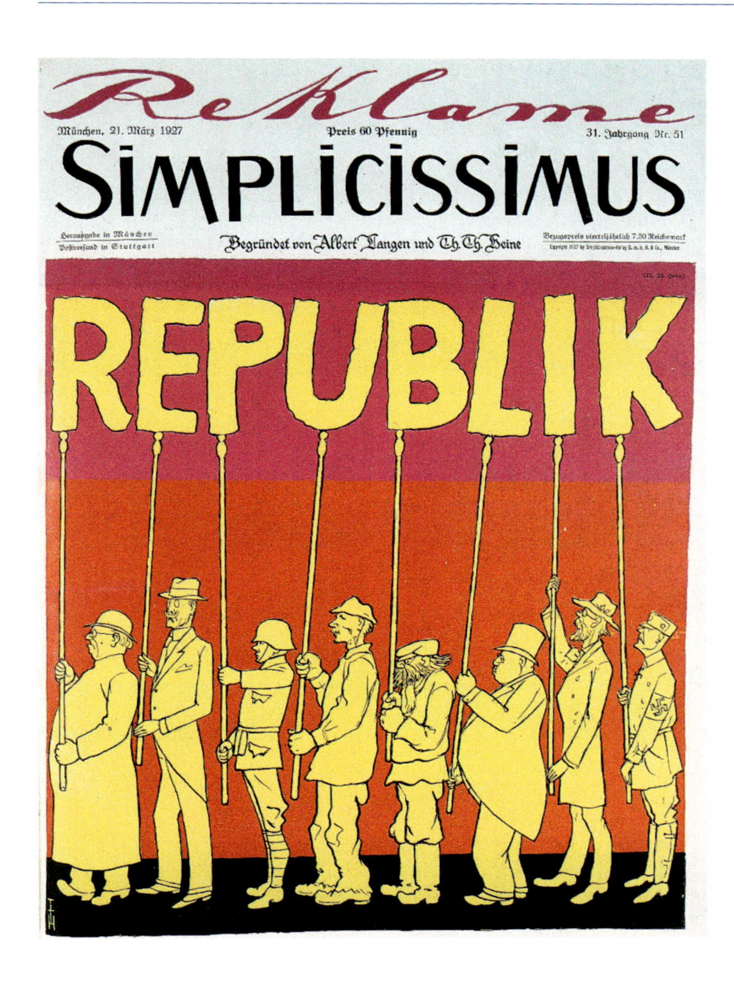

2 **„Republik. Sie tragen die Buchstaben der Firma – aber wer trägt den Geist?"** Karikatur von Thomas Theodor Heine (1867–1948), veröffentlicht im Simplicissimus vom 21. März 1927

Dem *Kleinbürgertum* kann man die Mittelklasse von altem und neuem Mittelstand zurechnen, gut 20 % der Erwerbstätigen der knapp 15 % der Bevölkerung, die besonders stark mit wirtschaftlichen Problemen zu kämpfen hatten und deshalb Aversionen gegen die Republik hegten.

„Das Unten"

Die *Arbeiterschaft* machte 70 % der Erwerbstätigen aus. Die Revolution hatte ihr zwar nicht die z. T. erhoffte politische Machtübernahme gebracht, wohl aber Erfolge auf wirtschaftlich-sozialem Gebiet: Das Abkommen zwischen dem Chef der freien Gewerkschaften Legien und dem Arbeitgebervertreter Stinnes im November 1918 begründete die „Zentrale Arbeitsgemeinschaft der industriellen und gewerblichen Arbeitergeber- und Arbeitnehmerverbände". Die Gewerkschaften wurden nun als gleichberechtigte Tarifpartner anerkannt, der Achtstundenarbeitstag wurde eingeführt, bestimmte Sozialleistungen wurden festgeschrieben, die Arbeitermitbestimmung in größeren Betrieben wurde eingeführt. Die wesentlichen Errungenschaften gingen in die Weimarer Verfassung ein. Die Arbeiter wählten zum größten Teil SPD und KPD, Letztere verstärkt, als der rechte Unternehmerflügel ab 1924 versuchte, die Zugeständnisse, durch die er in der Revolutionszeit Sozialisierungen verhindert hatte, rückgängig zu machen. Katholischen Arbeitern hingegen war an einem Interessenausgleich ihres christlich-nationalen Gewerkschaftsbundes mit den Unternehmern gelegen, sie wählten vor allem Zentrum/BVP. Eine nennenswerte Zahl von Arbeitern wählte aber auch DDP, DVP und DNVP. Die sozialen Auswirkungen der Weltwirtschaftskrise führten dazu, dass sich auch vermehrt Arbeiter der NSDAP zuwendeten.

3

3 Erwerbspersonen nach Wirtschaftsbereichen und Stellung im Beruf 1907–1933

	1907		1925		1933	
	1000	%	1000	%	1000	%
Landwirtschaft	9883	100	9762	100	9343	100
davon: Selbstständige	2500	25,3	2190	22,4	2178	23,3
Mithelfende Familienangehörige	3894	39,4	4790	49,1	4516	48,3
Angestellte/Beamte	98	1,0	175	1,8	118	1,3
Arbeiter	3388	34,3	2607	26,7	2531	27,1
Industrie u. Handwerk	11256	100	13478	100	13051	100
davon: Selbstständige	1729	15,3	1446	10,7	1490	11,4
Mithelfende Familienangehörige	133	1,2	220	1,6	273	2,2
Angestellte/Beamte	686	6,1	1544	11,4	1349	10,3
Arbeiter	8708	77,4	10268	76,2	9939	76,1
Handel und Verkehr	3478	100	5251	100	5963	100
davon: Selbstständige	1012	29,1	1136	21,6	1250	21,0
Mithelfende Familienangehörige	260	7,5	413	7,9	496	8,3
Angestellte/Beamte	507	14,6	2261	43,1	2334	39,1
Arbeiter	1699	48,8	1441	27,4	1883	31,5
Öffentliche u. private Dienstleistungen	1739	100	2124	100	2669	100
davon: Selbstständige	559	32,2	241	11,3	295	11,1
Mithelfende Familienangehörige			13	0,6	26	1,0
Angestellte/Beamte	948	54,5	1513	71,2	1783	66,8
Arbeiter	231	13,3	357	16,8	565	21,1
Häusliche Dienste	1736	100	1394	100	1269	100

Gekürzte Fassung nach: Wolfgang Michalka/Gottfried Niedhart (Hg.): Die ungeliebte Republik. Dokumente zur Innen- und Außenpolitik Weimars 1918–1933. München 1984, S. 411.

4 Der Historiker Hans-Ulrich Wehler (2003)

Alle deutschen Sozialformationen wurden durch den Krieg und die Fluktuationen in der Zeit der Republik aufgewirbelt. Alle blieben sie auf der Suche nach einer neuen, dauerhaften Ordnung, die für eine große, aber strategisch günstig postierte Minderheit geradewegs die Rückkehr in die Vergangenheit, zu der vertrauten Hierarchie mit ihrem erstarrten Machtgefälle bedeutete. Man muss sich immer wieder bewusst machen, eine wie kurze Zeit, nur knappe 14 Jahre, Weimar übrig blieb, um die tiefreichende Dynamik in der Sozialstruktur zu verarbeiten. Die Nachkriegskonjunktur und Hyperinflation brachten für viele fühlbaren Aufschwung und verblüffenden Gewinn, für Millionen aber irritierende Unsicherheit und schmerzhafte Deprivation. Die „goldene" Zeit dauerte gerade einmal viereinhalb Jahre, und noch ehe sich die Gesellschaft der Republik konsolidieren konnte, brach schon wieder eine mörderische Wirtschaftskrise über sie herein, an deren Ende die Diktatur mit ihrer blendenden Verheißung einer harmonischen „Volksgemeinschaft" stand.

Gibt es dennoch erkennbare Grundlinien der gesellschaftlichen Transformation? Unstreitig trat jetzt nach dem Zerfall der fürstenstaatlichen Ordnung und Adelsmacht die Dominanz der marktbedingten Klassen endgültig hervor. Noch immer gab es aber auch die Koexistenz mit – freilich weiter abgeschwächten – ständischen Überresten in der ländlichen Welt der großgrundbesitzenden Adelsherren und der Bauern, auch in dem Mikrokosmos des Bildungsbürgertums und der herrschaftsständischen Bürokratie. Diese Gemengelage erzeugte weiterhin Spannungen, die wesentlich dazu beitrugen, zwischen 1930 und 1933 eine Zerreißprobe heraufzuführen.

Keineswegs standen sich dabei nur nackte soziale und ökonomische Interessen gegenüber. Vielmehr ging es auch immer um das Ringen unterschiedlicher, historisch tief verankerter Sozialmentalitäten, die zum Beispiel im Adel gegen „die Bürgerlichen", im Bildungsbürgertum gegen „die Ungebildeten", im „alten" Mittelstand gegen „das Proletariat" virulent blieben. Es waren ganz wesentlich solche Fiktionen, welche die politischen Auseinandersetzungen zu hoch ritualisierten Grundsatzkonflikten überhöhten und maßgeblich zuspitzten. In diesem Stil wurde die romantisierte „Frontgemeinschaft“, erst recht dann die „Volksgemeinschaft“ der sozialen Fragmentierung durch antagonistische Klassen gegenübergestellt. Im Schatten der Sowjetunion und der KPD stieg die Animosität gegen „den Marxismus“ kontinuierlich an. Und auf diese sicht- und fühlbaren Desintegrationsprozesse, insbesondere dann seit 1929, reagierte schließlich der Nationalsozialismus mit dem gewalttätigen Versöhnungsversprechen seines extremen Nationalismus.

Aus: Hans-Ulrich Wehler: Deutsche Gesellschaftsgeschichte. Vierter Band: Vom Beginn des Ersten Weltkriegs bis zur Gründung der beiden deutschen Staaten. 1914–1949. München [2]2003, S. 286 f.

5 Brief des Historikers Friedrich Meinecke (1862–1954) an seinen Schüler und späteren Kollegen Siegfried August Kaehler, Januar 1919

Und dann möchte ich Ihnen ganz kurz sagen, wie ich zu meiner jetzigen Haltung gekommen bin. Ich habe von jeher in der Entfremdung der Massen vom nationalen Staate unser Grundunglück gesehen, habe mich schon 1890 – darin ganz abweichend von meinem damaligen Milieu – auf die Seite des jungen Kaisers gegen Bismarck gestellt, weil Bismarck die soziale Reform damals hinderte. Der Kaiser hat mich und uns alle enttäuscht, – aber jenem Grundgedanken bin ich treu geblieben. Ohne sozialen Frieden zwischen Arbeiterschaft und Bürgertum, ohne Basierung des Staates auf beide Schichten sind wir nicht und werden wir nie eine Nation. Ich hoffte, dass wir es würden, als der Krieg ausbrach, und schrieb damals „diese innere Eroberung (Gewinnung der Massen) sei uns die eigentliche Eroberung, die wir machen müssen“. Ich erstrebte natürlich auch größere Sicherheit unserer Weltstellung – aber beides hing für mich eng zusammen. Denn ohne innere nationale Kohärenz konnten wir auch nicht Weltpolitik treiben. Im Kriege und nachher – in der Revolution – haben nun sowohl Bürgertum und alte Ordnungen, wie auch die Massen versagt und gesündigt – Erstere durch wahnsinnige Kriegsziel- und U-Bootpolitik und durch die ganze Hybris überspannter Machtpolitik, deren Exponent Ludendorff wurde, – Letztere durch ihre Zuchtlosigkeit in der Revolution und jetzt. Wir sind im allertiefsten Abgrund, – was nun tun, um uns zu retten? Ich bin nach wie vor Herzensmonarchist, aber die Restauration der Monarchie, zurzeit überhaupt unmöglich, würde uns nur von neuem wieder spalten, würde den Bürgerkrieg der einen Volkshälfte gegen die andere verewigen. Ich bürge nun nicht dafür, dass wir auf dem von uns beschrittenen Wege, einen Kompromiss zwischen bürgerlicher und sozialer Demokratie zu finden, den sozialen Frieden erreichen werden, – aber ich weiß nur das, dass wir auf jedem anderen Wege ihn nie und nimmer erreichen werden, – und das ist es, was mich mit schmerzlicher Resignation dazu gebracht hat, der demokratisch-republikanischen Partei beizutreten. In dem Konflikt zwischen staatsmännischer Vernunft und ererbten Idealen, den wir alle jetzt auszutragen haben, glaubte ich mit festem Schritt den Forderungen der Vernunft folgen zu müssen [...]. Und die Hoffnung will mir auch nicht erlöschen, dass sowohl im Bürgertum wie in der mehrheitssozialistischen Arbeiterschaft immer noch gute, tüchtige, zu einem Kompromiss miteinander fähige Elemente vorhanden sind. Darum lohnt sich der Versuch, auf den Trümmern des Alten einen Neubau aufzurichten. Glauben Sie mir, auch mich übermannt oft der Schmerz über den Sturz der alten Welt und den Verlust so vieler nationaler Güter, – aber solange wir den Glauben an unser Volk nicht verlieren, ist noch nicht alles verloren, können wir noch hoffen und wirken.

Aus: Friedrich Meinecke: Ausgewählter Briefwechsel. Hg. und eingel. von Ludwig Dehio und Peter Classen. Stuttgart 1962, S. 334 ff.

Arbeitsvorschläge

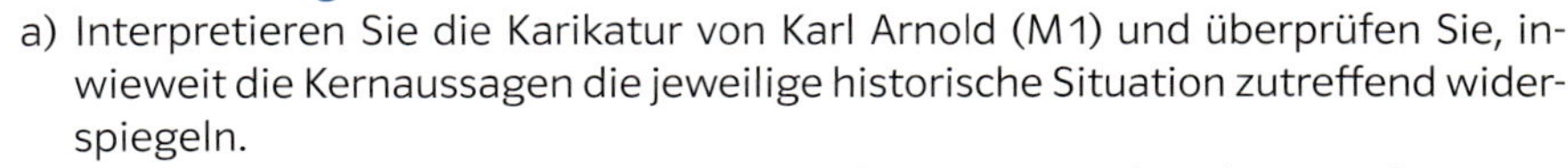

a) Interpretieren Sie die Karikatur von Karl Arnold (M 1) und überprüfen Sie, inwieweit die Kernaussagen die jeweilige historische Situation zutreffend widerspiegeln.

b) Interpretieren Sie die Karikatur M 2, indem Sie zunächst die einzelnen Personen identifizieren. Ziehen Sie dazu auch den VT hinzu. Recherchieren Sie Thomas Theodor Heine.
c) Verbalisieren Sie die Statistik M 3 unter besonderer Berücksichtigung der Weimarer Zeit (M 3).
d) Fassen Sie die Kernaussagen Wehlers in Thesenform zusammen (M 4).
e) Erarbeiten aus der M 5 Meineckes Ziele und charakterisieren Sie seine politische Einstellung im Umfeld bürgerlicher Haltungen dieser Zeit.

f) Erörtern Sie, ob und inwieweit die von Meinecke (M 5) entwickelte Perspektive während der Weimarer Zeit zu politischer Realität wurde. Dazu sollten Sie sich auch im weiteren Verlauf der Beschäftigung mit der Weimarer Zeit Notizen machen.

3.4 Verschärfung der Situation durch die Weltwirtschaftskrise

Hyperinflation 1923

Ruhrkampf

Schon während des Ersten Weltkrieges hatte in Deutschland eine Geldentwertung eingesetzt, sich immer mehr beschleunigt und 1919 bedrohliche Ausmaße angenommen. 1920 lagen die Lebenshaltungskosten um das Achtfache über denen der Vorkriegszeit. Da der Staat die hohen Alt- und Neuschulden (Kriegskredite, Unterstützung der entlassenen Soldaten, der Kriegsinvaliden, -witwen und Flüchtlinge, einer wachsenden Zahl an Arbeitslosen sowie die Kosten des Ruhrkampfes und der Reparationen) mit der Notenpresse (und Krediten) finanzierte, wurde die im Umlauf befindliche Geldmenge enorm aufgebläht. Demgegenüber ging das Warenangebot nach den Krieg deutlich zurück (Umstellung von Kriegs- auf Friedenswirtschaft, Verlust wichtiger Wirtschaftsgebiete, Streiks, Sachleistungen laut Versailler Vertrag). Schließlich explodierte 1923 die Inflation: Die Kriegsschulden von 154 Mrd. Reichsmark hatten nur noch einen Wert von 15 Pfennig (weniger als 10 Cent). Weite Teile des Mittelstandes, insbesondere Klein- und Bildungsbürgertum, verloren nahezu ihre gesamten Ersparnisse und verarmten – eine Schockerfahrung, die diese Schicht nachhaltig prägte.

Dawes-Plan

Mit einer Währungsreform im Oktober 1923 und einem drastischen Sparplan gelang es der Regierung Stresemann schließlich, die Inflation zu stoppen. Der Dawes-Plan ermöglichte neue Kredite aus den USA. Ab 1924 setzte sogar wieder ein wirtschaftlicher Aufschwung ein. Das wachsende Volkseinkommen und relativ hohe Reallöhne sorgten für eine gewisse Stabilisierung der „ungeliebten Republik" im Inneren. Doch auch die nun – nicht nur in Deutschland – einsetzenden „Goldenen Zwanziger" waren trügerisch. Die Koalitionskabinette blieben instabil.

Die „Goldenen Zwanziger" 1924–1928

Mit der Anschubwirkung ausländischer Kredite, insbesondere aus den USA, war es dem Reich ermöglicht worden, die Reparationen an die Alliierten zu finanzieren, die damit ihre Kriegsverbindlichkeiten gegenüber den USA hatten begleichen können, die einen Teil des Geldes wiederum der deutschen Volkswirtschaft zur Verfügung gestellt hatten. So war es der deutschen Industrie möglich geworden, sich bei Banken das notwendige Kapital für Investitionen zu besorgen, was besonders der Exportindustrie neuen Aufschwung verschaffte. Deutschland blieb aufgrund der hohen Auslandsverschuldung und des internationalen Finanzkreislaufs jedoch besonders abhängig von der wirtschaftlichen Entwicklung in den Kreditgeberländern, vor allem den USA.

Ausbruch der Weltwirtschaftskrise 1929

„Hausgemachte" Probleme ergaben sich daraus, dass die Löhne und Sozialleistungen nach einer kurzen Phase der Deflation bei immer heftigeren Tarifkämpfen wesentlich stärker gestiegen waren als die Produktivität. Derartige Zusatzkosten, zu denen 1927 auch noch die neu eingeführte Arbeitslosenversicherung kam, veranlasste viele Unternehmen zu Rationalisierungen, Fusionen und Personalabbau. Die Arbeitslosigkeit blieb somit auch während der Phase wirtschaftlicher Konsolidierung relativ hoch. Das soziale Klima zwischen Arbeitgebern und -nehmern gestaltete sich zunehmend rauer. Kleinunternehmer und Handwerker litten unter der Konkurrenz der Großindustrie und der marktbeherrschenden Stellung der sich bildenden Kartelle (z. B. I. G. Farben).

I. G. Farben

Seit 1927 ging die Weltkonjunktur spürbar zurück. Schließlich löste 1929 eine Überproduktionskrise in den USA einen Konjunktureinbruch aus. Dieser wiederum ließ die Börse von einem Extrem (Spekulationsfieber) ins andere (Panikverkäufe, gipfelnd im New Yorker Börsenkrach vom 29. Oktober 1929) umschlagen. Um den gewaltigen Kurseinbrüchen und riesigen Verlusten entgegenzuwirken, riefen die US-Banken Auslandskredite zurück, die Regierung reagierte mit einer Schutzzollpolitik, um die Einfuhren zu reduzieren. Dadurch aber griff die Krise aufs Ausland, insbesondere auf Deutschland über, das nun bei sinkenden Exporteinnahmen

1 **Arbeitslose vor dem Arbeitsamt Hannover.** Frühjahr 1932

plötzlich umfangreiche Kredite zurückzahlen musste. Die Folge war eine rapide Reduzierung der Geldmenge und ein drastischer Rückgang der Inlandsnachfrage. Es kam zu Bankenpleiten (siehe M 2), da aus kurzfristig gewährten Auslandskrediten riskant langfristige Kredite an inländische Unternehmen vergeben worden waren, und zu Unternehmenskonkursen, weil bei Absatzeinbrüchen kurzfristige Kredite an die Banken zurückzuzahlen waren. Die Löhne sanken. Massenarbeitslosigkeit entstand (siehe M 3 und M 4). Der Rückgang des Bruttosozialprodukts zog einen Einbruch der Staatseinnahmen nach sich, während die Ausgaben für Kredittilgung und Arbeitslosengeld gewaltig stiegen. So weitete sich die wirtschaftliche zur sozialen und politischen Krise aus (siehe M 5).

2 Bankenkrise 1931

Die Weltwirtschaftskrise war auch mit einer Bankenkrise in Mitteleuropa verbunden. Die im Juli ausbrechende Krise wichtiger Finanzinstitute trug maßgeblich zur Destabilisierung der Weimarer Republik, aber auch Österreichs und anderer Staaten bei.

Die für Störungen des internationalen Waren- und Kapitalverkehrs besonders anfällige deutsche Volkswirtschaft befand sich bereits auf dem Weg in die Rezession, als sie 1929/30 vom Zusammenbruch der Weltwirtschaft getroffen wurde. [...] Trotz des Niedergangs der arbeitsintensiven Bauwirtschaft hoffte man in Deutschland immer noch, von einer schweren Depression verschont zu bleiben. Im Verlauf des Jahres 1930 hatte sich die Exportwirtschaft auf dem Weltmarkt einigermaßen behauptet. [...] Die Zahl der gemeldeten Arbeitslosen [nahm] zwischen Februar und Juni 1931 um 1 Million ab, während die Industrieproduktion um 1,3 Prozent anstieg. Der Zerfall des internationalen Währungssystems, an dessen Anfang die deutsche Bankenkrise stand, würgte jedoch diesen Zwischenaufschwung ab.

Den Anstoß zur Bankenkrise gab der Zusammenbruch der größten Geschäftsbank Österreichs. Am 11. Mai 1931 musste die angesehene Österreichische Creditanstalt eingestehen, dass ihre Verluste aus dem Jahr 1930 fast ihr gesamtes Eigenkapital aufgezehrt hatten. Daraufhin setzte ein Ansturm der Sparer und Gläubiger auf Guthaben und Kredite ein, dem das Wiener Bankhaus nicht gewachsen war. Durch die Zahlungsunfähigkeit der Creditanstalt hellhörig geworden, begannen ausländische Gläubiger unverzüglich, ihr in Deutschland angelegtes Geldkapital zurückzurufen. [...]

Um die Zahlung der am 30. Juni 1931 fälligen Reparationsrate sicherzustellen, mussten die Zentralbanken Großbritanniens, Frankreichs und der USA sowie die Bank für Internationalen Zahlungsausgleich der Reichsbank 100 Millionen Dollar leihen. [...] Solche internationale Hilfsaktionen schürten das Misstrauen der privaten Gläubiger nur noch mehr. Auch inländische Sparer begannen nunmehr, in großem Umfang Bank- und Sparkasseneinlagen zu kündigen. Am stärksten war die Danatbank bedroht, aber auch die Dresdner Bank blieb gefährdet. [...]

Die Verluste an Eigenkapital und an fremden Mitteln zwangen die Banken [...] ihre Kreditvergabe erheblich einzuschränken. Allein die Berliner Großbanken verringerten die Ausleihung mit kurzer Laufzeit, also die typischen Betriebskredite, zwischen 1930 und 1932 von 9,3 auf 5,6 Milliarden Reichsmark. Der enger gewordene Kreditspielraum beschleunigte die Geschwindigkeit des Konjunkturabschwungs.

Gekürzt zit. nach: Fritz Blaich: Der Schwarze Freitag. München 1990, S. 80–87.

3 Die Katastrophe des Arbeitsmarktes

Die Bankenkrise 1931 schränkte die Kreditvergabe an Unternehmen drastisch ein. Konkursverfahren und Produktionsstilllegungen häuften sich. Kurzarbeit und Arbeitslosigkeit nahmen beträchtlich zu.

Unter solchen Umständen verloren die Nominallöhne, wie sie in den Tarifen standen, einen großen Teil ihrer Bedeutung. Schon durch die steigenden Beiträge zur Sozialversicherung [...] wurden sie stark vermindert. Die Kurzarbeiter erhielten [...] infolge der verkürzten Arbeitszeit nur Teilbeträge ausbezahlt. [...] Die Initiative im Lohnkampf war jetzt von den Arbeitnehmern auf die Arbeitgeber übergegangen. [...]

Hinter all dem stand die ungeheure Armee der Arbeitslosen, deren Unterstützung immer geringer und immer unsicherer wurde. Es war ein hoffnungsloses Absinken in drei Etappen: von der Arbeitslosenversicherung, die auf erworbenen Ansprüchen beruhte, in die öffentlich subventionierte Krisenfürsorge, von da in die gemeindliche Wohlfahrtsfürsorge und schließlich in das Nichts. Hatten in guten Zeiten alle erwachsenen Mitglieder einer Arbeiterfamilie verdient und es zu einem respektablen Gesamteinkommen gebracht, so war jetzt der Fall nicht selten, dass neben einem erwerbslosen Vater die Söhne und Töchter in eine anscheinend lebenslängliche Arbeitslosigkeit hineinwuchsen. Millionen junger Menschen sahen keine Möglichkeit mehr vor sich, in geordnete Erwerbsverhältnisse zu kommen und einen eigenen Hausstand aufzubauen.

Gekürzt zit. nach: Friedrich Stampfer: Die vierzehn Jahre der ersten deutschen Republik. Karlsbad 1936. In: Werner Abelshauser u. a. (Hg.): Deutsche Sozialgeschichte 1914–1945. München 1985, S. 331 f.

4 Arbeitslosigkeit als Schicksal

5800 Jugendliche in einer deutschen Stadt beendeten Ostern 1932 die Volksschule.

60 % von ihnen erhielten laut Behörden keine Lehrstelle und auch sonst keine Arbeit.

Der Konzern IG-Farben verminderte seine Belegschaft 1929–1932 um ca. 45 %.

Nach Angaben der Bauarbeitergewerkschaft waren im Frühjahr 1932 90 % ihrer Mitglieder von Kurzarbeit oder Arbeitslosigkeit betroffen.

1932 lebten über 44 % der registrierten Arbeitslosen in den 50 Städten mit über 100 000 Einwohnern, rund 400 000 Arbeitslose zogen im Reichsgebiet umher – die Kommunen waren mit ihrer Versorgung völlig überfordert.

Arbeit zu suchen und keine zu finden bedeutete häufig, die Miete schuldig bleiben, Verwandte und Freunde um Geld bitten zu müssen, dessen Rückzahlung in den Sternen stand, Schuhe auch dann nicht zur Reparatur bringen zu können, wenn sich schon die Sohle löste.

Zusammenstellung des Autors aus unterschiedlichen Quellen

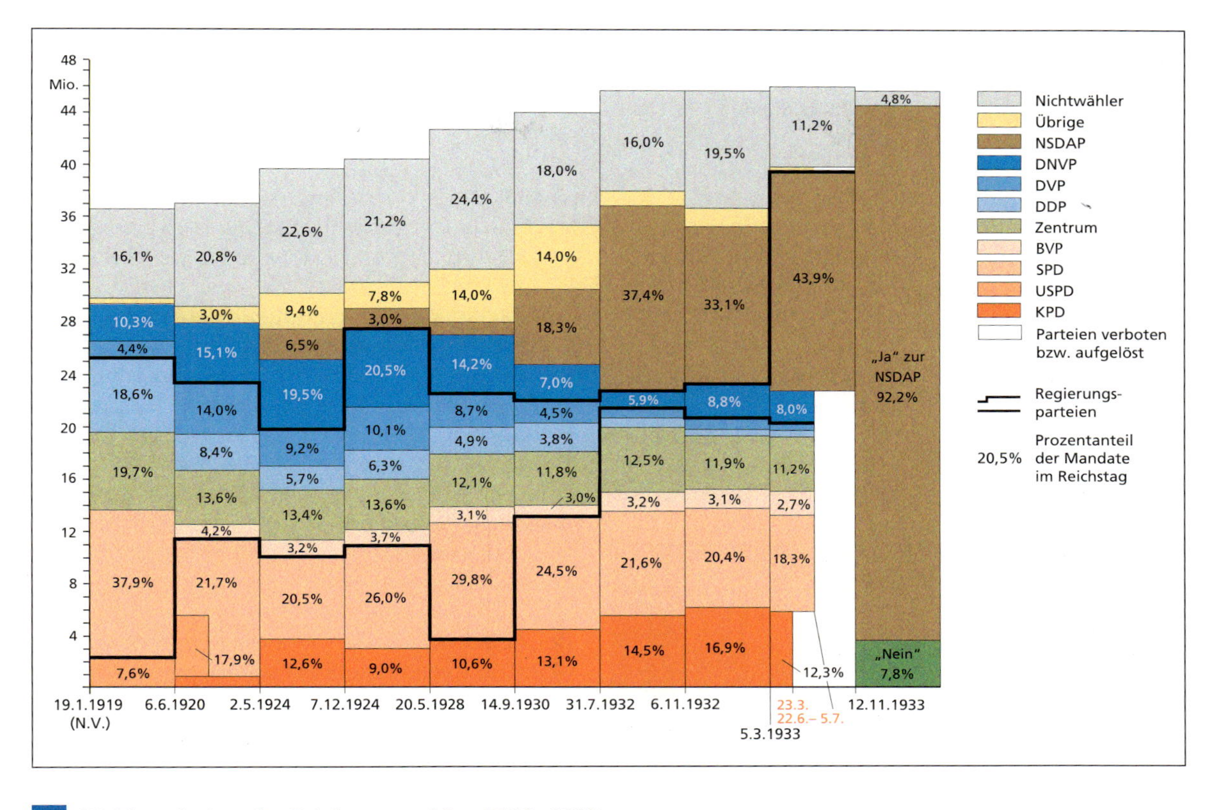

5 Wahlergebnisse der Reichstagswahlen 1919–1933

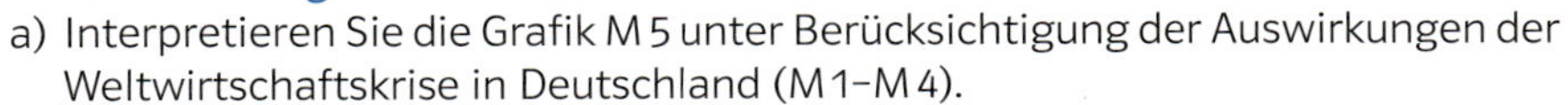

Arbeitsvorschlag

a) Interpretieren Sie die Grafik M 5 unter Berücksichtigung der Auswirkungen der Weltwirtschaftskrise in Deutschland (M 1–M 4).

b) Recherchieren Sie Informationen zum Zusammenbruch der Österreichischen Creditanstalt unter der Frage, welche Folgen dieser für den europäischen Kapitalmarkt hatte (M 2).

c) Diskutieren Sie die Problemlösungsfähigkeit des demokratischen Systems der Weimarer Republik in der Krise 1930–1932. Vergleichen Sie dabei die legislativen Möglichkeiten mit jenen der späteren Bundesrepublik Deutschland, z. B. während der Finanzkrise 2009.

3

3.5 Das Ende der Republik

Am 28. Februar 1925 starb überraschend Reichspräsident Friedrich Ebert, was vorgezogene Neuwahlen erforderlich machte. Dabei setzte sich im zweiten Wahlgang der Kandidat des rechts-konservativen „Reichsblocks“ (u. a. DNVP, DVP, BVP, NSDAP), General Paul von Hindenburg, gegen den des republikanischen „Volksblocks“ (SPD, Zentrum, DDP), den Zentrumspolitiker Wilhelm Marx, durch.
Hindenburg war infolge des Sieges bei Tannenberg 1914 bereits während seiner Zeit als Leiter der Obersten Heeresleitung 1916–1918 propagandistisch zur nationalen Ikone, väterlichen Identifikationsfigur und zum „Retter in der Krise“ verklärt worden. 1919 hatte er sich ins Privatleben zurückgezogen, doch lebte sein Mythos als „Der Befreier des Ostens“ fort, welcher die Werte, Vorstellungen und Sehnsüchte weiter Teile der deutschen Gesellschaft, insbesondere das Bedürfnis nach Integration und Stabilität, widerspiegelte (siehe M 6). Diesen Mythos nutzten die Rechtsparteien geschickt aus, als sie den inzwischen 77-jährigen General als Kandidaten für die Reichspräsidentenwahl reaktivierten. Angesichts der Instabilität der verschiedenen Regierungskoalitionen kam ihm in den folgenden Jahren eine wachsende politische Bedeutung zu.

1 SPD-Plakat zur Reichspräsidentenwahl 1932

Bei Ablauf der ersten Amtszeit Hindenburgs im März 1932 versuchte Reichskanzler Heinrich Brüning, der ohne parlamentarische Mehrheit regierte und deshalb besonders auf das Wohlwollen des Reichspräsidenten angewiesen war, per Verfassungsänderung dessen Wahl auf Lebenszeit durch den Reichstag durchzusetzen.
Ausgerechnet die rechtskonservative DNVP und die NSDAP empörten sich gegen diesen „Angriff“ auf die Verfassung. Hindenburg, der den republiktreuen Parteien der Mitte eher ablehnend gegenüberstand, sah sich dadurch in die Lage gedrängt, sich von Zentrum, BVP, SPD und DDP unterstützen lassen zu müssen und somit eine Kandidatur der „verkehrten Fronten“ anzunehmen (siehe M 9). Um eine Wahl des „Gefreiten“ Hitler zu verhindern, wurde Hindenburg zum Kandidaten der Demokraten. Tatsächlich gelang es ihm, sich in zwei Wahlgängen gegen Hitler, den rechtskonservativen DNVP-Kandidaten Theodor Duesterberg (der im 2. Wahlgang nicht mehr antrat) und den KPD-Mann Ernst Thälmann durchzusetzen. Nichtsdestotrotz stimmten fast 50 % für erklärte Republikgegner.

Das Ende parlamentarischer Mehrheiten

Die 4. Reichstagswahlen am 20. Mai 1928 hatten noch unter günstigen Rahmenbedingungen für die die Demokratie gestaltenden Kräfte stattgefunden und brachten eine Große Koalition aus SPD, DDP, Z/BVP und DVP unter Reichskanzler Hermann Müller (SPD) hervor. Trotzdem kam es bereits nach wenigen Monaten zu gravierenden Spannungen, als das Kabinett gegen den massiven Widerstand der SPD-Fraktion den Bau eines Panzerkreuzers bewilligte. Die sozialdemokratischen Kabinettsmitglieder mussten der Regierungsvorlage widerwillig zustimmen, um die Koalition nicht zu Fall zu bringen, was jedoch der Glaubwürdigkeit der SPD bei ihren Wählern großen Schaden zufügte.

Infolge eines Konjunktureinbruchs stieg die Arbeitslosigkeit im Februar 1929 auf über drei Millionen an, was zu Finanzierungsproblemen bei der Arbeitslosenunterstützung führte. Die von der Regierung angestrebte Sanierung der Reichsfinanzen setzte eine solche der Arbeitslosenversicherung zwingend voraus. Während SPD und Freie Gewerkschaften sich für eine Erhöhung der Arbeitgeber- und Arbeitnehmerbeiträge um lediglich je ¼ % aussprachen, trat die „Unternehmerpartei" DVP für Leistungskürzungen ein. Beide Seiten beharrten stur auf ihren Positionen. Reichskanzler Müller drohte gar mit Rücktritt. Mit letztem Einsatz des DVP-Vorsitzenden Gustav Stresemann konnte ein Kompromiss durchgesetzt werden: SPD und Zentrum schoben die Beitragserhöhungen bis Jahresende hinaus, die Unterstützungssätze sanken. Damit war zwar noch einmal ein Kompromiss gefunden worden, doch hatte sich die Kluft zwischen den wichtigsten Regierungsparteien gefährlich vertieft.
Kurz darauf erreichten Deutschland die Auswirkungen der ausbrechenden Weltwirtschaftskrise. Die NSDAP verzeichnete wachsende Erfolge bei Kommunal- und Landtagswahlen. Gleichzeitig rückte die antirepublikanische Rechtsopposition (Reichslandbund – die Interessenvertretung der Großagrarier, Reichsverband der Deutschen Industrie u. a.) enger zusammen.

2 SPD-Wahlplakat 1928

Unversöhnliche Spaltung der Arbeiterbewegung

Doch geriet die Regierung nicht nur von rechts, sondern auch zunehmend von links unter Druck. Die in den Jahren 1918/19 erfolgte Spaltung der Arbeiterbewegung in SPD und KPD hatte in den 1920er-Jahren immer mehr an Schärfe gewonnen. Während die SPD den Aufbau der ersten deutschen Demokratie wesentlich gestaltet hatte, hatte die KPD den Weg der Fundamentalopposition gewählt und auf einer „Diktatur des Proletariats" als „wahrer Demokratie" beharrt. Sie warf der SPD vor, alte Ideale verraten zu haben, und definierte unter der Führung Ernst Thälmanns diese Partei seit 1927 als Hauptfeind (siehe M 10). Im Rahmen eines verschärften Linkskurses rief die Kommunistische Internationale (Komintern) zur Zerschlagung der „verbürgerlichten" Sozialdemokratie auf, die sich in ihrer „Klassenzusammenarbeit" (Große Koalition) „immer mehr den Faschisten annähere". Mit Ausbruch der Weltwirtschaftskrise und der sich zuspitzenden sozioökonomischen Krise gelang es der KPD, zur ernst zu nehmenden Massenpartei aufzusteigen. Dies zwang nicht zuletzt die SPD, sich wieder stärker als wahre Arbeiterpartei gegenüber der extremen Linken zu positionieren.

Komintern

Bruch der letzten parlamentarischen Mehrheitsregierung

Als schließlich Anfang 1930 der Streit um die Reform der Arbeitslosenversicherung erneut aufflammte, waren die politischen Fronten bereits zu verhärtet. Ein Kompromissvorschlag des Fraktionsvorsitzenden des Zentrums, Heinrich Brüning, scheiterte am Widerstand der SPD-Fraktion. Nachdem eine Annäherung nicht mehr möglich schien und da auch der Reichspräsident gegen eine weitere SPD-Beteiligung in der Regierung eingestellt war, trat das Kabinett am 27. März 1930 zurück. Es sollte die letzte parlamentarische Mehrheitsregierung der Weimarer Republik gewesen sein.

Präsidialkabinett Brüning

Die Regierungsgeschäfte wurden nun von einem Kabinett hauptsächlich aus Ministern der bürgerlichen Parteien unter Heinrich Brüning, welches jedoch auf keiner klaren Koalition beruhte, übernommen. Gestützt durch Hindenburg regierte Brünings „Präsidialkabinett" in erster Linie gegen den Widerstand von KPD und NSDAP mit Hilfe von Notverordnungen gemäß Art. 48. Schließlich löste jedoch Hindenburg den Reichstag auf, was Neuwahlen erforderlich machte.

Was ist ein Präsidialkabinett?

1. Der Reichspräsident setzt einen Reichskanzler ein (Art. 53), dessen Regierung keine Reichstagsmehrheit hinter sich hat.
2. Der Reichstag lehnt eine Gesetzesvorlage der Regierung ab. Dann kann der Reichspräsident den Reichskanzler bevollmächtigen, die Maßnahme per Notverordnung in Kraft zu setzen, was sogar Grundrechte tangieren konnte (Art. 48 Abs. 2).
3. Der Reichstag kann die Notverordnung tolerieren oder ihre Aufhebung verlangen (Art. 48 Abs. 3) und/oder den Reichskanzler stürzen (Art. 54). Dies kann der Reichspräsident verhindern, indem er den Reichstag auflöst (Art. 25).

   Bis zu den Neuwahlen wird mit Notverordnungen regiert. So ist eine Regierung ohne parlamentarische Kontrolle möglich, die nur das Vertrauen des Reichspräsidenten braucht. Dies bedeutet das Ende der Demokratie oder eine Präsidialdiktatur.

Heinrich Brüning
(1885–1970)

Aus den am 14. September 1930 stattfindenden Neuwahlen gingen die meisten republikanischen Parteien, insbesondere die Liberalen, als deutliche Verlierer hervor. Gewinner waren die antiparlamentarischen Kräfte von links und rechts. Die NSDAP konnte ihre Parlamentssitze von 12 auf sensationelle 107 Mandate steigern und war damit gewissermaßen eine „Volkspartei" geworden. Selbst eine Große Koalition hätte jetzt keine Mehrheit mehr gehabt. Für die Parteien der Mitte kamen weder NSDAP noch KPD als Koalitionspartner in Betracht. Brüning ereichte aber die Tolerierung seiner Minderheitsregierung durch die SPD, die zwar den Übergang zur Präsidialregierung billigend in Kauf genommen hatte, aber die Demokratie erhalten, die Verfassung sichern und den Parlamentarismus schützen sowie die dringendsten Probleme sozial verträglich lösen wollte; sie sah in einer Regierung Brüning das kleinere Übel gegenüber einer Machtbeteiligung der NSDAP. Während so in der Folgezeit einige Gesetze mit parlamentarischer Mehrheit verabschiedet werden konnten, betrieben NSDAP und KPD nur destruktive Politik.

Harte Sanierungspolitik

Das Kabinett Brüning verfolgte einen rigorosen Sparkurs. Ziel war es, die Inflation einzudämmen und den Haushalt auszugleichen, was durch Lohnsenkungen, Sozialabbau und Steuererhöhungen erreicht werden sollte. Die Auslandsschulden sollten reduziert, die Reparationszahlungen an die Siegermächte möglichst ausgesetzt und der Export gefördert werden. Arbeitsbeschaffungsprogramme, darunter der Autobahnbau, wurden allerdings von NSDAP und KPD im Reichstag blockiert.

Mittelfristig konnte das Kabinett Brüning eine Konsolidierung der wirtschaftlichen Verhältnisse beschleunigen. Kurzfristig trieb dies jedoch die Arbeitslosigkeit weiter nach oben und schwächte die Kaufkraft im Binnenmarkt. Unzufriedenheit und Existenzangst ergriffen vor allem die Mittelschicht. Die politische Radikalisierung nahm zu. Brüning, der die unpopulären Maßnahmen per Notverordnung durchsetzte, kam in den Ruf des „Hungerkanzlers" (siehe M 3).

Der Sturz Brünings

Nach der Reichspräsidentenwahl 1932 verlor Brüning zunehmend den Rückhalt Hindenburgs, dem die Regierungstolerierung durch die SPD ein Dorn im Auge war. Unstimmigkeiten rief auch das im April 1932 durchgesetzte SA-Verbot hervor, welches durch Militärkreise abgelehnt wurde, sah man doch in der SA ein willkommenes Rekrutenpotential, um die Versailler Bestimmungen umgehen zu können. Als die Regierung Brüning hoffnungslos verschuldete ostelbische Güter fürs Reich erwerben wollte, um dort von der Agrarkrise ruinierte Bauern anzusiedeln, und u.a. der Reichslandbund sowie ostelbische Gutsbesitzer, darunter

Hindenburgs Nachbar, beim Reichspräsidenten heftig protestierten und die DNVP von „vollendetem Bolschewismus" sprach, entzog Hindenburg Brüning Ende Mai 1932 die Unterstützung, worauf dieser zurücktrat.
Reichstag und Regierung hätten bei einer weiteren Tolerierungspolitik seitens der SPD und gleichzeitiger Unterstützung durch den Reichspräsidenten bis September 1934 weiterarbeiten können. Bereits seit Februar 1932 gingen die Arbeitslosenzahlen zurück. Die wirtschaftspolitischen Entscheidungen des Brüning-Kabinetts begannen zu greifen. Mit dem Sturz Brünings aber wurde die Chance, die Weimarer Republik durch die schwere Krise der Jahre 1930 – 1932 zu führen, „hundert Meter vor dem Ziel" vertan.

Antiparlamentarisches Präsidialkabinett Papen

Der neue parteilose Kanzler Franz von Papen war ein Mann nach dem Geschmack des Reichspräsidenten: adelig, ehemaliger Generalstabsoffizier, Gutsbesitzer, Vorstandmitglied mehrerer landwirtschaftlicher Interessenverbände. Sein „Kabinett der nationalen Konzentration" bestand im Wesentlichen aus parteilosen konservativen bzw. deutschnationalen Beamten ohne politisches Mandat, aber oft der DNVP nahe stehend, darunter sieben Adeligen („Kabinett der Barone"). Reichswehrminister wurde Kurt von Schleicher, der enge Kontakte zu Hindenburg unterhielt. Im Reichstag hatte die neue Rechtsregierung mit Ausnahme der DNVP alle Parteien gegen sich.
Um die Duldung der neuen Regierung durch Hitler zu erkaufen, löste Hindenburg sofort den Reichstag auf und beraumte Neuwahlen an, auch das Verbot von SA / SS wurde aufgehoben, wodurch der Terror auf den Straßen wieder bis hin zu bürgerkriegsähnlichen Zuständen anschwoll (siehe M 14). Die neue Reichsregierung aber schob die Verantwortung der preußischen Regierung und Polizei zu und holte zum „Preußenschlag" aus: Mit Hilfe von Art. 48 wurde Papen vom Reichspräsidenten zum Reichskommissar für Preußen ernannt. Dieser enthob den geschäftsführenden preußischen Ministerpräsidenten Otto Braun (SPD) – bei den letzten Landtagswahlen hatte seine Weimarer Koalition die Mehrheit verloren, ohne dass ein Nachfolger gewählt worden war – seines Amtes und übernahm dessen Dienstgeschäfte selbst, auch weitere Funktionsträger wurden in den einstweiligen Ruhestand versetzt und durch (rechts)konservative Beamte ersetzt, was deutlich über das verfassungsmäßig Zulässige hinausging.

Franz von Papen
(1879–1969)

Die Neuwahlen zum Reichstag am 31. Juli 1932 bescherten erneut den antirepublikanischen Parteien große Gewinne. Die NSDAP stieg gar zur stärksten Partei auf, die KPD wurde nach der SPD drittstärkste Kraft. Sowohl Schleicher als auch Papen waren für eine Einbeziehung der NSDAP in die Regierungsverantwortung, allerdings bestand Hitler darauf, selbst Reichskanzler zu werden. Aber noch lehnte Hindenburg eine Ernennung Hitlers ab. Papen strebte in dieser Situation den Kurs einer autoritären Präsidialregierung ohne weitere Mitwirkung des Reichstages an und lehnte auch die Kanzlerforderung Hitlers ab. Die Gefahr eines Bürgerkrieges verunsicherte die Öffentlichkeit. Der zögerliche Hindenburg zeigte sich schließlich nicht bereit, den Kurs Papens mitzutragen. Ein von der KPD durchgesetzter

3 Gesetzgebungspraxis 1930–1932

	1930	1931	1932
vom Reichstag beschlossene Gesetze	98	34	5
Notverordnungen nach Art. 48 WV*	5	44	66
Sitzungstage des Reichstages	94	41	13

* Zum Vergleich: 1919 – 1925: 136, 1925 – 1930 nur Aufhebung älterer Maßnahmen

Nach: Karl-Dietrich Erdmann (Hg.): Weimar – Selbstpreisgabe einer Demokratie. Düsseldorf 1980, S. 129.

4 NSDAP-Wahlplakat zu den 7. Reichstagswahlen am 6. November 1932

5 DNVP-Plakat zur Reichstagswahl am 6. November 1932

Kurt von Schleicher (1882–1934)

und von fast allen Parteien mitgetragener Misstrauensantrag gegen die Wirtschaftspolitik Papens veranlasste Hindenburg zur Auflösung des Reichstages.

Am 6. November 1932 kam es wieder zu Neuwahlen. Bei diesen erlitt die NSDAP erstmals spürbare Verluste. Stattdessen konnten die KPD und die DNVP leicht zulegen. Unter diesen Bedingungen war es abermals nicht möglich, eine tragfähige Regierungskoalition zu bilden. NSDAP und KPD besaßen weiterhin eine Sperrmajorität von mehr als 50 % der Mandate. Hindenburg bildete erneut ein Präsidialkabinett unter Leitung von General Kurt von Schleicher. Schleichers Versuch, den „linken" NSDAP-Flügel unter Gregor Strasser in die Regierung einzubinden, scheiterte jedoch. Das Bemühen, sich den Gewerkschaften zu nähern, entzog ihm darüber hinaus die Unterstützung aus Kreisen der Industrie und dem Umfeld Hindenburgs. In Letzterem setzte sich schließlich der Plan des „Zähmungskonzeptes", d. h. Hitler in einem Kabinett aus Rechtskonservativen „einzurahmen", durch. Am 28. Januar 1933 musste Schleicher zurücktreten. Zwei Tage später ernannte Hindenburg Hitler zum Reichskanzler eines neuen Präsidialkabinetts aus drei Nationalsozialisten und acht Konservativen.

Das Scheitern der Regierungen vorher, der Druck der „alten Eliten" (vor allem von Großagrariern, Schwerindustrie, Kamarilla und Reichswehrführung – neuere Veröffentlichungen führen sogar Putschgerüchte an) sind Gründe, keine Rechtfertigungen dafür. Dass Hindenburg den drohenden Bürgerkrieg zu vermeiden suchte, war sicher richtig, dafür eine Regierung Hitler als das „geringere Übel" in Kauf zu nehmen, stellte sich rückblickend als schlechteste Lösung heraus. Hitlers Autoritätsanspruch passte zum Denken der Masse, dass die parlamentarische Demokratie an Reichstag und Parteien (nicht an Präsidialkabinetten und Hindenburg) gescheitert wäre. Die Gefahr, dass Hitler mit der NSDAP und Duldung konservativer Kreise eine menschenverachtende Diktatur errichten könnte, wurde von vielen unterschätzt.

6 Ebert in Badehose – „Einst und jetzt"
Anlässlich der Eröffnung eines Kinderheimes bei Travemünde/Ostsee hatte sich eine Gruppe von Männern, nur mit Badehose bekleidet (statt „ordentlich" im Badeanzug) fotografieren lassen, darunter Reichspräsident Ebert und Reichswehrminister Noske, um Volksnähe zu zeigen. Die „Berliner Illustrierte Zeitung" hatte das Bild am 24. August 1919 auf ihrem Deckblatt veröffentlicht und neutral unterschrieben mit „Ebert und Noske in der Sommerfrische". Konservative Geister beklagten eine Verletzung der Amtswürde, reaktionäre Medien überzogen das Staatsoberhaupt mit Hohn und Spott. Ebenfalls im Sommer 1919 brachte die „Deutsche Tageszeitung" (Berlin) unter Verwendung eines Ausschnitts des Fotos obige Postkarte, tituliert „Einst und jetzt". Noch im Juni 1922 wurde Ebert bei einem Besuch in München mit provokant hochgehaltenen Badehosen konfrontiert. Durch eine Beleidigungsklage erreichte Ebert die Vernichtung der nach seiner Wahl zum Staatsoberhaupt angefertigten Postkarten/Druckplatten. Dennoch ging die Diffamierung gegen den „Sattlergesellen" weiter und gipfelte gegen Ende seiner Amtszeit im sog. „Dolchstoßprozess", in dem eine Verleumdung wegen „Landesverrats" 1918/19 des gesundheitlich angeschlagenen Mannes, der Kriegskredite mitgetragen, im Weltkrieg zwei Söhne verloren und die Monarchie hatte retten wollen, nicht ganz ausgeräumt wurde. Nach seinem Tod im Amte lehnte der Reichstag (Rechte, Kommunisten) die Übernahme der Beerdigungskosten durch den Staat ab.

7 Äußerungen der SPD zur Präsidentschaft Hindenburgs 1925

Hindenburg wird am 26. April durchfallen. Warum? Weil kein vernünftiger Mensch für ihn stimmen kann! Einen Greis, der sich nach seinem eigenen Geständnis nie mit Politik beschäftigt hat, dem deutschen Volk zum leitenden Staatsmann vorzuschlagen, ist ein Unfug, zu dem kein vernünftiger Mensch Beihilfe leisten kann. Hindenburg ist das Symbol der Monarchie und des Krieges! Deutschland ist aber eine Republik und braucht den Frieden. [...]
Dieser ahnungslose Greis lässt sich jetzt von einem deutschnationalen Klüngel missbrauchen, der durch seinen populären Namen Rettung von der verdienten Niederlage sucht. Dieser Anschlag auf den gesunden Menschenverstand wird dem deutschnationalen Klüngel misslingen. Deutschland ist kein Tollhaus, die deutschen Wählerinnen und Wähler werden die Zumutung [...], einen eingefleischten Monarchisten zum Präsidenten der Republik zu wählen, als eine Beleidigung zurückweisen.
Wilhelm Marx war vor der Aufstellung Hindenburgs der Kandidat aller Republikaner, nach der Aufstellung Hindenburgs ist er der Kandidat aller politisch reifen Staatsbürger, aller vernünftigen Menschen.

Aus: H. Michaelis / E. Schraepler: Ursachen und Folgen. Band VI. S. 272 f. Gekürzt zit. nach: Gerhart Maier / Hans Georg Müller: Stundenblätter. Die Weimarer Republik. Sekundarstufe II. Stuttgart 1980, S. 111.

8 Aufruf der SPD vom 27. Februar 1932 zur Wiederwahl Hindenburgs

Das deutsche Volk steht am 13. März vor der Frage, ob Hindenburg bleiben oder ob er durch Hitler ersetzt werden soll. Die Rechte hat vor sieben Jahren Hindenburg auf den Schild gehoben. Sie hoffte, er würde sein Amt parteiisch zu ihren Gunsten führen, seinen Eid verletzen und die Verfassung brechen. Es war selbstverständlich, dass wir Sozialdemokraten einen Bewerber, auf den unsere schlimmsten Feinde solche Hoffnungen setzten, entschieden bekämpften. Hindenburg aber hat seine einstigen Anhänger enttäuscht. Weil er unparteiisch war und es bleiben will, weil er für einen Staatsstreich nicht zu haben ist, darum wollen sie ihn jetzt beseitigen. Hitler statt Hindenburg, das bedeutet Chaos und Panik in Deutschland und ganz Europa, äußerste Verschärfung der Wirtschaftskrise und der Arbeitslosennot, höchste Gefahr blutiger Auseinandersetzungen im eigenen Volk und mit dem Ausland. Hitler statt Hindenburg, das bedeutet: Sieg des reaktionären Teils der Bourgeoisie über die fortgeschrittenen Teile des Bürgertums und über die Arbeiterklasse, Vernichtung aller staatsbürgerlichen Freiheiten, der Presse, der politischen, gewerkschaftlichen und Kulturorganisationen, verschärfte Ausbeutung und Lohnsklaverei. Gegen Hitler! Das ist die Losung des 13. März. Es gibt kein Ausweichen! Hitler oder Hindenburg? Es gibt kein Drittes! Jede Stimme, die gegen Hindenburg abgegeben wird, ist eine Stimme für Hitler. Jede Stimme, die Thälmann entrissen und Hindenburg zugeführt wird, ist ein Schlag gegen Hitler!

Aus: W. Michalka / G. Niedhardt: Die ungeliebte Republik. München 1980, S. 320 f.

9 Hindenburg am 25. Februar 1932 zu seiner Kandidatur der „verkehrten Fronten"

Ich habe die mir angebotene Kandidatur angenommen in dem Gefühl, eine vaterländische Pflicht damit erfüllen zu müssen. Hätte ich abgelehnt, so bestände bei der Zersplitterung der bürgerlichen Parteien die Gefahr, dass der Kandidat der Rechtsradikalen oder derjenige einer im zweiten Wahlgang geeinigten kommunistisch-sozialistischen Koalition zum Siege gelangen würde. Ein solches Ergebnis der Präsidentenwahl müsste ich für ein großes Unglück für unser Vaterland ansehen. Dieser Wahlausgang würde Deutschland in schwere innere Kämpfe und hieraus sich ergebende außenpolitische Ohnmacht versetzen. Das zu verhindern, schien mir Pflicht, hinter der alle anderen Erwägungen zurücktreten mussten, auch die, wieder einmal von der Rechten und vielen meiner alten Kameraden missverstanden zu werden. Aber ich gehe lieber den Passionsweg persönlicher Angriffe gegen mich und Herabsetzung meines Namens, als dass ich Deutschland sehenden Auges den Passionsweg des Bürgerkrieges beschreiten lasse.

Aus: ebd., S. 319.

10 Programmerklärung der KPD zur nationalen und sozialen Befreiung des deutschen Volkes

Proklamation des ZK der KPD vom 24. August 1930:
Die deutschen Faschisten (Nationalsozialisten) unternehmen gegenwärtig die schärfsten Vorstöße gegen die deutsche Arbeiterklasse. In einer Zeit der Knechtung Deutschlands durch den Versailler Frieden, der wachsenden Krise, der Arbeitslosigkeit und Not der Massen versuchen die Faschisten durch zügellose Demagogie und schreiende radikale Phrasen, unter der Flagge des Widerstands gegen die Erfüllungspolitik und den Youngplan, bedeutende Schichten des Kleinbürgertums, deklassierter Intellektueller, Studenten, Angestellter, Bauern sowie einige Gruppen rückständiger, unaufgeklärter Arbeiter für sich zu gewinnen. Die teilweisen Erfolge der nationalsozialistischen Agitation sind das Resultat der zwölfjährigen verräterischen Politik der Sozialdemokratie, die durch Niederhaltung der revolutionären Bewegung, Beteiligung an der kapitalistischen Rationalisierung und völlige Kapitulation vor den Imperialisten (Frankreich, Polen) der nationalsozialistischen Demagogie den Boden bereitet hat.
Dieser nationalsozialistischen Demagogie stellt die Kommunistische Partei Deutschlands ihr Programm des Kampfes gegen den Faschismus, ihre Politik der wirkli-

chen Vertretung der Interessen der werktätigen Massen Deutschlands entgegen. [...]
Die Regierungsparteien und die Sozialdemokratie haben Hab und Gut, Leben und Existenz des werktätigen deutschen Volkes meistbietend an die Imperialisten des Auslands verkauft. Die sozialdemokratischen Führer [...] sind nicht nur die Henkersknechte der deutschen Bourgeoisie, sondern gleichzeitig die freiwilligen Agenten des französischen und polnischen Imperialismus.
Alle Handlungen der verräterischen, korrupten Sozialdemokratie sind fortgesetzter Hoch- und Landesverrat an den Lebensinteressen der arbeitenden Massen Deutschlands.
Nur wir Kommunisten kämpfen sowohl gegen den Youngplan als auch gegen den Versailler Raubfrieden, den Ausgangspunkt der Versklavung aller Werktätigen Deutschlands, ebenso wie gegen alle internationalen Verträge, Vereinbarungen und Pläne (Locarno-Vertrag, Dawes-Plan, Young-Plan, deutsch-polnisches Abkommen usw.), die aus dem Versailler Friedensvertrag hervorgehen. Wir Kommunisten sind gegen jede Leistung von Reparationszahlungen, gegen jede Bezahlung internationaler Schulden.
Wir erklären feierlich vor allen Völkern der Erde, vor allen Regierungen und Kapitalisten des Auslandes, dass wir im Falle unserer Machtergreifung alle sich aus dem Versailler Frieden ergebenden Verpflichtungen für null und nichtig erklären werden, dass wir keinen Pfennig Zinszahlungen für die imperialistischen Anleihen, Kredite und Kapitalanlagen in Deutschland leisten werden. [...]
Die Faschisten (Nationalsozialisten) behaupten, sie seien eine „nationale", eine „sozialistische" und eine „Arbeiter"partei. Wir erwidern darauf, dass sie eine volks- und arbeiterfeindliche, eine antisozialistische, eine Partei der äußersten Reaktion, der Ausbeutung und Versklavung der Werktätigen sind. Eine Partei, die bestrebt ist, den Werktätigen alles das zu nehmen, was ihnen selbst die bürgerlichen und sozialdemokratischen Regierungen noch nicht nehmen konnten. Eine Partei der mörderischen, faschistischen Diktatur, eine Partei der Wiederaufrichtung des Regimes der Junker und Offiziere, eine Partei der Wiedereinsetzung der zahlreichen deutschen Fürsten in ihre „angestammten" Rechte, der Offiziere und hohen Beamten in ihre Titel und Posten. [...]
Nur wir Kommunisten sind gegen jede Zusammenarbeit mit der Bourgeoisie, für den revolutionären Sturz der gegenwärtigen kapitalistischen Gesellschaftsordnung, für die Aufhebung aller Rechte und Vorrechte der herrschenden Klassen, für die Abschaffung jeder Ausbeutung. [...]
Berlin, den 24. August 1930
Das Zentralkomitee der Kommunistischen Partei Deutschlands
(Sektion der Kommunistischen Internationale)

Aus: Die Rote Fahne vom 24. August 1930

11 Die NSDAP will das parlamentarische System (zer)stören

Aus zwei Artikeln von Goebbels:

Ich bin kein Mitglied des Reichstages. Ich bin ein IdI. Ein IdF. Ein Inhaber der Immunität, ein Inhaber der Freifahrkarte. [...] Wir sind gegen den Reichstag gewählt worden, und wir werden auch unser Mandat im Sinne unserer Auftraggeber ausüben. [...] Ein IdI hat freien Eintritt zum Reichstag, ohne Vergnügungssteuer zahlen zu müssen. Er kann, wenn Herr Stresemann von Genf erzählt, unsachgemäße Zwischenfragen stellen, zum Beispiel, ob es den Tatsachen entspricht, dass besagter Stresemann Freimaurer und mit einer Jüdin verheiratet ist. – Er beschimpft das „System" und empfängt dafür „den Dank der Republik in Gestalt von siebenhundertfünfzig Mark Monatsgehalt – für treue Dienste".

Aus: Der Angriff vom 28. Mai 1928

Wir gehen in den Reichstag hinein, um uns im Waffenarsenal der Demokratie mit deren eigenen Waffen zu versorgen. Wir werden Reichtagsabgeordnete, um die Weimarer Gesinnung mit ihrer eigenen Unterstützung lahmzulegen. Wenn die Demokratie so dumm ist, uns für diesen Bärendienst Freifahrkarten und Diäten zu geben, so ist das ihre eigene Sache. [...] Uns ist jedes gesetzliche Mittel recht, den Zustand von heute zu revolutionieren. Wenn es uns gelingt, bei diesen Wahlen sechzig bis siebzig Agitatoren unserer Partei in die verschiedenen Parlamente hineinzustecken, so wird der Staat selbst in Zukunft unseren Kampfapparat ausstatten und besolden. [...] Auch Mussolini ging ins Parlament. Trotzdem marschierte er nicht lange darauf mit seinen Schwarzhemden nach Rom. [...] Man soll nicht glauben, der Parlamentarismus sei unser Damaskus. [...] Wir kommen als Feinde! Wie der Wolf in die Schafherde einbricht, so kommen wir. Jetzt seid ihr nicht mehr unter euch.

Aus: Der Angriff vom 30. April 1928

12 Der SPD-Abgeordnete Kurt Schumacher entlarvt in einer Reichstagsrede am 23. Februar 1932 die Propaganda der Nationalsozialisten

Diese Dinge sind ja nur Teile eines ganzen Systems der Agitation. Wir wenden uns dagegen, auf diesem Niveau moralischer und intellektueller Verlumpung und Verlausung zu kämpfen.
Das deutsche Volk wird Jahrzehnte brauchen, um wieder moralisch und intellektuell von den Wunden zu gesunden, die ihm diese Art Agitation geschlagen hat. Als Vertreter der marxistischen Arbeiterbewegung betone ich mit Stolz, dass System und Politik des Marxismus derartige persönliche Schmutzigkeiten immer ausgeschlossen haben. Eine Auseinandersetzung ist schon darum nicht möglich, weil wir in dem Nationalsozialisten nicht das gleiche Niveau achten können. Wir sehen keinen

Gegner, mit dem wir die Klinge kreuzen könnten. Außerdem lehnen wir es gerade bei dieser Frage grundsätzlich ab, die sozialdemokratische, durch Opfer an Gut und Blut erhärtete Politik in nationalen Fragen vor solcher Art Kritikern zu rechtfertigen. Den Herren fehlen die politischen Kenntnisse, denn die meisten von ihnen beschäftigen sich erst zwei oder drei Jahre mit der Politik […]. Die ganze nationalsozialistische Agitation ist ein dauernder Appell an den inneren Schweinehund im Menschen. Wenn wir irgendetwas beim Nationalsozialismus anerkennen, dann ist es die Tatsache, dass ihm zum ersten Mal in der deutschen Politik die restlose Mobilisierung der menschlichen Dummheit gelungen ist.

Zit. nach: Verhandlungen Reichstag, Bd. 446, S. 2254.

13 **Der Reichstag wird eingesargt.** Collage des deutschen Künstlers John Heartfield aus der „Arbeiter Illustrierte Zeitung“ Berlin vom 4. September 1932

14 Die Straßenkampforganisationen der Weimarer Republik, die allerdings unterschiedlich aktiv auftraten

Roter Frontkämpferbund (RFB)	Reichsbanner Schwarz-Rot-Gold – Bund der republikanischen Frontsoldaten	Stahlhelm – „Bund der unbesiegt heimgekehrten Frontsoldaten“	Sturmabteilung (SA) Schutzstaffel (SS)
Veteranen- und Wehrverband der KPD	„überparteilicher“ Veteranen- und Wehrverband zur Verteidigung der Republik SPD/DDP/Zentrum nahe stehend	Veteranenverband der Konservativen und Monarchisten der DNVP nahe stehend	paramilitärische Kampfverbände der NSDAP
1924 gegründet	1924 gegründet	25.12.1918 gegründet	SA 1920 als Saalschutz gegründet; SS 1925 daraus hervorgegangen
	als Reaktion auf „Harzburger Front“ 1931 vereinigt mit Gewerkschafts-, Angestelltenbund und Arbeitersportlern zur „Eisernen Front“	1934 in SA integriert 1935 aufgelöst	1923–1925 und 1932 verboten
1925: 15000 1927: ca. 130000	1932: 3,3 Mio. Mitglieder	1927/28: ca. 1 Mio. Mitglieder	1932: SA ca. 420000 Mitglieder; 1933: ca. 3 Mio. Mitglieder

Zusammengestellt vom Autor

15 Die gespaltene Gesellschaft

Der Historiker Otto Dann hebt die Spaltung der deutschen Gesellschaft als Ursache für das Scheitern der Weimarer Republik hervor:

Wie konnte es dazu kommen, dass die deutsche Nation, die sich 1918/19 eine demokratische Verfassung geschaffen hatte, seit 1930 sich von dieser Verfassung mehrheitlich wieder zurückzog und sich damit als moderne, souveräne Nation selbst aufgab? […]

Die Nation der Republik von Weimar war eine gespaltene Nation, wie schon die Gesellschaft des Kaiserreichs. Doch die Grenzlinien verliefen anders. Im Kaiserreich herrschte eine weitgehende Übereinstimmung zwischen dem Gegensatz der Klassen und den Lagern der politischen Gesellschaft. Im Weltkrieg war dann der Begriff „Volksgemeinschaft" populär geworden. Er war das Symbol der weit verbreiteten Hoffnung auf eine Überwindung der Spaltung der Nation, die alle empfanden. Unter diesem Begriff wurde jedoch Verschiedenes verstanden, und viele falsche Hoffnungen waren mit ihm verbunden.

Auch in der Republik spielten die Klassengegensätze eine zentrale Rolle; doch sie waren vielfach überlagert und sie prägten nicht mehr allein das politische Spektrum. […] Sozialpolitisch beruhte der Weimarer Nationalstaat auf einer Koalition, in der die alten Klassengegensätze durch eine sozialdemokratisch-bürgerliche Koalition überbrückt waren. Diese politisch vollzogene neue Nationsbildung konnte sich jedoch an der Basis, im Verhalten der Gesellschaft noch nicht durchsetzen. Das führte im politischen Leben zu neuen Gegensätzen: auf der Linken zwischen SPD und USPD oder KPD, im bürgerlichen Lager zwischen demokratischen und antidemokratischen Parteien. Kennzeichnend für die Gesellschaft von Weimar war damit eine neue Spaltung, die sich aus dem Kampf um den Staat ergab: der Gegensatz zwischen den Anhängern und den Gegnern des demokratisch-republikanischen Nationalstaats.

Diese Spaltung wurde bedrohlich, weil unter den Gegnern der Republik sich schon bald eine Totalopposition durchsetzte, der es gelang, die nationale Parole für sich zu besetzen und damit dem Staat und seinen tragenden Kräften die wichtigste Identität zu nehmen: die nationale. Zwischen den Trägern des Weimarer Nationalstaats und der Totalopposition von rechts tobte ein Kampf um die Nation, um den Anspruch, die Nation zu repräsentieren. Es ging dabei letztlich um zwei gegensätzliche Konzepte von der Nation, das demokratische und das des Nationalismus. Dieser Kampf hatte nicht nur eine ideologische, sondern auch eine soziale Dimension: Es war ein Kampf um die deutsche Gesellschaft.

Warum konnte die Totalopposition von rechts ihn für sich entscheiden? Zunächst deshalb, weil sie lernfähig und in der Lage war, neue Ressourcen zu mobilisieren. Nach den Jahren der Putschtaktik (1919–1923) stellte sie sich um auf eine Strategie der planmäßigen Organisation und der manipulativen Massenagitation. Außerdem war es ihr gelungen, eine Militarisierung des politischen Lebens durch die Aufstellung von uniformierten Kampfverbänden durchzusetzen; diese konnten das politische Leben ständig zu einer Bürgerkriegssituation erhitzen und außer Kontrolle bringen. In diesem Zusammenhang darf nicht übersehen werden, dass es neben der nationalistischen Totalopposition von rechts auch die kommunistische von links gab, die ebenso militant mit einer antidemokratischen Klassenkampfparole die Weimarer Republik aufsprengte und vor allem die Sozialdemokratie, die tragende Partei dieser Republik, ständig verunsicherte. Letztlich war der Sieg über den Staat aber nur möglich, weil die Führungsgruppen der beiden einzigen nach 1930 noch zählenden bürgerlichen Parteien, Zentrum und DNVP, ihren begrenzten Konsens mit diesem Nationalstaat aufgegeben und eine andere als die modern-demokratische Nation ins Auge gefasst hatte.

Otto Dann: Nation und Nationalismus in Deutschland 1770–1990. München 1996, S. 270ff.

Arbeitsvorschläge

a) Untersuchen Sie M 6 bis M 8 unter den Aspekten Ziele, Umgang mit dem politischen Gegner und Verhältnis zur parlamentarischen Demokratie.

b) Beschreiben Sie die Plakate M 4 und M 5 vor dem Hintergrund der politischen, wirtschaftlichen und sozialen Verhältnisse. Nehmen Sie eine kritische Bewertung vor.

c) Arbeiten Sie die Kernthese von Otto Dann (M 15) heraus. Welche Argumente führt er an? Bewerten Sie diese.

d) Stellen Sie in einem Kurzessay die Gründe für das Scheitern der Weimarer Republik zusammen. Beziehen Sie dabei die in der Collage M 13 enthaltenen Aussagen mit ein. Diskutieren Sie anschließend die Lehren dieses Scheiterns für die heutige Politik.

Grundwissen: Warum ist die Weimarer Republik gescheitert?

Über diese Frage bestand bereits unter den Zeitgenossen keine Einigung. Meist wurden jedoch sehr einseitige und wenig differenzierte Schuldzuweisungen formuliert:

Otto Braun/SPD	– Versailler Vertrag und der destabilisierende sowjetische Einfluss über die KPD
KPD	– Industrie, Großagrarier und Militär
Konservative, Liberale	– die verblendeten Massen, die Hitlers NSDAP wählten
ausländische Stimmen	– der obrigkeitsstaatliche Charakter des deutschen Volkes und der preußisch-deutsche Militarismus
weitere Meinungen	– die Massenarbeitslosigkeit, die Unfähigkeit von Parteien und Regierungen

Heute hat sich die Meinung durchgesetzt, dass der Grund in der Verkettungen verschiedener Faktoren lag:

1. Härte des Versailler Vertrages: belastete die junge Demokratie von Anfang an
2. unvollendete Revolution 1918/19: Einfluss der alten Eliten nicht nachhaltig geschmälert, kein sozialer Ausgleich, keine Demokratisierung der Verwaltung
3. Schwächen der Weimarer Verfassung wie
   a) Übermacht des Reichspräsidenten: kaum kontrollierbar, in Notsituationen kam es auf ihn an
   b) Wahlrecht – Zersplitterung im Parlament, Bildung stabiler Regierungen erschwert
   c) unzureichender Schutz der Grundrechte: via Notverordnungen suspendierbar, von Verfassungsfeinden missbrauchbar
   d) destruktives statt konstruktives Misstrauensvotum
   e) Missbrauch möglich durch nicht vorgesehene Kombinationsmöglichkeiten von Art. 53/48/25 – Ausschalten des Parlaments
4. Inflation und Weltwirtschaftskrise
   - Schwächung des bürgerlichen Mittelstandes
   - Not der Massen (Verarmung, Arbeitslosigkeit)
   - Unzufriedenheit mit „Verantwortlichen", Anfälligkeit für extremistische Propaganda
5. Antidemokratische Tendenzen
   a) obrigkeitsstaatliches Denken
      - „alte Rechte" (Adel, Offiziere, Justiz, Spitzenbeamte, Großagrarier, Großindustrie, DNVP) monarchistisch
      - „neue Rechte" (Freikorps, Stahlhelm, völkische Gruppierungen, NSDAP) faschistisch
      - im Volk und bei vielen Mandatsträgern: Republik/Demokratie/Parlamentarismus „von den USA aufgebürdet", „untaugliches Instrumentarium", „Notlösung", Hindenburg als „Ersatzkaiser", „Regierung durch ungebildete Masse", „Herrschaft der Minderwertigen"

b) aufgrund fehlender parlamentarisch-demokratischer Tradition ...
   - Parteien zu wenig kompromissfähig, fehlender Grundkonsens (parlamentarische Demokratie, Menschenrechte), keine Kooperation der Arbeiterparteien
   - fehlende Integrationsfunktion (außer NSDAP)
   - häufige Regierungswechsel
   - Entscheidungsfindung im Parlament schwierig (Entfremdung Bürger – Parlament)
   - Neigung, Extremisten zu wählen (Verlust der tragenden Mehrheit, Polarisierung)
   - bürgerliche Bolschewismusfurcht macht auf rechtem Auge blind (keine Abwehr der immer mächtigeren NSDAP)

c) schleichender Verfall der Demokratie
   - Mehrheitsregierungen als übliche parlamentarische Form (1919/1920): „Weimarer Koalition"
   - Minderheitsregierungen – die Ausnahme als Regel (1920–1926 überwiegend)
   - Abwechslung beider Modelle, Einschluss der Rechten DVP/DNVP (1923–1930 zeitweise)
   - Präsidialkabinette mit zunehmend autoritärem Stil (1930–1933)
   - Hitler, als „letzte Hoffnung" (ab 1933) – Glaube, ihn bei Misserfolg genauso schnell loswerden zu können wie die Vorgänger
   - Entschlossenheit rechter Kreise, das parlamentarische durch ein autoritäres System zu ersetzen

6. Erfahrungen des Ersten Weltkrieges reichten nicht zur Absage an Gewalt (bürgerkriegsähnliche Zustände 1918/19, Aufstände 1920/23, politische Morde, Radikalisierung ab 1929: Straßenkampforganisationen)
7. massenwirksame Propaganda der radikalen Parteien (vor allem NSDAP, eingeschränkt auch KPD)
8. Rolle von Personen und Zufällen, z. B. Tod Stresemanns und Müllers, Machtinteressen von Papen und Schleicher, antidemokratische Haltung Hindenburgs

Moderne Forschungsansätze relativieren verschiedene Faktoren. So können Belastungen wie der Versailler Vertrag natürlich auch insofern stabilisierend gewesen sein, als sie realpolitisch gemeistert werden mussten und wurden. Andererseits können Errungenschaften auf sozialem Gebiet in dem Moment destabilisierend gewirkt haben, in dem Realpolitik einen Abbau gebot. Karl Dietrich Bracher hat schon 1964 die wesentliche Frage der Legalität der Machtübertragung auf Hitler problematisiert: Formeln wie „Demokratie ohne Demokraten" oder „Republik ohne Republikaner" subsumieren zwar viele der genannten Aspekte, bringen aber zu wenig zum Ausdruck, dass es durchaus Demokraten gab (zeitweise mit parlamentarischer Mehrheit), auch waren viele „Herzensmonarchisten ... Vernunftrepublikaner" (Friedrich Meinecke) geworden.
Die Weimarer Republik hat die schwierigen Jahre 1919–1923 überstanden. Sie hatte auch nach 1929 eine realistische Chance, doch wurde diese vertan.

4 Hitlers willige Volksgenossen? Die Deutschen und der Holocaust

- Wie gestaltete sich die politische, wirtschaftliche und gesellschaftliche Situation der jüdischen Deutschen in der Weimarer Republik, und wie veränderte sich diese in der Zeit des Nationalsozialismus?
- Was verstanden die Nationalsozialisten unter der „Volksgemeinschaft" und sogenannten „Volksschädlingen"?
- Was waren die Etappen der nationalsozialistischen Judenverfolgung und -vernichtung?
- Was wusste die deutsche Bevölkerung hinsichtlich der nationalsozialistischen Judenverfolgung und -vernichtung?

Boykott jüdischer Geschäfte 1933

1930 | 1935

30.1.1933 Machtübergabe an die NSDAP

1.4.1933 Boykott jüdischer Geschäfte, Ärzte und Anwälte („Judenboykott")

7.4.1933 „Gesetz zur Wiederherstellung des Berufsbeamtentums"

14.7.1933 „Gesetz zur Verhütung erbkranken Nachwuchses"

15.9.1935 Nürnberger Rassegesetze

18.10.1935 „Gesetz zum Schutz der Erbgesundheit des Deutschen Volkes"

9./10.11.193 Reichspogromnach

Geschändeter jüdischer Friedhof 2001

Wahlplakat der NPD in Berlin 2006

4

Online Link
430017-0401

1940 — 1945

2.11.1938
'erordnung zur
usschaltung
er Juden aus
em deutschen
/irtschaftsleben"

1941
Beginn der gezielten Massenvernichtung europäischer Juden

20.1.1942
Wannsee-Konferenz
(„Endlösung der Judenfrage")

4.1 Stellung des jüdischen Bevölkerungsteils in der deutschen Gesellschaft seit dem Ersten Weltkrieg

Der „Geist von Weimar"

Zur Zeit der Weimarer Republik befanden sich die deutschen Juden auf dem Höhepunkt ihrer Bemühungen um Emanzipation und Assimilation. Vor allem auf geisteswissenschaftlicher, naturwissenschaftlicher und kultureller Ebene trugen sie zu den Strömungen bei, die für die Nachwelt den „Geist von Weimar" verkörpern. Zu den prominentesten Vertretern gehörten Sigmund Freud (Psychologie), Leo Strauss und Ernst Bloch (Philosophie), Albert Einstein, James Franck und Gustav Hertz (Physik), Otto H. Warburg, Paul Ehrlich und Otto Meyerhof (Medizin), Fritz Haber (Chemie), Max Horkheimer (Sozialforschung), Franz Kafka (Literatur) und Felix Nußbaum (Kunst). Besonders die neuen Wissenschaften schufen entsprechende Aufstiegsmöglichkeiten; hier zahlte sich das hohe Niveau jüdischer Schulen bzw. das Bildungsideal der jüdischen Gemeinden aus. Von 170 Nobelpreisträgern bis 1933 waren unter den 36 deutschen Wissenschaftlern folglich auch 15 jüdischer Abstammung. Diese Blütezeit der deutsch-jüdischen Kultur fiel vor allem in die Stabilisierungsphase der Jahre 1923 bis 1929.

Wirtschaftlicher Erfolg

Auch geschäftlich konnten sich viele Juden gerade in der Zeit der Weimarer Republik erfolgreich etablieren. Nachdem Juden über Jahrhunderte nur in wenigen Berufszweigen wie Geldverleih und Handel tätig sein durften, hatte die jüdische Wirtschaftstätigkeit seit den 50er- und 60er-Jahren des 19. Jahrhunderts einen rasanten Aufschwung erlebt.

Dies war vor allem dem raschen wirtschaftlichen Aufstieg Deutschlands und seinem Einstieg in die Weltwirtschaft zu verdanken. Infolge von Industrialisierung und Massenproduktion fanden viele Juden als Ladenbesitzer, Kleinfabrikanten, Exporteure und Importeure, als Vertreter der Großfabrikanten und Industrieunternehmer, als Bankangestellte bzw. Bankiers und als Arbeiter vor allem in der Zigaretten-, Lederwaren- und Pelzindustrie Eingang in unabhängige Berufe. Die Entstehung von Kaufhäusern mit umfangreichem Sortiment war untrennbar mit Namen jüdischer Unternehmer wie Tietz, Wertheim oder Schocken verbunden. Sie trugen dem Verlangen der Konsumenten sowohl nach mehr als auch nach neuartigen Waren Rechnung, und entwickelten die neue – gegenüber Märkten, Messen und einfachen kleinen Geschäften konkurrenzfähige – Geschäftsform des Warenhauses. Gerade wenn es um solch neue und besonders risikoreiche Geschäftsfelder ging, waren jüdische Unternehmer sehr engagiert. Die hohe Zahl der Juden, die im Handel ihr Glück suchten und auf diesem Gebiet erfolgreich Fuß fassten, lässt sich vor allem mit ihrer langjährigen Tätigkeit und Tradition im Geldverleih erklären.

1 **Tietz-Warenhaus**, Berlin Mitte 1920er-Jahre

In dem Gesamtgesellschaftsgefüge der Weimarer Republik stellte die jüdische Minorität jedoch keineswegs eine sozial, politisch, kulturell und konfessionell einheitliche Gruppe dar. Sie unterschied sich allerdings aus historischen Gründen hinsichtlich der Berufs- und Klassenstruktur deutlich von der deutschen Gesamtbevölkerung. Neben einer kleinen Oberschicht und einem überwiegend ostjüdischen Proletariat, welches sich im Berliner Scheunenviertel konzentrierte, gab es ein breites Bürger-

und Kleinbürgertum. Neben einem ausgeprägten Landjudentum lebten 1925 etwa zwei Drittel aller Juden in deutschen Großstädten. 60% dieser in den Städten lebenden Juden waren im Handel, Gewerbe und im Bankwesen tätig, an der Groß- und Schwerindustrie waren sie kaum beteiligt. Die Tatsache, dass in der Industrie etwa nur halb so viele Juden wie nichtjüdische Deutsche beschäftigt waren, im Handel und Bankwesen dagegen doppelt so viele, spiegelt die historische Entwicklung der Juden in Deutschland bzw. in ganz Europa wider. Dies wurde von Antisemiten als Beweis angesehen, dass sich die Juden schwerer körperlicher Arbeit entziehen und sich letztlich auf Kosten der Deutschen bereichern wollten.

Wachsender Antisemitismus

Nach dem Ersten Weltkrieg häuften sich in Deutschland auch die antisemitischen Aktivitäten. Ab Herbst 1918 erschienen zahlreiche deutsch-völkische Flugblätter, in denen entgegen der Tatsache, dass die jüdische Bevölkerung im Krieg proportional zum Bevölkerungsanteil ebenso viele Gefallene zu beklagen gehabt hatte wie vergleichbare soziale Schichten der christlichen Konfession, behauptet wurde, dass die Juden sich während des Krieges um den Kampf an der Front gedrückt und sich durch dubiose Geschäfte schamlos bereichert hätten. Vorwürfe wie „Schieber" und „Kriegsgewinnler" wurden laut. Auch die sogenannte „Dolchstoßlegende" – anhand derer die Oberste Heeresleitung die Verantwortung für die Niederlage im Ersten Weltkrieg auf die politische Ebene verlagert hatte, indem sie behauptete, dass die deutsche Armee von hinten „erdolcht" worden sei – wurde dahingehend weiterentwickelt, als dass den Juden die Hauptschuld an der deutschen Niederlage und letztendlichen Kapitulation zugeschoben wurde. Der im Februar 1919 gegründete „Reichsbund jüdischer Frontsoldaten" versuchte mit der Auflistung jüdischer Kriegsteilnehmer und der Empfänger hoher militärischer Auszeichnungen sowie mit öffentlichen Appellen an die Bevölkerung, diesen antisemitischen Vorwürfen entschieden entgegenzutreten. Im demokratischen Lager der Antisemiten-Gegner betrachteten insbesondere der überkonfessionelle „Verein zur Abwehr des Antisemitismus" und der „Centralverein deutscher Staatsbürger jüdischen Glaubens" (CV) dieses Phänomen aufmerksam, und bemühten sich um eine gerichtliche Ahndung des extremen Antisemitismus. Allerdings war Antisemitismus per se in der Weimarer Republik nicht strafbar. Obwohl ein Teil der Delikte geahndet wurde, scheiterten die Bestrebungen des CV oft letztlich an der größtenteils rechtskonservativen Einstellung der Justiz. Auf der anderen Seite gründete sich am 20. März 1921 der „Verband der nationaldeutschen Juden" als Vertreter der radikalsten Form der Assimilation. Nach ihrem Vorsitzenden Max Naumann wurde dieser Verband bald auch die „Naumannier" genannt. Die Mitglieder dieses Verbandes bildeten jedoch zahlenmäßig nur eine Minderheit. Gleiches galt für die orthodoxen Zionisten des „Zionistischen Projektes", welche jegliche Assimilation oder Reform des Judentums ablehnten und stattdessen die strikte Befolgung der „Halacha" (jüdischen Gesetzesvorschriften) forderten.

Obwohl die Juden weniger als ein Prozent der Gesamtbevölkerung des Deutschen Reiches ausmachten, wurden sie in den ersten Nachkriegsjahren zu Sündenböcken für die Traumata der Nachkriegszeit wie Revolution, Inflation, Armut und Parlamentarismus gemacht. Ideologisch stützte sich die antisemitische Propaganda vornehmlich auf den aus dem Deutschen Kaiserreich übernommenen völkischen Rassegedanken. Da viele Juden in den Jahren 1918/19 an der Spitze der Räte- und Revolutionsbewegung gestanden und somit in der Politik erstmals Schlüsselpositionen eingenommen hatten, die ihnen im Kaiserreich nie zugestanden hatten, wurden die führenden Repräsentanten der Weimarer Republik als „jüdische Novemberverbrecher" diffamiert. Kennzeichnend war auch die hemmungslose Hetze gegen demokratische und linke Politiker der als „verjudet" geltenden Weimarer Republik, die angeblich dem internationalen Judentum und westlichen Kapitalismus in die Hände spielten.

Zugleich war in den 1920er-Jahren auch ein gesellschaftlicher Trend zur Ausgrenzung der Juden unverkennbar, der aber sehr uneinheitlich blieb. Die Juden wurden zu Außenseitern abgestempelt, ihre kulturellen Leistungen als undeutsch abqualifiziert und ihnen der Sinn für die echte deutsche Kultur abgesprochen. Dabei fühlten sich viele Juden so weit in der deutschen Gesellschaft integriert und assimiliert, dass sie ihrer Zugehörigkeit zum Judentum nur noch eine konfessionelle Bedeutung zumaßen. Für andere hatte ihre jüdische Herkunft hingegen völlig an Bedeutung verloren. Allerdings änderten das eigene Selbstbild und der Wunsch der assimilierten Juden nach einem völligen Aufgehen in der deutschen Gesellschaft nichts an dem Außenseitertum der jüdischen Minorität. Als Gruppe wurden sie von Antisemiten und einem Großteil der deutschen Gesellschaft unterschiedslos als Juden und damit unerwünschte Fremdkörper angesehen. Da die infolge des Ersten Weltkrieges aus Osteuropa zugewanderten orthodoxen Juden mit ihrem fremdartigen Erscheinungsbild weitaus mehr dem traditionellen jüdischen Klischeebild entsprachen als die größtenteils assimilierten deutschen Juden, waren vor allem sie in den ersten Nachkriegsjahren Ziel der antisemitischen Propaganda in Deutschland und Österreich, die eine weitere Einwanderung von Ostjuden zu verhindern suchte.

Juden wurden in Form eines sogenannten „Radauantisemitismus" fortan zunehmend zur Zielscheibe einer massengesellschaftlich verankerten militanten antisemitischen Agitation, deren herausragende Merkmale körperliche Angriffe gegen Juden, Misshandlungen bis hin zu Totschlag sowie Schändung jüdischer Friedhöfe und Synagogen waren. Die „Deutschnationale Volkspartei" (DNVP), die im Februar 1920 aus der völkisch-antisemitischen „Deutschen Arbeiterpartei" (DAP) hervorgegangene „Nationalsozialistische Deutsche Arbeiterpartei" (NSDAP), die „Bayerische Mittelpartei" und der „Deutschvölkische Schutz- und Trutzbund" (DVSTB) sowie die „Thule-Gesellschaft" propagierten eine besonders aggressive Form des Antisemitismus. Ihre Mitglieder und Anhänger rekrutierten diese antisemitischen Organisationen und Parteien vor allem aus dem Mittelstand und Bildungsbürgertum, wo die Angst vor einer vermeintlich überlegenen jüdischen Konkurrenz besonders bei Kleinhändlern, Ärzten und Anwälten eine intensive Judenfeindschaft verfestigt hatte. Im Schatten der politischen und ökonomischen Krise (**Online Link** 430017-0401: Weltwirtschaftskrise) und der zunehmenden politischen Straßengewalt ab 1930 häuften sich dann die Übergriffe nationalsozialistischer Kampfverbände auf jüdische Geschäfte und Bürger.

Politische Orientierung

Alleine die von vielen Juden gewählte „Deutsche Demokratische Partei" (DDP) trat dem Antisemitismus entschieden entgegen und wurde deshalb von nationalen Politikern als „Judenpartei" verhetzt. Doch auch gegenüber der sozialdemokratischen Arbeiterbewegung fühlten sich viele – vor allem intellektuelle – Juden der Weimarer Republik verpflichtet. Diese jüdischen Intellektuellen in der Sozialdemokratie kamen überwiegend aus dem wohlhabenden bürgerlichen Mittelstand der großen Städte, nur vereinzelt waren die Väter Handwerker, Techniker und Arbeiter. Die beeindruckende Breite ihrer Bildung, ihr hohes Maß an kultureller Präsenz und ihre Weltläufigkeit im Denken und Handeln machte die jüdischen Intellektuellen zu Sozialfiguren. Im Gegensatz zur DDP war jedoch auch die sozialdemokratische Arbeiterbewegung in der Weimarer Republik nicht völlig frei von antisemitischen Spuren. Obwohl die Partei seit 1923 das Wesen des Nationalsozialismus intensiv zu bekämpfen bemüht und Antisemitismus offiziell verpönt war, war er dennoch unterschwellig vorhanden.

DDP

2 Jüdische Intellektuelle und Wissenschaftler wie der Physiker Albert Einstein (1879–1955), hier eine Aufnahme aus dem Jahr 1921, prägten die akademische Landschaft der Weimarer Republik.

3 Weimar – eine „Judenrepublik"?

Zur Bedeutung der Juden für die Gesellschaft der Weimarer Republik:

Alles in allem kann man [...] im Hinblick auf die zwanziger Jahre weder von einer „Judenrepublik" noch von einer „Judenkultur" sprechen. Beides sind maßlose Übertreibungen. Die Nazis setzten solche Schlagworte vor allem im Rahmen ihrer Sündenbock- und Drahtzieherideologie ein. Die deutschen Juden gebrauchten sie dagegen, um mit beleidigtem Stolz darauf hinzuweisen, auch Deutsche oder zumindest deutsche Kulturträger zu sein. Die harten Fakten der ökonomischen, politischen und kulturellen Statistiken sprechen jedoch eine ganz andere Sprache. So war etwa von den zehn größten Vermögen in Deutschland in den späten zwanziger Jahren nicht ein einziges in jüdischer Hand. Von den 576 Abgeordneten, die im Reichstag saßen, waren im Jahr 1930 nur 13 jüdischer Abstammung. Und auch unter den höheren Beamten befanden sich zu diesem Zeitpunkt bloß 1,3 % Juden. Selbst auf dem Felde der Kultur sah es nicht viel anders aus. Im Bereich des Theaters und der Musik lassen sich um 1930 lediglich 2,4 % als Juden identifizieren. In der Filmindustrie, die immer als besonders „verjudet" galt, wurde der Hauptkonzern, nämlich die UFA, von jenem Alfred Hugenberg geleitet, der 1933 in Hitlers erstem Kabinett eine führende Position erhielt.
Von den Zeitungen waren damals über die Hälfte entweder konservativ eingestellt oder konfessionell gebunden und stellten deshalb nur in Ausnahmefällen jüdische Redakteure ein. [...]
Vor allem im Bereich von Politik und Wirtschaft sollte man also die These von überragendem Einfluss der Juden drastisch relativieren. [...] Im Bereich des kulturellen Lebens war jedoch dieser Einfluss, wie man ihn auch dreht und wendet, dennoch recht beachtlich. Hier kann man nicht allein von statistisch-quantitativen Gesichtspunkten ausgehen, sondern muss auch die enorme Qualität dieses Beitrags ins Auge fassen.

J. Hermand: Juden in der Kultur der Weimarer Republik. In: W. Grab / J.H. Schoeps (Hg.): Juden in der Weimarer Republik. Stuttgart / Bonn 1986, S. 32 f.

4 Hamburger Juden zur Zeit der Weimarer Republik

Ein Bericht der Jüdin Arie Goral-Sternheim, die 1933 nach Frankreich und 1935 nach Palästina emigrierte. 1953 kehrte sie nach Hamburg zurück.

Das Zentrum des jüdischen Lebens in den zwanziger Jahren war der Grindel. Dort trafen sich Talmudisten, Hebraisten, Jiddischisten, Kabbalisten, Pazifisten, Sozialisten, Kommunisten, Anarchisten, Sozialdemokraten, Demokraten, und es gab West-Juden, die nur wenig noch jüdisch, dafür umso mehr deutsch waren. Alles zusammen war eine menschlich und geistig vielstimmige Einheit. Es gab fromme Juden, liberale Juden, atheistische Juden, deutsch-patriotisch vaterländische Juden, konservativ orthodoxe und nationalzionistische und sozialistisch-zionistische Ostjuden. Es gab Ostjuden, die aus irgendeinem Schtetl in Russisch-Polen oder Galizien kamen und in einer Jeschiwah Talmud und Thora gelernt, und es gab Ostjuden, die in Litauen oder in Lettland hebräische Gymnasien besucht hatten. Ob so oder so, an bewahrter und gelebter Jüdischkeit und fundiertem jüdischen Wissen waren sie den emanzipierten und zumeist assimilierten West-Juden weitaus überlegen. Es gab auch noch die portugiesisch-spaniolischen Juden. Und es gab Juden, die interfraktionell das eine und das andere waren und von allem etwas hatten, beispielsweise als thoratreue Zionisten oder als religiöse Sozialisten.
Die Frommen hatten ihre Synagogenverbände und Betstuben, die Liberalen und Sozialisten hatten ihre Kulturvereinigungen und Jugendbünde. Die meisten fanden sich vereint in der berühmten einmaligen „Deutsch-Israelitischen Kultusgemeinde" mit ihren zahllosen Einrichtungen. [...] Gleichgültig, wer nun wie jüdisch organisiert war, immerhin füllten etwa fünfundzwanzigtausend Juden das ebenso jüdisch vielfältige wie lebendige Leben der Juden Hamburgs aus. Es war schon phantastisch, was und wer alles in der Grindelgegend zusammentraf; alle möglichen und unmöglichen Juden lebten da mehr oder weniger friedlich nebeneinander. Das machte den Stadtteil auch so lebendig.
„Die Juden" schlechthin als eine geistige Einheit hat es nie gegeben, weder in der Gegend vom Grindel noch

sonstwo. Es gab auch nicht nur die „frommen Juden“ oder die „geistigen Juden“ oder die „berühmten Juden“ oder die „reichen Juden“ Es gab solche und solche und andere Juden.

A. Goral-Sternheim: Jeckepotz – Eine jüdisch-deutsche Jugend 1914–1933. Hamburg 1989, S. 138.

5 „Ein Ghetto mit offenen Toren“

Nach dem Vormarsch der deutschen Truppen an der Ostfront hatte man zu Beginn des Ersten Weltkrieges die Juden im besetzten Russisch-Polen sehr umworben und ihnen Lohn und Brot in der Rüstungsindustrie versprochen. Über 30 000 folgten dem Ruf, viele von ihnen kamen nach Berlin.

Berlin blieb in den Jahren der Weimarer Republik eine Stadt, die sich – wie schon in der Kaiserzeit – durch ein ständiges Kommen und Gehen vieler Menschen auszeichnete. Unter diesen Männern, Frauen und Kindern, die vor allem aus dem Osten in Deutschlands Hauptstadt strömten, waren auch viele Juden.

Die „Neuen“, die oft so besonders fremd gekleidet waren und ihre eigene Lebensweise mitbrachten, wurden von den Berlinern, Juden wie Nichtjuden, mit gemischten Gefühlen betrachtet. Die meisten schon lange in Deutschland lebenden, um weitgehende Assimilierung bemühten jüdischen Familien, von denen viele selbst als in Preußen lebende Binnenwanderer aus Gebieten um Posen (Poznan) und Bromberg (Bydgosz) nach Berlin gekommen waren, wollten mit ihren neu ankommenden Glaubensgenossen wenig zu tun haben. Diese ihrerseits waren kaum bereit, sich zu assimilieren, hielten besonders streng an den überkommenen Sitten und Bräuchen fest und pflegten zudem einen besonders strengen, orthodoxen religiösen Ritus. In der Umgangssprache wurden sie pauschal als „Ostjuden“ bezeichnet. […]

Wie sie es gewohnt waren, bildeten diese Menschen auch in Berlin kleine, separate Betgemeinschaften, die oft alle Familien aus einer bestimmten Stadt oder die Anhänger eines besonders bekannten Rabbiners vereinten. In kleinen Betsälen und Synagogen fand man sich – oft täglich – zum Gebet und dem Studium der heiligen Bücher zusammen.

Hebräische Schriftzeichen an Gaststätten und Geschäften wiesen darauf hin, dass man in dieser Gegend zum Essen und Trinken alles so bekam, wie es die traditionellen Vorschriften verlangten. Insbesondere die Grenadierstraße galt in den Jahren der Weimarer Republik als ein „Ghetto mit offenen Toren“, wie es ein ehemaliger Berliner, der heute in Israel lebt, einmal beschrieben hat:

Die Grenadierstraße, das war die Straße, in der wir faktisch lebten. In dieser Straße war das Zentrum der polnischen Juden, und sie war hauptsächlich von Juden bewohnt. Dort war ein Lebensmittelgeschäft Tennenbaum und ein Fleischgeschäft Sussmann, es gab ein Geflügelgeschäft – Szydlow, ein rituelles Tauchbad, ein Restaurant, eine jüdische Nachmittagsschule für ausschließlich jüdische Fächer, um zu ergänzen, was am Vormittag nicht gelernt wurde. Die Synagogen der polnischen Juden waren dort, Stibbelek wurden sie genannt, das heißt kleine Stuben, in denen man betete, jede hatte ihren eigenen Ritus. […] Am Samstag war die Straße ruhig, kaum fuhr ein Auto durch, und es ist zu bewundern, dass so eine Straße sein konnte, im Zentrum Berlins, nicht weit vom Alexanderplatz. Ich habe damals gehört, dass es eine Absicht war, noch vor Hitler einen Überfall auf die Straße zu machen, denn sie war ein Dorn in den Augen der Nichtjuden, aber dies wurde vereitelt. So eine Straße passte nach Jerusalem, und man nannte die Straße ein Ghetto mit offenen Toren. […]

Horst Helas: Ein Ghetto mit offenen Toren. In: Berlinische Monatsschrift Heft 6/2000, S. 39–44.

6 Antijüdische Demonstration vor dem Kaufhaus Isidor Bach in München, 1922

7 Zu keiner Zeit sicher vor abfälligen Bemerkungen

Auf welche Weise sich der Antisemitismus der Weimarer Republik im Alltag äußerte, berichtet im Rückblick der aus Friedberg stammende Arzt Heinrich (Henry) Buxbaum, dem 1938 mit seiner Familie die Emigration in die USA gelang:

Antisemitische Agitatoren und Individuen waren immer und besonders an unseren Universitäten aktiv. In den Jahren, in denen ich in Frankfurt Student war, von 1919–1924, gab es nie ein Nachlassen ihrer unablässigen Attacken. All die dunklen Kräfte, die nach dem Krieg freigesetzt worden waren, wühlten unter den Studenten mehr als in jeder anderen Gruppe. Unsere Ingenieurstudenten an dem Polytechnikum waren da nicht anders. Sie waren am schlimmsten vor jeder Wahl, am Wochenende, wenn sie Gewalt ausübten und unter dem Deckmantel der Dunkelheit jedes Haus und jede Wand in der Stadt mit ihren antisemitischen Parolen vollschmierten. Vor einer der Wahlen, es muss 1920 oder 1921 gewesen sein, wurde es so schlimm, dass eine Reihe von uns, alle Anfang zwanzig (wir waren etwa acht oder zehn junge Burschen), in einer Samstagnacht nach dem Synagogen-

8 **Plakat des Reichsbundes jüdischer Frontsoldaten (Anfang 1920er-Jahre)**

gottesdienst eine Wachtruppe bildeten und in die Nacht hinausgingen, um dem Spuk Einhalt zu gebieten. Wir wussten von früheren Wochenenden, dass sie wieder in dieser Samstagnacht zu Werke gehen würden. In Gruppen zu zweit und zu dritt, jeder mit einem Knüppel bewaffnet, gingen wir in den dunklen Stunden nach Mitternacht die Straßen entlang. Wir schnappten zwei Gruppen von ihnen an verschiedenen Punkten, während sie dabei waren, ihre schmutzigen Parolen an die Wand zu schmieren, und mit Drohungen und den Stöcken in unseren Händen zwangen wir sie, uns ihre Plakate zu übergeben, wonach sie in der Finsternis verschwanden. Seit dieser Nacht tauchten sie nicht mehr auf, um die Wände zu beschmieren. Wir waren erstaunt, dass unser einziger Nachteinsatz die Wirkung hatte, ihr schmutziges Werk zu beenden.

Aber zu keiner Zeit während meiner fünf Jahre an der medizinischen Fakultät Frankfurt waren ich selbst und meine jüdischen Freunde sicher vor irgendeiner Art verbaler Angriffe oder abfälliger Bemerkungen. Man wusste nie, was man bei einer Versammlung zu hören bekam, während des Essens in der Mensa, bei der Toilettenbenutzung oder sogar im Vorlesungssaal. Hin und wieder wurde ein Bekannter, mit dem ich nach monatelangem Zusammenarbeiten, Spielen oder Studieren Freundschaft geschlossen hatte, vom Teufel geritten, mir seine Gefühle gegenüber den Juden zum Ausdruck zu bringen, was auf die eine oder andere Weise unsere Freundschaft been-

AN UNSERE MITBÜRGER!

BAYERNS Juden haben bisher friedlich und einträchtig mit der übrigen Bevölkerung zusammen gelebt und gearbeitet und Freud und Leid mit ihr geteilt. Seit mehreren Monaten aber herrscht eine wilde antisemitische Hetze. In Stadt und Land werden verlogene Hetzblätter und Plakate verbreitet; und daneben arbeiten „Bünde" verschiedenster Bezeichnung, meist unter völkischem Deckmantel, daran, die Hetze gegen die Juden zu schüren.

Es ist bekannt, wer hinter der Sache steht und die Millionen für diese von außenher einheitlich organisierte Hetze liefert. Es sind dieselben antisemitisch-reaktionären Kreise, denen das Volk die wahre Schuld am Unglück des Vaterlandes beimißt, und die nun gewissenlos den öffentlichen Unwillen auf die Juden ablenken möchten.

Sie wollen die Juden zum Sündenbock machen.

Das ist der Kern der Sache. So erklärt es sich auch, daß man, aller geschichtlichen Wahrheit zuwider, die Verantwortung für den Krieg, seine Verlängerung und seine Folgen, aber auch sein vorzeitiges Ende auf die Juden abwälzen will.

Selbst die bekannten traurigen Vorgänge in München suchten sie gegen die Juden auszubeuten. Immer wieder wurden ein paar spartakistische Führer und Kaffeehausliteraten jüdischer Abstammung gegen uns ausgespielt. Und dabei weiß doch jeder ehrlich Denkende, daß die jüdische Bevölkerung in Stadt und Land mit diesen Leuten so wenig gemein hat und haben will, wie die christliche, ja daß wir doppelt unter ihnen zu leiden haben, als Deutsche und als Juden. Diese böswilligen Hetzer möchten uns auch solche Spartakisten an die Rockschöße hängen, die nicht einmal Juden sind, noch je gewesen sind. Aber davon, daß zahlreiche Juden für Münchens Befreiung gekämpft, daß Juden dabei ihr Leben gelassen haben, davon schweigen sie.

Antisemiten haben es sogar gewagt, den unseligen Geiselmord uns in die Schuhe zu schieben, und haben dabei verschwiegen, daß einer der Ermordeten, Professor Berger in München – der damals den Mut hatte, die Plakate der Räterepublik abzureissen –, selbst ein Jude war.

Den Gipfel der Lüge und Heuchelei erreicht diese Hetze, wenn man daneben hört, daß in Nürnberg die deutschvölkisch-antisemitischen Führer mit Spartakisten in Verbindung getreten sind und ihnen Geldmittel gegeben haben. Das wurde in öffentlicher Gerichtsverhandlung bekundet! Für uns deutsche Juden ist all diesen antisemitischen Treibereien gegenüber unser Weg klar vorgezeichnet.

Wir werden als Deutsche nach wie vor unsere Pflicht erfüllen und uns durch keinerlei Hetze abdrängen lassen vom Boden unseres Rechtes und unserer Ehre, und vom Boden des Vaterlandes, das uns so heilig ist wie nur irgendwem. Wir werden als Juden stolz und aufrecht zum Judentum stehn, das in seiner sittlichen Reinheit über die antisemitischen Angriffe hoch erhaben ist.

Sie können uns beschimpfen, aber nicht erniedrigen.

Wir flüchten uns an die Oeffentlichkeit und bitten alle anständigen Menschen in Stadt und Land, mit uns eine Macht zu bilden gegen eine Agitation, die nicht nur uns bedroht, sondern auch den öffentlichen Frieden. Wir leben in schwerster Zeit. Nur gemeinsame Arbeit und innerer Friede können Deutschland zur Gesundung zurückführen.

Unverantwortlich ist es, eine Schicht der Bevölkerung gegen die andere aufzuhetzen;
Unverantwortlich einen Teil des Volkes, der am Wiederaufbau mitarbeiten soll und will, zurückzustoßen und zu verbittern. – Am gesunden Sinn des deutschen Volkes wird – so hoffen wir bestimmt –, die antisemitische Hetze zerschellen.

Landes-Verband Bayern r. d. Rh.
im Zentral-Verein deutscher Staatsbürger jüdischen Glaubens

9 Aufruf des „Zentralvereins deutscher Staatsbürger jüdischen Glaubens" (1920er-Jahre)

dete. Es war unabwendbar, da sie mich niemals für einen Juden hielten. Die schlimmsten waren die, die mir ihre besondere Zuneigung und unsterbliche Freundschaft eingestanden, aber sich nicht scheuten, mich wissen zu lassen, dass sie es am liebsten sehen würden, wenn all die anderen Juden weggeschafft würden.

Hans-Helmut Hoos: Scherben der Erinnerung – Memoiren des Wetterauer Juden Henry Buxbaum. Friedberg 1994, S. 177 f. Zit nach: Geschichte und Geschehen Themenheft „Deutschlands schwieriger Weg in die Moderne", S. 41.

10 Jüdisches Selbstverständnis

Zur weltanschaulichen Gliederung der Juden in der Weimarer Republik:

Wenn von jüdischer Seite Verbände gegründet werden, die das Ziel haben, durch Beeinflussung der Nichtjuden, daneben aber auch der Juden, die Kluft zwischen beiden Gruppen zu überbrücken, dann ist Verbandshandeln zum Zwecke der Förderung der Assimilation gegeben. Den fraglichen Organisationen schwebt das Ziel vor, dass die deutschen Juden als Juden weiter existieren sollen;

für ihre Stellung innerhalb des Wirtsvolkes wird die unangefochtene Selbstverständlichkeit etwa der deutschen Bayern oder der deutschen Katholiken erstrebt. Die Gruppe „Deutsche Juden“ soll lediglich eine gleichberechtigte Teilgruppe des größeren „Deutschen Volkes“ bilden.
Der „Centralverein deutscher Staatsbürger jüdischen Glaubens“ versucht, in diesem Sinne durch „Aufklärung“ zu wirken. In seiner rein defensiven Einstellung gibt er „Abwehrblätter“ heraus, in denen in regelmäßigen Zeitabständen die neuesten antisemitischen Anschuldigungen zurückgewiesen werden. Das ist ein sehr lobenswertes Unterfangen, und in fast allen Fällen dürften die Tatsachen wirklich so liegen, wie sie der Centralverein darstellt und auf antisemitischer Seite wurde gelogen. Aber irgendwelchen Erfolg hat der Centralverein nicht gehabt, noch können ihn seine Methoden in größerem Maßstab haben. Man erwirbt nicht die Gleichberechtigung in der modernen Gesellschaft mit ihren sehr stark kriegerisch beeinflussten Wertungen immer nur durch kraftvolles Verhalten. Dazu gehört aber, dass man gegnerische Angriffe mit eigenen Angriffen erwidert. [...]
Über politische Benachteiligung haben die deutschen Juden gegenwärtig wenig zu klagen.
Die Selbstverständlichkeit der Zugehörigkeit zum Wirtsvolke suchen auch die „nationaldeutschen“ Juden (Naumann) durch Verbandshandeln zu erreichen. Ihre Bewegung ist später entstanden als der Centralverein und will weniger durch Aufklärung als durch Taten auf die christliche Welt wirken.
Der Beweis des Deutschtums kann naturgemäß am besten in einer Sphäre erbracht werden, in der, was deutsch ist, klar zutage liegt. Das ist weder auf kulturellem Gebiet noch in der Innenpolitik der Fall (denn Deutsche gehören der äußersten Rechten und der äußersten Linken an); aber in der Außenpolitik ist der Deutsche als der Nicht-Franzose, Nicht-Engländer, Nicht-Russe definiert. Die Gruppe Naumann legt deshalb Wert auf kraftvolles deutsches Auftreten in der Welt, identifiziert sich mit allen deutschen Bestrebungen in der Kriegsschuldfrage, tritt für die nationale Zusammengehörigkeit und gegen die Lehre von den Klassen ein und tendiert zu einer ausgesprochen rechtspolitischen Einstellung ihrer Anhänger. Die „nationaldeutschen“ Juden ziehen einen scharfen Trennstrich zwischen deutschen und Ostjuden und verlangen die Schließung der deutschen Grenzen gegen „unerwünschte“ Einwanderung. Sie bekämpfen den „zersetzenden“ jüdischen Geist und die jüdische Führerschaft in den revolutionären Parteien genauso wie der arische Antisemitismus. Nirgends wurde der Ausbruch des Weltkrieges freudiger begrüßt als bei den Juden jener Gesinnungsschicht, die sich später zur nationaldeutschen Richtung zusammenschließen sollte. In ihren Reihen hat sich trotz der Erfahrungen der Kriegs- und Nachkriegsjahre der Glaube erhalten, dass nationales Verhalten nationale Anerkennung hervorbringen müsse. Der nationaldeutsche Jude schließt sich deshalb im Inhalt der Forderungen, die er an die eigenen Stammes- und Glaubensgenossen richtet, in seinem sehr ernst gemeinten „Höre Israel“ ganz der antisemitischen Ideologie der oberen Klassen der christlichen Gesellschaft an. [...]
Den hinreißenden Gedanken, der Berge versetzen kann, besitzt der Zionismus. Er will die Judenfrage dadurch lösen, dass er sich von den Wirtsvölkern abwendet. Was eine Bewegung stark und erfolgreich machen kann, findet sich hier: der Glaube an die eigene Kraft, der Wille zum Kampf, der nationale Mythus im Sinne von Sorel. [...] Mag das zionistische Argument dahin gehen, dass die Wirtsvölker mit ihren Antipathien zwar im Unrecht sind, dass die Juden sich aber nicht aufdrängen, oder mag es im Sinne des Antisemitismus die jüdische Andersartigkeit bewusst unterstreichen, auf alle Fälle eignen dem Zionismus Stolz und Selbstbewusstsein und Vertrauen auf eigenes Können. Hier wird nicht der Inhalt, sondern die Form des deutschen oder französischen Nationalbewusstseins übernommen, die Betonung des gegebenen Wir an die Stelle der Sehnsucht nach Aufnahme in eine refraktäre Gruppe von Fremden. [...]
Aber zu den Zionisten zählen auch die zahlreichen Juden, die für ihre eigene Person nicht daran denken, nach Palästina auszuwandern und die damit gegenüber dem jüdischen Volke ebenso wenig eine Inkonsequenz begehen wie Deutsche oder Engländer, die, während sie für einen Teil ihrer Landsleute Siedlungskolonien erstreben, selbst für Europa optieren. Ob aber diese in dem Lande ihrer Geburt verbleibenden Gesinnungszionisten gegenüber dem deutschen Volke die Beibehaltung ihrer Staatsbürgerrechte beanspruchen können, und ob sie sich nicht ihrem deutschen Staatsbürgertum in eine unmögliche Zwitterstellung begeben – das ist eine andere Frage.

Walter Sulzbach: Die Juden unter den Deutschen. In: Der Jude, IX, Sonderheft III, S. 5ff. Zit. nach: Deutsch-jüdische Geschichte – Quellen zur Geschichte und Politik (Tempora), S. 87f.

11 Die Juden und die DDP

Zur politischen Orientierung der Juden:

Für den Zeitraum bis einschließlich 1930 weisen die Analysen einen ausgeprägt positiven Zusammenhang zwischen jüdischem Bevölkerungsanteil und den Ergebnissen der DDP/DStp (Deutsche Demokratische Partei/ Deutsche Staatspartei) auf, wie es für keine andere Partei innerhalb des Parteienspektrums der Fall ist. Die Hypothese, relevante Minderheiten der jüdischen Wählerschaft ließen sich unter der Deutschnationalen Volkspartei und der Deutschen Volkspartei ausmachen, erfährt hingegen keine Bestätigung. Beide Aussagen werden durch die Zeitungsanalyse gestützt. Die Forderung des numerisch kleinen „Verbandes der nationaldeutschen

Juden", als Entscheidungsgrundlage für die Stimmabgabe bei Wahlen allein die patriotische Haltung der Parteien und nicht deren Position in der Frage des Antisemitismus anzusehen, fand wenig Beachtung. Sie münzte sich offenbar nicht in einen bemerkenswerten Stimmenanteil zugunsten der rechten Parteien um. Außer den „Naumannianern" gaben alle jüdischen Verbände, Organisationen und Zeitungen in aller Deutlichkeit zu verstehen, dass die Deutschnationalen aufgrund ihres antisemitischen Charakters nicht zu den potentiell wählbaren Parteien gehörten.

Das Erscheinungsbild der Deutschen Volkspartei war ambivalent. In jüdischen Zeitungen wurde der Partei in Wahlkampfzeiten Raum gegeben, eigene Positionen zu präsentieren, und es gab Vorstandsmitglieder im Centralverein, die zugleich Mitglieder der DVP waren. Andererseits haftete dem Erscheinungsbild der DVP immer ein Makel an. Antisemitische Ausfälle auf lokaler Ebene wurden besorgt beobachtet und registriert.

Die Resultate der Datenanalyse widerlegen bisherige Äußerungen aus der Literatur über einen angeblich nicht unerheblichen jüdischen Stimmenanteil für das rechte Parteienspektrum und bestätigen vielmehr die zeitgenössische Einschätzung des Israelitischen Familienblatts, das 1927 folgerte, „die Wählerschaft der rechtsgerichteten Parteigruppen setzt sich zu einem so verschwindend geringen Prozentsatz aus Juden zusammen, dass sie getrost als ‚judenrein' gelten können". Dabei zählte das Israelitische Familienblatt die DVP zu den rechtsgerichteten Parteien.

Martin Liepach: Das Wahlverhalten der jüdischen Bevölkerung in der Weimarer Republik. Tübingen 1996, S. 299f. Zit. nach: Deutsch-jüdische Geschichte – Quellen zur Geschichte und Politik (Tempora), S. 91.

12 Die jüdische Bevölkerung im Deutschen Reich 1871–1933 (Anteil an der Gesamtbevölkerung in %)

Jahr	Gesamtbevölk.	Juden	in %
1871	36323000	383000	1,05
1880	40218000	437000	1,09
1890	44230000	465000	1,05
1900	50626000	497000	0,98
1910	58451000	539000	0,92
1925	63181000	568000	0,90
1933	66029000	503000	0,76

Aus: Statistik des deutschen Reichs, Bd. 451/5. Nach: D. Bennathan: Die demographische und wirtschaftliche Struktur der Juden. Zit. nach: Entscheidungsjahr 1932. Tübingen 1965, S. 94.

13 Aufruf zur Wahl von Sozialdemokraten

Aufruf jüdischer Bürger an ihre Glaubensgenossen in der Provinz Hessen-Nassau zur Wahl sozialdemokratischer Kandidaten in die Nationalversammlung, 15. Januar 1919:

Juden und Jüdinnen der Provinz Hessen-Nassau!

Der 9. November 1918 hat mit der Zertrümmerung des Obrigkeits- und Klassenstaates auch eure Ketten gesprengt!

Zum ersten Male nach mehr als tausendjähriger seelischer Not tretet ihr in Deutschland als freie Bürger unter eure Volksgenossen – zum ersten Mal in eurer Leidensgeschichte dürft ihr ohne Rücksicht auf Vorurteil und Missgunst, ohne Zurückhaltung und ohne Scheu mit dem Stimmzettel entscheiden, wem ihr die Wahrung eurer Rechte als Juden und Deutsche anzuvertrauen gewillt seid.

Wenn ihr bisher eure Bestätigung im Staatsleben danach einrichten zu müssen geglaubt habt, der hohen Obrigkeit neuen Vorwand zu judenfeindlichen Erlassen und Gesetzen zu nehmen, so tritt jetzt die gebieterische Pflicht an euch heran, diejenigen zu unterstützen und denen zu helfen, die eure Emanzipation gegen den Willen der Regierung durch die Revolution vom 9. November 1918 erzwungen haben. […]

Die sozialdemokratische Partei ist die einzige, die seit ihrem Bestehen die Gleichberechtigung der deutschen Juden überall anerkannt und zur Durchführung gebracht hat. […]

In diesem Kriege haben die deutschen Juden willig ihre vaterländische Pflicht getan. – Tausende sind gefallen, Tausende zu Krüppeln geschossen und dem Siechtum verfallen! Der Dank der Deutschnationalen – war die Judenzählung im Heere, gegen die der bisherige Frankfurter sozialdemokratische Abgeordnete mannhaft und unermüdlich gekämpft hat.

Deutsche Juden und Jüdinnen! Wehe euch, wenn die Revolution in der Nationalversammlung keine Stütze findet! Lasst euch nicht durch das Geschwätz vom „schrankenlosen Kommunismus" erschrecken! Die Besonnenheit der sozialdemokratischen Führer bürgt dafür, dass die schrittweise Sozialisierung jede Rücksicht nimmt auf die Aufrechterhaltung unseres Wirtschaftslebens. […]

Wir wünschen jedoch keine Duldung, sondern Rechte! Die verbürgt uns allein die Sozialdemokratie. Darum, jüdische Wähler und Wählerinnen, tretet restlos ein am 19. Januar 1919 für die sozialdemokratische Liste, für die Liste Scheidemann!

Frankfurt a. M., 15. Januar 1919

Viele aufrechte Juden.

Stadtarchiv Bad Homburg, 0 136/7. Zit. nach: Verein für Frankfurter Arbeitergeschichte Bd. 2, S. 854 ff. Zit. nach: Geschichte und Geschehen Themenheft „Deutschlands schwieriger Weg in die Moderne", S. 41.

14 Die Juden und die SPD

Zum Verhältnis der Juden zur Sozialdemokratie:

Noch ein Wort zur Stellung der Juden zur Sozialdemokratischen Partei. Es hatte unter den sozialdemokratischen Wählern vor 1918 wahrscheinlich relativ wenig Juden gegeben. Aber es gab einige intellektuelle Sozialisten. Ganz im Unterschied zu England hat in Deutschland das nichtjüdische intellektuelle Bürgertum nur wenig Vorkämpfer des Fortschritts und der sozialen Gerechtigkeit

10 dargestellt, und es war ein Privileg der jüdischen Intellektuellen, sich häufig nach dieser Richtung hin zu entwickeln. So kam es, dass, als im Jahre 1918 plötzlich sozialistische Minister, und zunächst Volksbeauftragte gesucht wurden, von 6 Volksbeauftragten zwei, Haase und Lands-15 berg, Juden waren. In den ersten 19 Nachkriegskabinetten bis 1930 waren von 250 Reichsministern 5 jüdischer Abkunft: Preuß, Landsberg, Gradnauer, Rathenau und Hilferding. So sah politisch die so genannte „Judenrepublik" aus.

Eva G. Reichmann: Die Lage der Juden in der Weimarer Republik. In: Die Reichskristallnacht – Der Antisemitismus in der deutschen Geschichte. Bonn 1959, S. 26. Zit. nach: Deutsch-jüdische Geschichte – Quellen zur Geschichte und Politik (Tempora), S. 89.

4

Arbeitsvorschläge

a) Recherchieren Sie die Unternehmensgeschichte des Tietz-, Wertheim- oder Schocken-Konzerns unter besonderer Berücksichtigung ihrer Entwicklung zur Zeit der Weimarer Republik und den mit dem Einzug des Dritten Reiches einhergehenden Veränderungen. (**Online Link** 430017-0401: Internet-Tipps)

b) Arbeiten Sie in arbeitsteiliger Gruppenarbeit heraus, welche politische, wirtschaftliche, geistige und kulturelle Bedeutung dem jüdischen Bevölkerungsteil zur Zeit der Weimarer Republik zugeschrieben werden muss (M 1–M 3, VT).

c) Diskutieren Sie vor diesem Hintergrund den Vorwurf zeitgenössischer rechtsnationaler Kreise, dass es sich bei der Weimarer Republik um eine „Judenrepublik" handelte.

d) Rekonstruieren Sie anhand von M 4, M 5, M 10 und M 12 die demografische Zusammensetzung und gesellschaftliche Situation der Juden zur Zeit der Weimarer Republik.

e) Recherchieren Sie im Rahmen eines Kurzreferats die Hintergründe der gegen Ende des 19. und Anfang des 20. Jahrhunderts einsetzenden Migrationsbewegungen ostjüdischer Einwanderer nach Westeuropa. Informieren Sie sich im Zuge dessen auch über deren religiöse und kulturelle Besonderheiten. (**Online Link** 430017-0401: Internet-Tipps)

f) Stellen Sie anhand von M 5 und dem VT heraus, welche kulturellen Eigenschaften und Lebensgewohnheiten der sogenannten „Ostjuden" damals in rechtsnationalen Kreisen, aber auch bei assimilierten Juden, Anstoß fanden. Eruieren Sie auch mögliche Beweggründe für die allgemein ablehnende Haltung der deutschen Bevölkerung gegenüber dieser gesellschaftlichen Randgruppe. (**Online Link** 430017-0401)

g) Äußern Sie sich auf der Grundlage von M 6 bis M 9 sowie dem VT in einem Kurzaufsatz zu den Hintergründen, Ursachen und dem Ausmaß der nach dem Ersten Weltkrieg verstärkt einsetzenden antijüdischen Agitation und der Reaktion des „Reichsbundes jüdischer Frontsoldaten" sowie „Zentralvereins deutscher Staatsbürger jüdischen Glaubens".

h) Erörtern Sie anhand von M 10 die weltanschauliche Gliederung und das Selbstverständnis der jüdischen Bevölkerungsteile zur Zeit der Weimarer Republik.

i) Erarbeiten Sie anhand von M 11, M 13 und M 14 ein Gesamtbild von der Parteizugehörigkeit und Wählerschaft der deutschen Juden in der Weimarer Republik.

4.2 Ideal der „Volksgemeinschaft“ und praktizierte Lebenswirklichkeit

Ideal der Volksgemeinschaft

Als Gegenmodell zur pluralistischen Demokratie der Weimarer Republik und anderen marxistisch orientierten Gesellschaftskonzepten diente den Nationalsozialisten das Ideal der „Volksgemeinschaft“ als Gesinnungs- und Willensgemeinschaft. Anknüpfend an völkische Gemeinschaftsvorstellungen des späten 19. Jahrhunderts und die in den Schützengräben des Ersten Weltkrieges erfahrene idealisierte „Frontgemeinschaft“ erhofften sich die Nationalsozialisten, durch die Erhebung dieses Ideals zur Staatsform die Lösung aller politischer, ökonomischer und sozialer Gegensätze bzw. Probleme der Weimarer Republik herbeizuführen. Das erklärte Ziel der Volksgemeinschaft war die Versöhnung von Individuum und Masse sowie Kapital und Arbeit in einer klassenübergreifenden Gemeinschaft, welche soziale Sicherheit und Integration versprach. Durch sie sollten alle Unterschiede in Herkunft, Beruf, Vermögen und Bildung nivelliert bzw. negiert und eine egalitäre Einheit aller deutschen „Volksgenossen“ begründet werden. Die Realisierung dieser kollektiven Idee erhofften die Nationalsozialisten durch die Verschmelzung von Volk und Staat zu einer homogenen Einheit und eine auf rassischer Definition beruhenden Gesellschaftsordnung zu erreichen.

Wesensmerkmale der Volksgemeinschaft

Gekennzeichnet war das Gemeinwesen der Volksgemeinschaft durch die Ausgrenzung ethnisch fremder Menschen und Andersdenkender sowie eine vermeintlich klassenübergreifende Gesellschaftsordnung. Zur einträchtigen und geschlossenen deutschen Volksgemeinschaft der Nationalsozialisten gehörte demnach auch nur, wer der „arischen Rasse“ angehörig war und sich der nationalsozialistischen Weltanschauung bedingungslos verpflichtete. „Fremdvölkische“ und „gemeinschaftsfremde“ Menschen wie Juden, Sinti und Roma, Behinderte, Homosexuelle, „Asoziale“ sowie Regimegegner waren von vornherein aus der Gemeinschaft ausgeschlossen.

1 „Fremdvölkisch – Unerwünscht“: Roma im Vernichtungslager Belzec 1942

2 Erwünschte „Volksgenossen"
Soldaten auf dem Nürnberger Reichsparteitag 1935

Die „Volksgemeinschaft" der Nationalsozialisten war auf die radikale Militarisierung und das Element des Soldatischen hin ausgerichtet, streng hierarchisch gegliedert und nach dem „Führerprinzip" organisiert. Das nationalsozialistische Gesellschaftsmodell setzte voraus, dass der Einzelne seine Interessen dem Wohl der Volksgemeinschaft unterordnete und keine Individualrechte besaß. Hitler definierte 1934 den Begriff der Volksgemeinschaft wie folgt: „Volksgemeinschaft: das heißt Gemeinschaft aller wirkenden Arbeit, das heißt Einheit aller Lebensinteressen, das heißt Überwindung von privatem Bürgertum und gewerkschaftlich-mechanisch-organisierter Masse, das heißt die unbedingte Gleichung von Einzelschicksal und Nation, von Individuum und Volk."
Die Nationalsozialisten setzten somit das Wohl des Einzelnen mit dem des Staates gleich. Ein Recht auf Selbstbestimmung gab es nicht. Das Staatswohl war stets der Maßstab für das Wohl des Einzelnen, und die Geltendmachung eines Interesses gegen den Staat damit faktisch ausgeschlossen. Parolen wie „Du bist nichts, dein Volk ist alles!", „Das Volk ist der Sinn und Zweck unseres Daseins!" oder „Gemeinnutz geht vor Eigennutz!" bezeichnen treffend den Kern dieser nationalsozialistischen Staatstheorie, und sind Ausdruck für die willige Eingliederung der Mehrheit der deutschen Bevölkerung in eine opferbereite Volks- und Leistungsgemeinschaft. Mit ihnen wurde die Idee einer einheitlichen Staats- und Gesellschaftsordnung beschworen, in der es keine gesellschaftlichen Klassen oder sozialen Schranken geben sollte.

Massenveranstaltungen

Nach der „Machtübernahme" im Januar 1933 fiel dem Volksgemeinschaftsgedanken eine zentrale Funktion bei der Etablierung des totalitären Herrschaftssystems zu. Er sah die Bildung einer Gemeinschaft vor, die mechanisch die Befehle ihres Führers ausführen sollte. An Gedenk- und Feiertagen wurde die Volksgemeinschaft deshalb mit entsprechenden Massenveranstaltungen inszeniert, wie etwa dem Tag der Machtergreifung (30. Januar), Führergeburtstag (20. April), Tag der Arbeit (1. Mai), Reichsparteitag, der Sommersonnenwende (21./22. Juni) oder dem Erntedankfest. Dieses geschah mit dem Ziel, die Menschenmengen durch Umzüge und Aufmärsche zu einem gefügigen Block zusammenzuschweißen. Zudem trugen diese Feste und Kundgebungen zur völligen Erfassung des Volkes sowie Verinnerlichung der totalitären nationalsozialistischen Ideologie bei.

Deutsche Arbeitsfront

Hauptträger dieser totalitären Gesellschaftsordnung und politischen Willensbildung der Nationalsozialisten waren wiederum die Massenorganisationen, die alle Bürger des Staates erfassen sollten. Sie dienten der Staatsführung, die Menschen in ihrem Alltag, bei ihrer Arbeit und in ihrer Freizeit politisch, gesellschaftlich und kulturell zentral zu lenken, zu kontrollieren und propagandistisch zu beeinflussen. Die größte dieser Massenorganisationen war die am 10. Mai gegründete „Deutsche Arbeitsfront" (DAF), die als Ersatz für die kurz zuvor zerschlagenen Gewerkschaften und als Dachverband für viele andere nationalsozialistische Massenverbände fungierte. Die DAF, welche alle „schaffenden Deutschen der Stirn und Faust" (O-Ton Adolf Hitler in seiner Rede über die Deutsche Arbeitsfront vom 24. Oktober 1934) erfassen solle und es bis 1938 auf nahezu 23 Millionen Mitglieder brachte, suchte die vermeintliche Integration der deutschen Arbeiterschaft, die letztendliche Überwindung des Klassenkampfes und eine kollektive Zufriedenheit zu erreichen. Tatsächlich organisierte sie jedoch vornehmlich die politische Schulung und Kontrolle von Arbeitgebern und Arbeitnehmern mittels Durchdringung der Betriebe durch Parteifunktionäre. Obgleich die Mitgliedschaft im Prinzip freiwillig war, konnten sich Arbeiter und Angestellte einem Beitritt oft nur schwer entziehen.

3 **Mitgliedsabzeichen der Deutschen Arbeitsfront 1933–1945**

Kraft durch Freude

An die Stelle der einstigen Bildungs- und Unterhaltungsinstitutionen der früheren Gewerkschaften trat die im November 1933 gegründete Freizeitorganisation „Kraft durch Freude" (KdF), die als Unterorganisation der DAF die gesellschaftlichen und sozialen Unterschiede zwischen Arbeitgebern und Arbeitnehmern sowie den einzelnen Bevölkerungsschichten zu überbrücken suchte. Durch gemeinsame Wanderfahrten, Ferienreisen, Bildungs-, Kultur- und Sportprogramme hatte sie nach eigenen Angaben den Erhalt und die Stärkung der Arbeitskraft sowie Motivation der Teilnehmer zum Ziel, verband dieses jedoch geschickt auch mit weltanschaulicher Umerziehung und politischer Kontrolle.

Wohlfahrtspolitik

Zudem sollte eine raffinierte Wohlfahrtspolitik alle Deutschen für die Volksgemeinschaftsideologie der Nationalsozialisten gewinnen. Durch die Sammlungsaktionen der „Nationalsozialistischen Volkswohlfahrt" (NSV) und des Winterhilfswerks (WHW) zugunsten Not leidender Volksgenossen wurde eine Identität stiftende Solidarität vermittelt. Da das nationalsozialistische Regime die Familie als Keimzelle der Volksgemeinschaft ansah, wurde die Sorge für die Familie zur staatlichen Aufgabe erhoben. Deutlich wurde dieses zum Beispiel an Steuererleichterungen für kinderreiche Familien, der Einführung der Institution der „NS-Wohlfahrt" und Gründung des Hilfswerks „Mutter und Kind", eines erweiterten Mutterschutzes, des „Muttertages" als nationalem Ehrentag und des „Mutterkreuzes", mit dem Familienmütter für besonderen Kinderreichtum belohnt wurden.

Gesellschaftlicher Erfolg

Die überkommenen Strukturen sozialer Ungleichheit hinsichtlich beruflicher Aufstiegsmöglichkeiten und Bildungschancen sowie die Klassengegensätze blieben aufgrund der reinen Öffentlichkeitswirksamkeit der sozialpolitischen Maßnahmen der Nationalsozialisten hingegen völlig unverändert. Dennoch gewann die

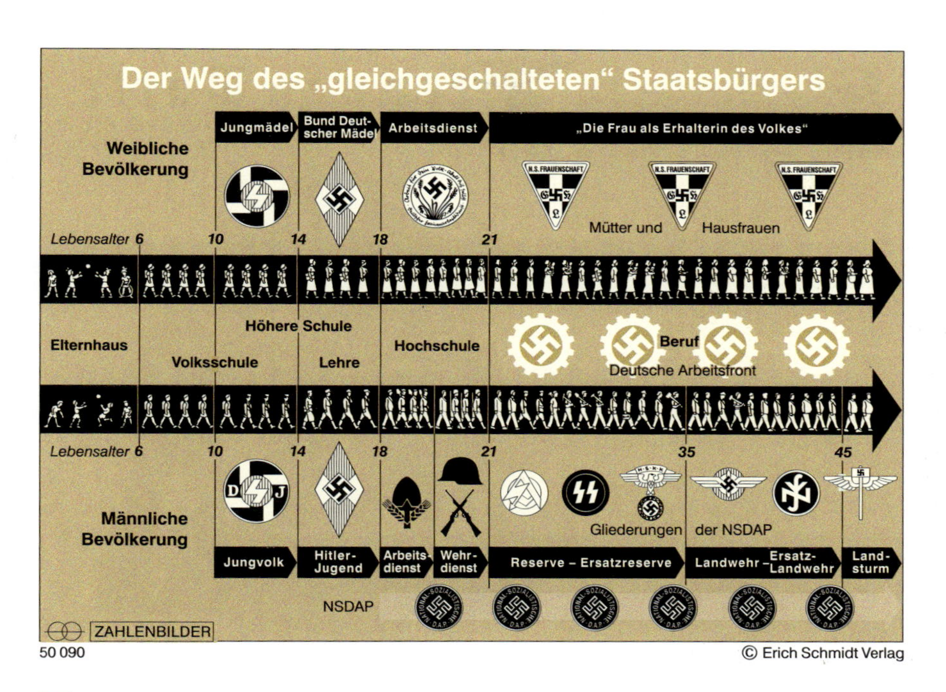

4 Der Weg des „gleichgeschalteten" Staatsbürgers

Ideologie der Volksgemeinschaft aus dem Bedürfnis nach Geborgenheit und Zusammenhalt für die Mehrheit der Deutschen an Attraktivität. Mit ihrer Suggestion von Einigkeit und Einheitlichkeit stieß die Volksgemeinschaft in der Bevölkerung auf eine breite Identifikationsbereitschaft. Wer durch äußerliche und formale Anpassung den Vorgaben, Normen und Werten des Nationalsozialismus Genüge trug und dem Integrationsdruck der Nationalsozialisten Folge leistete, konnte als „Volksgenosse" durchaus auch in NS-Deutschland angenehm und unbehelligt leben, zumal die Privatsphäre der Bürger so gut wie unangetastet blieb. Daher rührte letztlich auch die Bezeichnung des NS-Staates als „Wohlfühl-" bzw. „Gefälligkeitsdiktatur" (Götz Aly).

Führerfunktion

Da die Nationalsozialisten bei der politischen und gesellschaftlichen Umgestaltung Deutschlands eine totalitäre Staats- und Gesellschaftsordnung anstrebten, die an den Grundsätzen einer allein herrschenden Ideologie bzw. dem Führerprinzip ausgerichtet war, war der „Führerwille" stets das höchste Gebot. Gerade die Berufung auf den „Führerwillen" ermöglichte jedoch „Initiativen von unten" und bot Anlass zu Denunziationen und Willkür, denn so konnte jeder Einzelne sein Handeln durch die Behauptung rechtfertigen, dass er nur „dem Führer entgegenarbeiten" wolle.

5 „Das geht uns alle an"

Joseph Goebbels, Propagandachef der NSDAP, erläutert 1933 in einer Rundfunkrede („Appell an die Nation") seine Vorstellungen von Nationalsozialismus und Volksgemeinschaft:

Männer und Frauen!
Das deutsche Volk hat nun über fünfzehn Jahre geopfert, gekämpft, gelitten und gedarbt, und dabei ist die Nation in dumpfes Schweigen versunken. [...] Das ist nun zu Ende. Die Nation steht auf, das Volk ist im Erwachen. [...] In Fabriken und Werkstätten, in Kontoren und Schreibstuben, hinter dem Pflug, der durch die braunen Ackerschollen geht, und tief unter der Erde in den dunklen Schächten, wo die Hämmer und Äxte das ewige Lied der Arbeit singen, steht heute ein neues, waches Geschlecht: das deutsche Arbeitertum der Stirne und der Faust. Es hat aus der schmerz- und leidvollen Vergangenheit gelernt und will nun handeln. Die Nation ist sein Ziel, ein sozialistisches Deutschland, das seinen Kindern wieder Brot gibt und dem Volke die Ehre. Die Unwerte der liberalen Demokratie sind im Sinken, und über ihrem unausbleiblichen Sturz steigen die Werte einer neuen deutschen Aristokratie hoch. Der Adel der Arbeit und der Leistung hat sich in Marsch gesetzt auf den Staat. Es gibt nun kein Zurück mehr, nur noch ein Vorwärts.
Wir haben in der Vergangenheit oft genug unsere Stunde verpasst. Nun geben wir der Nation die letzte Trumpfkarte in die Hand. Sie wird ausgespielt werden, und dann muss es sich entscheiden, ob wir als Volk noch eine Berechtigung zum Leben haben oder sterben müssen. Das geht uns alle an: Männer und Frauen, Arbeiter, Bauern und Bürger, Studenten und Soldaten. Der Klassen- und Parteienstaat gehört der Vergangenheit an, der Volksstaat ist im Werden. Die Sache der Nation muss wieder die Sache des Volkes sein. Es gilt, die deutsche Arbeit den Klauen der internationalen Raubfinanz zu entreißen und damit dem deutschen Volk wieder Luft und Licht zum Atmen und zum Leben zu geben. Wir wollen es nicht mehr dulden, dass der deutsche Arbeiter der Proletarier der Nation ist, – darum sind wir Sozialisten. Wir wollen es nicht mehr zulassen, dass die deutsche Nation der Proletarier der Welt ist, – darum sind wir Nationalisten. Und weil wir in diesen beiden Aufgaben den einmaligen geschichtlichen Sinn deutscher Zukunft erblicken, der nur insgesamt gelöst werden kann, darum nennen wir uns Nationalsozialisten. Das kommende Deutschland wird diesen Stempel tragen oder aus der Reihe der anderen Völker gestrichen werden. Wohlan denn: arbeitet, kämpft, opfert, leidet und duldet! Es handelt sich um Deutschland! Wenn Deutschland stirbt, dann geht das Licht der Welt aus.

In: Helmut Heiber (Hg.): Goebbels. Reden, Bd. 1: 1932–1939. München o. J., S. 60f.

6 Titelblatt der NS Frauenwarte vom 1. Mai 1940

7 Propagandaplakat der Propagandaleitung der NSDAP (1938)

8 „Es gibt kein Individuum"

Staatswissenschaftler Ernst Huber über die Volksgemeinschaft (1936):

Es gibt kein „Individuum", das losgelöst von der völkischen Gemeinschaft und frei von allen politischen Bindungen seinen geistigen oder materiellen Interessen allein zu leben berechtigt wäre. Es gibt keine persönliche, vorstaatliche und außerstaatliche Freiheit des Einzelnen, die vom Staat zu respektieren wäre. An diese Stelle des isolierten Individuums ist der in die Gesellschaft gliedhaft eingeordnete Volksgenosse getreten, der von der Totalität des politischen Volkes erfasst [...] ist [...].

Ernst Rudolph Huber: Zeitschrift für die gesamte Staatswissenschaft. 1936, S. 438.

9 Volksgemeinschaftliche Ziele der Deutschen Arbeitsfront (DAF)

Verordnung des Führers und Reichskanzlers über Wesen und Ziele der Deutschen Arbeitsfront vom 24. Oktober 1934. Diese wurde wenige Tage nach der Zerschlagung der Gewerkschaften am 10. Mai 1933 als neue einheitliche Organisation gegründet, um „durch Bildung einer wirklichen Volks- und Leistungsgemeinschaft" die Interessen „aller schaffenden Deutschen" wahrzunehmen:

§ 1. Die Deutsche Arbeitsfront ist die Organisation der schaffenden Deutschen der Stirn und der Faust.
In ihr sind insbesondere die Angehörigen der ehemaligen Gewerkschaften, der ehemaligen Angestellten-Verbände und der ehemaligen Unternehmervereinigungen als gleichberechtigte Mitglieder zusammengeschlossen. [...]
Der Reichskanzler kann bestimmen, dass gesetzlich anerkannte ständische Organisationen der Deutschen Arbeitsfront korporativ angehören.

§ 2. Das Ziel der Deutschen Arbeitsfront ist die Bildung einer wirklichen Volks- und Leistungsgemeinschaft aller Deutschen.
Sie hat dafür zu sorgen, dass jeder Einzelne seinen Platz im wirtschaftlichen Leben der Nation in der geistigen und körperlichen Verfassung einnehmen kann, die ihn zur höchsten Leistung befähigt und damit den größten Nutzen für die Volksgemeinschaft gewährleistet.

§ 3. Die Deutsche Arbeitsfront ist eine Gliederung der NSDAP im Sinne des Gesetzes zur Sicherung der Einheit von Partei und Staat vom 1. Dezember 1933. [...]

§ 7. Die Deutsche Arbeitsfront hat den Arbeitsfrieden dadurch zu sichern, dass bei den Betriebsführern das Verständnis für die berechtigten Ansprüche ihrer Gefolgschaft, bei den Gefolgschaften das Verständnis für die Lage und die Möglichkeiten ihres Betriebes geschaffen wird.
Die Deutsche Arbeitsfront hat die Aufgabe, zwischen den berechtigten Interessen aller Beteiligten jenen Ausgleich zu finden, der den nationalsozialistischen Grundsätzen entspricht und die Anzahl der Fälle einschränkt, die den nach dem Gesetz vom 20. Januar 1934[1] zur Entscheidung

10 Werbeplakat der Deutschen Arbeitsfront (1933)

11 Propagandaplakat der Nationalsozialistischen Volkswohlfahrt (NSV). München 1933

40 allein zuständigen staatlichen Organen zu überweisen sind. […]

1 Gesetz zur Ordnung der nationalen Arbeit

In: Völkischer Beobachter vom 25. Oktober 1934. Zit. nach: Dokumente zur deutschen Politik und Geschichte, Bd. 4, S. 187 ff.

12 Frauen in der „Volksgemeinschaft"

Aus Hitlers Rede vor der NS-Frauenschaft am 8. September 1934 im Rahmen des Parteitages der NSDAP in Nürnberg:

Das Wort von der Frauenemanzipation ist ein nur vom 5 jüdischen Intellekt erfundenes Wort, und der Inhalt ist von demselben Geist geprägt. Die deutsche Frau brauchte sich in den wirklich guten Zeiten des deutschen Lebens nie zu emanzipieren […], genauso wie der Mann in seiner guten Zeit sich nie zu fürchten brauchte, dass er aus 10 seiner Stellung gegenüber der Frau verdrängt werde. […]

Wenn man sagt, die Welt des Mannes ist der Staat, die Welt des Mannes ist sein Ringen, die Einsatzbereitschaft für die Gemeinschaft, so könnte man vielleicht sagen, dass die Welt der Frau eine kleinere sei. Denn ihre Welt 15 ist ihr Mann, ihre Familie, ihre Kinder und ihr Haus. Wo wäre aber die größere Welt, wenn niemand die kleine Welt betreuen wollte? […] Diese beiden Welten stehen sich daher nie entgegen. Sie ergänzen sich gegenseitig, sie gehören zusammen, wie Mann und Weib zusammen- 20 gehören.

Wir empfinden es nicht als richtig, wenn das Weib in die Welt des Mannes, in sein Hauptgebiet eindringt, sondern wir empfinden es als natürlich, wenn diese beiden Welten geschieden bleiben. In die eine gehört die Kraft des 25 Gemütes, die Kraft der Seele! Zur anderen gehört die Kraft des Sehens, die Kraft der Härte, der Entschlüsse und die Einsatzwilligkeit! […]

Was der Mann einsetzt an Heldenmut auf dem Schlachtfeld, setzt die Frau ein in ewig geduldiger Hingabe, in 30 ewig geduldigem Leiden und Ertragen. Jedes Kind, das sie zur Welt bringt, ist eine Schlacht, die sie besteht für Sein oder Nichtsein ihres Volkes. Und beide müssen sich deshalb auch gegenseitig schätzen und achten, wenn sie sehen, dass jeder Teil die Aufgabe vollbringt, die ihm 35 Natur und Vorsehung zugewiesen haben. […]

Die Frau ist, weil sie von der ursächlichsten Wurzel ausgeht, auch das stabilste Element in der Erhaltung eines Volkes. Sie hat am Ende den untrüglichsten Sinn für alles das, was notwendig ist, damit eine Rasse nicht vergeht […].

40 Wir haben die Frau eingebaut in den Kampf der völkischen Gemeinschaft, so wie die Natur und die Vorsehung es bestimmt haben. So ist unsere Frauenbewegung für uns nicht etwas, das als Programm den Kampf gegen den Mann auf seine Fahne schreibt, sondern etwas, das 45 auf sein Programm den gemeinsamen Kampf mit dem Mann setzt. […]

Wenn früher die liberalen intellektualistischen Frauenbewegungen in ihren Programmen viele, viele Punkte

13 Propagandaplakat der NSDAP (ca. 1941)

14 „Neues Volk – Kalender des Rassenpolitischen Amtes der NSDAP" (1938)

enthielten, die ihren Ausgang vom sogenannten Geiste nahmen, so enthält das Programm unserer nationalsozialistischen Frauenbewegung eigentlich nur einen einzigen Punkt, und dieser Punkt heißt das Kind, dieses kleine Wesen, das werden muss und gedeihen soll. […]

In: Max Domarus (Hg.): Hitler. Reden und Proklamationen, Bd. 1. Würzburg 1962, S. 450ff.

15 Stigmatisierung der Juden als „Volksfremde"

In einem Brief Adolf Hitlers an Adolf Gemlich vom 16. September 1919 heißt es:

[…] Zunächst ist das Judentum unbedingt eine Rasse und nicht Religionsgemeinschaft. […] Nie hat der Jude von fremden Völkern, in deren Mitte er lebt, viel mehr angenommen als die Sprache […]. Und damit ergibt sich die Tatsache, dass zwischen uns eine nichtdeutsche fremde Rasse lebt, nicht gewillt […], ihre Rasseneigenarten zu opfern […] und die dennoch alle politischen Rechte besitzt wie wir selber. Bewegt sich schon das Gefühl des Juden im rein Materiellen, so noch mehr sein Denken und Streben. […] Der Wert des Einzelnen wird nicht mehr bestimmt durch seinen Charakter, der Bedeutung seiner Leistungen für die Gesamtheit, sondern ausschließlich durch die Größe seines Vermögens, durch sein Geld […]. Aus diesem Fühlen ergibt sich jenes Denken und Streben nach Macht […]. [Der Jude] winselt im autokratisch regierten Staat um die Gunst der „Majestät" des Fürsten und missbraucht sie als Blutegel an seinen Völkern. […] Sein Wirken wird in seinen Folgen zur Rassentuberkulose der Völker.

W. Maser: Hitlers Briefe und Notizen. Düsseldorf 1973, S.223f.

16 Schulungsbrief

Der folgende Schulungsbrief ist im Rahmen der Richtlinienkompetenz von Reichsleiter Dr. Robert Ley, dem Leiter der Deutschen Arbeitsfront (DAF), am 10. Februar 1937 entstanden und diente der Schulung der Mitglieder der NSDAP im Sinne der nationalsozialistischen Ideologie:

Adolf Hitler!
Dir sind wir allein verbunden! Wir wollen in dieser Stunde das Gelöbnis erneuern:
Wir glauben
auf dieser Erde allein an Adolf Hitler.
Wir glauben,
dass der Nationalsozialismus der allein seligmachende Glaube für unser Volk ist.
Wir glauben,
dass es einen Herrgott im Himmel gibt, der uns geschaffen hat, der uns führt, der uns lenkt und der uns sichtbarlich segnet.
Und wir glauben,
dass dieser Herrgott uns Adolf Hitler gesandt hat, damit Deutschland für alle Ewigkeit ein Fundament werde.

Renzo Vespignani: Faschismus. Berlin (West) 1976, S. 85.

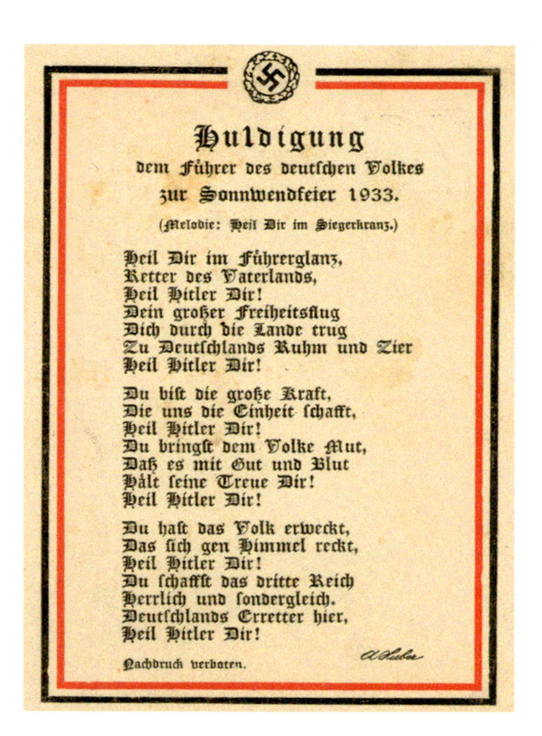

Huldigung
dem Führer des deutschen Volkes
zur Sonnwendfeier 1933.
(Melodie: Heil Dir im Siegerkranz.)

Heil Dir im Führerglanz,
Retter des Vaterlands,
Heil Hitler Dir!
Dein großer Freiheitsflug
Dich durch die Lande trug
Zu Deutschlands Ruhm und Zier
Heil Hitler Dir!

Du bist die große Kraft,
Die uns die Einheit schafft,
Heil Hitler Dir!
Du bringst dem Volke Mut,
Daß es mit Gut und Blut
Hält seine Treue Dir!
Heil Hitler Dir!

Du hast das Volk erweckt,
Das sich gen Himmel reckt,
Heil Hitler Dir!
Du schaffst das dritte Reich
Herrlich und sondergleich.
Deutschlands Erretter hier,
Heil Hitler Dir!

Nachdruck verboten.

17 Postkarte mit dem Liedtext „Huldigung dem Führer des deutschen Volkes" zur Sonnwendfeier 1933

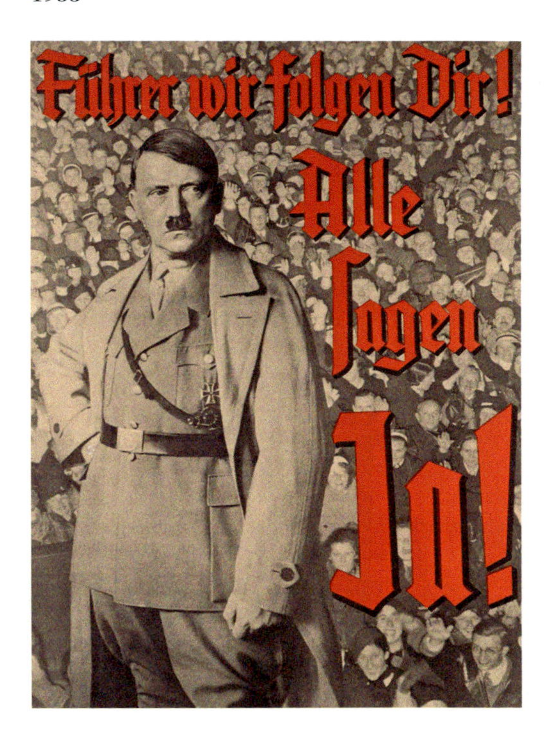

18 Referendumsplakat (1938)

4

19 Werbeplakat der NS-Organisation „Kraft durch Freude" (KdF) für die Reisesparkarte (1934)
Erziehung zur Volksgemeinschaft und Stärkung der Volksgesundheit waren die Ziele der nationalsozialistischen Organisation „Kraft durch Freude". Die erste Form des Massentourismus brachte Arbeiter in alle Regionen des Deutschen Reiches, nach Norwegen und in südliche Länder.

20 Die Faszination der Volksgemeinschaft

Die ehemalige BdM-Führerin Melita Maschmann (geb. 1918) erklärt in ihren Erinnerungen selbstkritisch die Faszinationskraft der Volksgemeinschaft, und warum sie sich als Fünfzehnjährige der Hitlerjugend anschloss und bis 1945 Nationalsozialistin blieb:

Auf die Frage, welche Gründe junge Menschen damals veranlasst haben, Nationalsozialisten zu werden, wird es viele Antworten geben. [...] Für mich war es ausschlaggebend: Ich wollte einen anderen Weg gehen als den konservativen, den mir die Familientradition vorschrieb. Im Mund meiner Eltern hatte das Wort „sozial" oder „sozialistisch" einen verächtlichen Klang. [...]

Keine Parole hat mich je so fasziniert wie die von der Volksgemeinschaft. [...] Ich empfand, dass sie nur im Kampf gegen die Standesvorurteile der Schicht verwirklicht werden konnte, aus der ich kam, und dass sie vor allem den Schwachen Schutz und Recht gewähren musste. Was mich an dieses phantastische Wunschbild band, war die Hoffnung, es könnte ein Zustand herbeigeführt werden, in dem die Menschen aller Schichten miteinander leben würden wie Geschwister.

Am Abend des 30. Januar nahmen meine Eltern uns Kinder – meinen Zwillingsbruder und mich – mit in das Stadtzentrum. Dort erlebten wir den Fackelzug, mit dem die Nationalsozialisten ihren Sieg feierten. Etwas Unheimliches ist mir von dieser Nacht her gegenwärtig geblieben. Das Hämmern der Schritte, die düstere Feierlichkeit roter und schwarzer Fahnen, zuckender Widerschein der Fackeln auf den Gesichtern und Lieder, deren Melodien aufpeitschend und sentimental zugleich klangen. Stundenlang marschierten die Kolonnen vorüber, unter ihnen immer wieder Gruppen von Jungen und Mädchen, die kaum älter waren als wir. In ihren Gesichtern und in ihrer Haltung lag ein Ernst, der mich beschämte. Was war ich, die ich nur am Straßenrand stehen und zusehen durfte, mit diesem Kältegefühl im Rücken, das von der Reserviertheit der Eltern ausgestrahlt wurde? Kaum mehr als ein zufälliger Zeuge, ein Kind, das noch Jungmädchenbücher zu Weihnachten geschenkt bekam. Und ich brannte doch darauf, mich in diesen Strom zu werfen, in ihm unterzugehen und mitgetragen zu werden. [...]

Es ist merkwürdig: Die „sozialistische" Tendenz, die im Namen dieser „Bewegung" zum Ausdruck kam, zog mich an, weil sie mich in der Opposition gegen mein konservatives Elternhaus stärkte. Im Gegensatz dazu wurde die nationale Tendenz mir bedeutsam, gerade weil sie dem Geist entsprach, der mich dort seit früher Kindheit durchdrungen hatte. [...] Aber meine Kindheitserlebnisse entsprachen den Erlebnissen einer ganzen Generation, die damals im rechtsgerichteten Bürgertum heranwuchs und aus der später viele junge Führungskräfte der nationalsozialistischen „Bewegung" und der Wehrmacht des „Dritten Reiches" kamen. [...]

Ich weigerte mich [...], in den Luisenbund[1] einzutreten, und da meine Eltern mir nicht erlaubten, Mitglied der Hitlerjugend zu werden, tat ich es heimlich. [...] Um es vorwegzunehmen: Was zunächst auf mich wartete, war eine bittere Enttäuschung [...]. Die Heimabende [...] waren von einer fatalen Inhaltslosigkeit. [...] In besserer Erinnerung sind mir die Wochenendfahrten mit den Wanderungen, dem Sport, den Lagerfeuern und dem Übernachten in Jugendherbergen. Gelegentlich gab es dabei Geländespiele mit benachbarten Gruppen. [...]

Damals sagte ich mir zum ersten Mal mit vollem Bewusstsein: Parteiführer können irren, so wie alle anderen Menschen. Vielleicht gibt es unter ihnen auch Lumpen und Scharlatane, die sich ihre Ämter erschlichen haben [...]. Aber man hat auch kein Recht, der Partei wegen solcher Enttäuschungen den Rücken zu kehren. Nach und nach

wird der Geist der Wahrheit die Lüge überwinden. Dort wo man steht, muss man diesen Kampf mitkämpfen.
In späteren Jahren habe ich oft ähnliche Betrachtungen anstellen müssen, während des Krieges sehr oft. Aber ich fand eine Entschuldigung; etwa die: Alle anständigen und tüchtigen Männer sind jetzt Soldaten. Die Partei muss sich mit der sechsten oder siebenten Garnitur über Wasser halten. [...] Darum blieb ich in der Hitler-Jugend. Ich wollte die Volksgemeinschaft verwirklichen helfen, in der die Menschen wie in einer großen Familie zusammenleben würden. [...]

1 Frauenorganisation der Deutschnationalen Volkspartei (DNVP), benannt nach der preußischen Königin Luise.

Melita Maschmann: Fazit. Mein Weg in der Hitler-Jugend, Nachwort von Helga Grebing. München 1979, S. 8–21.

Arbeitsvorschläge

a) Erläutern Sie, wie Ihr „Lebenslauf" im Gesellschaftssystem des NS-Staates möglicherweise ausgesehen hätte (M 4).
b) Erläutern Sie, ausgehend von M 1 bis M 5 sowie dem VT, die nationalsozialistische Idealvorstellung von der „Volksgemeinschaft".
c) Analysieren Sie die propagandistischen Mittel, mit denen Joseph Goebbels seine Zuhörerschaft vom nationalsozialistischen Ideal einer „Volksgemeinschaft" zu überzeugen versucht (M 5). Wie wirkt diese Rede auf Sie?
d) Stellen Sie heraus, welche konzeptuellen Übereinstimmungen, aber auch welche Unterschiede zwischen M 5 bis M 7 bestehen.
e) Beschreiben Sie aus heutiger Sicht Ihre Reaktion und Antwort auf die in M 8 geäußerten Feststellungen.
f) Zeigen Sie anhand von M 9, M 10 und dem VT auf, wie die Nationalsozialisten mit der Einrichtung der „Deutschen Arbeitsfront" (DAF) den Gedanken der „Volksgemeinschaft" im Staat umzusetzen strebten.
g) Analysieren Sie unter Zuhilfenahme des VT, auf welche Konzepte die Nationalsozialisten bei ihrer Propagierung der Volksgemeinschaft zurückgriffen (M 10, M 11).
h) Umreißen Sie die Rolle und Stellung von Frau und Mann in der nationalsozialistischen Volksgemeinschaft (M 6, M 12–M 14).

i) Vergleichen Sie M 13 und M 14 im Hinblick auf die durch sie angesprochenen Zielgruppen. Welche Rückschlüsse lassen sich daraus für die nationalsozialistische Familienpolitik ziehen?
j) Beschreiben Sie, welches gesellschaftliche Bild Adolf Hitler hinsichtlich der Juden in M 15 vermittelt. Welche Rückschlüsse lassen sich daraus im Bezug auf spätere Ereignisse und Entwicklungen ziehen?
k) Untersuchen Sie die Vorstellungen von Führer und Volk, die M 16 bis M 18 innewohnen. Welches Verhältnis haben beide demnach zueinander?
l) Ermitteln Sie die Intention des Schulungsbriefes (M 16).
m) Schildern Sie die Beweggründe, welche den „Dichter" in M 17 zur Verfassung seines „Werkes" veranlasst haben könnten.
n) Erarbeiten Sie in einer arbeitsteiligen Gruppenarbeit anhand von M 5 bis M 7, M 10 bis M 14, M 19, M 20 und VT, warum die nationalsozialistische Idee der Volksgemeinschaft in der deutschen Bevölkerung auf so große Resonanz bzw. breite Identifikationsbereitschaft stieß. Beziehen Sie dazu auch Ihr erarbeitetes Wissen zur Weimarer Republik mit ein.

4.3 Der nationalsozialistische Antisemitismus und seine traditionellen Wurzeln

Begriff des „Antisemitismus"

Der Begriff des „Antisemitismus", der in Form des Antijudaismus eine jahrhundertealte europäische Erscheinung darstellte, ist heute zum allgegenwärtigen Begriff für jegliche Erscheinungsform des Judenhasses geworden. War die Feindschaft gegen Juden bis ins 19. Jahrhundert weitgehend noch religiös und ökonomisch motiviert bzw. begründet gewesen, so trat im letzten Drittel des 19. Jahrhunderts der neue Begriff des „modernen Antisemitismus" hervor. Dieser moderne Antisemitismus propagierte aufgrund neuer „wissenschaftlicher Erkenntnisse" – unter anderem unter Bezugnahme auf die rassebiologistischen Lehren Charles Darwins – nun eine primär rassisch begründete Ablehnung von Juden. Die judenfeindlichen Ideologien des 19. Jahrhunderts griffen dazu vor allem auf althergebrachte und somit gängige Vorurteile und Klischees über die Juden zurück, von angeblichen „Rassemerkmalen" (krumme Nase, Mauscheln) hin zu vermeintlichen „Charaktereigenschaften" (Geschäftstüchtigkeit, Unehrlichkeit, Wucher). Fortan wurden die Juden also nicht mehr wie bisher primär über ihre Religionszugehörigkeit definiert, sondern als Volk, Nation oder Rasse.

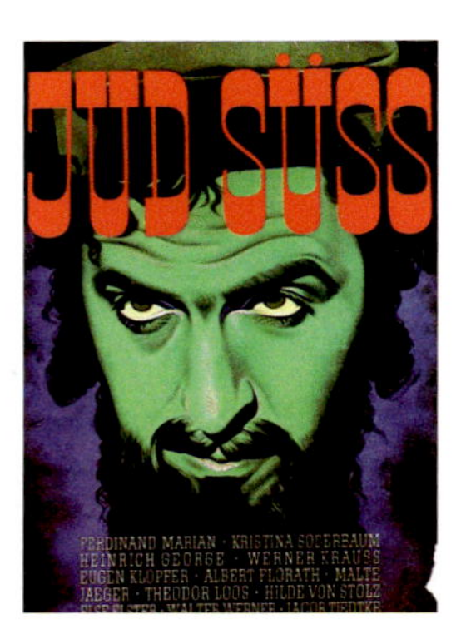

1 Jud Süß
Filmplakat zu einem antisemitischen Hetzfilm (1940)

Der moderne Antisemitismus sah die Juden nicht mehr einfach nur als Fremde, sondern als Minderheit, die sich dem nationalstaatlichen Schema angeblich nicht fügte. Folglich musste sie als Ursache für jegliche sozialen, politischen, ökonomischen, religiösen und kulturellen Probleme herhalten. Sie galten als revolutionäre Kräfte, „Störenfriede" und „Feinde der Humanität", welche die Politik und die Medien eines Landes zu kontrollieren und Unfrieden in und zwischen den Nationen zu stiften suchten. Die Juden standen somit außerhalb der nationalen Ordnung der Welt und im Widerspruch zur nationalen Gemeinschaft. Bestimmte moderne Strömungen wie Liberalismus, Kommunismus, Demokratie, Internationalisierung der Weltwirtschaft und Entwicklung des Finanzkapitalismus wurden als Erfindungen des jüdischen Geistes betrachtet. Die Juden standen als Vertreter des Kapitalismus und der Geldwirtschaft für eigennützigen Materialismus, finanzielle Ausbeutung, Urheber internationaler Finanzmanipulationen, Vorantreiber der Globalisierung und Urheber krisenhafter Entwicklungen, die sie zu ihrem Nutzen inszenierten. Sie standen weiter für den Atheismus, die schrankenlose Sexualität und die Vermischung von Völkern und Rassen, und wurden als die Zerstörer traditioneller, harmonischer Lebensformen angesehen.

Antisemitismus im Kaiserreich

Der sich fortan herausbildenden antisemitischen Ideologie zur Folge sollten die Juden als ein die Nationen ökonomisch, geistig und rassisch zersetzendes Element aus der Gesellschaft – einigen radikalen Antisemiten zur Folge sogar aus der Weltgesellschaft – ausgeschlossen werden. Zu diesem Zweck organisierten sich im letzten Drittel des 19. Jahrhunderts zahlreiche fanatische Antisemiten in Parteien und Verbänden. Obwohl diese Parteien keinen politischen Einfluss im Kaiserreich erlangten, entfaltete ihre antisemitische Propaganda ihre Wirkung.

Antisemitismus im Ersten Weltkrieg

Ungeachtet der Tatsache, dass viele deutsche Juden die im Sommer 1914 vorherrschende Kriegsbegeisterung geteilt hatten und die Zahl der jüdischen Freiwilligen unter den Soldaten – gemessen am jüdischen Bevölkerungsanteil – mit ca. 100 000 recht groß war, erfuhren die antijüdischen Vorbehalte im Ersten Weltkrieg eine Neuerung. Stereotype antisemitische Überzeugungen, zahlreiche Publikationen mit Klischees über Juden und deren Diffamierung als „Drückeberger", „geborene Wucherer und Spekulanten" sowie „Kriegsgewinnler, welche sich an der Not des Vaterlandes bereicherten", machten die Runde.

Nationalsozialistischer Antisemitismus

Die Gründzüge der nationalsozialistischen Ideologie setzten sich weitgehend aus den altbekannten und bereits im 19./20. Jahrhundert geläufigen gesellschaftlichen Denkmustern des modernen Antisemitismus zusammen. Sie wurden im Parteiprogramm der NSDAP, in Adolf Hitlers 1925 veröffentlichten Bekenntnisbuch „Mein Kampf" und dessen Reden kundgetan. Kernpunkte dieser Weltanschauung bildeten Versatzstücke völkischer, rassebiologischer, nationalistischer, imperialistischer, antidemokratischer, antiliberaler, antikapitalistischer und antimarxistischer Vorstellungen, die durch die beiden Leitstränge eines radikalen und universalen Rassenantisemitismus sowie Sozialdarwinismus (nach dem das Leben ein ewiger Kampf um das Überleben und die Vorherrschaft ist) zusammengehalten wurden. Im Zentrum dieser Weltanschauung standen die beiden eng miteinander verknüpften Begriffe von „Volk" und „Rasse". Die „Rasse" bezeichnete eine in sich abgeschlossene Art, deren reinste Form durch die „Herrenrasse" der Arier verkörpert wurde. Jegliche „Verunreinigung" ihres Blutes durch „Nicht-Arier" stellte demzufolge einen Verstoß gegen die Natur dar. Alle Vorgänge, durch welche die natürliche Lebensform der „arischen Rasse" bedroht wurde, wurden in einem radikalen rassistischen Antisemitismus universal auf die Juden als die „einzig Schuldigen" zurückgeführt. Die Juden waren der nationalsozialistischen Doktrin zur Folge nicht nur eine minderwertige Rasse, sondern die „Gegenrasse", die sich in Form einer „jüdischen Weltverschwörung" zum Ziel gesetzt hatte, als „Schmarotzer", „Ungeziefer" und „Parasiten" die arische Rasse und das deutsche Volk zu zersetzen, und deshalb folgerichtig vernichtet werden musste. Ziel der nationalsozialistischen antisemitischen Ideologie war die Herstellung einer „reinen deutschen Blutsgemeinschaft", zu der weder Juden, Sinti und Roma noch andere sogenannte „Volksschädlinge" gehören sollten.

Das eigentlich Neue des nationalsozialistischen Antisemitismus waren jedoch nicht so sehr törichte Argumente wie diese, die er gegen die Juden vorbrachte, sondern die Radikalität des Kampfes, die sich zunächst die gänzliche Verdrängung der Juden aus Deutschland zum Ziel setzte und schließlich deren physische Vernichtung zur Folge hatte. Der fränkische Gauleiter der NSDAP, Julius Streicher, war der radikalste nationalsozialistische Vertreter dieser Art der Propaganda. Der Volksschullehrer und antisemitische Agitator hatte im April 1923 in Nürnberg das Wochenblatt „Der Stürmer" gegründet und hetzte bereits zur Zeit der Weimarer Republik, vor allem jedoch während des Dritten Reiches, mit jeder erdenklichen Art antisemitischer Propaganda gegen die Juden.

Julius Streicher (1885–1946)

Mit der „Machtergreifung" der Nationalsozialisten 1933 wurde der moderne rassische Antisemitismus Staatsdoktrin. Die Nationalsozialisten versuchten fortan, sogenannte „minderwertige Rassenfeinde" und „Volksschädlinge" innerhalb der eigenen Bevölkerung durch Verleumdung, berufliche Ächtung, soziale Ausgrenzung, Verfolgung und körperliche Drangsalierung aus Wirtschaft und Gesellschaft auszuschalten. Dazu gehörten neben den Juden auch politische Gegner, ethnisch und religiös definierte Bevölkerungsgruppen (Sinti und Roma, Bibelforscher bzw. Zeugen Jehovas), körperlich und psychisch Kranke und andere „rassisch und gesellschaftlich Minderwertige" wie Homosexuelle, „Arbeitsscheue", „Asoziale" (Landstreicher, Bettler), Alkoholiker.

Phasen der nationalsozialistischen Judenverfolgung

Bis Anfang 1939 war die nationalsozialistische Judenverfolgung gekennzeichnet durch ein Zusammenwirken von wirtschaftlicher Diskriminierung und rechtlicher Entmachtung. Sie stand unter dem Prinzip der „Zurückdrängung des jüdischen Einflusses im deutschen Leben". Dazu wurden vor allem diskriminierende Gesetze, Verordnungen und Erlasse hervorgebracht, welche die Juden zu völliger Rechtlosigkeit degradierten. Im Sinne einer laufenden Verschärfung der rassistischen

Politik und Radikalisierung der antijüdischen Maßnahmen können darüber hinaus stufenförmig mehrere Phasen der nationalsozialistischen Judenverfolgung festgestellt werden: die erste Phase mit einzelnen – auf der Grundlage der durch Notverordnungen gewonnenen Scheinlegalität – durchgeführten Maßnahmen von 1933 bis 1935, die zweite Phase der Nürnberger Gesetze und der darauf beruhenden Verfügungen und Verordnungen von 1935 bis 1938, die dritte Phase der Pogrome und ersten Massendeportationen in polnische Lager von 1938 bis 1941, und schließlich die vierte Phase der physische Massenvernichtung durch Erschießungen und Vergasungen von 1941 bis 1945.

Judenboykott

Kurz nach der Machtergreifung wurde mit ersten antisemitischen Ausschreitungen von SA-Trupps Ende Februar 1933 die erste Phase der nationalsozialistischen Judenverfolgung eingeläutet. Jüdische Geschäfte wurden geplündert, die Geschäftsinhaber gequält, verschleppt und nicht selten zu Tode geprügelt. Bald richtete sich der Terror auch gegen jüdische Angehörige freier Berufe, Anwälte und Ärzte. Diese Nachrichten führten im Ausland zu heftigen Reaktionen. Als angebliche Notwehr gegen jüdische „Gräuel"-Hetze über NS-Judenverfolgungen in ausländischen Zeitungen veranlasste die Reichsleitung daraufhin den Boykott jüdischer Geschäfte als ersten Akt staatlich sanktionierter Ausgrenzung. Aufgrund der scharfen Reaktionen des Auslands und der dadurch zu befürchtenden Konsequenzen für die deutsche Wirtschaft wurde die Aktion jedoch schnell abgebrochen. Auch propagandistisch war der Boykott ein Fehlschlag, da die Bevölkerung den Boykott größtenteils ignorierte, reserviert reagierte oder es sogar zu individuellen Solidaritätsbekundungen gegenüber Juden kam. Der Boykott markiert das Ende der spontanen Gewalt gegen die Juden und den Beginn ihrer organisierten Verfolgung, die in der ersten Stufe eine entrechtende Gesetzgebung mit diskriminierender Propaganda verband.

Gesetz zur Wiederherstellung des Berufsbeamtentums

Die antisemitische Gesetzgebung der Nationalsozialisten begann mit dem Versuch, Juden von bestimmten Berufen auszuschließen. Durch legislative Maßnahmen wie das „Gesetz zur Wiederherstellung des Berufsbeamtentums" vom 7. April 1933 wurde die rassistische Ideologie mit Berufsverboten in die Tat umgesetzt (**Online Link** 430017-0401).

Gesetz zur Verhütung erbkranken Nachwuchses

Das „Gesetz zur Verhütung erbkranken Nachwuchses" vom 14. Juli 1933 sah präventive Maßnahmen (u. a. Zwangssterilisierungen) gegen gesellschaftliche „Ballastexistenzen" vor, deren Fortpflanzung die „Reinheit der deutschen Volksgemeinschaft" zu gefährden drohte (**Online Link** 430017-0401). Betroffen waren Personen, die an „angeborenem Schwachsinn" und anderen Erbkrankheiten sowie Alkoholismus litten. Nach diesem Gesetz wurden bis zum Ende des Dritten Reiches etwa 400 000 Menschen zwangssterilisiert. Dieses Gesetz stellte ebenso wie das „Gesetz zum Schutz der Erbgesundheit des Deutschen Volkes" vom 18. Oktober 1935, welches eine Eheverbot für erbkranke Menschen vorsah, eine scheinlegale Voraussetzung für die ab 1939 systematisch erfolgende „Vernichtung lebensunwerten oder minderwertigen Lebens" dar – den Mord an gesellschaftlich Unerwünschten („Euthanasie", im NS-Jargon auch „Ausmerze", „Aktion Gnadentod" oder „Aktion T4" genannt). In psychiatrischen Anstalten wurden so Tausende behinderte Menschen mit Gas umgebracht und in Krematoriumsöfen verbrannt. Von der Öffentlichkeit nicht unbemerkt, führten Unruhe in der Bevölkerung und Proteste der Kirchen im Sommer 1941 zu einem vorübergehenden Stopp der Euthanasieaktion; die Morde gingen danach jedoch verdeckt weiter.

Euthanasieaktion

Nürnberger Gesetze

Mit den „Nürnberger Gesetzen", die am 15. September 1935 auf dem Reichsparteitag in Nürnberg durch Akklamation „beschlossen" wurden, wurde die zweite Phase der nationalsozialistischen Judenverfolgung eingeleitet. Das „Reichsbürgergesetz" teilte die deutschen Staatsbürger in arische Reichsbürger mit politischen Rechten und nicht-arische Staatsangehörige minderen Rechts. Das „Gesetz zum Schutz des deutschen Blutes und der deutschen Ehre" (das sogenannte „Blutschutzgesetz") verbot die Ehe zwischen Juden und Bürgern deutschen oder „artverwandten" Blutes (**Online Link** 430017-0401). Auch der außereheliche Verkehr zwischen der deutschen und der „artfremden" Rasse („Blut- oder Rassenschande" genannt) wurde verboten und bestraft.

Reichspogrom

Der Reichspogrom in der Nacht vom 9. auf den 10. November 1938 bildete den vorläufigen Höhepunkt antijüdischer Ausschreitungen und das Ende einer nationalsozialistischen Judenpolitik, die mit den Mitteln der Gesetzgebung auf eine Vertreibung der Juden aus Deutschland abzielte. Mit der Reichspogromnacht (von den Nationalsozialisten aufgrund der massiven Menge an zerstörten Glasscheiben auch zynisch als „Reichskristallnacht" bezeichnet), trat die Judenverfolgung der Nationalsozialisten in eine dritte Phase der brachialen Gewalt. Als politischen Aufhänger nutzten die Nationalsozialisten die Ermordung des deutschen Diplomaten Ernst vom Rath in Paris durch den siebzehnjährigen polnisch-deutschen Juden Herschel Grynszpan am 7. November 1938. Dieser wollte damit seine Verbitterung über die Ende Oktober 1938 erfolgte Abschiebung seiner Eltern und 17000 weiterer deutsch-polnischer Juden in ein Niemandsland zwischen Deutschland und Polen zum Ausdruck bringen. Das NS-Regime organisierte daraufhin in ganz Deutschland eine „spontane Reaktion des deutschen Volkes" unter Führung der SA, die sogenannte „Reichspogromnacht".

2 Verhaftung von Juden in Baden-Baden während der „Reichskristallnacht", 9. November 1938

Seit 1937 war es derweil zu einer neuen systematischen wirtschaftlichen und existenziellen Einengung der Juden gekommen. Für Tausende jüdische Familien bedeuteten die nun folgenden Maßnahmen den wirtschaftlichen Ruin und den Verlust der Existenzgrundlage. Jüdische Betriebe wurden zu einem Bruchteil ihres Wertes in erzwungenen Notverkäufen an Deutsche veräußert oder „zwangsarisiert" (d.h. enteignet und an „arische" Treuhänder überstellt). Durch eine Reihe von Bestimmungen im Jahr 1938 wurden Juden dann auch noch die letzten Möglichkeiten einer kaufmännischen Betätigung genommen. Die „Verordnung zur Ausschaltung der Juden aus dem deutschen Wirtschaftsleben" vom 12. November 1938 vernichtete die noch verbliebenen jüdischen Existenzen. Verbunden mit einer Reihe weiterer Verfügungen wurden die Juden in Folge auch aus dem öffentlichen gesellschaftlichen und kulturellen Leben ausgeschlossen.

Emigration

Bis zu den Novemberpogromen lebten noch ca. 375 000 Juden in Deutschland, nur ein Viertel der ursprünglich 500 000 hatte bislang die Chance der Auswanderung wahrgenommen. Dies lag zum einen an den überaus harten Auswanderungsbedingungen (Verlust von Besitz und Vermögen; Finanzierung der Auswanderung durch ausländische Verwandte oder Freunde). Aber auch im Ausland wurden sie nur widerwillig aufgenommen und gingen dort einer unsicheren Zukunft entgegen. Auch die immer noch währende Hoffnung auf eine Wendung in der nationalsozialistischen Judenpolitik spielte hier eine Rolle. Nach den Novemberpogromen wurde die Auswanderung, zuvor bereits schwer und kostspielig, nahezu unmöglich, da das NS-Regime Ausreisewillige mit einer „Reichsfluchtsteuer" und einer zusätzlichen „Judenvermögensabgabe" belegte. Überweisungen ins Ausland wurden mit „Transferkosten" belastet, Umzugsgut von Emigranten wurde bis zum Doppelten des Neuanschaffungswertes besteuert. Andererseits verlangten viele überseeische Länder angesichts steigender Flüchtlingszahlen von den Immigranten Vermögensnachweise oder die Qualifikation für Mangelberufe. Trotzdem verließ bis 1939 die Hälfte aller Juden Deutschland. Den meisten Juden ohne Beziehungen ins Ausland blieb jedoch der Fluchtweg versperrt. Sie, meist ältere und ökonomisch schwache Menschen, wurden Opfer des kommenden Holocaust.

Holocaust / Shoa

Die vierte Phase der nationalsozialistischen Judenverfolgung begann im Herbst 1941 mit ersten Deportationen von Juden aus dem alten Reichsgebiet in Ghettos und Konzentrationslager im Osten. Ebenfalls im Herbst 1941 erfolgten die ersten Vergasungsversuche in Auschwitz und die Einrichtung des ersten Vernichtungslagers in Belzec. Mit der auf der Wannseekonferenz am 20. Januar 1942 beschlossenen „Endlösung der Judenfrage" und den systematischen Deportationen der noch verbliebenen Juden in die osteuropäischen Vernichtungslager folgte die traurige Realisierung dieser Ankündigung. Fortan wurden in den von deutschen Streitkräften vorrangig in Ost- und Südeuropa eroberten und besetzten Gebieten Millionen von Menschen jüdischer Abstammung oder jüdischen Glaubens von Spezialeinsatzkräften der Schutzstaffel (SS) und entsprechenden Einsatz- und Hilfstruppen zusammengetrieben, und entweder unmittelbar vor Ort ermordet, oder in die umliegenden Konzentrations- und Vernichtungslager abtransportiert. Der Holocaust (griechisch für „vollständig Verbranntes") bzw. die Shoa (hebräisch für „große Katastrophe) von 1941 bis 1945 bildete mit vier bis sechs Millionen durch Vergasungen, Massenerschießungen, Vergiftungen und medizinische Experimente ermordeten oder an Unterernährung, Krankheiten, Erschöpfung und Selbstmord in Konzentrations- und Vernichtungslagern gestorbenen Juden sowie einer halben Million ermordeter Sinti und Roma die letzte Konsequenz der fanatischen Ideologie des nationalsozialistischen Antisemitismus.

3 Gegen „die Einfuhr der Juden"

Der deutsche Dichter Ernst Moritz Arndt schrieb 1814:

Man sollte die Einfuhr der Juden aus der Fremde in Deutschland schlechterdings verbieten und hindern. [...] Die Juden als Juden passen nicht in diese Welt und in diese Staaten hinein, und darum will ich nicht, dass sie auf eine ungebührliche Weise in Deutschland vermehrt werden. Ich will es aber auch deswegen nicht, weil sie ein durchaus fremdes Volk sind und weil ich den germanischen Stamm so sehr als möglich von fremdartigen Bestandteilen rein zu erhalten wünsche. [...] Ein gütiger und gerechter Herrscher fürchtet das Fremde und Entartete, welches durch unaufhörlichen Zufluss und Beimischung die reinen und herrlichen Keime seines edlen Volkes vergiften und verderben kann. Da nun aus allen Gegenden Europas die bedrängten Juden zu dem Mittelpunkt desselben, zu Deutschland, hinströmen und es mit ihrem Schmutz und ihrer Pest zu überschwemmen drohen, da diese verderbliche Überschwemmung vorzüglich von Osten her, nämlich aus Polen droht, so ergeht das unwiderrufliche Gesetz, dass unter keinem Vorwande und mit keiner Ausnahme fremde Juden je in Deutschland aufgenommen werden dürfen, und wenn sie beweisen können, dass sie Millionenschätze mitbringen.

Hannah Vogt: Nationalismus gestern und heute. Opladen 1967, S.102ff.

4 Kurgäste aus Galizien

Antisemitische Postkarte, Österreich, um 1920. Die jüdische Gemeinde in Wien erfuhr gegen Ende des 19. und zu Beginn des 20. Jahrhunderts einen starken Zuwachs durch jüdische Einwanderer aus Böhmen, Mähren und Ungarn und insbesondere aus Galizien. Diese wurden vielfach abwertend als „Ostjuden" bezeichnet.

5 Das Borkum-Lied

Der folgende Liedtext entstammt einer Postkarte, die am 4. Juli 1921 gestempelt wurde. Sie trägt die Aufschrift „Gruß aus Borkum":

Weise: „Hipp, hipp, hurrah!"
Wir grüßen heut im frohem Lied,
Dich, Borkums schönen Strand.
Wo durch die Luft die Möwe zieht,
Und grün sich dehnt das Land!
Wo an die Dünen braust die See
Des Nordens wild heran.
[: Wo Leuchtturms Licht von stolzer Höh
Dem Schiffer weist die Bahn. :]
Drum wollen laut dein Lob wir singen,
Wir Gäste all, von fern und nah,
Begeistert soll der Ruf erklingen:
Borkum hurrah! Borkum hurrah!
Es herrscht im grünen Inselland
Ein echter deutscher Sinn.
Drum alle, die uns stammverwandt,
Ziehn freudig zu dir hin.
An Borkums Strand nur Deutschtum gilt,
Nur deutsch ist das Panier1
[: Wir halten rein den Ehrenschild
Germanias für und für! :]
Doch wer dir naht mit platten Füßen,
Mit Nasen krumm und Haaren kraus,
Der soll nicht deinen Strand genießen,
Der muss hinaus! der muss hinaus!
Wohl gibt es Bäder viel und reich
Im weiten Vaterland,
Doch kommt an Wert dir keines gleich,
Du prächt'ger Inselstrand, –
In deinem Zauberbann, wie weicht
Die Sorge scheu zurück!
[: Wie wird das Herz so frisch und leicht
Wie hebt sich froh der Blick! :]
Drum wollen laut dein Lob wir singen,
Wir Gäste all, von fern und nah,
Begeistert soll der Ruf erklingen:
Borkum hurrah! Borkum hurrah!
'ne Luftfahrt, die von Norderney
Hier eines Tags traf ein,
Da warn auch „unsre Leit" dabei
Wie's anders nicht konnt sein.
Doch als man die hier hat erblickt,
Rief alles im Verein:
[: Borkum, bewahre deinen Strand,
Nichts Koschres lass herein! :]
Rebeckchen Meier und Herr Lewi
Kehrt schnell nach Norderney nach Haus
Allhier auf Borkums grüner Insel
Blüht euch kein Glück, ihr müsst hinaus.
Doch naht die Zeit, da wir von hier

55 Scheiden mit frohem Sinn,
So nimm von uns als letzten Gruß
Noch diese Worte hin:
Borkum, der Nordsee schönste Zier,
Bleib du von Juden rein,
60 [: Lass Rosenthal und Lewisohn
In Norderney allein! :]
Doch wer dir naht mit platten Füßen,
Mit Nasen krumm und Haaren kraus,
Der soll nicht deinen Strand genießen,
65 Der muss hinaus! der muss hinaus!
„Hinaus!"

1 germanisch-französisch und gehoben für „Wahlspruch"

http://www.jupi.homepage.t-online.de/Adorno und Horkheimer – Elemente des Antisemitismus/Adorno_und_Horkheimer – Elemente_des_Antisemitismus.html (10.5.2009)

6 Trau keinem Fuchs auf grüner Heid und keinem Jud bei seinem Eid!

Auf einer Postkarte der NS-Zeit wiedergegebene Freskenmalerei am ehemaligen Telegrafenamt in Nürnberg (Obstmarkt) mit einem Spruch von Martin Luther.

7 Ideologische Grundlagen des nationalsozialistischen Antisemitismus

Bereits 1925 schrieb Adolf Hitler in „Mein Kampf":

[...] Das Finanzjudentum wünscht [...] nicht nur die restlose wirtschaftliche Vernichtung Deutschlands, sondern 5 auch die vollkommene politische Versklavung. [...] So ist der Jude heute der große Hetzer zur restlosen Zerstörung Deutschlands. Wo immer wir in der Welt Angriffe gegen Deutschland lesen, sind Juden ihre Fabrikanten [...] . [...] Die Gedankengänge des Judentums dabei sind klar. Die 10 Bolschewisierung Deutschlands, d.h. die Ausrottung der nationalen völkischen deutschen Intelligenz und die dadurch ermöglichte Auspressung der deutschen Arbeitskraft im Joche der jüdischen Weltfinanz, ist nur als Vorspiel gedacht für die Weiterverbreitung dieser Welteroberungs- 15 tendenz. Werden unser Volk und unser Staat das Opfer dieser blut- und geldgierigen jüdischen Völkertyrannen, so sinkt die ganze Erde in die Umstrickung dieses Polypen; befreit sich Deutschland aus dieser Umklammerung, so darf diese größte Völkergefahr als für die gesamte Welt 20 gebrochen gelten.

Adolf Hitler: Mein Kampf. München 1927, S. 702f.

8 Der Judenboykott

Die heftigen Reaktionen des Auslands auf erste antisemitische Ausschreitungen der SA Ende Februar animieren die Parteileitung zur Anordnung von Maßnahmen gegen Juden am 28. März 1933 für Samstag, den 1. April 1933: 5

1. In jeder Ortsgruppe und Organisationsgliederung der NSDAP sind sofort Aktionskomitees zu bilden zur praktischen, planmäßigen Durchführung des Boykotts jüdischer Geschäfte, jüdischer Waren, jüdischer Ärzte und jüdischer Rechtsanwälte. Die Aktionskomitees sind 10 verantwortlich dafür, dass der Boykott keinen Unschuldigen, umso härter aber die Schuldigen trifft. [...]

3. Die Aktionskomitees haben sofort durch Propaganda und Aufklärung den Boykott zu popularisieren. Grundsatz: Kein Deutscher kauft noch bei einem Juden oder 15 lässt von ihm und seinen Hintermännern Waren anpreisen. Der Boykott muss ein allgemeiner sein. Er wird vom ganzen Volk getragen und muss das Judentum an seiner empfindlichsten Stelle treffen. [...]

5. Die Aktionskomitees überwachen auf das schärfste die 20 Zeitungen, inwieweit sie sich an dem Aufklärungsfeldzug gegen die jüdische Gräuelhetze im Ausland beteiligen. Tun Zeitungen dies nicht oder nur beschränkt, so ist darauf zu sehen, dass sie aus jedem Haus, in dem Deutsche wohnen, augenblicklich entfernt werden. Kein deutscher 25 Mann und kein deutsches Geschäft soll in solchen Zeitungen noch Annoncen aufgeben. Sie müssen der öffentlichen Verachtung verfallen, geschrieben für die jüdischen Rassegenossen, aber nicht für das deutsche Volk. [...] 30

8. […] Es ergehen Anordnungen an die SA und SS, um vom Augenblick des Boykotts ab durch Posten die Bevölkerung vor dem Betreten der jüdischen Geschäfte zu warnen. Der Boykottbeginn ist durch Plakatanschlag 35 und durch die Presse, durch Flugblätter usw. bekannt zu geben. Der Boykott setzt schlagartig Samstag, den 1. April, Punkt 10 Uhr vormittags ein. Er wird fortgesetzt so lange, bis nicht eine Anordnung der Parteileitung die Aufhebung befiehlt. […]

40 10. Die Aktionskomitees haben weiterhin die Aufgabe, dass jeder Deutsche, der irgendwie Verbindung zum Ausland besitzt, diese verwendet, um in Briefen, Telegrammen und Telefonaten aufklärend die Wahrheit zu verbreiten, dass in Deutschland Ruhe und Ordnung herrscht, 45 dass das deutsche Volk keinen sehnlicheren Wunsch besitzt, als in Frieden seiner Arbeit nachzugehen und im Frieden mit der anderen Welt zu leben, und dass es den Kampf gegen die jüdische Gräuelhetze nur führt als reinen Abwehrkampf. […]

Walter Hofer (Hg.): Der Nationalsozialismus – Dokumente 1933–1945. Frankfurt/Main 1957, S. 283 f.

9 Entziehung des Bürgerrechts

In seinen Tagebüchern reflektiert der jüdische Romanist Victor Klemperer, Dresden, die antisemitischen Maßnahmen der Nationalsozialisten:

5 **1933**

3. April, Montagabend. […] Am Sonnabend rote Zettel an den Geschäften: „Anerkannt deutschchristliches Unternehmen". Dazwischen geschlossene Läden, SA-Leute davor mit dreieckigen Schildern: „Wer beim Juden kauft, 10 fördert den Auslandboykott und zerstört die deutsche Wirtschaft." […] Das war der Boykott. „Vorläufig nur Sonnabend – dann Pause bis Mittwoch." Banken ausgenommen. Anwälte, Ärzte einbegriffen. Nach einem Tage abgeblasen – der Erfolg sei da und Deutschland „großmü- 15 tig". Aber in Wahrheit ein unsinniges Schwenken. Offenbar Widerstand im Aus- und Inland, und offenbar von der anderen Seite Druck der nationalsozialistischen Straße.

10. April, Montag. Die entsetzliche Stimmung des „Hurra, 20 ich lebe". Das neue Beamten-„Gesetz" lässt mich als Frontkämpfer im Amt – wahrscheinlich wenigstens und vorläufig […]. Aber ringsum Hetze, Elend, zitternde Angst. Ein Vetter Dembers, Arzt in Berlin, aus der Sprechstunde geholt, im Hemd und schwer misshandelt ins Humboldt- 25 krankenhaus gebracht, dort, 45 Jahre alt, gestorben.

1935

17. September, Dienstag. Während ich gestern schrieb, hatte der „Reichstag" in Nürnberg schon die Gesetze 30 für das deutsche Blut und die deutsche Ehre angenommen: Zuchthaus auf Ehe und außerehelichen Verkehr zwischen Juden und „Deutschen", Verbot „deutscher" Dienstmädchen unter 45 Jahren, Erlaubnis, die „jüdische Flagge" zu zeigen, Entziehung des Bürgerrechtes. Und mit welcher Begründung und welchen Drohungen! Der 35 Ekel macht einen krank.

Victor Klemperer: Ich will Zeugnis ablegen bis zum letzten. Tagebücher 1933–1941. Aufbau Verlag Berlin 1995, S. 17 f., S. 20.

10 Nationalsozialistischer SA-Posten vor einem boykottierten jüdischen Geschäft in Berlin am 1. April 1933

11 Der Blickwinkel eines Betrachters

André François-Poncet war zwischen 1931 und 1939 französischer Botschafter in Berlin und wurde nach der Niederlage Frankreichs 1940 interniert. Nach dem Krieg wurde er Hoher Kommissar der Alliierten und später französischer Botschafter 5 in Bonn. In seinen Erinnerungen schreibt er über die antisemitischen Maßnahmen der Nationalsozialisten 1933:

Die Nazis selbst haben übrigens nicht erst die Machtergreifung durch den Führer abgewartet, um die Israeliten zu belästigen; es ist seit Langem schon eine ihrer bevor- 10 zugten Belustigungen […] „Juda verrecke!" ist schon lange ihr Schlachtruf. Nach dem 30. Januar haben sie jede Rücksicht fallen lassen. Die Verfolgung trägt nun legalen Charakter. Sie nimmt einen solchen Umfang und so gehässige Formen an, dass das Ausland empört ist und laut seine Missbilligung äußert. Nichts jedoch bringt die Nazis mehr auf als der Tadel des Auslandes. Ihr Fanatismus empört sich darüber, dass man sie zu kritisieren wagt. Es bedeutet in ihren Augen eine Beeinträchtigung der Staatshoheit, eine unmögliche Einmischung in die inneren Angelegenheiten des Reiches. Sie beschuldigen die Juden, die öffentliche Meinung des Auslandes gegen sie aufzuhetzen, die Anstifter dieser Protestbewegung zu sein. So werden aus Verfolgten Verfolger. Es ist das Reich, das in seinem Nazitum bedroht und in die Verteidigung gedrängt ist! Gegenmaßnahmen müssen ergriffen werden. Die Haltung der Juden verdient Strafe und Rache. Mit Zustimmung der Behörden wird ein Ausschuss unter der Leitung des üblen [Julius] Streicher gebildet, um für den 1. April eine große Boykottaktion durchzuführen. Am festgesetzten Tag ziehen SA-Kolonnen durch die ganze Stadt, halten die Juden an und verprügeln sie. Sie dringen in die besuchtesten Cafés und Restaurants am Kurfürstendamm ein und jagen die jüdischen Gäste mit Prügeln hinaus. Miliztruppen stellen sich am Eingang der Geschäfte auf, kleben kleine Plakate auf die Schaufenster: „Jüdisches Geschäft! Hier kaufen keine Deutschen!" und hindern die Leute am Eintreten. In den Geschäften selbst werden die Besitzer krumm und lahm geschlagen, ihre Waren werden geplündert, und unter Androhung weiterer Schläge erpresst man von ihnen Geld. So geht es den ganzen Tag. Die Wirkung ist schlimm. Im Ausland erhebt sich eine solche Entrüstung, dass die vernünftigen Mitglieder der Regierung sich beunruhigt zeigen, auf die alarmierenden Berichte der diplomatischen Vertreter hinweisen und auch eingreifen, um diese unerhörten Geschehnisse zu unterbinden. Tatsächlich werden der öffentliche Boykott und die Erpressung auf offener Straße eingestellt. Der Rückzug wird bemäntelt, indem man laut verkündet, dass die Lektion Früchte getragen habe. Aber die Verfolgung wird nur auf etwas heimlichere Weise fortgesetzt.

In Wirklichkeit wird sie nie aufhören. Sie gehört zum Wesen des Nationalsozialismus. Alle privaten Unternehmungen in Handel und Industrie, die Banken, Theater, Lichtspielhäuser, die Restaurants, Buchhandlungen, Verlagshäuser, die wissenschaftlichen Gesellschaften, Akademien und Musikkapellen werden gezwungen, die leitenden Persönlichkeiten, die Mitglieder und Mitarbeiter, sofern sie Juden sind, fallen zu lassen. Die Ärzteschaft, die Rechtsanwaltskammer werden auf gleiche Weise gesäubert. Durch Gesetz vom 7. April, das in die neue Beamtenordnung die Arierklausel einfügt, verlieren alle Beamten, die einen Juden oder eine Jüdin unter ihren Voreltern haben, ihren Posten. Die Ahnenforschung ist an der Tagesordnung, und die arische Großmutter wird – wie jene, die noch den Mut zum Lächeln haben, sagen – zum begehrtesten Artikel. Das Beamtentum, die Universitäten, die verschiedenen Zweige des Unterrichtswesens entgehen den Folgen dieser unerbittlichen Verordnung nicht. Die israelitischen Studenten werden nur noch zu einem geringen Prozentsatz an den Universitäten zugelassen. Tausenden von Juden werden die Existenzmittel entzogen. Anfangs ließ man sie noch ins Ausland gehen, bald jedoch verweigert man ihnen die Pässe und beschlagnahmt ihr Vermögen, man hält sie gezwungenermaßen in einer Gesellschaft zurück, die ihnen das Leben unmöglich macht.

André François-Poncet: Als Botschafter in Berlin 1931–1938. Mainz 1949, S. 124 f. Übers. Erna Stübel.

12 Maßnahmen gegen Juden in der Reichspogromnacht am 9./10. November 1938

Auszug aus einem Blitzfernschreiben von Reinhard Heydrich – Leiter der Gestapo, des Sicherheitsdienstes (SD) und der Sicherheitspolizei (Sipo) – aus München an alle Staatspolizei- und Sicherheitsdienststellen zur Reichspogromnacht, in deren Verlauf es zu massiven Zerstörungsaktionen und Misshandlungen deutscher Juden kam:

[...] [1] a) Es dürfen nur solche Maßnahmen getroffen werden, die keine Gefährdung deutschen Lebens oder Eigentums mit sich bringen (z. B. Synagogenbrände nur, wenn keine Brandgefahr für die Umgebung ist).

b) Geschäfte und Wohnungen von Juden dürfen nur zerstört, nicht geplündert werden. Die Polizei ist angewiesen, die Durchführung dieser Anordnung zu überwachen und Plünderer festzunehmen.

c) In Geschäftsstraßen ist besonders darauf zu achten, dass nichtjüdische Geschäfte unbedingt gegen Schäden gesichert werden.

d) Ausländische Staatsangehörige dürfen – auch wenn sie Juden sind – nicht belästigt werden.

2.) Unter der Voraussetzung, dass die unter 1) angegebenen Richtlinien eingehalten werden, sind die stattfindenden Demonstrationen von der Polizei nicht zu verhindern, sondern nur auf die Einhaltung der Richtlinien zu überwachen. [...]

5.) Sobald der Ablauf der Ereignisse dieser Nacht die Verwendung der eingesetzten Beamten hierfür zulässt, sind in allen Bezirken so viele Juden – insbesondere wohlhabende – festzunehmen, als in den vorhandenen Hafträumen untergebracht werden können. Es sind zunächst nur gesunde, männliche Juden nicht zu hohen Alters festzunehmen. Nach Durchführung der Festnahme ist unverzüglich mit den zuständigen Konzentrationslagern wegen schnellster Unterbringung der Juden in den Lagern Verbindung aufzunehmen. Es ist besonders darauf zu achten, dass die auf Grund dieser Weisung festgenommenen Juden nicht misshandelt werden. [...]

In: Hans-Jürgen Döscher: „Reichskristallnacht" – Die Novemberpogrome 1938. München 2000, S. 95.

13 Der Reichspogrom in Wiesbaden-Biebrich am 10. November 1938

Aus Ermittlungsakten der Staatsanwaltschaft beim Landgericht Wiesbaden von 1950:

Die Übergriffe begannen damit, dass am 10. November 1938 mit Tagesbeginn eine Personengruppe die Biebricher Synagoge erbrach und das Innere verwüstet. Aufgrund dieses Ereignisses waren an diesem Morgen bereits sehr viele Leute in den Biebricher Straßen unterwegs. Etwa gegen 8 Uhr versammelte sich eine große, zahlenmäßig kaum schätzbare Menschenmenge vor dem Konfektionshaus der jüdischen Kaufleute Halberstadt und Bloch in der Hopfgartenstr. 13. Nachdem einige Leute Backsteine gegen die Fenster und Türen geworfen hatten, drang eine Anzahl von ihnen in das Haus und in die im ersten Stock dieses Hauses gelegenen einzigen Wohnungen der beiden Geschäftsinhaber ein. Die Möbel wurden durcheinandergeworfen und größtenteils völlig zertrümmert.
Während die jüdischen Wohnungen Biebrichs nacheinander heimgesucht wurden, erschien gegen Mittag eine große Menschenzahl in der Rathausstraße. Sie versammelte sich vor dem Grundstück Nr. 44. Unter Drohrufen drang ein Teil in die im ersten Stock gelegene Wohnung des jüdischen Apothekers Oppenheimer und zerstörte das gesamte Inventar. Nachdem der größte Teil zerschlagen war, wälzte sich die Menge zum Haus Nr. 69, in dem der jüdische Getreidehändler Oppenheim wohnte. Von da aus ging es vor das Haus Nr. 8 des Kaufmanns Lewy. In beide Wohnungen drang von den unten versammelten Leuten eine Anzahl ein und verwüstete die gesamte Inneneinrichtung.
Im Verlaufe des Nachmittags erschien auch in der Elisabethenstr., vor dem Haus des jüdischen Kaufmanns Stern, eine große Menschenmenge. Unter den Rufen „Wo ist der Jude? Wir schneiden ihm den Hals ab!“, drang ein Teil von den Leuten mit Gewalt in die Stern'sche Wohnung. Der Zeuge Stern war zu dieser Zeit nicht in seinen Räumen. Die Eindringlinge trafen ihn in der Wohnung seines nichtjüdischen Schwiegersohnes Teidicksmann im Parterre. Einige Leute nahmen Stern fest und brachten ihn mit einem Lastkraftwagen zur Polizeiwache. Anschließend wurde die Wohnung Sterns zerstört. Sämtliche Küchenmöbel wurden zerschlagen, das Geschirr zertrümmert und die Federbetten aufgeschlitzt.

Hessisches Hauptstaatsarchiv Wiesbaden Abt. 468 Nr. 260, Bd. 3.

14 In der Nacht vom 9. auf den 10. November 1938 erleidet die Münchner Synagoge an der Herzog-Rudolf-Straße irreparable Schäden

15 Filmprogramm „Illustrierter Film-Kurier“ zum antisemitischen NS-Propagandafilm „Der ewige Jude“ (1940)

16 Totale soziale Isolation

Das NS-Regime hielt es nach den „Nürnberger Gesetzen" von 1935 nicht für nötig, Verordnungen und Verbote, die die Juden betrafen, allgemein bekannt zu machen. Auf diese Weise bekam die Öffentlichkeit kaum mit, wie die Lebensmöglichkeiten der jüdischen Mitbürger immer mehr eingeschränkt wurden. Juden, die wissen wollten, was sie ab sofort nicht mehr durften, mussten sich bei einer Zentralstelle der früheren jüdischen Gemeinde erkundigen. Die meisten erfuhren allerdings nur indirekt von jenen „Maßnahmen", die ihr Schicksal bestimmten. Unkenntnis war dennoch keine Entschuldigung, denn der geringste Verstoß hatte die alsbaldige Verhaftung durch die Gestapo zur Folge.

1942

2. Juni Dienstag, gegen Abend. Neue Verordnungen in judaeos[1]. Der Würger wird immer enger angezogen, die Zermürbung mit immer neuen Schikanen betrieben. Was ist in diesen letzten Jahren alles an Großem und Kleinem zusammengekommen! Und der kleine Nadelstich ist manchmal quälender als der Keulenschlag. Ich stelle einmal die Verordnungen zusammen: 1) Nach acht oder neun Uhr abends zu Hause sein. Kontrolle! 2) Aus dem eigenen Haus vertrieben. 3) Radioverbot, Telefonverbot. 4) Theater-, Kino-, Konzert-, Museumsverbot. 5) Verbot, Zeitschriften zu abonnieren oder zu kaufen. 6) Verbot zu fahren; (dreiphasig: a) Autobusse verboten, nur Vorderperron der Tram erlaubt, b) alles Fahren verboten, außer zur Arbeit, c) auch zur Arbeit zu Fuß, sofern man nicht 7 km entfernt wohnt oder krank ist (aber um ein Krankheitsattest wird schwer gekämpft). Natürlich auch Verbot der Autodroschke.) 7) Verbot, „Mangelware" zu kaufen. 8) Verbot, Zigarren zu kaufen oder irgendwelche Rauchstoffe. 9) Verbot, Blumen zu kaufen. 10) Entziehung der *Milch*karte. 11) Verbot, zum Barbier zu gehen. 12) Jede Art Handwerker nur nach Antrag bei der Gemeinde bestellbar. 13) Zwangsablieferung von Schreibmaschinen, 14) von Pelzen und Wolldecken, 15) von Fahrrädern – zur Arbeit darf geradelt werden (Sonntagsausflug und Besuch zu Rad verboten), 16) von Liegestühlen, 17) von Hunden, Katzen, Vögeln. 18) Verbot, die Bannmeile Dresdens zu verlassen, 19) den Bahnhof zu betreten, 20) das Ministeriumsufer, die Parks zu betreten, 21) die Bürgerwiese und die Randstraßen des Großen Gartens (Park- und Lennéstraße, Karcherallee) zu benutzen. Diese letzte Verschärfung seit gestern erst. Auch das Betreten der Markthallen seit vorgestern verboten. 22) Seit dem 19. September der *Judenstern*. 23) Verbot, Vorräte an Esswaren im Hause zu haben. (Gestapo nimmt auch mit, was auf Marken gekauft ist.) 24) Verbot der Leihbibliotheken. 25) Durch den Stern sind uns alle Restaurants verschlossen. [...] 26) Keine Kleiderkarte. 27) Keine Fischkarte. 28) Keine Sonderzuteilung wie Kaffee, Schokolade, Obst, Kondensmilch. 29) Die Sondersteuern. 30) Die ständig verengte Freigrenze. Meine zuerst 600, dann 320, jetzt 185 Mark. 31) Einkaufsbeschränkung auf *eine* Stunde (drei bis vier. Sonnabend zwölf bis eins). Ich glaube, diese 31 Punkte sind alles. Sie sind aber alle zusammen gar nichts gegen die ständige Gefahr der Haussuchung, der Misshandlung, des Gefängnisses, Konzentrationslagers und gewaltsamen Todes.

1 gegen die Juden

Victor Klemperer: Ich will Zeugnis ablegen bis zum letzten. Tagebücher 1942–1945. Aufbau Verlag Berlin 1995, S. 105–108.

17 „Minderwertiges" Leben, 1938

18 Der Hadamarer Tötungsarzt Dr. Adolf Wahlmann

Der Arzt, der zu lebenslänglicher Haft verurteilt wurde und bereits 1953 wieder freikam, sagte 1947 vor Gericht über seine Einstellung zur „Euthanasie":

Für die Euthanasie? Dafür spricht eben, dass diese Menschen [...] Leben gar nicht mehr haben. Und ich sagte schon: Sie schlafen, essen, trinken, sind unrein, erschlagen zuweilen Kranke; das ist das Einzige, was die Leute vom Leben haben. Und nun muss ich daran denken, diese Leute zu dezimieren, um diejenigen, die heilbar sind, in den Stand zu setzen, nun wirklich auch geheilt zu werden. Ich habe eben gesagt, dass wir bei 800 Kranken etwa 600 derartige unheilbare Fälle haben. [...]

Warum dezimieren? Das ist nun ganz natürlich eine Ansicht von mir. [...] Ich will die Gründe anführen, die mir durch den Kopf gegangen sind und die wir damals auch in München sehr eifrig besprachen. Aber was die volkswirtschaftliche Seite anlangt, so habe ich gesagt: Wir haben etwa 200 000 derartige Kranke, und wenn ich 5 RM pro Tag rechne für einen Kranken, das sind dann 1 000 000 RM pro Tag, die ohne weiteres ausgegeben wer-

den. Und diese eine Million, meine Herren, ist jeden Tag verloren. [...]
In Wirklichkeit ist es so, dass ein großer Prozentsatz der Verwandten die Beseitigung wünscht. Ich habe festgestellt, dass in Hadamar sehr, sehr viele Leute erleichtert aufgeatmet haben, als sie hörten, dass ihre Verwandte nicht mehr lebte. Natürlich haben wir gesagt: Sie ist an einer Krankheit gestorben. Aber das spielt hier keine Rolle; die Leute wussten schon in vielen Fällen, was los war.
Was ich mir dabei gedacht habe? Zweifellos eines: Ich hatte kein Bewusstsein darüber, dass ich überhaupt eine strafbare Handlung begehe, denn ich habe mir gesagt, wenn das eine Handlung ist, die gegen das Gesetz ist, dann müsste doch der Staatsanwalt von Limburg mindestens einmal herkommen und sich die Sache ansehen, aber die Staatsanwälte haben das ruhig angesehen, dass wir unsere Tätigkeit dauernd ausübten. Die Staatsanwälte habe ich dann damit entschuldigt: Es war ja ein Gesetz.

Aussage vor dem Frankfurter Landgericht 1947. Hessisches Hauptstaatsarchiv Wiesbaden (HHSTAW), Abt. 461/32061, Bd.7, S.9ff., S.30. Zit. nach: Informations- und Arbeitsmaterialien für Unterricht zum Thema „Euthanasie"-Verbrechen im Nationalsozialismus. Historische Schriftenreihe des Landeswohlfahrtsverbandes Hessen. Unterrichtsmaterialien Band 1. Kassel 1995, S.69.

19 Der Plan zur Ermordung der europäischen Juden

Am 20. Januar 1942 fand in Berlin unter Vorsitz von SS-Obergruppenführer, Chef der Sicherheitspolizei und des SD, Reinhard Heydrich, die Besprechung zur Vorbereitung der Endlösung der europäischen Judenfrage statt. An dieser sogenannten „Wannseekonferenz" (nach dem Tagungsort „Am Großen Wannsee 50/58") nahmen 15 Spitzenvertreter aus SS und Reichsregierung teil. In dem durch Adolf Eichmann, Sonderbeauftragter der Judenfrage, angefertigten Besprechungsprotokoll mit dem Stempel „Geheime Reichssache" heißt es:
II. Chef der Sicherheitspolizei und des SD, SS-Obergruppenführer Heydrich, teilte eingangs seine Bestellung zum Beauftragten für die Vorbereitung der Endlösung der europäischen Judenfrage durch den Reichsmarschall [Hermann Göring] mit und wies darauf hin, dass zu dieser Besprechung geladen wurde, um Klarheit in grundsätzlichen Fragen zu schaffen. [...]
Die Federführung bei der Bearbeitung der Endlösung der Judenfrage liege ohne Rücksicht auf geographische Grenzen zentral beim Reichsführer SS und Chef der Deutschen Polizei (Chef der Sicherheitspolizei und des SD).
Der Chef der Sicherheitspolizei und des SD gab sodann einen kurzen Überblick über den bisher geführten Kampf gegen diese Gegner. Die wesentlichsten Momente bilden
a) die Zurückdrängung der Juden aus den einzelnen Lebensgebieten des deutschen Volkes,
b) die Zurückdrängung der Juden aus dem Lebensraum des deutschen Volkes.
Im Vollzug dieser Bestrebungen wurde als einzige vorläufige Lösungsmöglichkeit die Beschleunigung der Auswanderung der Juden aus dem Reichsgebiet verstärkt und planmäßig in Angriff genommen.
Auf Anordnung des Reichsmarschalls wurde im Januar 1939 eine Reichszentrale für jüdische Auswanderung errichtet, mit deren Leitung der Chef der Sicherheitspolizei und des SD betraut wurde. [...]
Das Aufgabenziel war, auf legale Weise den deutschen Lebensraum von Juden zu säubern.
Über die Nachteile, die eine solche Auswanderungsforcierung mit sich brachte, waren sich alle Stellen im Klaren. Sie mussten jedoch angesichts des Fehlens anderer Lösungsmöglichkeiten vorerst in Kauf genommen werden.
Die Auswanderungsarbeiten waren in der Folgezeit nicht nur ein deutsches Problem, sondern auch ein Problem, mit dem sich die Behörden der Ziel- bzw. Einwandererländer zu befassen hatten. Die finanziellen Schwierigkeiten, wie Erhöhung der Vorzeige- und Landungsgelder seitens der verschiedenen ausländischen Regierungen, fehlende Schiffsplätze, laufend verschärfte Einwanderungsbeschränkungen oder -sperren, erschwerten die Auswanderungsbestrebungen außerordentlich. Trotz dieser Schwierigkeiten wurden seit der Machtübernahme bis zum Stichtag 31. Oktober 1941 insgesamt rund 537 000 Juden zur Auswanderung gebracht. [...]
Die Finanzierung der Auswanderung erfolgte durch die Juden bzw. jüdischpolitischen Organisationen selbst. Um den Verbleib der verproletarisierten Juden zu vermeiden, wurde nach dem Grundsatz verfahren, dass die vermögenden Juden die Abwanderung der vermögenslosen Juden zu finanzieren haben. [...]
Inzwischen hat der Reichsführer SS und Chef der Deutschen Polizei [Heinrich Himmler] im Hinblick auf die Gefahren einer Auswanderung im Kriege und im Hinblick auf die Möglichkeiten des Ostens die Auswanderung von Juden verboten.

20 Schuhe von in den Gaskammern Ermordeten, welche oft dem NS-Winterhilfswerk für „bedürftige Volksgenossen" zukamen

III. An Stelle der Auswanderung ist nunmehr als weitere Lösungsmöglichkeit nach entsprechender vorheriger Genehmigung durch den Führer die Evakuierung der Juden nach dem Osten getreten.
Diese Aktionen sind jedoch lediglich als Ausweichmöglichkeit anzusprechen, doch werden hier bereits jene praktischen Erfahrungen gesammelt, die im Hinblick auf die kommende Endlösung der Judenfrage von wichtiger Bedeutung sind.
Im Zuge der Endlösung der europäischen Judenfrage kommen rund 11 Millionen Juden in Betracht. [...]
Unter entsprechender Leitung sollen im Zuge der Endlösung die Juden in geeigneter Weise im Osten zum Arbeitseinsatz kommen. In großen Arbeitskolonnen, unter Trennung der Geschlechter, werden die arbeitsfähigen Juden Straßen bauend in diese Gebiete geführt, wobei zweifellos ein Großteil durch natürliche Verminderung ausfallen wird. Der allfällig endlich verbleibende Restbestand wird, da es sich bei diesem zweifellos um den widerstandsfähigsten Teil handelt, entsprechend behandelt werden müssen, da dieser, eine natürliche Auslese darstellend, bei Freilassung als Keimzelle eines neuen jüdischen Aufbaues anzusprechen ist. (Siehe die Erfahrung der Geschichte.)
Im Zuge der praktischen Durchführung der Endlösung wird Europa von Westen nach Osten durchkämmt. [...]

R. Schnabel: Macht ohne Moral. Frankfurt 1957, S. 497–501.

21 Die Kinder von Auschwitz
Fotografie (1945) einer Gruppe Kinder, die aus dem Vernichtungslager Auschwitz befreit wurden

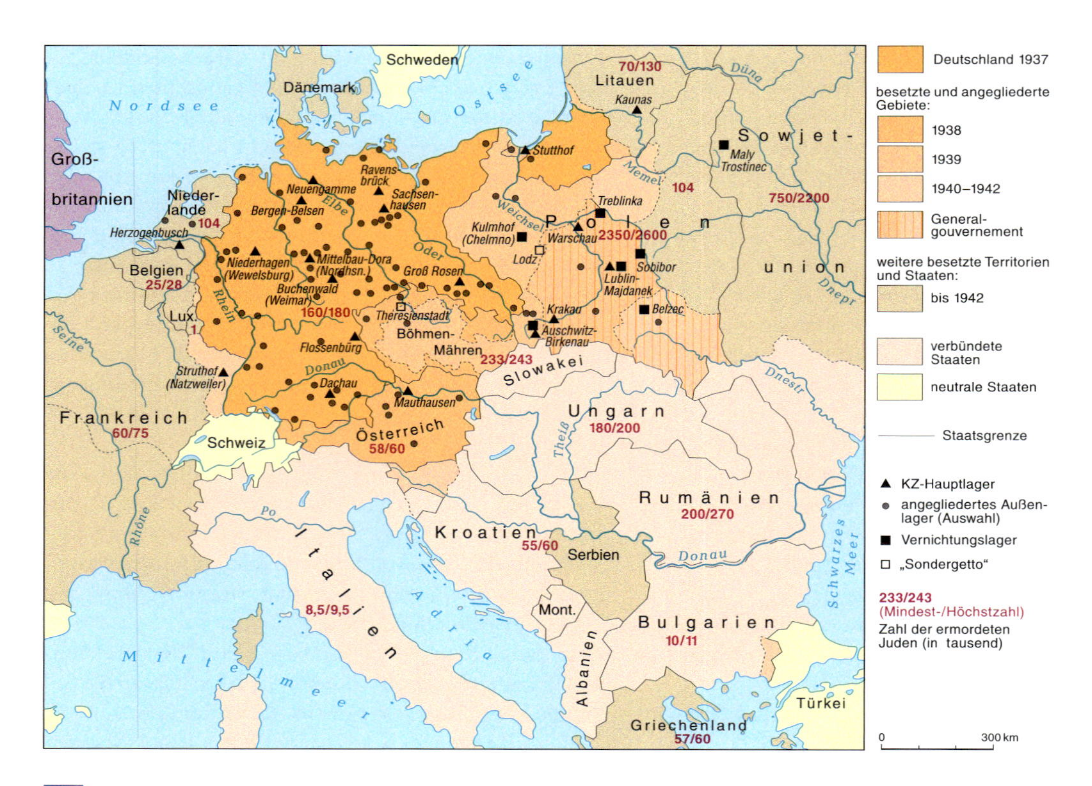

22 Die Konzentrations- und Vernichtungslager des Deutschen Reiches

23 Anzahl der ermordeten Juden

a) Dem rassebiologischen Vernichtungskrieg der Nationalsozialisten gegen die Juden fielen insgesamt wenigstens 5,29 Millionen Menschen zum Opfer, wahrscheinlich war ihre Zahl jedoch noch höher und betrug etwa 6 Millionen.

b) Schätzungen ausgewählter Opferzahlen

Sinti und Roma:	ca. 80 000 – 100 000
Euthanasieopfer:	ca. 150 000
Zeugen Jehovas:	ca. 1 000 – 2 000
Homosexuelle:	mehrere Tausend

Zusammengestellt aus: Raul Hilberg: Die Vernichtung der europäischen Juden, Bd. 3. Frankfurt/M. 1993, S. 1300. Michael Zimmermann: Rassenutopie und Genozid. Die nationalsozialistische „Lösung der Zigeunerfrage". Hamburg 1996, S. 382f. Hans-Ulrich Wehler: Deutsche Gesellschaftsgeschichte, Bd. 4. Frankfurt/M. 2003, S. 673. Detlef Garbe: Zwischen Widerstand und Martyrium. Die Zeugen Jehovas im „Dritten Reich". München 1997, S. 499f. „Denkmal für die verfolgten Homosexuellen": Presseerklärung der Bundesregierung 27. 5. 2008 (www.bundesregierung.de)

24 Erschießung von Geiseln durch Soldaten der Wehrmacht in dem serbischen Ort Pancevo am 22. April 1941

Foto aus der Ausstellung „Verbrechen der Wehrmacht" (1998)

25 Vernichtungspolitik auf dem Balkan

a) Vernichtung mit Hilfe von Wehrmachtseinheiten

Während des Zweiten Weltkrieges weitete sich die Vernichtungspolitik gegenüber Juden, Roma u. a. auf ganz Europa aus. Bereits unmittelbar nach der Besetzung Südosteuropas setzte auch dort die gezielte Ermordung der jüdischen Bevölkerung ein. Dies geschah direkt durch Massenerschießungen durch Wehrmachtseinheiten oder mit Hilfe verbündeter Staaten wie dem kroatischen Ustascha-Staat.

Als die deutschen Truppen am 6. April 1941 ohne Kriegserklärung Jugoslawien überfielen, lebten in diesem Land etwa 80 000 Juden. Etwa 55 000–60 000 jugoslawische Juden und rund 4 000 ausländische jüdische Flüchtlinge fielen dem Holocaust zum Opfer. Damit hatte Jugoslawien prozentual eine der höchsten jüdischen Opferraten zu verzeichnen.

Nach der militärischen Kapitulation Jugoslawiens Mitte April 1941 wurde der jugoslawische Staat zerschlagen und zwischen den Achsenmächten aufgeteilt. Der Vernichtungsprozess der jugoslawischen Juden verlief territorial unterschiedlich. Je nachdem, ob die Juden unter bulgarischer, ungarischer, italienischer, deutscher Besatzungsherrschaft oder auf dem Gebiet des kroatischen Ustascha-Staates lebten, wurden sie zu verschiedenen Zeitpunkten und unter unterschiedlichen Begründungszusammenhängen vom Vernichtungsapparat erfasst. So etwa wurde der überwiegende Teil der in Kroatien lebenden Juden in den zahlreichen Lagern von der kroatischen Ustascha [...] ermordet, und nur ein relativ kleiner Teil wurde im Zuge der „Endlösung der Judenfrage" ab 1943 nach Auschwitz deportiert. Während die etwa 16 000 Juden in den von Ungarn annektierten Gebieten [...] bis zum Einmarsch der deutschen Truppen in Ungarn im März 1944 von der Massenvernichtung verschont blieben, gab [...] Emanuel Schäfer[1], bereits im Juni 1942 die Meldung [...] durch: „Serbien ist judenfrei." In etwas mehr als einem Jahr militärischer Okkupation hatten Wehrmacht und Sicherheitspolizei nahezu die Gesamtheit der etwa 17 000 auf serbischem Gebiet lebenden Juden ermordet.

1 deutscher Befehlshaber der Sicherheitspolizei in Serbien (1942–1944)

Walter Manoschek: Die Vernichtung der Juden in Serbien. S. 209–234, hier S. 209f. In: Nationalsozialistische Vernichtungspolitik 1939–1945. Hg. v. Ulrich Herbert, Frankfurt/M. 1998.

b) Vernichtung mit Hilfe der Verbündeten

Im Januar 1943 traf der deutsche Eichmann-Mitarbeiter, Hauptsturmführer Dannecker, aus Frankreich kommend in Bulgarien ein und erwirkte die Zusage zur Aussiedlung von 20 000 Juden. Dies wurde am 22. Februar 1943 vertraglich festgehalten. Nun erklärte sich der bulgarische Innenminister bereit zunächst die jüdische Bevölkerung der besetzten Gebiete, welche ohnehin keine bulgarische Staatsbürgerschaft besaß, zu deportieren: 8 000 Juden aus Makedonien, 6 000 aus Thrakien und weitere

55 6000 aus Altbulgarien sollten die angestrebte Zahl von 20000 voll machen. [...] Militär, Polizei und die Brannik-Jugend[1] riegelten die jüdischen Wohnviertel ab. Es setzte eine systematische Durchsuchung von jüdischen Wohnungen ein. Ihre Bewohner wurden abgeführt und auf 60 das Gelände des staatlichen Tabakmonopols in Skopje gebracht, wo sie auf engstem Raum und mit nur mangelhafter Verpflegung und völlig unzureichenden sanitären Anlagen zusammengepfercht wurden. So gab es beispielsweise nur fünfzehn Latrinen für rund 8000 Inter- 65 nierte. In dem provisorisch eingerichteten Sammellager ließ man sie im Glauben, sie würden nach Altbulgarien deportiert. [...] Erst als begonnen wurde, auch die vereinbarten 6000 bulgarischen Juden zu verhaften, regte sich in Bulgarien Protest. Zu diesem Zeitpunkt wusste auch 70 die bulgarische Öffentlichkeit, dass es sich bei der geplanten Deportation nicht allein um eine Umsiedlung handelte. In einem der verschiedenen Protestschreiben von März 1943 wurde erklärt: „Wir haben Nachricht darüber erhalten, dass die Juden von der Küste des Ägäi- 75 schen Meeres zusammen mit 3500 Juden aus den alten bulgarischen Gebieten ins polnische Ghetto zur Vernichtung abtransportiert werden sollen.“ [...] doch wurden über 7100 makedonische Juden in drei Zügen zwischen dem 22. und 29. März 1943 nach Treblinka abtranspor- 80 tiert, darunter 2000 Kinder unter 16 Jahren.

1 eine der Hitlerjugend vergleichbare bulgarische Jugendorganisation

Björn Opfer: Im Schatten des Krieges. Eine komparative Untersuchung über die bulgarische Herrschaft in Vardar-Makedonien. Münster 2005, S. 277 ff.

26 Rechtsextreme Demonstration aus Anlass der Ausstellung „Vernichtungskrieg – Verbrechen der Wehrmacht 1941–1944“
Hannover 19. Dezember 1998

Arbeitsvorschläge

a) Arbeiten Sie unter Einbeziehung des VT in M 3 bis M 5 die Merkmale des im 19. und Anfang des 20. Jahrhunderts kursierenden Antisemitismus heraus. Inwiefern unterscheidet sich dieser von eben jenem Antisemitismus, den die Nationalsozialisten propagierten (M 7)? Inwiefern griffen die Nationalsozialisten dennoch auf Konzepte des traditionellen Antisemitismus bzw. Antijudaismus zurück (M 6)?

b) Erarbeiten Sie aus dem VT, M 8, M 12 und M 19 in Form eines Flussdiagramms den Verlauf und die Phasen der nationalsozialistischen Judenverfolgung und -vernichtung.

c) Erläutern Sie anhand von M 8 bis M 11 und dem VT die Hintergründe, nationalsozialistischen Zielsetzungen sowie den Ablauf des Judenboykotts am 1. April 1933.

d) Wie werden die antisemitischen Maßnahmen der Nationalsozialisten aus der Sicht eines Betroffenen (M 9), wie aus der Sicht eines Außenstehenden (M 11) wahrgenommen und beschrieben?

e) Analysieren Sie das Fernschreiben von Reinhard Heydrich. Was erfährt man darin über den damaligen Zustand des deutschen Rechtssystems und die unterschwelligen Absichten der Pogrominitiatoren (M 12)?

f) Verschaffen Sie sich einen Eindruck von dem tatsächlichen Pogromverlauf (M 13, M 14).

g) Wie reagierte die deutsche Bevölkerung auf den Pogrom (M 13, aber auch M 6 und M 7 Kapitel 4.4)?

h) Analysieren Sie, welcher propagandistischen Mittel sich die Abbildungen M 15 und M 17 bedienen und welche Reaktionen sie bei ihren zeitgenössischen Betrachtern zu erwirken beabsichtigten.

i) Informieren Sie sich über Hintergründe und Handlung des NS-Films „Jud Süss“ (M 1) und der NS-Dokumentation „Der ewige Jude“ (M 15). Überlegen Sie, warum diese auch heute noch verboten sind.

j) Finden Sie Beispiele für die Zurückdrängung der Juden aus Wirtschaft und Gesellschaft des deutschen Volkes und erläutern Sie deren Bedeutung und die Konsequenzen für die Betroffenen (VT, M 15, M 16).

k) Beschreiben Sie die Lebensumstände der damaligen Opfer des NS-Regimes (M 16).

l) Diskutieren Sie die Beweggründe und Durchführung der sogenannten „Euthanasie“ (M 17, M 18).

m) Analysieren Sie die Motive für die „Endlösung der Judenfrage“ und deren Umsetzung (M 19–M 25). Nehmen Sie anschließend dazu Stellung.

n) Der rassenpolitische Vernichtungskrieg wurde nicht allein von SS und anderen Spezialeinheiten ausgeführt. Informieren Sie sich über die Ausstellung „Verbrechen der Wehrmacht“ (1998) und die anschließende Diskussion über die Rolle der Wehrmacht in der Durchführung der Vernichtungspolitik (M 24, M 25 a, M 26). Diskutieren Sie, warum dieses Thema über Jahrzehnte ein Tabuthema geblieben war.

o) Erarbeiten Sie ein Kurzreferat zur deutschen Politik auf dem Balkan während des Zweiten Weltkrieges (M 24, M 25).

4.4 Öffentliche Wahrnehmung der Judenverfolgung und Beteiligung der Bevölkerung

Legende der „kollektiven Ahnungslosigkeit"

„Davon haben wir nichts gewusst!", hieß es wiederholt in Deutschland nach dem Zusammenbruch des Dritten Reiches. Mit dieser stereotypen Apologie reagierte die deutsche Bevölkerung auf die Nachricht von der systematisch erfolgten Ermordung ihrer jüdischen Landsleute während des Zweiten Weltkrieges und lieferte hiermit eine vermeintliche Begründung für den Schweigekonsens hinsichtlich der Wirklichkeit des millionenfachen Mordes. Tatsächlich sind Pauschalisierungen, die alle Deutschen entweder von Anfang an zu mordwilligen Tätern machen (Goldhagen) oder zu reinen Opfern eines „diktatorischen Anpassungsdrucks" stilisieren, unangebracht. Dennoch haben bis heute nur wenige Deutsche eingeräumt, von den NS-Verbrechen gegen die Menschheit bereits zur Tatzeit gewusst zu haben. Der Verdacht, dass es sich bei der Behauptung, nichts oder nichts Genaues davon gewusst zu haben, um eine kollektive Schutzbehauptung handelte, liegt nahe, zumal die Verfolgung der Juden bis zu ihrer letztendlichen Deportation (Judenboykotte, Nürnberger Gesetze, Reichspogrom) unter den Augen der deutschen Öffentlichkeit ablief. Zudem wurden die ab 1942 trotz Geheimhaltungsgebot kursierenden Gerüchte hinsichtlich des konkreten Mordens durch das Regime immer wieder indirekt bestätigt, nachdem dieses sich in aller Offenheit und Unmissverständlichkeit zur Vernichtung der Juden bekannt, ja diese sogar zum Kriegsziel erhoben hatte. So hatte Hitler bereits in seiner berüchtigten Reichstagsrede vom 30. Januar 1939 ganz offen die „Vernichtung des Judentums" angekündigt und auf dem Höhepunkt der Deportationen ab 1941 wiesen er und die ihm dienende Propaganda immer wieder auf diese „Prophezeiung" hin, verstärkten diese gar durch die drastische Botschaft der „Ausrottung". Darüber hinaus lieferten Berichte von Fronturlaubern, Feldpostbriefe und auch geheim gehörte Berichte des britischen Senders BBC einzelne Hinweise, die sich durch die Verdichtung der Informationen ab 1942 zu einem schlüssigen Gesamtbild zusammenfügen ließen. Die Verfolgung war somit noch zur Zeit des Dritten Reiches ein „öffentliches" bzw. „offenes" Geheimnis (Longerich/Bajohr).

„Nicht-Wissen-Wollen"

Obwohl ein Großteil der brisanten Akten zur „Endlösung der Judenfrage" gegen Ende des Dritten Reiches durch die Nationalsozialisten gezielt vernichtet wurde, widerlegen auch zahlreiche erhaltene Quellen, darunter besonders Tagebucheinträge, die Legende von der Ahnungslosigkeit der Deutschen hinsichtlich der Verfolgung. Sie zeigen auf, wie sich selbst einfache Bürger ab 1942 anhand von jedermann zugänglichen Informationen ein recht präzises und umfangreiches Bild des Massenmordes machen konnte. Beklemmend genau kann diesen Quellen entnommen werden, wie die NS-Führung die öffentliche Wahrnehmung der Juden sogar propagandistisch zu steuern suchte und – ohne im vollen Umfang die Einzelheiten offenzulegen – die deutsche Bevölkerung durch gezielte Hinweise auf die Judenvernichtung zu Mitwissern und somit Komplizen dieses Menschheitsverbrechens machen wollte. Jedem Deutschen sollte somit bewusst gemacht werden, dass er im Falle einer Kriegsniederlage die Konsequenzen dieses Verbrechens mitzutragen hätte.

Dass nur wenige „Volksgenossen" sich tatsächlich ein umfassendes Bild von den Mordaktionen machten, ist somit weniger auf die Schwierigkeiten der Informationsbeschaffung als vielmehr auf ein mangelndes Interesse zurückzuführen, die grauenerregenden Details des Gesamtpuzzles zu einem Gesamtbild zusammenzusetzen. Stattdessen flüchtete man sich in eine Art „ostentative Ahnungslosigkeit" (Longerich), Verdrängung und ein „Nicht-Wissen-Wollen".

Anfänglich mangelnder gesellschaftlicher Konsens

Blickt man auf die Frühphase der nationalsozialistischen Judenpolitik zurück, so lässt sich feststellen, dass von einem „breiten radikal-antisemitischen Konsens in der deutschen Bevölkerung" (Longerich) keine Rede sein konnte. Zwar gab es eine solide und starke Gruppe von fanatischen Antisemiten, in der allgemeinen Bevölkerung musste die nationalsozialistische Judenpolitik jedoch Schritt für Schritt durchgesetzt werden. So konnten die Nationalsozialisten in der ersten bis 1935 reichenden Phase mit und durch ihre Judenpolitik zwar ihre Macht erweitern, jedoch gewann diese in der Bevölkerung keine breite Zustimmung.

Schwindende Solidarität

Mit den volkswirtschaftlichen und militärischen Erfolgen des Regimes und der wachsenden Popularität der nationalsozialistischen „Zustimmungsdiktatur" (Aly), die auf die „Volksmeinung" Rücksicht nahm und sich nach 1933 auf eine wachsende Konsensbereitschaft in der Gesellschaft sowie deren aktive, interessengeleitete Mitwirkung stützen konnte, schwand jedoch die Solidarität mit den Verfolgten. „Man" fügte sich, und dies nicht nur infolge von Propaganda und Repression. Auch die aus der Entrechtung der Juden erwachsende materielle Nutznießerschaft und infolge der „Arisierungen" winkenden Profite korrumpierten die deutsche Gesellschaft und führten dazu, dass die Juden schon 1938/39 nicht mehr als Teil der deutschen Volksgemeinschaft angesehen wurden. Fortan stieß die Politik der Ausplünderung und erzwungenen Emigration von Juden nur noch auf wenig Vorbehalte. Die Verschärfung der Judenpolitik wurde von der Mehrzahl der Deutschen hingenommen, wenn nicht sogar unterstützt, was jedoch nicht die Zustimmung zu mörderischen Aktionen oder Massenmord beinhaltete. Dennoch war damit die geistige Grundlage für die ab 1941 beginnenden Deportationen gelegt, die auf eine Stimmungslage in der Bevölkerung trafen, welche von aktiver Zustimmung über Zurückhaltung bis hin zu kritischer Distanz reichte.

1 **„Der Stürmer"**. Hetzpropaganda gegen Juden verbreiteten Schaukästen mit dem NS-Blatt „Der Stürmer" (September 1938).

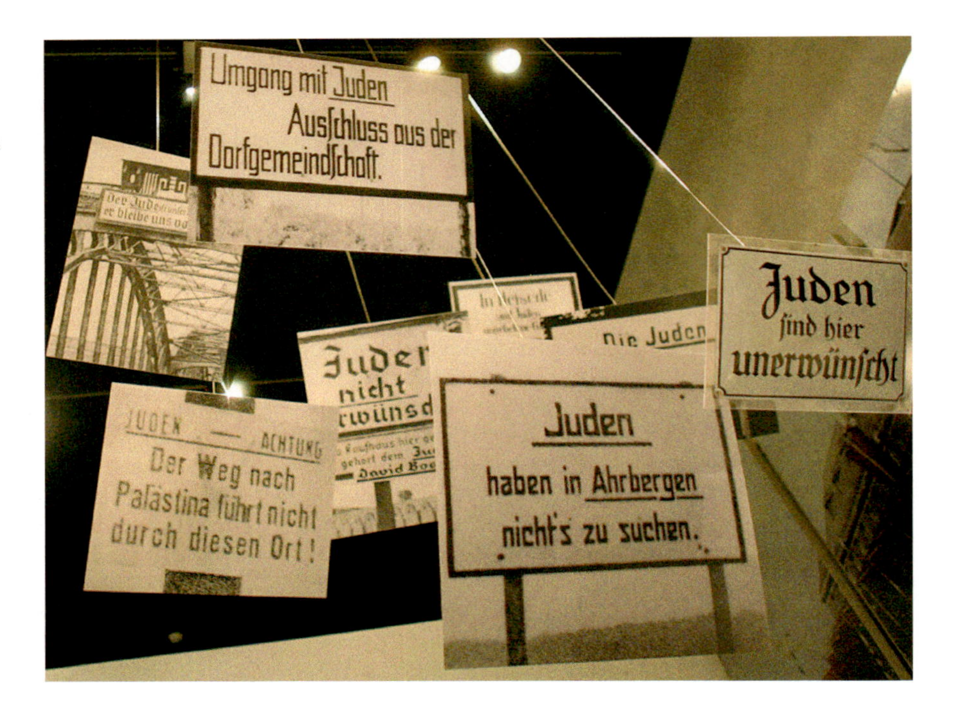

2 Judenfeindliche Schilder aus der Zeit des Nationalsozialismus. Jüdisches Museum Berlin

3 Das Blut-Lied

Ein in der Freikorpszeit nach der deutschen Novemberrevolution 1918 umgedichtetes und vor allem in nationalsozialistischen Kreisen gesungenes Lied lautete:

Wetzt die langen Messer
Auf dem Bürgersteig!
Lasst die Messer flutschen
In den Judenleib!
:/: Blut muss fließen knüppelhageldick,
Wir scheißen auf die Freiheit der Judenrepublick.
Kommt einst die Stunde der Vergeltung,
Sind wir zu jedem Massenmord bereit :/:

Johann Neuhäuser: Kreuz und Hakenkreuz – Der Kampf der Nationalsozialisten gegen die katholische Kirche und kirchlichen Widerstand, 1. und 2. Teil, Katholische Kirche Bayern. München 1946, S. 57.

4 „Judenfreie" Gemeinde

Ein Gemeinderat im Kreis Bernkastel beschloss (Datum unbekannt!):

An den Ausgängen der Gemeinde B werden Tafeln mit folgender Inschrift angebracht: „Juden sind hier nicht erwünscht."

Der in der Mitte des Ortes zur Aufstellung gelangte Zeitungskasten „Der Stürmer" wird allen Volksgenossen zur Beachtung empfohlen.

Kein Handwerker, kein Geschäftsmann oder sonst ein Volksgenosse erhält eine Gemeindearbeit, und das Gemeindenutzungsrecht wird ihm sofort entzogen, wenn er oder seine Familienangehörigen noch mit Juden Verkehr pflegen bzw. diese in ihrem Handeln unterstützen.

Das Kaufen bei Juden, die Inanspruchnahme jüdischer Ärzte oder Rechtsanwälte bedeutet Verrat am Volke und der Nation.

Da die Rassenfrage der Schlüssel zu unserer Freiheit ist, soll derjenige verachtet und geächtet sein, der diese Grundsätze durchbricht.

Franz-Joseph Heyen: Nationalsozialismus im Alltag. Boppard am Rhein 1967, S. 136. Zit. nach: „Leben im Dritten Reich" – Sonderheft der „Informationen zur politischen Bildung". Bundeszentrale für politische Bildung, Bonn unbekanntes Datum, S. 27.

5 Antisemitismus im Alltag

Durch dauernde Drohungen und Belästigungen sollten jüdische Geschäftsinhaber zur Geschäftsaufgabe gezwungen werden. Die Kundschaft profitierte bei solchen Gelegenheiten von billigen Preisen.

Bund deutscher Mädel
Untergau 83/Kassel.
Kassel, den 28. August 1935.

Am Dienstag, den 28.08., 10.30 Uhr kommt das BDM-Mädel Elfriede M. erregt auf den Untergau und berichtet der Untergauführerin Elisabeth Clobes im Beisein der Sozialreferentin Luise Viehmann und der Obergau-Presse-Referentin Lotto Oberfeld Folgendes:

Gegen 10 Uhr morgens kam ich vor das Schuhgeschäft des Juden Knobloch in der Unt. Königstraße, vor dem sich schätzungsweise 100–150 Personen versammelt hatten. Einige Frauen, die sich nach kurzem Zögern gerade entschlossen hatten, in dem Geschäft des Juden ihre Einkäufe zu besorgen, wurden von mir höflich angesprochen und darauf hingewiesen, dass sie doch lieber ihre Einkäufe in einem christlichen Geschäft erledigen sollten. Die Frauen erwiderten, dass sie dahin gehen würden, wo es billiger wäre und heutzutage wäre eben der Jude der billigere. Daraufhin mischten sich einige Männer in die Unterhaltung, die immer erregter wurde. Mir wurde zugerufen: „Geh lieber nach Hause, guck ins Lesebuch, denn Euch Schnutznasen fragen wir doch nicht danach, wo wir unsere Einkäufe besorgen." Da kurz vorher einige Jungvolkjungen (in Zivil mit HJ-Abzeichen) versucht hatten, den Zugang zum Geschäft zu sperren, aber von der Menge verjagt worden waren, glaubte man, die Jugend im Allgemeinen angreifen zu müssen und es fielen Äußerungen wie: „Wir lassen uns doch von der heutigen Jugend keine Vorschriften machen", worauf ich erwiderte, dass gerade die Jugend unsere Zeit verstände und die Älteren nicht, weil sie eben in einer anderen, viel schlechteren Zeit groß geworden wären. Die Menge verteidigte sich damit, dass man noch lange keine Volksverräter zu sein brauche, wenn man bei einem Juden kaufen würde, und dass es einem christlichen Kaufmann doch nie gelingen würde, seine Ware so billig abgeben zu können wie der Jude.

Als einige Frauen, mit Schuhkartons bepackt, das jüdische Geschäft verließen, von denen eine triumphierend ihr Paket hochhielt mit der Bemerkung, dass sie um R. M. 2,- billiger eingekauft hätte als bei einem Christen, rief man mir zu (ein Mann mit DAF-Abzeichen): „Wenn Du erst einmal verheiratet bist, dann gehst Du auch dahin, wo Du am billigsten kaufst."

Die Auseinandersetzung wurde derartig, dass man mir sogar mit Fäusten drohte, und eine Frau, die mir wohlwollte, mir riet, mich zu entfernen, da es mir nicht gut gehen würde.

Da ich selber in Zivil mit HJ-Abzeichen war und nichts allein unternehmen konnte, versuchte ich, einen Schutzpolizisten heranzuholen, doch es gelang mir nicht, da sich keiner in der Nähe befand. Daraufhin ging ich zum BDM Untergau.

Gez. Elfriede M., 15 Jahre alt.

Zit. nach: Jörg Kammler/Dietfried Krause-Vilmar u.a.: Volksgemeinschaft und Volksfeinde. Kassel 1933–1945. Eine Dokumentation. Fuldabrück 1984, S. 239.

6 Reaktionen auf den Judenpogrom 1938

Aus Berichten wie diesem geht hervor, dass die Reaktionen in der Bevölkerung hinsichtlich des Judenpogroms im November 1938 eher ablehnender Natur waren (Verfasser ist unbekannt):

Als das Attentat des jüdischen Emigranten Herschel Grynszpan auf den Legionssekretär vom Rath in der deutschen Botschaft in Paris bekannt wurde, glaubte die Parteiführung, endlich auch weite Teile der Bevölkerung gegen die Juden mobilisieren zu können. Entsprechend dachte sie auch, ihre „Sühnemaßnahmen" als „spontane Volkswut" zu verkaufen. Doch dann, als in der Nacht vom 9. zum 10. November 1938 fast alle Synagogen und zahllose Geschäfte und Wohnungen zertrümmert und verwüstet wurden, kamen die Nationalsozialisten in Schwierigkeiten. Aus den meisten geheimen Lageberichten des Sicherheitsdienstes und der Polizei ging nämlich unmissverständlich hervor, dass die Bevölkerung zwar aus Entrüstung über den Diplomatenmord es richtig fand, die Juden mit einer Sondersteuer von 1 Mrd. Reichsmark zu bestrafen, dass sie aber Sachzerstörung und Gewalttätigkeit nach wie vor entschieden ablehnten: Da war zu lesen, dass durch solche Terrormaßnahmen wie in der „Reichskristallnacht" das allgemeine Rechtsbewusstsein leiden könnte und dass die unnötige Vernichtung von Sachwerten letztlich doch nur dem deutschen Volksvermögen verloren gehen würde. Man sähe dann auch wirklich nicht mehr ein, warum man sonntags Eintopf essen und Geld spenden solle, wenn nicht nur Fensterscheiben und Möbel zerstört, sondern auch Lebensmittel aus jüdischen Läden auf den Mist oder auf die Straße geworfen würden. Ein Hitlerjunge, der gemeinsam mit anderen den Auftrag hatte, nach einer Liste jüdische Geschäfte zu demolieren, wunderte sich: „Es gab unter den Durchschnittsdeutschen keine Anzeichen von Wut oder Empörung gegen die Juden. Mir kam es so vor, als sei das nationalsozialistische Gedankengut noch nicht in die Breite gedrungen."

Louis Hagen: Geschäft ist Geschäft. Martin Beheim-Schwarzbach u.a. (Übers.), Merlin-Verlag, Hamburg 1969, S.78. Aus: „Leben im Dritten Reich" – Sonderheft der „Informationen zur politischen Bildung". Bundeszentrale für politische Bildung, Bonn unbekanntes Datum, S. 27–28.

7 Die Mehrzahl hatte kein Verständnis

Die meisten Berichte über den Novemberpogrom an die nationalsozialistischen Machthaber versuchten die wahre Einstellung der Bevölkerung zu verschleiern, indem sie schlicht von zweierlei Meinungen sprachen. In einem Bericht der Gendarmerie-Station Waischenfeld heißt es dagegen:

Befürwortet wurde die Aktion gegen die Juden von alten Kämpfern und den jüngeren Leuten, die schon aus der Hitlerjugend hervorgegangen sind. Dagegen wurde von der Mehrzahl der Bevölkerung hierfür kein Verständnis aufgebracht, dass man ohne weiteres fremdes Eigentum zerstören darf.

Martin Broszat/Elke Fröhlich/Falk Wiesemann: Bayern in der NS-Zeit. München 1977, S. 223.

8 Der Umgang mit Juden in Wien 1938

Der amerikanische Journalist William L. Shirer berichtet über den Umgang mit Juden in Wien 1938:

Wien, 22. März. In den Straßen heute Gruppen von Juden, die, auf Händen und Knien rutschend, Schuschnigg[1]-Paro-

1 Kurt Schuschnigg (1897–1977) regierte zwischen Juli 1934 und März 1938 mit diktatorischen Mitteln als Bundeskanzler den austrofaschistischen Ständestaat Österreich.

9 Öffentliche Demütigungen
März 1938 in Wien (Heinestraße): Juden werden zum Straßenscheuern gezwungen.

len von den Bürgersteigen entfernen mussten, unter dem Zwang johlender SA-Leute und verhöhnt von der Menge ringsum. Zahlreiche Juden begehen Selbstmord. Viele Berichte über den Sadismus der Nazis; was die Österreicher betrifft, so überrascht mich das. Jüdische Männer und Frauen müssen Latrinen reinigen. Hunderte von ihnen werden wahllos in den Straßen aufgegriffen, um die Toiletten der Nazikerle zu säubern. Die Glücklicheren kommen mit dem Reinigen von Autos davon – den Tausenden von Wagen, die man Juden und „Feinden" des Regimes gestohlen hat. Die Frau eines Diplomaten, Jüdin, erzählte mir heute, dass sie es nicht wagt, auszugehen, aus Angst davor, aufgegriffen und zum „Schrubben" gezwungen zu werden.
Wien, 25. März. Ging heute mit Gillie zur Synagoge in der Seitenstättengasse, die auch das Domizil der Jüdischen Kultusgemeinde gewesen ist. Man hat uns erzählt, dass die Juden dort gezwungen werden, mit den heiligen Gebetsriemen, den Tefillin, die Toiletten zu säubern. Doch die SS-Wachen verweigerten uns den Eintritt. Durch die Tür konnten wir sehen, wie drin pfeiferauchende Nazis herumlungerten. Auf unserem Weg zu einem kleinen italienischen Restaurant hinter der Kathedrale hatte Gillie eine Auseinandersetzung mit einigen SA-Leuten, die ihn für einen Juden hielten, obwohl er ein waschechter Schotte ist. Sehr ärgerlich, und wir ertränkten unseren Zorn in Chianti.

William I. Shirer: Berliner Tagebuch – Aufzeichnungen eines Auslandskorrespondenten 1934–1941. Übersetzt von Jürgen Schebera. Leipzig 1995, S. 92f.

10 „Wilde Arisierung" als großes Geschäft

Ein amerikanischer Historiker, der in seiner Jugend aus dem nationalsozialistischen Deutschland emigrierte, schreibt über die „Arisierung" der nationalsozialistischen deutschen Wirtschaft:
Die beliebteste Plünderungsform der Nazis stellten die Arisierungsverfahren dar, die in geradezu idealer Weise Profit und Ideologie verbanden. Korruption steigert sich jedoch in geometrischer Progression und die Behörden waren fassungslos, als sie sahen, dass Arisierer, die auf eigene Faust handelten, wie Pilze aus der Erde schossen, sich wütend gegenseitig Konkurrenz machten und die reibungslose Durchführung der Verfahren behinderten. Ein Wirtschaftsbericht der Berliner Stadtverwaltung fand zu tadeln, dass „Mieter in Häusern, die früher Juden gehört

Arische Firma

Dieses Haus wird verwaltet von der beh. konzess.
Häuser-Verwaltung
J. Pröckls Wwe. Josefine Pröckl
Wien, 8., Lederergasse 28. / Fernruf A-25-5-45
Sprechstunden: Dienstag und Mittwoch von 9 bis 1 Uhr.

11 **Arische Firma**, Maueranschlag in Wien 1939

13 **Versteigerung geraubter Waren**
Alltag in einem hessischen Dorf 1942: Öffentliche Versteigerung des Hausrats deportierter Juden

Am **Mittwoch, den 21. Jan., von vorm. 1/2 10—12 u. nachm. 1/2 2 Uhr ab** kommt in der **Sauerbrunnenstr. 2** (Eingang bei der früh. WMF.) zur

Versteigerung:

Glas-, Porzellan- u. Küchengeschirr, Küchenbüfett, Leib- und Bettwäsche, versch. Bettstücke, Roßhaarmatratze, Korbsessel, Nähmaschine, Spiegelkonsol, Tische, Stühle, Mehltruhe, Eckschrank, Sofa, elektr. Deckenstrahler, Zimmerbüfett, Regal, kompl. **Schlafzimmer**, gr. Bügeltisch u. verschiedenes. J. A.: Stadtinv. **Hinderberger**, Tel. 2816.

12 **Legalisierter Raub**
Die zur Versteigerung angekündigten Waren stammten aus den Wohnungen der im November 1941 deportierten Juden. Anzeige in der Lokalzeitung „Der Hohenstaufen – Göppinger Zeitung“ vom 20. Januar 1942

hatten, Mietforderungen von den verschiedenen miteinander konkurrierenden Einzelpersonen und Verbänden bekämen. [...] Für jeden jüdischen Laden gab es gewöhnlich drei oder vier Bewerber. Um einzelne Bewerber abzudecken, teilten sich verschiedene Handelsorganisationen in Gruppen auf und suchten um Behördenunterstützung, indem sie die jeweiligen Rivalen als Judenfreunde hinstellten.“
Um die Epidemie der „wilden Arisierung“ einzuschränken, erklärte [Hermann] Göring einen Monat nach der Kristallnacht, dass der Raub jüdischen Eigentums das ausschließliche Vorrecht des Staates sei und nur unter der Ägide des Reichswirtschaftsministers durchgeführt werden dürfe. Überprüfungen an Ort und Stelle zeigten, dass bei einigen arisierten Läden in Wien die Profitmarge bei Werten zwischen 80 und 380 Prozent lag, und Gauleiter Bürckel fühlte sich verpflichtet, ein Dutzend Arisierungskommissare, die er persönlich eingesetzt hatte, in das Konzentrationslager Dachau einzuliefern, wo sie dann vorübergehend mit denen zusammentrafen, die sie enteignet hatten.

R. Grunberger: Das zwölfjährige Reich – Der Deutschen Alltag unter Hitler. Wien u.a. 1972, S. 110f.

14 **Hilfe aus der Volksgemeinschaft**
Immer wieder gab es auch hilfsbereite „Volksgenossen“, die sich der Juden annahmen. Eine Betroffene berichtet:
Am späten Abend wurde ich gerufen, zwei Klosterschwestern wollten mich sprechen. Ich fand sie beladen mit zwei großen Säcken, der eine voll echten guten Kakaos (den es schon lange nicht mehr zu kaufen gibt, auch nicht auf Marken), der andere voll mit feinem Zucker. Sie seien beauftragt von der Frau Oberin und der gesamten Schwesternschaft, dies als Zeichen ihres Mitfühlens mit uns allen zu überreichen. Außerdem sollten sie uns sagen, dass morgen ein besonderer Bittgottesdienst für die von uns Fortgehenden abgehalten würde. Wir sollten wissen, dass sie sich uns in unserem Leid schwesterlich verbunden fühlten. Es war nicht das erste Mal, dass wir die Hilfsbereitschaft und die freundschaftliche Nähe der Schwestern zu fühlen bekamen; bei jedem nur erdenkbaren Anlass hatten sie bewiesen, dass wir auf ihre Unterstützung zählen konnten.

Else R. Behrend-Rosenfeld: Ich stand nicht allein – Erlebnisse einer Jüdin in Deutschland. Frankfurt a.M. 1979, S. 20. Zit. nach: „Leben im Dritten Reich“ – Sonderheft der „Informationen zur politischen Bildung“. Bundeszentrale für politische Bildung, Bonn unbekanntes Datum, S. 27f.

15 **„Den Holocaust hat es nie gegeben" (2001).** Werbeplakat für das Berliner Holocaust-Denkmal

Arbeitsvorschläge

a) Umreißen Sie anhand von M1 bis M5 sowie dem VT, in welchem Umfang die deutsche Bevölkerung bereits frühzeitig über das tatsächliche Ausmaß der nationalsozialistischen Judenverfolgungspolitik informiert war.

b) Beschreiben Sie Ihre Reaktion (Assoziationen, Gedanken und Gefühle) bei der Betrachtung des Schaufensters in M2. Was mag ein zeitgenössischer Betrachter dieses Schaufensters gedacht und gefühlt haben?

c) Überlegen Sie, welche Motive den Gemeinderat in M4 zu den aufgeführten folgenschweren Beschlüssen veranlasst haben könnten.

d) Stellen Sie anhand von M4 bis M7 sowie dem VT heraus, welche Grundsatzhaltungen der deutschen Bevölkerung im Hinblick auf die groß angelegten antisemitischen Propagandakampagnen des NS-Regimes deutlich werden.

e) Entgegen anderslautender Anweisungen schritt der Vorsteher des Polizeireviers in Berlin-Mitte, Wilhelm Krützfeld, in der Pogromnacht 1938 beherzt gegen die Zerstörung der neuen Synagoge in der Oranienburger Straße ein. Krützfeld wurde dafür im Nachhinein weder verhaftet noch entlassen.
Recherchieren Sie den Ablauf der Ereignisse im Umfeld von Wilhelm Krützfeld in der Reichspogromnacht vom 9. auf den 10. November 1938. Welche Schlüsse lassen sich aus dem Beispiel Krützfelds hinsichtlich der Möglichkeiten zum Widerstand gegen das NS-Regime ziehen? (**Online Link** 430017-0401)

f) Schildern Sie die in M8 und M9 beschriebenen Ereignisse in Wien 1938 aus der Perspektive eines Betroffenen.

g) Äußern Sie sich zu den in M10 bis M13 deutlich werdenden Ambitionen vieler Deutschen bezüglich einer kontinuierlichen Verschärfung der NS-Judenpolitik.

h) Diskutieren Sie ausgehend von M14 die These in der Nachkriegszeit, dass man hinsichtlich der NS-Judenpolitik „auch gar nichts hätte tun können".

i) Diskutieren Sie am Plakatbeispiel M15, ob ein solcher Werbeslogan für den Bau des Holocaust-Denkmals sinnvoll ist oder ob er Revisionismus fördern könnte.

Standpunkte: Der moderne Antisemitismus im historischen Urteil

Mit seinem 1996 veröffentlichten Buch „Hitlers willige Vollstrecker" löste der amerikanische Politologe Daniel Jonah Goldhagen eine lebhafte Debatte aus. Er behauptete, ein fest verwurzelter Antisemitismus sei die Triebkraft für Tausende von Deutschen gewesen, mit ungeheuerlicher Energie Juden zu töten – Millionen anderer Deutscher wären dazu auch bereit gewesen. Diese These ist umstritten und legt eine Frage nahe: Wie sah dieser deutsche Antisemitismus aus?

4

1 Verbreiteter Antisemitismus in Deutschland

Der deutsche Historiker Hans-Ulrich Wehler 1995:

Trotz des Scheiterns der Antisemitenparteien wäre es aber völlig verfehlt, ihre Niederlage mit einem Rückgang des modernen Antisemitismus überhaupt gleichzusetzen. Vielmehr hatte er sich inzwischen in manchen Sozialmilieus und Klassen der reichsdeutschen Gesellschaft verhängnisvoll tief eingenistet. [...] In der Mittelstandsbewegung, im DNHV [Deutschnationaler Handlungsgehilfenverband], bei den Alldeutschen und überhaupt in den nationalen Verbänden blieb der Antisemitismus in der Mentalität der Anhänger ungebrochen und im Voka-bular präsent [...]. Und im politisch-administrativen System grassierten die antisemitischen Vorurteile unentwegt weiter. [...] 1866 war in Preußen das Gesetz gegen die Einstellung jüdischer Richter endlich aufgehoben worden. Bis 1914 aber gab es gerade einmal zweihundert jüdische Amtsrichter, die ohne jede Chance beruflichen Aufstiegs blieben. Von fünfundzwanzigtausend Einjährig-Freiwilligen jüdischer Herkunft, die zwischen 1871 und 1914 als potenzielle Offiziersanwärter in die Armee eintraten, konnten einundzwanzig zum Leutnant der Reserve avancieren. Einen jüdischen Berufsoffizier gab es nicht. Offener oder latenter, jedenfalls wirksamer Antisemitismus blieb ein Kennzeichen auch des kaiserlichen Offizierskorps.
Nein, der Misserfolg der Antisemitenparteien bedeutete keineswegs das Ende des gesellschaftlich breit diffundierten modernen Antisemitismus. Als der Erste Weltkrieg ihn gefährlich steigerte und die Niederlage die Jagd nach Sündenböcken auslöste, dehnte er sich weiter aus, und die neuen völkisch-antisemitischen Verbände und Parteien konnten bis 1932 ein bisher unvorstellbares Wählerpotenzial mobilisieren.

H.-U. Wehler: Deutsche Gesellschaftsgeschichte Bd. 3: 1849–1914. München 1995, S. 1064 ff.

2 „Eliminatorischer" Antisemitismus der Deutschen

Goldhagen 1996:

Bereits lange vor dem Machtantritt der Nationalsozialisten in Deutschland [hatte sich] eine bösartige und gewalttätige „eliminatorische", also auf Ausgrenzung, Ausschaltung und Beseitigung gerichtete Variante des Antisemitismus durchgesetzt [...], die den Ausschluss des jüdischen Einflusses, ja der Juden selbst aus der deutschen Gesellschaft forderte. Als die Nationalsozialisten schließlich die Macht übernommen hatten, fanden sie sich an der Spitze einer Gesellschaft wieder, in der Auffassungen über die Juden vorherrschten, die sich leicht für die extremste Form der „Beseitigung" mobilisieren ließen. [...]
1. Seit Beginn des neunzehnten Jahrhunderts war der Antisemitismus in Deutschland allgegenwärtig und gehörte zum allgemeinen Wertekanon. 2. Die Beschäftigung mit den Juden hatte Züge von Besessenheit. 3. Die Juden galten zunehmend als Verkörperung und Symbol für alles, was die deutsche Gesellschaft für schlecht hielt. 4. Juden wurden für böswillig, mächtig, ja sogar für die Hauptursache aller Übel gehalten, die Deutschland bedrohten, und daher sah man in ihnen eine Gefahr für das Wohlergehen der Deutschen. Moderne deutsche Antisemiten glaubten im Unterschied zu ihren mittelalterlichen Vorläufern, dass ohne die Vernichtung der Juden auf der Welt kein Frieden möglich sei. 5. Dieses kulturelle Modell der zweiten Hälfte des neunzehnten Jahrhunderts verband sich mit dem Konzept der „Rasse". 6. Die rassistische Variante des Antisemitismus war nicht nur in ihrer Vorstellungswelt ungewöhnlich gewalttätig, sie tendierte auch zur Anwendung von Gewalt. 7. Es entsprach ihrer Logik, für die Ausschaltung der Juden mit allen notwendigen und im Rahmen der herrschenden sittlichen Schranken möglichen Mitteln einzutreten. [...].

D. J. Goldhagen: Hitlers willige Vollstrecker. Ganz gewöhnliche Deutsche und der Holocaust. Berlin 1996, S. 39 u. 103 f. Übers. Klaus Kochmann.

Arbeitsvorschläge

a) Vergleichen Sie die jeweiligen Thesen zum Antisemitismus im deutschen Kaiserreich.
b) Nehmen Sie Stellung zu Goldhagens These, die deutsche Gesellschaft sei schon im 19. Jahrhundert von einem tief verwurzelten „eliminatorischen" Antisemitismus geprägt gewesen.

5 Die frühe Bundesrepublik – Erfolg der Demokratie durch „Wohlstand für alle"?

- Welche Erfahrungen aus dem Scheitern der ersten deutschen Demokratie und der Diktatur des Nationalsozialismus schufen dafür die Grundlagen?

- Welche weltpolitischen Rahmenbedingungen und weiteren Ursachenfaktoren ermöglichten die Westintegration, das „Wirtschaftswunder" und den Erfolg der Demokratie?

- Wie gingen die Deutschen in den Jahren nach 1945 bis zum Ende der „Ära Adenauer" mit der Vergangenheit des „Dritten Reiches" um?

- Welche Vorgänge in der DDR trugen dazu bei, den Kommunismus für die allermeisten Bundesbürger als Feindbild und Herausforderung wahrzunehmen?

„Mentalität eines Herrenvolkes".
Karikatur von Th. Th. Heine (1867–1948)
„1914 warst du kaisertreu, 1918 warst du Kommunist, 1933 warst du Nazi und nun willst du Demokrat sein – nennst du das Konsequenz?" – „Ja, natürlich. ich habe immer an meiner Überzeugung festgehalten, dass der Stärkste recht hat."

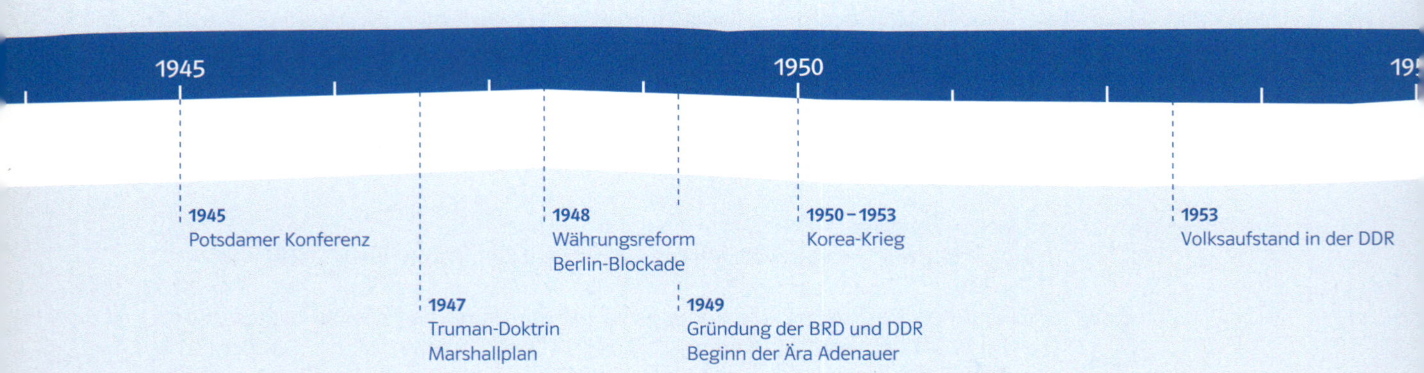

„Nicht wahr, Michelchen – keine Experimente“ Karikatur von Hanns Erich Köhler in Anlehnung an den CDU-Werbeslogan „Keine Experimente“, 1957

Online Link
430017-0501

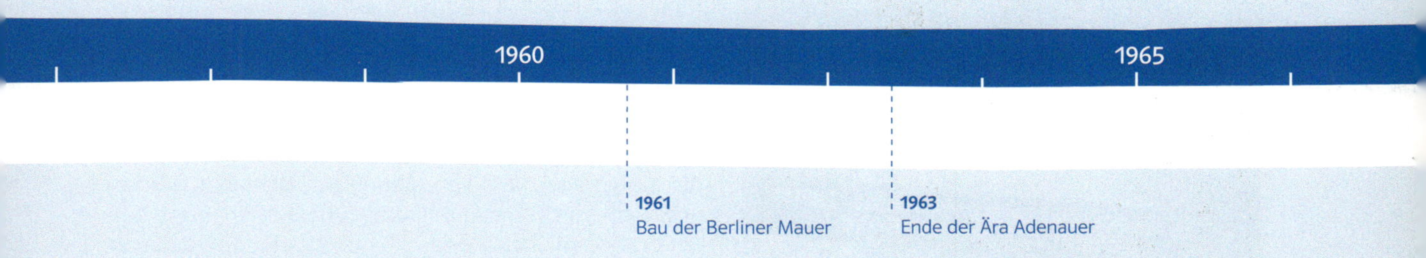

5.1 Probleme und Chancen des Neubeginns

„Bonn ist nicht Weimar"

Im Jahre 1956, sieben Jahre nach Gründung der Bundesrepublik Deutschland, veröffentlichte der Schweizer Journalist Fritz René Allemann eine scharfsichtige Diagnose der politischen, gesellschaftlichen und wirtschaftlichen Entwicklung der frühen Bundesrepublik. Er gab ihr den Titel „Bonn ist nicht Weimar" und fand damit eine Formulierung, die vierzig Jahre lang die zeithistorische Geschichtsschreibung bestimmte und bis zum heutigen Tage ihre Geltung behielt.
„Bonn ist nicht Weimar" – was soll damit über die frühen Jahre der Bundesrepublik ausgedrückt werden?
Die Weimarer Demokratie scheiterte und endete in der Diktatur des Nationalsozialismus. Dem Bonner Staat gelang, was der Weimarer Republik versagt blieb: die Zustimmung der überwiegenden Mehrheit der Bevölkerung zur demokratischen Regierungsform. Bonn ist also nicht Weimar – und das hat viele Gründe.
Nach dem Zweiten Weltkrieg sahen sich die Deutschen vor ganz andere Probleme gestellt als nach dem Ersten Weltkrieg. Der Krieg endete nicht in einem Waffenstillstand, sondern mit der bedingungslosen Kapitulation. Die Sieger standen nicht an den Grenzen des Deutschen Reiches, sondern hatten ganz Deutschland besetzt, in vier Besatzungszonen aufgeteilt und die oberste Regierungsgewalt übernommen. Fast alle größeren Städte und weite Teile des Landes waren zerstört, die meisten Deutschen damit beschäftigt, ihr Überleben inmitten von Trümmern und angesichts allgemeiner Not zu organisieren.
Die Niederlage war für alle Deutschen erkennbar total, neue „Dolchstoßlegenden" oder eine Auflehnung gegen die Maßnahmen der Siegermächte wie der Kampf gegen den „Versailler Vertrag" nach dem Ersten Weltkrieg waren undenkbar und hatten daher keine Chance. Auch der Glaube an den „starken Mann", den unfehlbaren „Führer", war nach dem Ende Hitlers für die allermeisten Deutschen nicht mehr neu zu erwecken. Angesichts des Zustandes Deutschlands und des Kampfes ums persönliche Überleben war kein Raum mehr für Legenden- und Mythenbildung.
Dazu kam für die breite Masse der Bevölkerung der Schock über das Ausmaß der Verbrechen des nationalsozialistischen Terrorstaates, vor allem über den Völkermord an den Juden oder auch den Vernichtungskrieg im Osten – und die Angst vor den Vergeltungsmaßnahmen der Sieger.
Die Verbrechen im Namen des Deutschen Reiches bildeten die schwerste Hypothek der deutschen Nachkriegsgeschichte und auch in unseren Tagen sind noch nicht alle Wunden verheilt und alle Probleme gelöst. Das Bewusstsein dieser Schuld trug andererseits aber auch dazu bei, den nationalsozialistischen „deutschen Weg", abseits der westlichen Demokratien, als Irrweg zu erkennen und sich den westlichen, demokratischen Staats- und Gesellschaftsformen zu öffnen.

1 Deutschland am Scheideweg
Plakat der amerikanischen Militärregierung 1946

Als die gemeinsame Verwaltung Deutschlands an den unterschiedlichen Vorstellungen und Vorgehensweisen der drei westlichen Siegermächte und der Sowjetunion im Zeichen des beginnenden Ost-West-Konflikts auseinanderbrach, ermöglichte 1948 die Sechs-Mächte-Konferenz in London (USA, Großbritannien, Frankreich und die Benelux-Staaten) den Deutschen, aus den Westzonen einen eigenen, neuen Staat zu gründen. Aus Abgeordneten der westdeutschen Länderparlamente bildete sich der Parlamentarische Rat, um dafür eine Verfassung, das Grundgesetz, auszuarbeiten. Wie unterschiedlich die Vorstellungen des aus Abgeordneten der CDU, CSU, SPD, FDP, KPD, DP und Zentrum zusammengesetzten Rates auch waren, einig war man sich darin, die Konsequenzen aus dem Scheitern der ersten deutschen Demokratie, der „Machtergreifung" und der Machtausübung der Nationalsozialisten zu ziehen. Als Konsequenz aus dem Unrechtsstaat der Nationalsozialisten stehen die Menschenrechte an erster Stelle des Grundgesetzes. Sie sind im Gegensatz zur Weimarer Verfassung damit fest verankert und unveränderbar. Zudem wurde der Gleichberechtigungsparagraph neu gefasst und die rechtliche Gleichstellung der Geschlechter in allen Lebensbereichen festgeschrieben: „Männer und Frauen sind gleichberechtigt."

Das Verhältniswahlrecht hatte in der Weimarer Republik zu einer Vielzahl im Parlament vertretener Parteien und zu häufig wechselnden Koalitionen geführt. Die neu eingeführte 5%-Klausel für den Einzug ins Parlament konnte dies in Zukunft verhindern.
Der Bundespräsident wird von einer Bundesversammlung und nicht mehr vom Volk direkt gewählt, um seine Legitimation und damit auch die politische Machtstellung zu vermindern. Der Artikel 48, der dem Weimarer Reichspräsidenten die Möglichkeit gegeben hatte, durch Notverordnungen die Gesetzgebung des Reichstages auszuschalten, wurde völlig abgeschafft. Die Kompetenzen des Bundespräsidenten beschränken sich im Wesentlichen auf repräsentative Funktionen, seine überparteiliche, integrative Aufgabe wird besonders betont.
Die Stellung des Bundeskanzlers dagegen wurde gestärkt: Er ist nicht mehr vom Vertrauen des Bundespräsidenten abhängig, sondern von der Mehrheit der Abgeordneten. Zudem bestimmt er in der Bundesregierung die Richtlinien der Politik. Der Bundestag kann den Bundeskanzler nur dann stürzen, wenn er zugleich mit der Mehrheit seiner Stimmen einen Nachfolger wählt (konstruktives Misstrauensvotum). In der Weimarer Republik konnten der Kanzler und jeder Minister jederzeit abgesetzt werden, ohne sich auf einen Nachfolger einigen zu müssen (destruktives Misstrauensvotum).
Da in der Weimarer Demokratie die Möglichkeit der Volksentscheide mehrfach zu hemmungsloser Agitation gegen die Republik missbraucht wurde, verzichtete das Grundgesetz auf Volksentscheide als Mittel der Mitbestimmung des Volkes.
Als höchstes Gericht wurde das Bundesverfassungsgericht geschaffen, um die neue Staatsform besonders zu schützen. Jeder Bürger kann sich an dieses wenden, wenn er die Grundrechte bedroht sieht. Während

2 Das Bäumchen „Deutsche Demokratie"
Karikatur, erschienen in der „Berliner Zeitung" am 1. Mai 1947 unter dem Titel „Mai-Gedanken 1947"

„Wenn das Bäumchen wachsen soll, werde ich diese Wurzeln, die ihm die ganze Kraft entziehen, doch wohl abhacken müssen!"

in Weimar der Verfassungsschutz nur die Aufgabe hatte, die Freiheit der öffentlichen Diskussion und politischen Aktivität zu gewährleisten, kann das Bundesverfassungsgericht diese verbieten, wenn es deren Verfassungsfeindlichkeit nachweist.
Die Bundesrepublik versteht sich nach Artikel 21 II des Grundgesetzes („Freiheitliche demokratische Grundordnung“) als streitbare Demokratie, die sowohl das Recht als auch die Pflicht hat, diese zu verteidigen. Die verwendeten Mittel dazu sind einerseits etwa das verfassungsimmanente Parteiverbot oder die Aberkennung von Grundrechten und andererseits sogar das Widerstandsrecht für jeden Deutschen.
Im Gegensatz zu Weimar ist die Bundesrepublik damit eine „wehrhafte Demokratie“, die den Staat auch vor Parteien schützen kann, die demokratischen Grundsätzen nicht genügen.
Andererseits erhielten die Parteien, die in der Weimarer Verfassung überhaupt nicht erwähnt waren, im Grundgesetz eine förmliche Anerkennung als Träger der politischen Willensbildung.

Entnazifizierung und ...

Für die „Väter“ und „Mütter“ des Bonner Grundgesetzes enthielt die Weimarer Verfassung – wie sich beim Aufstieg und der Machtübernahme der Nationalsozialisten zeigte – einige Schwächen, die sich in der Bundesrepublik nicht wiederholen sollten. Aber die Weimarer Republik scheiterte nicht an ihrer Verfassung, sie scheiterte vor allem auch daran, dass sie eine „Demokratie ohne Demokraten“ war. Wie war dies nach dem Zweiten Weltkrieg? Musste nicht auch da eine demokratische Staatsform an der Ablehnung und am Widerstand der im Geiste des Nationalsozialismus erzogenen und geprägten Deutschen scheitern? Um dies zu verhindern, war das wichtigste Ziel der alliierten Besatzungspolitik eine umfassende Entnazifizierung und politische Umerziehung der deutschen Bevölkerung. Der Nürnberger „Hauptkriegsverbrecherprozess“ 1945/46 gegen die wichtigsten Machtträger des NS-Staates sollte dazu nicht nur deren Verbrechen sühnen, sondern vor allem auch der Bevölkerung die Untaten der Nationalsozialisten aufzeigen. Nach einjähriger Prozessdauer gab es zwölf Todesurteile, drei lebenslängliche, vier langjährige Gefängnisstrafen und drei Freisprüche. Dem Nürnberger Prozess folgten zahlreiche Verfahren vor den Gerichten der jeweiligen Besatzungsmächte. In den Westzonen wurden über 5 000 Angeklagte verurteilt und knapp 500 Todesurteile vollstreckt.
Zur politischen „Säuberung“ der gesamten Bevölkerung musste jeder Deutsche über 18 Jahre einen 131 Fragen umfassenden Fragebogen ausfüllen. Auf dieser Grundlage wurden die Urteile gefällt. Ab 1946 fand in den drei Westzonen durch deutsche Laiengerichte, sogenannte „Spruchkammern“, die Einstufung in eine der fünf Kategorien statt: Hauptschuldige, Belastete, Minderbelastete, Mitläufer und Entlastete. Zwar wurde nur jeder 200. Beschuldigte als Hauptschuldiger und Belasteter eingestuft, dennoch verloren Hunderttausende ihren Arbeitsplatz. Die Entnazifizierung führte insgesamt aber auch zu neuen Ungerechtigkeiten. Die Prozesse gegen Hauptbetroffene wurden oft hinausgezögert, so dass frühere Urteile gegen Mitläufer häufig schärfer ausfielen als die späteren

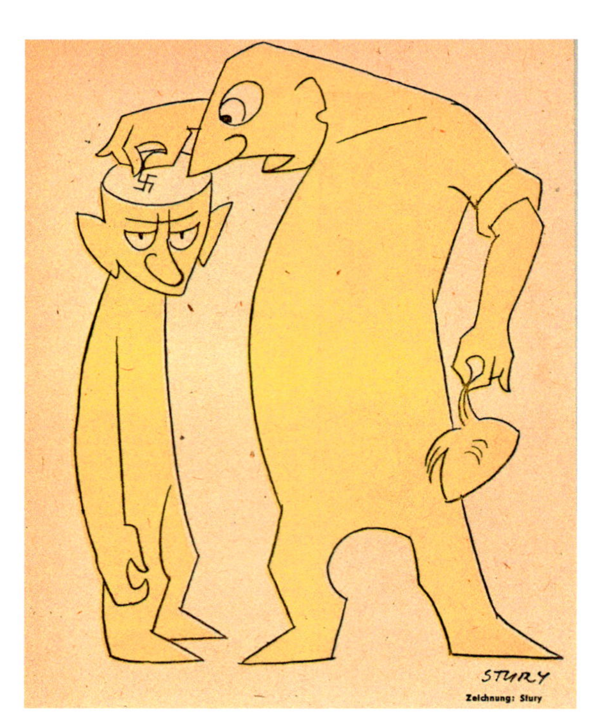

3 Entnazifierung in den Westzonen
Titelblatt der Zeitschrift „Das Wespennest“ von Stury, 7. Oktober 1948

Verfahren gegen überzeugte Nationalsozialisten und Aktivisten. Zudem führten die Besatzungsmächte die Entnazifizierung in ihren Zonen recht unterschiedlich durch. Die Briten und Franzosen übten Zurückhaltung, für die Sowjets war die Entnazifizierung vor allem ein Mittel, eine sozialistische Gesellschaftsordnung zu errichten, und bei den Amerikanern nahm der anfängliche Elan mit der zunehmenden Verschärfung des Ost-West-Konflikts deutlich ab. Einerseits wurden die Deutschen nach Beginn des Kalten Krieges wieder als potenzielle Verbündete betrachtet, andererseits galten die Fachkenntnisse vieler Beamter und Unternehmer für den Aufbau Westdeutschlands mehr und mehr als unverzichtbar.

... Umerziehung

Parallel zur Entnazifizierung fand als positives Gegenstück die Umerziehung der Deutschen zur Demokratie statt. Denn es war klar, dass für den Aufbau eines neuen, demokratischen Deutschlands nicht nur eine personelle „Säuberung", eine Beseitigung der historischen Wurzeln des deutschen Militarismus, Totalitarismus und Obrigkeitsdenkens sowie eine Neubildung von Parteien, sondern auch ein entschiedener Wandel des Denkens, der Empfindungen und Verhaltensweisen notwendig war. Unmittelbar nach dem Krieg wurden im Rahmen der „Reeducation" genannten Umerziehung Maßnahmen v. a. für die erwachsene Bevölkerung vorgenommen, wie z. B. die zwangsweise Besichtigung der Leichenberge und der geschundenen und dem Tode nahen Körper der Insassen von Konzentrationslagern. Damit sollten den Deutschen die Verbrechen während des „Dritten Reiches" vor Augen geführt werden, um eine Abkehr vom Nationalsozialismus zu bewirken und ein Schuldbewusstsein entstehen zu lassen.

Umerziehung durch Kultur ...

Zu diesen kurzfristigen Maßnahmen der Aufklärung über das Ausmaß der NS-Verbrechen trat schon ab 1946 eine langfristige Umerziehung (Reorientierung) v. a. der jüngeren Generation. Dies sollte eine demokratische Neuorientierung der Deutschen vor allem in den Bereichen Kultur, Medien und Bildung erreichen.

4 **Karikatur von Victor Weisz**
Evening Standard vom 19. Januar 1960

5 David Ben Gurion und Konrad Adenauer bei ihrem ersten Zusammentreffen in New York am 14. April 1960

Kulturell konnte die Bevölkerung wieder am internationalen Kulturleben teilnehmen, von dem sie seit 1933 abgeschnitten war. Theaterstücke, die seit 1933 nicht mehr oder noch nie gespielt wurden, wurden wieder aufgeführt, Bibliotheken mit Übersetzungen moderner ausländischer Literatur errichtet oder neu ausgestattet, womit die im „Dritten Reich" erzwungene Provinzialität des geistigen Lebens von den Deutschen erkannt und überwunden werden sollte.

... Medien ...

Im Bereich der Medien legte man insbesondere in den westlichen Besatzungszonen großen Wert darauf, Monopole auf dem Medien- und Pressemarkt aufzulösen. Alle Zeitungen waren zunächst verboten, da sie mehr oder weniger Propagandajournalismus für die Nationalsozialismus betrieben hatten. Neuzulassungen wurden in den Westzonen nur erteilt, wenn sie personell und inhaltlich u. a. politische Meinungsvielfalt, die Trennung von Nachricht und Meinung sowie objektive Berichterstattung garantierten. Auch für die heutigen Rundfunkanstalten wurden nach 1945 die Grundlagen gelegt. Zuerst standen die neu zugelassenen Rundfunkanstalten unter Aufsicht der Besatzungsmächte, die jeweils eigene Rundfunkanstalten gründeten. Die Zeit des wie während des „Dritten Reiches" zentral vom Propagandaministerium gelenkten Mediums war damit vorbei. Im Laufe der Zeit entstanden mehrere öffentlich-rechtliche Sendeanstalten, die demokratische Meinungsvielfalt ermöglichten.

... und Schule

Eine wichtige Aufgabe sahen die westlichen Besatzungsmächte in der Schulbildung. Die amerikanische Militärregierung setzte sich intensiv für eine Entnazifizierung der Lehrerschaft und für eine Befreiung der Lehrpläne und Schulbücher von NS-Ideologie und Militarismus ein. Anfangs wurden noch unbedenkliche Lehrbücher der Weimarer Zeit benützt, dann verfassten deutsche Autoren neue Bücher. Viele andere Konzepte zur Änderung des Schulwesens stießen jedoch auf den entschiedenen Widerstand von Teilen der Bevölkerung, der Kirchen oder von deutschen Bildungspolitikern, so dass insgesamt das dreigliedrige Schulsystem der Weimarer Republik erhalten blieb. Vielfach wurde auch das Lehrpersonal der NS-Zeit wieder eingestellt, weil es an unbelasteten Lehrern in genügender Zahl mangelte. Hier und auch auf anderen Gebieten der alliierten bildungspolitischen

Vorstellungen bedingte v. a. der beginnende Kalte Krieg, dass viele geplante Maßnahmen zuerst abgeschwächt und dann eingestellt wurden. Dennoch erzielten die Westalliierten mit ihrer Politik der Umerziehung zur Demokratie insgesamt dauerhafte Erfolge, die sich vor allem in den Bereichen Presse, Rundfunk und Bildungswesen bis heute zeigen.

Aussöhnung mit Israel

Um die Deutschen zu einem Umdenken und zu einer Änderung ihres früheren Verhaltens und ihrer Empfindungen zu erreichen, bedurfte es aber nicht nur einer demokratischen „Umerziehung", sondern vor allem eines Wandels des Verhältnisses zu den Juden. Nach dem Ersten Weltkrieg wurde der Antisemitismus für breite Schichten der deutschen Bevölkerung zu einer Schlüsselerklärung für die Krisen der Weimarer Republik. So konnten die Nationalsozialisten die Juden als „Sündenböcke" für alles Unheil propagieren, was zur Ausschaltung der Juden aus dem öffentlichen Leben, zu vielfachen Pogromen und schließlich zur „Endlösung der Judenfrage", das heißt der Ermordung von 6 Millionen Juden führte. Nach dem Krieg waren sich daher viele Politiker darin einig, dass eine Aussöhnung mit dem 1948 neu gegründeten Staat Israel und eine Wiedergutmachung für das Leid, die Opfer und die finanziellen Verluste der jüdischen Bevölkerung ein vorrangiges Ziel der deutschen Politik sein musste – so weit von „wiedergutmachen" überhaupt gesprochen werden kann.
Obwohl sich Bundeskanzler Adenauer schon bald nach der Gründung der Bundesrepublik 1949 für eine Wiedergutmachung einsetzte, mussten allerdings sowohl in Deutschland als auch in Israel große Widerstände sowohl bei Politikern als auch in der Bevölkerung überwunden werden. Eine erste Gelegenheit bot sich, als das israelische Parlament deutsche Wiedergutmachungszahlungen diskutierte, um wirtschaftliche Schwierigkeiten des eigenen, neu gegründeten Staates zu überwinden und z. B. die Ansiedlung jüdischer Einwanderer zu finanzieren. Schließlich einigten sich die Parlamente beider Staaten doch mit deutlichen Mehrheiten 1952 auf das „Luxemburger Abkommen". Danach erhielt Israel in bar oder v. a. als Warenlieferung im Verlauf von 12 Jahren 12 Milliarden DM. 450 Millionen DM wurden an die Jewish Claims Conference ausbezahlt, die jüdische Betroffene außerhalb Israels vertrat. In den Jahren 1957 bis 1962 sahen sich große deutsche Firmen auf Druck der Öffentlichkeit auch veranlasst, jüdische Zwangsarbeiter zu entschädigen. Die Gesamtleistungen deutscher Wiedergutmachung an in Israel lebende NS-Verfolgte beliefen sich Ende 2005 auf rund 25 Milliarden Euro.
Obwohl von der Wiedergutmachung nicht alle während der Zeit des Nationalsozialismus verfolgten Juden gleichermaßen erfasst wurden, respektierte der Staat Israel die Anstrengungen der Bundesrepublik und die Beziehungen verbesserten sich. Dennoch dauerte es bis 1965, bis nach vielen Schwierigkeiten diplomatische Beziehungen aufgenommen werden konnten. Zur Aussöhnung mit Israel trugen neben den vielfachen politischen und wirtschaftlichen Bemühungen besonders auch diejenigen Deutschen bei, die nach Israel gingen und dort Aufbauhilfe leisteten. Dies zeigte Israel und den westlichen Demokratien, dass der neue Staat Bundesrepublik bereit war, historische Schuld abzutragen und einen demokratischen Neuanfang zu beginnen.

5

6 „Lehren aus der Vergangenheit"

a) Grundgesetz – Erziehung – Wiedergutmachung

In seiner Regierungserklärung sagte Bundeskanzler Adenauer am 27. September 1951:

In letzter Zeit hat sich die Weltöffentlichkeit verschiedentlich mit der Haltung der Bundesrepublik gegenüber den Juden befasst. Hier und da sind Zweifel laut geworden, ob das neue Staatswesen in dieser bedeutsamen Frage von Prinzipien geleitet werde, die den furchtbaren Verbrechen einer vergangenen Epoche Rechnung tragen und das Verhältnis der Juden zum deutschen Volke auf eine neue und gesunde Grundlage stellen.

Die Einstellung der Bundesrepublik zu ihren jüdischen Staatsbürgern ist durch das Grundgesetz eindeutig festgelegt. Art. 3 des Grundgesetzes bestimmt, dass alle Menschen vor dem Gesetz gleich sind und dass niemand wegen seines Geschlechtes, seiner Abstammung, seiner Rasse, seiner Sprache, seiner Heimat und Herkunft, seines Glaubens, seiner religiösen oder politischen Anschauungen benachteiligt oder bevorzugt werden darf. Ferner bestimmt Art. 1 des Grundgesetzes: Die Würde des Menschen ist unantastbar. Sie zu achten und zu schützen ist Verpflichtung aller staatlichen Gewalt. Das deutsche Volk bekennt sich darum zu unverletzlichen und unveräußerlichen Menschenrechten als Grundlage jeder menschlichen Gemeinschaft, des Friedens und der Gerechtigkeit in der Welt. Diese Rechtsnormen sind unmittelbar geltendes Recht und verpflichten jeden deutschen Staatsbürger – und insbesondere jeden Staatsbeamten – jede Form rassischer Diskriminierung von sich zu weisen. […]

Diese Normen können aber nur wirksam werden, wenn die Gesinnung, aus der sie geboren wurden, zum Gemeingut des gesamten Volkes wird. Hier handelt es sich somit in erster Linie um ein Problem der Erziehung. Die Bundesregierung hält es für dringend erforderlich, dass die Kirchen und die Erziehungsverwaltungen der Länder in ihrem Bereich alles daran setzen, damit der Geist menschlicher und religiöser Toleranz im ganzen deutschen Volk, besonders aber unter der deutschen Jugend, nicht nur formale Anerkennung findet, sondern in der seelischen Haltung und praktischen Tat Wirklichkeit wird. Hier liegt eine wesenhafte Aufgabe der zur Erziehung berufenen Instanzen vor, die aber freilich der Ergänzung durch das Beispiel der Erwachsenen bedarf.

Damit diese erzieherische Arbeit nicht gestört und der innere Friede in der Bundesrepublik gewahrt werde, hat die Bundesregierung sich entschlossen, die Kreise, die noch immer antisemitische Hetze treiben, durch unnachsichtige Strafverfolgung zu bekämpfen. […]

Im Namen des deutschen Volkes sind […] unsagbare Verbrechen begangen worden, die zur moralischen und materiellen Wiedergutmachung verpflichten, sowohl hinsichtlich der individuellen Schäden, die Juden erlitten haben, als auch des jüdischen Eigentums, für das heute individuell Berechtigte nicht mehr vorhanden sind. Auf diesem Gebiet sind erste Schritte getan. Sehr vieles bleibt aber noch zu tun.

Die Bundesregierung wird für den baldigen Abschluss der Wiedergutmachungsgesetzgebung und ihre gerechte Durchführung Sorge tragen. […] Sie ist tief davon durchdrungen, dass der Geist wahrer Menschlichkeit wieder lebendig und fruchtbar werden muss. Diesem Geist mit aller Kraft zu dienen, betrachtet die Bundesregierung als die vornehmste Aufgabe des deutschen Volkes.

(Lebhafter Beifall im ganzen Hause außer bei der KPD und auf der äußersten Rechten.)

Verhandlungen des Deutschen Bundestages, Stenografische Berichte, 1. Legislaturperiode, Bd. 9, 165. Sitzung am 27. September 1951, S. 6697 f.

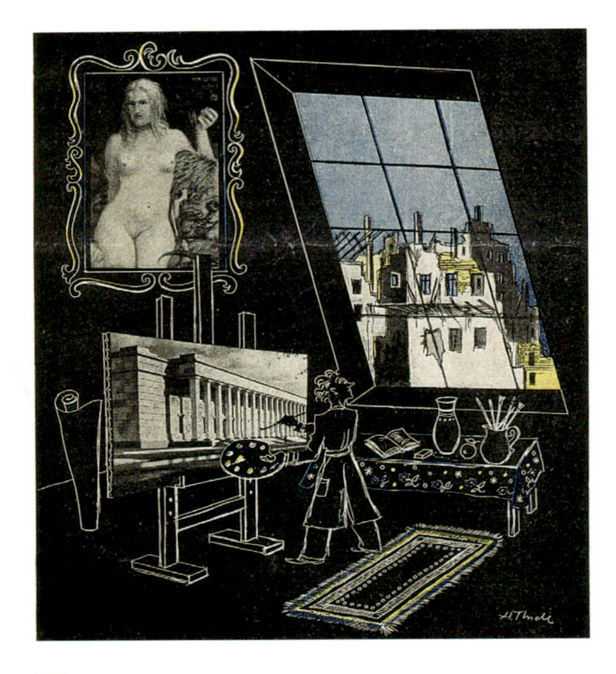

7 Dornröschen erwache! Die Kunst: „Nanu, stand da nicht eben noch das Tausendjährige Reich?"
Zeichnung von Herbert Thiele in der Zeitschrift „Ulenspiegel" vom 24. Dezember 1945

b) Die „Freiheitliche demokratische Grundordnung" (FDGO) – das Bundesverfassungsgericht definierte 1952 diese folgendermaßen:

Freiheitliche demokratische Grundordnung im Sinne des Art. 21 II GG ist eine Ordnung, die unter Ausschluss jeglicher Gewalt und Willkürherrschaft eine rechtsstaatliche Herrschaftsordnung auf der Grundlage der Selbstbestimmung des Volkes nach dem Willen der jeweiligen Mehrheit und der Freiheit und Gleichheit darstellt. Zu den grundlegenden Prinzipien dieser Ordnung sind

8 **„Nürnberger Superlative"**
Karikatur von K. H. Böcher über den Nürnberger Kriegsverbrecherprozess für die Zeitschrift Simplicissimus (Juni 1946)

5

mindestens zu rechnen: die Achtung vor den im Grundgesetz konkretisierten Menschenrechten, vor allem vor dem Recht der Persönlichkeit auf Leben und freie Entfaltung, die Volkssouveränität, die Gewaltenteilung, die Verantwortlichkeit der Regierung, die Gesetzmäßigkeit der Verwaltung, die Unabhängigkeit der Gerichte, das Mehrparteienprinzip und die Chancengleichheit für alle politischen Parteien mit dem Recht auf verfassungsmäßige Bildung und Ausübung einer Opposition.

Zit. nach: Bundesverfassungsgericht (BVerfGE) 2, 1, 12.

9 Die Entnazifizierung

a) Zielvorstellungen …

Das von der amerikanischen Militärregierung für ihre Zone erlassene Gesetz zur Befreiung von Nationalsozialismus und Militarismus (5. März 1946) lieferte Definitionen, was unter einem Hauptschuldigen, Belasteten, Minderbelasteten, Mitläufer und Entlasteten zu verstehen war. Die Sühnemaßnahmen für Belastete entsprachen denen der Hauptschuldigen. Lediglich die Einweisung in Arbeitslager war nicht zwingend, sondern nur möglich.

Hauptschuldige

Artikel 5

Hauptschuldiger ist:

4. wer sich in einer führenden Stellung der NSDAP, einer ihrer Gliederungen oder eines angeschlossenen Verbandes oder einer anderen nationalsozialistischen oder militaristischen Organisation betätigt hat;
6. wer sonst der nationalsozialistischen Gewaltherrschaft außerordentliche politische, wirtschaftliche, propagandistische oder sonstige Unterstützung gewährt hat oder wer aus seiner Verbindung mit der nationalsozi-

alistischen Gewaltherrschaft für sich oder andere sehr erheblichen Nutzen gezogen hat;

7. wer in der Gestapo, dem SD, der SS, Geheimen Feld- oder Grenzpolizei für die nationalsozialistische Gewaltherrschaft aktiv tätig war;

9. wer aus Eigennutz oder Gewinnsucht aktiv mit der Gestapo, SS, dem SD oder ähnlichen Organisationen zusammengearbeitet hat, indem er Gegner der nationalsozialistischen Gewaltherrschaft denunzierte oder sonst zu ihrer Verfolgung beitrug.

Artikel 15

Gegen Hauptschuldige sind folgende Sühnemaßnahmen zu verhängen:

1. Sie werden auf die Dauer von mindestens zwei und höchstens zehn Jahren in ein Arbeitslager eingewiesen, um Wiedergutmachungs- und Aufbauarbeiten zu verrichten. [...]
2. ihr Vermögen ist als Beitrag zur Wiedergutmachung einzuziehen. [...]
3. sie sind dauernd unfähig, ein öffentliches Amt einschließlich des Notariats und der Anwaltschaft zu bekleiden;
4. sie verlieren ihre Rechtsansprüche auf eine aus öffentlichen Mitteln zahlbare Pension oder Rente;
5. sie verlieren das Wahlrecht, die Wählbarkeit und das Recht, sich irgendwie politisch zu betätigen und einer politischen Partei als Mitglied anzugehören;
6. sie dürfen weder Mitglied einer Gewerkschaft noch einer wirtschaftlichen oder beruflichen Vereinigung sein;
7. es wird ihnen auf die Dauer von mindestens zehn Jahren untersagt:

a) in einem freien Beruf oder selbständig in einem Unternehmen oder gewerblichen Betrieb jeglicher Art tätig zu sein, sich daran zu beteiligen oder die Aufsicht oder Kontrolle hierüber auszuüben;

b) in nicht selbständiger Stellung anders als in gewöhnlicher Arbeit beschäftigt zu werden;

c) als Lehrer, Prediger, Redakteur, Schriftsteller oder Rundfunk-Kommentator tätig zu sein;

8. sie unterliegen Wohnungs- und Aufenthaltsbeschränkungen und können zu gemeinnützigen Arbeiten herangezogen werden;
9. sie verlieren alle ihnen erteilten Approbationen, Konzessionen und Berechtigungen sowie das Recht, einen Kraftwagen zu halten.

R. Steininger: Deutsche Geschichte 1945–1961, Darstellung und Dokumente in 2 Bde. Bd.1, S. 135ff.

b) ... und Verwirklichung

Walter L. Dorn, Berater der amerikanischen Militärregierung, schrieb am 11. Mai 1949 an den Militärgouverneur der amerikanischen Zone, General Clay:

Offiziell sind die Briten und wir ungeachtet unserer verschiedenen Verfahrensweisen vom Grundsatz der individuellen Verantwortung ausgegangen. Die Russen haben eine marxistische Faschismustheorie zugrunde gelegt und meinten, ihr Ziel erreicht zu haben, wenn sie die deutsche Industrie in ihrer Zone sozialisierten oder wenn sie frühere Naziaktivisten überredeten, der SED beizutreten. [...]

Das Befreiungsgesetz war, trotz seiner Vorzüge und des erhabenen Idealismus, der auf amerikanischer wie auf deutscher Seite hinter ihm stand, keine ganz befriedigende Regelung. [...]

Die Arbeit der Spruchkammern war alles andere als gleichmäßig. Im Ganzen waren die gewissenhaften Spruchkammern zahlreicher als die liederlichen und nachlässigen. Auch wenn man alle Mängel und Schwächen der deutschen Spruchkammern einräumt, glauben doch [...] nur noch wenige, dass es ein Fehler war, diesen Auftrag an die Deutschen zu übergeben. Ich glaube, es wäre klug, der Kritik damit zuvorzukommen, dass Sie das Zurückfluten der Mitläufer in die Verwaltung erwähnen und erklären, dass dies nicht unerwünscht war. Man kann mit ziemlicher Sicherheit feststellen, dass prominente Nazis nicht in hohe öffentliche Ämter wiedereingestellt worden sind. Nicht so ganz sicher ist das allerdings bei wichtigen Organisationen der Privatwirtschaft. [...]

W. L. Dorn: Die Entnazifizierung ein Erfolg. In: Vierteljahresheft für Zeitgeschichte, Nr. 26, 1973, S.119ff.

10 „Ohne Illusionen und Selbstbetrug beginnen"

In der ersten Ausgabe der Rhein-Neckar-Zeitung vom 29. August 1945 äußerte sich Theodor Heuss zum Selbstverständnis und zu den Aufgaben der deutschen Presse:

Der Nationalsozialismus hat das deutsche Zeitungswesen moralisch zu korrumpieren getrachtet, und es ist ihm weithin gelungen. [...] Nun soll wieder eine deutsche Presse entstehen können, deren vornehmste Aufgabe es mit sein wird, für sich selber als Organ des öffentlichen Lebens die einfache Glaubwürdigkeit zurückzugewinnen. [...] Wir sind keineswegs des Glaubens, dass auf diesem Gebiet vor 1933 alles in Ordnung gewesen sei, und dass es sich bloß darum handle, an das Damalige anzuknüpfen. Wir müssen uns aber zunächst völlig nüchtern Rechenschaft geben, auch vor den Lesern, dass das nicht möglich ist. Denn wir wollen nicht mit Illusionen und Selbstbetrug beginnen. Deutschlands staatlich-politische Souveränität ist durch Hitler verspielt und vernichtet worden. [...] Jetzt herrschen die anderen, die Sieger. Das ist nun ganz unsentimental der einfache Tatbestand. Wir können ihn keinen Augenblick vergessen, und wenn es auch unser Ziel sein muss, die Würde der Presse zurückzugewinnen, so sind wir nicht töricht genug, von einer wiedergeschenkten Freiheit der Presse zu reden.

Aber es ist eine Chance gegeben, dass deutsche Männer unter freier Verantwortung gegenüber der Militärregierung wie gegenüber dem deutschen Volke versuchen können, selber die Sinndeutung des deutschen Schicksals aufzunehmen und nach ihrem Verstehen dem schweren und langen Genesungsprozess zu dienen. Wir haben diese Möglichkeit ergriffen in voller Erwägung der psychologischen und sachlichen Schwierigkeiten.

Rhein-Neckar-Zeitung vom 29. August 1945

11 Das Thema Wiedergutmachung ist noch nicht beendet ...

„Israel fordert mehr Geld von Deutschland"
Unter dieser Überschrift schreibt die Süddeutsche Zeitung am 10./11. November 2007:

Rentenminister Eitan: Bundesrepublik hat eine moralische Pflicht gegenüber den Holocaust-Überlebenden
Von Thorsten Schmitz

Tel Aviv – Ein Mitglied der israelischen Regierung will das „Luxemburger Abkommen", den Wiedergutmachungsvertrag von 1952, nachverhandeln und Berlin zu Entschädigungszahlungen für Holocaust-Opfer auffordern. Der Minister für Rentenangelegenheiten, Rafi Eitan, sagte in einem am Freitag in der Zeitung Haaretz veröffentlichten Gespräch, der Wiedergutmachungsvertrag zwischen der Bundesrepublik Deutschland, Israel und der „Jewish Claims Conference" habe „viele Opfergruppen außer Acht" gelassen. Der damalige israelische Regierungschef David Ben-Gurion habe auch deshalb einer Einigung mit Bonn zugestimmt, um mit dem deutschen Geld schnell den israelischen Staat aufbauen zu können. Eitan kündigte an, er wolle den Wunsch nach einer Wiederaufnahme von Verhandlungen über Entschädigungszahlungen Bundesfinanzminister Peer Steinbrück bei dessen Israel-Besuch in zwei Wochen vortragen. Dessen Sprecher sagte, Steinbrück werde in Israel keine „derartigen Gespräche" führen. Mit Eitan sei keine Begegnung geplant.

Der israelische Minister begründete seine Forderung nach mehr Entschädigungszahlungen von Berlin auch damit, dass Israel bis heute viermal so viel an die Betroffenen ausgezahlt habe, wie insgesamt von der Bundesrepublik überwiesen worden sei. [...] Eitan erklärte, er wisse, dass die Frist für Wiedergutmachungszahlungen aus juristischer Sicht Ende der sechziger Jahre abgelaufen sei, gleichwohl habe Deutschland aber auch eine „moralische Pflicht". „Wir sehen Deutschland als Verantwortlichen für die Holocaust-Überlebenden", sagte Eitan. Als das Luxemburger Abkommen abgeschlossen wurde, habe niemand mit den hohen Lebenshaltungskosten und der um zehn Jahre höheren Lebenserwartung rechnen können. Auch sei nicht abzusehen gewesen, dass 175 000 Juden aus der früheren Sowjetunion nach Israel einwandern würden. Viele dieser Juden haben den Holocaust überlebt, aber die Fristen für die Anmeldung von Wiedergutmachungszahlungen nicht eingehalten.

In den vergangenen Wochen haben sich Opferverbände gemeldet, die die Bundesregierung auf Entschädigungszahlungen verklagen wollen. Darunter ist eine Gruppe Holocaust-Überlebender, die zur Zeit des Nationalsozialismus Kinder waren und von heutigen traumatischen Erfahrungen berichten. Zudem will eine Gruppe von Kindern von Holocaust-Opfern, dass Deutschland die Kosten für psychosoziale Behandlungen erstattet. Im Auswärtigen Amt wird laut Spiegel erwogen, diese psychosoziale Behandlung zu übernehmen.

Süddeutsche Zeitung Nr. 259 vom 10./11. November 2007, S. 9.

Arbeitsvorschläge

a) Vergleichen Sie die beiden Reden von Konrad Adenauer und Theodor Heuss hinsichtlich der Bewertung der Vergangenheit, der Probleme der Gegenwart und der in Zukunft zu lösenden Aufgaben für die Bundesrepublik der frühen Jahre (M 6 a, M 10). Ziehen Sie dazu auch die Aussagen von M 1, M 2, M 5 und M 6 b mit heran.
b) Diskutieren Sie den Stellenwert der politischen Neuorientierung der Bundesrepublik auf dem Hintergrund der sozialen Lage (M 2).
c) Entnazifizierung und Umerziehung – ein Erfolg? Erörtern Sie anhand der Karikatur S. 234 von M 2 bis M 4, M 8 und M 9 diese Frage. Überlegen Sie dabei, welche Auswirkungen für den Aufbau einer neuen Demokratie mit dem Entnazifizierungsverfahren verbunden waren.

d) Diskutieren Sie vor dem Hintergrund der Rede Konrad Adenauers (M 6 a) den Inhalt des Zeitungsartikels M 11. Recherchieren Sie die weitere Entwicklung dieser Problematik seit dem November 2007.
e) Erörtern Sie abschließend zu diesem Kapitel aus heutiger Sicht die 1956 von Fritz René Allemann formulierte These „Bonn ist nicht Weimar".

5.2 Westorientierung im Zeichen des Kalten Krieges

„Nie wieder Krieg?"

„Nie wieder Krieg" – das war ein weltweiter Wunsch der Menschen nach den Opfern und der Zerstörung, die der Zweite Weltkrieg für Sieger und Besiegte bedeutete. Schon im Juni 1945 schlossen sich 51 Staaten, darunter die USA und die Sowjetunion, zur UNO zusammen, die sich verpflichtete, vor allem den Weltfrieden zu sichern.
Und die im Juli 1945 beginnende Konferenz der Siegermächte (USA, Sowjetunion und Großbritannien) in Potsdam hatte zum Ziel, die politischen, territorialen und wirtschaftlichen Probleme im Nachkriegseuropa zu lösen. Doch bereits hier zeigten sich vor allem in der Frage der von Deutschland zu zahlenden Reparationen und der zukünftigen deutschen Ostgrenze grundsätzliche Meinungsverschiedenheiten. Die Siegermächte setzten in ihren jeweiligen Besatzungszonen weitgehend autonom ihre politischen und wirtschaftlichen Vorstellungen durch, da sich der eingerichtete alliierte Kontrollrat auf kein einheitliches Vorgehen einigen konnte. Damit wurden bereits auf der Konferenz von Potsdam die Weichen für die deutsche Teilung gestellt.

Aber das Verhältnis der Siegermächte verschlechterte sich nicht nur in der Frage der Behandlung Deutschlands, denn mehr und mehr wurden die Beziehungen der USA und der Sowjetunion grundsätzlich von gegenseitigem Misstrauen beherrscht. Die Sowjetunion unter Stalin nutzte die Beschlüsse von Potsdam, um die von der Roten Armee besetzten Gebiete nach sowjetischem Muster umzuformen. Von der Ostsee bis fast zum Mittelmeer sollte ein Gürtel von wirtschaftlich, politisch und militärisch von der Sowjetunion abhängigen Satellitenstaaten eine Sicherheitszone gegenüber neuen „faschistischen Aggressoren" und „kapitalistischer Einflussnahme" bilden. Ein „Eiserner Vorhang" aus Stacheldraht und Minen trennte fortan Europa.

Die neue Regierung der USA unter Präsident Truman (1945–1953) sah in der sowjetischen Politik weniger das Bedürfnis nach Sicherheit als den Willen zur Expansion. Eine weitere Ausbreitung des Kommunismus bedeutete daher für die USA nicht nur einen machtpolitischen Verlust, sondern bedrohte auch die Expansion der amerikanischen Wirtschaft, denn die US-amerikanische Industrie brauchte neue Märkte in Europa und der Welt. Eine weitere Ausbreitung des sowjetischen Machtbereichs wollte die Regierung unter Truman 1947 nicht mehr tatenlos hinnehmen. Der englische Premier Churchill hatte bereits unmittelbar nach Kriegsende vor der sowjetrussischen Expansion gewarnt und unterstützte deshalb nachdrücklich die Strategie des amerikanischen Diplomaten George F. Kennan, die den Wandel der amerikanischen Außenpolitik von der Kooperation mit den Sowjets zur Eindämmung (containment) der sowjetischen Ausdehnung zum Ziel hatte. Die von Präsident Truman im Sinne der Containment-Politik verkündete Doktrin sah deshalb vor, allen „in ihrer Freiheit bedrohten Völkern" eine umfassende Hilfe „in Form wirtschaftlicher und finanzieller Unterstützung" (Marshallplan, s. S. 258) zu gewähren.

1 **„Entwurf für ein Siegerdenkmal"**
Karikatur aus der Schweiz vom 11. April 1945.
Dargestellt sind von links nach rechts die „Großen Drei": Stalin, Roosevelt, Churchill.

Die Sowjetunion antwortete auf die Containment-Politik der USA im September 1947 mit der Gründung des Kominform (Kommunistisches Informationsbüro), das sie in ihrem Sinne ausgestaltete, um die kommunistischen Parteien in Europa zu kontrollieren und sie auf die Linie der Sowjetunion zu bringen.

In den folgenden Jahren gerieten die beiden Großmächte in einen Dauerkonflikt, der als „Kalter Krieg" bezeichnet wird, weil er zwischen den beiden Hauptakteuren ohne Anwendung direkter militärischer Gewalt ausgetragen wurde. Er prägte die Weltpolitik mehr als vierzig Jahre.

Weichenstellungen für die Westorientierung: Bizone ...

Mit Beginn des Kalten Krieges seit 1946/47 kamen die USA und die Sowjetunion in keiner wichtigen, Gesamtdeutschland betreffenden Frage mehr zu einer Einigung. Gemeinsam mit Frankreich forderte die Sowjetunion, das Ruhrgebiet unter internationale Kontrolle zu stellen. Die USA und Großbritannien konnten allerdings kein Interesse daran haben, die Sowjets an der Kontrolle der damals wichtigsten deutschen Industrieregion zu beteiligen. Stattdessen legten Briten und Amerikaner ihre Besatzungsgebiete zu einem einheitlichen Wirtschaftsraum (Bizone) zusammen.

Die Sowjetunion sah darin einen Verstoß gegen das Potsdamer Abkommen, das die wirtschaftliche Einheit Deutschlands vorsah. Der Einladung der angelsächsischen Mächte, sich der Bizone anzuschließen, folgte sie nicht. Das von den Amerikanern angestrebte marktwirtschaftliche System ließ sich mit ihren Plänen einer sozialistischen Wirtschaftsordnung nicht vereinbaren. Die Bizone war ursprünglich als Provisorium gedacht, um die schwierige Versorgungslage der Bevölkerung zu verbessern und die wirtschaftlichen Ressourcen besser nutzen zu können. Mit dem beginnenden Kalten Krieg gewann der politische und wirtschaftliche Ausbau der Westzonen aber zunehmend an Bedeutung. Mit der Einsetzung eines deutschen Wirtschaftsrates für die Bizone in Frankfurt, der Gründung der Deutschen Bank und der Anwendung deutschen Rechts schufen die Briten und Amerikaner wichtige Voraussetzungen für die Bildung eines „Weststaates". Dem Wirtschaftsrat wurden immer mehr wirtschaftliche und sozialpolitische Kompetenzen übertragen, so dass seine Tätigkeit eine wesentlichen Weichenstellung zur Ausgestaltung des zukünftigen Westdeutschlands als soziale Marktwirtschaft bedeutete. Im April 1949 erweiterte sich die Bizone durch den Anschluss der französischen Besatzungszone zur Trizone.

2 Lieber einen Acheson an der Hand, als einen Stalin auf dem Dach. Karikatur von Mirko Szewczuk; rechts der US-Außenminister Acheson, links unten zwei führende Politiker der DDR, Wilhelm Pieck und Otto Grotewohl

... Währungsreform ...

Unüberbrückbar wurde der Graben zwischen West und Ost durch die Einführung einer neuen Währung in den Westzonen im Juni 1948. Der Wertverfall der Reichsmark, die Rückkehr zu Tauschwirtschaft und Schwarzmarkt machten die Geldsanierung für den wirtschaftlichen Wiederaufbau dringend notwendig. Das Gesetz zur Neuordnung des deutschen Geldwesens führte in den drei Westzonen die D(eutsche)-Mark als neue Währung ein. Wirtschaftlich war die Währungsreform ein voller Erfolg, da sie die Produktion stimulierte, politisch bestärkte sie die Westorientierung der drei Westzonen – aber auch die sich abzeichnende deutsche Teilung.

... und Berliner Blockade

Wenige Tage später wurde auch in der SBZ eine Währungsreform durchgeführt. In Berlin sollte nach dem Willen der Sowjetischen Militäradministration (SMAD) allein die neue „Ost-Mark" gelten, was aber die Westmächte ablehnten. Die Antwort der UdSSR war die Blockade der Zufahrtswege nach Berlin. Zwar lieferte die Währungsumstellung die Begründung, doch als Ursache bedeutsamer für die Berlin-

Blockade dürfte der sowjetische Versuch gewesen sein, die sich abzeichnende Weststaatgründung auf diesem Wege durch politischen Druck zu verhindern. Die Berlin-Blockade und die als Reaktion von den USA und Großbritannien aufgebaute „Luftbrücke" zur Versorgung der West-Berliner Bevölkerung erlangten schnell symbolischen Charakter. Die Westalliierten vermochten damit allerdings die Versorgung der „Halbstadt" aufrechtzuerhalten, die Sowjetunion musste die Blockade abbrechen.

Die Auswirkungen der Berlin-Blockade waren vielfältig: Die Westmächte solidarisierten sich mit den Deutschen und gewannen damit deren Vertrauen. Amerikaner und Briten wurden von „Besatzern" zu „Beschützern". Die Sowjetunion dagegen verspielte durch die Blockade nicht nur internationales Ansehen, sondern wurde vor allem in den Westzonen auch weiterhin als feindliche Besatzungsmacht und Gegner angesehen. Dies trug zudem dazu bei, dass zunehmend ein ausgeprägter Antikommunismus das politische Klima in Westdeutschland bestimmte.

Währungsreform und Berlin-Blockade beschleunigten aber auch die politische Spaltung der Stadt. Der seit 1946 existierende, für die gesamte Stadt Berlin verantwortliche Magistrat und die Stadtverordnetenversammlung wurden im November 1948 von der SED für abgesetzt erklärt. Die Deutschen der Westsektoren wählten Ernst Reuter (SPD) zum Regierenden Bürgermeister, in Ostberlin regierte Friedrich Ebert jun. (SED). Berlin war nun dreifach gespalten: geteilt in vier Sektoren, regiert von zwei Bürgermeistern und getrennt in zwei Währungsgebiete. Der Teilung Berlins folgte 1949 die Spaltung Deutschlands.

Der Korea-Krieg ...

Die Blockade Berlins und der Zusammenstoß der Interessen der USA und der Sowjetunion an der Nahtstelle der Machtblöcke in Europa zeigte, dass die Großmächte sich zumindest in Europa mit dem Status quo zu arrangieren begannen und keiner der beiden eine militärische Eskalation riskierte. Weit entfernt von Europa führte der Ost-West-Konflikt allerdings zu einer ernsthaften Bedrohung des Weltfriedens: Korea, von 1910 bis 1945 eine Kolonie Japans, wurde nach der Niederlage Japans im Zweiten Weltkrieg gemäß einer Absprache der Siegermächte USA und UdSSR in zwei Besatzungszonen nördlich und südlich des 38. Breitengrades aufgeteilt. 1949 zogen die Besatzungstruppen ab. Bereits ein Jahr später überschritten militärisch überlegene, von der Sowjetunion politisch unterstützte

3 Der Korea-Krieg 1950–1953

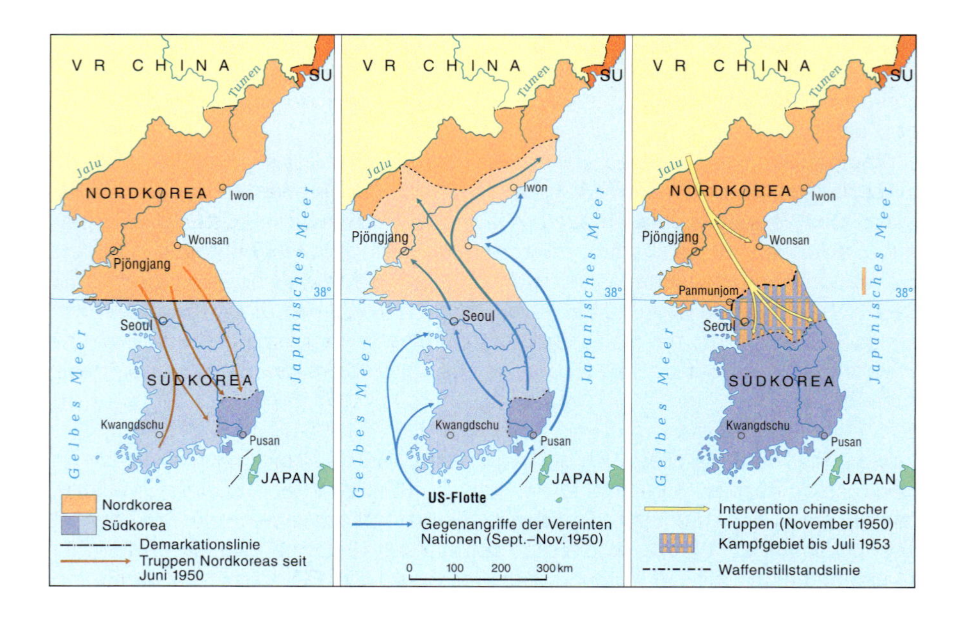

Truppen Nordkoreas die Demarkationslinie, um den Süden unter kommunistische Herrschaft zu bringen. Weil die Sowjetunion den Sicherheitsrat zu dieser Zeit wegen der Nichtaufnahme Chinas boykottierte, konnte die UNO Nordkorea als Aggressor verurteilen und die USA mit einigen Verbündeten beauftragen, die Aggression zurückzuschlagen. Nachdem unter Führung der USA die UNO-Truppen bis zur chinesischen Grenze vorgedrungen waren, erhielt Nordkorea von 300 000 „Freiwilligen" aus China Unterstützung. Weil der amerikanische Präsident Truman es wegen der Gefahr eines neuen Weltkrieges ablehnte, Atombomben einzusetzen und die Luft- und Nachschubbasen in China zu zerstören, erstarrten die Kampfhandlungen im Stellungskrieg an der alten Nord-Süd-Grenze. Aber erst 1953 wurde Waffenstillstand geschlossen und die alte Trennlinie am 38. Breitengrad als bis heute gültige Grenze zwischen Nord- und Südkorea festgelegt. Ein neuer Weltkrieg konnte verhindert werden, aber dieser erste „Stellvertreterkrieg" kostete Millionen Soldaten und Zivilisten das Leben. Trotz der Unzufriedenheit der Amerikaner mit dem Ausgang des Korea-Krieges sahen sich die USA in der Richtigkeit der Containment-Politik bestätigt. Sie verstärkten ihre Rüstungsanstrengungen sowie die NATO und erweiterten ihr Bündnissystem.

4 Diplomatischer Anspruch (1949)
Konrad Adenauer stellt den Hohen Kommissaren der Westmächte 1949 sein Kabinett vor und betritt dabei den Teppich, der nach dem protokollarischen Zeremoniell den Repräsentanten der Besatzungsmächte vorbehalten sein sollte.

… ein „Schock" für Westeuropa

Eine Zäsur stellte der Korea-Krieg auch für das Ausmaß der zukünftige Integration der neu gegründeten Bundesrepublik in die westliche Staatenwelt dar. Der Krieg in Korea hatte auf den Westen wie ein Schock gewirkt, war doch die Teilung des asiatischen Landes Korea mit der politischen Situation vor allem in Deutschland, aber auch in Europa vergleichbar. Der französische Außenminister Robert Schuman legte einen Plan zur europäischen Einigung vor, der eine Zusammenlegung der deutschen und französischen Schlüsselindustrien Kohle und Stahl vorsah und einen neuen Krieg zwischen den beiden „Erzfeinden" verhindern sollte. Winston Churchill schlug die Bildung einer europäischen Armee vor, an der auch die Bundesrepublik beteiligt werden sollte. Der französische Ministerpräsident René Pleven setzte sich für eine Verteidigungsgemeinschaft Frankreichs, Italiens, der Beneluxstaaten und der Bundesrepublik ein.

Westintegration, Wiederbewaffnung …

In Westeuropa fand die von Robert Schuman vorgeschlagene wirtschaftliche Integration der Bundesrepublik durch die Schaffung eines gemeinsamen europäischen Kohle- und Stahlmarktes vielfache Zustimmung. 1951 einigte man sich auf die Zusammenarbeit in der sogenannten Montanunion.
Wesentlicher kontroverser verlief die Diskussion um die deutsche Wiederbewaffnung. Bei der Gründung der Bundesrepublik war der gelegentlich geäußerte Gedanke an eine militärische Aufrüstung noch zurückgewiesen worden, und zwar sowohl von den Besatzungsmächten als auch von den Deutschen selbst. Auch Bundeskanzler Adenauer äußerte sich 1949 noch in diesem Sinne.
Noch am 24. Mai 1950, einen Monat vor Beginn des Korea-Krieges, veröffentlichten die Westalliierten ein Gesetz zur Verhinderung der deutschen Wiederaufrüstung, das die Abrüstung und Entmilitarisierung Deutschlands auf industriellem Gebiet sicherstellen sollte. Bald nach Beginn des Krieges deutete sich aber schon eine grundlegende Wendung der deutschen Politik und der Haltung der Westmächte

5 Wiedergewonnenes Ansehen (1953)
Konrad Adenauer bei seinem ersten Besuch in den USA auf den Stufen des Kapitols in Washinghton

an. Freilich waren die Widerstände innerhalb und außerhalb Deutschlands groß.
Für die meisten Deutschen wirkte angesichts des Kriegsverlaufes und der Kriegsfolgen der Gedanke an neue deutsche Soldaten schockierend. Der SPD-Vorsitzende Kurt Schumacher bekämpfte z. B. die Wiederbewaffnung ebenso vehement wie Vertreter der Kirchen. Auch im Ausland, vor allem in Frankreich, gab es viele ablehnende Stimmen. Die im Korea-Krieg deutlich gewordene Bedrohung nichtkommunistischer Staaten war indessen stark genug, um schließlich doch die Einbeziehung Westdeutschlands in ein gemeinsames Verteidigungssystem voranzutreiben und aus der Vergangenheit herrührende Befürchtungen zurückzudrängen. Die Politiker Westeuropas einigten sich schließlich 1952 auf den Pleven-Plan zur Schaffung einer europäischen Verteidigungsgemeinschaft.
Die endgültige Ratifizierung des EVG-Vertrages scheiterte allerdings 1954, ein Jahr nach dem Ende des Korea-Krieges, an der Ablehnung der französischen Nationalversammlung, worauf dann jedoch schnell die Aufnahme der Bundesrepublik in die NATO erfolgte.

... und Souveränität

Der Korea-Krieg und die Frage der Wiederbewaffnung Westdeutschlands hatten zudem wesentliche Auswirkungen auf das seit 1949 geltende Besatzungsstatut und damit die Souveränität der Bundesrepublik. Im Besatzungsstatut von 1949 hatten die drei Westmächte die Kompetenzen der neuen westdeutschen Regierung festgelegt. Sie behielten sich u. a. die Gestaltung und Kontrolle der Außenpolitik und des Außenhandels sowie durch eine Internationale Ruhrbehörde die Aufteilung von Kohle, Koks und Stahl aus dem Ruhrgebiet zwischen der Bundesrepublik und den westeuropäischen Staaten vor. Bundeskanzler Adenauers wichtiges politisches Ziel war es daher, die Souveränität der Bundesrepublik vor allem durch eine weitgehende Integration in den Westen zu erreichen. Die SPD-Opposition unter Schumacher war gegen diese Politik, sie sah darin die Gefahr, jede Chance auf die Wiedervereinigung des geteilten Deutschland zu verspielen.
Der Wunsch v. a. der USA nach einem militärischen Beitrag der Bundesrepublik zur Abwehr kommunistischer Expansion bot Adenauer andererseits die Möglichkeit, selbst für die Wiederbewaffnung einzutreten und damit die Westintegration und die Ausweitung der Souveränitätsrechte weiter voranzutreiben.
Nachdem sich die Bundesregierung zudem bereit erklärte, alle Auslandsschulden des Deutschen Reiches und die Besatzungskosten der Westmächte zu übernehmen, lockerten die westlichen Alliierten ihr Besatzungsstatut und gestanden der Bundesrepublik Deutschland größere Souveränitätsrechte zu: Die Bundesregierung durfte ein Außenministerium einrichten und diplomatische Beziehungen zu nicht-kommunistischen Staaten aufnehmen. Die alliierte Kontrolle über die deutsche Wirtschaft und der noch immer bestehende Kriegszustand mit Westdeutschland wurden aufgehoben. Der Abschluss des Deutschlandvertrages 1952 und die Pariser Verträge 1955 brachten der Bundesrepublik schließlich die Aufhebung des Besatzungsstatuts und die fast völlige Souveränität. Aber erst die Zwei-Plus-Vier-Gespräche 1990 im Zusammenhang mit den Verhandlungen zur Einheit Deutschlands sicherten die vollständige Souveränität.

6 **Protest gegen die geplante Wiederbewaffnung, Demonstration Anfang 1950er-Jahre**

5

7 **US-Memorandum zur Währungsreform**

Im März 1948 äußerte sich das US-Außenministerium zur Frage der Währungsunion und wirtschaftlichen Einheit:

Der Fortschritt der Verhandlungen in Berlin (über die gemeinsame Währungsreform) macht eine sofortige Bestandsaufnahme nötig, um festzustellen, ob eine vierzonale Währungsreform noch in unserem Interesse ist angesichts der Veränderungen der europäischen Lage seit unserer Entscheidung, eine solche Reform vorzuschlagen. Man muss sehen, dass die Durchführung einer Währungsreform auf bizonaler oder Dreimächte- anstatt auf Viermächtebasis einen definitiven Schritt hin zur Anerkennung der Ost-West-Spaltung Deutschlands darstellt, aber gleichzeitig auch einen wichtigen Zug in Richtung auf die dringend nötige wirtschaftliche Stabilisierung Westdeutschlands. […] Es wird empfohlen, General Clay zu instruieren, dass die Politik dieser Regierung nicht länger darin besteht, eine Viermächteübereinkunft zur Währungs- und Finanzreform in Deutschland zu erreichen, und dass deshalb sein Ziel zu sein habe, sich aus den Viermächteverhandlungen zurückzuziehen, und zwar nicht später als am Ende der 60-Tage-Frist, die sich der Kontrollrat für die Diskussion der vierzonalen Währungsreform gesetzt hat.

Ch. Buchheim: Die Währungsreform 1948 in Westdeutschland. Vierteljahrshefte für Zeitgeschichte 1988/2, S. 210.

8 **Westintegration versus Wiedervereinigung – die Kontroverse um die Wiederbewaffnung**

a) Die Position des Bundeskanzlers

Außenpolitische Grundsatzrede Adenauers auf dem 1. Bundesparteitag der CDU in Goslar, 20. Oktober 1950:

„Deutschlands Stellung und Aufgabe in der Welt“

Über Deutschlands Stellung und Aufgabe in der Welt zu sprechen, wäre noch vor einem Jahr nicht möglich gewesen, vor zwei Jahren hätte man ein derartiges Unterfangen als unbegreiflich empfunden. Ich glaube, dass man in diesen vielleicht das Schicksal Europas entscheidenden Monaten um Europas willen darüber sprechen muss. […]

Sowjet-Russland fühlt sich nicht mehr als europäische, sondern als bolschewistische Macht. Sowjet-Russland ist es gelungen, sich anzugliedern: die baltischen Staaten: Litauen, Lettland, Estland, das polnische Weißrussland, das ganze übrige Polen, Ungarn, Tschechoslowakei, Rumänien, Bulgarien und fast die Hälfte Deutschlands in der Form der Sowjetzone. […]

Darüber hinaus hat Sowjet-Russland in europäischen Ländern starke 5. Kolonnen errichtet und aufgebaut, kommunistische Parteien gegründet und finanziert. Es ist so in der Lage, auf die politischen Geschicke anderer europäischer Länder ohne kriegerische Maßnahmen unter Umständen einen entscheidenden Einfluss in seinem Sinne auszuüben. Es hat planmäßig und zielbewusst alle Kampfmittel des Kalten Krieges vorbereitet. […]

Die aus der ideologischen Verschiedenheit herauswachsenden Spannungen werden gesteigert durch das Verhalten Sowjet-Russlands seit 1945. […] Wo in der Welt jetzt

schon kriegerische Unruhen bestehen, in Korea in Indochina, hat Sowjet-Russland seine Hand im Spiel. [...]
Es werden sowohl bei uns wie auch im Auslande Stimmen laut, die befürchten, dass die Stellung eines deutschen Kontingentes in einer amerikanisch-europäischen Armee ein Wiederaufkommen militaristischen Denkens bei uns zur Folge haben werden. Darauf erwidere ich Folgendes: Die Bundesregierung, der Bundestag und ich persönlich werden uns mit ganzer Kraft dafür einsetzen, dass das militaristische Denken, das seine schärfste Ausprägung in der nationalsozialistischen Zeit gefunden hat, unter keinen Umständen wiederkommt. [...]

Konrad Adenauer: Reden 1917–1967. Stuttgart 1975, S. 181 ff.

b) 1965, 15 Jahre später, schrieb Konrad Adenauer in seinen Erinnerungen:

Wir durften und dürfen namentlich in unserer christlichen Partei niemals vergessen, dass der Kampf gegen den Kommunismus sich nicht einfach erschöpft in Bemühungen um die Wiedererlangung der uns entzogenen Teile Deutschlands, sondern dass dahinter steht der Kampf zwischen Materialismus und christlicher Überzeugung, der Gegensatz zwischen russisch kommunistischer Diktatur und einem freien Europa. Wenn es den freien Völkern der Welt nicht gelingt, dieses Gefühl für den Wert der christlich europäischen Kultur zu steigern, dann wird die Zukunft nach meiner Überzeugung für weite Teile des Erdkreises sehr dunkel sein. Wenn die freie Welt wachsam bleibt, dann wird es vielleicht doch im Laufe der Zeit möglich sein, da auch Russland zur Erfüllung seiner innenpolitischen Aufgaben Zeit braucht, zu einem Zustand zu kommen, der der Welt echten Frieden verbürgt. Im gegenwärtigen Augenblick jedoch hilft nur ein bewaffneter Friede.

K. Adenauer: Erinnerungen, Bd. 2 (1953–1955). Stuttgart 1965, S. 554.

c) Die Haltung des Bundesinnenministers
Aus Protest gegen Adenauers Politik trat Innenminister Gustav Heinemann (CDU) von seinem Amt zurück. Aus seinem Memorandum, 13. Oktober 1950:

Es ist nicht unsere Sache, eine deutsche Beteiligung an militärischen Maßnahmen nachzusuchen oder anzubieten. Wenn die Westmächte unserer Mitwirkung zu bedürfen glauben, so mögen sie an uns herantreten und dabei verbindlich sagen, welches die Grundgedanken einer von ihnen gewünschten deutschen Mitwirkung sein sollen. Nachdem es eines der vornehmsten Kriegsziele der Alliierten gewesen ist, uns zu entwaffnen und auch für alle Zukunft waffenlos zu halten, [...] und das deutsche Volk zu einer jedem Militärwesen abholden Geisteshaltung zu erziehen, haben wir allen Anlass, auf gegenteilige Aufforderungen so zurückhaltend wie nur möglich zu reagieren. Dies wird für unsere Nachbarvölker im Westen wie im Osten der eindrücklichste und immer noch notwendige Beweis für die doch unleugbare Gesinnungsänderung des deutschen Volkes sein. Wenn wir anders handeln, kann nur der alte Verdacht gegen unseren Militarismus und die aus ihm folgende Missachtung unseres Volkes verhängnisvoll belebt werden.

Fritz Peter Habel / Helmut Kistler: Entscheidungen in Deutschland 1949–1955. Bonn 1987, S. 41.

d) Die Position der Opposition: Führt Adenauers Politik in die Sackgasse?
Aus einer Rede des SPD-Abgeordneten Dr. Luetkens im Deutschen Bundestag, 16. Oktober 1951:

Wir haben die enge Zusammenarbeit mit den westlichen Völkern Europas immer begrüßt. Aber gerade auch im Interesse dieser anderen Völker und Europas haben wir uns widersetzt, wenn die Integration nach Westen über den Punkt hinausgetrieben werden sollte, wo sie automatisch die Wiedervereinigung mit der sowjetischen Besatzungszone gefährden muss.
Die Politik, die die Regierung zwei Jahre lang verfolgt hat, hat in diese Sackgasse geführt.
Alle Verträge, die der Herr Bundeskanzler abzuschließen plant, werden Barrieren aufrichten, die die deutsche Wiedervereinigung hemmen, erschweren, wenn nicht noch schwerere Wirkungen und Konsequenzen für die Wiedervereinigung haben.
Es ist notwendig, dass die westlichen Mächte überzeugt werden, dass sie um Europas willen, um der ganzen weltpolitischen Lage willen, einen anderen Weg beschreiten als den bisherigen, auf den sie auch durch die Initiative des Herrn Bundeskanzlers vom 29. August 1950 gelenkt worden sind.
Die Frage ist nicht, ob die Einheit Deutschlands das höchste Ziel der Politik und Ihrer Politik, Herr Bundeskanzler, ist, sondern die Frage ist, ob Sie um dieses Zieles willen fähig sind, Verzicht zu leisten auf das, was Sie bisher angestrebt haben, nämlich eine Form der westlichen Integration, welche die Integration Deutschlands zu blockieren droht. Das ist Ihr Dilemma und das ist nunmehr unser aller Dilemma.

Verhandlungen des Deutschen Bundestages, 1. Wahlperiode 1949, 168. Sitzung vom 16. 10. 1951, Stenographische Berichte, Bd. 9, S. 6925 ff.

9 Stimmen des Auslands zur Wiederbewaffnung

a) Aus der Regierungserklärung des französischen Ministerpräsidenten René Pleven vom 24. Oktober 1950:

Die französische Regierung dachte, dass die Verwirklichung der Montanunion es ermöglichen würde, sich an den Gedanken einer europäischen Gemeinschaft zu gewöhnen, ehe die so delikate Frage einer gemeinsamen Verteidigung in Angriff genommen würde. Die Ereignisse in der Welt lassen ihr keine Frist. [...]
Die Unterzeichnung der Montanunion wird sehr bald, wie wir hoffen, die Einmütigkeit von sechs Teilnehmer-

ländern besiegeln, die allen Völkern Europas die Garantie gibt, dass die Stahl- und Kohleindustrien Westeuropas nicht zu aggressiven Zielen benutzt werden können. Sobald diese Unterschrift erreicht ist, fordert die französische Regierung, dass das Problem des deutschen Beitrags zur Aufstellung einer europäischen Streitkraft in einer Weise gelöst wird, die den grausamen Lehren der Vergangenheit und der Entwicklung, die viele Europäer in allen europäischen Ländern geben wollen, Rechnung trägt. [...]

Eine Armee des geeinten Europa [...] soll, soweit dies irgend möglich ist, eine vollständige Verschmelzung der Mannschaften und der Ausrüstung herbeiführen, die unter einer einheitlichen politischen und militärischen europäischen Autorität zusammengefasst werden.

Zit. nach: K. v. Schubert (Hg.): Sicherheitspolitik der Bundesrepublik Deutschland. Köln 1977, S. 99 ff. Übers. Klaus Brinker & Klaus von Schubert.

b) Der UN-Delegierte der USA John Foster Dulles, 1950:

Besteht aber eine wirkliche politische Einigkeit Westeuropas zu gemeinsamer Verteidigung, dann können Deutsche sehr wohl an dieser teilnehmen. Wir können keine deutsche Nationalarmee riskieren. Wir dürfen aber ruhig riskieren, dass Deutsche individuell in einer europäischen Armee dienen, Schulter an Schulter mit Franzosen und Belgiern, unter nichtdeutscher Führung und irgendwo in Westeuropa, am besten nicht in Deutschland stationiert.

Es ist möglich, auf diese Weise zu einer Militärmacht in Westeuropa zu gelangen, die stark genug wäre, einem militärischen Angriff von Russland her zu widerstehen.

J. F. Dulles: Krieg oder Frieden. Wien / Stuttgart 1950, S. 229 f.

10 „Deutsches Manifest"

Entschließung einer Kundgebung in der Frankfurter Paulskirche am 29. Januar 1955 zur Wiedervereinigung und den Pariser Verträgen:

Aus ernster Sorge um die Wiedervereinigung Deutschlands sind wir überzeugt, dass jetzt die Stunde gekommen ist, Volk und Regierung in feierlicher Form zu entschlossenem Widerstand gegen die sich immer stärker abzeichnenden Tendenzen einer endgültigen Zerreißung unseres Volkes aufzurufen. Die Antwort auf die deutsche Schicksalsfrage der Gegenwart – ob unser Volk in Frieden und Freiheit wiedervereinigt werden kann oder ob es in dem unnatürlichen Zustand der staatlichen Aufspaltung und einer fortschreitenden menschlichen Entfremdung leben muss – hängt heute in erster Linie von der Entscheidung über die Pariser Verträge ab. Die Aufstellung deutscher Streitkräfte in der Bundesrepublik und in der Sowjetzone muss die Chancen der Wiedervereinigung für unabsehbare Zeit auslöschen und die Spannung zwischen Ost und West verstärken. Eine solche Maßnahme würde die Gewissensnot großer Teile unseres Volkes unerträglich steigern. Das furchtbare Schicksal, dass sich die Geschwister einer Familie in verschiedenen Armeen mit der Waffe in der Hand gegenüberstehen, würde Wirklichkeit werden.

In dieser Stunde muss jede Stimme, die sich frei erheben darf, zu einem unüberhörbaren Warnruf vor dieser Entwicklung werden. Unermesslich wäre die Verantwortung derer, die die große Gefahr nicht sehen, dass durch die Ratifizierung der Pariser Verträge die Tür zu Viermächteverhandlungen über die Wiederherstellung der Einheit Deutschlands in Freiheit zugeschlagen wird. Wir appellieren an Bundestag und Bundesregierung, alle nur möglichen Anstrengungen zu machen, damit die vier Besatzungsmächte dem Willen unseres Volkes Rechnung tragen. Die Verständigung über eine Viermächtevereinbarung zur Wiedervereinigung muss vor der militärischen Blockbildung den Vorrang haben. Es können und müssen die Bedingungen gefunden werden, die für Deutschland und seine Nachbarn annehmbar sind, um durch Deutschlands Wiedervereinigung das friedliche Zusammenleben der Nationen Europas zu sichern. Das deutsche Volk hat ein Recht auf seine Wiedervereinigung.

In: Europa-Archiv. Folge 4 / 1955, S. 7350.

Arbeitsvorschläge

a) Ordnen Sie M 7 in Geschehnisse der Jahre 1947/48 ein und bewerten Sie die Rolle der Währungsreform für die Entwicklung der Westorientierung der Westzonen.
b) Erarbeiten Sie die unterschiedlichen außen- und deutschlandpolitischen Positionen von CDU und SPD anhand von M 8 a und M 8 c.
c) Erläutern Sie die Gründe für den außenpolitischen Wandel der Stellung der Bundesrepublik Deutschland von 1949 bis 1953 (M 2, M 4, M 5).
d) Stellen Sie Argumente pro und contra der Wiederbewaffnung der Bundesrepublik und inszenieren Sie dazu ein Streitgespräch (M 6, M 7–M 10).
e) Interpretieren Sie die Karikatur M 1.
f) Erklären Sie, auch anhand der Karte M 3, inwiefern der Korea-Krieg als „Katalysator" für die Westintegration bezeichnet werden kann.

5.3 „Soziale Marktwirtschaft" und „Wirtschaftswunder"

Wende zu Wachstum und Vollbeschäftigung

Wesentlichen Anteil an der von der überwiegenden Mehrheit der Bevölkerung der Bundesrepublik akzeptierten Westorientierung und demokratischen Neuordnung hatte die wirtschaftliche Entwicklung des neuen Staates. Währungsreform und Marshallplan bildeten wichtige Voraussetzungen dafür: Mit der D-Mark existierte eine vertrauenswürdige Währung, der Marshallplan (offiziell European Recovery Programm) brachte von 1948 bis 1952 einen anwachsenden finanziellen und materiellen Anschub.

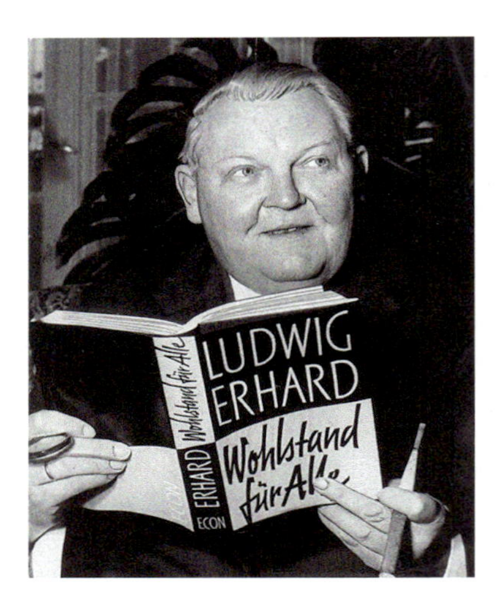

1 Ludwig Erhard (mit seinem Bestseller)
Ab 1948 war er Direktor des Wirtschaftsrates der Bizone, 1949 Bundeswirtschaftsminister und von 1963 bis 1966 Bundeskanzler.

Dennoch verlangsamte sich das westdeutsche Wirtschaftswachstum in den Jahren 1949/50: Es mangelte an Lebensmitteln und Konsumgütern, die Lebenshaltungskosten stiegen nach Aufhebung der Preisbindung ebenso deutlich an (17%) wie die Zahl der Arbeitslosen (12%). Auch die von Wirtschaftsminister Ludwig Erhard (CDU) propagierte „soziale Marktwirtschaft" funktionierte zunächst nicht prompt und war daher heftig umstritten (**Online Link** 430017-0501). Der Oppositionsführer Kurt Schumacher (SPD) trat – wie in verschiedenen anderen europäischen Staaten praktiziert – für mehr staatliche Wirtschaftslenkung sowie Vergesellschaftung der Schlüsselindustrien ein. Ludwig Erhard war gegen derartige weitreichenden Eingriffe des Staates. Sein Programm der sozialen Marktwirtschaft beruhte darauf, dass der Staat nur aus sozialer Verantwortung für das Gemeinwohl in wirtschaftliche Prozesse eingreifen sollte.

1951/52 kam die Wende: Der wirtschaftliche Aufstieg der Bundesrepublik, das viel gerühmte „Wirtschaftswunder", begann. Die Ursachen des Wirtschaftswunders sind in einer Kombination verschiedener günstiger Faktoren zu suchen. Die Wirkung der Marshallplan-Hilfe setzte nun in vollem Umfang ein und ermöglichte den Unternehmern, modernste amerikanische Maschinen als Ersatz für die zerstörten oder demontierten Anlagen zu beschaffen. Die nach den langen Kriegsjahren weltweite Nachfrage bescherte der deutschen Industrie glänzende Absatzchancen. Dazu trug u.a. auch der Korea-Krieg bei, denn die USA und ihre Verbündeten hatten ihre Produktionskapazitäten auf Rüstungsgüter eingestellt, die deutsche Exportwirtschaft konnte diese Lücke des Angebots besonders beim Maschinen- und Fahrzeugbau sowie der elektrischen und der chemischen Industrie auf dem Weltmarkt füllen. Die große Binnennachfrage stabilisierte das Wachstum, da durch steigende Realeinkommen die Kaufkraft der Bevölkerung wuchs, der jahrelange Nachholbedarf große Konsumfreudigkeit der Bevölkerung auslöste und damit der Wirtschaft sichere Gewinne verschaffte. Mitte der 1950er-Jahre war Vollbeschäftigung praktisch erreicht. Dem beginnenden Arbeitskräftemangel wurde seit dieser Zeit zunehmend durch die Anwerbung von „Gastarbeitern" begegnet.

Staatliche Hilfen für die Wirtschaft ...

Soziale Marktwirtschaft

Nicht zuletzt trug auch die staatliche Wirtschaftspolitik, die konsequente Durchsetzung der „sozialen Marktwirtschaft" durch Wirtschaftsminister Ludwig Erhard, zum Aufschwung bei. Finanzpolitische Begünstigung von Kapitalbildung und Hilfen zur wirtschaftlichen Eigeninitiative förderten private wirtschaftliche Unternehmungen auf allen Ebenen: Durch ein Investitionshilfegesetz wurde der Kapitalmangel wichtiger Industriezweige überwunden, ein Gesetz gegen Wettbewerbsbeschränkungen sollte den Leistungswettbewerb in der Marktwirtschaft garantieren und eine unternehmerfreundliche Steuergesetzgebung sowie Abschreibungsmöglichkeiten schufen Anreize, neue Investitionen in private Betriebe und Firmen zu ermöglichen. Zwar führte dies auch dazu, dass bisherige ungleiche Vermögensverhältnisse in der

Bevölkerung erhalten oder auch neu geschaffen wurden, doch angesichts des allgemeinen wirtschaftlichen Aufschwungs blieben Entwicklungen der Einkommens- oder Vermögensverteilung für die meisten Menschen der frühen Jahre der Bundesrepublik zunächst von untergeordneter Bedeutung.
Denn die grundsätzlichen Auseinandersetzungen über die in den Anfangsjahren der Bundesrepublik noch stark kritisierte „soziale Marktwirtschaft“ waren zu diesem Zeitpunkt längst beendet. Auf die größte militärische Niederlage folgte die größte wirtschaftliche Blütezeit der deutschen Geschichte. Dazu trugen entscheidend auch die sozialpolitischen Maßnahmen der Bundesregierung bei: Ein „soziales Netz“ von großer Dichte und Leistungsfähigkeit entstand.

... sozialpolitische Maßnahmen ...

Eine der ersten und besonders wirksamen sozialpolitischen Maßnahmen der Bundesregierung war das Wohnungsbaugesetz von 1950, das vor allem den sozialen Wohnungsbau förderte. In den folgenden zehn Jahren wurden mehr als fünf Millionen Wohnungen errichtet und damit eine „sichtbare“ Grundlage für den Wiederaufbau und die sozialstaatliche Prägung der jungen demokratischen Gesellschaft gelegt. 1960 war jede dritte Wohnung ein Neubau.
1951 regelte ein Gesetz über die paritätische Mitbestimmung der Arbeitnehmer in den Aufsichtsräten und Vorständen der Unternehmen des Bergbaus und der Eisen und Stahl erzeugenden Industrie das Verhältnis von Arbeitgebern und Arbeitnehmern in diesem Bereich. 1952 ermöglichte das Betriebsverfassungsgesetz, dass in partnerschaftlicher Form zwischen Arbeitgebern und Arbeitnehmern nun soziale Fragen (z. B. Arbeitszeit, Urlaub, Lohn) und persönliche Angelegenheiten (z. B. Einstellungen, Versetzungen, Kündigungen) gelöst werden konnten. Beide Gesetze wirkten sich positiv auf die Entwicklung der Wirtschaft aus, denn Konflikte zwischen Kapital und Arbeit führten nicht zwangsläufig zu Streiks, sondern wurden häufig im Konsens ausgeräumt. Auch dies war eine Lehre aus der Weimarer Republik: Nicht mehr der Staat greift bei Arbeits- und Lohnkonflikten durch direkte Interventionen ein, sondern Arbeitgeber und Arbeitnehmer lösen die Probleme durch die Tarifautonomie in eigener Sache.
Zur Integration der Teile der Bevölkerung, insbesondere der Flüchtlinge und Vertriebenen, die von kriegsbedingten Sachschäden betroffen waren, trug das Bundesversorgungsgesetz von 1950 und das Lastenausgleichsgesetz von 1952 bei. Damit konnte zumindest eine finanzielle Unterstützung geleistet werden.

Diese Gesetze wirkten als sozialpolitische Integrationsklammer ebenso wie die Neuregelung des Rentensystems 1957. Sie brachte eine deutliche Erhöhung der bis dahin recht niedrigen Rentenbeträge und deren Anpassung an die allgemeine Einkommensentwicklung. Diese „dynamische Rente“ ermöglichte es in der Folgezeit der älteren Generation, sich am wirtschaftlichen Aufstieg und zunehmenden Konsum zu beteiligen. Auch in den nächsten Jahren erweiterte die Bundesregierung das Netz der Sozialgesetze, so z. B. durch Gewährung von Prämien für Wohnbausparer, Sparprämiengesetz, Förderung der Vermögensbildung für Arbeitnehmer, Kindergeld, Mutterschutz, Lohnfortzahlung im Krankheitsfall.

2 Wir sind wieder wer ...
Neues Lebensgefühl in den 1950er-Jahren

Trotz dieser Maßnahmen waren die wirtschaftlichen Chancen nach wie vor ungleich verteilt: Die Einkommensunterschiede blieben groß. Einige wenige konnten zwar schnell zu neuem Reichtum aufsteigen, für die allermeisten blieben die Löhne aber verhältnismäßig niedrig. Insgesamt waren die Lebensverhältnisse in den 1950er-Jahren der Bundesrepublik noch recht bescheiden.
Solange es aber Arbeit für alle gab und die Einkommen doch immer wieder etwas wuchsen, solange sich die Sozialgesetze noch erweitern und problemlos finanzieren ließen und solange dies zu positiven Zukunftserwartungen breiter Bevölkerungskreise führte, war der soziale Friede ungefährdet.

... und Akzeptanz des demokratischen Systems

Die frühen Jahre der Bundesrepublik waren daher insgesamt gekennzeichnet durch politische Stabilität. Neben der Westintegration, der erfolgreichen Wirtschaftspolitik trugen besonders die sozialpolitischen Maßnahmen zur Akzeptanz und zum Funktionieren der parlamentarischen Demokratie maßgebend bei. Die Einbindung in den demokratischen Westen entsprach den Wünschen und dem Willen der Westalliierten, auch für den wirtschaftlichen Aufstieg legten sie mit der Währungsreform und dem Marshallplan wichtige Grundlagen. Dass sich aber der Prozess des wirtschaftlichen Neuaufbaus und des Wachstums zum „Wirtschaftswunder“ steigerte, war die Leistung der Bevölkerung und der Politik der Bundesregierung: Die „soziale Marktwirtschaft“ der Regierung bot dafür zwar den wirtschaftspolitischen Rahmen, aber ohne die trotz anfangs niedriger Löhne hohe Arbeitsmotivation von gut ausgebildeten Arbeitskräften der Bevölkerung wäre die prosperierende Wirtschaftsentwicklung nicht möglich gewesen. Und ohne das „Wirtschaftswunder“ hätten dem Staat die finanziellen Möglichkeiten gefehlt, eine effiziente, integrative und zukunftsorientierte Sozialpolitik zu beginnen. Diese Sozialpolitik wiederum war für die Verankerung des demokratischen Systems in der Bundesrepublik und die politische Stabilität der Demokratie von kaum zu überschätzender Bedeutung.
Allerdings war die Orientierung auf materielle Werte, individuellen Aufstieg und privaten Wohlstand vielfach verbunden mit politischem Desinteresse. 1956 kannten 51 % der Bevölkerung keinerlei Inhalte des Grundgesetzes. Auch die Auseinandersetzung mit dem Nationalsozialismus wurde damit verdrängt. Kennzeichnend für die 1950er-Jahre war vielfach ein Rückzug ins Private und ein politischer, nicht nur auf die Wiederbewaffnungspläne bezogener „Ohne-mich-Standpunkt“.

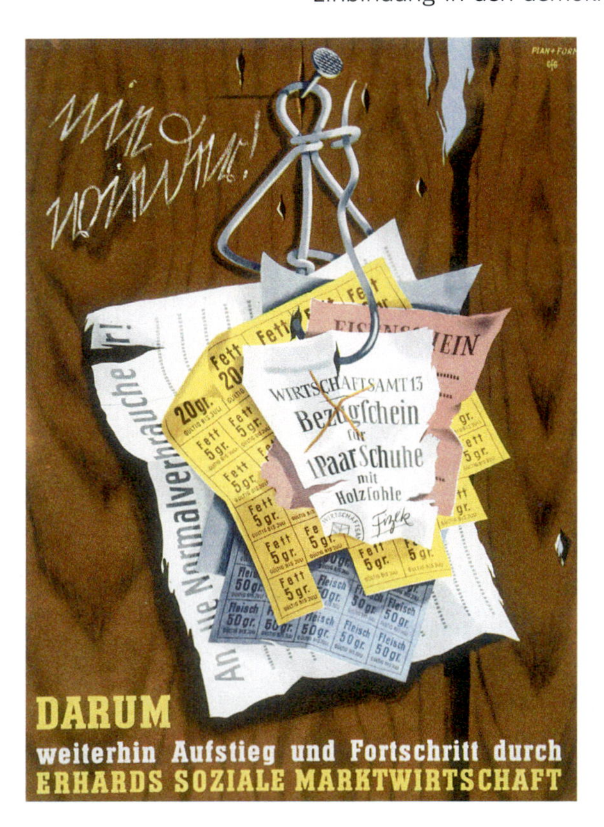

3 **„Nie wieder“.** Plakat der Industrie zur Unterstützung der CDU im Bundestagswahlkampf 1953

4 Aus dem Potsdamer Protokoll 1945

Wirtschaftliche Grundsätze

11. Mit dem Ziele der Vernichtung des deutschen Kriegspotentials ist die Produktion von Waffen, Kriegsausrüstung und Kriegsmitteln ebenso die Herstellung aller Typen von Flugzeugen und Seeschiffen zu verbieten und zu unterbinden. [...]
12. In praktisch kürzester Frist ist das deutsche Wirtschaftsleben zu dezentralisieren mit dem Ziel der Vernichtung der bestehenden übermäßigen Konzentration der Wirtschaftskraft, dargestellt insbesondere durch Kartelle, Syndikate, Trusts und andere Monopolvereinigungen.
13. Bei der Organisation des deutschen Wirtschaftslebens ist das Hauptgewicht auf die Entwicklung der Landwirtschaft und der Friedensindustrie für den inneren Bedarf (Verbrauch) zu legen.
14. Während der Besatzungszeit ist Deutschland als eine wirtschaftliche Einheit zu betrachten.

W. Benz: Potsdam 1945, Besatzungsherrschaft und Neuaufbau in Vier-Zonen-Deutschland. München 1986, S. 207 ff.

5 Für und wider die Marktwirtschaft

a) Der Deutsche Gewerkschaftsbund (1949):

Volkswirtschaftliche Planung steht im Gegensatz zu der chaotischen Marktwirtschaft, die in Deutschland seit der Währungsreform herrscht und zu ungeheurer Kapitalverschwendung durch Fehlinvestitionen und Erzeugung von Luxusgütern, zur Ausbeutung der Verbraucher durch ungerechtfertigt hohe Preise, zu Kurzarbeit und Arbeitslosigkeit und sozialer Unsicherheit [...] geführt hat [...] Als die Wirtschaftswissenschaft die Gesetze der freien Marktwirtschaft niederschrieb, rechnete sie nicht mit der immer stärkeren Entwicklung jener Großunternehmen, Truste, Konzerne und Kartelle, die die Gesetze der freien Marktwirtschaft aufhoben. Heute ist die Marktwirtschaft weder frei noch sozial. Heute verhindert sie die freie Entfaltung; sie verschärft die ohnehin schon großen Gegensätze zwischen Reich und Arm. Sie ist unsozial und durch ihre Planlosigkeit unfähig, den schwierigen Aufgaben des Wiederaufbaues [...] gerecht zu werden.

Protokolle des Gründungskongresses des DGB, Köln 1950, S. 319.

b) Ludwig Erhard in seinem Buch „Wohlstand für alle" (1957):

Die Gefahr einer Beeinträchtigung des Wettbewerbs droht sozusagen ständig und von den verschiedensten Seiten her. Es ist darum eine der wichtigsten Aufgaben des auf einer freiheitlichen Gesellschaftsordnung beruhenden Staates, die Erhaltung des freien Wettbewerbs sicherzustellen. Es bedeutet wirklich keine Übertreibung, wenn ich behaupte, dass ein auf Verbot gegründetes Kartellgesetz als das unentbehrliche „wirtschaftliche Grundgesetz" zu gelten hat. Versagt der Staat auf diesem Felde, dann ist es auch bald um die „soziale Marktwirtschaft" geschehen. Dieses hier verkündete Prinzip zwingt dazu, keinem Staatsbürger die Macht einzuräumen, die individuelle Freiheit unterdrücken oder sie namens einer falsch verstandenen Freiheit einschränken zu dürfen. „Wohlstand für alle" und „Wohlstand durch Wettbewerb" gehören untrennbar zusammen; das erste Postulat kennzeichnet das Ziel, das zweite den Weg, der zu diesem Ziel führt.
Die wenigen Andeutungen zeigen bereits den fundamentalen Unterschied zwischen der sozialen Marktwirtschaft und der liberalistischen Wirtschaft alter Prägung. Unternehmer, die unter Hinweis auf neuzeitliche wirtschaftliche Entwicklungstendenzen Kartelle fordern zu können glauben, stellen sich mit jenen Sozialdemokraten auf eine geistige Ebene, die aus der Automation auf die Notwendigkeit einer staatlichen Planwirtschaft schließen. Diese Überlegung macht wohl auch deutlich, wie ungleich nützlicher es mir erscheint, die Wohlstandsmehrung durch die Expansion zu vollziehen, als Wohlstand aus einem unfruchtbaren Streit über eine andere Verteilung des Sozialproduktes erhoffen zu wollen. [...] Mein ständiges Drängen, alle Anstrengungen auf eine Expansion ohne Gefährdung der gesunden Grundlage unserer Wirtschaft und Währung zu richten, gründet sich gerade auf die Überzeugung, dass es mir auf solche Weise möglich sein kann, all denen, die ohne eigenes Verschulden wegen Alter, Krankheit oder als Opfer zweier Weltkriege nicht mehr unmittelbar am Produktionsprozess teilhaben können, einen angemessenen, würdigen Lebensstandard zu garantieren. Das Anwachsen der Sozialleistungen in den letzten Jahren erweist die Richtigkeit dieser These. [...] Nur die Expansion hat es ermöglicht, auch die Armen mehr und mehr an der Wohlstandssteigerung teilhaben zu lassen. [...]
Eine freiheitliche Wirtschaftsordnung kann auf die Dauer nur dann bestehen, wenn und solange auch im sozialen Leben der Nation ein Höchstmaß an Freiheit, an privater Initiative und Selbstvorsorge gewährleistet ist. Wenn dagegen die Bemühungen der Sozialpolitik darauf abzielen, dem Menschen schon von der Stunde seiner Geburt an volle Sicherheit gegen alle Widrigkeiten des Lebens zu gewährleisten [...] dann kann man von solchen Menschen einfach nicht mehr verlangen, dass sie das Maß an Kraft, Leistung, Initiative und anderen besten menschlichen Werten entfalten, das [...] die Voraussetzung einer auf die Initiative der Persönlichkeit begründeten „sozialen Marktwirtschaft" bietet [...] Damit soll nicht geleugnet werden, dass eine auch noch so gute Wirtschaftspolitik in modernen Industriestaaten einer Ergänzung durch sozialpolitische Maßnahmen bedarf. [...] Es muss aber im ureigensten Interesse jeder organischen Sozialpolitik liegen, Sorge zu tragen, dass die Prinzipien, nach denen die Wirtschaft geordnet ist, erhalten bleiben und weiter ausgebaut werden.

Ludwig Erhard: Wohlstand für alle. Düsseldorf 1957, S. 9 ff.

c) Der Präsident des Bundesverbandes der deutschen Industrie, Fritz Berg, über Wirtschaft und Wettbewerb (1952):
Gerade in einer sozialen Marktwirtschaft ist nach meiner Auffassung die Unternehmerfunktion nicht nur durch die Risikobereitschaft, sondern auch das Streben nach Sicherheit gekennzeichnet. [...]
Eines der Mittel zur Abschwächung wirtschaftlich und sozial unerwünschter Marktspannungen ist aber die unternehmerische Zusammenarbeit, sei es in Form einer laufenden gemeinsamen Abstimmung mit der wirtschaftspolitischen Führung, eines Erfahrungsaustausches zwischen Wettbewerbern sowie mit Vorlieferanten und Abnehmern, von Empfehlungen an die Betriebe oder schließlich durch die Vielgestalt von Vereinbarungen kartellmäßigen Charakters. Diese Maßnahmen, die oft schnell und elastisch durchgeführt und immer wieder plötzlichen Änderungen unterworfen werden müssen und die vor allem nur aus einer vollen Kenntnis der Marktverhältnisse getroffen werden können, sollen nach dem Entwurf eines Gesetzes gegen Wettbewerbsbeschränkungen der Genehmigung durch einen Beamten bedürfen! Im Wege der Einzelerlaubnis soll der Beamte darüber befinden, ob sich das Vorhaben der Unternehmer volkswirtschaftlich günstig oder ungünstig auswirken wird! Damit würden unternehmerische Entschlüsse durch einen Verwaltungsakt ersetzt, die Privatinitiative, die Wurzel alles unternehmerischen Schaffens, würde durch autoritäre Entscheidungsgewalt einer mit allen Mitteln rechtlichen Zwanges ausgestatteten Bürokratie abgelöst. Das ist ein planwirtschaftlicher Eingriff in das marktwirtschaftliche Geschehen, der niemals das Verständnis der Wirtschaft finden wird.

A. Schildt: Deutschland in den 50er-Jahren. IzpB 256 (1997), S. 35.

6 Das European Recovery Program (ERP = Marshallplan) 1948–1951

a) Leistungen in Millionen US-Dollar

Leistungen ERP 1948–1951	Millionen US-Dollar
Industriegüter	5 032
Nahrungsmittel und landwirtschaftliche Erzeugnisse	4 885
Seefracht	726
Technische Dienste	47
Europäische Zahlungsunion	350
Economic cooperation Administration (Washington)	56
Gesamtsumme	**11 096**

b) Leistungen an Empfängerländer in Millionen US-Dollar

Empfängerländer	Millionen US-Dollar
Großbritannien	2 703
Frankreich	2 224
Italien	1 213
Westdeutschland	1 189
Niederlande	950
Belgien / Luxemburg	530
Österreich	514
Griechenland	433
Dänemark	239
Norwegen	219
Irland	146
Türkei	117
Schweden	116
Portugal	46
Triest	33
Island	18
Gesamtsumme (ohne zentrale Ausgaben)	10 690

Zusammengestellt nach: H. Schambeck u. a.: Dokumente zur Geschichte der Vereinigten Staaten von Amerika. Berlin 1993, S. 53.

7 Bundesdeutsche Wirtschaftsentwicklung anhand ausgewählter Indexzahlen

	1936	1948	1954
Bevölkerung	100	118	127
Reales Bruttosozialprodukt	100	98	162
Volkseinkommen / Einwohner	100	84	124
Industrielle Produktion	100	61	165
Steinkohlenförderung	100	74	124
Rohstahlproduktion	100	38	136
Elektrizitätsproduktion	100	137	284
Nahrungsmittelproduktion	100	58	118
Wohnungen auf 1 000 Einwohner	100	84	98

H. R. Adamsen: Faktoren und Daten der wirtschaftlichen Entwicklung in der Frühphase der Bundesrepublik. In: Archiv für Sozialgeschichte 18 (1978), S. 244.

8 Daten zur wirtschaftlichen Entwicklung der Bundesrepublik Deutschland

Wirtschaftliche Entwicklung der BRD		
Durchschnittsverdienste aller Arbeitnehmer pro Monat	1949 260 DM	1964 532 DM
Anstieg der Lebenshaltungskosten	1951 7,7 %	1965 3,4 %
Durchschnittliche Arbeitszeit pro Woche	1955 47,1 h	1960 44,1 h
Arbeitslosenquote	1950 11,0 %	1960 1,3 %
Sozialhilfe-Empfänger (Hilfe zum Lebensunterhalt)	–	1964 0,82 Mio.
Exportüberschuss (in Milliarden DM)	–	1960 5,2

Aus: Geschichte und Geschehen 4, Leipzig 2007, S. 180 (bis zum Jahr 1964)

9 Anteile an den monatlichen Ausgaben eines 4-Personen-Arbeitnehmerhaushalts 1950–1963 (%)

	1950	1955	1960	1963
Nahrungsmittel	46,4	41,5	38,2	34,6
Genussmittel	5,8	6,5	6,7	7,1
Bohnenkaffee	0,8	1,4	1,5	1,4
Bier	0,8	1,2	1,5	1,6
Zigaretten	1,2	1,4	1,6	1,8
Möbel, Hausrat	4,7	7,7	8,2	8,0
Bücher, Zeitungen	1,3*	1,3	1,1	1,1
Ferien, Erholung	0,6*	1,1	1,5	1,9
Theater, Konzerte	0,1*	0,1	0,1	0,1
Kino	0,6*	0,7	0,3	0,2
Radio-/TV-Gebühren	0,4*	0,4	0,5	0,6
Öffentliche Verkehrsmittel	1,9*	2,1	2,2	1,9
Private Verkehrsmittel	0,6*	0,9	2,6	5,7

* Zahlen beziehen sich auf das Jahr 1952

M. Wildt: Am Beginn der „Konsumgesellschaft". Mangelerfahrung, Lebenshaltung, Wohlstandhoffnung in Westdeutschland in den fünfziger Jahren. Hamburg 1984, S. 374.

10 Von dem Onkel dürft ihr nichts annehmen
Karikatur von Mirko Szewczuk zum Marschallplan, 1947

5

Arbeitsvorschläge

a) Stellen Sie fest, welche wirtschaftlichen Beschlüsse der Potsdamer Konferenz in den Nachkriegsjahren Deutschlands verwirklicht worden sind und welche nicht (M 4, VT).
b) Stellen Sie Gemeinsamkeiten und Unterschiede der wirtschaftspolitischen Vorstellungen des Gewerkschaftsbundes, Erhards und Bergs gegenüber (M 5).
c) Erläutern Sie die Ziele und Motive des Marshallplans. Vergleichen Sie die Bedeutung des Marshallplans für die wirtschaftliche Entwicklung der Bundesrepublik und eines anderen frei von Ihnen gewählten Landes der Statistik M 6b. Überlegen Sie, welche Gründe für die jeweilige wirtschaftliche Entwicklung maßgebend gewesen sein könnten (M 6 – M 8, VT).
d) Beschreiben Sie die wirtschaftliche Entwicklung der frühen Bundesrepublik sowie des Lebensstandarts und des Konsumverhaltens der Bevölkerung (M 7 – M 9).
e) Erklären Sie die beabsichtigte politische Wirkung des Werbeplakats M 3 auf das Wahlverhalten der Bevölkerung und vergleichen Sie dazu die Aussage der Karikatur S. 235.
f) Diskutieren Sie, inwiefern von einem „Wirtschaftswunder" und von „Wohlstand für Alle" in der Bundesrepublik gesprochen werden kann (M 1–M 4, M 7–M 9 und VT).
g) Die frühe Bundesrepublik – Erfolge der Demokratie durch „Wohlstand für alle"? Formulieren Sie eine Antwort und berücksichtigen Sie dabei auch die Kernaussagen der Kapitel 1 und 2.

5.4 Gesellschaftliche Entwicklungen zwischen Tradition und Modernisierung

Stillstand ...

Wie die vorangehenden Kapitel gezeigt haben, fand die Gründung der Bundesrepublik Deutschland im Zeichen des Kalten Krieges unter Bedingungen statt, die gesellschaftspolitischen Alternativen rasch den Boden entzogen und Traditionen förderten, die vielfach als „Restauration" kritisiert wurden. So bestimmte z. B. die nach wie vor vorherrschende Tendenz, familien- und geschlechterpolitisch die Rolle der Frau – obwohl auch ständig kontrovers diskutiert – vorwiegend als „Nur-Hausfrau" zur Norm zu erklären, die gesamte Adenauerzeit. Nur langsam stieg daher der Anteil der erwerbstätigen Frauen an der Gesamtzahl der Beschäftigten an. Erst die 1960er-Jahre brachten hier einen Wandel.

... und Wandel

Andererseits beschleunigte das „Wirtschaftswunder" aber einen tief greifenden Modernisierungsprozess und machte ihn gleichzeitig akzeptabel. So war z. B. der einsetzende Rückgang der Betriebe und der Beschäftigten in der Landwirtschaft im Tempo und im Ausmaß beispiellos in der deutschen Geschichte (24 % 1950 auf ca. 13 % 1960).
Die Industrie wuchs dagegen kräftig an. Die Bundesrepublik wurde ohne große politische und soziale Konflikte zu einem hoch entwickelten Industriestaat, dessen Arbeiterschaft erheblichen Anteil an der Verbesserung der Lebensqualität hatte, so dass sich die überkommenen Klassen- und Schichtengrenzen nicht erneut verhärteten, sondern mehr und mehr abgebaut wurden.
Solche gesellschaftlichen Veränderungen waren längerfristige Prozesse, sie fanden ihre Ausprägung v. a. in den 1960er- und 1970er-Jahren, hatten ihre Wurzeln aber in der frühen Bundesrepublik der Adenauerzeit. Dies soll im Folgenden an drei Beispielen aufgezeigt werden:
- der Eingliederung der Flüchtlinge und Vertriebenen,
- dem Einfluss westlicher Kultur-, Denk- und Lebensformen auf die Gesellschaft,
- mit einem sich langsam ändernden Umgang mit der Vergangenheit des „Dritten Reiches".

Einen wesentlichen Modernisierungsschub für die gesellschaftliche Entwicklung der jungen Bundesrepublik brachte die Eingliederung der Flüchtlinge und Vertriebenen, obwohl sie anfangs vielfach als kaum zu lösendes Problem angesehen wurde. In das vom Krieg zerstörte Gebiet der Bundesrepublik waren bis 1950 acht Millionen Menschen gekommen, damit betrug der Anteil der Flüchtlinge und Vertriebenen 16,5 % der gesamten Bevölkerung. Der Anteil in den landwirtschaftlich strukturierten Länder war am höchsten in Schleswig-Holstein 33 %, in Niedersachsen 27,2 %, in Bayern 21,2 %. Die Flüchtlinge und Vertriebenen hatten keine Wohnung, keine Arbeit, keinen Besitz – und die Einheimischen oft auch nicht. Daher waren die Neuankömmlinge nur selten willkommen und sahen sich mit Vorurteilen und Abgrenzung oder anderer Sprache und ungewohntem Brauchtum konfrontiert. Konflikte waren unvermeidlich. Doch als sich die wirtschaftliche Lage der Bundesrepublik besserte, als Arbeitskräfte ge-

1 Tanzbar in den 1950er-Jahren
Gewachsener Wohlstand, neues Freizeitverhalten und technischer Fortschritt

fragt waren, änderte sich die Lage. Wirtschaftlich glückte daher die Integration zuerst und bald ging von den gut qualifizierten, aufstiegsorientierten Arbeitskräften selbst ein enormer Wirtschaftsimpuls und Innovationsschub aus. Nach der frühen Gründung einer eigenen Partei BHE („Bund der Heimatvertriebenen und Entrechteten") gelang für mehrere Jahre die Beteiligung an der Regierung und damit besonderer politischer Einfluss. Sozialpolitische Maßnahmen der Bundesregierung wie z.B. Lastenausgleich und Wohnungsbau halfen zudem, langsam Konflikte abzubauen. Aber die Hoffnung auf eine Rückkehr in ihre Heimat blieb bei den meisten. Erst als der andauernde Kalte Krieg diese Hoffnung immer mehr zerstörte, wuchs auf beiden Seiten die Integrationsbereitschaft für ein neues gemeinsames Leben in der Bundesrepublik. Obwohl die Integration der Flüchtlinge und Vertriebenen insgesamt ein immer wieder konfliktbeladener Prozess und ein Kraftakt über Generationen hinweg war, gilt sie vielfach als die größte sozialpolitische Leistung der jungen Bundesrepublik.

Westorientierung und „Verwestlichung"

Als Folge der politischen Westorientierung der Bundesrepublik im Zeichen des Kalten Krieges öffnete sich die westdeutsche Gesellschaft der Kultur und den Denk- und Lebensformen der westlichen Demokratien, vor allem der USA. Schon während der Weimarer Zeit hatte Deutschland ein weitverbreitetes Interesse an Amerika gezeigt, nach der ideologischen Abschottung und dem kulturellen Provinzialismus des Dritten Reiches konnten nun Wirtschaft, Kunst und Kultur daran anknüpfen. Die Anziehungskraft des „American Way of Life" schlug sich in der Industrie- und Wirtschaftsstruktur (z.B. Managementstil, Marketingtechnik und Massenproduktion) ebenso nieder wie in der Alltagskultur, den Konsumwünschen oder in den Vorlieben in Musik, Film und Literatur. Technisierung der Hausarbeit (z.B Waschmaschinen, Staubsauger, Kühlschränke), neues Konsumverhalten z.B. durch Fertiggerichte und Selbstbedienungsläden, neues Freizeitverhalten z.B. durch Radio, Kino und beginnendes Fernsehen, Mobilität durch Motorroller und dann auch Autos sowie erste Urlaubsreisen nach Italien charakterisieren die steigende Lebensqualität der Westdeutschen.

All diese Neuerungen setzten in den 1950er-Jahren nicht schlagartig ein, sie waren zum großen Teil für die meisten noch Luxusgüter, sie zeigen aber, dass diese Jahre keine „bleierne Zeit" waren, sondern der Beginn sich verändernder Lebensformen durch neue kulturelle Trends. Und dies gilt in besonderem Maße auch für die Jugendkultur. Gegen die als spießig empfundene Erwachsenenwelt, ihre Ordnungsregeln und Verhaltensweisen entwickelte sich ein Protest vieler Jugendlicher der Großstädte, die sich zu Cliquen zusammenfanden und in der Öffentlichkeit als „Halbstarke" bezeichnet wurden. In verschiedenen, aus Amerika kommenden Musikrichtungen wie v.a. dem Rock 'n' Roll fanden sie den Ausdruck ihres Lebensgefühls, der keine politische Oppositionshaltung war, sondern grundsätzliches Aufbegehren gegen Althergebrachtes. Damit begann eine „Amerikanisierung von unten" der westdeutschen Populärkultur, die sich in den 1960er-Jahren weiter ausbreitete.

Die Identifizierung weiter Kreise der bundesdeutschen Bevölkerung mit der Alltagskultur Amerikas blieb zwar in der Öffentlichkeit nicht ohne Wider-

2 Beginnender Alltag: Fernsehen
Seit 1952 gibt es Fernsehen, allerdings nur ein Programm, nur in Norddeutschland und Berlin und nur von vorerst 20 bis 22 Uhr.

spruch und Kritik, sie trug aber zur ideellen Bindung an die westlichen Demokratien ebenso bei wie zur politischen Kooperation.

Umgang mit der Vergangenheit des „Dritten Reiches": Verdrängung ...

Die steigende Lebensqualität der Bürger der Bundesrepublik ging einher mit zunehmender Wohlstandsorientierung, aber auch mit weitgehendem Desinteresse an politischen Problemen der Zeit. Vor allem die Bereitschaft, sich kritisch mit der Vergangenheit des „Dritten Reiches" auseinanderzusetzen, setzte nur langsam ein und erfasste erst in der zweiten Hälfte der 1960er-Jahre eine breitere Öffentlichkeit. Grundsätzlich gab es in der Adenauerzeit zwei Haltungen gegenüber der nationalsozialistischen Vergangenheit: Verdrängung und Aufarbeitung. Viele Deutsche wollten einfach einen „Schlussstrich" ziehen. Dazu gehörten v. a. diejenigen, die sich inzwischen vom Nationalsozialismus abgewandt hatten und in der Bundesrepublik wieder ihren ausgeübten Berufen nachgehen wollten – und vielfach war man auch überzeugt, dass nur mit deren Fachkenntnissen der neue Staat erfolgreich aufgebaut werden könnte. Dazu gehörten Universitätsprofessoren ebenso wie Ingenieure und Techniker, Ärzte und Naturwissenschaftler, Verwaltungsbeamte und Juristen. Das war zwar moralisch fragwürdig, aber für den Erfolg des Wiederaufbaus effektiv – vor allem, weil nur von den allerwenigsten die Demokratie in Frage gestellt oder gefährdet wurde. Diese pragmatische Haltung verband sich zudem mit einer verbreiteten Darstellung der NS-Epoche als „unselige Zeit", in der wenige nationalsozialistische Führungspersonen als kriminelle Clique und besonders Hitler als „Dämon" das unterdrückte und terrorisierte Volk der Deutschen in den Untergang geführt haben. Dagegen wandten sich als Anhänger der Aufarbeitung der Verbrechen des Nationalsozialisten viele Intellektuelle, sie blieben in der Adenauerzeit aber noch eine Minderheit.

... und Aufarbeitung

Andererseits gab es dennoch vielfache Ansätze einer Erforschung der nationalsozialistischen Verbrechen wie z. B. durch das Institut für Zeitgeschichte in München. Zu einer publizistischen Auseinandersetzung mit der NS-Vergangenheit führten Mitte der 1950er-Jahre einige Justizskandale, in denen antisemitische Straftäter offensichtlich begünstigt wurden. Dies trug ebenso zur Sensibilisierung der Öffentlichkeit bei wie der Ulmer „Einsatzgruppenprozess" (1958) gegen Verantwortliche eines Massenmordes von mehr als fünftausend litauischen Juden. Vielen Deutschen wurden nun eindrücklich die Verbrechen hinter der Front im Osten und die bisherigen Versäumnisse der Strafverfolgung bewusst. Einen Wendepunkt der Strafverfolgung bildete 1958 die Errichtung der „Zentralen Stelle zur Verfolgung nationalsozialistischer Verbrechen" in Ludwigsburg, die sämtliche Verbrechen systematisch aufklären sollte. Auch in der Öffentlichkeit begann ein Stimmungsumschwung: Im Gegensatz zur unmittelbaren Nachkriegszeit sprachen sich 1958 mehr als 50 % der Westdeutschen dafür aus, die NS-Verbrechen zu verfolgen und keinen „Schlussstrich" unter die Vergangenheit zu ziehen.

Diskussion um die Attentäter des 20. Juli

Wie schwierig allerdings der Umgang mit der NS-Vergangenheit für viele immer noch war, zeigt sich besonders in der Haltung gegenüber den Widerstandskämpfern, auch oder gerade bei den Attentätern des 20. Juli 1944. Zwar wurden sie in der frühen Bundesrepublik vielfach in den Medien und auch von den meisten Politikern zu Helden des „anderen" Deutschland stilisiert, aber 1951 hielt jeder dritte Westdeutsche Stauffenberg und seine Mittäter für Verräter und noch anfangs der 1960er-Jahre war dies jeder vierte. Und dies, obwohl 1952 ein Politiker, der die Attentäter öffentlich als Landesverräter bezeichnet hatte, zu einer Haftstrafe von drei Monaten verurteilt wurde und die Attentäter ausdrücklich vom Verdacht des Landes- und Hochverrats freigesprochen wurden. Erst Ende der 1960er-Jahre änderte sich diese Haltung und den Widerstandskämpfern wurden mehr und mehr Achtung und Bewunderung entgegengebracht.

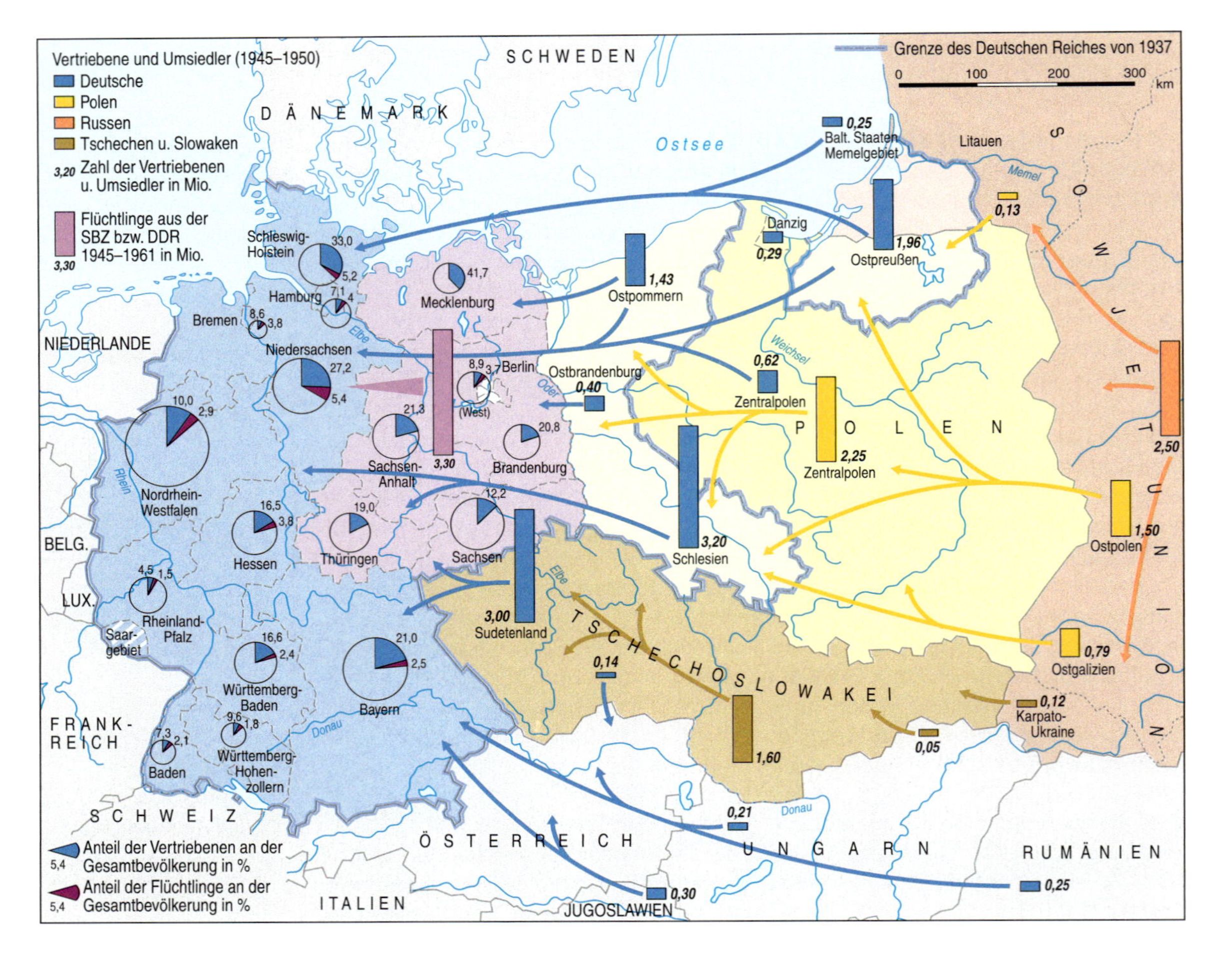

3 **Flüchtlinge und Vertriebene im Bundesgebiet bis 1960**

4 **Verwestlichung**
Amerikanische Produkte erobern in den 1950er-Jahren mehr und mehr den Markt.

5 **Anteil der Selbstbedienungsläden in Hamburg 1950–1965 (in %)**

1950	1955	1960	1965
1,6 %	2,7 %	18,6 %	52,3 %

M. Wildt: Am Beginn der „Konsumgesellschaft". Mangelerfahrung, Lebenshaltung, Wohlstandshoffnung in Westdeutschland in den fünfziger Jahren. Hamburg 1994, S. 184.

6 **Haushalte nach Personenzahl 1950–1970 (in %)**

Anzahl der Personen	1950	1970
1 Person	19,4	25,1
2 Personen	25,3	27,1
3 Personen	23,0	19,6
4 Personen	16,2	15,2
5 Personen und mehr	16,1	12,9

Nach: A. Andersen: Der Traum vom guten Leben. Alltags- und Konsumgeschichte vom Wirtschaftswunder bis heute. Frankfurt/M. 1997, S. 139.

7 Ausstattung der privaten Haushalte

a) mit ausgewählten langlebigen Gebrauchsgütern im Frühjahr 1962

	Haushalte insgesamt	Landwirt	Selbst-ständiger	Beamter	Ange-stellter	Arbeiter	Nicht-erwerbs-tätiger
Haushalte in 1000	17409	1045	1760	1039	2514	5868	5183
Personenkraftwagen	27,3	41,5	67,0	40,2	40,0	22,0	8,1
Motorrad	6,1	17,8	3,9	4,5	3,4	9,3	2,5
Fernsehgerät	34,4	13,0	40,2	39,8	38,4	41,1	26,2
Radio	79,3	87,1	75,6	81,9	78,4	80,3	77,9
Plattenspieler	17,7	8,4	22,8	27,3	25,4	18,0	11,8
Tonbandgerät	5,1	1,6	10,0	7,8	7,6	5,3	2,3
Kühlschrank	51,8	32,3	67,9	73,5	70,2	53,7	34,7
Waschmaschine	25,3	42,3	26,5	28,6	22,9	31,5	15,2
Telefon	13,7	11,6	54,2	20,4	22,8	2,2	7,7

b) nach Anschaffungs- bzw. Herstellungsjahren im Frühjahr 1962

Von 100 Gegenständen wurden angeschafft	vor 1949	1949 bis 1952	1953 bis 1957	1958 bis 1960	1961 und 1962	ohne Angabe
Fernsehgerät	–	–	14,9	51,5	32,0	1,6
Radio	5,8	21,9	39,8	22,4	8,0	2,1
Plattenspieler	1,3	6,5	32,0	39,5	18,7	2,0
Tonbandgerät	–	0,8	18,5	47,1	32,1	1,5
Kühlschrank	0,6	3,9	25,2	45,4	23,5	1,4
Waschmaschine	2,0	7,7	38,2	33,7	16,3	2,1
Wäscheschleuder	0,9	2,8	21,0	45,8	27,8	1,7
Personenkraftwagen	0,2	4,2	23,7	36,8	28,0	7,1
Motorrad	2,1	15,4	44,2	24,2	8,2	5,7

Zusammengestellt nach: Werner Abelshauser: Die langen Fünfziger Jahre. Wirtschaft und Gesellschaft der Bundesrepublik Deutschland 1949–1966. Düsseldorf 1987, S. 85/87.

5

8 Meinungsumfragen

a) Frage: „Wann in diesem Jahrhundert ist es nach Ihrem Gefühl Deutschland am besten gegangen?"

Antworten	Oktober 1951	Juni 1959	Ende 1963
in der Gegenwart	2%	42%	62%
zwischen 1933 und 1939	42%	18%	11%
Weimarer Republik	7%	4%	5%
vor 1914, im Kaiserreich	45%	28%	16%
weiß nicht	4%	8%	6%
	100%	100%	100%

Elisabeth Noelle-Neumann: Der Staatsbürger und sein Staat. In: Zwanzig Jahre danach. Eine deutsche Bilanz 1945–1965. Hg. von Helmut Hammerschmidt. München/Wien/Basel 1965, S. 102.

b) Frage: Haben Sie das Gefühl, dass man heute in Westdeutschland seine politische Meinung frei sagen kann, oder ist es besser, vorsichtig zu sein?

Antworten	Jan. 1953	Mai 1955	Juni 1956
kann frei reden	54%	70%	77%
mit Einschränkung	5%	4%	1%
besser vorsichtig sein	33%	20%	17%
unentschieden waren	8%	6%	5%
	100%	100%	100%

E. Noelle/E. P. Neumann: Jahrbuch der öffentlichen Meinung 1957. Allensbach 1957, S. 165.

9 Wiederaufbau und Verdrängung

Die Sozialpsychologin Margarete Mitscherlich-Nielsen versucht 1986, das „Wirtschaftswunder" der 1950er-Jahre zu erklären:

Nach der Niederlage Hitler-Deutschlands verschwand die Verliebtheit in den Führer wie ein Spuk, obwohl doch Millionen sein Bild an die Stelle eines eigenen Ich-Ideals gesetzt hatten und seine Anhänger bereit waren, alles für ihn zu opfern. [...] Aus den deutschen Tugenden, Befehlen und Gehorsam, wurden Untugenden, die zu unvorstellbaren Verbrechen geführt hatten. Ohne Verdrängung von Schuld und Scham, von verlorenen Idealen hätten Selbsthass und Selbstzweifel, Depressionen und Orientierungslosigkeit die Szene beherrschen müssen. [...] Mit Hilfe des hektischen Wiederaufbaus, des Wirtschaftswunders wurde Melancholie abgewehrt, Konsumorientierung löste die Liebe zum Führer ab, nationale Kränkung wurde mit Hilfe materieller Bedürfnisbefriedigung in den Hintergrund gedrängt. [...]
Nach der Niederlage fand als Erstes eine schlagartig einsetzende Derealisierung statt, die Vergangenheit versank wie im Traum. Der Identitätswechsel durch die Identifikation mit dem Sieger, ohne besonders ins Auge fallende Anzeichen gekränkten Stolzes, verstärkte die Abwehr gegen Gefühle des Betroffenseins. Das manische Ungeschehenmachen, die gewaltigen kollektiven Anstrengungen des Wiederaufbaus, eine Art nationaler Beschäftigungstherapie, machten für die Mehrheit der Deutschen Verleugnung und Verdrängung endgültig möglich. Wenn aber Verleugnung, Verdrängung, Derealisierung der Vergangenheit anstelle von deren Bearbeitung tritt, ist ein Wiederholungszwang unvermeidbar [...].
In unserer Arbeit über „Die Unfähigkeit zu trauern" stellten wir die These auf, dass die Abwehr von Scham, Schuld und Trauer zu der seelischen Entleerung eines Individuums führt und darüber hinaus zum psychischen und politischen Immobilismus, der Phantasie- und Ideenlosigkeit eines Kollektivs. [...] Was heißt es: zu trauern? Trauer ist ein seelischer Vorgang, in dem ein Individuum einen Verlust mit Hilfe eines wiederholten, schmerzlichen Erinnerungsprozesses langsam zu ertragen und durchzuarbeiten lernt. Die Alternative zur mit Trauerschmerzen verbundenen Durcharbeitung der verlustreichen Vergangenheit ist der schnelle Wechsel zu neuen Objekten, neuen Identifikationen und Idealen, die die aufgegebenen bruch- und gedankenlos ersetzen.

M. Mitscherlich-Nielsen: Die Mühsal der Trauer. In: Psychologie heute, 5/1986, S. 42 ff.

10 Hakenkreuz und Lederhose

Unter dieser Überschrift schrieb die Süddeutsche Zeitung am 26. März 2008:

Die Nazis waren in München, der „Hauptstadt der Bewegung", zu Hause – nach dem Krieg tat man so, als wären sie vom Mond gekommen (Von Kurt Kister).
[...] Auch die Münchner wollten nach dem Krieg nichts mehr davon wissen, dass sie die Ludwigstraße mit Hakenkreuzfahnen bepflanzt oder den Führer bei seinen zahlreichen Aufenthalten hysterisch bejubelt hatten. Manchmal konnte man bei Gesprächen mit älteren Münchnern den Eindruck gewinnen, die Nazis seien doch überwiegend Fremde, Zugereiste, ja vielleicht sogar Außerirdische gewesen.
Nein, Nazis waren viele Münchner selbst. Und viele waren stolz darauf, zumindest so ungefähr bis 1942, dass Adolf Hitler, der Mann aus Braunau, der in Berlin das Reich regierte, eigentlich ja auch Münchner war, wenn auch nur ein „Zuagroaster". Hitler hatte schließlich in

einem bayerischen Regiment im Ersten Weltkrieg gedient, in München hatte Hitler aus der politischen Sekte DAP die NSDAP geformt, in München hatten die Nazis 1923 geputscht, München war nach Wien und vor Berlin Hitlers Denk- und Lebensmittelpunkt. Trotz aller demokratischen, intellektuellen, ja roten Traditionen: München war eben auch eine Zeit lang Hakenkreuz und Lederhose.

In München – wie in ganz Westdeutschland – bezeichnete die Formel „nach dem Krieg“ nicht nur den Beginn einer neuen Ära in Deutschland, sondern auch die oft peinlich berührte Distanzierung von der eigenen Vergangenheit. Man wollte „nach dem Krieg“ nicht mehr so recht darüber reden, wie es eigentlich kam, dass der Krieg „ausbrechen“ konnte – so als ob der Krieg ein großes, schwarzes Tier gewesen sei, das mit Mühe hinter Gittern gehalten werden konnte, bevor „die Nazis“ es dann heimlich befreiten.

Die Münchner kamen nach dem Krieg jedenfalls schnell wieder zu den eigentlich münchnerischen Werten zurück: gemütlich, ein bisserl grantelig, mitmenschlich, urbane Garmischer eben. Die Nazis galten als verblasener Spuk; was das Braune Haus war, vergaß man schnell, und die wirklichen Verbrechen waren ja sowieso nicht in München, sondern draußen in Dachau passiert. Außerdem musste jetzt aufgebaut werden.

Wer zehn, fünfzehn Jahre nach dem Krieg noch ein Parteiabzeichen in der Schublade fand, der war sich erstens sicher, dass das wohl der Onkel Alois, schon lange tot, liegengelassen hatte, und zweitens warf man es, wenn man es nicht an einen der Tandler zwischen Tal und Viktualienmarkt oder an einen Ami verkaufte, einfach in die Isar. Da lag schon vieles aus der Münchner Geschichte, und natürlich lagen da auch jede Menge Parteiabzeichen.

Doch, doch, es gab auch die „Aufarbeitung“ der Vergangenheit in München. Zunächst beteiligten sich nicht so viele. Dann aber, als die gerade noch erlebte Gegenwart allmählich Zeitgeschichte wurde, wollten die Jüngeren von den Älteren wissen, wie „es“ hatte geschehen können. Hie und da entwickelte sich ein neues Bewusstsein für die braune Zeit der weiß-blauen Stadt. Die Älteren stellten plötzlich fest, dass sie „Zeitzeugen“ waren, und manche begannen, vierzig und mehr Jahre „nach dem Krieg“, zum ersten Mal mit Nicht-Gleichaltrigen darüber zu reden.

Dieser Prozess der Annäherung an sich selbst dauerte, so scheint es, in München länger als in anderen Städten mit einer so prominenten NS-Vergangenheit. Es musste zum Beispiel das 21. Jahrhundert beginnen, bevor es in München wieder ein großes jüdisches Zentrum geben konnte.

Gewiss, die offizielle Auseinandersetzung mit der braunen Vergangenheit findet an Unis und Gymnasien, in Volkshochschulen, Akademien und Instituten seit Jahrzehnten statt. Dass aber die Stadt der Künstler und Schriftsteller, der Handwerker, Kaufleute und Bierdimpfeln, der Wittelsbacher und Bischöfe auch die Stadt der Nazis war, hört man bis heute nicht gern.

Süddeutsche Zeitung Nr. 71 vom 26. März 2008, S. 42.

Arbeitsvorschläge

a) „Sie (die Flüchtlinge und Vertriebenen) haben ganz wesentlich beim Aufbau unseres Landes Bayern mitgewirkt, das 1945 und 1950 insgesamt ein rückständiges Land war, jedenfalls am Ende der Bundesrepublik.“ (**Online Link** 430017-0501: Günther Beckstein, 2005) Finden Sie Belege für diese Aussage in Ihrer Stadt oder Region (M 3, VT).

b) Beschreiben Sie Gemeinsamkeiten und Unterschiede der Ausstattung der privaten Haushalte bei den in M 7a angeführten gesellschaftlichen Schichten der Bevölkerung und erklären Sie diese. Suchen Sie im Internet oder in Jahrbüchern dafür heutige Vergleichszahlen.

c) Erläutern Sie anhand M 7b die Veränderungen des Konsumverhaltens und des Lebensstandarts in den Jahren 1949 bis 1962 und stellen Sie diese grafisch dar.

d) Erarbeiten Sie, ausgehend von M 1, M 2 und von M 4 bis M 7, Gemeinsamkeiten und Unterschiede der „Verwestlichung“ der damaligen Zeit und der „Globalisierung“ heute.

e) Vergleichen Sie die Aussagen der Meinungsumfragen M 8 hinsichtlich der wirtschaftlichen und demokratischen Entwicklung der Bundesrepublik.

f) Erarbeiten Sie die Aussagen von M 9 zur Nachkriegsentwicklung der Bundesrepublik und nehmen Sie dazu Stellung.

g) Stellen Sie die Kernaussagen von M 10 aus dem Jahre 2008 zusammen und vergleichen Sie diese mit den Aussagen von M 9 aus dem Jahre 1986.

Standpunkte: Die frühe Bundesrepublik – Restauration oder Neuordnung?

Die Beurteilung der nachkriegsdeutschen gesellschaftlichen Weichenstellungen war in Politik und Wissenschaft seit der Gründung der beiden Teilstaaten kontrovers.

1 Der Politologe Ossip K. Flechtheim über die Restauration in der Bundesrepublik (1979)

Die Entstehung der zweiten deutschen Republik war also von vornherein mit schweren Geburtsfehlern behaftet. Sie verdankte ihre Existenz keiner demokratischen Massenerhebung, sondern der totalen Niederlage und dem Diktat der westlichen Besatzungsmächte. Wie Waldemar Besson richtig erkannt hat, ergab sich der Gegensatz der beiden deutschen Staaten in dieser ersten Phase aus dem Ost-West-Konflikt: „Die Bundesrepublik wurde in den Stäben Washingtons geplant. Sie sollte an der strategisch entscheidenden Stelle den Damm gegen die kommunistische Flut bilden. Der Antikommunismus war der Bundesrepublik in die Wiege gelegt, und deshalb hatte sie es auch so schwer, der späteren Verwandlung des Ost-West-Konflikts rechtzeitig zu folgen.“ Obwohl die Bundesrepublik Deutschland in ihrem Grundgesetz zunächst als ein Provisorium und Transitorium konzipiert war, verstand sich dieser Teilstaat unter Adenauer nur allzubald als Bollwerk gegen den Kommunismus und als Kernstaat für alle Deutschen. In dem Maße wie die beiden deutschen Teilstaaten als Vorreiter des Kalten Krieges missbraucht wurden, verlor der Kampf gegen den Osten die Qualität des Widerstands gegen den totalitären Stalinismus im Sinne Kurt Schumachers und gewann den Charakter eines Kreuzzugs gegen die marxistisch-leninistischen „Sowjets“ im Sinne Adenauers. Damit war die Chance, aus Deutschland ein demokratisch-sozialistisches Gemeinwesen zu machen, das als Brücke zwischen Ost und West hätte dienen können, verspielt.
Heute muss man sich mit den ersten anderthalb Jahrzehnten Westdeutschlands schon deshalb befassen, weil wir eine neue Restauration erleiden. Wieder einmal scheint sich die Geschichte zu wiederholen. Dabei war man 1945 doch so gut wie sicher, dass das Ende einer jahrhundertealten Obrigkeitsepoche gekommen war. Von den Besten im Lande wurde der Zusammenbruch als Chance eines Neubeginns erlebt. Aus den Trümmern sollte eine neue, eine bessere Welt der Demokratie und des Sozialismus erstehen. Aber die Reformen blieben aus.

E. Kuby/E. Kogon (Hg.): Die zornigen alten Männer, Gedanken über Deutschland seit 1945. Harnburg 1979, S. 36f.

2 Der Historiker Alf Lüdtke über die Frage, wie offen die Situation nach 1945 war (1977)

Es ist beinahe schon wieder ein Gemeinplatz, dass sich 1945 für die Deutschen keine „Stunde Null“ ereignete. Der „Zusammenbruch“ bzw. die bedingungslose Kapitulation des Deutschen Reiches, oder politisch: die Befreiung vom Faschismus deutscher Prägung – dies mag seinerzeit für viele so etwas wie einen fundamentalen Neuanfang signalisiert haben. Er war jedoch nicht möglich. Nur zu schnell zeigte sich, dass keineswegs „alles“ zusammengebrochen war; von großen Sektoren der industriellen Produktion bis zu den (lokalen) Verwaltungen funktionierte vieles fast unverändert weiter.
In der historischen Perspektive wird zudem deutlich, dass eine umfassende gesellschaftliche Umwälzung von den seinerzeitigen Inhabern der „Definitionsmacht“, den Alliierten, überhaupt nicht beabsichtigt war, jedenfalls nicht von den westlichen. [...] Zu fragen ist also nach den Handlungschancen oder -restriktionen. [...]
Die „Restaurations“-Kritik zielt auf die Akteure: Sie hätten nur die Lösungen bzw. Institutionen ausgewählt oder favorisiert, die umfassende gesellschaftliche und politische Alternativen dauerhaft blockierten.
Damit wird eine grundsätzliche Offenheit der Situation unterstellt. Das ist zumindest missverständlich – als hätten alliiertes Misstrauen und alliierte Interessen, z. B. an reibungsloser und profitabler Okkupation, an Sicherung oder Erweiterung von Einflusssphären, als hätten die relative Funktionsfähigkeit der Ökonomie (sieht man vom Transportsystem ab) und der angeblich unentbehrliche Sachverstand der „alten“ Eliten nicht Fakten bedeutet. Wobei noch zu fragen wäre nach den Segmentierungen der sozialen Beziehungen (Flucht, Wanderungsbewegungen) und den Einstellungen der Mehrheit, die ebenfalls keineswegs egalitäre Strukturen und fundamentalen Wandel stützen oder erleichtern konnten.
Das soll nicht heißen, es hätte keine „Alternativen“ gegeben. Hinter diesem Schlagwort ist aber die Realität der Mühsal „alternativer“ Anstrengungen aufzusuchen. Damit könnten zum einen Illusionen über angeblich verschenkte Möglichkeiten wie – generell – über die Leichtigkeit und die sozialen Kosten gesellschaftlicher und politischer Umwälzung gedämpft werden. Zugleich wäre damit der resignative Grundton zu kritisieren, der der „Restaurations“-These anhaftet, als sei die Entwicklung der Bundesrepublik nur eine geradlinige Verfallsgeschichte.

A. Lüdtke. In: Sozialwissenschaftliche Informationen, Heft 6, Stuttgart 1977, S. 97.

3 Der Historiker Jürgen Kocka über Vor- und Nachkriegskontinuitäten (1979)

Kapitalistische Restauration oder demokratischer Neubeginn? [...] Im Ergebnis erweist sich das als falsche Alternative. Im Westen konnte es gar nicht zu einer kapitalistischen Restauration kommen, weil die privatwirtschaftliche Grundstruktur 1945 gar nicht gestört oder tiefgreifend verändert wurde. Es ist richtiger, von kapitalistischer – und bürokratischer – Kontinuität zu sprechen. Zum andern stehen kapitalistische Kontinuität und demokratischer Neubeginn nicht im Gegensatz zueinander; sie schließen sich nicht gegenseitig aus. Beides fand nebeneinander statt. Trotz jener fundamentalen Kontinuität des Wirtschaftssystems und der öffentlichen Bürokratie waren die Neuansätze und Kontinuitätsbrüche zahlreich und tief genug, um den durch totalitäre Diktatur, totalen Krieg, Zusammenbruch und Neuordnung bedingten Wendepunkt deutscher Geschichte von 1945 mindestens so tiefgreifend und folgenreich sein zu lassen wie die Wendepunkte 1933, 1918/19, 1870/71 und 1848.

Durch den bisher letzten Wendepunkt der deutschen Geschichte ist hierzulande zum ersten Mal ein fast „normales“, den westlichen Ländern sehr ähnliches liberal-demokratisches System – zunehmend mit sozialdemokratischen Zügen – entstanden. Es hat alle jene Probleme, die kapitalistisch-bürgerlichen Industriegesellschaften fortgeschrittenen Typs eigen sind: Probleme sozialer Ungleichheit und ihrer Infragestellung, Lenkungs- und Verteilungsprobleme bei nachlassendem Wachstum, Verweigerungsprobleme und Schwierigkeiten der Legitimation, langfristig die Belastung durch den Nord-Süd-Gegensatz und durch unbewältigte ökologische Probleme. [...]

Die für Deutschland spezifischen Belastungen der Demokratie, die hierzulande den Aufstieg und Sieg des Faschismus ermöglichten, scheinen abgeschwächt oder beseitigt zu sein. Das ist kein Grund, sich gegenseitig auf die Schulter zu klopfen. Zu hoch war der Preis, zu groß waren die Opfer, die für die späte Emanzipation des größeren Teils Deutschlands gezahlt wurden, und zwar nicht nur von den Deutschen selbst. Und zum andern bleibt ein großer Schuss Unsicherheit. Immer wieder erinnert unsere Gegenwart an die auf jeden Fall verblassten, aber vielleicht doch nicht verschwundenen Schatten der Vergangenheit.

In: L ’76. Demokratie und Sozialismus. Ausgabe 11, 1, Köln 1979, S. 135.

4 Der deutsche Historiker Günter J. Trittel (1979)

Es bestand zumindest bis Ende 1947 ein weitgehender deutscher Konsens darüber, dass das kapitalistische Wirtschaftssystem die Schuld an der gegenwärtigen Misere trage und dass es demzufolge unmöglich sei, die vorhandene Krise durch Rekonstruktion des Systems zu lösen. Vielmehr müssten die ökonomischen und gesellschaftlichen Wurzeln des Faschismus beseitigt werden, müsste eine grundlegende Neuorientierung stattfinden, die antikapitalistisch, sozialistisch bzw. gemeinwirtschaftlich zu organisieren sei. Diese gemeinsame Überzeugung und Zielprojektion steht im Widerspruch zu dem Ergebnis jenes realen gesellschaftlichen und ökonomischen Entwicklungsprozesses, der seit der zweiten Jahreshälfte 1948 zu erkennen war. Er mündete schließlich in eine Restauration einer privatkapitalistischen Wirtschaft, deren marktwirtschaftlichem Funktionssystem zwar soziale Korrekturelemente eingefügt wurden, deren Repräsentanten aber sehr bald die traditionellen gesellschaftlichen Eliten waren. [...]

Sicher waren die politischen Zielprojektionen der Jahre 1945–47 für einen Neubau Deutschlands unrealistisch in dem Sinne, dass der Handlungsspielraum ihrer deutschen Repräsentanten viel zu eng bemessen war. Wer politisch agieren wollte, tat dies als Funktionsträger der Besatzungsmächte, zunächst als Berater, dann als Mitwirkender und erst, als bereits die wesentlichen Weichen gestellt worden waren, als Mitentscheidender. Naturgemäß liegt deshalb die Hauptverantwortung für die skizzierte Entwicklung bei den jeweiligen Besatzungsmächten. [...]

So bleibt die Feststellung, dass die politischen Hoffnungen der Jahre 1945–1947 auf eine grundlegende Neuordnung der wirtschaftlichen und sozialen Strukturen vom heutigen Standpunkt aus unrealistisch waren. „Sie waren im Rahmen der internationalen und nationalen Machtkonstellationen nicht zu verwirklichen, oder sie wären nur mit den größten Kraftanstrengungen und auf äußerst gefährlichen Wegen zu verwirklichen gewesen“ (Th. Pirker).

G.J. Trittel: Von der „Verwaltung des Mangels“ zur „Verhinderung der Neuordnung“. In: C. Scharf/H.-J. Schröder (Hg.): Die Deutschlandpolitik Großbritanniens und die britische Zone 1945–1949. Wiesbaden 1979. S. 146f.

Arbeitsvorschläge

Vergleichen Sie die Einschätzung der Ausgangssituation und der Entwicklung der frühen Bundesrepublik. Gehen Sie dabei in folgenden Schritten vor:

a) Stellen Sie die Hauptthese(n) der jeweiligen Verfasser heraus.
b) Erarbeiten Sie die Argumente, mit denen die Verfasser ihre Hauptthese(n) begründen.
c) Stellen Sie fest, zu welchem Urteil die jeweiligen Verfasser kommen.

Standpunkte: Umgang mit der Vergangenheit des „Dritten Reiches“

Als 1998 der Schriftsteller Martin Walser (geb. 1927) den Friedenspreis des Deutschen Buchhandels erhielt, übte er in seiner Dankesrede grundlegende Kritik am Umgang der Medien und Intellektuellen mit dem Thema Holocaust. Ignatz Bubis (1927–1999), der damalige Präsident des Zentralrats der Juden in Deutschland, antwortete Walser in einer Rede zum Gedenken an die Reichspogromnacht. An der Kontroverse zwischen Walser und Bubis zeigt sich, dass es bis heute strittig ist, wie man der deutschen Geschichte gedenkt.

5

1 „Ich fange an wegzuschauen“

Rede Walsers vom 11. Oktober 1998:

Ich verschließe mich Übeln, an deren Behebung ich nicht mitwirken kann. Ich habe lernen müssen, wegzuschauen. Ich habe mehrere Zufluchtswinkel, in die sich mein Blick sofort flüchtet, wenn mir der Bildschirm die Welt als eine unerträgliche vorführt. Ich finde, meine Reaktion sei verhältnismäßig. Unerträgliches muss ich nicht ertragen. Auch im Wegdenken bin ich geübt. Ich käme ohne Wegschauen und Wegdenken nicht durch den Tag und schon gar nicht durch die Nacht. Ich bin auch nicht der Ansicht, dass alles gesühnt werden muss. In einer Welt, in der alles gesühnt werden müsste, könnte ich nicht leben. […]

Jeder kennt unsere geschichtliche Last, die unvergängliche Schande, kein Tag, an dem sie uns nicht vorgehalten wird. Könnte es sein, dass die Intellektuellen, die sie uns vorhalten, dadurch, dass sie uns die Schande vorhalten, eine Sekunde lang der Illusion verfallen, sie hätten sich, weil sie wieder im grausamen Erinnerungsdienst gearbeitet haben, ein wenig entschuldigt, seien für einen Augenblick sogar näher bei den Opfern als bei den Tätern? Eine momentane Milderung der unerbittlichen Entgegengesetztheit von Tätern und Opfern. Ich habe es nie für möglich gehalten, die Seite der Beschuldigten zu verlassen. Manchmal, wenn ich nirgends mehr hinschauen kann, ohne von einer Beschuldigung attackiert zu werden, muss ich mir zu meiner Entlastung einreden, in den Medien sei auch eine Routine des Beschuldigens entstanden. Von den schlimmsten Filmsequenzen aus Konzentrationslagern habe ich bestimmt schon zwanzigmal weggeschaut. Kein ernst zu nehmender Mensch leugnet Auschwitz; kein noch zurechnungsfähiger Mensch deutelt an der Grauenhaftigkeit von Auschwitz herum; wenn mir aber jeden Tag in den Medien diese Vergangenheit vorgehalten wird, merke ich, dass sich in mir etwas gegen diese Dauerpräsentation unserer Schande wehrt. Anstatt dankbar zu sein für die unaufhörliche Präsentation unserer Schande, fange ich an wegzuschauen.

Wenn ich merke, dass sich in mir etwas dagegen wehrt, versuche ich, die Vorhaltung unserer Schande auf Motive hin abzuhören und bin fast froh, wenn ich glaube, entdecken zu können, dass öfter nicht mehr das Gedenken, das Nichtvergessendürfen das Motiv ist, sondern die Instrumentalisierung unserer Schande zu gegenwärtigen Zwecken. Immer guten Zwecken, ehrenwerten. Aber doch Instrumentalisierung. Jemand findet die Art, wie wir die Folgen der deutschen Teilung überwinden wollen, nicht gut und sagt; so ermöglichten wir ein neues Auschwitz. Schon die Teilung selbst, solange sie dauerte, wurde von maßgeblichen Intellektuellen gerechtfertigt mit dem Hinweis auf Auschwitz. Oder: Ich stellte das Schicksal einer jüdischen Familie von Landsberg an der Warthe bis Berlin nach genauester Quellenkenntnis dar als einen fünfzig Jahre lang durchgehaltenen Versuch, durch Taufe, Heirat und Leistung dem ostjüdischen Schicksal zu entkommen und Deutsche zu werden, sich ganz und gar zu assimilieren. Ich habe gesagt, wer alles als einen Weg sieht, der nur in Auschwitz enden konnte, der macht aus dem deutsch-jüdischen Verhältnis eine Schicksalskatastrophe unter gar allen Umständen. Der Intellektuelle, der dafür zuständig war, nannte das eine Verharmlosung von Auschwitz. Ich nehme zu seinen Gunsten an, dass er nicht alle Entwicklungen dieser Familie so studiert haben kann wie ich. Auch haben heute lebende Familienmitglieder meine Darstellung bestätigt. Aber: Verharmlosung von Auschwitz. Da ist nur noch ein kleiner Schritt zur sogenannten Auschwitzlüge. Ein smarter Intellektueller hisst im Fernsehen in seinem Gesicht einen Ernst, der in diesem Gesicht wirkt wie eine Fremdsprache, wenn er der Welt als schweres Versagen des Autors mitteilt, dass in des Autors Buch Auschwitz nicht vorkomme. Nie etwas gehört vom Urgesetz des Erzählens: der Perspektivität. Aber selbst wenn, Zeitgeist geht vor Ästhetik. Bevor man das alles als Rüge des eigenen Gewissensmangels einsteckt, möchte man zurückfragen, warum, zum Beispiel, in Goethes „Wilhelm Meister“, der ja erst 1795 zu erscheinen beginnt, die Guillotine nicht vorkommt. Und mir drängt sich, wenn ich mich so moralisch-politisch gerügt sehe, eine Erinnerung auf. Im Jahre 1977 habe ich nicht weit von hier, in Bergen-Enkheim, eine Rede halten müssen und habe die Gelegenheit damals dazu benutzt, folgendes Geständnis zu machen: „Ich halte es für unerträglich, die deutsche Geschichte – so schlimm sie zuletzt verlief – in einem Katastrophenprodukt enden zu lassen." Und: „Wir dürften, sage ich vor Kühnheit zitternd, die BRD so wenig anerkennen wie die DDR. Wir müssen die Wunde namens Deutschland offen halten." Das fällt mir ein, weil ich jetzt wieder vor Kühnheit zittere, wenn ich sage: Auschwitz eignet sich nicht dafür, Drohroutine zu werden, jederzeit einsetzbares Einschüchterungsmittel oder Moralkeule oder auch nur Pflichtübung. Was durch Ritualisierung zustande kommt, ist von der Qualität des Lippengebets. Aber in welchen Verdacht gerät man, wenn man sagt, die Deutschen seien jetzt ein ganz normales Volk, eine ganz gewöhnliche Gesellschaft?

M. Walser: Die Banalität des Guten. Erfahrungen beim Verfassen einer Sonntagsrede aus Anlass der Verleihung des Friedenspreises des Deutschen Buchhandels. In: „Frankfurter Allgemeine Zeitung" vom 12. Oktober 1998. Zit. nach: R. Lahme: Schatten der Vergangenheit. Die Auseinandersetzung mit dem Nationalsozialismus in Deutschland nach 1945. Stuttgart 2000, S. 79 ff.

2 „Wir müssen uns alle der Geschichte stellen"

Bubis' Rede vom 9. November 1998:

In der Nachkriegszeit gab es einige Versuche, die überwiegend, aber nicht nur, aus rechtsradikalen Kreisen kamen, die Geschichte zu verändern. Es gab Bestrebungen, „Auschwitz", das ich hier als Synonym für die Vernichtung von Juden, Sinti und Roma, Homosexuellen, politisch oder religiös Verfolgten benutze, zu verharmlosen oder gar zu leugnen. [...]

Den neuesten Versuch, Geschichte zu verdrängen beziehungsweise die Erinnerung auszulöschen, hat Martin Walser in seiner Dankesrede anlässlich des ihm verliehenen Friedenspreises des Deutschen Buchhandels am 11. Oktober dieses Jahres unternommen. [...]

Ich wüsste nicht, was es an dem Satz, dass er habe lernen müssen wegzuschauen, dass er im Wegdenken geübt sei und dass er sich an der Disqualifizierung des Verdrängens nicht beteiligen könne, zu deuteln gäbe. Hier spricht Walser eindeutig für eine Kultur des Wegschauens und des Wegdenkens, die im Nationalsozialismus mehr als üblich war und die wir uns heute nicht wieder angewöhnen dürfen. Wir müssen uns alle der Geschichte stellen, und dazu gehört, nicht nur Filme über Goethe oder Bismarck zu sehen, sondern auch über die Zeit des Nationalsozialismus. Wir befassen uns mit der Geschichte vom Dreißigjährigen Krieg und der Revolution von 1848, selbstverständlich beschäftigen wir uns freudig mit den Biografien von Goethe, Schiller, Beethoven oder Bismarck. Alles das sind Teile der deutschen Geschichte. Zu ihr gehören allerdings auch Hitler und Himmler. Man kann sich nicht nur die schönen Seiten seiner Geschichte heraussuchen und die unschönen verdrängen. Wer nicht bereit ist, sich diesem Teil der Geschichte zuzuwenden, sondern es vorzieht, wegzudenken oder zu vergessen, muss darauf gefasst sein, dass Geschichte sich wiederholen kann.

Diese Schande war nun einmal da und wird durch das Vergessenwollen nicht verschwinden; es ist „geistige Brandstiftung", wenn jemand darin eine Instrumentalisierung von Auschwitz für gegenwärtige Zwecke sieht. Das sind Behauptungen, wie sie üblicherweise von rechtsextremen „Parteiführern" kommen. [...]

Nur damit Herr Walser und andere in ihrem Selbstbefinden nicht gestört werden, ihren Seelenfrieden finden können und der Eindruck des Instrumentalisierens nicht entsteht, kann man nicht darauf verzichten, Filme über die Schande zu zeigen. Da ich davon ausgehe, dass Walser, genau wie ich, nicht einer „Kollektivschuld" das Wort redet, verstehe ich nicht, warum sich Walser beim Anschauen dieser Filme als Beschuldigter fühlt.

Der Begriff „Auschwitz" ist keine Drohroutine oder ein Einschüchterungsmittel oder auch nur Pflichtübung. Wenn Walser darin eine „Moralkeule" sieht, so hat er vielleicht sogar Recht, denn man kann, soll und muss aus „Auschwitz" Moral lernen, sollte es allerdings nicht als Keule betrachten. Ich muss unterstellen, dass es laut Walser möglicherweise nötig ist, die Moral als Keule zu benutzen, weil manche sie sonst vielleicht nicht lernen wollen. [...]

Dieser Trend der Rede Walsers ist neuerdings vermehrt spürbar. Der intellektuelle Nationalismus nimmt zu und ist nicht ganz frei von unterschwelligem Antisemitismus. Besonders irritiert bin ich über eine ganze Reihe von Zuschriften, die überrascht darüber waren, dass ich Walser so kritisiert habe, denn dieser habe doch bloß das ausgesprochen, was die meisten ohnehin dächten. Walser und vielen gehe es dabei auch um eine „Normalität".

I. Bubis: Wer von der Schande spricht. Niemand darf die Erinnerung an die Verbrechen des Nationalsozialismus auslöschen. In: „Frankfurter Allgemeine Zeitung" vom 10. November 1998. Zit. nach: Ebenda, S. 82 ff.

Arbeitsvorschläge

a) Stellen Sie die Kernaussagen Walsers und Bubis' heraus.
b) Erläutern Sie, worin sich beide in der Art des Umgangs mit der deutschen Vergangenheit unterscheiden.
c) Bubis nahm später den Vorwurf der „geistigen Brandstiftung" zurück. Untersuchen Sie, welche Aussagen Walsers Bubis dazu bewogen haben könnten.
d) Diskutieren Sie – ausgehend von den Aussagen Walsers und Bubis' – eigene Erfahrungen und Vorstellungen zum Umgang mit der Vergangenheit des „Dritten Reiches".

Methode Filminterpretation: NS-Vergangenheit im deutschen Film

1 Filmszene aus „Sterne“
Regie: Konrad Wolf, DDR/Bulgarien 1959

2 Filmszene aus „Rosen für den Staatsanwalt“
Regie: Wolfgang Staudte, BRD 1959

Ost-Beispiel „Sterne“ (1959)
Exemplarisch wird die Geschichte des deutschen Unteroffiziers Walter geschildert. Dieser, mittlerweile vom Krieg gleichgültig allem gegenüber geworden, wird 1943 nach Bulgarien versetzt. Dort wird er mit der Deportation der Juden aus Griechenland konfrontiert. Diese Erfahrungen verändern ihn wieder in ein (mit)fühlendes Wesen. Als bulgarische Koproduktion konnte der Film trotz bundesdeutscher Proteste bei den Filmfestspielen in Cannes laufen, was für die DDR einen Erfolg auf dem Weg der staatlichen Anerkennung und für den Regisseur Konrad Wolf internationales Renommee bedeutete. In den westdeutschen Kinos lief der Film jedoch nur nach einer Kürzung der Schluss-Szene.

West-Beispiel „Rosen für den Staatsanwalt“ (1959)
Der Gefreite Rudi Kleinschmidt muss sich in den letzten Kriegstagen wegen zwei Tafeln Schokolade, die er auf dem Schwarzmarkt gekauft hat, vor dem Kriegsgericht verantworten. Der Kriegsgerichtsrat Dr. Schramm spricht von „wehrkraftzersetzenden Tendenzen“ und verhängt die Todesstrafe. Das Exekutionskommando wird von einem Tieffliegerangriff überrascht und Kleinschmidt kann mitsamt dem Vollstreckungsbefehl entkommen. Jahre später trifft Rudi Kleinschmidt den Mann, der ihn einst zum Tode verurteilt hat, wieder. Dr. Schramm ist zum Oberstaatsanwalt aufgestiegen. Er sieht in Kleinschmidt eine Gefahr für seinen beruflichen Erfolg und versucht ihn daher aus der Stadt zu vertreiben.

Schritte zur quellenkritischen Analyse historischer Filme

1. **Hintergrundinformationen:** Überlegen Sie, wer hat den Film zu welcher Zeit gedreht? Nach welchen Gesichtspunkten wurden das Drehbuch geschrieben und die Darsteller ausgewählt? Gab es Auftraggeber, die den Film finanzierten? Lässt die Person des Regisseurs Aussagen über den Film zu?
2. **Entstehungszeit:** Gab es einen Anlass, den Film gerade zu dieser Zeit zu drehen (z. B. ein Ereignisjubiläum, Geburts- oder Todestag berühmter Personen)?
3. **Authentizität:** Hält sich der Regisseur an die historischen Abläufe? Mit welchen Zielsetzungen hebt er bestimmte Ereignisse hervor, lässt er andere weg oder baut er fiktive Szenen in den Film ein?
4. **Stilmittel:** Was charakterisiert die Hauptfiguren? Gibt es „Gute“ und „Böse“; werden auch deren Schwächen gezeigt? Nimmt der Film die Perspektive der Hauptfigur ein oder werden auch andere Sichtweisen dargestellt?
5. **Gegenwartsbezug:** Beabsichtigt der Regisseur eine bestimmte politische Wirkung?
6. **Wirkung:** Wie wirkt der Film auf den Betrachter? Welche öffentlichen Reaktionen hat er hervorgerufen; wie waren negative und positive Kritiken begründet?

Methode: Internetrecherche

Texte im Internet zu finden, ist einfach. Nahezu jeder, der das Internet nutzt, kennt auch Suchmaschinen. Die Frage ist, wie man mit Hilfe von Suchmaschinen für eine Projekt- oder Seminararbeit sinnvolle Texte findet. Besonders wichtig ist dabei die Beurteilung der Qualität und Brauchbarkeit der Texte.

Suchstrategien

- 1. Schritt: Kurze Information zum Thema: Was muss eigentlich gefunden werden? – Sammeln der Suchbegriffe
- 2. Schritt: Suche mit einer Suchmaschine – Sammeln der Fundstellen
- 3. Schritt: evtl. Einengung der Suche; mit den oft gefundenen unerwünschten Begriffen die Suche mit der Funktion „erweiterte Suche" einschränken – Sammeln der Ergebnisse
- 4. Schritt: Anlegen einer Linksammlung zum Thema zur Rekonstruktion der Recherche; falls ein Text verwendet wird, muss man den Link mit Datumsangabe zitieren können.

Bewerten der Quellen

Im Internet stehen unseriöse Texte neben wissenschaftlichen Inhalten. Interessen werden offen vertreten oder sind unterschwellig vorhanden. Die Suchmaschinen geben die Seiten nahezu ohne inhaltliche Wertung aus. Daher kann sich der Suchende nicht wie beim Buch auf die Auswahl einer Bibliothek oder eines Verlages verlassen.

Inhaltsüberprüfung

Um die Bewertung in der Praxis einfach und schnell durchführen zu können, können Sie sich an dieser Checkliste zur kritischen Prüfung von Internetquellen orientieren:

- Zu welchen weiteren Seiten bestehen Links?
- Wann war das letzte Update?
- Bestehen Interessenkonflikte in der Argumentation? Ist der Autor kommerziell, politisch, organisatorisch, personell mit dem Thema verbunden?
- Treten Fehlschlüsse oder Parteilichkeiten auf, wird explizit oder implizit für eine Position im Rahmen der Website für ähnliche Inhalte/Ziele geworben?
- Welche Logos oder Erkennungszeichen werden auf der Seite verwendet?

Wer ist der Autor

- Gibt sich der Autor zu erkennen?
- Ist eine Organisation für den Inhalt verantwortlich?
- Ist der Autor für die Inhalte kompetent? Wird er auf anderen Seiten zu diesem Thema zitiert?

Seriosität prüfen

- In welchem Zusammenhang wird der gefundene Text veröffentlicht?
- Gibt es ein Quellenverzeichnis? Gibt der Autor seine Quellen zu erkennen? Zitiert er wissenschaftlich korrekt?

Quellenkritik

- Welche Einstellung hat der Autor? Woran zeigt sich seine Tendenz?
- Was wollen die Herausgeber/der Autor mit der Website bewirken?
- Wird das Thema kontrovers behandelt?
- Werden wesentliche Fakten zu diesem Thema nicht genannt?
- Gibt es Quellen zu diesem Thema, die für diese Website nicht gebraucht wurden?
- Ist der Text logisch und widerspruchsfrei?
- In welchem Stil ist die Aussage gehalten? Sachlichkeit?
- Sind die Fakten durch ein Lexikon verifizierbar?
- Sind Quellen und Autoren angegeben? Können die angegebenen Quellen gefunden werden?
- Prüfen Sie den Text ideologiekritisch.

5.5 Die „SBZ" als Feindbild und Herausforderung

Das „bessere" Deutschland – Ost oder West?

In den ersten Jahren der Nachkriegszeit besaßen beide Teile Deutschlands zumindest ansatzweise eine Gemeinsamkeit in dem Ziel der deutschen Einheit. Die SED setzte auf die Einheit der Arbeiterklasse, wollte aber ein sozialistisches Gesamtdeutschland. Die SPD betonte die soziale Solidarität eines geeinten Deutschlands, die CDU hob die nationalen Gemeinsamkeiten hervor, beide wollten aber eine pluralistische Demokratie. Die im Schatten des Kalten Krieges sich immer stärker entwickelnde West- und Ostintegration machte jedoch bald jegliche gemeinsamen Zielvorstellungen zunichte. Die sozialistisch-kommunistische DDR wurde zum Feindbild der pluralistisch-demokratischen Bundesrepublik und die „imperialistisch-kapitalistische" Bundesrepublik zu dem der antifaschistischen DDR. Beide sahen sich als das „bessere" Deutschland und sahen sich herausgefordert, dies politisch, gesellschaftlich und wirtschaftlich unter Beweis zu stellen.

Die DDR sah sich als neuer antifaschistischer und sozialistischer Staat, der mit den Verbrechen des Nationalsozialismus nichts zu tun hatte. Für die SED-Funktionäre war der Nationalsozialismus die radikalste Form von Imperialismus und Kapitalismus und Hitler deren willfähriger Handlanger, der mit gewissenlosen Helfern und Hintermännern das deutsche Volk verführt habe. Der Sozialismus und Kommunismus bekämpfe dagegen den Kapitalismus als Grundlage des Nationalsozialismus und habe diesen auch besiegt und vernichtet. Die neue sozialistische DDR habe somit keine Mitverantwortung. Sie beendete daher bereits Anfang 1948 die Entnazifizierung und lehnte auch israelische Wiedergutmachungsforderungen entschieden ab.

1 Plakat des ZK der KPD, 1946

Die Bundesrepublik erhob den Anspruch, Deutschland allein völkerrechtlich zu vertreten, da nur sie durch demokratische Wahlen legitimiert sei. Sie nahm daher zu keinen Staaten völkerrechtliche Beziehungen auf, die die DDR diplomatisch anerkannten. Erst die Bundesregierung unter Willy Brandt gab 1969 diese nach dem CDU-Politiker Walter Hallstein benannte antikommunistische Doktrin auf.

Zudem wurde in der frühen Bundesrepublik der 1950er- und beginnenden 1960er-Jahre die DDR vielfach als totalitärer Staat gesehen, der als kommunistische Diktatur ähnliche und sogar vergleichbare Elemente mit der NS-Diktatur habe. Die Vergleichbarkeit totalitärer Systeme war jedoch immer wieder Gegenstand wissenschaftlicher Kontroversen, da die Unterschiede zwischen Nationalsozialismus und Kommunismus dadurch nur verwischt und undifferenziert erfasst werden.

Dennoch eignete sich insgesamt die gegenseitige Selbstdarstellung der beiden deutschen Staaten, den anderen als Feindbild und Herausforderung wahrzunehmen. Für die Bundesbürger trug die Existenz der sozialistischen DDR wesentlich dazu bei, die eigene Wirtschafts- und Staatsform zu akzeptieren und sich dafür einzusetzen.

„Demokratie und freie Marktwirtschaft" gegen „Diktatur und Staatswirtschaft"

An der Durchsetzung der sozialen Marktwirtschaft durch Ludwig Erhard hatten neben der durch den Kalten Krieg beförderten Westintegration auch die sozialistischen Umwälzungen in der DDR erheblichen Anteil. Sie eigneten sich für jedermann einsichtig als abschreckendes Beispiel. Adenauer und Erhard fiel es leicht, den wirtschaftlichen und sozialpolitischen Aufstieg im direkten Vergleich mit der DDR als erfolgreiche und überlegene freiheitlich-demokratische Alternative zur totalitär-antidemokratischen Planwirtschaft darzustellen.

Dazu trugen besonders auch die Ereignisse des 17. Juni 1953 in der DDR bei. Der Volksaufstand wurde in der Bundesrepublik wie in allen Staaten der westlichen Demokratien als eine Revolution gegen Terror und Ausbeutung durch die kommunistische, von der Sowjetunion geführte Staatsführung gesehen, bei der die Sehnsucht nach Demokratie auch bei den Deutschen in der DDR zum Ausdruck kam. Die Einführung des 17. Juni als „Tag der Deutschen Einheit" entsprach nicht nur dem Willen des Deutschen Bundestages, sondern drückte völlig übereinstimmend die emotionale Verbundenheit der Westdeutschen mit den aufständischen Ostdeutschen aus. Und die Ereignisse in der DDR waren für die meisten Bundesbürger eine Bestätigung der Politik der Westorientierung Adenauers als Schutz vor dem Kommunismus. Die Bundestagswahlen im September 1953 standen völlig unter dem Eindruck der Juni-Ereignisse und brachten Adenauer einen überwältigenden Erfolg.

Der 17. Juni 1953 und die Niederschlagung des Aufstandes durch sowjetische Panzer, die Rote Armee und DDR-Volkspolizei verstärkte aber auch die Angst der Westdeutschen vor den kommunistischen Staaten des Ostens, v. a. der Sowjetunion, die seit Kriegsende weiterbestand und den Wiederaufbau der Bundesrepublik begleitete. Schon 1950 hielten 35 % der Bundesbürger einen dritten Weltkrieg innerhalb der nächsten drei Jahre für wahrscheinlich, 48% hielten ihn für möglich. Neben der Hoffnung auf wirtschaftlichen Aufstieg, die sich zu realisieren begann, hatte daher der Wunsch der Bundesbürger nach Sicherheit oberste Priorität. Diese Sicherheit schien für die meisten nur durch eine starke Einbindung in die Demokratien des Westens einigermaßen möglich zu sein. Um dies zu erreichen, stimmten schließlich viele auch der heftig umstrittenen Wiederbewaffnung der Bundesrepublik zu.
Die „Ost-Angst" führte daher vielfach zu einer sich verstärkenden Westorientierung, die sich in manchen Bereichen des täglichen Konsums, der Musik, Literatur, Kunst sowie der Freizeitgestaltung zu einer „West-Begeisterung" steigerte. 1951 waren zwar nur 8 % der Bundesbürger der Meinung, dass sie sich zur Gemeinschaft der westlichen Völker zählen können und nicht mehr als Feinde von gestern außerhalb stehen, am Ende der 1950er-Jahre waren es aber immerhin schon 33 %. Mit der zunehmenden Sicherheit vor dem „Osten" durch die Einbindung in den Westen und dem beginnenden Wohlstand nahm die Zufriedenheit mit der Demokratie ebenso zu wie die mit der politischen Führung. Bei einer Umfrage nach dem größten deutschen Staatsmann überholte Bundeskanzler Adenauer bereits 1952 Hitler und 1956 Bismarck – für eine Monarchie stimmte kaum noch jemand. Für die meisten Bundesbürger hatte die Verbindung von Wohlstand, Demokratie und nationaler sowie persönlicher Sicherheit ein Weiterwirken vergangener NS-Ideologien überwunden sowie die Herausforderung durch den Sozialismus der DDR und des Ostens überlegen bestanden. Dafür gab es in den frühen Jahren der Bundesrepublik für viele nicht den geringsten Zweifel.

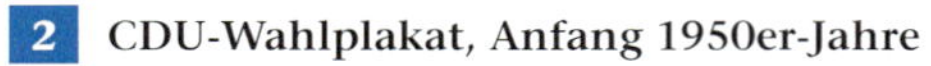

2 CDU-Wahlplakat, Anfang 1950er-Jahre

3 Wahlplakat der SED, 1950er-Jahre

4 „Die Volkspolizei der Sowjetzone ... eine echte Angriffsmacht?“

Bundeskanzler Adenauer in einem Interview in der „New York Times“ am 17. August 1950:

Baut man eine Verteidigung auf oder nicht? Bis jetzt hat das deutsche Volk seine Haltung gegen die Drohung des Kommunismus durch sein Vertrauen auf die bewaffneten Streitkräfte der Vereinigten Staaten bewahrt. Die Ereignisse in Korea haben aber eine merkliche Auswirkung gehabt, und es besteht ein Gefühl der Hilflosigkeit, dass die Russen eines Tages die Macht ergreifen werden.

Die Volkspolizeiarmee in der Sowjetzone bildet offensichtlich die Grundlage für eine echte Angriffsmacht. Ihre Aufgaben sind nicht auf reine Polizeiarbeit begrenzt. Sie besteht getrennt neben der allgemeinen Polizei, ist in Kasernen untergebracht und erhält militärische Ausbildung. [...] Außerdem haben die Russen eigene starke militärische Kräfte in der sowjetischen Zone. [...] Unter diesen Umständen muss die gegenwärtige psychische Haltung der westdeutschen Bevölkerung sofort durch die Vergrößerung der amerikanischen Streitkräfte gestützt werden.

[...] Wir müssen die Notwendigkeit der Schaffung einer starken deutschen Verteidigungskraft erkennen. Ich will nicht von einer Armee oder Waffen sprechen, aber diese Streitmacht muss stark genug sein, um jede mögliche, den Vorgängen in Korea ähnelnde Aggression der Sowjetzonenvolkspolizei abzuwehren. So stark wie diese Volkspolizei ist, müssen auch wir sein. Das Ausmaß der Bewaffnung und Ausbildung muss dem Ausmaß der Bewaffnung und Ausbildung der Volkspolizei entsprechen.

Europa-Archiv 1950, S. 3515 f.

5 Die DDR – kein Staat?

Der Vorsitzende der SPD und Oppositionsführer im Deutschen Bundestag, Kurt Schumacher, kommentierte am 15. Oktober 1949 die Gründung der DDR:

Man kann erfolgreich bestreiten, dass der neue Oststaat überhaupt ein Staat ist [...], er ist eine Äußerungsform der russischen Außenpolitik. Noch weniger aber ist dieser sogenannte Oststaat neu. Er besteht tatsächlich seit 1945. Er hatte ursprünglich keine deutschen zentralen Organe. Dafür funktionierte die sowjetische Militäradministration gegenüber den fünf Ländern der Ostzone und Berlin als Ersatz für eine zentrale deutsche Stelle. [... Der Oststaat] bedeutet die Anerkennung der Tatsache, dass bis auf weiteres das große russische Unternehmen, ganz Deutschland in die politischen, gesellschaftlichen, wirtschaftlichen und kulturellen Formen der Sowjets hineinzuzwingen, gescheitert ist. Die Loslösung der Ostzone durch die Russen, wie sie 1945 radikal und erfolgreich eingeleitet wurde, be-

6 **DDR-Plakat, Anfang 1950er-Jahre**

7 **CDU-Wahlplakat, Anfang 1950er-Jahre**

deutet das Hinausdrängen der westalliierten Einflüsse und der internationalen Kritik. Es war aber zur gleichen Zeit das Ende jeder demokratischen Freiheit der Deutschen in dieser Zone. [... Die] Etablierung dieses sogenannten Oststaates (ist) eine Erschwerung der deutschen Einheit. Die Verhinderung dieser Einheit aber kann dieses Provisorium im Osten nicht bedeuten, weil das deutsche Volk und besonders die Bevölkerung der Ostzone Gebilde russischer Machtpolitik auf deutschem Boden ablehnt.

W. Benz: Die Gründung der Bundesrepublik. München 1984, S. 160 f.

8 Die Entnazifizierung in der sowjetischen Zone

a) Walter Ulbricht auf einer Innenministerkonferenz, etwa März 1948:

Wir müssen an die ganze Masse der Werktätigen appellieren, auch an die nominellen Nazis, an die Masse der technischen Intelligenz, die Nazis waren. Wir werden ihnen offen sagen: Wir wissen, dass ihr Nazis wart, wir werden aber nicht weiter darüber sprechen; es kommt auf euch an, ehrlich mit uns mitzuarbeiten.“

Zit. nach: K. Hartewig: Zurückgekehrt. Böhlau 2000, S. 259.

b) Manfred Stolpe, 1982 bis 1990 stellvertretender Vorsitzender der Evangelischen Kirche in der DDR, 1990 bis 2002 Ministerpräsident des Landes Brandenburg:

Die Ulbricht'sche SED wollte im Bewusstsein der Bevölkerung die DDR als einen neuen Staat etablieren, der historisch auf der Arbeiterbewegung gründen sollte. [...] So hat das deutsche kommunistische System zum Beispiel die Nationalsozialisten den imperialistischen Klassenfeinden zugerechnet, die bekämpft, besiegt, vertrieben worden sind. Viele Ostdeutsche haben schließlich keine Verbindung mehr zu diesem Teil der deutschen Geschichte gesehen. [...] Sie fühlten keine historische Mitverantwortung für die zwischen 1933 und 1945 begangenen deutschen Verbrechen. Für sie waren die Täter Nazis, alles Leute, die entweder eingesperrt worden oder in den Westen gegangen waren.

Das KZ in ihrer unmittelbaren Nachbarschaft war eine Sache, mit der sie selber nichts zu tun hatten. [...] Das kommunistische Geschichtsbild stellte zudem als die eigentlichen Naziopfer die Antifaschisten der Arbeiterklasse heraus, in deren Nachfolge und Tradition die DDR mit allen ihren Bürgern stand.

M. Stolpe: Schwieriger Aufbruch. Berlin 1992, S. 25.

9 **SED-Wahlplakat „Gleiche Leistung. Gleicher Lohn", 1950er-Jahre**

10 **CDU-Wahlplakat, 1950er-Jahre**

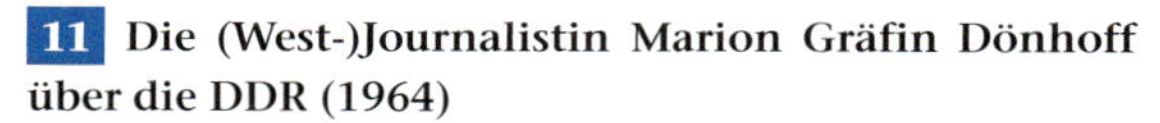

11 Die (West-)Journalistin Marion Gräfin Dönhoff über die DDR (1964)

Westlich der Elbe ist es unüblich einzuräumen, dass Freiwilligkeit, dass enthusiastischer Schwung drüben häufig die entscheidende Triebfeder sind. Dennoch, warum es verschweigen? Es war schließlich die verblüffendste Erfahrung unserer DDR-Fahrt […] Dass drüben so viel Lauterkeit am Werke ist, so viel Hingabe, so viel unbezweifelbar moralisches Wollen. […] Seit 1945 hat mich nichts mehr so sehr an die versunkene braune Epoche denken lassen. Der Idealismus der Jungstammführer, ihr guter Wille inmitten aller Unbill, der Wille zu Anstand und Sauberkeit im Dienste einer Sache, die Anstand und Sauberkeit nicht lange zuließ – sie leben fort in der DDR.

Schlimm nur, dass der Verdacht nicht abzuschütteln ist, es lebe zugleich der Missbrauch des Idealismus fort – wie stets, wenn eine „Sache" über alles gestellt wird. Welche Einengung des Denkens – meist sogar freiwillig! Welche Verkürzung der Perspektiven, welche Arroganz des Urteils!

M. Gräfin Dönhoff u. a.: Reise in ein fernes Land. Hamburg 1964, S. 110.

12 „Wer sind denn jetzt die Deutschen?"

90 Minuten Klassenkampf – das deutsch-deutsche Duell bei der Fußballweltmeisterschaft 1974:

Eine Familie in einem westdeutschen Haushalt erlebt das Spiel vom 22. Juni 1974 vor dem Fernseher:

Nach vierzig Minuten stand endgültig fest: Hier stimmt etwas nicht. Das hatten wir uns anders vorgestellt. Der Onkel spürte es, G. spürte es, ich spürte es – nur G.s Vater redete noch dagegen:

„Die erste Hälfte brauchen wir doch nur zum Warmspielen. Wenn wir wollen, spielen wir mit denen Katz und Maus." Der Onkel: „Man darf sie nicht unterschätzen. Hinter jedem von ihnen steht praktisch einer mit gezogener Pistole. Die müssen kämpfen. Sonst ab nach Bautzen." […] G.s Vater, jetzt doch etwas nachdenklich geworden, sagte: „Wir haben uns das zu leicht vorgestellt. Ich kann ja verstehen, dass unsere sich überlegen fühlen. Aber man darf sich keine Schwächen erlauben. Schon gar nicht gegen so einen Gegner." „Ein besonderes Merkmal des Russen war schon immer die Heimtücke", warnte der Onkel.

„Wer sind denn jetzt die Deutschen?", fragte G.s Mutter, als die zweite Halbzeit angepfiffen wurde. Die Frage war unter der Würde der Männer. Sie schwiegen. G. antwortete nach einer Weile: „Die Schwarz-Weißen sind die Deutschen. Die Blau-Weißen sind die DDRler." G.s Mutter sagte: „Aber …"

G.s Vater fiel ihr ins Wort: „Schatz, fang jetzt bitte nicht wieder an, ja? Das sind keine Deutschen. Die Deutschen sind wir. Hier geht es nicht nur um Fußball. Hier geht es 30 auch um Deutschland.
Darüber kann man sich nicht streiten. Also bitte, lass das jetzt!“
G.s Vater war ein wenig erregt. Das war ja auch kein Wunder. Schließlich schossen wir das Tor nicht, das es 35 gebraucht hätte, um endlich anfangen zu können mit dem Einsnull, dem Zweinull, dem Dreinull, dem Viernull. Schließlich war unser Sieg nur eine Frage der Höhe, und je früher man anfing, desto höher konnte es gehen. [...]
In der achtundsiebzigsten Minute schoss Jürgen Sparwas- 40 ser das Einsnull. Ich hatte das Gefühl, von einem Dolch ins Herz getroffen worden zu sein, und ich wusste gleich, dass es keine Rettung mehr gab.
G.s Vater und der Onkel tobten vor Wut. [...]
Dann sagte G.s Mutter: „Das ist doch toll! Das ist doch toll, dass wenigstens einer ein Tor schießt. Und der, der 45 das Tor geschossen hat, ist doch ein Deutscher.“
Ich glaube, sie meinte es so, wie sie es sagte, nicht als Provokation. Ihr Mann pumpte stoßweise Luft in seine Lungen, und einen Moment lang fürchtete ich, er sei dabei, zu ersticken. Dann schrie er mit sich überschlagender 50 Stimme los: „Wenn einer aus der DDR gegen uns ein Tor schießt, dann kann man doch nicht sagen, der ist Deutscher! Dann ist das ein Kommunist! Diese Leute wollen uns alles wegnehmen, was wir uns aufgebaut haben, und uns umbringen, verstehst du das denn nicht? Wir müs- 55 sen unser Land verteidigen, unser Eigentum, unser Hab und Gut. Denen ist nichts heilig, verstehst du denn gar nichts! Wenn die kommen, dann hört der Spaß auf.“

J. Brandt (Hg.): Doppelpass: Geschichten aus dem geteilten Fußballdeutschland. Idstein 2004, S. 124 ff.

5

Arbeitsvorschläge

a) Beschreiben Sie die von den Plakaten ausgedrückte deutsche Nachkriegssituation und erläutern Sie davon ausgehend die politischen Zielsetzungen der jeweiligen Parteien (M 1 bis M 3, VT).
b) Erklären Sie, welche innen- und außenpolitischen Absichten die Plakate M 6 und M 7 verfolgen. Vergleichen Sie die Aussagen beider Plakate mit denen von M 1 – M 3.
c) Beide Plakate M 9 und M 10 versuchen, die Frauen anzusprechen. Erläutern Sie das jeweilige Frauenbild der 1950er-Jahre. Formulieren Sie als westdeutscher Politiker der Regierung Adenauer eine kurze Wahlrede vor westdeutschen Frauen gegen das Frauenbild der DDR.
d) Fassen Sie zusammen, wie Gräfin Dönhoff die DDR wahrnimmt. Diskutieren Sie, ob auch sie ein Feindbild „DDR“ darstellt (M 11).

e) Notieren Sie alle Vorurteile in M 12 und setze Sie diese anschließend in einen historischen Kontext. Begründen Sie, wie es zu diesen Vorurteilen kommen konnte.
Vergleichen Sie die Aussagen von M 12 mit der in M 11 dargestellten Entwicklung.

6 Die DDR – eine deutsche Alternative?

- Welche Merkmale charakterisierten das Demokratieverständnis der DDR-Führung als Gegenmodell zur Bundesrepublik und wie sah die Wirklichkeit aus?
- Welche deutschlandpolitischen Standpunkte bestimmten die Entwicklung der Beziehungen zwischen der DDR und der Bundesrepublik?
- Welche Rolle spielte die Wirtschafts- und Sozialpolitik in der Endphase der DDR für die Akzeptanz des Systems?
- Welche Konzepte bestimmten die Diskussion um die Umwandlung der DDR in eine parlamentarische Demokratie?
- Welche Probleme ergeben sich bei der individuellen und kollektiven Geschichtserinnerung an die DDR?

„Hinter den sieben Bergen“ Ölbild von Wolfgang Mattheuer, 1973

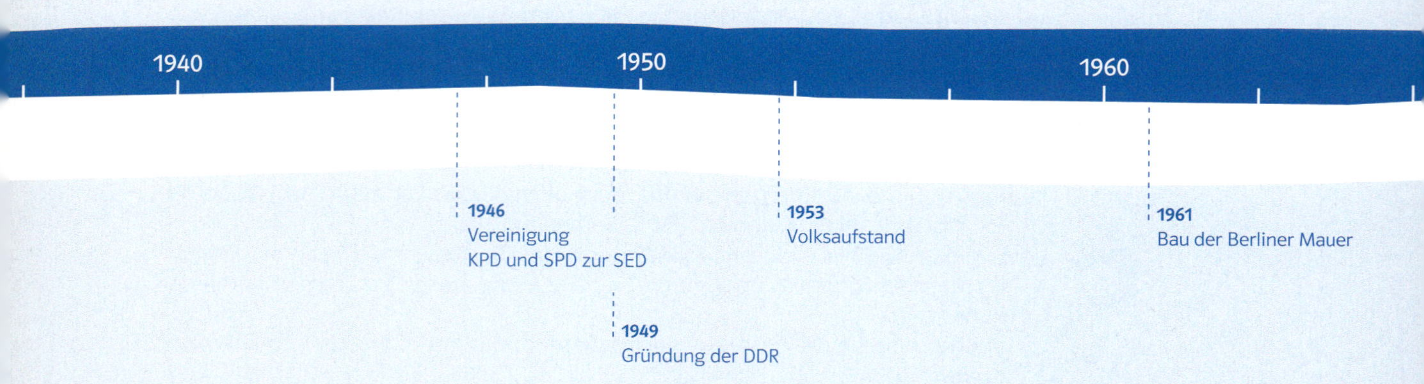

„3. Oktober Großberlin: Vertreter der Siegermächte bei der Abnahme der Parade zum Anlass des endgültigen Sieges der glorreichen Novemberrevolution". Karikatur von Achim Greser, 1996 (**Online Link** 430017-0601)

Online Link
430017-0601

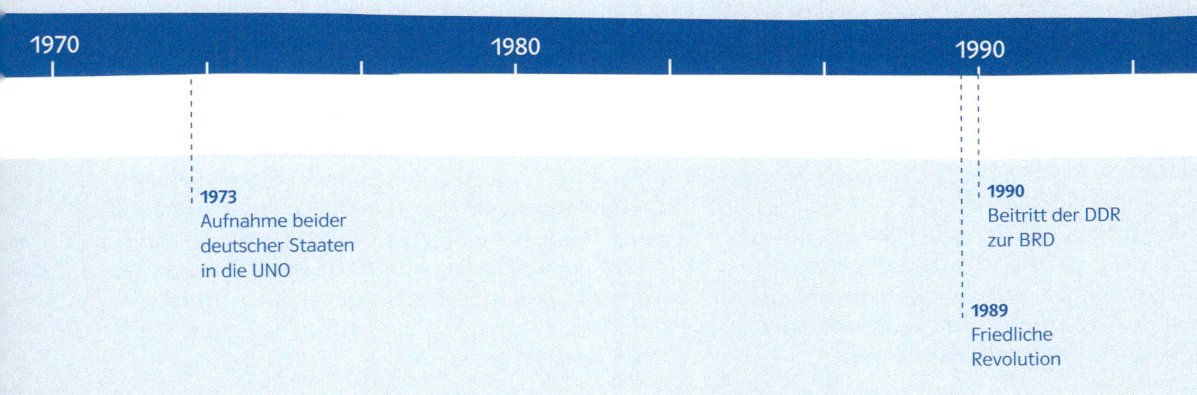

6.1 Anspruch und Wirklichkeit im „Arbeiter- und Bauernstaat"

Stalins Doppelstrategie

Konrad Adenauers Politik der „Westintegration" fand in der Sowjetischen Besatzungszone ihre Entsprechung in Walter Ulbrichts Politik der „Ostintegration". Dabei war Stalins Deutschlandpolitik ursprünglich doppelgleisig angelegt: Um gegenüber den USA den sowjetischen Einfluss in Europa auszudehnen, setzte er zuerst auf ein vereinigtes Deutschland, das von der Sowjetunion abhängig war. So wurde in der SBZ zwar eine „antifaschistisch-demokratische Umwälzung" nach sowjetischem Muster durchgeführt: u. a. Verstaatlichung von Großbetrieben, Fünfjahrespläne, Gleichschaltung der nichtkommunistischen Parteien, Einheitsliste der „Nationalen Front" bei Wahlen. Solange Stalin sich die deutsche Vereinigung als Option offenhalten wollte, existierten andererseits zumindest formal ein Mehrparteiensystem und z. B. eine privat betriebene Landwirtschaft. Als aber die Westintegration der Bundesrepublik immer rascher und eindeutiger fortschritt, gab Stalin das Ziel, ganz Deutschland beeinflussen zu können, auf und die SED unter Führung Walter Ulbricht erhielt die Erlaubnis, den planmäßigen „Aufbau des Sozialismus" nach dem sowjetischen Modell zu beginnen.

6

Selbstverständnis und Führungsanspruch der SED

Die SED wurde als „Partei neuen Typs" proklamiert. Sie beanspruchte nach Lenins Parteitheorie die Führungsrolle, denn die Arbeiterklasse könne allein auf sich gestellt kein politisch-revolutionäres Bewusstsein entwickeln, sondern brauche dazu intellektuelle Berufsrevolutionäre der kommunistischen Partei, eben der SED, als „Vorhut der Arbeiterklasse". Die Legitimation der SED leitete sich dabei nicht von Wahlen ab, sondern von „historischen Gesetzmäßigkeiten", die nach der „wissenschaftlichen Weltanschauung" des Marxismus-Leninismus vorgegeben sind und dem Handeln der Partei als Richtschnur dienten. Der Marxismus-Leninismus vermittelte ein umfassendes System der Natur und der Gesellschaft. Danach herrscht von der Entstehung der Erde und des organischen Lebens bis zu den Beschlüssen der SED ein gleichsam ehernes Gesetz, das mit naturwissenschaftlicher Präzision zum ewigen Fortschritt führt, an dessen Ende eines Tages die kommunistische Gesellschaftsordnung für alle Völker der Welt stehen würde.

Eine weitere Legitimation der SED-Führung ergab sich aus dem von Lenin stammenden Prinzips des „demokratischen Zentralismus". Danach wurden die höheren Parteifunktionäre von den Mitgliedern der SED gewählt, hatten aber dann uneingeschränkte Entscheidungsbefugnis, die innerparteiliche Gruppierungen mit anderen Meinungen ausschloss. Alle Parteiorgane fügten sich daher einer von der SED ausgehenden straffen Parteidisziplin, der sich auch die weiterhin existierenden „bürgerlichen Parteien" als Blockparteien der „Nationalen Front" anschlossen. Der Führungsapparat der SED erstreckte sich nicht nur auf die Regierung und den Staatsapparat, sondern auch auf die Bereiche Justiz, Wirtschaft, Medien, Bildung, Kultur, Schule oder andere öffentliche Institutionen.

1 „Zehn Gebote". Am 10. Juli 1958 verkündete Walter Ulbricht auf dem V. Parteitag der SED die „Zehn Gebote für den neuen sozialistischen Menschen", um die DDR-Bürger zur aktiven Beteiligung an der Vollendung des Sozialismus zu gewinnen.

Soziale Aufstiegsmöglichkeiten

So sehr aber die SED die Richtlinien verbindlich vorgab, so kam doch auch dem Einzelnen große Bedeutung zu. Denn er sah sich nach dem Krieg und den Verbrechen des Nationalsozialismus am Beginn einer neuen Epoche der Menschheitsgeschichte, die er selbst mit gestalten konnte. Gerade für viele der intellektuellen Elite war dies ein Element der Verlockung, eine Aufforderung und Herausforderung zur tatkräftigen Mitwirkung. Und jeder sollte daran teilhaben können, denn die Klassenschranken wurden aufgehoben. So wurden besonders in den frühen Jahren der DDR z. B. Arbeiter- und Bauernkinder beim Zugang zu den höheren Schulen und Universitäten bevorzugt. Die DDR bot ihnen die Chance zum sozialen Aufstieg.

Wer sich die „wissenschaftliche Weltanschauung" des Marxismus-Leninismus, deren mit naturwissenschaftlicher Präzision eintretenden „historischen Gesetzmäßigkeiten" zu eigen machen konnte, fand hierin einen klaren Kompass für sein politisches und öffentliches Handeln. Nicht nur Bürger der DDR, auch westliche intellektuelle Eliten sahen im „Demokratieverständnis" des Marxismus-Leninismus eine überzeugende Alternative zur pluralistischen Demokratie und zur sozialen Marktwirtschaft der Bundesrepublik.
Wer sich dem Totalitätsanspruch des Zentralkomitees der SED ideologisch aber nicht anschließen wollte und öffentlich abweichende Positionen vertrat, den traf der umfassende staatliche Machtapparat aber in fast allen seinen Lebensbereichen.

Die Wirklichkeit: Repression, Verfolgung, Ausgrenzung

Die (Zwangs-)Vereinigung der beiden Arbeiterparteien KPD und SPD zur SED – gegen den Widerstand vieler SPD-Mitglieder – markierte bereits 1946 den ersten Schritt. Schon 1947 wurde vom SED-Parteivorstand erwogen, „gegen ideologisch unzuverlässige Mitglieder vorzugehen". In zehn „Sonderlagern" der sowjetischen Geheimpolizei in der SBZ – teilweise ehemaligen Konzentrationslagern des NS-Regimes – wurden zwischen 1945 und 1950 fast 123 000 Deutsche inhaftiert, darunter NS-Täter, willkürlich verhaftete Jugendliche, Sozialdemokraten, Bürgerliche und „unzuverlässige" Kommunisten. Ein „Umtausch der SED-Mitgliedsbücher" erwies sich 1950/51 für 150 000 SED-Mitglieder als Säuberungsaktion und innerparteiliche Trennung von „Nicht-Linientreuen Genossen".

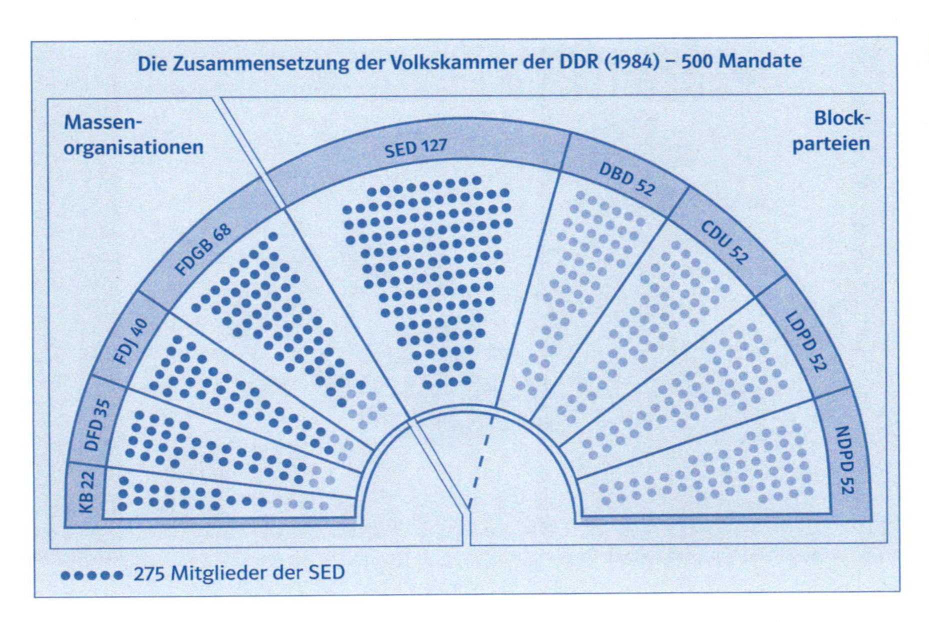

2 Zusammensetzung der Volkskammer der DDR (1984)
KB = Kulturbund; DFD = Demokratischer Frauenbund; FDJ = Freie Deutsche Jugend; FDGB = Freier Deutscher Gewerkschaftsbund; SED = Sozialistische Einheitspartei Deutschlands; DBD = Demokratische Bauernpartei Deutschlands; CDU = Ost-CDU; LDPD = Liberaldemokratische Partei Deutschlands; NDPD = Nationaldemokratische Partei Deutschlands

Walter Ulbricht
1950–1969 SED-Generalsekretär und Staatsratsvorsitzender

Es entsprach der Ablehnung der Gewaltenteilung auf staatlicher Ebene, wenn die SED ihren Anspruch auch auf die Massenorganisationen wie Freier Deutscher Gewerkschaftsbund (FDGB), Freie Deutsche Jugend (FDJ), Demokratischer Frauenbund (DFB) und im Kulturbund (KB) durch ihre Einbeziehung in die „Nationale Front" umsetzte. Deren Einheitswahlliste bestimmte ab 1950 die Wahlergebnisse zur Volkskammer auch im Hinblick auf eine feste Zuordnung der 500 Mandate. Der Urnengang bei Kommunal- und Volkskammerwahlen in der DDR wurde vom Volksmund als „Zettelfalten" charakterisiert, bei dem bis 1989 bei einer Wahlbeteiligung von über 98 % auch der Prozentsatz der Ja-Stimmen im Bereich der 99 % lag.

Abgesichert wurde die Parteidiktatur der SED durch die Gruppe der Sowjetischen Streitkräfte in Deutschland, dem sowjetischen Geheimdienst KGB und das Ministerium für Staatssicherheit als „Schwert und Schild der Partei", sowie durch eine SED-hörige Justiz. Diese konnte nach Art. 6 der DDR-Verfassung rigoros gegen jeden vorgehen, dem „Kriegs- und Boykotthetze" (ab 1958: „staatsfeindliche Hetze") in politischen Prozessen vorgeworfen wurde. Rechtspflege- und Rechtshilfeorgane der DDR waren nicht unabhängig, sondern weisungsgebundene Einrichtungen, deren Personal systemnah und linientreu arbeitete. Ein Verteidiger konnte daher zu keinem Zeitpunkt rechtsstaatlichen Grundsätzen folgen, denn sein Plädoyer konnte als gegen „staatliches Handeln von Partei- und Staatsorganen" gerichtet ausgelegt werden. Das war dann Grund für eine Anklage und wurde formaljuristisch als „Provokation" und „Hetze" eingestuft. Wer einen Anwalt in der DDR konsultierte, konnte davon ausgehen, dass im Straf- und Zivilrechtsprozess dessen leitendes Interesse im Durchsetzen ideologisch begründeter Positionen bestand.
Hauptstütze des Sicherheitssystems war das in seinen Methoden immer umfangreicher werdende Spitzelsystem des Ministeriums für Staatssicherheit, kurz Stasi genannt. „Wie ein riesiger Krake lag (sie) über dem Land und drang mit ihren Saugnäpfen in die verborgensten Winkel der Gesellschaft." (Stefan Wolle)

3 **„Umsiedler"**
Die SED vermied die Bezeichnungen „Flüchtlinge" und „Heimatvertriebene" und nutzte den weniger „belasteten" Begriff „Umsiedler". Bis 1947 fanden 4,3 Millionen Deutsche in der SBZ (24,2 % Bevölkerungsanteil) eine neue Heimat. Vertriebenenorganisationen wurden in der SBZ/DDR allerdings nicht zugelassen, der Gedanke an eine Rückkehr in die alte Heimat unterbunden.
SED-Wahlplakat, 1950

4 Wahlen nach SED-Verständnis

Beschluss des „Demokratischen Blocks" zur Volkskammerwahl am 15. Oktober 1950:

Der Demokratische Block, die Einheitsfront der antifaschistisch-demokratischen Parteien, trat [...] zu einer Sitzung zusammen, um zu den Wahlvorbereitungen für den Großwahltag am 15. Oktober dieses Jahres Stellung zu nehmen. [...] Für die Volkskammer wird an der in Artikel 52 der Verfassung der Deutschen Demokratischen Republik festgesetzten Abgeordnetenzahl von 400 Mitgliedern festgehalten. Sie verteilen sich in dem vereinbarten gemeinsamen Wahlvorschlag prozentual wie folgt:

SED	25,0 v. H.	FDJ	5,0 v. H.
CDU	15,0 v. H	DFD	3,7 v. H.
LPD	15,0 v. H	VVN	3,7 v. H.
NDPD	7,5 v. H	Kulturbund	5,0 v. H.
DBD	7,5 v. H	VdgB	1,3 v. H.
FDGB	10,0 v. H	Genossenschaften	1,3 v. H.
Parteizugehörigkeit Wahlkandidaten der Massenorganisationen:			
SED	107	CDU	5
LDP	3	NDPD	1

Für die Landtage, Kreistage und Gemeindevertretungen gilt ein ähnlicher Schlüssel. [...] In der Sitzung des Demokratischen Blocks bestand restlos Einmütigkeit darüber, dass es gilt, die Wahlen vom 15. Oktober zu einer wirkungsvollen und würdigen Manifestation der deutschen Einheit und zu einem leidenschaftlichen Bekenntnis zum Kampfe für den Frieden zu gestalten.

Zit. nach: M. Judt (Hg.): DDR-Geschichte in Dokumenten. Bonn 1998, S.63 f.

5 Sag mir, wo Du stehst – Identitätsbildung im Liedgut der Staats-Jugend der DDR

Lied der FDJ-Singebewegung von Hartmut König, einem Mitbegründer des DDR-Festivals des politischen Liedes (1970/1990) späterer stellvertretender DDR-Kulturminister (1989). Das Lied lehnt sich an den amerikanischen Song „Which side are you on? (lorence Reese, 1946) an, einem kommunistischen Aufruf an Bergmänner, sich gewerkschaftlich zu organisieren. Die FDJ-Singebewegung und das Ostberliner Festival des politischen Liedes war der Versuch, eine Antwort auf Jazz und Rock zu geben.

Sag mir, wo du stehst und welchen Weg du gehst!
Zurück oder vorwärts, du musst dich entschließen!
Wir bringen die Zeit nach vorn Stück um Stück.
Du kannst nicht bei uns und bei ihnen genießen,
denn wenn du im Kreis gehst, dann bleibst du zurück!

Sag mir, wo du stehst und welchen Weg du gehst!
Du gibst, wenn du redest, vielleicht dir die Blöße,
noch nie überlegt zu haben, wohin.
Du schmälerst durch Schweigen die eigene Größe.
Ich sag dir: Dann fehlt deinem Leben der Sinn!

Sag mir, wo du stehst und welchen Weg du gehst!
Wir haben ein Recht darauf, dich zu erkennen,
auch nickende Masken nützen uns nicht.
Ich will beim richtigen Namen dich nennen.
Und darum zeig mir dein wahres Gesicht

6 Werbeplakat für den ersten Fünfjahrplan, 1952
In der Bildmitte ist Walter Ulbricht zu sehen.

7 Die SED als „Partei neuen Typs"

Entschließung der I. Parteikonferenz der SED am 28. Januar 1949:

Die marxistisch-leninistische Partei ist die bewusste Vorhut der Arbeiterklasse. Das heißt, sie muss eine Arbeiterpartei sein, die in erster Linie die besten Elemente der Arbeiterklasse in ihren Reihen zählt, die ständig ihr Klas-

senbewusstsein erhöhen. Die Partei kann ihre führende Rolle als Vorhut des Proletariats nur erfüllen, wenn sie die marxistisch-leninistische Theorie beherrscht, die ihr die Einsicht in die gesellschaftlichen Entwicklungsgesetze vermittelt. Daher ist die erste Aufgabe zur Entwicklung der SED zu einer Partei neuen Typus die ideologisch-politische Erziehung der Parteimitglieder und besonders der Funktionäre im Geiste des Marxismus-Leninismus. [...]
Die Partei stellt ein Organisationssystem dar, in dem sich alle Glieder den Beschlüssen unterordnen. Nur so kann die Partei die Einheit des Willens und die Einheit der Aktion der Arbeiterklasse sichern. [...]
Die Duldung von Fraktionen und Gruppierungen innerhalb der Partei ist unvereinbar mit ihrem marxistisch-leninistischen Charakter.

R. Steininger: Deutsche Geschichte seit 1945, Bd.2. Frankfurt/M. 1996, S.10 f.

8 „Kommunismus: er ist das Vernünftige"

Aus einem DDR-Buch für Kinder und Jugendliche ab 12 Jahren Ende der 1970er-Jahre:

Er ist das Vernünftige
Die Wahrheit über den Kommunismus ist einfach, seine Ziele sind leicht zu verstehen. Im Parteiprogramm der SED sind sie klar formuliert:
Kommunismus – das ist die klassenlose Gesellschaftsordnung, in der die Produktionsmittel einheitliches Volkseigentum sind und alle Mitglieder der Gesellschaft ihre geistigen und körperlichen Fähigkeiten allseitig entwickeln und zum Wohle der Gemeinschaft einsetzen.
Kommunismus – das ist die Gesellschaftsordnung, in der auf der Grundlage der ständig fortschreitenden Erkenntnisse in Wissenschaft und Technik die Produktivkräfte, die Springquellen des gesellschaftlichen Reichtums, planmäßig entwickelt und mit höchster Effektivität im Interesse des Wohls der Menschen genutzt werden.
Kommunismus – das ist die Gesellschaft, die die Menschen in die Lage versetzen wird, kraft ihrer wissenschaftlichen Weltanschauung und ihrer geistigen Potenzen die Produktivkräfte, die Produktionsverhältnisse und das geistig-kulturelle Leben planmäßig zu entwickeln und in zunehmendem Maße zu Beherrschern der Natur und ihrer eigenen gesellschaftlichen Entwicklung zu werden.
Kommunismus – das ist die Gesellschaft allseitig gebildeter Menschen von hohem Bewusstsein, die die gesellschaftlichen Angelegenheiten bewusst und rationell regeln und die Produktion der Güter und Leistungen mit hoher Effektivität lenken.
Kommunismus – das ist die Gesellschaft, für deren Mitglieder die Arbeit zum Wohle der Gesellschaft das erste Lebensbedürfnis ist, eine Gesellschaft, in der jeder Werktätige seine Fähigkeiten mit dem größten Nutzen für das Volk anwendet.
Kommunismus – das ist die Gesellschaft, in der das Prinzip herrschen wird: „Jeder nach seinen Fähigkeiten, jedem nach seinen Bedürfnissen."

Aus: Hans Bentzien: Ein Buch vom Kommunismus (von 12 Jahren an). Berlin (Ost) 1980, S. 196f.

9 Die Rolle der SED

Klaus Sorgenicht, Abteilungsleiter des ZK der SED und Mitglied im Staatsrat, schrieb 1969 im offiziellen Kommentar zur neuen DDR-Verfassung von 1968:

Die Verwirklichung der führenden Rolle der Arbeiterklasse erfordert, dass an ihrer Spitze die marxistisch-leninistische Partei steht. Diese Partei ist in der Deutschen Demokratischen Republik die Sozialistische Einheitspartei Deutschlands. Sie befähigt die Arbeiterklasse, ihre geschichtliche Mission bei der Gestaltung des entwickelten gesellschaftlichen Systems des Sozialismus zu erfüllen. Sie ist der bewusste und organisierte Vortrupp der deutschen Arbeiterklasse. Die Sozialistische Einheitspartei Deutschlands ist mit der fortgeschrittensten Wissenschaft, mit der Lehre des Marxismus-Leninismus ausgerüstet, wendet diese Lehre schöpferisch entsprechend den historischen Bedingungen an und bereichert sie mit den Erfahrungen des Kampfes für die Errichtung und Entwicklung der sozialistischen Gesellschaft in der Deutschen Demokratischen Republik.

K. Sorgenicht u.a.: Verfassung der Deutschen Demokratischen Republik. Dokumente – Kommentar, Bd. I. Berlin (Ost) 1969, S.226f.

10 Organisierter Protest in Stasi-Perspektive Frühjahr 1989

Bericht des Ministeriums für Staatssicherheit vom 1. Juni 1989 über oppositionelle Gruppen:

Seit Beginn der 80er-Jahre anhaltende Sammlungs- und Formierungsbestrebungen [...] führten zur Bildung entsprechender Gruppierungen und Gruppen. Diese sind fast ausschließlich in Strukturen der evangelischen Kirchen in der DDR eingebunden bzw. können für ihre Aktivitäten die materiellen technischen Möglichkeiten dieser Kirchen umfassend nutzen. [...] gegenwärtig bestehen in der DDR ca. 160 derartige Zusammenschlüsse. [...] Sie gliedern sich in knapp 150 sog. kirchliche Basisgruppen, die sich selbst [...] bezeichnen als „Friedenskreis" (35), „Ökologiegruppen" (39), gemischte „Friedens- und Umweltgruppen" (23), „Frauengruppen" (7), „Ärztekreise" (3), „Menschenrechtsgruppen" (10) bzw. „2/3-Welt-Gruppen" (39) und sog. Regionalgruppen von Wehrdienstverweigerern. [...]
Ableitend aus sog. „Gründungserklärungen und Strategiepapieren [...] bilden besonders folgende antisozialistische Inhalte/Stoßrichtungen die Schwerpunkte im Wirksamwerden feindlicher, oppositioneller Kräfte:

1. Gegen die Grundlagen und Gesetzmäßigkeiten des Sozialismus gerichtete Angriffe finden ihren konzentrierten Ausdruck in Forderungen nach Änderung der sozialistischen Staats- und Gesellschaftsordnung und nach „Erneuerung des Sozialismus". Dabei berufen sich diese Kräfte immer stärker auf die Umgestaltungsprozesse und die damit verbundenen Entwicklung in der UdSSR und anderen sozialistischen Ländern. Demagogisch werden Begriffe wie Glasnost, Demokratisierung, Dialog, Bürgerrechte, Freiheit für „Andersdenkende" oder Meinungspluralismus missbraucht [...].
2. Gegen die Sicherheits- und Verteidigungspolitik gerichtete Angriffe konzentrierten sich unter dem Deckmantel der „Entmilitarisierung" der Gesellschaft auf Forderungen nach Beseitigung der vormilitärischen Erziehung und Ausbildung der Jugend (u.a. Unterrichtsfach Wehrerziehung), Abschaffung der Wehrpflicht, Einrichtung des sozialen bzw. zivilen „Friedensdienstes" als gleichwertiger Ersatz für den Wehrdienst und auf Gewährung des Rechtes Wehrdiensttotalverweigerung aus Gewissensgründen.
3. Gegen die kommunistische Erziehung der Jugend gerichtete Angriffe beinhalten u.a. Forderungen nach Aufgabe des „Totalitätsanspruches" der marxistisch-leninistischen Weltanschauung. [...]
4. Probleme des Umweltschutzes bilden ein breites Feld zur Diskreditierung der Politik der Partei in Umweltfragen [...].

Zit. nach: V. Gransow/K. H. Jarausch (Hg.), Die deutsche Vereinigung. Dokumente zu Bürgerbewegung. Annäherung und Beitritt. Köln 1991, S. 54.

11 Straftatbestand der „Kriegs- und Boykotthetze"

Die Grundannahme, dass der Sieg über „Nazideutschland" im Wesentlichen durch die UdSSR erreicht worden sei und deshalb auch mit dem Attribut der „Befreiung" verbunden wurde, bedeutete für die KPD/SED die Rechtfertigung, jede Form der Kritik am Aufbau des Sozialismus als „Kriegs- und Boykott-Hetze" einzustufen. Fallbeispiele mögen verdeutlichen, wie die Absicherung der Macht in der DDR nach 1949 erreicht wurde, indem interne Kritiker und Systemgegner als Agenten, Diversanten, Saboteure im „verschärften Klassenkampf" verfolgt wurden. Wer wegen Boykotthetze bestraft wurde, konnte weder im öffentlichen Dienst noch in Leitungsfunktionen der Wirtschaft, der Kultur (u.a. Theater) und der Volksbildung, d.h. an Schulen und Hochschulen eingesetzt werden. Er verlor das aktive und passive Wahlrecht. Der „Boykott-Hetze"-Artikel legalisierte damit eine Strafjustiz, mit der „jedes nonkonforme politische Verhalten strafrechtlich verfolgt werden konnte" (Karl-Wilhelm Fricke).

Auszug aus einem Urteil des Bezirksgerichts Dresden vom 28.05.1953 gegen einen 22-jährigen Volkspolizisten: Haftstrafe 8 Jahre Zuchthaus:

Trotz seiner fortschrittlichen Jugenderziehung beteiligte er sich nicht aktiv an der Jugendarbeit der FDJ und übernahm auch im FDGB keine besonderen Funktionen. Etwa 1951 hörte der Angeklagte mehrfach den berüchtigten Hetzsender RIAS (Radio im Amerikanischen Sektor). Das hatte zur Folge, dass sich der Angeklagte immer mehr von den fortschrittlichen Zielen der Werktätigen unserer DDR abwandte und zum Feind der Arbeiterklasse wurde. Am 12.12.1949 trat er in den Ehrendienst der Volkspolizei und erhielt kurze Zeit später eine Ausbildung als Offizier. [...] Er unterlag immer mehr durch das Abhören des Hetzsenders RIAS und des NDR der westlichen Propaganda. Von dieser Zeit an versah er seinen Dienst interesselos und verweigerte teilweise die ihm übertragenen Befehle. Er ging so weit, dass er während des obligatorischen Politunterrichts allerlei Unfug trieb und damit den Unterricht störte. Obwohl es ihm als Offizier der VP bekannt war, dass es Aufgabe der Kasernierten Volkspolizei ist, mit den vorhandenen Waffen den Schutz der DDR zu gewährleisten, erklärte er seinen Vorgesetzten im Beisein seiner Kameraden, dass er die Ausbildung an den Waffen ablehnen müsse, da selbige nur für einen Krieg bestimmt sind. Im weiteren Verlauf [...] äußerte er offen in Gegenwart von Kameraden, dass man der Presse in der DDR keinen Glauben schenken könne, da sie angeblich nur Unwahrheiten berichte. Diese staatsfeindliche Äußerung hat der Angeklagte im Zusammenhang mit der gemeldeten Übererfüllung unserer Produktionspläne getan. Der Angeklagte hat auch sowjetfeindliche Propaganda unter seinen Kameraden getrieben. Er behauptete u.a., dass die Sowjetmenschen angeblich keine Kultur kennen würden, uns aber Kultur beibringen wollten. [...] Die o.a. Äußerungen selbst sind eine Boykott-Hetze im Sinne der Art. 6, 144 der Verfassung (der DDR) und waren geeignet, die VP und die Freundschaft zur Sowjetunion in Verruf zu bringen.

Aus: Jürgen Weber (Hg.): Der SED-Staat – Neues über eine vergangene Diktatur. München, 1994, S. 25ff, hier: Aufsatz von Hans-Jürgen Grasemann.

12 Härte gegen neue Jugendbewegungen seit Ende der 1970er-Jahre

Michael Horschig, Gitarrist der Punk-Band „Namenlos", über die Anfänge der Bewegung:

In den Jahren 1979 und 1980 sammelten sich die bis dahin einzeln umherstreunenden Punks in Ostberliner Discotheken und Gaststätten, vor allem im Süden Berlins [...] Wir tranken Bier, tanzten Pogo und den Ska (für uns gab es damals keine Differenzen dazwischen), diskutierten untereinander und mit anderen über unsere damals noch nicht völlig ausgereiften Ideale und schlugen uns zum Abschluss oft mit der ganzen Discothek. Einer für alle und alle für einen war die Grunddevise. Jeder biedere Schläger fühlte sich nämlich damals berufen, auf Punks

13 Abgrenzung zur staatlichen Jugendvorstellung
Fotografie von Jörg Knöfel in einer Ostberliner U-Bahn 1986

einzuschlagen, da sie anders aussahen und ihnen durch die aufgebauschten Lügen der Medien in Ost und West ein schlechter Ruf anhing. [...] Im normalen Leben war der Punk permanent den Angriffen seiner Mitmenschen ausgesetzt. [...] Gebräuchlich und beliebt sowie sehr verbreitet waren in der entnazifizierten DDR auch solche Sprüche wie: „So was wie euch müsse man vergasen", „Mit so was wie euch hätte man bei Adolf kurzen Prozess gemacht." [...]
Ab Anfang 81 setzte die erste große Verfolgungswelle der Punks durch den Staat ein. Mit unerhörter Brutalität wollte der Staat nicht zulassen, was er nicht verhindern konnte. Festnahmen, Verhaftungen, der Druck der Behörden, Polizei, Betriebe, Schulen und Lehrerausbildungsstätten waren so stark, dass viele eingeschüchtert absprangen, sich ihren Auflagen gemäß von der Gruppe fernhielten oder ihr Äußeres veränderten. [...] Sie verurteilten wissentlich Unschuldige, wie Sid und Major, die sie ins Gefängnis sperrten, mit gnadenloser Härte der Urteile, die ihr ganzes Leben ruinierten: Beide bekamen um die fünf Jahre Berlin-Verbot, Meldepflicht, Arbeitsplatzbindung und nur einen provisorischen Personalausweis, der jeden Bullen zur Willkür ermächtigte. Bei Verstoß gegen die Auflagen ging man erneut in den Knast, so dass Sid wegen ein und derselben Sache fünfmal im Gefängnis war. Major musste als Berliner Eingeborene in ein kleines, abgeschiedenes sorbisches Dorf ziehen. Dort galt sie als die Fremde und noch dazu als die Kriminelle. [...] Die Perversion, mit der die Polizei und Justiz vorgingen, die unvorstellbar brutalen Übergriffe durch diese, sollten mein Denken und Handeln nachhaltig beeinflussen. Spätestens hier hatte man die Bestätigung für alles subversive Tun und Handeln. Spätestens jetzt durfte man sich Staatsfeind nennen. Ich war Punk aus politischen Überlegungen, Punk war der Ausdruck meines Protestes und anarchistischen Denkens.

Zit. nach: Michael Horschig: In der DDR hat es nie Punks gegeben. In: Ronald Galenza/Heinz Havemeister (Hg.): Wir wollen immer artig sein ..., Berlin 1999, S. 17 ff.

14 Differenzierte Behandlung von Protestierern
In einem Rückblick schreibt dazu Günter de Bruyn:
Die Protestierer, oder besser: Petitionisten verstanden sich in der Mehrzahl weder als Opposition noch als Gruppe. Sie hatten sich zu diesem einen Zweck zusammengefunden, ohne die Absicht, Auftakt zu einer Bewegung zu sein. Was die Individualisten verband, war die Ablehnung des Ausbürgerungsaktes, nicht die des Regi-

mes. Die Staatsführung hatte es deshalb leicht, die Gruppe, die keine war, aufzulösen. Sie brauchte den Individualisten nur ihre individuellen Interessen vor Augen zu führen, indem sie individuell vorging und kollektive Bestrafungen vermied. Durch differenzierte Behandlung machte sie die sowieso bestehenden Differenzen in Ansichten, Absichten und Bevorzugungen deutlich, so dass keine erneute Gemeinsamkeit durch Strafen oder Benachteiligung entstand. Als die Sanktionen beendet waren, saßen die einen, die Unbekannten, in Gefängnissen, oder sie hatten beruflich und finanziell Nachteile erlitten; die mehr oder weniger Prominenten aber hatten zum größten Teil lediglich ihre Ehrenämter verloren und wurden, soweit sie der Partei angehörten, von dieser für das gleiche Vergehen in unterschiedlicher Weise bestraft. Es gab Rügen, strenge Rügen, Streichungen und Ausschlüsse für die Genossen, aber keine Ausschlüsse aus den Künstlerverbänden. Hier wurden die Bösewichter lediglich aus den Vorständen entfernt.

Zit. nach Edgar Wolfrum (Hg.): Die Deutschen im 20. Jahrhundert. Darmstadt 2004, S. 97.

15 Rückzug in die Nische

Der bundesdeutsche Journalist Theo Sommer über seine Beobachtungen während eines DDR-Besuchs im Sommer 1986:

Die Menschen drüben genießen denn, wo sie schon die große Freiheit nicht haben, die kleinen Freiheiten, die ihnen ihr Staat gewährt. Günter Gaus, der erste Ständige Vertreter Bonns in der DDR, hat dafür den Begriff „Nischengesellschaft" geprägt. Die Nische – das ist in seiner Definition „der bevorzugte Platz der Menschen drüben, an dem sie Politiker, Planer, Propagandisten, das Kollektiv, das große Ziel, das kulturelle Erbe – an dem sie das alles einen guten Mann sein lassen [...] und mit der Familie und unter Freunden die Topfblumen gießen, das Automobil waschen, Skat spielen, Gespräche führen, Feste feiern. Und überlegen, mit wessen Hilfe man Fehlendes besorgen, organisieren kann, damit die Nische noch wohnlicher wird." [...] Eine gewisse Staatsferne prägt das Leben in den Nischen schon, aber sie existieren innerhalb des Sozialismus, nicht außerhalb des Sozialismus. Es handelt sich nicht um Brutstätten der Opposition. Die Partei, die gesellschaftlichen Organisationen und die Betriebe tun sogar viel, um den Menschen das Nischendasein überhaupt erst zu ermöglichen. Philatelie, Zierfischzucht, Jagen und Angeln – überall gibt es Kreise und Zirkel, Klubs und Vereinigungen. Sport wird in jeglicher Variation getrieben. Mehr als 4 Millionen DDR-Bürger (ein Viertel der Bevölkerung!) machten 1985 das Sportabzeichen. Die liebste Nische ist den Menschen drüben jedoch die eigene „Datsche".

Theo Sommer (Hg.): Reise ins andere Deutschland. Reinbeck 1986, S. 19 f., 35 ff.

6

Arbeitsvorschläge

a) Recherchieren Sie in einem biographischen Lexikon oder im Internet die Machtkonzentration in der Person des Generalsekretärs der SED.
b) Versuchen Sie eine Beziehung zwischen möglichen Aussagen des Gemäldes von Mattheuer (S. 280) und dem Inhalt dieses Kapitels herzustellen.
c) Erläutern Sie die inhaltlichen Zusammenhänge der Aussagen M 1, M 5, M 6 und M 8.
d) Erörtern Sie anhand des VT, M 2, M 4, M 7 und M 9, inwiefern der selbst gewählte Staatsname „Deutsche Demokratische Republik" zutrifft.
e) Vergleichen Sie den Demokratiebegriff, der M 2, M 4, M 7 und M 9 zugrunde liegt, mit dem Modell der pluralistischen Demokratie.
f) Arbeiten Sie aus dem Urteilsauszug M 13 die Schlüsselbegriffe für „Kriegs- und Boykott-Hetze" heraus und recherchieren Sie den Fall der (evangelischen) Jungen Gemeinde, die der FDJ-Vorsitzende Erich Honecker als „Tarnorganisation für Kriegshetzer, Sabotage und Spionage im amerikanischen Auftrag" bezeichnet hatte (1952/53).
g) Erarbeiten Sie eine Übersicht zu den oppositionellen Gruppen in der DDR und diskutieren Sie, inwieweit die sich herausbildenden jugendlichen Subkulturen die DDR-Opposition mitbeeinflusst hat (M 10, M 12–M 14).
h) Stellen Sie zusammenfassend mittels einer Wandzeitung den Anspruch und die differenzierte Wirklichkeit des SED-Arbeiter- und Bauernstaates dar.

6.2 Die DDR und der Westen – Standpunkte zu Staat und Nation in Ost und West

„Der Westen" – Synonym für die Bundesrepublik

Dieses Kapitel behandelt das Verhältnis und die Beziehungen der DDR zum Westen. Mit „Westen" war aber hier nicht die gesamte, meist pluralistisch-demokratische westliche Welt gemeint, sondern der Begriff wurde in der DDR ausschließlich als Synonym für die Bundesrepublik Deutschland gebraucht. Auch offiziell sprachen die SBZ/DDR-Funktionäre lange Zeit nur von Westdeutschland. Erst spät wurde dann der Begriff „Bundesrepublik" benutzt, meist aber in den Medien die Abkürzung „BRD".
Für viele DDR-Bürger war die Bundesrepublik das Ziel aller Sehnsüchte, sie hörten „Westschlager", sahen immer mehr „Westfernsehen", freuten sich auf „Westpakete" z. B. mit „Westseife" und hofften auf „Westbesuch" oder etwas „Westgeld". Für die SED-Funktionäre war dagegen die Bundesrepublik „imperialistisch" und „kapitalistisch", sie war der ideologische „Feind" oder „Gegner", war aber immer auch der Vergleichsmaßstab zu ihrer eigenen Gesellschaftsordnung in ihrem neuen Staat, dem „besseren Deutschland". „Wie siamesische Zwillinge kamen die Deutschen in den vier Jahrzehnten der Teilung nicht voneinander los. Dies war nicht das Resultat einer abstrakten Bindung zu Nation oder gar eines ideologische geprägten Patriotismus – dieser war im Osten genauso tot wie im Westen –, sondern Ergebnis politischer und wirtschaftlicher Tatsachen, die das Alltagsleben in der DDR bestimmten." (Stefan Wolle)
Die Systemkonkurrenz bestimmte also das Verhältnis der DDR zur Bundesrepublik und umgekehrt. Welche Grundhaltung nahmen beide Staaten dabei aber zur nationalen und staatlichen Frage Gesamtdeutschlands ein?

6

Deutschlandpolitischer Standpunkt der Bundesrepublik

Die Regierung Adenauer und die Opposition waren sich in der nationalen Frage darin einig, dass eine politische oder gar völkerrechtliche Anerkennung des DDR-Regimes nicht in Frage käme, solange dieses freie demokratische Wahlen verweigerte. In allen anderen deutschlandpolitischen Standpunkten gab es Unterschiede.
Adenauers Außen- und Deutschlandpolitik hielt sich konsequent an die von Walter Hallstein, seinem Staatssekretär des Auswärtigen Amtes, 1955 entwickelte Doktrin. Diese betrachtete aus Sicht der Bundesrepublik aufgrund ihres Alleinvertretungsanspruchs für das gesamte deutsche Volk die Aufnahme oder Weiterführung diplomatischer Beziehungen durch dritte Staaten mit der DDR als unfreundlichen Akt. Mit Ausnahme der Sowjetunion hatte dies den Abbruch beziehungsweise die Nichtaufnahme diplomatischer Beziehungen zur Folge. Damit waren auch Kontakte zwischen den beiden deutschen Regierungen für Bonn nicht mehr möglich. Bis 1969 pochten alle Bundesregierungen auf ihren „Alleinvertretungsanspruch", den sie mit der fehlenden demokratischen Legitimität der DDR-Regierung begründeten.
Umstritten zwischen Regierung und Opposition war vor allem die nationale Frage der Wiedervereinigung und Adenauers Politik der konsequenten Westintegration. Diese war für Adenauer der beste Weg, eines Tages die Wiedervereinigung zu erlangen. Wenn der Westen – so Adenauer – durch eine „Politik der Stärke" wirtschaftliche Attraktivität und militärische Kraft entwickele, werde die Sowjetunion auf Dauer seinem Sog nicht standhalten können und sich genötigt sehen, die DDR freizugeben.
Die Opposition dagegen vertrat den Standpunkt, die Eingliederung der Bundesrepublik in das westliche Staatenbündnis bedeute das Ende aller Wiedervereinigungschancen. Sie glaubte, Adenauer wolle die Wiedervereinigung im Grunde gar nicht, zumindest habe er keinerlei Vorstellungen, wie man ihr näherkommen

könne. Aber auch die SPD-Opposition konnte keine konkreten Pläne entwickeln. Ihre Vorstellungen von Neutralisierung und entmilitarisierten Pufferzonen in Mitteleuropa fand bei den Bundestagswahlen keine mehrheitsfähige Zustimmung. Die westdeutschen Wähler zogen in ihrer Mehrheit die Sicherheit im westlichen Bündnis vor. Erst die Große Koalition unter dem Bundeskanzler Kurt Georg Kiesinger (CDU) und Außenminister Willy Brandt (SPD) brachte eine Veränderung in der Politik gegenüber der DDR. Kiesinger bot Gespräche zwischen Regierungsvertretern beider deutscher Staaten an, vermied es aber nach wie vor, von dem „Phänomen" DDR als einem „Staat" zu sprechen. Er knüpfte aber zusammen mit Brandt mit seinem Angebot an Überlegungen des SPD-Politikers Egon Bahr an, unter dem Motto „Wandel durch Annäherung" Verbesserungen im Verhältnis der beiden deutschen Staaten zu erreichen. Eine grundsätzliche Änderung der Deutschland- und Ostpolitik setzte aber erst mit der SPD-FDP-Regierung unter Bundeskanzler Willy Brandt ein.

Der deutschlandpolitische Standpunkt der DDR

Schon die führenden SED-Politiker der SBZ erklärten wiederholt ihren Anspruch als das „bessere", weil antifaschistische und sozialistische Deutschland, für Gesamtdeutschland zu sprechen und zu handeln. Die neugegründete Bundesrepublik wurde von Ostdeutschland als „Vasallenstaat" bezeichnet, der wegen des Besatzungsstatuts „der Willkür fremder Mächte unterworfen" sei. Der Wille zur Einheit der Nation wurde auch nach der Staatsgründung der DDR mit der Parole „Deutsche an einen Tisch" vertreten. Nach den Prinzipien der Hallstein-Doktrin und des Alleinvertretungsanspruchs ging die Regierung Adenauer darauf nicht ein. Im Grunde erhob aber auch die DDR-Führung eine Art „Alleinvertretungsanspruch", indem sie die DDR als den wahrhaft „fortschrittlichen" deutschen Staat herausstellte und die Unaufgebbarkeit des „sozialistischen Weges" betonte.
Unter diesen Voraussetzungen bewegte sich in der Deutschlandpolitik seit 1955 kaum noch etwas. Nach dem Mauerbau 1961 nahm das Selbstbewusstsein der DDR-Regierung merklich zu. Sie berief sich nun auf die Existenz zweier Staaten, verlangte von der Bundesregierung die Abschaffung der im Grundgesetz verankerten gesamtdeutschen Staatsbürgerschaft, führte selbst eine eigene DDR-Staatsbürgerschaft ein und erklärte, die beiden deutschen Staaten seien füreinander Ausland. Das Ziel einer deutschen „Konföderation", von der zehn Jahre lang so viel die Rede gewesen war, verschwand in den späten 1960er-Jahren in der Versenkung.

„Erinnerung an den Bau der Mauer" (1961)
Cover der Spiegelausgabe 2001

Aber erst als die neue Ostpolitik der sozialliberalen Regierung Brandt zu Verhandlungen und Veränderungen des gegenseitigen Verhältnisses führte und die DDR-Führung fürchten musste, die alten Feindbilder des Kalten Krieges würden verblassen, der ideologische Klassenkampf sich abschwächen, änderte sie auch offiziell ihren Standpunkt zur Frage der Einheit der Nation in der neuen, eng auf die UdSSR ausgerichteten Verfassung von 1974. In der alten von 1968 hieß es noch: „Die Deutsche Demokratische Republik ist ein sozialistischer Staat deutscher Nation". In der neuen Verfassung von 1974 stand: „Die Deutsche Demokratische Republik ist ein sozialistischer Staat der Arbeiter und Bauern." Und im Meyers Neuem Lexikon der DDR wurde nun die folgende Formulierung aufgenommen: „Deutschland: bis 1945 Land in Mitteleuropa, dann von ausländischen und deutschen Imperialisten systematisch gespalten. Seit 1945 existieren auf dem Territorium des ehemaligen D. die Deutsche Demokratische Republik und die Bundesrepublik Deutschland, zwei Staaten mit gegensätzlicher politisch-gesellschaftlicher Ordnung." Mit diesem Standpunktwechsel verabschiedeten sich die SED-Regierung von der deutschen Nation.

1 Deutschlandpolitische Standpunkte in der Bundesrepublik

a) Die „Hallstein-Doktrin"

Prof. Dr. Grewe, Ministerialdirektor im Auswärtigen Amt, interpretierte den Rechtsstandpunkt der Bundesregierung anlässlich einer Botschafterkonferenz im Auswärtigen Amt, 1955:

Frage: Ist es richtig, dass auf dieser Botschafter-Konferenz die Politik der Bundesregierung dahingehend definiert worden ist, dass sie die diplomatischen Beziehungen mit jedem Staat abbrechen würde, der etwa Pankow anerkennt?

Grewe: [...] Klar ist – und das haben wir oft genug deutlich gemacht –, dass die Intensivierung der Beziehungen mit Pankow von uns als eine unfreundliche Handlung empfunden wird. Auf unfreundliche Akte anderer Staaten kann man mit verschieden gestuften Maßnahmen reagieren, kann entweder seinen Botschafter zunächst einmal zur Berichterstattung zurückberufen oder man kann auch einen weiteren Abbau einer solchen Mission vornehmen. Kurz, es gibt eine ganze Reihe von Maßnahmen, die noch vor dem Abbruch der diplomatischen Beziehungen liegen. Und es ist klar, dass man einen so schwerwiegenden Schritt wie den Abbruch diplomatischer Beziehungen immer nur nach sehr reiflicher Überlegung und in einer sehr ernsten Situation tun wird. Aber so viel ist klar, dass diese ganze Frage für uns in der Tat eine äußerst ernste Frage ist und dass in dem Augenblick, in dem das Problem der Doppelvertretung Deutschlands bei dritten Staaten auftaucht, wir wahrscheinlich gar nicht anders können, als sehr ernste Konsequenzen daraus zu ziehen.

Keesing's Archiv der Gegenwart 1955, S. 5514 A.

b) „Wandel durch Annäherung"

Aus einem Referat Egon Bahrs (15. Juli 1963); der SPD-Politiker und Journalist war 1960–1966 Presseamtsleiter in Berlin und Berater Willy Brandts in deutschland- und ostpolitischen Fragen, später galt er als der „Architekt der Ostverträge":

Die Voraussetzungen zur Wiedervereinigung sind nur mit der Sowjetunion zu schaffen. Sie sind nicht in Ost-Berlin zu bekommen, nicht gegen die Sowjetunion, nicht ohne sie. Wer Vorstellungen entwickelt, die sich im Grunde darauf zurückführen lassen, dass die Wiedervereinigung mit Ost-Berlin zu erreichen ist, hängt Illusionen nach und sollte sich die Anwesenheit von 20 oder 22 gut ausgerüsteten sowjetischen Divisionen vergegenwärtigen. Die Wiedervereinigung ist ein außenpolitisches Problem. Es widerspricht zwar vielen Resolutionen, aber es entspricht der realen Lage, wenn innerhalb der Bundesregierung nicht das Ministerium für Gesamtdeutsche Fragen, sondern das Auswärtige Amt für diesen Komplex zuständig ist. Niemand ist deshalb auf den Gedanken gekommen, dass diese Ressorteinteilung etwa eine Anerkennung der sogenannten DDR bedeute. Die amerikanische Strategie des Friedens lässt sich auch durch die Formel definieren, dass die kommunistische Herrschaft nicht beseitigt, sondern verändert werden soll. Die Änderung des Ost-West-Verhältnis, die die USA versuchen wollen, dient der Überwindung des Status quo, indem der Status quo zunächst nicht verändert werden soll. Das klingt paradox, aber es eröffnet Aussichten, nachdem die bisherige Politik des Drucks und Gegendrucks nur zu einer Erstarrung des Status quo geführt hat. Das Vertrauen darauf, dass unsere Welt die bessere ist, die im friedlichen Sinn stärkere, die sich durchsetzen wird, macht den Versuch denkbar, sich selbst und die andere Seite zu öffnen und die bisherigen Befreiungsvorstellungen zurückzustellen. Die Frage ist, ob es innerhalb dieser Konzeption eine spezielle deutsche Aufgabe gibt. Ich glaube, diese Frage ist zu bejahen, wenn wir uns nicht ausschließen wollen von der Weiterentwicklung des Ost-West-Verhältnisses. [...]

Wenn es richtig ist, und ich glaube, es ist richtig, dass die Zone dem sowjetischen Einflussbereich nicht entrissen werden kann, dann ergibt sich daraus, dass jede Politik zum direkten Sturz des Regimes drüben aussichtslos ist. Diese Folgerung ist rasend unbequem und geht gegen unser Gefühl, aber sie ist logisch. Sie bedeutet, dass Änderungen und Veränderungen nur ausgehend von dem zur Zeit dort herrschenden verhassten Regime erreichbar sind. [...]

Den Prozess zur Hebung des Lebensstandards zu beschleunigen, weil sich dadurch Erleichterungen mannigfacher Art für die Menschen und durch verstärkte Wirtschaftsbeziehungen verstärkte Bindungen ergeben können, würde demnach in unserem Interesse liegen. [...] Man könnte sagen, das Regime würde dadurch gestützt. Aber ... ich sehe nur den schmalen Weg der Erleichterung für die Menschen in so homöopathischen Dosen, dass sich daraus nicht die Gefahr eines revolutionären Umschlags ergibt, die das sowjetische Eingreifen aus sowjetischem Interesse zwangsläufig auslösen würde. [...] Die Frage ist, ob es nicht Möglichkeiten gibt, diese durchaus berechtigten Sorgen dem Regime graduell so weit zu nehmen, dass auch die Auflockerung der Grenzen und der Mauer praktikabel wird, weil das Risiko erträglich ist. Das ist eine Politik, die man auf die Formel bringen könnte: Wandel durch Annäherung.

Archiv der Gegenwart, 15.7.1963, S. 10700 ff.

c) Aus der Regierungserklärung Willy Brandts am 28. Oktober 1969:

Aufgabe der praktischen Politik in den jetzt vor uns liegenden Jahren ist es, die Einheit der Nation dadurch zu wahren, dass das Verhältnis zwischen den Teilen Deutschlands aus der gegenwärtigen Verkrampfung gelöst wird. [...] 20 Jahre nach Gründung der Bundesrepublik Deutschland und der DDR müssen wir ein weiteres Auseinanderleben der deutschen Nation verhindern; also

versuchen, über ein geregeltes Nebeneinander zu einem Miteinander zu kommen.
Dies ist nicht nur ein deutsches Interesse, denn es hat seine Bedeutung auch für den Frieden in Europa und für das Ost-West-Verhältnis. Unsere und unserer Freunde Einstellung zu den internationalen Beziehungen der DDR hängt nicht zuletzt von der Haltung Ostberlins ab. Im Übrigen wollen wir unseren Landsleuten die Vorteile des internationalen Handels und Kulturaustausches nicht schmälern.
Die Bundesregierung [...] bietet dem Ministerrat der DDR erneute Verhandlungen beiderseits ohne Diskriminierung auf der Ebene der Regierungen an, die zu vertraglich vereinbarter Zusammenarbeit führen sollen. Eine völkerrechtliche Anerkennung der DDR durch die Bundesregierung kann nicht in Betracht kommen. Auch wenn zwei Staaten in Deutschland existieren, sind sie doch füreinander nicht Ausland, ihre Beziehungen zueinander können nur von besonderer Art sein. [...] Die Lebensfähigkeit Berlins werden wir weiterhin sichern.

Bulletin des Presse- und Informationsamtes der Bundesregierung, Nr.132, 29.10.1969, S.1121–1128.

d) Die deutschlandpolitische Position der CSU
Karl Theodor Freiherr von Guttenberg (CSU) am 29. Oktober 1969 im Bundestag:
Als ich in dieser Regierungserklärung las, dass es also zwei deutsche Staaten gebe, da habe ich dies als eine dunkle Stunde angesehen, eine dunkle Stunde für dieses Haus, für unser Volk; die Stunde nämlich, in der erstmals eine freigewählte deutsche Regierung von einem „zweiten deutschen Staat" spricht. Und warum? Aus einem ganz einfachen Grund: Nicht aus irgendwelchen juristischen Überlegungen oder, wie vorhin gesagt wurde, aus irgendwelchen aus einem völkerrechtlichen Seminar abgeleiteten Formeln, sondern aus diesem Grund: Es gibt nur einen Souverän, der darüber befinden darf, der darüber befinden kann, ob auf deutschem Boden ein oder zwei Staaten bestehen; und dieser Souverän ist das deutsche Volk. Und also sage ich – objektiv –, dass keine deutsche Bundesregierung in dieser Lage das Recht hat, über das deutsche Volk hinweg, über den Kopf der betroffenen Deutschen hinweg einen zweiten deutschen Staat anzuerkennen [...] Lassen Sie mich für mich und meine Freunde erklären, dass wir – und wir sind nicht ganz, aber beinahe die Hälfte in diesem Hause – unbeirrt weiterhin zu diesem Pseudostaat drüben dies sagen: Auch wir wissen, dass dort Macht ausgeübt wird, auch wir wissen, dass es dort ein Territorium gibt, auf dem und über das diese Macht ausgeübt wird; aber wir erklären, dass die Menschen drüben noch nicht befragt worden sind und freier Abstimmung darüber entschieden haben, ob es zwei deutsche Staaten geben soll. Wenn sie hierüber einmal befragt sein werden, dann soll ihre Erklärung gelten, auch für uns.
Ich warne in diesem Zusammenhang davor, undeutliche, zweideutige, zwielichtige Begriffe in dieses Gebiet der Deutschlandpolitik einzuführen [...]
Der Katalog dessen, was man in Ost-Berlin von uns will, ist eindeutig. Ich brauche ihn nicht aufzuzählen. Ich fürchte nur, dass die Forderungen drüben umso höher werden, je mehr Konzessionsbereitschaft hier vermutet wird.

Dokumentation zur Deutschlandfrage. Zusammengestellt von Dr. H. v. Siegler, Hg. des Archivs der Gegenwart, Hauptband VI. Bonn/Wien/Zürich 1970, S. 10f.

e) Alleinvertretungsanspruch – ein Berührungstabu
Die Sozialpsychologen Alexander und Margarete Mitscherlich zur Deutschlandpolitik der CDU, 1967:
Der Krieg ging verloren. So gewaltig der Berg der Trümmer war, den er hinterließ, so lässt sich nicht verleugnen, dass wir trotzdem diese Tatsache nicht voll ins Bewusstsein dringen ließen. Mit dem Wiedererstarken unseres politischen Einflusses und unserer Wirtschaftskraft meldet sich jetzt mehr und mehr unbehindert eine Phantasie über das Geschehene. In etwas vergröberter Formulierung ließe sich sagen, dass durch die Verleugnung der Geschehnisse im Dritten Reich deren Folgen nicht anerkannt werden sollen. [...] Nach dieser Interpretation des Weltgeschehens haben wir dann natürlich auch „Ansprüche", z. B. auf die verlorenen Ostgebiete jenseits der Oder-Neiße-Linie. Zwar hat uns das Beharren auf diesen Phantasien in der politischen Realität keinen Schritt weitergebracht; die Kluft zwischen den beiden deutschen Staaten hat sich unnötig vertieft; wir bestehen jedoch auf der Idee eines Rechtsanspruches, den wir in einem Friedensvertrag zur Geltung zu bringen hätten. [...]
Ein Tabu ist entstanden, ein echtes Berührungstabu. Es ist verboten, die Anerkennung der gegenwärtigen Grenzen beider deutscher Staaten als ein Faktum zu diskutieren, von dem man zunächst einmal auszugehen hat. Im Berührungstabu ist der Traum enthalten, es könnte sich doch noch durch unabsehbare Glücksfälle fügen, dass zurückzuholen ist, was sträflich Hybris aufs Spiel gesetzt und vertan hat. Es ist tatsächlich ein gefährlicher Traum, statt der Anstrengung, nationale Grenzen ihres Charakters der Barrieren vor einem freien Verkehr zu entkleiden [...], den „Alleinvertretungsanspruch" höher einzuschätzen und während zwanzig Jahren sich nicht um eine vernünftige Koexistenz zu bemühen.

Die Unfähigkeit zu trauern. München 1967, S.13–17.

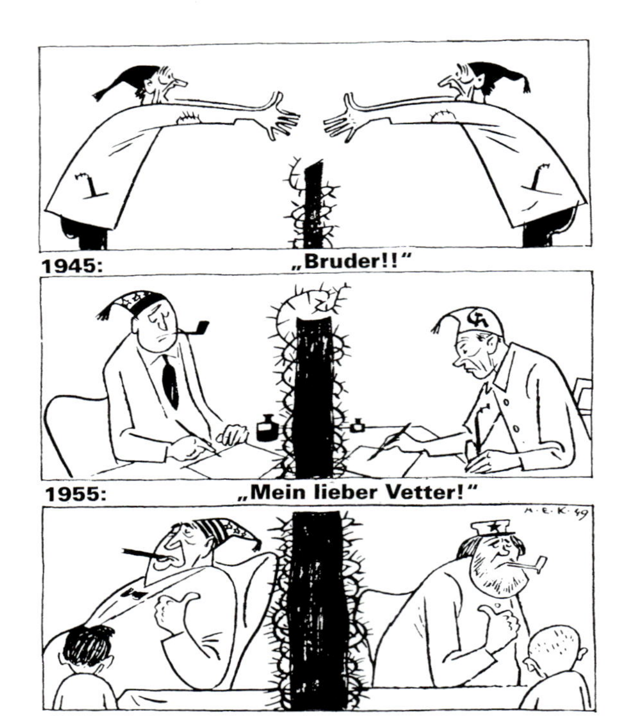

2 Deutschlandpolitische Entwicklungen 1945–1955–1965
Karikatur von Hans Erich Köhler, 1949

3 Deutschlandpolitische Standpunkte der DDR

a) Verfassung der DDR vom 7. Oktober 1949
(Grundlage: SED-Entwurf vom 14. November 1946):

Art. 1 Deutschland ist eine unteilbare demokratische Republik; sie baut sich auf den Deutschen Ländern auf. Die Republik entscheidet alle Angelegenheiten, die für den Bestand und die Entwicklung des deutschen Volkes in seiner Gesamtheit wesentlich sind; alle übrigen Angelegenheiten werden von den Ländern selbständig entschieden. Die Entscheidungen der Republik werden grundsätzlich von den Ländern ausgeführt. Es gibt nur eine deutsche Staatsangehörigkeit.

Art. 2 Die Farben der Deutschen Demokratischen Republik sind Schwarz-Rot-Gold. Die Hauptstadt der Republik ist Berlin.

b) Verfassung der DDR vom 9. April 1968:

Art. 1 Die Deutsche Demokratische Republik ist ein sozialistischer Staat deutscher Nation. Sie ist die politische Organisation der Werktätigen in Stadt und Land, die gemeinsam unter Führung der Arbeiterklasse und ihrer marxistisch-leninistischen Partei den Sozialismus verwirklichen.

Die Hauptstadt der Deutschen Demokratischen Republik ist Berlin.

Die Staatsflagge der Deutschen Demokratischen Republik besteht aus den Farben Schwarz-Rot-Gold und trägt auf beiden Seiten in der Mitte das Staatswappen der Deutschen Demokratischen Republik.

Das Staatswappen der Deutschen demokratischen Republik besteht aus Hammer und Zirkel, umgeben von einem Ährenkranz, der im unteren Teil von einem schwarzrotgoldenen Band umschlungen ist.

c) Verfassung der DDR vom 7. Oktober 1974:

Art. 1 Die Deutsche Demokratische Republik ist ein sozialistischer Staat der Arbeiter und Bauern. Sie ist die politische Organisation der Werktätigen in Stadt und Land unter Führung der Arbeiterklasse und ihrer marxistisch-leninistischen Partei. Die Hauptstadt der Deutschen Demokratischen Republik ist Berlin.

d) Aus der Erklärung des DDR-Ministerrats vom 27. Juli 1957:

Auf dem Territorium Deutschlands bestehen zwei völlig unterschiedliche Staaten. Zwei Staaten, von denen der eine ein hochkapitalistisches, imperialistisches und militaristisches Gepräge trägt, während der andere Staat in seinem Gesellschafts- und Wirtschaftsleben die Grundlagen des Sozialismus entwickelt hat und weiterhin zum Sozialismus strebt. Unter solchen Umständen können diese beiden Staaten nicht mechanisch von außen durch gesamtdeutsche Wahlen in einem Staat zusammengefügt werden. […] Da also die Lösung der Aufgabe der nationalen Wiedervereinigung Deutschlands nur durch die Verständigung zwischen den Deutschen selbst und durch Verhandlungen zwischen den Regierungen der beiden deutschen Staaten erreicht werden kann, erhebt sich vor jedem Deutschen unvermeidlich die Frage nach dem konkreten Weg. […]

Ein solcher konkreter Weg ist die Bildung eines Staatenbundes zwischen der DDR und der Deutschen Bundesrepublik auf der Basis eines völkerrechtlichen Vertrages. […] Ein in beiden Teilen Deutschlands aus Vertretern der Parlamente geschaffener Gesamtdeutscher Rat, der beratenden Charakter hat, könnte solche Maßnahmen empfehlen und beschließen, die der schrittweisen Annäherung der beiden deutschen Staaten dienen. Der Anfang einer deutschen Konföderation wäre ein Abkommen […] über die Durchführung einer gemeinsamen Politik in bestimmten Fragen. Wir schlagen deshalb vor: […]

2. Ausscheiden der bei den deutschen Staaten aus der NATO und aus dem Warschauer Vertrag, Aufhebung der Wehrpflicht und Vereinbarung über die beiderseitige Truppenstärke.

3. Gemeinsames oder einzelnes Ersuchen an die vier Mächte auf baldige schrittweise Zurückziehung ihrer Truppen aus ganz Deutschland.

80 Ein solches Abkommen über diese vorrangigen Fragen wäre der Beginn einer zwischen den souveränen und unabhängigen deutschen Staaten einzugehenden Konföderation. [...] Dabei sollen die von den Körperschaften der Konföderation in gegenseitigem Einvernehmen angenommenen Empfehlungen und Beschlüsse von den 85 Regierungen der beiden deutschen Staaten nur freiwillig durchgeführt werden.

Neues Deutschland vom 28. Juli 1957

4 **„Ach, können Sie mir nicht sagen, wo Ihre weiche Stelle sitzt?" – Egon Bahr und Leonid Breschnew**
Karikatur von Wolfgang Hicks, 1974

6

Arbeitsvorschläge

a) Erarbeiten Sie die Kernaussagen der deutschlandpolitischen Positionen in M1 und M3 und stellen Sie diese in einem Schaubild vergleichend gegenüber.
b) Erklären sie die „paradox klingende Strategie", wie sie Egon Bahr in M1b formuliert.
c) Erörtern Sie das Adenauer`sche Konzepts einer „Politik der Stärke".
d) Erörtern Sie anhand von M3d Konsequenzen, die bei einer Neutralisierung Deutschlands hätten eintreten können.
e) Informieren Sie sich anhand eines Lexikons über die Unterschiede einer staatsrechtlichen und völkerrechtlichen Anerkennung der DDR.
f) Vergleichen Sie die Entwicklung der deutschlandpolitischen Standpunkte mit der Prophetie der Karikatur M2 von 1949.

6.3 Die Deutschland- und Ostpolitik der Bundesrepublik ab 1969

Neue Ostpolitik: Wandel durch Annäherung

Die Regierungsübernahme der sozialliberalen Koalition unter Bundeskanzler Willy Brandt 1969 in der Bundesrepublik führte acht Jahre nach dem Mauerbau zu einer Annäherung beider deutscher Staaten. War die bundesdeutsche Außenpolitik bis dahin in erster Linie auf Westintegration ausgerichtet gewesen, verfolgte die neue Regierung nun in ihrer „neuen Ostpolitik“ eine Entspannungspolitik gegenüber der DDR. Zum ersten Mal wurde nun von bundesdeutscher Seite von „zwei Staaten in Deutschland“ gesprochen. Ausgangspunkt für die nun folgende Politik gegenüber der DDR war die Einschätzung, dass ein direkter Sturz des SED-Regimes aussichtslos sei. Demzufolge müsse die DDR als Realität respektiert werden, ohne sie juristisch anzuerkennen. Unterhalb der juristischen Anerkennung gebe es genügend Handlungsspielraum, die kommunistische Herrschaft zu verändern und ihre Auswirkungen auf die DDR-Bürger in „homöopathischen Dosen“ erträglicher zu gestalten. Brandts Pressesprecher Egon Bahr brachte diese Strategie als „Wandel durch Annäherung“ auf den Punkt.

Motive und Ziele der „neuen Ostpolitik“

6

Die Motive der Bundesrepublik und der DDR für eine Änderung der gegenseitigen Beziehungen waren grundverschieden. Die Bundesregierung wollte in erster Linie die deutschen Gemeinsamkeiten stärken und die menschlichen Beziehungen über die Grenzen hinweg verbessern, um ein weiteres Auseinanderleben der geteilten Nation zu verhindern. Zudem sollte eine bessere Verständigung mit den Nachbarn im Osten erreicht werden, ohne die Westbindung der Bundesrepublik in Frage zu stellen. Als vordringliche Aufgabe galt eine neue europäische Friedensordnung. Hinter diesem Ziel sollte die deutsche Wiedervereinigung zurücktreten. Schritte auf dem Weg zum angestrebten europäischen Frieden stellten die Anerkennung der durch den Zweiten Weltkrieg geschaffenen territorialen Tatsachen, eine Entkrampfung des Verhältnisses und eine schrittweise Annäherung von Ost und West durch Intensivierung der wirtschaftlichen und kulturellen Zusammenarbeit dar. Dem Sicherheitsbedürfnissen der östlichen Nachbarn dienten bilaterale Gewaltverzichtsabkommen nicht nur mit der DDR, sondern auch mit der Sowjetunion, Polen und der Tschechoslowakei.
Der DDR-Regierung ging es vor allem um ihre volle staatliche Anerkennung durch die Bundesrepublik und die dann möglich werdende weltweite Aufnahme diplomatischer Beziehungen. An engeren deutsch-deutschen Kontakten dagegen war sie wenig interessiert. Entsprechend schwierig verliefen die Verhandlungen zwischen den beiden deutschen Staaten.

Innenpolitischer Streit in der Bundesrepublik

In der Bundesrepublik war die neue Ostpolitik von intensiv geführten politischen Auseinandersetzungen begleitet. Sie spaltete die Bevölkerung in Gegner und Befürworter und führte im Parlament zu leidenschaftlichen Debatten. Die Trennungslinien verliefen nicht nur zwischen SPD und FDP, als Trägern, und CDU /CSU, als Gegnern der Verträge, sondern auch innerhalb der Parteien.

Der Übertritt von zehn Abgeordneten der SPD und FDP in die Oppositionsparteien führte zu einem Patt im Bundestag. Die CDU /CSU-Opposition stand den sogenannten Ostverträgen äußerst kritisch gegenüber. Sie warf der Bundesregierung vor, mit dem Vertragswerk auf eine Wiedervereinigung Deutschlands zu verzichten und mit der Anerkennung der Oder-Neiße-Linie ohne Gegenleistungen einem zukünftigen Friedensvertrag vorzugreifen. Im April 1972 scheiterte der Versuch, durch ein konstruktives Misstrauensvotum Bundeskanzler Brandt und die SPD/FDP-Koalition zu stürzen und den Führer der Opposition, Rainer Barzel, zum neuen Kanzler zu wählen, weil zwei Abgeordnete der CDU/CSU nicht für den eigenen Kanzlerkandidaten stimmten.

1 „Kraft seiner starken Wurzeln wird er alle Mauern sprengen!"
Bundeskanzler Willy Brandt und Egon Bahr, Unterhändler bei den Vertragsverhandlungen beim Grundlagenvertrag, als Gärtner. Karikatur von Wolfgang Hicks, 1972

Als wenige Wochen später die Ratifikation der Ostverträge zur Debatte stand, entschloss sich daher die Opposition zur Stimmenthaltung. Sie machte damit den Weg für die parlamentarische Bestätigung der Verträge frei. Der große Wahlsieg der sozial-liberalen Regierung Ende 1972 bestätigte, dass mittlerweile die Mehrheit der bundesdeutschen Bevölkerung hinter der Ostpolitik stand.

Ergebnisse: Die DDR wird ein gleichberechtigter Staat ...

Ergebnisse dieser „neuen Ostpolitik" waren u.a. die Anerkennung der deutsch-deutschen und der deutsch-polnischen Grenze sowie die Formulierung von Gewaltverzichtsvereinbarungen in den Verträgen von Warschau und Moskau 1970. Hinzu kamen 1971 das Vier-Mächte-Abkommen sowie das Transitabkommen über Berlin, in denen die Präsenz der Westmächte, die Bindungen West-Berlins an die Bundesrepublik sowie Reiseerleichterungen für Westberliner vereinbart wurden. Zur gesamtdeutschen Zäsur wurde schließlich der Grundlagenvertrag von 1972, in dem die Bundesrepublik die DDR als gleichberechtigten und souveränen Staat anerkannte, ohne dass damit ihre völkerrechtliche Anerkennung als Ausland verbunden gewesen wäre. Damit war die deutsche Zweistaatlichkeit international offiziell, was zur Folge hatte, dass DDR und Bundesrepublik 1973 in die Vereinten Nationen aufgenommen wurden.
Die innerdeutsche Klimaverbesserung, auf die die Anhänger der neuen Ostpolitik hofften, stellte sich allerdings nur zögernd ein. Für die DDR bedeutete der Grundlagenvertrag und die Aufnahme in die UNO in erster Linie das Ende der außenpolitischen Isolation. 1975 gehörte sie zu den Unterzeichnerstaaten der KSZE-Schlussakte in Helsinki, was sie allerdings zu einer innerpolitischen Liberalisierung zwang. Zudem sah sie sich durch die wachsenden wirtschaftlichen Probleme genötigt, die Grenzen durchlässiger zu machen und die Beziehungen zum „Klassenfeind" -von dem jetzt weniger die Rede war - zu verstärken. Die technologische und finanzielle Hilfe, die sich die DDR-Führung von der Bundesrepublik erhoffte, war nicht ohne gewisse politische Lockerungen zu erlangen. Die Bundesregierungen taten das Ihre, um diese Entwicklung zu fördern.

Unter Berufung auf die KSZE-Schlussakte forderten DDR-Bürger immer lauter die Einhaltung der Menschenrechte, besonders das Recht auf Freizügigkeit mit der Folge, dass die Zahl der Ausreiseanträge dramatisch anstieg: von 13 000 im Jahre 1975 auf 20 000 im Jahr 1976.

... und die deutsch-deutschen Kontakte werden vertieft

Im innerdeutschen Verhältnis intensivierten sich zudem die menschlichen Kontakte: Mit dem Grundlagenvertrag wurden direkte Telefonate, die Akkreditierung von Journalisten, Reisen von Westberlinern in den Osten und der „kleine Grenzverkehr" (kurzfristige Reisen in grenznahe Gebiete) möglich.
Zwischen 1970 und 1973 stieg die Zahl der bundesdeutschen Besucher in der DDR und Ostberlin von zwei auf mehr als acht Millionen an, die Zahl der Telefongespräche zwischen Ost und West stieg zwischen 1970 und 1980 von 700 000 auf mehr als 23 Millionen.
Der sich nun intensivierende Interzonenhandel vertiefte die Beziehungen zusätzlich. Die Bundesrepublik entwickelte sich zum zweitstärksten Handelspartner der DDR nach der Sowjetunion. Die innerdeutsche Entspannung entwickelte sich schließlich trotz aller zeitweiligen Störanfälligkeit allmählich zu einem politischen Wert, den beide deutsche Staaten über alle internationalen Krisen hinweg zu wahren suchten. Auch nach dem Ende der sozialliberalen Koalition bemühte sich die neue CDU/FDP-Regierung, die innerdeutschen Beziehungen aufrechtzuerhalten bzw. auszubauen.

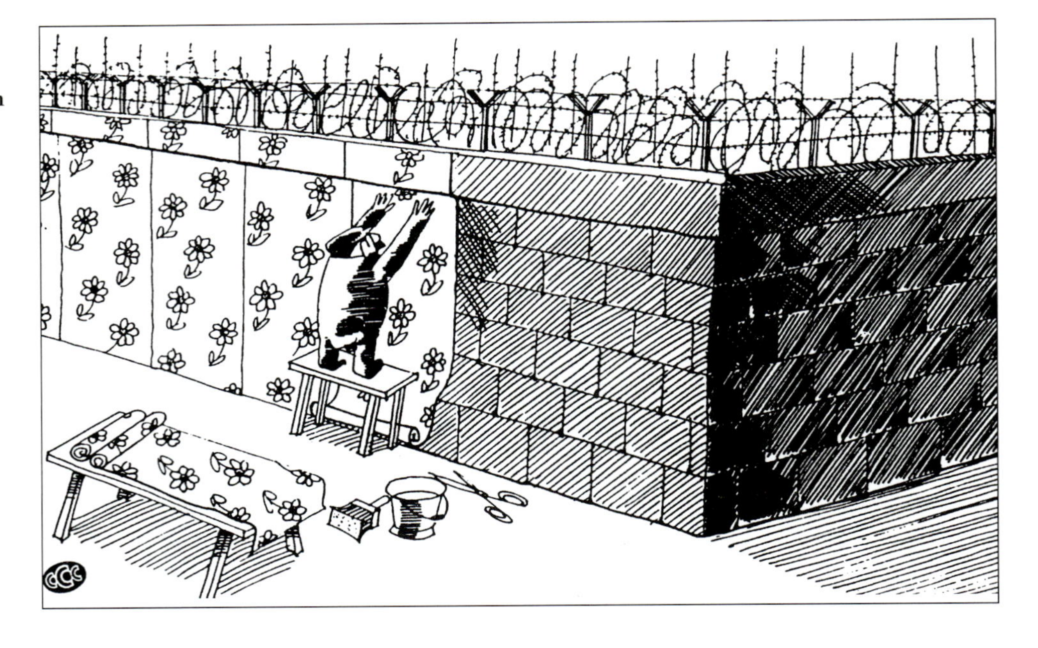

2 „Menschliche Erleichterungen" – Erich Honecker als Tapezierer
Westdeutsche Karikatur, 1973

3 Aus dem Grundlagenvertrag vom Dezember 1972

Artikel 1. Die Bundesrepublik Deutschland und die Deutsche Demokratische Republik entwickeln normale gutnachbarliche Beziehungen zueinander auf der Grundlage der Gleichberechtigung.

Artikel 2. Die Bundesrepublik Deutschland und die Deutsche Demokratische Republik werden sich von den Zielen und Prinzipien leiten lassen, die in der Charta der Vereinten Nationen niedergelegt sind, insbesondere der souveränen Gleichheit aller Staaten, der Achtung der Unabhängigkeit, Selbständigkeit und territorialen Integrität, dem Selbstbestimmungsrecht, der Wahrung der Menschenrechte und der Nichtdiskriminierung.

Artikel 3 [...] Sie bekräftigen die Unverletzlichkeit der zwischen ihnen bestehenden Grenze jetzt und in der Zukunft und verpflichten sich zur uneingeschränkten Achtung ihrer territorialen Integrität.

Artikel 4. Die Bundesrepublik Deutschland und die Deutsche Demokratische Republik gehen davon aus, dass keiner der bei den Staaten den anderen international vertreten oder in seinem Namen handeln kann. [...]

Artikel 6. Die Bundesrepublik Deutschland und die Deutsche Demokratische Republik gehen von dem Grundsatz aus, dass die Hoheitsgewalt jedes der beiden Staaten sich auf sein Staatsgebiet beschränkt. Sie respektieren die Unabhängigkeit und Selbständigkeit jedes der beiden Staaten in seinen inneren und äußeren Angelegenheiten.

Artikel 7. Die Bundesrepublik Deutschland und die Deutsche Demokratische Republik erklären ihre Bereitschaft, im Zuge der Normalisierung ihrer Beziehungen praktische und humanitäre Fragen zu regeln. Sie werden Abkommen schließen, um auf der Grundlage dieses Vertrages und zum beiderseitigen Vorteil die Zusammenarbeit auf dem Gebiet der Wirtschaft, der Wissenschaft und Technik, des Verkehrs, des Rechtsverkehrs, des Post- und Fernmeldewesens, des Gesundheitswesens, der Kultur, des Sports, des Umweltschutzes und auf anderen Gebiete zu entwickeln und zu fördern. Einzelheiten sind in dem Zusatzprotokoll geregelt.

Artikel 8. Die Bundesrepublik Deutschland und die Deutsche Demokratische Republik werden ständige Vertretungen austauschen. Sie werden am Sitz der jeweiligen Regierung errichtet. [...]

GESCHEHEN in Berlin am 21. Dezember 1972 [...]

Bundesgesetzblatt. Jahrgang 1973. Teil II. Nr. 25 vom 9. Juni 1973, S. 423–429.

4 DDR-Ministerpräsident Stoph beim Treffen mit Brandt in Erfurt am 19. März 1970

Es ist müßig, die Verweigerung der völkerrechtlichen Beziehungen mit der Formel tarnen zu wollen, wir seien doch „alle Deutsche“. So simpel ist die Sache nicht. Seit Beginn des vorigen Jahrhunderts hat es stets Deutsche gegeben, die auf der Seite des Fortschritts, der Arbeiterklasse und des arbeitenden Volkes, und andere, die auf der Seite der Reaktion, auf der Seite des Kapitalismus standen. Heute existieren die sozialistische Deutsche Demokratische Republik und die monopolkapitalistische Bundesrepublik, zwei voneinander unabhängige Staaten. Ihre Bürger leben und arbeiten unter völlig gegensätzlichen Bedingungen. Die Bürger der DDR mehren mit ihrer Arbeit den eigenen Wohlstand und den der sozialistischen Gesellschaft. In der Bundesrepublik dagegen profitiert eine kleine Schicht von Millionären aus der Arbeit des werktätigen Volkes. [...]

Sie selbst, Herr Bundeskanzler, haben geäußert, dass es zwischen den gegensätzlichen gesellschaftlichen Systemen in der DDR und der BRD „eine Mischung, keinen faulen Kompromiss“ geben könne. In der Tat – die beiden souveränen Staaten DDR und BRD lassen sich nicht vereinigen, weil gegensätzliche Gesellschaftsordnungen nicht vereinigt werden können. Ich würde es begrüßen, wenn diese – wie es scheint – übereinstimmende Einschätzung auch Grundlage für eine realistische Politik, für eine Politik der Vernunft zur Herstellung gleichberechtigter völkerrechtlicher Beziehungen zwischen der DDR und der BRD werden würde. Natürlich – wer wollte das verschweigen – sind wir als Sozialisten am Sieg des Sozialismus in allen Ländern und auch in der Bundesrepublik interessiert, was eine spätere Vereinigung auf der Grundlage von Demokratie und Sozialismus möglich machen würde.

„Neues Deutschland“ vom 20. März 1970

5 Zwei deutsche Staaten – zwei Staaten in Deutschland

Rainer Barzel (CDU) im Deutschen Bundestag am 15. Dezember 1972 zur bevorstehenden Verabschiedung des Grundlagenvertrags mit der DDR:

Ich muss ein Wort zu der Ankündigung des Herrn Bundeskanzlers sagen, am 21. Dezember, also in der kommenden Woche, den Grundvertrag unterschreiben zu lassen, also eine Unterschrift zu leisten, obwohl der Schießbefehl andauert, obwohl sich die DDR an den Verkehrsvertrag, dem wir zugestimmt hatten, nicht hält. Trotz dieser Erfahrung wollen Sie einen so weitgehenden Vertrag ohne verbindlich gesicherte, ausreichende menschliche Erleichterungen unterschreiben. Dies bleibt festzuhalten: Dieser Vertrag – schlecht und eilig ausgehandelt, ohne angemessene Leistung und Gegenleistung – soll, so wird gesagt, dem Frieden dienen. Frieden aber [...] ist doch nach einem berühmten Wort des Präsidenten Kennedy eine Sache der Menschenrechte. Ebenso sieht es doch die Satzung der Vereinten Nationen, auf die dieser schlechte Vertrag vielfach Bezug nimmt. Über dieses Problem wird später im Einzelnen zu sprechen sein wie über Ihre neue Formel von den zwei deutschen Staaten. Es hieß vor kurzem noch: zwei Staaten in Deutschland. Wieder ein anderer Anfang, wieder genau wie 1969. Darüber wird im Einzelnen zu sprechen sein.

Was wir Ihnen vorwerfen, Herr Bundeskanzler, ist dies: Mit der Unterschrift unter den Grundvertrag bereiten Sie der DDR den Weg in die UNO, ohne dass diese auch nur die mindesten Zusicherungen gemacht hätte – ganz zu schweigen von Verbindlichkeiten –, den Bürgern der DDR die in der UNO-Charta beschworenen Menschenrechte zu gewährleisten. Diesen Vorwurf müssen wir Ihnen heute und rechtzeitig machen. [...]
Demokraten, wenn sie wie dieses ganze Haus zum Frieden entschlossen sind, müssen oft und manchmal für lange Zeit Unrecht hinnehmen. Aber Demokraten sollten dies nie bestätigen. Sonst verwischen sie die Grundlage der Grundsätze, auf denen sie selber stehen. Der geistige Kampf um das ganze Deutschland hört doch mit diesem Vertrag nicht auf, der politische auch nicht. Wer soll den geistigen und politischen gewinnen, wenn in diesen Grundansätzen und Grundlagen Verwischung statt Klarheit eintritt?

J. Wilharm (Hg.): Deutsche Geschichte 1962–1983. Dokumente in zwei Bänden. Frankfurt/Main 1985, S. 68.

6

6 Mit dem Grundgesetz vereinbar?

Die Bayerische Staatsregierung ließ vom Bundesverfassungsgericht überprüfen, ob der Grundlagenvertrag gegen das im Grundgesetz verankerte Gebot der staatlichen Einheit Deutschlands und das Wiedervereinigungsgebot verstoße. Aus dem Urteil des BVG vom 31. Juli 1973:

Das GG [...] geht davon aus, dass das Deutsche Reich den Zusammenbruch 1945 überdauert hat und weder mit der Kapitulation noch durch Ausübung fremder Staatsgewalt in Deutschland durch die alliierten Okkupationsmächte noch später untergegangen ist. Das Deutsche Reich existiert fort, besitzt nach wie vor Rechtsfähigkeit, ist allerdings als Gesamtstaat mangels Organisation, insbesondere mangels institutionalisierter Organe, selbst nicht handlungsfähig. [...]
Mit der Errichtung der Bundesrepublik wurde nicht ein neuer westdeutscher Staat gegründet, sondern ein Teil Deutschlands neu organisiert. [...] Die Bundesrepublik umfasst also, was ihr Staatsvolk und ihr Staatsgebiet anbelangt, nicht das ganze Deutschland [...]. Sie beschränkt staatsrechtlich ihre Hoheitsgewalt auf den „Geltungsbereich des Grundgesetzes", fühlt sich aber auch verantwortlich für das ganze Deutschland. Die DDR gehört zu Deutschland und kann im Verhältnis zur Bundesrepublik nicht als Ausland angesehen werden. Deshalb war z. B. der Interzonenhandel und ist der ihm entsprechende innerdeutsche Handel nicht Außenhandel. [...]
Die Wiedervereinigung ist ein verfassungsrechtliches Gebot. Es muss jedoch den zu politischem Handeln berufenen Organen der Bundesrepublik überlassen bleiben, zu entscheiden, welche Wege sie zur Herbeiführung der Wiedervereinigung als politisch richtig und zweckmäßig ansehen. Ein breiter Raum politischen Ermessens besteht hier besonders für die Gesetzgebungsorgane. Das BVG kann dem Gesetzgeber erst entgegentreten, wenn er die Grenzen dieses Ermessens eindeutig überschreitet, wenn seine Maßnahme also rechtlich oder tatsächlich einer Wiedervereinigung in Freiheit offensichtlich entgegensteht. [...] Aus dem Wiedervereinigungsgebot folgt zunächst: Kein Verfassungsorgan der Bundesrepublik darf die Wiederherstellung der staatlichen Einheit als politisches Ziel aufgeben, alle Verfassungsorgane sind verpflichtet, in ihrer Politik auf die Erreichung dieses Ziels hinzuwirken – das schließt die Forderung ein, den Wiedervereinigungsanspruch im Innern wachzuhalten und nach außen beharrlich zu vertreten – und alles zu unterlassen, was die Wiedervereinigung vereiteln würde. Die Bundesregierung hat allerdings in eigener Verantwortung zu entscheiden, mit weichen politischen Mitteln und auf weichen politischen Wegen sie das nach dem GG rechtlich gebotene Ziel der Wiedervereinigung zu erreichen oder ihm wenigstens näherzukommen versucht.

W. Lautemann/M. Schlenke (Hg.): Geschichte in Quellen. Die Welt seit 1945. München 1980, S. 560f.

7 Wirkungen der „neuen Ostpolitik"

a) Der SPD-Politiker und Direktor des Hamburger Instituts für Friedensforschung, Egon Bahr:

Bleibt die Frage, ob die SPD nicht 1984 oder 1985 prinzipiell hätte umschalten sollen, also auf eine Linie, die sie in einen operativen oder auch nur losen Kontakt zu den Opponenten gebracht hätte. Die Berechtigung dieser Frage ist nicht zu leugnen, nachdem das Ergebnis der Geschichte bekannt ist. Festzustellen bleibt jedenfalls, dass in Unkenntnis der späteren Geschichte diese Frage damals in keinem Gremium der SPD auch nur gestellt worden ist. Unsere Überlegungen waren wirklichkeitsnäher. Sie gingen von der Erfahrung aus, dass in den kommunistisch regierten Staaten die Partei entscheidet und die Regierungen nur ausführende Organe des politischen Willens sind. Sofern wir also unsere Kontakte von der bisherigen Regierungsebene auf die der Parteien verlegen würden, ergäbe sich die ungewöhnliche und wirklich neue Situation, operativen Einfluss auf dem Umweg über die regierenden Parteien auf die dortigen Regierungen und ihre Haltung nehmen zu können. [...]
Im Ergebnis hat das funktioniert. Ich sehe es als geschichtlich unhaltbare Vereinfachung, zu behaupten, dass es zur Veränderung und zum Zusammenbruch der kommunistischen Herrschaft in Osteuropa nur durch Druck von unten, also der Bevölkerung, oder durch Druck von außen, durch amerikanische Rüstung, gekommen ist. Die Veränderung im Denken der Herrschenden durch sozialdemokratische Ideen und Argumente war auch unentbehrlich. In der Tat kann man sagen, dass die SPD sich so auf die Regierenden konzentriert hat, dass sie darüber Dissidenten vernachlässigte,

aber sie konzentrierte sich auf den Gegner, den allein sie, die SPD – ideologisch beeindrucken, bewegen, ver- 35 ändern konnte.

D. Dowe (Hg): Die Ost- und Deutschlandpolitik der SPD in der Opposition 1982–1989. Bonn 1993, S. 23, 28.

b) Der britische Historiker Timothy G. Ash:

40 Die Bonner Regierung ging über Moskau und kam in Berlin an. In dieser Hinsicht erwies sich das ursprüngliche Paradox – nur dann in der Lage zu sein, den Status quo zu ändern, wenn zuerst der Status quo anerkannt würde – als richtig. Doch das zweite Paradox der Strategie 45 „Wandel durch Annäherung" – Liberalisierung durch Stabilisierung – erwies sich als falsch, und der Zusatz, dass man den demokratischen Kräften in der DDR am besten helfen könnte, indem man ihnen nicht half, war eindeutig ein Paradox zu viel. [...] Die Lehre aus den 50 Erfahrungen anderer sozialistischer Staaten, ja anderer Diktaturen überhaupt in der Geschichte, war jedoch, dass ein gewisses Maß an Spannungen, Opposition, Konflikt und sozialem Druck von unten die notwendige (wenn auch natürlich nicht hinreichende) Bedingung für einen Wandel war. [...] „Revisionismus", Wandel durch Reform 55 von oben, initiiert von einer aufgeklärten Partei, würde niemals ausreichen. In dieser Hinsicht hinkten die Sozialdemokraten der Zeit um ein Jahrzehnt hinterher. [...] Anstatt Liberalisierung durch Stabilisierung fand in der DDR Stabilisierung ohne Liberalisierung statt. Die Bun- 60 desrepublik trug dazu mit DM und Anerkennung bei. Natürlich dürfen die Vorteile, die West-Berlin, Westdeutsche und Millionen von DDR-Bürgern, kurzum, die berühmten „Menschen" – erfuhren, keinesfalls unterschätzt werden. Die „menschlichen Erleichterungen" waren 65 groß. [...] Doch diesen spezifischen Erleichterungen für einzelne Menschen muss man die Nachteile gegenüberstellen, die aus der Stabilisierung eines unreformierten kommunistischen Staates für alle entstanden, die in ihm lebten.

T. G. Ash: Im Namen Europas. München 1993, S. 537 f.

6

Arbeitsvorschläge

a) Nennen Sie die Motive und Ziele der Ostpolitik Brandts (VT und S. 292, M 2 c).
b) Vergleichen Sie die unterschiedlichen Einstellungen zur „neuen Ostpolitik", die in M 1 und M 2 zum Ausdruck kommen.
c) Arbeiten Sie aus M 5 heraus, welche Kritik an der „neuen Ostpolitik" geübt wird, und bewerten Sie diese Kritik.
d) Erläutern Sie die staatsrechtlichen Probleme, die mit dem Grundlagenvertrag verbunden sind (M 3, M 5 und M 6).
e) Nehmen Sie Stellung zu Stophs Aussagen zur Rolle der Nation und der Unvereinbarkeit der beiden Gesellschaftsordnungen (M 4).
f) Prüfen Sie die in M 7a und M 7b verfochtenen Thesen im Licht Ihnen bekannter Fakten.
g) Versuchen Sie eine Bilanz der Bonner Entspannungspolitik gegenüber der DDR.
h) Recherchieren Sie für einen osteuropäischen Staat Ihrer Wahl, inwiefern sich seine Beziehungen zur Bundesrepublik seit Brandts Ostpolitik verändert haben. (**Online Link** 430017-0601)

6.4 Die Wirtschafts- und Sozialpolitik in der Endphase der DDR

„Wirtschaftsaufschwung" als Scheinblüte

Nachdem Erich Honecker 1971 Walter Ulbricht als Ersten Sekretär des ZK der SED abgelöst hatte, wurde in den nachfolgenden Jahren die „Einheit von Wirtschafts- und Sozialpolitik" zur maßgeblichen wirtschaftspolitischen Leitlinie der Partei. Dies zeigte zunächst auch spürbare Erfolge. Der Wohnungsbau wurde gefördert, Löhne und Renten angehoben, Arbeitszeiten – besonders für junge Mütter – verkürzt. Zinslose Kredite sowie Wohnungszuteilungen bei Eheschließungen wurden gewährt und das Erholungswesen ausgebaut. Die industrielle Produktion wuchs trotz dieser kostenintensiven sozialpolitischen Maßnahmen bis Mitte der 1970er-Jahre deutlich an. Und trotz der internationalen Rohstoffkrise seit 1973 registrierte die DDR keine Arbeitslosen, hingegen stabile Preise für Grundnahrungsmittel. Nicht unwesentlich trug zu dieser positiven Bilanz allerdings der Devisentransfer bei, der seit 1972 beständig aus der Bundesrepublik in die DDR floss (u. a. Zwangsumtausch westlicher Besucher in der DDR, „Freikäufe" politischer Häftlinge durch die Bundesregierung u. a.).

Erich Honecker
1969–1989 SED-Generalsekretär und Staatsratsvorsitzender

Auf Dauer blieb jedoch auch die DDR von der internationalen Rohstoffkrise nicht verschont. Die Zuwachsraten der Industrie gingen ab Mitte der 1970er-Jahre wieder zurück. Der kurzeitige wirtschaftliche Aufschwung erwies sich als Scheinblüte. Zwar schnitt die DDR-Wirtschaft nach außen hin – v. a. im Vergleich mit den anderen Ostblockländern – noch relativ günstig ab, aber das Leistungsgefälle gegenüber dem Westen wurde besonders in den 1980er-Jahren rasch immer größer statt kleiner. Die Auslandsschulden stiegen. Die hohen Kosten für die Stützung unrentabler Betriebe, die Aufrechterhaltung der „offiziellen" Arbeitslosigkeit und der niedrigen Preise für den Grundbedarf, der sogenannten „2. Lohntüte", verschlangen Mittel, die für die Sanierung und Modernisierung vieler Industriezweige dringend nötig gewesen wären. Honeckers Wohlfahrtssozialismus war schließlich in den 1980er-Jahren nicht mehr zu finanzieren.

Diskrepanz zwischen Propaganda und Realität

Die Diskrepanz zwischen den Versprechungen der Parteiführung und der wirtschaftlichen Mangelsituation wurden damit immer größer. Die Überzeugungskraft des Sozialismus und seiner marxistisch-leninistischen Ideologie schwand zusehends wegen des krassen Widerspruchs zwischen der offiziellen Propaganda und den tatsächlichen Verhältnissen. Die Produktivität der ohnehin längst veralteten umweltbelastenden Industrieanlagen in der DDR erreichte schon 1983 nur noch 47 % der bundesrepublikanischen Arbeitsproduktivität.
Dennoch wurden an der Subventionierung von Grundnahrungsmitteln, Mieten und Sozialleistungen festgehalten, um Unruhen in der Bevölkerung zu vermeiden, die im benachbarten Polen seit 1980 an der Tagesordnung waren (Solidarnosč-Bewegung).

Stattdessen wurde eine immer höhere Staatsverschuldung in Kauf genommen. Diese zwang die DDR zur Devisenbeschaffung mehr hochwertige Produkte in den Westen zu exportieren, wodurch die Versorgung der eigenen Bevölkerung zusätzlich beeinträchtigt wurde. Gleichzeitig waren auch die „sozialistischen Bruderstaaten" als wichtige Handelspartner der DDR in wachsendem Maße von der ökonomischen Krise betroffen. So musste die UdSSR, durch einen neuen Rüstungswettlauf mit den USA geschwächt, ihre subventionierten Erdöllieferungen an die DDR seit Beginn der 1980er-Jahre stark reduzieren. 1982 erklärten Polen und Rumänien ihre Zahlungsunfähigkeit gegenüber der DDR. Einer ähnlichen Situation entging die DDR vorerst nur mit Hilfe zweier Großkredite in Höhe von zwei Milliarden DM, die der CSU-Vorsitzende Franz Josef Strauß 1983/84 vermittelte und für die die Bundesregierung bürgte.

Trotzdem verweigerte sich die DDR-Führung eines Reformkurses, wie ihn die UdSSR unter Michael Gorbatschow seit 1987 unter den Schlagworten Perestroika und Glasnost versuchte. Die DDR-Regierung und ihre den autoritären Führungsstil gewohnten Spitzenfunktionäre erwiesen sich als reformunwillig und -unfähig. Die Folge war eine erneut zunehmende und umfassende Legitimationskrise gegenüber der eigenen Bevölkerung.

Mangelnde Akzeptanz des Systems – die Ursache des Niedergangs?

Ihre Ursachen lagen aber nicht nur allein darin, dass die Staatsführung die wirtschaftlichen Probleme nicht beheben konnte. Solange die DDR existierte, konnte sich die SED-Führung der Loyalität ihrer Bevölkerung nicht wirklich sicher sein, ausgenommen natürlich der treuen Anhänger und opportunistischen Mitläufer, die aber zu keiner Zeit die Mehrheit bildeten. Für die Kritik am System gab es vielschichtige Gründe: die immer wiederkehrenden wirtschaftlichen Probleme der alltäglichen Versorgung; die Not an baulich einwandfreien, genügend großen Wohnungen; die Reisebeschränkungen für fast alle außerhalb des Rentenalters; die einseitige, oft unglaubwürdige, unvollständige Information durch die Medien; die vielseitige Bevormundung durch Staat und Partei; die Atmosphäre des Misstrauens, der Duckmäuserei und der Angst durch das Spitzelwesen der Stasi.

Vielfach machte sich daher in der Bevölkerung – mit Ausnahme des 17. Juni 1953 – Resignation breit. Die Entstehung einer „Nischengesellschaft" war die unmittelbare Folge: Einige, zumeist Ältere, zogen sich in den geschützten Privatraum zwischen Plattenbau-Wohnung und Wochenend-Datsche zurück. Andere, zumeist Jüngere, suchten in unterschiedlichen Formen jugendlicher Subkulturen Zuflucht. So entstanden auch in der DDR vielfältige Bereiche einer Pop-, Rock-, Punk-, Öko- und Hausbesetzerszene. Mit den wachsenden Wirtschaftsproblemen der 1980er-Jahre nahm aber andererseits auch die Zahl der oppositionellen Gruppen zu, die sich oft im Schutze der Kirche formierten und für Frieden, Ökologie und Menschenrechte einsetzten. Stärker als die Oppositionsbewegung stieg allerdings die Zahl der Ausreisewilligen an – von 21 500 im Jahr 1980 auf 125 000 im Jahr 1989. Staatsverschuldung, Wirtschaftskrise, Versorgungsprobleme, Oppositionsgruppen, Ausreisewillige als Massenbewegung, offensichtliche Wahlmanipulationen und die Reformunfähigkeit der SED-Führung trugen schließlich wesentlich zum Fall der Berliner Mauer als Signal für die Vereinigung der beiden deutschen Staaten bei.

1 **DDR-Bürger im Wandel der Wünsche**
Westdeutsche Karikatur, 1989

2 **„Einheit von Wirtschafts- und Sozialpolitik"**

Aus dem Programm der SED 1976:

Die Sozialistische Einheitspartei Deutschlands geht davon aus, dass die schrittweise Verbesserung des Lebensniveaus aller Werktätigen hohe Leistungen in der sozialistischen Produktion und ein stabiles Wirtschaftswachstum erfordert. Dies wird durch ein optimales Verhältnis von Akkumulation und Konsumtion, durch die volle Nutzung des Wirtschaftspotenzials der Deutschen Demokratischen Republik einschließlich der Mobilisierung ökonomischer Reserven im Maßstab der ganzen Volkswirtschaft, in allen Bereichen, Zweigen und Betrieben bewirkt. […]

Die Wirtschafts- und Sozialpolitik der Sozialistischen Einheitspartei Deutschlands trägt zur weiteren Annäherung der Klassen und Schichten, zur Verringerung wesentlicher Unterschiede zwischen körperlicher und geistiger Arbeit und zur Annäherung der Lebensbedingungen zwischen Stadt und Land bei. Sie verbindet die Verwirklichung des Leistungsprinzips mit der Minderung der sozialen Unterschiede.

Das Wohnungsbauprogramm ist das Kernstück der Sozialpolitik der Sozialistischen Einheitspartei Deutschlands. Es ist darauf gerichtet, bis 1990 die Wohnungsfrage zu lösen. Damit wird ein altes Ziel der revolutionären Arbeiterbewegung verwirklicht. Durch den Wohnungsbau wird in wachsendem Maße Einfluss auf eine hohe Wohnkultur, eine sinnvolle Freizeitgestaltung und die Gemeinschaftsbeziehungen genommen.

Programm und Statut der SED vom 22. Mai 1976. Mit einem einleitenden Kommentar von Karl Wil-helm Fricke. Köln 1976, S. 57 f.

3 **Propaganda und …**
Darauf sind wir stolz!

Plakat zum 40. Jahrestag der DDR am 7. Oktober 1989

4 … Realität: Der wirtschaftliche und finanzielle Kollaps der DDR zeigte sich auch in der zunehmend maroderen Altbausubstanz der Städte. Berlin in den 1980er-Jahren, Foto

6

5 Die Finanzierungsfalle

Günter Schabowski, Mitglied im ZK und im Politbüro der SED, über Honeckers Programm (1991):

Honecker hatte, wenn schon nicht die Aussicht auf ein neues Zeitalter, so doch auf eine DDR eröffnet, die mit einem breit und tief gestaffelten System sozialer Sicherheiten dem von der Bundesrepublik ausgehenden Konsumdruck etwas Handfestes entgegenzusetzen hätte und zudem greifbar eine höhere gesellschaftliche Qualität für sich in Anspruch nehmen könnte.

Zu Beginn der siebziger Jahre konnte Honecker hoffen, dass seine soziapolitischen Verheißungen einen aus Einsichtigkeit resultierenden Produktivitätsschub bewirken würden. Dadurch, so kalkulierte er, könnten die Defizite in der volkswirtschaftlichen Gesamtrechnung ausgeglichen werden, die durch den größeren Aufwand für die Sozialpolitik verursacht werden. […]

Spätestens Ende der siebziger oder Anfang der achtziger Jahre, als die Disproportionen in der Volkswirtschaft immer belastender wurden, hätte im Politbüro und in der Regierung auf die Tagesordnung gesetzt werden müssen, ob wir der Volkswirtschaft mit den Programmen für den Wohnungsbau oder die Mikroelektronik[1] nicht eine zu schwere Bürde aufgeladen hatten. War nicht der unbedingte Primat des Neubaus vor der Rekonstruktion, der Erhaltung bewahrenswerter alter Bauten, insbesondere in mittleren und kleinen Orten, zu korrigieren? Niemand warf die Frage auf, wie der Verfall ausgedehnter Leipziger Wohnviertel zu stoppen sei. […]

Das schier unauflösliche Dilemma unserer Wirtschaft bestand darin, dass ihre Reproduktionskraft nur durch Export ins westliche Ausland gewährleistet war. Rohstoffmangel, Innovationsschwäche und die Schwerfälligkeit der Planwirtschaft haben im Export stets ein kleineres Ergebnis erbracht, als es für eine produktive Akkumulation und für die Absicherung der Sozialpolitik nötig gewesen wäre. Der Zwang zu weiterer Kreditaufnahme war die Folge. Die Ölpreisexplosion und Kreditboykotte vergrößerten die Bürden der Schuldendienste. […] So war die Sozialpolitik letztlich nicht nur mit Schulden, sondern auch mit einem Schwund an Massenbedarfsgütern erkauft.

1 1977 versuchte die DDR-Regierung, unter Umlenkung eines Großteils der Industriesubventionen eine moderne mikroelektronische Produktion ins Leben zu rufen.

Günter Schabowski: Der Absturz. 1991, S. 118 ff., S. 124 ff.

6 „Es wurden Schulden mit neuen Schulden bezahlt“

Die wirtschaftliche Lage in der Endphase der DDR: Aus dem Protokoll der 10. ZK-Sitzung der SED am 9./10. November 1989:

Günter Ehrensperger [1974–1989: ZK-Abteilungsleiter für Planung und Finanzen, 1981–1989: ZK-Mitglied]: Die

Frage der Entstehung der Schulden der Deutschen Demokratischen Republik geht in die Zeit Anfang der 70er-Jahre zurück [...]. Im Jahre 1970 hatte die DDR Schulden in einer Größenordnung von zwei Milliarden Valutamark [DDR-Begriff für DM]. 1973 gab es weltweit eine sehr große Preisexplosion. Diese Preisexplosion war damit verbunden, dass der Bezug von Öl und anderen Rohstoffen für die DDR wesentlich teurer wurde. [...] 1973 im November wurde in Zusammenarbeit mit kompetenten Genossen des Ministeriums der Finanzen eine Auswirkungsberechnung vorgenommen. Diese Auswirkungsberechnung ergab, dass wir, wenn wir keine Konsequenzen ziehen, 1980, wenn wir so weiterlebten, 20 Milliarden Valutamark Schulen haben werden. [...]
Wenn man die Sache mit einem Satz charakterisieren will, warum wir heute in dieser Situation sind, dann muss man ganz sachlich sagen, dass wir mindestens seit 1973 Jahr für Jahr über unsere Verhältnisse gelebt haben und uns etwas vorgemacht haben. Es wurden Schulden mit neuen Schulden bezahlt. Sie sind gestiegen, die Zinsen sind gestiegen, und heute ist es so, dass wir einen beträchtlichen Teil von mehreren Milliarden Mark jedes Jahr für Zinsen zahlen müssen. [...]
Zuruf von Bernhard Quandt [1958–1989: ZK-Mitglied, 1973–1990: Mitglied des Staatsrates der DDR]: Ich bitte darum, dass der Diskussionsbeitrag nicht veröffentlicht wird!
Egon Krenz [1973–1989: ZK-Mitglied, seit Oktober 1989 Generalsekretär des ZK der SED]: Nein, um Gottes willen!
Zuruf von Bernhard Quandt: Das ist unmöglich! Dann laufen uns die letzten Leute weg!
Egon Krenz: Wir schockieren die ganze Republik! [...]
Gerhard Schürer [1963–1989: ZK-Mitglied, 1965–1990: Vorsitzender der Staatlichen Plankommission der DDR]: Die Pläne wurden immer angespannter und, wenn man es heute genau sagt, immer unrealer. [...] Eine entscheidende Rolle spielten dabei die Subventionen, die von 8 Milliarden 1980 auf die gigantische Größe von 58 Milliarden 1989 gestiegen sind. [...]
Werner Jarowinsky [1961–1989: ZK-Mitglied: 1984 bis 1989: Politbüromitglied]: Genossen, wir haben für die Mikroelektronik 14 Mrd. ausgegeben. Jetzt sage ich euch mal, was das kostet und was die Produkte bringen. [...] Der Speicherschaltkreis 256 Kilobit, das ist der, der jetzt groß angekündigt in die Produktion gegangen ist, der kostet bei uns – reine Kosten – 534 Mark, der Weltmarktpreis beträgt gegenwärtig 4 bis 5 Valutamark. 4 bis 5, Genossen! [...] Und Genossen, wenn ich euch hier vortrage, was wir im Export für Möbel bekommen, für Schlafzimmer zum Beispiel 19 Pfennige pro eine Mark, usw. usw. in Valutaerlös. Hunderte und Dutzende solcher Fragen, die nicht öffentlich diskutiert worden sind. [...] Es war Selbstbetrug. [...]
Wir haben doch eine reine Kommando- und Abführungswirtschaft. Wer gut arbeitet, führt viel ab, wer schlecht arbeitet, weniger, und wer ganz schlecht arbeitet, wird auch glattgeschrieben, und alles ist in Ordnung. [...] Wir müssen damit anfangen, dass jeder Betrieb [...] erwirtschaftet, was er braucht, alles erwirtschaftet. [...]
Ich sage: Ich bin schuld daran.
Karl Kayser (sehr erregt) [1963–1989: ZK-Mitglied, 1958–1990: Generalintendant der Sächsischen Theater Leipzig]: Wir sind belogen worden, die ganze Zeit über. Ich habe keine Schuld daran, wirklich nicht. Und ich weigere mich auch, das anzuerkennen und nach Hause zu fahren, um zu sagen, du bist schuldig dran. Ich bin erschüttert über das, was ich hier gehört habe. In mir ist alles zerbrochen. Mein Leben ist zerstört. Ich habe geglaubt an die Partei, so bin ich mit der Muttermilch erzogen worden. Ich habe an die Genossen geglaubt! [...]
NN: Leider geht es dir nicht allein so, sondern wem eigentlich hier im Saal nicht? Nur, nur, unsere Parteimitglieder und Kandidaten stellen diese Frage an uns als Mitglieder und Kandidaten des Zentralkomitees, warum wir sie als Angehörige des höchsten Organs in dieselbe furchtbar erschütternde Situation gebracht haben. (Unruhe)
Zuruf: Hätt'ste doch gefragt vorher!

H.-H, Hertle/F.-R. Stephan (Hg.): Das Ende der SED. Die letzten Tage des Zentralkomitees. Berlin 1997, S. 363 ff.

7 Ausgaben für die „2. Lohntüte“ 1971 und 1989 nach einem internen SED-Bericht (in Mrd. Mark)

	1971	1989
Wohnungswesen	2,1	16,6
Sicherung stabiler Preise für Waren des Grundbedarfs und Tarife	8,5	51,0
Bildung und Erwachsenenqualifizierung	5,8	15,7
Unterstützung von Mutter und Kind sowie Betreuung älterer Bürger	2,5	8,4
Renten, Krankengeld, Arzneien, Schwangerschafts- und Wochengeld	6,2	18,2
Erholung	1,1	4,1
Insgesamt	26,2	114,0

Nach: M. Judt (Hg.): DDR-Geschichte in Dokumenten. Berlin 1998, S. 161.

8 Ein „Coup aus der BRD"?

Noch wenige Tage vor dem Ende der DDR schrieb das Zentralorgan der SED:

Nach langfristiger Planung und sorgfältiger Organisation wurde am Montag in einer Nacht- und Nebel-Aktion begonnen, mit größtem propagandistischen Aufwand eine größere Anzahl Bürger der DDR illegal und unter Verletzung völkerrechtlicher Verträge und Vereinbarungen aus der Ungarischen Volksrepublik in die BRD zu verbringen. [...] Es ist bedauerlich, dass sich Vertreter der Ungarischen Volksrepublik zur Verletzung von Abkommen und Vereinbarungen verleiten ließen. [...] Die Vertreter aus Bonn nutzten die ungarische Haltung für ihre antisozialistischen und revanchistischen Ziele weidlich aus. [...] Dieser Coup aus der BRD ist weder eine zufällige noch vereinzelte Aktion. Er ist Bestandteil des Kreuzzuges des Imperialismus gegen den Sozialismus insgesamt [...] Auch der Zeitpunkt der Aktion ist nicht verwunderlich. Sie wurde am Vorabend des 40. Jahrestages der DDR inszeniert. Hier wirken die Gesetze des Klassenkampfes unbarmherzig. [...] Wie schon so oft in der Geschichte, versuchen die Gegner des Sozialismus, historische Zäsuren durch Provokationen und Propagandakampagnen zu übertönen. Nachdem alle Versuche gescheitert sind, das Rad der Geschichte aufzuhalten, glauben imperialistische Kreise jetzt offensichtlich, die Chance des Jahrhunderts sei gekommen und eine Art „soziale Revanche" für die Niederlagen seit der Oktoberrevolution 1917 möglich. So soll auch die DDR als Eckpfeiler des Friedens und des Sozialismus an der Trennlinie der beiden Weltsysteme durch Verlockungen, Versprechungen sowie Drohungen erpresst werden, auf Grundprinzipien und Grundwerte des Sozialismus zu verzichten. Die Erklärungen der Offiziellen aus Bonn vom Wochenende haben nochmals bestätigt: Unter dem Vorwand der Humanität wird organisierter Menschenhandel betrieben. [...]

Neues Deutschland, Zentralorgan der SED vom 12. September 1989

9 Fehlende Akzeptanz des Systems: Warum wollen DDR-Bürger weg?

Aus einem Stasi-Bericht über Motive der Flüchtlinge vom 9. September 1989:

Als wesentliche Gründe/Anlässe für Bestrebungen zur ständigen Ausreise bzw. das ungesetzliche Verlassen der DDR – die auch in Übereinstimmung mit einer Vielzahl von Eingaben an zentrale und örtliche Organe/ Einrichtungen stehen – werden angeführt:

- Unzufriedenheit über die Versorgungslage
- Verärgerung über unzureichende Dienstleistungen
- Unverständnis für Mängel in der medizinischen Betreuung und Versorgung
- Eingeschränkte Reisemöglichkeiten innerhalb der DDR und nach dem Ausland
- Unbefriedigende Arbeitsbedingungen und Diskontinuität im Produktionsablauf
- Unzulänglichkeiten/Inkonsequenz bei der Anwendung/ Durchsetzung des Leistungsprinzips sowie Unzufriedenheit über die Entwicklung der Löhne und Gehälter
- Verärgerung über bürokratisches Verhalten [...] sowie über Herzlosigkeit im Umgang mit den Bürgern
- Unverständnis über die Medienpolitik der DDR

Zit. nach: A. Mitter, St. Wolle; (Hg.): Ich liebe euch doch alle. Befehle und Lageberichte des MfS. Berlin 1990, S. 141 ff.

6

Arbeitsvorschläge

a) Untersuchen Sie die hauptsächlichen Faktoren, die zum Zusammenbruch der DDR führten, und stellen Sie dabei fest, welche Rolle die wirtschaftliche Lage dabei spielte (M 1, M 2, M 4–M 7, M 9).
b) Stellen Sie – ausgehend von M 2 und M 4 – weitere Beispiele für die Diskrepanz zwischen Propaganda und Realität in der DDR zusammen.
c) Erörtern Sie die Strategie der SED-Führung, auf die zunehmenden Probleme und Konflikte zu reagieren (M 3, M 5).
d) Erörtern Sie, ob der Rückzug in die „Nischengesellschaft" (VT und S. 289, M 15) eher zur Akzeptanz und Stabilisierung oder zur Destabilisierung der DDR beigetragen hat.

6.5 Grundgesetz oder „dritter Weg“?

„Wir sind das Volk“

Der Fall der Berliner Mauer traf die Politiker und Bürger der DDR ebenso überraschend wie die der Bundesrepublik, der westlichen Regierungen und der Sowjetunion. Die Bundesregierung reagierte angesichts der komplizierten Lage zunächst zurückhaltend.
Als die DDR-Flüchtlinge die Grenzen über Ungarn durchbrachen und die Demonstranten in den DDR-Städten auf die Straße gingen, war es die erste Sorge der Bundesregierung, den Flüchtlingsstrom einzudämmen und jede Eskalation der Gewalt zu verhindern. Darum suchte sie die Zusammenarbeit mit den DDR-Behörden und bot finanzielle und wirtschaftliche Hilfe an.
Die DDR-Regierung versprach der Bevölkerung eine Reformierung des Staates hin zu einer „sozialistischen Demokratie und Marktwirtschaft“, sah aber die DDR weiterhin als eine „sozialistische Alternative zur BRD“. Die Wiedervereinigung war bei den Politikern in Ost und West noch kein Gedanke, die Forderung danach wurde zuerst auf der Straße geäußert.

„Wir sind ein Volk“

Erst als bei den Demonstrationen in ostdeutschen Städten Ende November neben den alten Parolen „Keine Gewalt“ und „Wir sind das Volk“ immer häufiger die neuen Parolen „Wir sind ein Volk“ und „Deutschland einig Vaterland“ traten, geriet die deutsche Einigung auf die Tagesordnung. Bundeskanzler Kohl legte Ende November ein „Zehn-Punkte-Programm“ vor, das nach einer Phase der Konföderation zwischen beiden deutschen Staaten langfristig auch die staatliche Einheit für möglich hielt, allerdings im Rahmen des europäischen Einigungsprozesses. Auf dieser Grundlage entstand im Dezember der Plan einer „Vertragsgemeinschaft“ mit der DDR, der allerdings von der rasanten Entwicklung überrollt wurde.
Der Mauerfall löste bei den allermeisten Deutschen in Ost und West eine Gefühls- und Begeisterungswelle aus. Hunderttausende und bald Millionen DDR-Bürger strömten zu Kurzbesuchen nach West-Berlin und Westdeutschland. Viele erlebten einen „Westschock“, als sie den wirtschaftlichen Wohlstand des Westens selbst sehen und erfahren konnten, und dies ließ fast über Nacht den Wunsch nach einem ähnlichen Lebensstandart übermächtig werden. Und dieser Wunsch ließ das

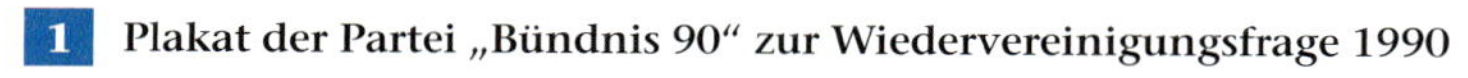
1 Plakat der Partei „Bündnis 90“ zur Wiedervereinigungsfrage 1990

2 Demonstrant mit Plakat, Frühjahr 1990

anfängliche Ziel einer reformierten, aber eigenständigen DDR vor der Möglichkeit eines vereinigten Deutschland zurücktreten.
Als nach den Weihnachtsfeiertagen die Westdeutschen ohne Visum und Zwangsumtausch die DDR besuchen konnten, ereignete sich der „Grenztourismus“ auch von West nach Ost. Während die Wiedervereinigung unter den Menschen schon begonnen hatte, blieb jedoch weiterhin offen, ob ihnen die Politiker der beiden deutschen Teilstaaten folgen würde.

Ist eine Diktatur reformierbar zur Demokratie?

Denn der Wunsch nach Wiedervereinigung erfasste nicht alle Bürger in der DDR und der Bundesrepublik. Gerade viele Sprecher der Gruppen, welche die Protestbewegung der Bürger organisiert und angeführt hatten, standen diesem Gedanken sehr reserviert gegenüber. Sie dachten eher an einen Erhalt der DDR und die Suche nach einem dritten Weg zwischen Kapitalismus und dem bisher praktizierten „realen Sozialismus“. Auch westdeutsche Intellektuelle schlossen sich dieser Suche eines dritten Weges an und suchten eine Lösung der Frage: Wie ist ein Umbau der DDR-Diktatur in einen souveränen, demokratischen und sozialistischen Staat möglich?
Die Befürworter einer Wiedervereinigung gewannen jedoch recht schnell die Oberhand. Dazu trug auch der rasche Zerfall der Macht der SED wesentlich bei. Er begann mit einer Flut von Parteiaustritten, mit Berichten über vielfältige Fälle von Amtsmissbrauch und Korruption. Er endete schließlich mit der Streichung der „führenden Rolle der SED“ in der DDR-Verfassung durch die Volkskammer am 1. Dezember 1989 und der Auflösung der Partei. Ihre Nachfolge trat die „Partei des demokratischen Sozialismus“ (PDS) an. Zentrale „Runde Tische“ aus Vertretern der alten Regierungsparteien, des Gewerkschaftsbundes, der Kirchen, der Bürgerbewe-

3 Plakat bei einer Demonstration in Berlin, Frühjahr 1990

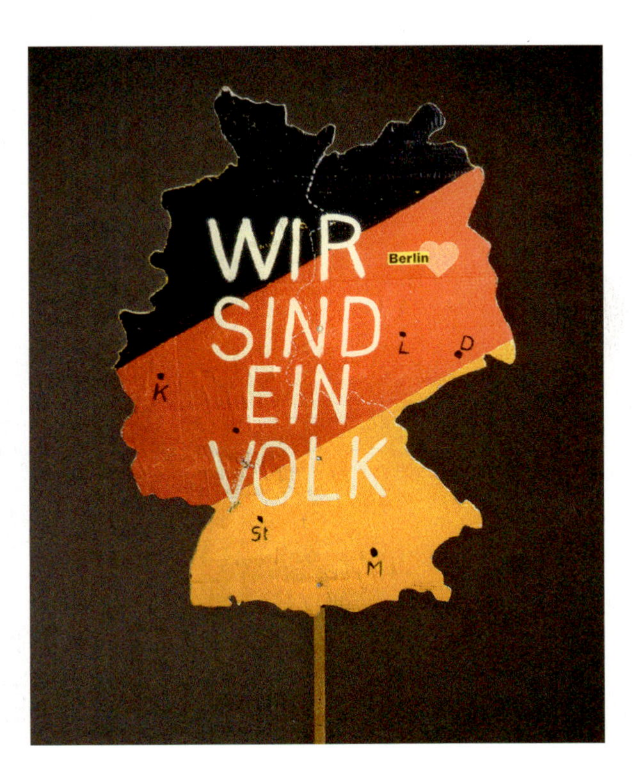

4 Schild der Leipziger Montagsdemonstration, Winter 1989/90

gungen und neuen Parteien diskutierten nun die der Frage der staatlichen Zukunft Deutschlands.
Als um die Jahreswende 1989/90 deutlich wurde, dass sich auch unter der neuen DDR-Regierung des Reformkommunisten Modrow die Abwanderung aus der DDR unaufhörlich fortsetzte und die Produktion bedrohlich sank, war schnelles Handeln geboten. Am 1. Juli 1990 trat die Währungs-, Wirtschafts- und Sozialunion als erster und für den weiteren Einigungsprozess richtungsweisender Schritt in Kraft.
Nachdem Bundeskanzler Kohl schließlich die Zustimmung der Westmächte und auch der Sowjetunion erreicht hatte, war der Weg frei für die Vollendung der Einheit. Dafür gab es zwei verfassungsrechtliche Möglichkeiten: entweder eine staatliche Neugründung mit neuer Verfassung nach Artikel 146 des Grundgesetzes oder den Beitritt der DDR zum Gebiet der Bundesrepublik nach Artikel 23. Darüber gab es in der Öffentlichkeit und der Politik eine heftige Diskussion. Denn die Neugründung Gesamtdeutschlands nach Artikel 146 durch eine Ost und West repräsentierende verfassunggebende Nationalversammlung hätte die Möglichkeit geboten, einen „dritten Weg" zu verfolgen, positive Merkmale der DDR sichtbar werden zu lassen und in die Verfassung zu integrieren. Dass sich der Vereinigung nach Artikel 23 durchsetzte, hatte vor allem drei Gründe: Erstens artikulierte sich in der DDR der Wille der Bevölkerung zu einer schnellen Einigung immer lauter; zweitens die Bewährung des bisherigen Grundgesetzes als „Lehren aus Weimar" und drittens die dringende Rechtssicherheit für Staat und Gesellschaft. Für dieses Verfahren sprach auch die hohe Zustimmung zum Einigungsvertrag durch die DDR-Volkskammer mit 80 %, im Deutschen Bundestag mit 90 % und die Einstimmigkeit im Bundesrat. Das nur geringfügig veränderte Grundgesetz wurde zur Verfassung des vereinten Deutschland.

5 Karikatur von Horst Haitzinger
Sie entstand am 7. November 1989.

6 Der Auftrag des Grundgesetzes

Präambel des Grundgesetzes vom 23. Mai 1949:

Im Bewusstsein seiner Verantwortung vor Gott und den Menschen, von dem Willen beseelt, seine nationale und staatliche Einheit zu wahren und als gleichberechtigtes Glied in einem vereinten Europa dem Frieden der Welt zu dienen, hat das deutsche Volk in den Ländern [...], um dem staatlichen Leben für eine Übergangszeit eine neue Ordnung zu geben, Kraft seiner verfassungsgebenden Gewalt dieses Grundgesetz der Bundesrepublik Deutschland beschlossen. Es hat auch für jene Deutschen gehandelt, denen mitzuwirken versagt war. Das gesamtdeutsche Volk bleibt aufgefordert, in freier Selbstbestimmung die Einheit und Freiheit Deutschlands zu vollenden. [...]

Art. 23: Dieses Grundgesetz gilt im Gebiete der Länder Baden, Bayern, Bremen, Groß-Berlin, Hamburg, Hessen, Niedersachsen, Nordrhein-Westfalen, Rheinland-Pfalz, Schleswig-Holstein, Württemberg-Baden und Württemberg-Hohenzollern. In anderen Teilen Deutschlands ist es nach deren Beitritt in Kraft zu setzen. [...]

Art. 146: Dieses Grundgesetz verliert seine Gültigkeit an dem Tag, an dem eine Verfassung in Kraft tritt, die von dem deutschen Volke in freier Entscheidung beschlossen worden ist.

http://www.verfassungswerkstatt.de (13.5.2009)

7 „Beitrittsbedingte" Änderungen des Grundgesetzes

- Anpassung der Präambel: Die Deutschen in den 16 (!) Ländern haben „in freier Selbstbestimmung die Einheit und Freiheit Deutschlands vollendet. Damit gilt dieses Grundgesetz für das gesamte deutsche Volk."
- Artikel 23, der den Beitritt als Form der (Wieder-)Vereinigung vorsah, wird aufgehoben. Art. 24 und 25 regeln die Integration Deutschlands in einem Vereinten Europa.
- Artikel 51, der die Stimmenzahl im Bundesrat regelt, wird angepasst.
- Artikel 135a bezieht auch die Rechtsträger der ehemaligen DDR ein.
- Artikel 143 bezieht sich auf Rechtsfolgen aus dem Einigungsvertrag und Ausnahmeregelungen mit Übergangsfristen bis zum 31. Dezember 1995.
- Artikel 146 sieht die Möglichkeit des Beschlusses (z.B. über eine Volksabstimmung) einer neuen Verfassung (ggf. unter Wegfall des provisorischen Begriffs Grundgesetz) vor.

Die Gegner einer Einigung gemäß Art. 23 GG konnten sich zwar im Einigungsprozess nicht durchsetzen, erreichen aber, dass in Artikel 5 des Einigungsvertrags der Gesetzgeber aufgefordert wurde, sich innerhalb von zwei Jahren mit allen einigungsbedingten Fragen zur Änderung des Grundgesetzes zu befassen. 1994 war diese Verfassungsreform abgeschlossen. Aber auch diese brachte keine großen Veränderungen. Die überwiegende Mehrheit der Abgeordneten wollten weitgehend am bewährten Grundgesetz festhalten und lehnten eine Volksabstimmung darüber ab. Der nach wie vor bestehende Artikel 146 schließt bis heute eine Verfassungsreform mit Aufhebung des Grundgesetzes zwar nicht aus, er verlange sie aber auch nicht. Damit ist das Grundgesetz nach wie vor die Verfassung der Bundesrepublik.

8 Staatenbund und Volksentscheid

„Drei-Stufen-Plan" zur Einigung der Bürgerbewegung „Demokratie jetzt" vom 14. Dezember 1989:

Nach unserer Überzeugung kann eine „Wiedervereinigung" durch den Anschluss der Deutschen Demokratischen Republik an die Bundesrepublik Deutschland die deutsche Frage nicht lösen. [...] Diese neue Einheit kann nur als Ergebnis eines Prozesses der gegenseitigen Annäherung und der politischen und sozialen Reformen in beiden deutschen Staaten sein. [...]

Erste Stufe: Durchführung grundlegender politischer und gesellschaftlicher Reformen in der DDR in einem Reformbündnis mit unseren osteuropäischen Nachbarn. [...] Einleitung von sozialen und gesellschaftspolitischen Reformen in der Bundesrepublik Deutschland, die zu mehr sozialer Gerechtigkeit, zur deutlichen Dämpfung der Arbeitslosigkeit und zu mehr Umweltverträglichkeit in Produktion und Konsumtion führen. [...] Einberufung einer Deutschen Nationalversammlung aus Bürgerinnen und Bürgern beider Staaten zur Annäherung und demokratischen Willensbildung in der nationalen Frage.

Zweite Stufe: Ausbau des Grundlagenvertrages zwischen der Bundesrepublik und der DDR durch einen Nationalvertrag. Zusammenschluss zu einem Staatenbund und Schaffung einer dualen deutschen Staatsbürgerschaft. [...]

Dritte Stufe: Abschluss der Entmilitarisierung und des Rückzugs der Alliierten Mächte. [...] Volksentscheid über die politische Einheit in einem Bund Deutscher Länder. Schaffung einer einheitlichen deutschen Staatsbürgerschaft. International bindende Verpflichtungen zur Mitwirkung am Entstehen einer neuen solidarischen Weltwirtschaftsordnung. International bindende Verpflichtung zur vollen Realisierung einer umweltschützenden Produktionsweise.

V. Gransow/K. H. Jarausch (Hg.): Die deutsche Vereinigung. Dokumente zu Bürgerbewegung, Annäherung und Beitritt. Köln 1991, S. 110f.

9 Für eine Umgestaltung der DDR

Aus dem Gründungsappell des „Neuen Forums", 9. September 1989:

In unserem Lande ist die Kommunikation zwischen Staat und Gesellschaft offensichtlich gestört. Belege dafür sind die weitverbreitete Verdrossenheit bis hin zum Rückzug in die private Nische oder zur massenhaften Auswanderung. [...] Im privaten Kreis sagt jeder leichthin, wie seine Diagnose lautet und nennt die ihm wichtigsten Maßnahmen. Aber Wünsche und Bestrebungen sind sehr verschieden und werden nicht rational gegeneinander gewichtet und auf Durchführbarkeit untersucht. Auf der einen Seite wünschen wir uns eine Erweiterung des Warenangebots und bessere Versorgung, andererseits sehen wir deren soziale und ökologische Kosten und plädieren für die Abkehr von ungehemmtem Wachstum. Wir wollen Spielraum für wirtschaftliche Initiative, aber keine Entartung in eine Ellenbogengesellschaft. Wir wollen das Bewährte erhalten und doch Platz für Erneuerung schaffen, um sparsamer und weniger naturfeindlich zu leben. Wir wollen geordnete Verhältnisse, aber keine Bevormundung. Wir wollen freie, selbstbewusste Menschen, die doch gemeinschaftsbewusst handeln. Wir wollen vor Gewalt geschützt sein und dabei nicht einen Staat von Bütteln und Spitzeln ertragen müssen. Faulpelze und Maulhelden sollen aus ihren Druckposten vertrieben werden, aber wir wollen dabei keine Nachteile für sozial Schwache und Wehrlose. Wir wollen ein wirksames Gesundheitswesen für jeden; aber niemand soll auf Kosten anderer krankfeiern. Wir wollen an Export und Welthandel teilhaben, aber weder zum Schuldner und Diener der führenden Industriestaaten noch zum Ausbeuter und Gläubiger der wirtschaftlich schwachen Länder werden. [...] Über diese Fragen müssen wir in aller Öffentlichkeit, gemeinsam und im ganzen Land, nachdenken und miteinander sprechen.

Von der Bereitschaft und dem Wollen dazu wird es abhängen, ob wir in absehbarer Zeit Wege aus der gegenwärtigen krisenhaften Situation finden. Es kommt in der jetzigen gesellschaftlichen Entwicklung darauf an,

- dass eine größere Anzahl von Menschen am gesellschaftlichen Reformprozess mitwirkt,
- dass die vielfältigen Einzel- und Gruppenaktivitäten zu einem Gesamthandeln führen.

Wir bilden deshalb gemeinsam eine politische Plattform für die ganze DDR, die es Menschen aus allen Berufen, Lebenskreisen, Parteien und Gruppen möglich macht, sich an der Diskussion und Bearbeitung lebenswichtiger Gesellschaftsprobleme in diesem Land zu beteiligen. Für eine solche übergreifende Initiative wählen wir den Namen NEUES FORUM [...].

Wir rufen alle Bürger und Bürgerinnen der DDR, die an einer Umgestaltung unserer Gesellschaft mitwirken wollen, auf, Mitglieder des Neuen Forums zu werden.

Zit. nach: V. Gransow/K. H. Jarausch (Hg.): a. a. O., S. 601.

10 Für unser Land, 26. November 1989

Aufruf von DDR-Intellektuellen vom 26. November 1989:

Unser Land steckt in einer tiefen Krise. Wie wir bisher gelebt haben, können und wollen wir nicht mehr leben. Die Führung einer Partei hatte sich die Herrschaft über das Volk und seine Vertretungen angemaßt, vom Stalinismus geprägte Strukturen hatten alle Lebensbereiche durchdrungen. Gewaltfrei, durch Massendemonstrationen hat das Volk den Prozess der revolutionären Erneuerung erzwungen, der sich in atemberaubender Geschwindigkeit vollzieht. Uns bleibt nur wenig Zeit, auf die verschiedenen Möglichkeiten Einfluss zu nehmen, die sich als Auswege aus der Krise anbieten.

Entweder:

können wir auf der Eigenständigkeit der DDR bestehen und versuchen, mit allen unseren Kräften und in Zusammenarbeit mit denjenigen Staaten und Interessengruppen, die dazu bereit sind, in unserem Land eine solidarische Gesellschaft zu entwickeln, in der Frieden und soziale Gerechtigkeit, Freiheit des Einzelnen, Freizügigkeit aller und die Bewahrung der Umwelt gewährleistet sind.

Oder:

wir müssen dulden, dass, veranlasst durch starke ökonomische Zwänge und durch unzumutbare Bedingungen, an die einflussreiche Kreise aus Wirtschaft und Politik in der Bundesrepublik ihre Hilfe für die DDR knüpfen, ein Ausverkauf unserer materiellen und moralischen Werte beginnt und über kurz oder lang die Deutsche Demokratische Republik durch die Bundesrepublik Deutschland vereinnahmt wird. Lasst uns den ersten Weg gehen. Noch haben wir die Chance, in gleichberechtigter Nachbarschaft zu allen Staaten Europas eine sozialistische Alternative zur Bundesrepublik zu entwickeln. Noch können wir uns besinnen auf die antifaschistischen und humanistischen Ideale, von denen wir einst ausgegangen sind. Alle Bürgerinnen und Bürger, die unsere Hoffnung und unsere Sorge teilen, rufen wir auf, sich diesem Appell durch ihre Unterschrift anzuschließen.

Berlin, den 26. November 1989

Bernd Lindner: Die demokratische Revolution in der DDR 1989/90. Bonn 1998, S. 118.

11 Für Euer Land, für unser Land.

Erklärung westdeutscher Intellektueller vom 2. Dezember 1989:

Nicht nur Euer Land, die Deutsche Demokratische Republik, steckt in einer tiefen Krise. Entgegen allem Schein des Wohlstandes weiß auch der „Westen" nicht die Zukunftsprobleme zu lösen. Immer mehr, immer schneller, immer naturzerstörerischer – das sind keine Antworten, die zu Hoffnung auf Überleben berechtigen.

In dem entstehenden großmächtigen Wirtschaftskoloss, der Europäischen Gemeinschaft, wird gegenwärtig zum verschärften weltweiten Konkurrenzkampf gerüstet. So werden die ökologischen und die enormen sozialen Probleme immer erneut weiter produziert. Das Wettrüsten und die Konzentration der Rüstungsindustrie werden vorangetrieben, trotz aller Friedensworte der Politiker. Nicht nur Euer Land, Ost und West stecken, wenn auch sehr unterschiedlich, in einer tiefen Krise.

In dieser Situation werden bewusst nationalistische Gefühle angeheizt. Bundeskanzler Kohl hat mit seinem „Zehn-Punkte-Plan“ die „Wiedervereinigung“ zu westdeutschen Bedingungen zum Programm erhoben. Schon heute ist die Bundesrepublik Deutschland in Europa ökonomisch eindeutig überlegen. Eine Vereinigung beider Staaten würde Deutschland zur europäischen Vormacht werden lassen. Damit würde nicht nur Euer Versuch, einen Weg sozialistischer Demokratie aus der Krise Eurer Gesellschaft zu finden, verschüttet. Auch das reformerische Bemühen der sozialen Bewegungen in unserem Lande würde einen schweren Rückschlag erleiden, wenn sich die Kräfte des Kampfes um den Weltmarkt und nicht die für eine humane Gestaltung menschlichen Lebens durchsetzten.

Deshalb stellen wir uns gegen alle Versuche der Vereinnahmung der DDR durch die Bundesrepublik an Eure Seite.

Auf einen realen Pluralismus, der Wege in eine friedliche, ökologische und gerechte Gesellschaft erlaubt, nicht auf ein Europa unbegrenzten Konsums kommt es an. Heute scheint eine Chance hierzu gegeben zu sein: Nicht zuletzt auch dank Eurer gewaltfreien Revolution gegen bürokratische Herrschaft, polizeiliche und politisch-juristische Staatswillkür.

An den Bürgerinnen und Bürgern in West und Ost liegt es nun, die basisdemokratisch-menschenrechtliche Einmischung fortzusetzen. Jede und jeder im eigenen Land, in enger Zusammenarbeit.

Blätter für deutsche und internationale Politik 1/1990, S. 124 f.

12 „Für die Einheit auf die Straße“

Zu den Ereignissen im November 1989 schreibt Fritz Ullrich Fack in einem Leitartikel der Frankfurter Allgemeinen Zeitung am 14. Dezember 1989:

Leipzig ist der Seismograph der politischen Beben, die die DDR seit dem Frühherbst erschüttern. Sie sind nicht abgeklungen, sondern werden jetzt von einem Motiv vorangetrieben, das die Politiker in Ost und West frösteln macht: Der Ruf nach der Einheit Deutschlands wird auf den Demonstrationen von Woche zu Woche lauter.

Nicht die Lust am Protest ist es, was die Menschen mit dieser Forderung auf die Straße treibt, sondern die Sorge, die Wiedervereinigung könne unter dem Druck nationaler und internationaler Gegenkräfte auf Sankt Nimmerlein vertagt werden. Dass die Politik in beiden deutschen Staaten dazu neigt – im einen mehr, im anderen weniger –, ist unverkennbar. Die amtierende Führung der DDR unter Ministerpräsident Modrow und Parteichef Gysi hat nie ein Hehl daraus gemacht, dass sie die deutsche Einheit nicht nur nicht anstrebt, sondern ablehnt. Und der Bundeskanzler äußert sich zu seinem Mehrstufenplan nur noch verhalten. Er weigert sich, irgendeinen Zeithorizont anzugeben, seitdem Verbündete und Nachbarn ihn haben spüren lassen, wie sehr ihnen seine Pläne missfallen. Die verbrieften Zusagen der Westmächte von einst, die deutsche Einheit zu unterstützen, sind brüchig geworden. Die Menschen auf den Straßen der DDR besitzen ein durch lange Jahre der Diktatur geschärftes politisches Bewusstsein. Sie wissen die Erklärungen auch der neuen Politiker, einschließlich der jäh zu politischem Leben erwachten ehemaligen Blockparteien und der Opposition, richtig zu deuten: Nicht nur sozialistisch soll der Staat der Zukunft sein, sondern auch eigenständig und unabhängig. Wenig Aussicht also, die bedrückenden Lebensverhältnisse grundlegend zu verbessern. Wenig Hoffnung auch, den reichen Nachbarn im Westen stärker in Anspruch nehmen zu können. Denn jeder kann sich ausrechnen, dass die Landsleute in der Bundesrepublik wenig geneigt sein werden, dauerhaft einen Staat zu alimentieren, der sich selbst als „sozialistische Alternative“ zur Gesellschaftsordnung des Nachbarn begreift.

Die Menschen auf den Straßen Leipzigs haben erkannt, dass nur ein gesamtdeutscher Staat sich ihrer Bedrängnisse wirksam annehmen könnte, ja müsste, wenn er denn – nach dem Verfassungs-Vorbild der Bundesrepublik – für halbwegs gleiche Lebensverhältnisse in allen Landesteilen zu sorgen gehalten wäre. Nur auf diese Weise könnten der große Ressourcen-Transfer und ein Strom von privatem Kapital, Wissen, Organisationstalent und Unternehmungsgeist in Richtung DDR in Bewegung kommen. Mit ein paar Hermes-Milliarden oder Staatskrediten und einigen inmitten der Staatswirtschaft dahindümpelnden Gemeinschaftsunternehmen (Zauberwort: Joint ventures) ist hingegen angesichts des gigantischen Ausmaßes der Misere so gut wie nichts zu bewirken.

Das alles haben die Menschen vor Augen, die heute im Osten nach der deutschen Einheit rufen. […]

Unter diesen Umständen und angesichts des wirksamen Drucks, der auf die politische Führung der Bundesrepublik ausgeübt wird, halten tatsächlich die Menschen in Leipzig, Dresden oder Ost-Berlin das künftige Schicksal der Nation in ihren Händen. Nur wenn wenigstens ein Teil der Gegenkräfte davon überzeugt werden kann, dass die Stimmung der geschundenen Halbnation in der DDR explosiv werden könnte, falls die Einigung weiterhin so rigoros blockiert wird, besteht Hoffnung auf Einsicht und vielleicht auch auf Umkehr. Dass dazu Geduld nötig ist, dass der Prozess der Einigung nicht von heute auf morgen zum Ziele führt und die misstrauischen Nachbarn geduldig von seiner Richtigkeit überzeugt werden müssen, wird niemand bezweifeln.

Es geht allein darum, den Deutschen die Gewissheit zu geben, dass ihr Wunsch nach staatlicher Einheit definitiv Gehör finden wird – morgen und nicht erst an Sankt Nimmerlein.

Frankfurter Allgemeine Zeitung vom 14. Dezember 1989

50 Pf

B.Z.

BINGO

In 9 Tagen wählt Berlin

Die größte Zeitung Berlins

39 81 29 48 50 95 42 66 70

Erich Honecker zerstört jeden Funken Hoffnung:

Die Berliner Mauer bleibt noch 100 Jahre!

13 Titelblatt der Berliner Zeitung (B. Z.) vom 20. Januar 1989. Erich Honecker im Gespräch mit dem sowjetischen Außenminister.

14 Deine 100 Jahre waren aber schnell vorbei, Erich! Karikatur aus der Stuttgarter Zeitung, 16. November 1989

15 Außenblick auf das vereinigte Deutschland

Das vereinigte Deutschland „von außen gesehen“ hat seine Rolle im Gefüge des europäischen Einigungsprozesses gefunden: als Stabilitätsfaktor und als Motor für ein erweitertes, vereintes Europa – nicht zuletzt wegen des beschrittenen Weges nach Art. 23 GG, andernfalls hätte die Bundesrepublik in der Außensicht völkerrechtliche und sicherheitspolitische Fragen provoziert. Anne-Marie Le Gloannec bewertet den Einigungsvorgang als „erstaunlich erfolgreich und reibungslos“, denn „unbestreitbar brachte die Vereinigung eine Normalisierung mit sich, in dem die Bundesrepublik ein Nationalstaat wurde: Jetzt verschwanden die Dilemmata der Bundesrepublik als Teilstaat einer deutschen Nation. […] Normalisierung bedeutet nicht, dass die Bundesrepublik im Hinblick auf ihre Vergangenheit eine normale Nation geworden wäre. In dieser Hinsicht wären beide Begriffe irreführend, weil sie einfach zu einer Exkulpation, einer Entlassung aus der Verantwortung, einer Entsorgung der Geschichte führen könnten. […] Die Teilung, die der Faktor einer Destabilisierung hätte sein können, wurde überwunden und dieser Einschnitt wurde keineswegs ein Faktor der Destabilisierung.“

Symposium der bayerischen Landeszentrale für pol. Bildung, Berichtsband 2000, S. 379 ff.

Arbeitsvorschläge

a) Bewerten Sie, ausgehend von M 5 bis M 7, den verfassungsrechtlichen Weg der deutschen Vereinigung. Diskutieren Sie, ob es Ihrer Ansicht nach eine bessere Alternative gegeben hätte.

b) Beschreiben Sie die Haltung des „Neuen Forums“ zu den Verhältnissen in der DDR einerseits und der Bundesrepublik andererseits. Erörtern Sie die politische Wirksamkeit des Gründungsappells in der DDR-Bevölkerung zu diesem Zeitpunkt des Einigungsprozesses (M 9).

c) Vergleichen Sie die Haltung westdeutscher und ostdeutscher Intellektueller zur Frage der Zukunft Deutschlands und stellen Sie Gemeinsamkeiten fest. Gab es auch Unterschiede (M 10, M 11)?

d) Erstellen Sie eine Übersicht über die verschiedenen Einstellungen zur deutschen Vereinigung (M 1–M 4, M 8–M 11).

e) Setzen Sie sich mit den Aussagen von M 12 angesichts der Gesamtsituation der „friedlichen Revolution“ im November 1989 auseinander.

6.6 „Ostalgie"? Die Problematik der Geschichtserinnerung an die DDR

Individuelle und kollektive Geschichtserinnerung

„Am allerschönsten in meinem ganzen Leben war der 9. November [...] Wir gingen zur Friedrichstraße, weil sie im Fernsehen gesagt hatten, dass die Grenze aufgeht. Wir wollten es nicht glauben, und meine Mutter hatte gesagt: ‚Wenn ihr rüberdürft – ihr geht nicht! Wer weiß, ob das nur für die Ausreiser ist, und ihr dürft vielleicht nicht zurück.' Dann haben die Menschen dort mit den Grenzern diskutiert. Und Punkt Null Uhr kam ein Oberst und sagte: ‚Die Grenze ist offen.' Dann sind wir zum Zoo gefahren. Mitten in der Nacht. Aber wir waren nicht müde. Als wir da ausstiegen, das war ein Aufatmen in mir – jetzt bist du wirklich in der Welt. Die Gedächtniskirche bei Nacht, das war so beeindruckend. Dann kamen die ganzen Ostautos. Die Leute haben getanzt auf den Autodächern mit Sekt in der Hand. Das war ganz irre. Dann bin ich zu meiner Tante, die vor drei Jahren rübergegangen war. Die wurde leichenblass, denn die dachte, wir sind abgehauen. Aber als wir ihr alles erzählten, hat sie sich sehr gefreut. Wir blieben dann bis fünf Uhr früh. Und ich ging pünktlich in die Schule. Ich werde das nie mehr vergessen [...]" (V. M. Bacht: Wir denken erst seit Gorbatschow. Protokolle von Jugendlichen aus der DDR. Recklinghausen 1990, S. 34 f.)

So erzählt ein 17-jähriger Ost-Berliner über das Erlebnis der Öffnung der Berliner Mauer – ein Beispiel individueller Geschichtserinnerung eines 17-Jährigen. Ein 70-Jähriger würde wohl anderes und anders berichten, eine Mutter mit Kind ebenso wie ein SED-Funktionär. Die Mechanismen des Erinnerns werden bestimmt von persönlichen, politischen, sozialen, intellektuellen usw. Dispositionen dessen, der das Geschehen erlebt und berichtet. Das ist also individuelle Geschichtserinnerungen. Aber was ist eine kollektive Geschichtserinnerung? Gibt es ein gemeinsames Erinnern? Was unterscheidet individuelles und kollektives Gedächtnis? Eine Nation, eine Institution, sie haben kein Gedächtnis, aber sie „schaffen" sich als Kollektive eines, indem sie Monumente, Orte, Riten, Bilder, Texte und Symbole zu gemeinsamen Geschichtserinnerungen „machen". Diese Geschichtserinnerung ist nicht mehr unwillkürlich, sie ist eine Konstruktion, ein Gedächtnis des bewussten Wollens und der kalkulierten Auswahl. Lange Zeit waren die Kriterien der Auswahl bestimmt

1 Gedenkstein für die Opfer des Speziallagers Nr. 1 in Mühlberg

von den großen Erfolgen, siegreichen Schlachten und Kriegen, aber auch deren tapferen Opfern und tragischen Niederlagen. Denn daran zu erinnern schwächt nicht, es „stählt" eine Nation und deren Bevölkerung.

Scham und Schuld: Nationalsozialismus und DDR-Diktatur

Anders ist es mit Momenten der Schuld und Scham, denn sie können nicht in ein positives kollektives Selbstbildnis integriert werden, sie passen nicht in das heroische Bild und werden daher gerne bewusst dem Vergessen anheimgegeben.
Das zeigte sich sowohl in der Aufarbeitung der nationalsozialistischen Verbrechen in der frühen Bundesrepublik wie auch in der retrospektiven Betrachtung der Geschichte der DDR nach der Wiedervereinigung. In der Bundesrepublik ist dafür die mühsame Entwicklung der Gedenkstätte Dachau und anderer Konzentrationslager ein für das Verhältnis der Westdeutschen zur NS-Vergangenheit aufschlussreicher Vorgang.
Heute hat die Bundesrepublik allerdings eine breite Gedenkstättenkultur zu den verschiedensten Aspekten des Nationalsozialismus. Denn die Zeit des Nationalsozialismus gilt für das deutsche Geschichtsbewusstsein als herausragende Epoche, obwohl verschiedentlich auch die Meinung vertreten wird, eine zu starke Fixierung darauf würde der gesamten deutschen Geschichte nicht gerecht.
Seit dem Ende der SED-Diktatur ist auch die Vergangenheit der DDR ein wichtiges Thema der öffentlichen Diskussion sowie der wissenschaftlichen Aufarbeitung. Dabei geht es nicht nur darum, Opfern zu helfen, erlittenes Unrecht „wiedergutzumachen", sondern auch Erinnerungsarbeit zu leisten und eine kollektive Erinnerungskultur zu schaffen. Dafür gibt es zahlreiche authentische Orte des Unrechtsgeschehens: u.a. in und um Berlin (z.B. Hohenschönhausen), in Neubrandenburg, Eisenhüttenstadt, Leipzig, Dresden oder Bautzen. So entstanden vielfache Präsentationen der DDR-Repressionsgeschichte, die heute ein kollektives Geschichtserinnern ermöglichen.

Geschichtserinnerung an zwei Diktaturen

Auf der anderen Seite ist der öffentliche Umgang mit der Vergangenheit der DDR ein kontrovers diskutiertes Thema. Denn der DDR-Bürger hat anders als der Bürger der Bundesrepublik zwei Diktaturen in der Vergangenheit erlebt, die sich zwar in bestimmten Bereichen vergleichen ließen, in vielen anderen aber nicht – wie z.B. der kriminellen Energie und der Einzigartigkeit der Verbrechen. Beide Systeme waren eben nicht gleich. Aber Gedenkstätten wie Bautzen haben beiden Diktaturen als Gefängnis gedient, es sind daher beide Vergangenheiten durch die Zellen, Foltermethoden und andere Exponate präsent. Dieses vergegenwärtigte Konkurrenzverhältnis kann dazu führen, durch die Beschäftigung mit der DDR-Diktatur und ihren Methoden den Nationalsozialismus zu relativieren, wie auch umgekehrt eine Fixierung auf die NS-Diktatur eine Verharmlosung des SED-Systems zur beabsichtigten Folge haben könnte.

Alltagsgeschichte

Ein anderes Problem der kollektiven Geschichtserinnerung an die DDR wird vielfach als „Spagat" zwischen Repressionsgeschichte und Alltagsgeschichte bezeichnet. Denn die Realität in der DDR bestand nicht nur aus dem Gegensatz von Tätern und Opfern, sondern die Mehrheit der Bevölkerung hatte sich mehr oder weniger dem System angepasst, ohne in der einen oder anderen Richtung besonders aktiv zu werden. Deren individuelle Geschichtserinnerung unterschied sich deutlich von den Tätern und Opfern und es ist die Aufgabe einer umfassenden Erinnerungskultur, auch diese im kollektiven Gedächtnis zu bewahren.
Diese „Nischengesellschaft" tendierte nach der Wende vielfach dahin, „nicht alles als schlecht" in der eigenen Vergangenheit zu empfinden und wollte daher mög-

lichst viel aus der DDR durch eine Musealisierung der Alltagskultur bewahren. Das Problem der kollektiven Alltags-Geschichtserinnerung besteht darin, dass zwar nicht alle „Nischen" des Lebens von Partei und Stasi durchdrungen waren, sich aber nicht völlig vom politischen System abtrennen lassen.

„Ostalgie"

Ausgehend von der Rückbesinnung auf die Alltagskultur der DDR-Gesellschaft entstand in Ostdeutschland nach etwas mehr als einem Jahrzehnt Begegnung und Erfahrungen mit der „alten" Bundesrepublik eine neue Form der „Geschichtserinnerung", die sogenannte „Ostalgie". Abgeleitet von dem Begriff Nostalgie soll damit eine „unbestimmte Sehnsucht an in der Erinnerung sich verklärende Zustände und Erlebnisse in der DDR" ausgedrückt werden. Ohne die Seiten der Repression und des Unrechts zu integrieren, wird eine romantisierende, verharmlosende, friedliche Erinnerung an die DDR geschaffen. Anspruch und Wirklichkeit des „real existierenden Sozialismus" überlagerten sich, wohlweislich oftmals ohne diese zu reflektieren.
Obwohl sich die „Ostalgie" bald auch kommerziell auf Herstellung und Kauf von Ostprodukten erstreckte und von den Medien durch Filme und Berichte große Verbreitung fand, ist es aber nicht so, dass diese Art der „Geschichtserinnerung" die individuelle oder kollektive Erinnerung aller Bewohner der ehemaligen DDR an die oftmalige Mühsal des Alltags und an die Repression allgemein ersetzte oder abwertete.

2 DDR-Nostalgie in der Marktwirtschaft
Längst sind verklärte Bilder der realsozialistischen Vergangenheit von der Werbung, der Medienbranche und der Politik entdeckt worden. Zwei Beispiele: CD-Cover für DDR-Kinderlieder (1999) und ein Memo-Spiel „DDR-Design" (2008).

Geschichte erinnern: Individuelle und kollektive Geschichtserinnerung an die DDR

Im März 2009 brachte die Süddeutsche Zeitung anlässlich des 20. Jahrestages des Mauerfalls und der deutschen Einigung mehrere Artikel, die sich mit dem Einheitsgedanken der DDR-Bürger, mit der Frage des Unrechts-Staates DDR, mit der Möglichkeit von Alternativen zum Einigungsprozess und mit Problemen der Gestaltung von Gedenkstätten der kollektiven Geschichtserinnerung beschäftigen. Sie sind Beispiele für die Problematik der Geschichtserinnerung an die DDR-Diktatur.

6

3 Stets ein Volk von Brüdern?

Unstimmigkeiten über den Drang nach der deutschen Einheit

Über eine Tagung zum Thema „Die Deutsche Frage in der SBZ und DDR" berichtet Franziska Augstein:

Fast alle Menschen verklären die eigene Vergangenheit. Mitunter kommt es vor, dass Dritte diese Korrektur im Namen der einstigen Akteure betreiben. Die Erinnerung an das Jahr 1989 ist ein Beispiel dafür. [...] Die Veranstalter [...] wollten klären, inwieweit die Ereignisse vor 1990 die deutsche Einheit vorbereiteten. Den Geist, der die Tagung bestimmte, fasste der westdeutsche Historiker Daniel Friedrich Sturm provokant so zusammen: Im Nachhinein sollen „alle Deutschen. [...] für die deutsche Einheit" gewesen sein, und „alle Ostdeutschen" seien „zu den Oppositionellen gependelt".

Viele Akteure von einst waren geladen, vor allem ehemalige Bürgerrechtler. Auch wenn sie nicht ausdrücklich aufgerufen waren, sich zu rechtfertigen, fühlten sich doch fast alle am Portepee gepackt. Sie spürten: Wer nun zugibt, die Wiedervereinigung vor 1990 nicht ersehnt zu haben, könnte sich unbeliebt machen, wenn nicht beim Moderator, dann doch wenigstens in Anbetracht des waltenden Zeitgeistes. [...]

Hermann Weber, ein früh bekehrter Kommunist und bis zu seiner Emeritierung 1993 Professor für Politik und Zeitgeschichte in Mannheim, beschrieb den 17. Juni 1953 als Manifestation des ostdeutschen Willens, die Vereinigung mit Westdeutschland herbeizuführen. Er erwähnte einen Mann, der am 17. Juni freie Wahlen gefordert habe. Damit habe er, so Weber, die deutsche Einheit gefordert. Die Schlussfolgerung ist nicht zwingend. [...] Aber die Idee passt heute so gut ins nationalpatriotische Konzept, dass sie schon deshalb immer wieder vorgetragen wird.

Der Schriftsteller Erich Loest versuchte dem Publikum klarzumachen, warum das DDR-Volk sich nicht nach der deutschen Einheit gesehnt habe: „Die guten Genossen, und es gab viele, haben versucht, die Spaltung hinzunehmen." Und nach dem Bau der Mauer habe die Indoktrination ihre Wirkung getan: Helgoland und der Schwarzwald seien in den Schulbüchern nicht mehr vorgekommen. An den Universitäten wurde gelehrt, dass es zwei deutsche Literaturtraditionen gebe: eine ostdeutsche und eine westdeutsche. Vierzehn Jahrgänge, sagte Loest, seien so erzogen worden. [...] Er war von 1957 bis 1964 im Gefängnis. An DDR-Nostalgie leidet er wirklich nicht. Aber die Stilisierung der Deutschen in Ost und West zu einer Nation, die sich stets die Einigung gewünscht habe, hält er für lächerlich.

Gerd Poppe, Vorstandsmitglied der „Bundesstiftung Aufarbeitung", erklärte: Kein DDR-Bürger habe sich „in der Teilung einrichten können". Auf ihn traf das gewiss zu: Nach seinem Protest gegen die Ausbürgerung Wolf Biermanns 1976 durfte er den ihm versprochenen Platz in der Akademie der Wissenschaften nicht mehr einnehmen. Dass andere DDR-Bürger, die so eine Erfahrung nicht gemacht hatten, in ihren staatsfernen „Nischen" ganz gut lebten, sagte Markus Meckel, ein Initiator der DDR-SPD. [...] Die Bewegung „Demokratie Jetzt", der Konrad Weiß angehörte, war schon 1989 für die deutsche Einheit: Doch auch Weiß strebte zunächst eine Demokratisierung der DDR an, um dann „auf Augenhöhe" mit der Bundesrepublik zu verhandeln. Mit der schnellen Einigung, sagte er, sei der „Prozess des Mündigwerdens" unterbrochen worden.

Rainer Eppelmann, ehrenamtlicher Vorsitzender der „Bundesstiftung Aufarbeitung", glaubt, er hätte sich wohl mehr mit der deutschen Frage befasst, wenn die politischen Verhältnisse es zugelassen hätten. Aber: „Wir waren nicht so scharf darauf, in den Knast zu kommen." Ehrhart Neubert, Gründungsmitglied der Partei „Demokratischer Aufbruch", beschrieb die damals übliche Haltung: „Es war strategisch und inhaltlich schwierig, über die deutsche Frage zu reden." Die Abschaffung der DDR wäre eine „unmögliche Maximalforderung" gewesen: „Das war auch verinnerlicht."

Damit hat Ehrhart Neubert das Problem auf den Punkt gebracht. Dem zum Trotz, was damals verinnerlicht war, werden die Ostdeutschen heute eingeladen, sich irgendwie doch daran zu erinnern, dass sie die deutsche Einheit wollten und sei es, ohne es sich selbst einzugestehen. Manche nehmen diese Position auch ein, andere fühlen sich vereinnahmt. Reinhard Schult, Gründungsmitglied des „Neues Forum“, beharrte: „Die Demokratie im Westen erschien uns nicht erstrebenswert.“ [...] Von dem Umstand, dass die meisten DDR-Bürger 1989 vor allem frei reisen und am westdeutschen Wohlstand teilhaben wollten, war während der Tagung nur am Rande die Rede.

Süddeutsche Zeitung Nr. 49, vom 28. Februar/1. März 2009, S. 15.

5 Die Diktatur, die eine sein wollte

Der Begriff „Unrechtsstaat“ verdeckt die Paradoxie der DDR

Dazu schreibt Jens Bisky am 4. März 2009:

[...] Für die Öffentlichkeit, für den an historischer Erkenntnis und mithin an Historisierung Interessierten wird in dieser Debatte [über die Frage „Unrechtsstaat oder nicht?“, der Verf.] wenig gewonnen. Zu eingefahren sind die Reflexe, zu allgemein ist das Wort „Unrechtsstaat“ gefasst, wenn es weiter nichts bezeichnet als die Differenz zum demokratischen Rechtsstaat Bundesrepublik. Über diese Unterschiede muss man nicht lange debattieren, die DDR selbst hat großen Wert auf diese Differenz gelegt. Jeder lernte in der Schule, dass er in einer Diktatur lebt, in der „Diktatur des Proletariats“. [...] Die Propaganda legte großen Wert darauf, die Unterlegenheit der „bürgerlichen Demokratie“ zu demonstrieren. Man kann der DDR manches nachsagen – aber ein demokratischer Rechtsstaat im Sinne des Grundgesetzes wollte sie nie sein.

4 Erinnerung an die DDR

Karikatur, 2002

6

Der Repressionsapparat, allen voran das Ministerium für Staatssicherheit, waren richterlicher Kontrolle entzogen. Gummiparagraphen gegen Sabotage, Hetze, „asoziales Verhalten", Rowdytum, „ungesetzliche Verbindungsaufnahme" und dergleichen rechtfertigten politische Willkürurteile. […]
Aber es geht im Schlagabtausch um die Frage „Unrechtsstaat oder nicht?" weniger um Anspruch und Wirklichkeit der DDR als darum, wie abscheulich diese gewesen sei. So abstoßend doch immerhin, dass ihre Bürger die erste historische Gelegenheit wahrnahmen, sie abzuschaffen. Vom „Intermezzo der ostdeutschen Satrapie" spricht Hans-Ulrich Wehler in seiner Gesellschaftsgeschichte. Wie unter diesem Repressionsregime, das „in jeder Hinsicht in eine Sackgasse" (Wehler) führte, dennoch Hochachtung für Bürgerrechte, Sehnsucht nach Demokratie und die Forderung nach Rechtsstaatlichkeit aufkamen, wäre eine Frage, über die – zumal im Jubeljahr 2009 – zu diskutieren sich lohnte. Erzählt man die DDR-Geschichte als Geschichte der Selbstbefreiung, der Emanzipation einer Gesellschaft von den Zumutungen der Parteidiktatur, so gewinnt man dabei freilich keine Kampfbegriffe.

Süddeutsche Zeitung Nr. 52 vom 4. März 2009, S. 11.

6 Mein Westen

„Die deutsche Einheit vollenden" – was um Himmels willen soll das heißen? Eine Erinnerung an den Beitritt der DDR zur BRD
Der in Dresden geborene Schriftsteller Ingo Schulze meint dazu in der Wochenendausgabe SZ vom 7./8. März ´2009:
Zurzeit erhalte ich fast täglich Einladungen zu Veranstaltungen, die dem Herbst ´89, dem Mauerfall und den nachfolgenden Ereignissen gewidmet sind. Einer ganzen Reihe von Kolleginnen und Kollegen geht es ähnlich. Nicht nur hierzulande oder in den Goethe-Instituten sind wir gefragt, auch internationale Festivals, Universitäten, Lehrerkongresse und Buchmessen haben das Thema im Angebot. Diese Aufmerksamkeit könnte ein Grund zur Freude sein. Das Unbehagen beginnt jedoch mit den vorab zugeschickten Fragen. Die beliebteste: Wie haben Sie den 9. November erlebt? Ich habe keine besondere Geschichte zu bieten und versuche stattdessen, über den 9. Oktober zu sprechen, den entscheidenden Tag im Herbst ´89, von dem an alles anders wurde. Die zweite Frage: Wie sehen Sie die deutsche Einheit, ist sie vollendet? Es war ein Beitritt, der Beitritt der DDR zur BRD, und der war schnell vollendet. „Liebe Leute, es handelt sich um einen Beitritt der DDR zur Bundesrepublik … Wir fangen nicht ganz von vorn bei gleichberechtigten Ausgangspositionen an", zitiert sich Wolfgang Schäuble rückblickend selbst.
An der dritten Frage merke ich dann, dass ich falsch abgebogen bin: Was muss getan werden, um die Einheit zu vollenden? Was um Himmels willen soll „Einheit vollenden" bedeuten? Anders als in Belgien, Großbritannien, Italien, Spanien oder Kanada gibt es in Deutschland keine Separationsbestrebungen. Könnten damit Forderungen nach gleichen Tarifen und Abrechnungsmodi in Ost und West nach fast neunzehn Jahren staatlicher Einheit gemeint sein? […] Was waren die Ursachen, dass es in Deutschland keine Vereinigung gab, sondern einen Beitritt? […] Die DDR-Oberen fühlten sich unangefochten als „Sieger der Geschichte". Bis zum Schluss war die DDR eine Diktatur, jedoch eine, die sich unblutig, ja weitestgehend friedlich abschaffen ließ. Das ist das Verdienst von beiden Seiten, das der gewaltlosen Demonstranten, aber auch das einiger verantwortlicher Köpfe im Staats- bzw. Parteiapparat, die sich durchsetzen konnten. Die sich formierende Opposition war wohl selbst am meisten überrascht über ihre Erfolge.
Dementsprechend unvorbereitet war sie auch. […] Was gebraucht wurde, war eine Übergangszeit. Aber dazu fehlte dem Regierungslager der politische Wille. Es war leichter, eine Bevölkerung, die Mangelwirtschaft erlebt hatte, zum Luxus zu überreden und ihr zu Beginn der großen Ferien auch noch die D-Mark eins zu eins auszuzahlen, bei Ersparnissen über 4000 Mark dann eins zu zwei. Und das Gros der DDR-Bevölkerung war nur zu bereit, an den Weihnachtsmann zu glauben; obwohl jede und jeder wissen konnte, dass der eigene Betrieb nicht plötzlich D-Mark zahlen konnte, dass er innerhalb weniger Wochen oder Monate zusammenbrechen würde. […]
Mit einer Übergangszeit hätte man den Ostdeutschen etwas abverlangt, Wähler verprellt, sich hier und da Konkurrenz, Wettbewerb auf den Hals geladen, und sich auch Gedanken darüber machen müssen, wie man das Lohndumping der Ostdeutschen im Westen verhindert hätte. Da war es einfacher, die Probleme zu verschieben. […] Heute glaube ich, dass eine Übergangszeit vor allem eines ermöglicht hätte: Der Überrumplung zu entgehen, zur Besinnung zu kommen, nachzudenken und tatsächlich eine Vereinigung vorzubereiten. Die Vereinigung mit dem Osten wäre für den Westen die Chance gewesen, bisherige Praktiken zu überdenken und sich selbst zu wandeln. […]

Süddeutsche Zeitung Nr. 55 vom 7./8. März 2009, S. 13.

7 Neunzehn Meter Erinnerung

Schulklassen pilgern hierher, Opfer der Diktatur und Touristen aus aller Welt. Wie man künftig an der Bernauer Straße in Berlin Mauer und Teilung erspüren soll, darum wird jetzt wieder heftig gestritten, auch wenn der Schrecken von einst ohnehin nicht rekonstruierbar ist.
Evelyn Roll schreibt dazu am 2. März 2009:
Berlin. Es ist wieder einmal Streit in der Stadt. Dieses Mal geht es um eine Lücke, um eine Lücke in der Berliner Mauer. Und vielleicht kann man die folgende Geschichte

nur verstehen, wenn man nicht vergisst, dass Berlin eine traumatisierte Stadt ist. [...] Weswegen im zwanzigsten Jahr des Mauerfalls auf einmal so plötzlich wie unversöhnlich und vehement darüber gestritten wird, ob an der Bernauer Straße ganz unbedingt neunzehn Meter Mauer rekonstruiert werden sollen, oder ob man das auf überhaupt keinen Fall tun darf. [...]
Bernauer Straße im März 2009: Eine Gruppe japanischer Touristen steht vor einer haushohen, rostbraunen Stahlwand. Sie fotografieren sich gegenseitig und staunen, wie hoch und glatt diese Berliner Mauer gewesen ist. Eigentlich müsste man sofort zu ihnen gehen und erklären, dass diese Stahlwand gar nicht die Mauer ist, sondern der Teil eines etwas missratenen Mauer-Denkmals der Stuttgarter Architekten Kohlhoff & Kohlhoff, [...] Die beiden acht Meter hohen rostigen Metallwände, die an der Bernauer Straße quer zum eigentlichen Grenzstreifen gestellt wurden, sollten, so war die Idee, die Todeszone zwischen der „Hinterlandmauer“ und dem „Vorderen Sperrelement“ symbolisch einfangen und zugleich unendlich machen, weil Mauern und Todesstreifen sich auf der reflektierenden Stahlfläche spiegeln sollten. Leider hat es nicht funktioniert. Der Stahl reflektiert gar nichts, weil er stumpf geworden ist. Und die Japaner verstehen auch nicht, wo sie sind.
Also bitte, Damen, und Herren japanische Touristen, könnte man zum Beispiel sagen, schauen Sie doch wenigstens nur einmal durch die Sichtschlitze, die Kohlhof & Kohlhof ausgeschnitten haben aus der durch die Riesenwände zugegeben, etwas ins Überwindbare und Bauzaunläppische verniedlichten Originalhinterlandmauer. Da sehen sie dann die Peitschenlampen, den Original-Trafokasten, den Patrouillenweg ... Und bald soll hier auch noch ein richtiger DDR-Originalwachturm hineingestellt werden.
Es ist nun aber so: Selbst wenn hinter den Sehschlitzen noch eine Hundelaufanlage aufgebaut würde, Stacheldraht und Sperrelemente, die perfekte Disneymauer also, die japanischen Touristen könnten den Schrecken der Berliner Mauer trotzdem nicht erkennen. Der Schrecken dieser Mauer ist nicht rekonstruierbar. Er bestand ja darin, dass jeder erschossen wurde, der sich in den Todesstreifen wagte.
Man kann also auch aufhören, sich mit Berlintouristen zu identifizieren, die es so genau ja auch gar nicht wissen wollen. Man könnte versuchen, sich erst einmal selber zu orientieren. Was schwer genug ist. [...] Was man gleich erkennt, und was den unschätzbaren Wert der Bernauer Straße heute ausmacht, sind immerhin 210 nahezu geschlossene Meter Mauerreste vom sogenannten vorderen Sperrelement der letzten Generation. Diese Mauer ist nur unterbrochen vom rätselhaften Mahnmal, von einem noch rätselhafteren, gemauerten Backsteinportal, das aussieht wie der Eingang zur DDR, und einer Lücke von etwa 19 Metern.
Und das ist die Lücke, um die der Streit geht. [...] Die Mauer-Lücke soll mit Metallstäben gleichzeitig durchlässig gehalten und markiert werden, was eine denkmalpflegerisch saubere und, wie man inzwischen schon auf einigen Metern sehen kann, ästhetisch auch sehr interessante Lösung ist [...]
Dann aber hat eine Marktanalyse [...] gezeigt, was alle in Berlin längst wissen: Die Touristen der Welt sind enttäuscht von der Mauer, davon, dass sie in Berlin so wenig Originalmauer zu sehen bekommen.
Es ist tatsächlich nicht ganz einfach, zwanzig Jahre danach jenseits von East Side Gallery im Friedrichhain, Topographie des Terrors in Mitte und Bernauer Straße back stage Mitte überhaupt noch Spuren der Mauer zu finden. Die meisten Touristen machen also am Checkpoint Charly ein Foto mit einem als Amerikaner oder Sowjetsoldat verkleideten Studenten und beschweren sich. Das Westin Grand Hotel in der Friedrichstraße hat deswegen schon ein Original Mauer-Segment in seine Lobby gestellt. Wer im Gedenkjahr 2009 ein Arrangement bucht, bekommt einen Helm, dazu Hammer und Meißel, sehr witzig. Und dann darf er sich ein Mauerspecht-Stück abhacken.
Den meisten Berlinern und vor allem dem damaligen Diepgen-Senat konnte es im Jahr 1989 ja nicht schnell genug gehen, die verhasste Mauer endlich niederzureißen und aus dem Stadtbild zu entfernen, im Triumph. Nur die Besonnenen widersetzten sich und dachten damals schon an die Nachwelt, den Denkmalschutz, die Touristen. Jetzt denken plötzlich alle an die Nachwelt, den Denkmalschutz, und vor allem an die Touristen [...] Und deswegen wollen sie die Lücke an der Bernauer Straße wieder schließen. [...]
Der wissenschaftliche Beirat hat [...] die Empfehlung ausgesprochen, die Lücke in der Berliner Mauer zu lassen. Wenn alles fertig ist, hieß es, und wenn es dann in drei bis siebzehn Jahren den Touristen immer noch nicht passt, könne man ja immer noch einmal darüber reden. Alle freuen sich schon drauf.

Süddeutsche Zeitung Nr. 50 vom 2. März 2009, S. 3.

8 … zwanzig Jahre nach dem Fall der Mauer: eine Bilanz von Freya Klier

Freya Klier (4. Februar 1950 Dresden) – Schriftstellerin, Regisseurin, Teil des Widerstandes gegen das DDR-Unrechtssystem, von Bespitzelung, Berufsverbot, Haft und zwangsweiser Ausbürgerung betroffen. Ihr scharfer Blick richtet sich gegen DDR-Nostalgie, gegen die Überführung ihrer Staatssymbole in die Pop-Kultur, gegen die ehemalige DDR-Machtelite, die heute in Deutschland weiterhin nach Einfluss drängt. Sie ist eine an Schulen gefragte Zeitzeugin – allein ihre Biographie ist ein abendfüllendes Programm. Sie handelt konsequent nach dem elften Gebot „Du sollst Dich erinnern!" und meint, wer seine Vergangenheit nicht kennt, lernt nichts für die Zukunft! Wortgewaltig tritt sie gegen die Verharmlosung der sozialistischen Diktatur in der DDR auf. Aktuell beklagt sie, dass „SED-treue Lehrer ihren Einfluss wieder ausbauen" (Die WELT vom 8. August 2008). Ihre Bilanz zwanzig Jahre nach dem Mauerfall:*

Seit zwanzig Jahren wird um die Deutungshoheit von DDR-Geschichte gerungen. Und eben seit dieser Zeit beklagt die SED/PDS/Linkspartei, man hätte die Eliten der DDR nach der Wende ins Nichts gestoßen. Ich halte dagegen: Nicht nach der Wende sind die DDR-Eliten ins Nichts gestoßen worden, sondern während einer 40-jährigen Diktatur – sie flogen aus Gymnasien und Universitäten, verloren ihre Berufe, haben die Gefängnisse gefüllt und die Züge in Richtung Westen. Ein Exodus von mehr als 3 Millionen DDR-Bürgern war zu beklagen, darunter ein großer Teil unserer kritischen Intelligenz. Hier sind ganze Generationen abgetragen worden – von Ernst Bloch bis zu Armin Mueller-Stahl oder Reiner Kunze. Die Vaclav Havel-Generation der DDR war am Ende kaum noch auffindbar. Damit wurde aber eine Schicht ausgedünnt, die ich die Hefe einer jeden Gesellschaft nenne und ohne deren Glaubwürdigkeit und Engagement der Wechsel von einer Diktatur in die Demokratie nur schwer zu leisten ist. Nicht, dass wir uns falsch verstehen: Solche Menschen gibt es noch heute im Osten, doch es sind zu wenige, um diesem nach vielen Tausenden zählenden und optimal platzierten Genossenheer mit Aufklärung und Widerstand erneut wirksam entgegenzutreten, den selbstgewebten Mythen der Funktionäre aus den Machtapparaten der DDR, aus Wirtschaft und Wissenschaft, Schule, Armee und Staatssicherheit. Der intellektuelle und moralische Kahlschlag schwingt bis heute im Osten nach, und er belastet die gesamtdeutsche Entwicklung. Die sich nach dem Mauerfall fortsetzende Abwanderung ist eine Folge davon, die fortwirkende Verklärung in den Schulen auch. […]

Wir schauen auf zwanzig bewegte, doch auch ruhige Jahre zurück. Viele politisch notwendige Weichenstellungen wurden verpasst, vor allem in der Nachwendezeit. *Die Partei des Sozialismus* ist längst nicht mehr in die Linke eingenebelt, sie ist die LINKE. Noch zu viele Ostler wählen aus Angst vor dem Morgen das Gestern. […] Doch haben wir nicht auch Grund, stolz auf die gesamtdeutschen Leistungen der vergangenen Jahrzehnte zu sein? Welches Land hätte es geschafft, einen bankrotten Staat samt seiner Bevölkerung zu integrieren, ohne dabei selbst in die Knie zu gehen? […]

Die Welt vom 8. August 2008

Arbeitsvorschläge

a) Erläutern Sie, welche Unstimmigkeiten über den Drang nach der deutschen Einheit in dem Artikel M 3 festgestellt werden.

b) Setzen Sie sich mit dem einleitenden Satz des Textes M 3 „Fast alle Menschen verklären die eigene Vergangenheit" auseinander.

c) Erörtern Sie die Frage: Die DDR – ein „Unrechtsstaat" oder nicht (M 5)?

d) Erklären Sie, warum es zu der von Ingo Schulze angesprochenen Übergangsperiode nicht gekommen ist (M 6).

e) Untersuchen Sie – ausgehend von M 7 –, mit welchen Problemen und unterschiedlichen Interessenlagen sich die Gestaltung von Gedenkstätten für kollektive Geschichtserinnerung auseinanderzusetzen hat. Recherchieren Sie dazu gegenwärtige Vorgänge.

f) Interpretieren Sie, wie sich die Karikaturen M 4 und auf S. 281 mit der Vergangenheit der DDR und der Wiedervereinigung auseinandersetzen.

Projektvorschlag: Eine Zeitung erstellen

Erstellen Sie selbst in einem Redaktionsteam aus drei bis fünf Personen im Laufe eines Schulhalbjahres eine Zeitung über die Zeit des 18. und frühen 19. Jahrhunderts.

Bis aus der Idee eine fertige Zeitung entstanden ist, sind viele Arbeitsschritte nötig.
Drei große Produktionsphasen lassen sich unterscheiden:

1. Planung

- Wer kann und wer soll der anzusprechende Leser und somit der potenzielle Kunde sein?
- Welche Themen soll die Zeitung beinhalten (Politik, Kultur, Wissenschaft, Lokales, ...)? Überlegen Sie dazu, welche politischen, sozioökonomischen und kulturellen Einflüsse die Herausbildung des frühneuzeitlichen Staates in Europa mitbestimmt haben.
- Welche inhaltliche Struktur erscheint Ihnen am aussichtsreichsten, um den Erwartungen des Lesers gerecht zu werden?
- Das Layout bestimmt den ersten Eindruck des Betrachters. Welches äußere Erscheinungsbild wählen Sie, um ein möglichst erfolgreiches Printprodukt produzieren zu können? Vergleichen Sie mit dieser Fragestellung zunächst verschiedene Ihnen bekannte Zeitungen.
- Entscheiden Sie, welches Thema Sie in welcher Form darstellen möchten.
- Sammeln Sie einzelne Darstellungsformen, die eine Zeitung beinhalten kann (Schlagzeilen, Sachberichte, Reportagen, Rezensionen, Glossen, Leserbriefe, Rätsel, Werbung, Anzeigen, ...).

2. Umsetzung

- Informieren Sie sich über das 18. bzw. frühe 19. Jahrhundert und zentrale zeitgenössische Themen. Befragen Sie dazu auch Ihre Lehrkraft für Deutsch, Kunst oder Musik.
- Überlegen Sie, welche Möglichkeiten Ihnen zur Informationsbeschaffung als Redakteur bzw. Journalist zur Verfügung stehen. Nehmen Sie ggf. Kontakt zu einer Lokalzeitung Ihrer Region auf.
- Schreiben oder sammeln Sie zu den von Ihnen ausgewählten Themen Artikel und Abbildungen.
- Gestalten Sie das gesammelte Material nach dem von Ihnen entworfenen Aufbau zu einer Zeitung.

3. Vermarktung

- Inhalte allein genügen in der Regel nicht, die meisten Lesergruppen auf ein Produkt wie eine Zeitung aufmerksam zu machen. Das äußere Erscheinungsbild kann ebenso wichtig sein wie der Preis. Diskutieren Sie innerhalb Ihres Redaktionsteams geeignete Präsentations-, d.h. Vermarktungsformen.
- Stellen Sie Ihren Mitschülern nach vier Wochen Ihr Rohkonzept vor und tauschen Sie sich mit ihnen über Ihre Herangehensweise aus.
- Präsentieren Sie am Ende des Halbjahres Ihre Zeitung in Form einer Werbeveranstaltung.

4. Nachbereitung

- Verfassen Sie ein Schlussprotokoll über den Verlauf des Projektes.
- Diskutieren Sie abschließend, inwieweit sich Ihre Zeitung *über* das 18./19. Jahrhundert von einer Zeitung *im* 18./19. Jahrhundert unterscheidet.

Methode: Die Facharbeit

Ziel einer Facharbeit ist es, ein Thema fachlich angemessen und selbstständig zu erarbeiten, darzustellen und zu bewerten. Um eine Facharbeit erfolgreich zu gestalten, ist es erforderlich, erprobte Verfahren und Arbeitsmethoden zu nutzen bei der:
- Themenanalyse: Unter welchem Blickwinkel soll das Thema betrachtet werden?
- Materialrecherche und Ordnung: Was ist an Quellen, Publikationen, Bildmaterial u.a. zugänglich?
- Gliederung des Materials nach den Schwerpunkten und der Intention der Aufgabenstellung.
- Verschriftlichung, die einen angemessenen Sachstil verlangt, ohne an deutlich gekennzeichneten Stellen persönliche Positionen und Wertungen auszuschließen.

Themenanalyse

Zu Beginn steht die Analyse der Aufgabenstellung. Splitten Sie das Thema in seine Bestandteile, in Leitbegriffe, darin enthaltene Wertungen u.Ä. auf, und stellen Sie Fragen an das Thema. Damit kommen Sie auf verschiedene Perspektiven. Dieser Prozess wird sich aufgrund der neu gewonnen Erkenntnisse immer wiederholen.

6

Recherche

Diese Fragen lassen sich auf Anhieb fundiert nicht beantworten. Somit muss man als zweiten Schritt Informationen recherchieren. Hierfür stehen mehrere Möglichkeiten zur Verfügung. In erster Linie kann man dazu Schulbücher bzw. Lexika heranziehen, z.B. das neue ZEIT-Lexikon (2004ff.), oder die jedes Jahr aktualisierte ENCARTA. Dazu kommt Literatur, die man über eine Bibliothek auch per Fernleihe ausleihen kann. Diese Bestände kann man auch über das Internet recherchieren. (z.B. mit Hilfe des Karlsruher virtuellen Katalogs (http://www.ubka.uni-karlsruhe.de/kvk.html) Am besten fängt man mit einer aktuellen Überblicksdarstellung an. Aus der Literaturliste dieser Bücher finden sich dann weitere Literaturangaben. Weiterhin kann man auf Material von Institutionen wie der Bundeszentrale für Politische Bildung (Bonn) zurückgreifen. Zu diesen Optionen stehen aber auch im Internet weitere Informationen zur Verfügung. Diese sind von sehr unterschiedlicher Qualität.

Ordnen von Informationen

Als nächsten Schritt müssen Sie Ihre Informationen ordnen und auf ihre Brauchbarkeit hin überprüfen. Eine erste Ordnung kann man über die Art der Geschichtsquellen treffen. Handelt es sich dabei um Primär- oder um Sekundärtexte? Welcher Art sind die Primärquellen, z.B.: Dokumente oder Zeitzeugenberichte? Für das Ordnen bietet sich der Zettelkasten an. Anhand dessen können Sie Ihre recherchierten Informationen mit Stichwörtern versehen. Diese Informationen können aus genauen Abschriften, eigenen Notizen, Exzerpten, Zusammenfassungen bzw. Kopien bestehen. Achten Sie immer darauf, den Fundort festzuhalten (Verfasser, Titel, Seite bzw. Internetadresse mit Datum). Sie können nach dem Vorbild des Zettelkastens auch eine solche Datei auf Ihrem Rechner anlegen.

Achten Sie bei den verwendeten Informationen immer auf deren Aussagekraft für das Thema und deren Qualität. Dies bezieht sich sowohl auf deren Inhalt wie auch auf deren Tendenz. Für eine Bewertung von Informationen ist oftmals das Heranziehen weiterer Kriterien sinnvoll, wie Informationen über den Verfasser und den Kontext der Aussage (zeitlich und inhaltlich). Wie werden die gemachten Aussagen belegt? Dies gilt insbesondere für im Internet veröffentlichte Informationen.

Gliederung erstellen

Nach dem Ordnen der Informationen wird eine Gliederung erstellt. Damit wird die Facharbeit strukturiert. Die Gliederung soll die im Thema enthaltenen Fragen beantworten. Zugleich kann damit überprüft werden, inwieweit das Thema nicht zu ausführlich angelegt worden ist.

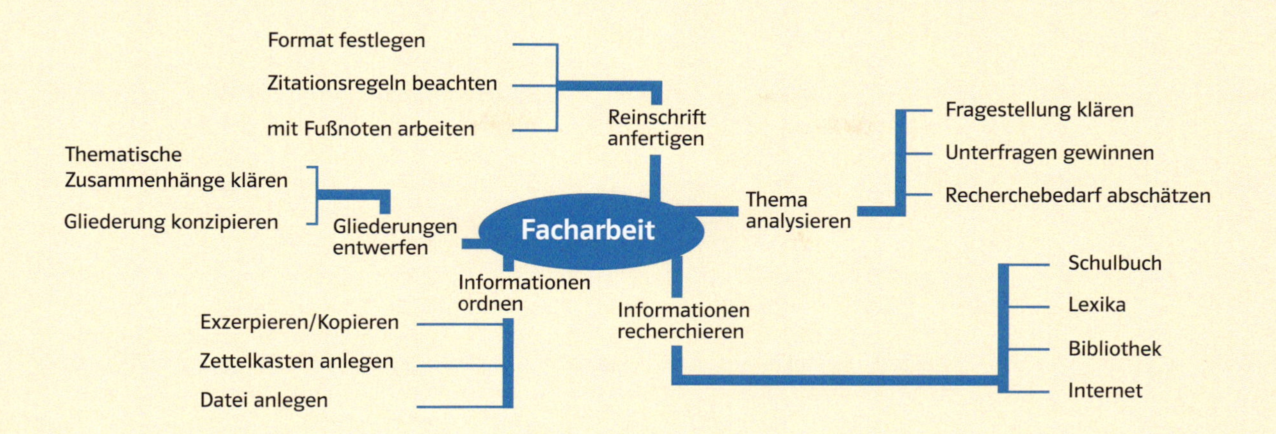

Reinschrift anlegen

Als letzter Schritt erfolgt die Verschriftlichung. Die Arbeit soll in Inhalt und Form eine Einheit darstellen und besteht aus 6 Teilen; dem (a) Deckblatt, bestehend aus Ihrem Namen, dem Titel der Arbeit, dem Kurs und Ihrer Jahrgangsstufe; (b) dem Inhaltsverzeichnis; (c) der Einleitung mit der Darstellung des Ziels und Umfangs der Arbeit, (d) dem Hauptteil, der eigentlichen Aufbereitung des Themas, (e) dem Schluss mit einer Zusammenfassung der Ergebnisse und (f) einem Literatur- und gegebenenfalls vorhandenen Abbildungsverzeichnis. Die Einbindung von Zitaten dient dazu, den eigenen Text inhaltlich in seiner Aussage zu unterstützen. Diese sollten nicht zu lang sein und ihr Anteil sollte den eigentlichen Text nicht übersteigen. Legen Sie Wert auf ein angenehmes Seitenformat, eine gut lesbare Schrift und angemessene Schriftgrößen.

Methode: Besuch eines Stadt- oder Zeitungsarchivs

Der Besuch eines Kommunal- oder Stadtarchivs erscheint auf den ersten Blick äußerst verwirrend. Ganze Keller voller Akten und anderer archivierter Quellen stehen dem Nutzer zur Verfügung. Umso wichtiger ist es, sich auf einen solchen Besuch gut vorzubereiten.

Am Anfang steht, wie bei jeder Arbeit, die Frage: „Was suche ich?" und „Worauf suche ich Antworten?"
Normalerweise hat man bereits ein konkretes Thema für eine Facharbeit, für einen Vortrag oder im Rahmen eines Projekts vor Augen. Auch hat man in der Regel bereits angefangen, Fachliteratur anzulesen, um sich erste Informationen zum Thema zu beschaffen. Häufig wird in solchen Fachpublikationen bereits auf konkrete Archivbestände verwiesen. Dadurch ergeben sich bereits erste Hinweise. Zur Vertiefung des gesammelten Wissens oder aber auch zur Recherche von noch nicht ausgearbeiteten Archivalien bedarf es nun folgender Grundschritte:

1. Zuständiges Archiv recherchieren

In kleinen Gemeinden existiert häufig nur ein Archiv – das Gemeindearchiv. In größeren Städten oder gar in einer Kreis- oder der Landeshauptstadt ist dies aber mitunter schon schwieriger. Unübersichtlich wird es besonders dann, wenn sich regionale Zuständigkeiten der Archive durch Veränderung der Verwaltungs- und Ländergrenzen verändert haben. Besteht dabei Unsicherheit, gibt das nächstgelegene Staatsarchiv Auskünfte. Es helfen jedoch auch einige Internetportale weiter:

http://www.uni-marburg.de/archivschule/fv61.html
Hier finden sich Links zu den Internetauftritten vieler öffentlicher und privater Archive in Deutschland.

http://www.c-wortmann.de/staatsarchive/
Eine Übersicht der verschiedenen Staatsarchive liefert zugleich einen online verfügbaren Bestandsüberblick sowie online verfügbare Archivzeitschriften.

2. Kontakt zu einem Archiv aufnehmen

Den ersten Kontakt sollte man schriftlich per Brief oder E-Mail herstellen. Dabei ist es wichtig, bereits das konkrete Thema, zu welchem Archivunterlagen gesucht werden, zu formulieren. Grundsätzliche Fragen (z.B. Zuständigkeiten) lassen sich aber auch häufig telefonisch klären.

3. Ausstattung für einen Archivbesuch

Bevor ein mitunter weiter Weg zu einem Archiv angetreten wird, sollten grundsätzliche Arbeitsmittel nicht vergessen werden: Papier für Notizen und Schreibzeug (in manchen Lesesälen sind nur Bleistifte gestattet!). Für ganz alte Schriften sind häufig weiße Handschuhe vonnöten, damit keine Flecken auf dem alten Papier hinterlassen werden (Handschuhe werden aber meist vom Archiv gestellt).
Laptops und Notebooks sind überall erlaubt, doch empfiehlt es sich, sich nach elektrischen Anschlüssen in den Benutzerräumen zu erkundigen. Nicht in jedem Archiv ist es möglich, selbst zu kopieren bzw. Kopien sind häufig sehr kostspielig. Eine eigene Kamera kann hier helfen. Allerdings ist das Fotografieren nicht bei allen Archivalien erlaubt, da Blitzlicht für diese schädlich sein kann.

4. Findmittel

Manche Archive haben ihre Findbücher bereits online zugänglich gemacht. Ansonsten müssen diese zunächst in den Archiven eingesehen werden. Die Findbücher informieren über die einzelnen Bestände. Mit ihrer Hilfe können konkrete Akten zur Einsicht bestellt werden. Es kann jedoch einen Tag dauern, bevor die gewünschten Akten einsehbar sind, da diese manchmal in einer Außenstelle des Archivs gelagert werden. Hat man bereits mit einem Online-Findbuch oder Dank eines konkreten Verweises aus einer Fachpublikation die nötige Archivaliennummer ausfindig gemacht, kann diese bereits vor der Anreise schriftlich bestellt werden. Dabei gibt es jedoch Beschränkungen. Mehr als zwei oder drei Akten können in der Regel nicht gleichzeitig bestellt werden. Im Archiv selbst müssen dafür vorgesehene Bestellformulare ausgefüllt werden. Dies sollte man vorher zeitlich einkalkuliert haben. Es kann sein, dass dadurch ein bis zwei Stunden vergehen, bevor man die gewünschten Archivalien einsehen kann. Umso wichtiger ist es, sich frühzeitig Gedanken zu machen, welche Archivalien wirklich wichtig und welche vielleicht weniger wichtig sein könnten.

5. Durchsicht der Archivalien

Häufig weiß man vorher nicht, in welchem Aktenbestand das wertvollste Material für die mitgebrachten Fragen steckt. Deswegen empfiehlt es sich immer, sich zunächst einen Überblick über das vorhandene Material zu verschaffen. In welchem Archivbestand sich welche Informationen befinden, sollte man sich in Stichwörtern mit den dazugehörigen Fundstellen (Archivsignaturen) notieren. Kurze Notizen helfen oft mehr, als ein Loskopieren auf Verdacht. Dies ist dann teuer und zeitaufwendig, denn die kopierten Seiten müssen ja zu Hause noch einmal durchgearbeitet werden. Archivalien sollten lieber gleich im Archiv gelesen werden.
Aber aufpassen, schon bei manchen ist in einem Archiv das Jagdfieber ausgebrochen. Geduld, Zeit und Findigkeit ist bei der Archivrecherche unverzichtbar. Ist jedoch ein Historiker erst einmal von einer Detektivarbeit im Archiv infiziert worden, findet er nur schwer wieder hinaus!

Literaturtipp

Thomas Lange/Thomas Lux: Historisches Lernen im Archiv. Wochenschau Verlag Schwalbach/Ts. 2004.

Glossar

Allmende
Die Allmende stellte eine Form des gemeinschaftlichen Eigentums in der traditionellen Landwirtschaft dar. Vom mittelhochdeutschen „allgemeinde", „almeide" stammend wurde damit das Grundeigentum in der Dorfmark benannt, das der Dorfgemeinschaft gehörte und von ihr genutzt wurde. In der Regel handelte es sich um Wald, Weide, Wege und Wasser.

Büttner
Im Franken wurden die Fassbinder mundartlich als Büttner bezeichnet. Der Begriff hängt mit Bütte (Bottich), einem großen runden Gefäß mit zwei Trägern zusammen. Fassbinder stellten Fässer aus gebogenen Holzplanken, die mittels Eisenringen zusammengehalten, gefasst wurden.

Freikorps
Am Ende des Ersten Weltkrieges mussten etwa 13 Millionen mobilisierte Männer des deutschen Heeres demobilisiert werden. Von diesen schafften es jedoch nicht alle sofort zurück ins Zivilleben. Etwa 400 000 ehemalige Soldaten sammelten sich in eigenen Verbänden. Diese dienten der Regierung als „zuverlässige Einheiten", die Novemberrevolution einzudämmen. Freikorps spielten eine bedeutende Rolle bei der Niederschlagung des Spartakusaufstandes in Berlin (5.–12. Januar 1919). Teilweise wurden die Freikorps finanziell aus Kreisen der deutschen Wirtschaft unterschützt, die einen Umsturz durch die extreme Linke fürchteten.
Freikorps kämpften jedoch auch 1919 im Baltikum gegen sowjetrussische Truppen und in Oberschlesien gegen polnische Insurgenten. Infolge des Versailler Friedensvertrages mussten die Freikorps aufgelöst werden. Dies zog sich allerdings noch bis 1923 hin. Viele Freikorpsmitglieder wanderten daraufhin in paramilitärische Verbände rechter Parteien (SA, SS, Stahlhelm u. a.) und waren nicht selten an politischen Morden beteiligt.

Fugger/Welser
Augsburger Handelsgeschlechter, die im 15. und 16. Jahrhundert große Handelsimperien mit Verbindungen in ganz Europa aufbauten. Als solche spielten sie auch eine wichtige Rolle als Financiers von Fürsten und Herrschern.

Dawes-Plan
Im sogenannten Dawes-Plan vom 16. August 1924 wurden die Reparationszahlungen Deutschlands an die Siegermächte des Ersten Weltkrieges neu verhandelt. Die Höhe der Zahlungen wurde der wirtschaftlichen Leistungsfähigkeit Deutschlands angeglichen. Die Weimarer Republik gelangte dadurch wieder in die Lage, seinen Zahlungsverpflichtungen Folge zu leisten. Eine ebenfalls vereinbarte internationale Anleihe sollte darüber hinaus die deutsche Wirtschaft ankurbeln, was wesentlich zu den „Goldenen Zwanziger Jahren" (1924–1928) in Deutschland beitrug. Diese Vereinbarung kam infolge der Außenpolitik Stresemanns sowie unter Druck der USA zustande, die damit ihre bisherige Isolationspolitik gegenüber dem politischen Geschehen in Europa verabschiedeten.

DDP
Die Deutsche Demokratische Partei zählte zu den liberalen Parteien der Weimarer Republik und war an nahezu allen Regierungen beteiligt („Zünglein an der Waage"). Die Partei vertrat sowohl liberale als auch nationale und soziale Standpunkte. Zu den prominentesten DDP-Politikern zählte der langjährige Außenminister Stresemann.

Fugger/Welser
Augsburger Handelsgeschlechter, die im 15. und 16. Jahrhundert große Handelsimperien mit Verbindungen in ganz Europa aufbauten. Als solche spielten sie auch eine wichtige Rolle als Financiers von Fürsten und Herrschern. (**Online Link** 430017-0101)

Hambacher Fest 1832
Versammlung auf dem Hambacher Schloss (27.–30. Mai 1832) von Vertretern der liberalen Opposition gegen die Restauration im Vormärz. Redner forderten dort die Einheit der deutschen Länder, Freiheit und Demokratie. Ein Grund für den Protest war auch die Unzufriedenheit mit der bayerischen Verwaltung in der Pfalz.

I. G. Farben
Zusammenschluss der wichtigsten deutschen Chemieunternehmen (u. a. Bayer AG und BASF) nach dem Ersten Weltkrieg (1925) als I. G. Farben AG mit Hauptsitz in Frankfurt/M. Auf diese Weise entstand mit rund 80 000 Beschäftigten das größte Chemieunternehmen der Welt. Infolge der engen Zusammenarbeit der I. G. Farben mit den NS-Regime und der Verstrickung in den Holocaust wurde es nach dem Zweiten Weltkrieg durch den Alliierten Kontrollrat aufgelöst und wieder in eigenständige Unternehmen zerschlagen.

Komintern
Auch als KI oder Dritte Internationale bekannt, bildete die Kommunistische Internationale seit 1919 einen in-

ternationalen Zusammenschluss kommunistischer Organisationen aus der ganzen Welt. Die KI wurde in erheblichem Maße von der Kommunistischen Partei der Sowjetunion (KPdSU) dominiert. Die anderen vertretenen Parteien verloren hingegen im Laufe der 1920er-Jahre zunehmend an Eigenständigkeit und richteten sich mehr und mehr auf die Linie der KPdSU aus. Die bedeutendste Sektion innerhalb der KI neben der KPdSU war die Kommunistische Partei Deutschlands (KPD).
Gemeinsames Ziel der in der KI zusammengeschlossenen kommunistischen Organisationen war die proletarische Weltrevolution. Diese sollte durch revolutionäre Erhebungen in den einzelnen Ländern erreicht werden. Das formal oberste Organ der KI bildete der „Weltkongress". Die eigentliche Machtzentrale war jedoch das in Moskau eingerichtete Exekutivkomitee der Kommunistischen Internationale (EKKI). 1943 löste sich die Komintern auf.

Konfessionskriege
Konfessionskriege, auch Religions- und Glaubenskriege werden um die Verteidigung, den Erhalt oder die Verbreitung einer bestimmten Religion geführt. Im engeren Sinne werden darunter die europäischen Kriege zwischen den beiden christlichen Konfessionen (Bekenntnissen) Katholiken und Protestanten im 16. und 17. Jahrhundert verstanden.

Mehrheitsparteien 1917
Begriff für SPD, Zentrum und liberale Fortschrittliche Volkspartei, die 1917 mittels ihrer Mehrheit im Reichstag gegen den Widerstand der extremen Rechts- und Linksparteien (Konservative, Nationalliberale, USPD) die Friedensresolution verabschiedeten. Die Mehrheitsparteien spielten eine wichtige Rolle beim Übergang vom Kaiserreich zur Weimarer Republik.

Merkantilismus
Mit diesem nachträglich geprägten Begriff wird die Wirtschaftspolitik des europäischen Absolutismus vom 16. bis 18. Jahrhundert bezeichnet, die sich durch starke staatliche Eingriffe in das Wirtschaftsleben auszeichnete. Durch sie sollten die Wirtschaftskraft des Landes und die Steuereinnahmen des Staates erhöht werden. Mittel waren neben Infrastrukturmaßnahmen die Erhebung von Schutzzöllen und die Förderung gewerblicher Produktion und Spezialisierung.

Oktoberedikt 1807
Am 9. Oktober 1807 erlassen, bildete das Oktoberedikt den Auftakt der preußischen Reformpolitik nach der Niederlage gegen das napoleonische Frankreich. Diese Reformen sollten den preußischen Staat im Inneren neu regenerieren. Teil der mit dem Oktoberedikt eingeleiteten Reformen war die Aufhebung der Ständeordnung 1810 und die Bauernbefreiung 1811.

Osmanen
Das Herrschergeschlecht der Osmanen breitete sein Herrschaftsgebiet von der Führerschaft eines kleinen Turkstammes im westlichen Anatolien im Laufe des 14. Jahrhunderts aus. Als Osmanisches Reich bedrohte die expandierende Macht der osmanischen Sultane im 16. und 17. Jahrhundert Mitteleuropa.

Reichskammergericht
Das Reichskammergericht, das von 1495 bis 1806 bestand, führte im Rahmen des allgemeinen Landfriedens anstelle von gewaltsamer Konfliktaustragung zwischen den Reichsständen ein geregelten Prozessverfahren ein. Es konnte bei Anrufung zivilrechtliche Urteile erster Instanz überprüfen. Im Rahmen des Untertanenprozesses setzte es sich mit den Urteilen unterer Gerichte eines Reichsstand gegenüber einem Untertan auseinander. Das komplizierte Prozessrecht und der langsame Geschäftsgang führten oft zur Verschleppung von Prozessen.

Reichsritter
Die Reichsritter bildeten sich im ausgehenden Mittelalter als Gemeinschaft des freien niederen Adels heraus, in erster Linie in Schwaben, Franken und dem Rheinland. Sie konnten ihre unmittelbare Unterordnung unter den Kaiser („Reichsunmittelbarkeit") bewahren. Im 18. Jahrhundert umfassten die Reichsritter etwa 350 Familien. Sitz und Stimme im Reichstag besaßen die Reichsritter allerdings nicht. Im Zuge der Mediatisierung wurden die Sonderrechte der Reichsritter aufgehoben und ihre Territorien anderen Territorialfürsten, z. B. Bayern, zugeschlagen.

Ruhrkampf
Auch als „Ruhrbesetzung" bekannt, stellte der „Ruhrkampf" den Höhepunkt eines Konfliktes zwischen der jungen Weimarer Republik auf der einen und Belgien und Frankreich auf der anderen Seite dar. Ursache war die kompromisslose Haltung der französischen Regierung, die eine genaue Erfüllung aller Verpflichtungen aus dem Versailler Vertrag forderte. Als die Weimarer Republik bei seinen Reparationslieferungen in Rückstand geriet, besetzten französische und belgische Truppen am 8. März 1921 die Städte Duisburg und Düsseldorf und drohten mit der Besetzung der gesamten rheinisch-westfälischen Industrieregion.
Die deutsche Regierung geriet infolge ihrer innenpolitisch umstrittenen „Erfüllungspolitik" unter enormen Druck. Nach Abschluss des deutsch-sowjetrussischen Rapallo-Vertrages 1922 gab Frankreich jedoch

schließlich nach und zog sich wieder aus der entmilitarisierten Zone zurück.

Schwäbischer Bund
Zusammenschluss aus rund 20 schwäbischen Reichsstädten sowie schwäbischen Territorialfürsten und Vertretern des Niederen Adels aus Schwaben. 1488 gegründet diente er u.a. der Durchsetzung des Landfriedens und spielte eine maßgebliche Rolle beider Niederschlagung des Bauernaufstandes 1525.

Selden/Sölden
Als Selden oder Sölden werden die Angehörigen einer ländlichen Unterschicht in Süddeutschland der vom 16. bis 18. Jahrhundert bezeichnet, die halbfreier oder freier Herkunft waren, oft nur einen bäuerlichen Kleinbesitz bewirtschafteten und in das Dorfhandwerk wechselten. In diesem waren sie nicht den Beschränkungen durch Zünfte wie die städtischen Handwerker unterworfen und konnten ihr Einkommen und ihre soziale Stellung verbessern.

Soziale Marktwirtschaft
Als wirtschafts- und sozialpolitisches Konzept wurde die sogenannte soziale Marktwirtschaft zur Grundlage der bundesdeutschen Wirtschaftspolitik seit den 1950er-Jahren und diente als Gegenmodell zur zentralen Planwirtschaft der DDR. (**Online Link** 430017-0501) In der sozialen Marktwirtschaft fällt dem Staat die Aufgabe zu, einen wirtschaftlichen Ordnungsrahmen zu gestalten. Dabei gilt die freie Preisbildung für Leistungen und Güter auf dem Markt und das Element des Privateigentums an Produktionsmitteln. Gewinnstreben wird als Leistungsanreiz angesehen. Der Staat besitzt dabei die Möglichkeit, beispielsweise durch Konjunkturprogramme und arbeitsmarktpolitische Maßnahmen, das Marktgeschehen zu beeinflussen, darf jedoch nicht das Zusammenwirken von Angebot und Nachfrage behindern.

Sozialistengesetze
Basis der Sozialistengesetze war das 1878 erlassene „Gesetz gegen die gemeingefährlichen Bestrebungen der Sozialdemokratie". Das etwa 30 Paragraphen umfassende Gesetz wurde bis 1890 immer wieder jährlich durch Neuvorlage im Reichstag verlängert. Dieses verbot sozialistische und sozialdemokratische Organisationen im Deutschen Reich, was quasi einem Parteiverbot der Sozialdemokratischen Partei gleichkam. Im Geiste dieses Gesetzes wurde der SPD noch über viele Jahre in bürgerlichen Kreisen der Ruf „vaterlandsloser Gesellen" angeheftet. Das Gesetz selbst war Teil einer Doppelstrategie der Bismarck'schen Regierung. Einerseits wurden Organisationsmöglichkeiten unterdrückt, andererseits sollten die Arbeiter durch die Sozialversicherungen (1883, 1884, 1889) für das Kaiserreich gewonnen werden. Diese Rechnung ging jedoch nicht auf.

Staufer
Die Staufer waren ein schwäbisches Adelsgeschlecht, das im 11. und 12. Jahrhundert mehrere deutsche Könige und Kaiser stellte. Im 19. Jahrhundert spielten manche Staufer-Herrscher wie Friedrich I. Barbarossa als Teil eines verklärten Mittelalterbildes eine wichtige Rolle in der deutschen Nationalbewegung.

Volksfrömmigkeit
Volksfrömmigkeit ist ein Summe religiöser Überzeugungen und Praktiken, die im Alltag von den verschiedenen Gruppen der Unter- und Mittelschichten geglaubt und ausgeübt werden. Sie weichen von den offiziellen Lehren der religiösen Obrigkeit ab, vermischen Glaubensinhalte und -praktiken unterschiedlicher Herkunft und sind den Bedürfnissen und Lebensverhältnissen der Gläubigen angepasst. Sie sprechen auch in der Kunst stärken das Gemüt als den Verstand an.

Zwangsarisierungen
Eine unter dem NS-Regime durchgeführte Form von Enteignung jüdischen Eigentums und Überführung von Besitzverhältnissen in „arische" Hände. Einen Höhepunkt dieser Maßnahmen wurde 1938 erreicht, als tausende jüdischer Unternehmen, Arzt- und Anwaltspraxen sowie Geschäfte und Betriebe zwangsarisiert wurden. Bis heute ist dieser Teil der deutschen Geschichte noch nicht vollständig erforscht und aufgearbeitet.

Personenregister

Acheson, Dean G. (1893–1971) 247
Adenauer, Konrad (1876–1967) 234, 235, 240–242, 249–252, 268, 275, 276, 282, 290, 291
Albrecht IV. der Weise (1447–1508) 14
Alexander von Brandenburg-Bayreuth (1736–1806) 36
Allemann, Fritz René (1910–1996) 236
Aly, Götz (geb. 1947) 203, 227
Amman, Jost (1539–1591) 45
Arndt, Ernst Moritz (1769–1860) 215
Arnold, Karl (1901–1958) 167
Ash, Timothy (geb. 1955) 301
Augstein, Franziska (geb. 1964) 318
Auliczek, Dominik (1734–1804) 48

Baader, Franz von (1765–1841) 113
Bahr, Egon (geb. 1922) 291, 292, 295–297, 300
Bahr, Johann (1836–1899) 112
Bajohr, Stefan (geb. 1950) 226
Barzel, Rainer (1924–2006) 296, 299
Bauer, Gustav (1870–1944) 150, 153
Bebel, August (1840–1913) 110, 114
Beethoven, Ludwig van (1770–1825) 271
Ben Gurion, David (1886–1973) 240, 245
Berg, Fritz (1901–1979) 258
Besson, Waldemar (1929–1971) 268
Biermann, Wolf (geb. 1936) 318
Bisky, Jens (geb. 1966) 319
Bismarck, Otto von (1815–1898) 71, 112, 171, 271, 275, 330
Bloch, Ernst (1885–1977) 190, 322
Bracher, Karl Dietrich (geb. 1922) 187
Brandt, Willy (1913–1992) 274, 291, 292, 296, 297l 299, 300
Braun, Otto (1872–1955) 179, 186
Breschnew, Leonid (1906–1982) 295
Breu der Ältere, Jörg (um 1475–1537) 12
Brüning, Heinrich (1885–1970) 176–179
Bruyn, Günter de (geb. 1926) 288
Bubis, Ignatz (1927–1999) 270, 271
Büchsel, Carl (1803–1889) 79
Burgkmair der Ältere, Hans (1473–1531) 23
Bustelli, Franz Anton (1723–1763) 46
Buxbaum, Heinrich/Henry (1900–1979) 194

Christian Ernst von Brandenburg-Bayreuth (1644–1712) 65
Churchill, Winston Spencer (1874–1965) 246, 249
Clay, Lucius D. (1897–1978) 244, 251
Clemens V. (1305–1314) 51
Colbert, Jean-Baptiste (1619–1683) 23

Dann, Otto (geb. 1937) 185
Dannecker, Theodor (1913–1945) 223
Darwin, Charles (1809–1882) 210
David, Eduard (1863–1930) 153
De Wendt, Johann Baptist Freiherr (18. Jh.) 28
Diesel, Matthias (ca. 1706–1752) 30
Dohm, Hedwig (1833–1919) 130
Dönhoff, Marion Gräfin (1909–2002) 278
Dorn, Walter L. (1894–1961) 244
Duesterberg, Theodor (1875–1950) 176
Dulles, John Foster (1888–1959) 253
Duncker, Franz (1822–1888) 110
Dürer, Albrecht (1471–1528) 39

Ebert, Friedrich (1871–1925) 147, 149, 152, 158, 176, 181
Ebert, Friedrich (1894–1979) 248
Ehrensperger, Günter (geb. 1931) 305
Ehrlich, Paul (1854–1915) 190
Eichmann, Adolf (1906–1960) 221, 223
Einstein, Albert (1879–1955) 190, 193
Eisner, Kurt (1867–1919) 148
Eitan, Rafi (geb. 1926) 245
Engels, Friedrich (1820–1895) 110
Eppelmann, Rainer (geb. 1943) 318
Erhard, Ludwig (1897–1977) 254, 257, 275
Erzberger, Mathias (1875–1921) 150, 155, 163

Fack, Fritz Ullrich (geb. 1930) 313
Ferdinand I. (1503–1564) 44
Fitzpatrick, Daniel (1891–1969) 155
Flechtheim, Ossip K. (1909–1998) 258
Fleming, Alexander (1881–1955) 85
Franck, James (1882–1964) 190
Francois-Poncet, André (1887–1978) 217
Franz I. von Frankreich (1515–1547) 31
Franz II. (1806–1835) 73
Franz Ludwig von Erthal (1730–1795) 48, 55, 56
Freud, Sigmund (1856–1939) 190
Frick, Wilhelm (1877–1946) 287
Friedrich I. Barbarossa (1152–1190) 330
Friedrich Wilhelm (1620–1688) 65
Friedrich Wilhelm III. (1797–1840) 73, 78, 79
Friesenegger, Maurus (1595–1655) 35
Fugger, Anton (1493–1560) 44
Fugger, Jakob (1459–1525) 44
Funk, Casimir (1884–1967) 85

Gause, Wilhelm (1853–1916) 123
Gautherot, Claude (1796–1825) 73
Georg der Fromme von Brandenburg-Ansbach (1484–1543) 59
Georg I. (1660–1727) 32
Georg III. (1760–1820) 36, 37
Gieberg, Roman Giel von (1639–1673) 27, 40
Goebbels, Joseph (1897–1945) 183, 204
Goethe, Johann Wolfgang von (1749–1832) 63, 270, 271
Goldhagen, Daniel Joahl (geb. 1959) 226, 233
Goral-Sternheim, Arie (1909–1946) 193
Gorbatschow, Michail S. (geb. 1931) 303

Göring, Hermann (1893–1946) 221, 230
Gradnauer, Georg (1866–1946) 199
Greser, Achim (geb. 1961) 281
Grewe, Wilhelm(1911–2000) 292
Grien/Hans Baldung (1484/85–1545) 18
Groß, Konrad (ca. 1280–1356) 52
Grotewohl, Otto (1894–1964) 247
Grynszpan, Herschel (1921-unbekannt) 213, 229
Guttenberg, Karl Theodor Freiherr von (1921–1972) 293
Gysi, Gregor (geb. 1948) 313

Haase, Hugo (1863–1919) 199
Haber, Fritz (1868–1934) 190
Häberl, Franz Xaver (1759–1846) 84
Haitzinger, Horst (geb. 1939) 310
Hallstein, Walter (1901–1982) 274, 290
Hardenberg, Karl August Freiherr (1750–1822) 73, 78
Hasenclever, Wilhelm (1837–1889) 114
Havel, Vaclav (geb. 1936) 322
Heartfield, John (1891–1968) 145, 184
Heine, Thomas Theodor (1867–1948) 101, 169, 234
Heinemann, Gustav (1899–1976) 252
Heinrich der Löwe (um 1129–1195) 11
Hertz, Gustav (1887–1975) 190
Heuss, Theodor ((1884–1963) 244
Heyden, Pieter van der (um 1530–nach 1572) 46
Heydrich, Reinhard (1904–1942) 218, 221
Hicks, Wolfgang (1909–1983) 295, 297
Hilferding, Rudolf (1877–1941) 199
Hillgruber, Andreas (1925–1989) 154
Himmler, Heinrich (1900–1945) 221, 271
Hindenburg, Paul von (1847–1934) 167, 176–180, 182, 186, 187
Hirsch, Max (1832–1905) 110
Hitler, Adolf (1889–1945) 145, 161, 163, 164, 176, 179, 180, 182, 187, 193, 201, 202, 206, 207, 211, 216, 236, 244, 263, 266, 267, 271, 274, 275
Holbein d. Jüngere, Hans (1497–1543) 20
Honecker, Erich (1912–1994) 298, 302, 305, 314
Horkheimer, Max (1895–1973) 190
Huber, Ernst (1895–1960) 205
Huberinus, Caspar (1500–1553) 37
Hugenberg, Alfred (1865–1951) 193
Hutten, Christoph Franz von (1673–1729) 29, 40

Innozenz III. (1198–1216) 53
Innozenz VIII. (1404–1406) 34
Institoris, Heinrich (um 1430–1505) 37

Jarowinsky, Werner (1927–1990) 306
Jenner, Edward (1749–1823) 32, 85
Jesus Christus (von Nazareth) 34, 51, 58
Julius, Echter von Mespelbrunn (1545–1617) 54, 62

Kafka, Franz (1883–1924) 190
Kapp, Wolfgang (1858–1922) 163
Karl Albrecht von Bayern (1697–1745) 25, 26
Karl V. (1500–1558) 31, 44
Kayser, Karl (1914–1995) 306
Kennan, George F. (1904–2005) 246
Kennedy, John F. (1917–1963) 299
Ketteler, Emanuel Wilhelm von (1811–1877) 110
Kiesinger, Kurt Georg (1904–1988) 291
Klein, César (1876–1954) 149, 158
Kleiner, Salomon (1700–1761) 28
Klemperer, Victor (1881–1960) 217, 220
Klier, Freya (geb. 1950) 322
Knöfel, Jörg (geb. 1962) 288
Koch, Robert (1843–1910) 85, 86
Kocka, Jürgen (geb. 1941) 269
Kohl, Helmut (geb. 1930) 308, 310, 313
Köhler, Hans Erich (1905–1983) 235, 294
Kolping, Adolf (1813–1865) 109, 110
König, Hartmut (geb. 1947) 285
Krenz, Egon (geb. 1937) 306
Kriechbaum, Georg Friedrich von (1665–1710) 38
Krützfeld, Wilhelm (1880–1953) 230
Kunze, Reiner (geb. 1933) 322

Laennes/Laennec, René Théophile Hyacinthe (1781–1826) 85
Landsberg, Otto (1869–1957) 199
Lassalle, Ferdinand (1825–1864) 110, 114, 123
Legien, Karl (1861–1920) 169
Lenin, Wladimir I. (1870–1924) 282
Leopold I. (1640–1705) 60
Lessing, Gotthold Ephraim (1729–1781) 60
Ley, Robert (1890–1945) 207
Liebknecht, Karl (1871–1918) 147
Liebknecht, Wilhelm (1826–1900) 110, 114
List, Friedrich (1789–1846) 93
Loest, Erich (geb. 1926) 318
Longerich, Peter (geb. 1955) 226, 227
Ludendorff, Erich (1865–1937) 163, 164, 171
Lüdtke, Alf (geb. 1943) 268
Ludwig I. (1786–1868) 88
Ludwig III. (1845–1921) 147
Ludwig XIV. (1643–1715) 9, 23, 24, 33, 64, 65
Ludwig XV. (1710–1774) 31
Luetkens, Gerhard (1893–1955) 252
Luther, Martin (1453–1546) 17, 18, 216

Maffei, Joseph Anton von (1790–1870) 98, 99
Manz, Philipp Jakob (1861–1936) 143
Maria Theresia (1717–1780) 26, 31
Marx, Karl (1818–1883) 110, 114
Marx, Wilhelm (1863–1946) 162, 176, 182
Maschmann, Melitta (geb. 1918) 208
Mattheuer, Wolfgang (1927–2004) 280
Max, Prinz von Baden (1867–1929) 147
Maximilian II. Emanuel (1662–1726) 9, 24, 25, 28
Maximilian III. Joseph (1745–1777) 46

Maximilian III. Joseph Karl (1727–1777) 26, 31
Maximilian IV. Josef/Max I. Josef (1756–1825) 73
Meckel, Markus (geb. 1952) 318
Meinecke, Friedrich (1862–1954) 171, 187
Mendelssohn, Moses (1729–1786) 60
Metternich, Clemens Fürst (1773–1859) 84
Meyerhof, Otto Fritz (1884–1951) 190
Mitscherlich, Alexander (1908–1982) 293
Mitscherlich-Nielsen, Margarete (geb. 1917) 266, 293
Mitterauer, Michael (geb. 1937) 134
Modrow, Hans (geb. 1928) 310, 313
Montague, Lady Mary Wortley (1689–1762) 31
Montgelas, Maximilian Joseph Graf von (1759–1838) 73
Morton, William Thomas Green (1819–1868) 85
Motte, Charles Etienne Pierre (1785–1836) 73
Mueller-Stahl, Armin (geb. 1930) 322
Müller, Hermann (1876–1931) 176, 177, 187
Mussolini, Benito (1883–1945) 183

Napoleon Bonaparte (1769–1821) 73, 78
Naumann, Max (1875–1939) 191
Neubert, Ehrhart (geb. 1940) 318
Nicolai, Friedrich (1733–1811) 48
Nipperdey, Thomas (1927–1992) 134
Noske, Gustav (1868–1946) 181
Nußbaum, Felix (1904–1944) 190

Otto III. von Bayern/Otto I. (1261–1312) 14

Papen, Franz von (1879–1969) 179, 180, 187
Paracelsus (1493–1541) 54
Pasteur, Louis (1822–1895) 85, 86
Pechstein, Max (1881–1955) 157, 158
Pettenkofer, Max (1818–1901) 86, 92
Philipp II. (1556–1598) 44
Pieck, Wilhelm (1876–1960) 247
Pleven, René (1901–1993) 249, 252
Poppe, Gerd (geb. 1941) 318
Preuß, Hugo (1860–1925) 149, 199

Quandt, Bernhard (1903–1999) 306

Raiffeisen, Friedrich Wilhelm (1818–1888) 108, 109
Rath, Ernst vom (1905–1938) 213, 229
Rathenau, Walther (1867–1922) 163, 199
Reuter, Ernst (1889–1953) 248
Roll, Evelyn (geb. 1952) 320
Röntgen, Conrad (1845–1923) 85
Roosevelt, Franklin Delano (1882–1945) 246

Schabowski, Günter (geb. 1929) 305
Schäuble, Wolfgang (geb. 1942) 320
Schäufelin/Schäuffelein, Hans (um 1480/85–ca. 1538/40) 31
Scheidemann, Philipp (1865–1939) 147, 159, 150, 153, 155
Schiller, Friedrich (1759–1805) 271
Schleicher, Kurt von (1882–1934) 179, 180, 187
Schocken, Julius (1872–1934) 190
Schocken, Salomon (1877–1959) 190
Schoen, Erhard (1491–1542) 18
Schönborn, Friedrich Karl Reichsherr von (1674–1746) 29
Schönborn, Lothar Franz von (1655–1729) 28, 29
Schult, Reinhard (geb. 1951) 318
Schulze, Ingo (geb. 1962) 320
Schulze-Delitzsch, Hermann (1808–1883) 110
Schumacher, Kurt (1895–1952) 183, 250, 276
Schuman, Robert (1886–1963) 249
Schürer, Gerhard (geb. 1921) 306
Schuschnigg, Kurt (1897–1977) 229
Seeckt, Hans von (1866–1936) 163
Seldte, Franz (1882–1947)
Semmelweis, Ignaz Philipp (1818–1865) 85
Shapira, Natan Neta (1585–1633) 58
Shirer, William L. (1904–1993) 229
Sigmund Graf von Haimhausen (1708–1793) 47, 48
Smith, Adam (1723–1790) 74, 79
Sommer, Theo (geb. 1930) 289
Sorgenicht, Klaus (1923–1999) 286
Sparwasser, Jürgen (geb. 1948) 279
Spee, Friedrich von (1591–1636) 34, 37
Sprenger, Jacob (1435–1495) 37
Stalin, Josef/Jossif W. (1879–1953) 246, 247, 282
Staudte, Wolfgang (1906–1984) 272
Stauffenberg, Claus Graf Schenk von (1907–1944) 263
Steen, Jan (1626–1679) 27
Stein, Freiherr Heinrich vom und zum (1757–1831) 73, 79
Steinbrück, Peer (geb. 1947) 245
Stinnes, Hugo (1870–1924) 169
Stolpe, Manfred (geb. 1935) 277
Stoph, Willi (1914–1999) 299
Strauß, Franz Josef (1915–1988) 302
Strauss, Leo (1899–1973) 190
Streicher, Julius (1885–1946) 211, 218
Stresemann, Gustav (1878–1929) 177, 187
Sturm, Daniel Friedrich (geb. 1973) 318
Szewczuk, Mirko (1919–1957) 247, 260

Thälmann, Ernst (1886–1944) 177, 182
Thalmann, Max (1890–1944) 150
Thiele, Herbert (geb. 1905) 242
Tietz, Hermann (1837–1907) 190
Truman, Harry S. (1884–1972) 246, 249

Ulbricht, Walter (1893–1973) 277, 282, 284, 285, 302

Vergil/Publius Vergilius Maro (70–19 v. Chr.) 38, 40
Virchow, Rudolf (1821–1902) 102

Wahlmann, Adolf (1876–1956) 220
Wallenstein, Albrecht Wenzel Eusebius von (1583–1634) 33
Walser, Martin (geb. 1927) 270, 271

Sachregister

Bayerischer Lehrplan für Geschichte Oberstufe (Stand Juni 2009)

G 11.1 Gesellschaft im Wandel (15. bis 19. Jahrhundert)

Ausgehend von der Leitfrage, wie es den Menschen in vergangenen Jahrhunderten gelungen ist, angesichts vielfältiger Bedrohungen sowie sich wandelnder rechtlicher, wirtschaftlicher und staatlicher Rahmenbedingungen die Herausforderungen des Lebens zu meistern, untersuchen die Schüler zwei repräsentative Zeiträume. Sie betrachten zunächst die zentralen sozial- und wirtschaftsgeschichtlichen Aspekte der vormodernen Ständegesellschaft. Bei der anschließenden Behandlung der bedeutenden Merkmale der Industriegesellschaft erkennen sie die verschiedenen sozialen Veränderungen sowie wesentliche Elemente des „demographischen Übergangs“. Gleichzeitig erhalten die Schüler einen Einblick in Kontinuität und Wandel der Alltagskultur. Der regelmäßige Bezug zu Beispielen aus der bayerischen Landesgeschichte (Altbaiern, Franken, Schwaben) lässt sie dabei Wechselwirkungen verschiedener Faktoren und räumliche Verzögerungen bzw. Beschleunigungen dieses Prozesses erkennen.

G 11.1.1 Leben in der Ständegesellschaft des 15. bis 18. Jahrhunderts

Die Schüler lernen die Lebens- und Arbeitsbedingungen der Menschen in der ständisch geprägten Welt des Spätmittelalters und der Frühen Neuzeit kennen und erfassen Mechanismen, die zu ihrer Stabilisierung beitrugen. Mit Blick auf urbane, durch handwerkliche Produktionsmethoden geprägte Räume einerseits und überwiegend agrarisch geprägte Regionen andererseits erkennen sie räumliche Disparitäten als ein wesentliches Charakteristikum dieser Zeit.

- Leibeigenschaft und Grundherrschaft, Genossenschaft und soziale Normen in der durch Adel, Klerus, Bürger und Bauern gebildeten Gesellschaft; Status von Minderheiten (insbesondere Judentum) allgegenwärtige Bedrohungen der Menschen: Hungersnot, Krieg und Seuchen
- Dorf- und Stadtgemeinde als soziales Netz für den Einzelnen: kirchliche, obrigkeitliche und genossenschaftliche Elemente der Sozial-, Kranken- und Armenfürsorge, z. B. Spitäler, Armenspeisung, Waisenhäuser
- vorindustrielle Arbeitswelten: agrarische Subsistenz, Zünfte, Verlag, Manufaktur
- familiäre Lebens-, Rechts-, Arbeits- und Produktionsgemeinschaften mit festgelegten Rollen für Mann und Frau; Normierung und Kontrolle der Alltagswelt durch Kirche und Obrigkeit (Polizeygesetzgebung)
- demographische Konjunkturen: Grundlinien der Bevölkerungsentwicklung vom 15. bis 18. Jahrhundert

G 11.1.2 Leben in der entstehenden Industriegesellschaft des 19. Jahrhunderts

Die Schüler erkennen, dass die Beseitigung ständischer und feudaler Schranken zu einer Dynamisierung der wirtschaftlichen und gesellschaftlichen Entwicklung beigetragen hat, die neben neuen Chancen auch bislang unbekannte Risiken für den Einzelnen mit sich brachte. Die Industrialisierung wird als Prozess erfasst, der bestehende räumliche Gegensätze verstärkt, überregionale Wanderungsbewegungen in Gang gesetzt und gleichzeitig die Lebens- und Arbeitsbedingungen der Menschen grundlegend verändert hat. Der Vergleich unterschiedlicher deutscher Territorien macht dabei Gemeinsamkeiten und Unterschiede der Entwicklung in den verschiedenen Regionen besonders deutlich.

- Liberalisierung durch staatliche Reformen: Aufhebung der Leibeigenschaft, Agrarreformen, Abschaffung der Zünfte und Beseitigung der Heiratsbeschränkungen; Schaffung neuer Möglichkeiten individueller Lebensgestaltung, z. B. Freizügigkeit, Gewerbefreiheit

- Verringerung der äußeren Bedrohungen: längere Friedensphasen, Rückgang von Seuchen, verbesserte medizinische Versorgung, bessere Lebensmittelverteilung sowie staatliche Vorsorgemaßnahmen, z. B. Trinkwasserversorgung und Kanalisation
- veränderte Arbeitsbedingungen in den wachsenden Industriegebieten und Entstehung der sozialen Frage: Urbanisierung und Landflucht, Fabrikarbeit und Arbeitslosigkeit, Pauperismus und Proletarisierung
- praktische Ansätze zur Lösung der sozialen Frage im Überblick: organisierte Arbeiterbewegung, Sozialgesetzgebung, christliche Sozialarbeit, Arbeiterbildungsvereine, Raiffeisenbewegung
- familiäre Lebenswelten: bürgerliche Familie und Arbeiterfamilie als Lebensgemeinschaften der Klassengesellschaft; Infragestellung der Geschlechterrollen durch die Frauenbewegung
- demographischer Übergang am Ende der Industrialisierung: hohes Bevölkerungsniveau bei gesunkenen Geburts- und Sterberaten

G 11.2 Demokratie und Diktatur – Probleme der deutschen Geschichte im 20. Jahrhundert

Nachdem sich die Schüler in den Jahrgangsstufen 9 und 10 zur Epoche des 20. Jahrhunderts historisches Überblickswissen erarbeitet haben, beschäftigen sie sich auf seiner Grundlage nunmehr mit ausgewählten Themen der deutschen Geschichte dieser Epoche. Der Zugriff erfolgt problemorientiert, indem aus heutiger Sicht zentrale Fragestellungen der historischen Beurteilung bzw. des historischen Verständnisses aufgegriffen werden. Aktuelle Diskussionsthemen werden nach Möglichkeit einbezogen. Die Themenauswahl orientiert sich daran, dass die deutsche Geschichte des 20. Jahrhunderts in besonderem Maße durch die Herausforderungen von Demokratie und Diktatur geprägt worden ist.

G 11.2.1 Die Weimarer Republik – Demokratie ohne Demokraten?

Die Beschäftigung mit der Weimarer Republik mündet in die zentrale Frage nach den Gründen für den Untergang der ersten deutschen Demokratie. Die Schüler befassen sich damit, indem sie im Spiegel der Jahre 1929–32/33 der Frage nachgehen, in welchem Maße gesellschaftliche Strukturen und Kräfte Verantwortung für den Untergang der demokratischen Ordnung und ihrer Errungenschaften trugen.

- demokratische Errungenschaften der Weimarer Republik (insbesondere anhand der Reichsverfassung 1919)
- Träger und Gegner der demokratischen Ordnung im Spiegel der Jahre 1929–32/33: Segmentiertheit von Gesellschaft und Parteienspektrum; Traditionslinien (v. a. Problem der alten Eliten); Selbstverständnis und politisches Verhalten der Gruppen, auch unter Rückgriff auf Ergebnisse und Weichenstellungen 1918/19 („Versailles“ als Diffamierungsparole; Kluft zwischen den Kräften der politischen Arbeiterbewegung); Einfluss der wirtschaftlichen Krise auf die innenpolitische Entwicklung

G 11.2.2 Hitlers willige Volksgenossen? Die Deutschen und der Holocaust

Für eine vertiefte Beschäftigung mit der NS-Zeit konzentrieren sich die Schüler auf das Zentralproblem des Holocaust und das damit in engerem Zusammenhang stehende Modell der „Volksgemeinschaft“, welches trotz der Unrechtspolitik des diktatorischen Regimes vielen Deutschen als attraktives Identifikationsangebot erschien.

- Stellung des jüdischen Bevölkerungsteils in der deutschen Gesellschaft seit dem Ersten Weltkrieg

- „Volksgemeinschaft": Ideologie (u. a. völkische Traditionen) und inszenierte Lebenswirklichkeiten im NS-Staat (u. a. Führerkult und Propaganda) als Pendant zum antisemitischen Feindbild
- NS-Antisemitismus im Verhältnis zum traditionellen Antisemitismus; Demütigung und Entrechtung, Verfolgung und Ermordung der jüdischen Bevölkerung; Umgang mit anderen Opfergruppen
- Frage nach Wahrnehmung der Judenverfolgung und Beteiligung an ihr seitens der nichtjüdischen Bevölkerung (z. B. bei „Arisierung")

G 11.2.3
Die frühe Bundesrepublik – Erfolg der Demokratie durch „Wohlstand für alle"?

Die Schüler setzen sich mit der Frage auseinander, welche Faktoren zur Akzeptanz der demokratischen Neuordnung in der Adenauer-Ära wesentlich beigetragen haben; insbesondere fragen sie nach der Rolle des sogenannten „Wirtschaftswunders", aber auch danach, worin ggf. Defizite der demokratischen Entwicklung der damaligen Jahre lagen.

- Erfahrung der Deutschen mit dem „Dritten Reich"; „Umerziehung"; „Lehren aus Weimar"; Verhältnis zu Israel
- die Rolle weltpolitischer Rahmenbedingungen des Kalten Kriegs für die Verankerung der Bundesrepublik im Westen
- wirtschaftlicher Aufstieg der Bundesrepublik nach dem Krieg: Ursachenfaktoren; sozialpolitische Integrationsklammern; Frage nach dem Zusammenhang mit der Akzeptanz des demokratischen Systems
- Stellenwert gesellschaftlicher Vorgänge (v. a. Eingliederung der Vertriebenen; Verwestlichung; Umgang mit der Vergangenheit des „Dritten Reichs")
- die „SBZ" als Feindbild und Herausforderung: Gegnerschaft zum Kommunismus als Teilerklärung für die hohe Zustimmung zur parlamentarischen Demokratie

G 11.2.4
Die DDR – eine deutsche Alternative?

Ihrem Selbstverständnis nach war die DDR der „bessere" deutsche Staat und wollte ein Gegenmodell zur Bundesrepublik sein. Die Schüler befassen sich mit diesem Anspruch gegenüber den eigenen Bürgern und gegenüber dem Westen und setzen sich in diesem Zusammenhang auch mit der Geschichtserinnerung an die DDR auseinander.

- Anspruch und Wirklichkeit im „Arbeiter- und Bauernstaat" (Wahlen; Dissidenten; Repression) vor dem Hintergrund des Demokratie-Verständnisses in der Staats- und Parteiführung
- die DDR und der Westen: Entwicklung der deutschlandpolitischen Standpunkte zu Staat und Nation in West und Ost; sozialliberale Deutschland- und Ostpolitik der Bundesrepublik ab 1969 und ihre Bedeutung für die Entstehung von Spielräumen innerhalb der DDR-Gesellschaft in den 1970er und 1980er Jahren
- Bilanz der Wirtschafts- und Sozialpolitik in der Endphase der DDR (Leistungen, Kosten und Defizite) und ihre Rolle für die Akzeptanz des Systems
- Grundgesetz oder „dritter Weg"? Konzepte für die Umwandlung der DDR in eine parlamentarische Demokratie im zeitlichen Umfeld der Wiedervereinigung (insbesondere Vorstellungen der DDR-Bürgerbewegung; Diskussion um einen Beitritt über Art. 23 oder Art. 146 GG; Frage einer Neufassung des Grundgesetzes nach 1990)
- Problematik der individuellen und kollektiven Geschichtserinnerung an die DDR

Einheitliche Prüfungsanforderungen in der Abiturprüfung Geschichte

(Beschluss der Kultusministerkonferenz vom 1.6.1979 i. d. F. vom 10.02.2005)

Die Anforderungen in der Abiturprüfung liegen schwerpunktmäßig im selbstständigen Erklären, Bearbeiten und Ordnen bekannter Inhalte und dem angemessenen Anwenden gelernter Inhalte und Methoden auf andere Sachverhalte (Anforderungsbereich II). Diese Anforderungen verlangen, dass nicht ausschließlich mit der Wiedergabe von Kenntnissen (Anforderungsbereich I) eine ausreichende Leistung erbracht werden kann. Gute und bessere Bewertungen setzen Leistungen voraus, die deutlich über den Anforderungsbereich II hinausgehen und mit einem wesentlichen Anteil dem Anforderungsbereich III zuzuordnen sind.
Die Lösung der Aufgabenstellung erfolgt in Textform. Die Bewertung berücksichtigt die Einhaltung standardsprachlicher Normen und die stilistische Angemessenheit einschließlich der korrekten Verwendung der Fachsprache.

Fachspezifische Beschreibung der Anforderungsbereiche

Der **Anforderungsbereich I** umfasst das Wiedergeben von Sachverhalten aus einem abgegrenzten Gebiet und im gelernten Zusammenhang unter rein reproduktivem Benutzen eingeübter Arbeitstechniken.	Der **Anforderungsbereich II** umfasst das selbstständige Erklären, Bearbeiten und Ordnen bekannter Inhalte und das angemessene Anwenden gelernter Inhalte und Methoden auf andere Sachverhalte.	Der **Anforderungsbereich III** umfasst den reflexiven Umgang mit neuen Problemstellungen, den eingesetzten Methoden und gewonnenen Erkenntnissen, um zu eigenständigen Begründungen, Folgerungen, Deutungen und Wertungen zu gelangen.
Dies erfordert vor allem Reproduktionsleistungen, insbesondere: – Wiedergeben von grundlegendem historischen Fachwissen – Bestimmen der Quellenart – Unterscheiden zwischen Quellen und Darstellungen – Entnehmen von Informationen aus Quellen und Darstellungen – Bestimmen von Raum und Zeit historischer Sachverhalte	Dies erfordert vor allem Reorganisations- und Transferleistungen, insbesondere: – Erklären kausaler, struktureller bzw. zeitlicher Zusammenhänge – sinnvolles Verknüpfen historischer Sachverhalte zu Verläufen und Strukturen – Analysieren von Quellen oder Darstellungen – Konkretisieren bzw. Abstrahieren von Aussagen der Quelle oder Darstellung	Dies erfordert vor allem Leistungen der Reflexion und Problemlösung, insbesondere: – Entfalten einer strukturierten, multiperspektivischen und problembewussten historischen Argumentation – Diskutieren historischer Sachverhalte und Probleme – Überprüfen von Hypothesen zu historischen Fragestellungen – Entwickeln eigener Deutungen – Reflektieren der eigenen Urteilsbildung unter Beachtung historischer bzw. gegenwärtiger ethischer, moralischer und normativer Kategorien

Dem Anforderungsbereich I entsprechen die folgenden Operatoren:	Dem Anforderungsbereich II entsprechen die folgenden Operatoren:	Dem Anforderungsbereich III entsprechen die folgenden Operatoren:
nennen, aufzählen	analysieren, untersuchen	beurteilen
bezeichnen, schildern, skizzieren	begründen, nachweisen	bewerten, Stellung nehmen
aufzeigen, beschreiben, zusammenfassen,	charakterisieren	entwickeln
wiedergeben	einordnen	sich auseinander setzen, diskutieren
	erklären	prüfen, überprüfen
	erläutern	vergleichen
	herausarbeiten	
	gegenüberstellen	
	widerlegen	

Operatoren sind handlungsinitiierende Verben, die signalisieren, welche Tätigkeiten beim Lösen von Prüfungsaufgaben erwartet werden. In der Regel sind sie den einzelnen Anforderungsbereichen zugeordnet. Einige Operatoren haben integrierenden Charakter, beinhalten in sich ohne weitere Differenzierung alle drei Anforderungsbereiche und formulieren übergeordnete Prüfungsaufgaben, die durch untergeordnete Teilaufgaben ergänzt werden können:

Übergeordnete Operatoren, die Leistungen **in allen drei Anforderungsbereichen** verlangen:

interpretieren	Sinnzusammenhänge aus Quellen erschließen und eine begründete Stellungnahme abgeben, die auf einer Analyse, Erläuterung und Bewertung beruht
erörtern	Eine These oder Problemstellung durch eine Kette von Für-und-Wider- bzw. Sowohl-als-Auch-Argumenten auf ihren Wert und ihre Stichhaltigkeit hin abwägend prüfen und auf dieser Grundlage eine eigene Stellungnahme dazu entwickeln. Die Erörterung einer historischen Darstellung setzt deren Analyse voraus.
darstellen	historische Entwicklungszusammenhänge und Zustände mit Hilfe von Quellenkenntnissen und Deutungen beschreiben, erklären und beurteilen

Operatoren, die Leistungen im **Anforderungsbereich I** (Reproduktion) verlangen:

nennen aufzählen	zielgerichtet Informationen zusammentragen, ohne diese zu kommentieren
bezeichnen schildern skizzieren	historische Sachverhalte, Probleme oder Aussagen erkennen und zutreffend formulieren
aufzeigen beschreiben zusammenfassen wiedergeben	historische Sachverhalte unter Beibehaltung des Sinnes auf Wesentliches reduzieren

Operatoren, die Leistungen im **Anforderungsbereich II** (Reorganisation und Transfer) verlangen:

analysieren untersuchen	Materialien oder historische Sachverhalte kriterienorientiert bzw. aspektgeleitet erschließen
begründen nachweisen	Aussagen (z. B. Urteil, These, Wertung) durch Argumente stützen, die auf historischen Beispielen und anderen Belegen gründen
charakterisieren	historische Sachverhalte in ihren Eigenarten beschreiben und diese dann unter einem bestimmten Gesichtspunkt zusammenfassen
einordnen	einen oder mehrere historische Sachverhalte in einen historischen Zusammenhang stellen
erklären	historische Sachverhalte durch Wissen und Einsichten in einen Zusammenhang (Theorie, Modell, Regel, Gesetz, Funktionszusammenhang) einordnen und begründen
erläutern	wie erklären, aber durch zusätzliche Informationen und Beispiele verdeutlichen
herausarbeiten	aus Materialien bestimmte historische Sachverhalte herausfinden, die nicht explizit genannt werden, und Zusammenhänge zwischen ihnen herstellen
gegenüberstellen	wie skizzieren, aber zusätzlich argumentierend gewichten
widerlegen	Argumente dafür anführen, dass eine Behauptung zu Unrecht aufgestellt wird

Operatoren, die Leistungen im **Anforderungsbereich III** (Reflexion und Problemlösung) verlangen:

beurteilen	den Stellenwert historischer Sachverhalte in einem Zusammenhang bestimmen, um ohne persönlichen Wertebezug zu einem begründeten Sachurteil zu gelangen
bewerten Stellung nehmen	wie Operator „beurteilen", aber zusätzlich mit Offenlegen und Begründen eigener Wertmaßstäbe, die Pluralität einschließen und zu einem Werturteil führen, das auf den Wertvorstellungen des Grundgesetzes basiert
entwickeln	gewonnene Analyseergebnisse synthetisieren um zu einer eigenen Deutung zu gelangen
sich auseinander setzen diskutieren	zu einer historischen Problemstellung oder These eine Argumentation entwickeln, die zu einer begründeten Bewertung führt
prüfen überprüfen	Aussagen (Hypothesen, Behauptungen, Urteile) an historischen Sachverhalten auf ihre Angemessenheit hin untersuchen
vergleichen	auf der Grundlage von Kriterien historische Sachverhalte problembezogen gegenüberzustellen, um Gemeinsamkeiten, Unterschiede, Teil-Identitäten, Ähnlichkeiten, Abweichungen oder Gegensätze zu beurteilen

Das Wissenschaftspropädeutische Seminar (Propädeutikum)

Jedes Wissenschaftspropädeutische Seminar (W-Seminar, Propädeutikum) ist einem Leitfach (z B. Geschichte etc.) zugeordnet und wird von einer Lehrkraft betreut. Im Mittelpunkt des W-Seminars stehen fachwissenschaftliche Inhalte und Arbeitsweisen, die beispielhaft anhand eines Rahmenthemas vermittelt werden.

Methoden

- Quellenarbeit, Textarbeit und Werkanalyse
- empirisches Arbeiten
- Versuch und Experiment
- Referat/Präsentation und Diskussion
- Exkursionen und Erkundungen
- Expertenreferate
- Anfertigen einer individuellen Seminararbeit
- Arbeiten im Team

→

Kompetenzen

- fachwissenschaftliche Informationen
  - recherchieren
  - analysieren und abstrahieren
  - strukturieren und aufbereiten
  - themen- und adressatengerecht sowie
  - sprachlich überzeugend darstellen
- sich mit der Meinung anderer argumentativ auseinandersetzen und den eigenen Standpunkt überprüfen sowie logisch begründen
- kreative Wege und innovative Lösungen finden
- präzise und fachlich korrekt arbeiten
- die Methoden wissenschaftlichen Arbeitens beachten
- den eigenen Arbeitsprozess in einem vorgegebenen Zeitrahmen organisieren

Rahmenthema

- Das Rahmenthema des Seminars muss einerseits so weit gefasst sein, dass sich daraus ausreichend viele Themen für die individuellen Seminararbeiten aller Teilnehmer entwickeln lassen,
- es muss andererseits so eng gefasst sein, dass die Schülerinnen und Schüler bei der Bearbeitung ihrer Themen Möglichkeiten zur Zusammenarbeit und Diskussion finden und die Ergebnisse in einen Gesamtzusammenhang einordnen können.

Siehe auch:
Online Link 430017-0000

Bildnachweis

Cover: Corbis (Franz Marc Frei), Düsseldorf; **8:** BPK, Berlin; **9:** AKG, Berlin; **11.1:** imago sportfotodienst (imagebroker), Berlin; **12.2:** Stadt Weißenburg i. Bay., Weißenburg; **12.3:** AKG, Berlin; **13.4:** BPK, Berlin; **15.5:** Germanisches Nationalmuseum, Nürnberg; **16.9:** AKG, Berlin; **17.1:** Interfoto (Sammlung Rauch), München; **18.2a:** Germanisches Nationalmuseum, Nürnberg; **18.2b:** Ullstein Bild GmbH, Berlin; **20.4:** Bayerische Staatsbibliothek, München; **21.6:** BPK (SBB), Berlin; **23.1:** Interfoto, München; **24.2:** Münchner Stadtmuseum, MI-299; **25.3:** Kunstschätzeverlag FZB-Atelierbetriebe (Inv.Nr. H. 33066/Mainfränk. Museum/ Stadtgeschichte – Festung Würzburg), Gerchsheim; **27.4:** BPK (Jörg P. Anders), Berlin; **28.8:** AKG, Berlin; **29.9:** AKG, Berlin; **30.12:** Interfoto, München; **31.1:** AKG, Berlin; **32.2:** AKG, Berlin; **34.3:** AKG, Berlin; **36.9:** Ullstein Bild GmbH (Gerstenberg), Berlin; **38.1:** AKG, Berlin; **39.2:** Interfoto, München; **40.3:** Germanisches Nationalmuseum, Nürnberg; **41.7:** Herzog August Bibliothek, Wolfenbüttel; **43.1:** BPK, Berlin; **45.2:** AKG, Berlin; **46.3:** AKG (akg-images), Berlin; **47.4:** AKG, Berlin; **49.7:** BPK, Berlin; **50.9:** BPK, Berlin; **51.1:** Bridgeman Art Library Ltd., Berlin; **52.2:** Bischof & Broel, Nürnberg; **53.3:** Dr. Alexander Wild; **54.4:** Herzog August Bibliothek, Wolfenbüttel; **55.6:** Bayerisches Hauptstaatsarchiv, München; **56.9 und 10:** Bayerisches Hauptstaatsarchiv, München; **58.1:** Stadtarchiv Fürth, Fürth; **59.2:** Stadtarchiv Fürth, Fürth; **60.3:** Germanischen Nationalmusem, HB25209, Nürnberg; **61.4:** Constanze Selig, Laudenbach; **64.1:** AKG, Berlin; **65.2:** Stadtarchiv Erlangen, Erlangen; **71.1:** BPK, Berlin; **71 unten:** Ullstein Bild GmbH (Archiv Gerstenberg), Berlin; **73.3:** AKG (Visioars), Berlin; **73 unten:** BPK, Berlin; **76.4:** Mittelschwäbisches Heimatmuseum Krumbach, Krumbach; **80.10:** Original im Weißenhorner Heimatmuseum; **82.13:** BPK, Berlin; **86.2:** AKG, Berlin; **89.6:** Interfoto (Sammlung Rauch), München; **91.11:** Stadtarchiv, München; **92.13:** Interfoto (Mary Evans), München; **94.18:** Interfoto, München; **96.1:** Feldrapp Atelier für Kommunikation, Naila; **97.2 und 3:** Stadtarchiv, Ludwigshafen; **98.4:** Luftbildverlag H. Bertram GmbH, Memmingerberg; **99.6:** Werkbild von KraussMaffei; **99.7:** BPK, Berlin; **100.8:** Siemens-Electrogeräte GmbH, München; **101.9:** Thomas Theodor Heine, 1896, AKG, Berlin, VG Bild-Kunst, Bonn 2008; **105.15a bis c:** Historisches Archiv der manroland AG; **108.1:** Sammlung Udo Achten, Düsseldorf; **109.2:** Siemens AG, München/Berlin, Siemens Corporate Archives; **110 beide:** AKG, Berlin; **111.3:** BPK, Berlin; **112.4:** BPK, Berlin; **114.7:** Friedrich Ebert-Stiftung, Bonn; **115.10:** Karl Stehle, München; **118.14:** Oberpfälzer Volkskundemuseum, Burglengenfeld; **119.1:** AKG, Berlin; **119.2:** Corbis, Düsseldorf; **121.3:** bpk (Kunstbibliothek, SMB), Berlin; **121.4:** Ullstein Bild GmbH, Berlin; **122.5:** AKG, Berlin; **123.6:** Münchner Stadtmuseum, Inv. Nr. 37/293; **124.7:** Interfoto, München; **129.17:** AKG, Berlin; **130.20:** Ullstein Bild GmbH (Zeitbild), Berlin; **142.1:** Satz und Grafik Partner GmbH, Meitingen; **143.2:** imago sportfotodienst (Karo), Berlin; **144:** DHM, Berlin; **145 beide:** AKG, Berlin; **147.1:** AKG, Berlin; **149.1:** BPK, Berlin (SBB/Dietmar Katz)/(c) VG Bild-Kunst, Bonn 2008; **149.2:** BPK (Louis Held), Berlin; **150.3:** DHM, Berlin; **154.11:** BPK, Berlin; **155.13a und c:** AKG, Berlin; **157.1:** AKG, Berlin; **157.2:** BPK, Berlin; **160.1:** Erich Schmidt Verlag GmbH, Berlin; **161.2:** Ullstein Bild GmbH, Berlin; **163 oben:** Ullstein Bild GmbH (Imagno), Berlin; **163 Mitte:** Interfoto, München; **163 unten:** Ullstein Bild GmbH (AKG-Pressebild), Berlin; **167.1:** Karl Arnold: Deutschland, Deutschland über alles! (c) VG Bild-Kunst, Bonn 2009; **169.2:** VG Bild-Kunst, Bonn; **173.1:** Rolf Ballhause, Privatarchiv, Plauen; **176.1:** Ullstein Bild GmbH, Berlin; **177.2:** AKG, Berlin; **178:** AKG, Berlin; **179:** AKG, Berlin; **180.4:** Bundesarchiv, Koblenz; **180.5:** Langewiesche-Brandt Verlag, Ebenhausen; **180 unten:** Picture-Alliance, Frankfurt; **181.6:** Wilhelm Stöckle, Filderstadt; **184.13:** VG Bild-Kunst, Bonn 2008, Stiftung Archiv d. Akademie d. Künste; **188:** Ullstein Bild GmbH, Berlin; **189.1:** Picture-Alliance (ANP), Frankfurt; **189.2:** imago sportfotodienst (Bernd Friedel), Berlin; **190.1:** Ullstein Bild GmbH, Berlin; **193.2:** Historisches Museum (Albert-Einstein-Archiv, Jerusalem, Ferdinand Schmutzer, PD), Bern; **194.6:** Bayerische Staatsbibliothek München/4 Pol.g. 256 I-8, Heft 21; **195.8:** Bayerisches Hauptstaatsarchiv, München; **196.9:** Stadtarchiv, München; **200.1:** AKG, Berlin; **201.2:** Ullstein Bild GmbH, Berlin; **202.3:** DHM, Berlin; **203.4:** Erich Schmidt Verlag GmbH, Berlin; **204.6:** Bayerische Staatsbibliothek München, 1. Maiheft 1940; **204.7:** DHM, Berlin; **205.10:** BPK, Berlin; **205.11:** AKG, Berlin; **206.13:** Bundesarchiv Koblenz, 003-002-046; **206.14:** AKG, Berlin; **207.17 und 18:** DHM, Berlin; **208.19:** BPK, Berlin; **210.1:** Ullstein Bild GmbH, Berlin; **211:** BPK, Berlin; **213.2:** AKG, Berlin; **215.4:** DHM, Berlin; **216.6:** Stadtarchiv Nürnberg, A34_4481; **217.10:** BPK, Berlin; **219.14:** BPK, Berlin; **219.15:** DHM, Berlin; **220.17:** DHM, Berlin; **221.20:** AKG, Berlin; **222.21:** BPK, Berlin; **223.24:** DHM, Berlin; **224.26:** Ullstein Bild GmbH (Reuters), Berlin; **227.1:** AKG, Berlin; **228.2:** Picture-Alliance, Frankfurt; **230.9:** Picture-Alliance (Votava), Frankfurt; **231.11:** DHM, Berlin; **231.12:** aus: „Der Hohenstaufen – Göppinger Zeitung" vom 20. Januar 1942; **231.13:** Medienzentrum Hanau; **232.15:** Ullstein Bild GmbH (ddp Nachrichtenagentur), Berlin; **234:** Ullstein Bild GmbH (Röhnert), Berlin; **235:** Wilhelm-Busch-Museum, Hannover; **236.1:** Haus der Geschichte, Bonn; **237.2:** Berliner Verlag, Berlin; **238.3:** Haus der Geschichte der Bundesrepublik Deutschland (Stury), Bonn; **239.4:** Victor Weisz, Evening Standard 19/01/1960, British Cartoon Archive, University of Kent, www.cartoons.ac.uk, Solo Syndication, London; **240.5:** Ullstein, Keystone; **242.7:** DHM, Berlin; **243.8:** BPK (K.H. Böcher), Berlin; **246.1:** Hannes P. Gilsi (René Gilsi), St. Gallen; **247.2:** Haus der Geschichte der Bundesrepublik Deutschland (Mirko Szewczuk), Bonn; **249.4:** Presse- und Informationsamt der Bundesregierung, Berlin; **250.5:** AKG, Berlin; **251.8:** Keystone, Hamburg; **254.1:** Süddeutsche Zeitung Photo (AP), München; **255.2:** Ullstein Bild GmbH, Berlin; **256.3:** BPK, Berlin; **260.10:** Besitz: Haus der Geschichte, Bonn; **261.1:** Helga Lade (Röhrig), Frankfurt; **262.2:** TV-yesterday, München; **264.4:** Süddeutsche Zeitung Photo, München; **272.1:** defa-spektrum GmbH (Lotte Michailowa), Berlin; **272.2:** Ullstein Bild GmbH, Berlin; **274.1:** DHM, Berlin; **276.2:** Konrad-Adenauer-

Stiftung e. V., Archiv für Christlich-Demokratische Politik Plakatsammlung; **276.3:** AKG, Berlin; **277.6:** DHM, Berlin; **277.7:** AKG, Berlin; **278.9:** DHM, Berlin; **278.10:** Konrad-Adenauer-Stiftung e. V. (Konrad-Adenauer-Stiftung e. V., Archiv für Christlich-Demokratische Politik, Plakatsammlung), Sankt Augustin; **280:** Wolfgang Mattheuer, Hinter den sieben Bergen, (c) VG Bild-Kunst, Bonn 2009; **281:** Haus der Geschichte (Greser und Lenz), Bonn; **282.1:** Punctum (Bertram Kober), Leipzig; **284 oben:** Süddeutsche Zeitung Photo, München; **284.3:** Haus der Geschichte, Bonn; **285.6:** Haus der Geschichte, Bonn; **288.13:** Jörg Knoefel, Berlin; **291:** SPIEGEL-Verlag Rudolf-Augstein GmbH & Co. KG, Hamburg; **294.2:** Wilhelm-Busch-Gesellschaft e. V. (H. E. Köhler), Hannover; **295.4:** Haus der Geschichte (Wolfgang Hicks), Bonn; **297.1:** Haus der Geschichte der Bundesrepublik Deutschland (Wolfgang Hicks), Bonn; **298.2:** CCC/Baumeister, www.c5.net; **302:** Ullstein Bild GmbH, Berlin; **303.1:** www.c5.net/Schoenfeld; **304.3:** Haus der Geschichte der Bundesrepublik Deutschland, Bonn; **305.4:** FOCUS (Thomas Hoepker), Hamburg; **308.1:** Friedrich Ebert-Stiftung, Bonn; **308.2:** Ullstein Bild GmbH (dpa), Berlin; **309.3:** Andreas Schoelzel, Berlin; **309.4:** DHM, Berlin; **310.5:** Haitzinger, CCC, www.c5.net; **314.13:** Axel Springer AG, Berlin; **314.14:** Rolf Henn (LUFF), Hennweiler; **315.1:** imago sportfotodienst, Berlin; **317.2 links:** Barbarossa Musikverlag, Kleinmachnow; **317.2 rechts:** Komet Verlag GmbH, Köln; **319.4:** Olaf Schwarzbach, Berlin; **325:** Klett-Archiv (Thomas Labusch), Stuttgart

Nicht in allen Fällen war es uns möglich, den Rechteinhaber der Abbildungen ausfindig zu machen. Berechtigte Ansprüche werden selbstverständlich im Rahmen der üblichen Vereinbarungen abgegolten.